『十四五』安徽省重点出版物规划项目

当代徽学名家学术文库

徽学预流

王世华◎主编

栾成显◎著

安徽师范大学出版社

·芜湖·

图书在版编目（CIP）数据

徽学预流 / 栾成显著.—芜湖：安徽师范大学出版社，2024.6
（当代徽学名家学术文库 / 王世华主编）
ISBN 978-7-5676-5495-2

Ⅰ.①徽… Ⅱ.①栾… Ⅲ.①文化史－研究－徽州地区 Ⅳ.①K295.42

中国国家版本馆CIP数据核字（2023）第015912号

徽学预流

栾成显◎著

HUIXUE YULIU

总 策 划：戴兆国

责任编辑：何章艳　　　　　　责任校对：童　睿

装帧设计：张　玲　姚　远　　责任印制：桑国磊

出版发行：安徽师范大学出版社

　　　　　芜湖市北京中路2号安徽师范大学赭山校区　　　邮政编码：241000

网　　　址：http://www.ahnupress.com/

发 行 部：0553-3883578　　　5910327　　　5910310（传真）

印　　　刷：江苏凤凰数码印务有限公司

版　　　次：2024年6月第1版

印　　　次：2024年6月第1次印刷

规　　　格：700 mm × 1000 mm　　1/16

印　　　张：44.5　　　插页：1

字　　　数：690千字

书　　　号：ISBN 978-7-5676-5495-2

定　　　价：350.00元

凡发现图书有质量问题，请与我社联系（联系电话：0553-5910315）

总　序

　　任何一门学科的诞生和发展都是不寻常的，无不充满了坎坷和曲折。徽学也是一样，可谓走过了百年艰辛之路。尽管徽州历史文化的研究从清末就开始了，但徽学作为一门学科，却迟迟没有被"正名"，就好像婴儿已出世，却上不了户口一样。在徽学成长的过程中，总伴随着人们的怀疑和否定，甚至在20世纪末，还有专家发出"徽学能成为一门学科吗"的疑问。其实，这并不奇怪。因为新事物总有这样那样的缺陷和不完善之处，但新事物的生命力是顽强的，任何力量也难以阻挡。难能可贵的是，前贤们前赴后继，义无反顾，孜孜不倦地研究，奉献出一批又一批的研究成果，不断刷新人们对徽学的认识。

　　"到得前头山脚尽，堂堂溪水出前村。"1999年，教育部拟在全国有关高校设立一批人文社会科学重点研究基地，促进有关学科的发展。安徽大学在安徽师范大学的支持、参与下，申报成立"徽学研究中心"，经过专家的评审、鉴定，获得教育部的批准。这标志着"徽学"作为一门学科，迈入一个全新阶段。

　　新世纪的徽学研究呈现出崭新的面貌：老一辈学者壮心不已，不用扬鞭自奋蹄；中年学者焚膏继晷，勤奋耕耘；一大批后起之秀茁壮成长，新竹万竿，昭示着徽学研究后继有人；大量徽学稀见新资料相继公之于世，丰富了研究的新资源；一大批论著相继问世，在徽学的园地里，犹如百花盛开，令人神摇目夺，应接不暇，呈现出一派勃勃生机。2015年11月29

日，由光明日报社、中国社会科学院历史研究所、中共安徽省委宣传部、中共江西省委宣传部联合举办的"徽商文化与当代价值"学术座谈会在安徽省歙县召开。2019年6月18日，由中共安徽省委宣传部、光明日报社指导，安徽大学主办的首届徽学学术大会在合肥市召开。2021年10月19日，由中共安徽省委宣传部、光明日报社联合主办，中国历史研究院学术指导，中共黄山市委、黄山市人民政府、安徽大学、安徽省社会科学界联合会承办的第二届徽学学术大会在黄山市召开。国内很多高校的学者都参加了大会。更令人欣喜的是，日本、韩国、美国、法国等很多外国学者对徽学研究也表现出越来越浓厚的兴趣，新时代的徽学正阔步走向世界。可以说，这是百年来徽学迎来的最好的发展时期。这一切都昭示：徽学的春天来了。

在这徽学的春天里，安徽师范大学出版社和我们共同策划了这套"当代徽学名家学术文库"。我们约请了长期从事徽学研究的著名学者，请他们将此前研究徽学的成果选编结集出版。我们推出这套文库，是出于以下几点考虑：

首先是感恩。徽学研究能有今天这样的大好形势，我们不能忘记徽学前辈们的筚路蓝缕之功。这些学者中有的已归道山，如我们素所景仰的傅衣凌先生、张海鹏先生、周绍泉先生、王廷元先生，但他们对徽学的开创奠基之功，将永远铭记在我们心中。这套文库就是对他们最好的纪念。文库还收录了年近耄耋的耆宿叶显恩先生、栾成显先生的研究文集，两位我们敬仰的先生，老骥伏枥，壮心不已，继续为徽学做贡献。这套文库中的作者大多是年富力强的中坚，虽然他们的年龄还不大，但他们从事徽学研究却有数十年的时间，可以说人生最宝贵的年华都贡献给了徽学，堪称资深徽学研究者。正是上述这些前辈们在非常困难的条件下，骈手胝足，荷锄带露，披荆斩棘，辛苦耕耘，才开创了这片徽学园地。对于他们的拓荒之劳、奠基之功，我们能不感恩吗？我们正是通过这套文库，向徽学研究的先驱们表达崇高的敬意！

其次是学习。这套文库基本囊括了目前国内专门从事徽学研究的大家的论著，展卷把读，我们可以从中受到很多启迪，学到前辈们的很多治学方法。他们或以世界的视野研究徽学，高屋建瓴，从而得出更新的认识；或迈进"历史现场"，走村串户，收集到很多资料，凭借这些资料探究了很多历史问题；或利用新发现的珍稀资料，在徽学研究中提出不少新见；或进行跨区域比较研究，得出的结论深化了我们对徽州历史文化的认识；或采用跨学科的方法研究问题，使我们大开眼界；或看人人可以看到的材料，说人人未说过的话。总之，只要认真阅读这些文章，我们就能感受到这些学者勤奋的治学精神、扎实的学术根柢、开阔的学术视野、严谨的治学态度、灵活的治学方法，可谓德识才学兼备，文史哲经皆通。我们为徽学有这样一批学者而庆幸，而自豪，而骄傲。这套文库，为我们后学提供了一个样板，细细品读这些文章，在选题、论证、写作、资料等方面确实能得到很多有益的启示。

最后是总结。这套文库是四十年来徽学研究主要成果的大展示、大总结。通过这套文库我们可以知道，几十年来，学者们的研究领域非常广泛，涵盖社会、村落、土地、风俗、宗族、家庭、经济、徽商、艺术、人物等等，涉及徽州的政治、经济、文化、社会等各个方面，既有宏观的鸟瞰综览，又有中观的探赜索隐，也有微观的专题研究。通过这套文库，我们能基本了解徽学研究的历史和现状、已经涉及的领域、研究的深度和广度，从而明确今后发力的方向。

总结过去，是为了把握现在，创造未来。这就是我们推出这套文库的初心。徽州历史文化是个无尽宝库，徽学有着光明的未来。如何使徽文化实现创造性转化、创新性发展，如何更生动地阐释徽学的理论价值，更深入地发掘徽学的时代价值，更充分地利用徽学的文化价值，更精彩地展示徽学的世界价值，通过文化引领，促进经济与社会发展，服务中华民族复兴伟业，这是我们每一位徽学研究者的光荣使命。"路漫漫其修远兮，吾将上下而求索。"但愿这套文库能成为新征程的起点，助推大家抒写徽学研究的新篇章。

另外要特别声明的是，由于各种原因，国内还有一些卓有建树的徽学研究名家名作没有包括进来，但这套文库是开放的，我们乐于看到更多的学者将自己的成果汇入这套文库之中。我相信，在众多"园丁"的耕耘、浇灌下，我们的徽学园地一定会更加绚丽灿烂。

王世华

二〇二三年六月

目　录

徽学定位与构建

徽州文书研究

鱼鳞图册考析

黄册研究

徽商研究

谱牒考论

徽州文物浅议

徽州文化述论

徽学定位与构建

20世纪以来学术研究之一新潮流
——兼谈徽学的学术定位问题

　　20世纪以来，随着史学理论的革新和新资料的发现，一批新学问诸如甲骨学、简帛学、敦煌学、藏学、徽学等相继产生了。这些新学问，自其诞生之日起，蓬勃发展，长盛不衰，时至今日，其中多已成为国际性显学。然而，关于这些新学问的学术定位问题，至今仍说法不一。或认为其是一种"地方学"，如伴随徽学的兴起，一直有"敦煌学、藏学、徽学三大地方显学"的提法，至今依然；或在学科设置与定位时，不被视为学术研究的主流，而将其边缘化；即使专门从事这些学问的研究者，对这个问题也不都是十分明确的。

　　那么，究竟应该如何认识这些新学问？它们在20世纪以来的学术研究中到底处在怎样一种位置？其实，关于这些新学问的学术定位问题，早在20世纪初，国学大师王国维、陈寅恪等就有十分明确的阐论。"古来新学问起，大都由于新发见"①，王国维先生的这一著名论断已多次被引用和论述。与此同时，我们还应关注陈寅恪先生的另一精辟阐述：

　　　　一时代之学术，必有其新材料与新问题。取用此材料，以研求问题，则为此时代学术之新潮流。治学之士，得预于此潮流者，谓之预流（借用佛教初果之名）。其未得预者，谓之未入流。此古今学术史之通义，非彼

---

① 王国维：《最近二三十年中国新发见之学问》，载《王国维遗书》第五册《静庵文集续编》，上海古籍书店1983年版，第65—66页。

闭门造车之徒，所能同喻者也。敦煌学者，今日世界学术之新潮流也。①

　　这段文字虽只有寥寥数语，却点出了古今学术发展的通义，堪称精论，成为关于学术发展史的经典性论述。其意蕴深刻，需要我们仔细体会和认真领悟。这一论述具有多层含义。首先，学术发展是与时俱进的。学术研究如其他事物变迁一样，也是不断发展变化的。每一个时代的学术研究，都"必有其新材料与新问题"，而不是完全重复过去的老一套。这是学术研究发展的一种规律。其次，何谓时代学术之新潮流？陈先生指出，以新材料研究新问题，即谓时代学术之新潮流。作为时代学术新潮流，必然要研究时代所提出的新课题，也必然要发掘新材料，不能靠炒冷饭。新材料、新问题，是构成时代学术新潮流的两大基本要素。一般来说，新学问的产生大都由于新发现，即有了新发现与新材料才会有新学问，而陈先生在这里又提出了"新问题"这一概念。所谓"新问题"，当指时代提出的新课题。实际上，新材料与新问题，二者实为一种相辅相成的辩证关系。新材料的重大发现促进了新学问的诞生；而新问题的出现、理论上的革新，则开拓了材料发掘的新视野。

　　20世纪以来学术研究的发展历程正是如此。虽然每个时代都有其新材料与新问题，但20世纪以来，无论是新材料，还是新问题，都与以往时代显著不同，出现了根本性的变化。在新材料方面，20世纪初期，中国学界即有甲骨文、汉晋简帛、敦煌文书、明清内阁大库档案等新资料的发现。其中如甲骨文、汉晋简帛、敦煌文书等更是中国学术史上千年未有之重大发现。在新问题方面，有关学术研究的目的宗旨、对象范围及理论方法等，都出现了前所未有的革命性的变革。学术研究的宗旨发生了很大变化，从过去的一般表象记述变为要求作出科学分析；研究对象与范围大为扩展，涉及社会各个方面；特别是中西文化的碰撞与交流，大大促进了基本理论尤其是唯物史观的传播与应用。研究视角多维，研究方法多样，呈

---

　　① 陈寅恪：《陈垣敦煌劫余录序》，载《陈寅恪集·金明馆丛稿二编》，生活·读书·新知三联书店2009年版，第266页。

现百花齐放、百家争鸣的态势。

那么，在诸多新问题中，其根本性问题又是什么呢？20世纪以来，人文社会科学研究与此前根本不同的是，人文社会科学研究也被要求像自然科学那样，重视对研究对象进行整体把握、结构分析、宏观概括、个案剖析等，强调科学论证与科学分析，即总体上需置于科学研究的框架之下，所以，亦将人文社会科学研究与自然科学并列，称为社会科学。尽管社会科学与自然科学有所区别，尽管社会科学研究理论不一、方法多样、形态纷呈，但实证研究仍是各种研究的基础，并被提到了新的高度。如众所知，中国传统学术亦重考据，其中不乏科学论证的因素，但与新时期所运用的科学论证方法还是有所不同；又，传统考据多以文献证文献，利用资料的性质和范围都是有限的，而新时期的学术则提出了更高的标准，要求在研究中自觉地运用科学的方法，对研究对象作出科学论证和科学分析。这就必须重视原始资料，重视一手资料的发掘，重视典型资料的运用，走出以文献证文献的圈子。新时期人文社会科学研究的另一个重大变化是研究视角与研究方法的多样化。与此相对应的是，要求研究资料具有多样性、系统性与综合性。于是，研究资料的范围大为拓展，除了文书档案这类一手资料之外，诸如墓志石刻、出土文物，稗史笔记、谱牒家乘，乃至田野调查、图像史料等，都成为学术研究的基本资料。前述20世纪以来新资料的重大发现，如甲骨文、汉晋简帛、敦煌文书、明清内阁大库档案等，都具有一些共同的特征：均属一手资料，十分典型，且数量巨大，种类繁多，具有系统性与综合性的特点。这些特征，正与社会科学研究的根本要求相契合，成为新时期学术研究之最佳资料选择。所以，自其发现之日起，就引起了中外学者的广泛关注，遂以这些新资料为中心，形成了各自的新学问，从而构成了20世纪以来学术研究之一新潮流。应该说，20世纪以来甲骨学、简帛学、敦煌学等一批新学问的形成不是偶然的，它们正是新时期中新问题与新材料相互作用与影响的结果。

20世纪后期形成的徽学也是如此。作为徽学研究的新材料首先要从徽州文书谈起。徽州文书是宋元以来徽州区域民间遗存的地方文书档案，多是古代地方社会在官私各种交往活动中生成的原始文字记录和文本，具有原始性、凭证性和文物性质。徽州文书原为民间所藏，20世纪40年代抗日战争胜利后开始少量面世，50年代首次大规模面世，改革开放以来则是徽州文书的又一次大规模面世，或称"徽州文书的再发现"。徽州文书主要为各图书馆、档案馆、博物馆等收藏，私人收藏亦颇为可观。它数量巨大，迄今为止，公私所藏达100万件以上；种类繁多，主要类别有交易文契、合同文约、承继分书、私家账簿、官府册籍、政令公文、诉讼案卷、会簿会书、乡规民约、日用类书、信函书札等；跨越历史时间长，宋元以降至民国各个历史时期的文书均有遗存；研究价值高，其中既有宋元明清时期各种珍贵的散件文书，又有汇集各类原始资料的簿册文书，既有归户性文书，又有完整的商业账簿和诉讼案卷，既有大量的官私交往土地文书，又有民间所藏各种珍稀文献等，内容极为广泛，内涵十分丰富，涉及人文社会科学研究的诸多领域，不乏各类专史研究所需要的典型个案资料，更为地方基层社会的综合考察提供了宝贵素材。如众所知，明清时代的地方文书档案在其他地方也多有遗存，各具独有的特点和研究价值。但不难发现，它们或数量有限，或种类单一，或跨越时间不长，综合来看，都难以与徽州文书比肩。可以明确地说，在遗存的明清地方文书档案中，徽州文书最为典型，最具代表性，最有研究价值。

不仅如此，与徽州文书一起，还有数量巨大的各类传世文献遗存下来。据近年来调查研究的资料统计，见诸著录的徽人著述总数在万种以上，现存尚达6000余种，其中经、史、子、集各类著述近5000种，家谱1000种以上[①]。这些文献所载内容十分广泛，涉及政治、经济、文化、教育、考古、医学、文学、艺术以及数学、天文、历法等诸多领域。其中有一大批文集、专著等典籍文献，它们同时也是当时最高学术水平的代表之作；也有一批反映地方知识系统、极富地域特色的乡邦文献；还有一批纂修上乘的各类志书，如府县乡镇志书以及各种专志等，至今遗存仍达百种

---

① 参阅胡益民：《〈徽州文献综录〉前言［附凡例］》，载《徽学》第三卷，安徽大学出版社2004年版，第152页。

以上①；更有数千部编撰成熟的家乘谱牒遗存于世。以上这些传世文献，与文书档案相互配合，构成了一个少有的完整的文献体系。

此外，对徽州文物的遗存亦应加以重视。在原徽州一府六县的广大区域内，古城、古村落、老街、古民居、古建筑、祠堂、牌坊、古桥、古塔、古碑等文物，都有丰富的遗存。有保护价值的古建筑、古遗址计5000余处，古村落数百处。它们或属世界文化遗产，或称国家历史文化名城，或为全国重点文物保护单位，或系国宝级文物，数量繁多，规模宏大，种类齐备，形成系列。古城原貌，依然保留，古村布局，原封不变。古桥之上，车马照行，老街巷内，旧俗犹存。物质文化遗产与非物质文化遗产交相辉映，在相当程度上还保存着原有的文化生态。2008年，徽州文化生态保护实验区已获国家批准设立。

总之，徽州文书、徽州文献、徽州文物以及大量的非物质文化遗产，形成了一个十分典型而又相当完备的传统文化生态遗存。它们构成了徽学这一新学问最雄厚的资料基础。

而徽学研究的兴起与徽学学科的形成，正体现了以新资料研究新问题的时代潮流。最早开辟徽州研究的中国社会经济史专家傅衣凌先生说：

> 我对于徽州研究的发端，应追溯到三十年代。那时对于中国奴隶制度史研究感到兴趣，曾从事于这一方面史料的搜集。嗣又见到清雍正年间曾下谕放免徽州的伴当和世仆，唤起我的思索。特别是接触到明清时期的文集、笔记等等，发现有关徽商的记载甚多。……50年代末，徽州民间文约大量流入北京，为徽州研究的深入提供了第一手资料，使我扩大了研究的范围，展开了明清时期徽州社会阶级结构、土地租佃关系诸方面的探索。这些研究，使我对于明清时代商品经济在中国经济史上的地位与作用，有了进一步的认识，亦给中国经济史的研究，开辟了一个新天地；并为我以后有关资本主义萌芽和山区经济等方面的研究，提供了可靠的资料。②

---

① 刘道胜：《徽州方志研究》引言，黄山书社2010年版，第2页。
② 傅衣凌：《徽州社会经济史研究译文集》序言，黄山书社1987年版，第1页。

改革开放大大促进了学术界的思想解放，学者们开始对此前的研究进行反思。对中国历史文化的研究与探索，是否就只有大框架的、自上而下的这样一种宏观模式呢？在思想解放的大环境下，人们在思考新的视角，寻求新的切入点，尝试新的方法。于是，区域史研究趋于热门，社会史研究重新兴起，历史人类学亦被提倡，社会经济史的考察也出现了新的方法，等等。具有雄厚资料、在宋代以后特别是明清时代占有重要地位的徽州，自然进入人们的视野，很快成为研究者关注的一个热点。面对当时国内外竞相研究徽州的学术竞争，我国徽学研究的开拓者与奠基人之一张海鹏先生曾说："作为中国学者，我们不能甘心徽商在中国，徽商研究在国外的现实，于是我们决心发愤研究徽商。"[1]与此同时，与徽学相关的学术团体和机构纷纷建立，关于徽学的国内外学术交流极为活跃，一批水平较高、影响较大的徽学研究成果相继问世。在改革开放以来学术发展的新形势下，徽学应运而生，蓬勃发展。

值得注意的是，不仅专门从事徽学研究的学者，其他学者也在关注徽州，其各自领域的研究亦不乏利用徽州资料的事例。这是因为徽州地处江南，距离苏杭并不遥远，虽不在长江三角洲核心位置，但宋代以后一直属于全国最为发达的江南经济文化圈。其经济繁荣，徽商雄居天下；文化昌盛，"四方谓新安为东南邹鲁"。新安理学、徽派朴学，都是当时主流文化的代表。所以，徽州的历史文化又具有十分典型的意义，在宋元明清的中国历史文化研究中受到了广泛的重视。在徽学兴起的过程中，许多中外学者正是从研究中国历史、探究明清社会的视角出发而关注徽州的，或者把徽州当作研究明清社会的一个切入点。20世纪80年代以来，日本、韩国、美国、英国、法国、荷兰等国的研究者利用徽州文书探究中国历史文化，已发表多篇论文，出版多种著作。毫无疑问，徽州的文化遗存有其地域性的限制，徽州的历史文化也富有地方特色，这些都是徽学研究的重要方面。另外，由于徽州的重要历史地位及其典型意义，所以徽学研究又远远

---

① 张海鹏：《徽商研究十五年》，载《求实集——张海鹏史学论文选》，安徽教育出版社2006年版，第180页。

超出了地域性的局限，具有普遍性的意义。徽学乃是以徽州文书档案、徽州典籍文献、徽州文物遗存为基本资料，以徽州历史文化为研究对象，进而探索中国传统文化的一门综合性学科。

如前所引，敦煌学从有其名伊始就被称为"世界学术之新潮流"，敦煌学从未将自己称为地方学，而是被"地方学"了。藏学是研究藏族的学问，也不是地方学。自古以来，以地名学者颇多，但以地名学并不一定就是地方学。敦煌学、徽学虽以地名学，但并不是地方学。如果我们从历史时序上稍作梳理，不难发现，先秦殷商有甲骨文的发现而产生甲骨学，秦汉魏晋有简牍帛书的发现而产生简帛学，北凉至宋有敦煌文书的发现而产生敦煌学，宋至民国有徽州文书的发现而产生徽学，它们在时间上正好前后接续，相连不断。徽学就是继甲骨学、简帛学、敦煌学之后，因新发现而产生的一门新学问，是属于以新材料研究新问题的一门学问，是当今时代学术研究之一新潮流。

在谈及学术新潮流时，陈寅恪先生还借用佛教初果之名，将是否参与学术研究之新潮流比喻为"预流"与"未入流"，并强调了预流之重要性。所谓预流，即要参与到学术研究的时代新潮流中去，随时接受新东西，跟上时代前进的步伐；反之，则谓未入流。这对任何时代的学术研究来说都是重要的，关乎学术研究的大方向。作为20世纪以来学术研究的新潮流，当然不只是甲骨学、简帛学、敦煌学、徽学、藏学等这些新学问。我们不能说，不参与上述这些新学问的研究就是未入流。但我们应该说，甲骨学、简帛学、敦煌学、徽学、藏学等这些新学问，乃是20世纪以来学术研究之一新潮流；它们是新时期学术研究前沿之一，而不应将其边缘化；它们多已成为世界性显学，而不宜称为地方学。

本文为纪念张海鹏先生诞辰八十周年而作，原载《"纪念张海鹏先生诞辰八十周年暨徽学学术讨论会"文集》，安徽师范大学出版社2013年版；又以《新材料、新问题与新学问、新潮流——兼谈徽学的学术定位问题》为题，载《光明日报》2018年11月19日第14版，有改动

徽学的界定与构建

20世纪80年代以来，徽学研究蔚然兴起。学者在从事各方面徽学研究的同时，对徽学本身的界定、内涵及该学科的构建等亦十分关注，讨论热烈，各抒己见，见仁见智。这对于徽学的发展无疑十分有益。本文拟对徽学的界定与构建发表一点浅见，敬请批评指正。

一、徽学的界定与定位

关于徽学的界定与定位，学者多有议论，说法不一。或认为，徽学源远流长，早已有之。不错，历史上确有"徽学"之称，如"文公为徽学真传"之说法，其所指乃是朱熹开创的新安理学，与当代所称徽学之内涵并不相同，二者显然不是同一概念，应区别开来[①]。又有把徽学定位于"地方学"的说法，每每将其与敦煌学、藏学一起称为"三大地方显学"。那么，敦煌学、藏学这些学科自己到底是怎样界定与定位的呢？"敦煌学"一语最先见于陈寅恪的《〈敦煌劫余录〉序》，敦煌学从有其名伊始就被称为"世界学术之新潮流"。在《敦煌学大辞典》中，季羡林先生对"敦煌学"作了如下解释：

---

① 张海鹏先生《徽学漫议》一文对此已有明确阐述，见《光明日报》2000年3月24日第3版。

第一个使用敦煌学这个名词的是中国的陈寅恪。他在为陈垣的《敦煌劫余录》一书所写的序中说："敦煌学者，今日世界学术之新潮流也。自发见以来，二十余年间，东起日本，西迄法英，诸国学人，各就其治学范围，先后咸有所贡献。"这个名称从此就沿用下来。敦煌学最初研究的对象，主要集中在新发现的文书及相关的问题上，后来研究范围逐渐扩大，推而广之，凡与敦煌石室所发现的文献以及敦煌石窟建筑、壁画、雕塑以至敦煌的历史文化等有关的问题，都是敦煌学研究的对象，这是一门综合性的学科。[①]

而藏学，虽有一定的地域性，但它是研究中国藏族及其社会和历史文化的一门学问，是一门具有鲜明的民族性和广泛世界影响的学科。最近出版的《中国藏学史（1949年前）》对藏学的学科界定作了如下表述：

> 一般认为，藏学是研究藏族社会、历史、文化等方面的一门综合性学科，其本质上属于人文社会科学范畴，但也包括藏族传统的自然科学内容。换言之，藏学是一门综合性学科，是一个学科群体，既包括藏族的历史、宗教、哲学、语言、文字、文学、艺术、文化、教育、风俗习惯，以及政治、经济、军事、法律等人文社会科学学科，也包括传统的藏医藏药、天文历算和工艺技术等自然科学内容。[②]

可见，敦煌学、藏学都不是将自己称作地方学的，而是定为"一门综合性学科"。所谓"三大地方显学"，只是某些徽学研究者中间的一种流行说法而已，并无什么根据。那么，徽学到底应该怎样定位呢？回顾一下20世纪中国历史文化研究的发展史以及徽学兴起的历史，这个问题不难明了。20世纪以来，一方面由于理论上的革新，传统的各学术领域研究发生了飞跃性的变化与发展；另一方面由于资料上的新发现，形成了一系列的新学问。关于后者，20世纪初即有一系列新发现。其后不久，国学大师王

---

① 季羡林主编：《敦煌学大辞典·敦煌学》，上海辞书出版社1998年版，第17页。

② 王尧、王启龙、邓小咏：《中国藏学史（1949年前）》，民族出版社、清华大学出版社2003年版，第2—3页。

国维于1925年概括出甲骨文、汉晋简帛、敦煌文书、明清内阁大库档案等四大发现，同时提出了"古来新学问起，大都由于新发见"①的论断。王氏这一著名论断，既是对以往的学术史进行的一个总结，同时也被其后的学术研究发展所证实。自甲骨文、汉晋简帛、敦煌文书等被发现以后，20世纪以来对它们的研究一直长盛不衰，都各自形成了一门新学问，有的甚至成了世界性的显学。这些新发现，对20世纪学术发展所起的巨大推动作用与所作贡献，有目共睹，形成了20世纪以来学术发展的一个新潮流。而20世纪后半叶徽州文书的大量面世，堪称该世纪历史文化方面的又一大发现。将数量大、价值高的徽州文书，列为20世纪继甲骨文、汉晋简帛、敦煌文书、明清内阁大库档案四大发现之后的第五大发现，当之无愧。同样，徽州文书的发现对徽学的形成和发展也起到了重大作用，作出了重要贡献，这是不能否认的。敦煌学、藏学、徽学虽都以地名学，其研究对象也都有一定的地域性限制，但它们的内涵远远超出地方学的含义。如果徽学仅仅是一种地方学，仅是阐释徽州地方历史文化的一门学问，那么它的研究价值就很有限了。如同甲骨学、简帛学、敦煌学等对说明其同时期的历史文化都有重大价值一样，徽学在阐释整个明清历史文化乃至中国传统文化方面亦有特殊的重要价值，我们应努力将它发掘出来，而不能埋没它。这正是徽学研究的一个根本宗旨。

此外，我们还可以参考一下外国学者对徽学的定位。日本中国史研究者岸本美绪在回顾20世纪的中国古代史研究时，有如下表述：

> 20世纪的中国史学，形成了被称为"甲骨金文学""简牍学""敦煌学"等独特的学科，而"明清档案学"以及徽州研究者所谓的"徽学"，也许可确定为这些独特学科中的一员。②

---

① 王国维：《最近二三十年中中国新发见之学问》，载《王国维遗书》第五册《静庵文集续编》，上海古籍书店1983年版，第65—66页。

② ［日］岸本美绪：《中国史学——以宋至清中期为中心》，《东方学》2000年第100辑；栾成显译：《20世纪80年代以来中国古代史研究——以宋至清中期为中心》，《中国史研究动态》2005年第1期。

不难看出，这里也是将徽学定位于甲骨学、简帛学、敦煌学以及明清档案学等这一学科系列的。

总之，徽学与甲骨学、简帛学、敦煌学一样，都是20世纪以来以重大发现及重要遗存为基础而形成的一门新学问，都对阐释同时期的历史文化具有重要价值。徽学是属于20世纪以来学术发展新潮流的一门学问，不宜称作地方学。并且，甲骨学、简帛学、敦煌学、徽学，从各自所属时间来说也大体前后相连，自成系列。

综上所述，关于徽学的界定，是否可以作这样的表述：徽学是以徽州文书档案、徽州典籍文献、徽州文物遗存为基本资料，以徽州历史文化为研究对象，进而探索中国传统文化的一门综合性学科。

二、徽学的基本资料

众所周知，有关徽学研究的资料极为丰富，除文书档案之外，还有典籍文献、物质的和非物质的文化遗存等。而作为徽学研究的基本资料，可以说是徽州文书档案、徽州典籍文献和徽州文物遗存这三大类别。徽州文书自20世纪50年代大规模面世之后，80年代以来又有10余万件新发现的文书面世，其总数达30万件以上，已属无疑。从质的方面来说，徽州文书种类繁多，交易文契、合同文约、承继分书、私家账簿、官府册籍、政令公文、诉讼文案、会簿会书、乡规民约、信函书札等各种文书，应有尽有。而且其很多种类都有相当大的批量，成本成册，且跨越时间长（宋至民国），既可做定量定性分析，又可做连续性追踪考察。所以，徽州文书又以价值高著称。除文书档案之外，徽州还有丰富的典籍文献流传至今。近来有学者统计，见诸著录的徽人著述总数在万种以上，现存达6000余种①。这些典籍文献种类繁多，涵盖经、史、子、集各部。其中既有数量颇多的中国历史上著名大家之作，更有一批富有浓厚地域文化特色的乡邦

---

① 参阅胡益民：《〈徽州文献综录〉前言［附凡例］》，载《徽学》第三卷，安徽大学出版社2004年版，第152页。

文献。而徽州的文物古迹亦有5000余处，其中被列为国家或省级重点文物保护单位的就有70多处，更有像西递、宏村这样的世界文化遗产。正是这些丰厚的资料遗存及其所蕴含的重大研究价值，使人们看到了其广阔的学术开发前景，从而把国内外的众多学者吸引到徽学研究的队伍中来。由徽州文书档案、徽州典籍文献和徽州文物遗存组成的丰厚的资料遗存，实为徽学研究的雄厚基础，是徽学形成和兴盛的重要条件之一。

那么，徽州文书档案、徽州典籍文献和徽州文物遗存这三者之间的关系又如何呢？有的学者认为，就徽学研究的基本资料来说，提徽州文献就可以了，徽州文书是包含在徽州文献之内的。的确，一般的学科分类，有把文书档案包含在历史文献学之内的做法。不过，就徽学的具体情况而言，作为其研究的基本资料，则应该把徽州文书档案突出出来，放在首位。这样说主要基于以下理由：

第一，数量大、价值高的徽州文书档案，是徽学研究基本资料中最具特色的一个部分。如上所述，徽州典籍文献的遗存也极为丰富，但这并不是徽州历史资料遗存的独有特色。在这一方面，苏杭地区典籍文献的遗存至少不在徽州之下。而从明清地方文书档案来说，尽管迄今已在各省的很多地方都发现有明清时代的文书档案，如顺天府宝坻县清代档案、东北和内蒙古地区土地文书、河北获鹿清代编审册、山东曲阜孔府明清档案、江苏清代商业文书和太湖厅档案、浙江严州府明清土地文书和兰溪清代鱼鳞册、安徽宁国府南陵县档案、福建明清契约文书、四川巴县清代文书档案、四川自贡清代盐业档案、云南武定彝族那氏土司清代档案、贵州清水江文书、珠江三角洲土地文书、香港清代土地文书、台湾淡新清代档案等[①]，但这些文书档案，或数量有限，或种类单一，或仅为某一朝代的，在量和质的方面都难以与徽州文书档案相比。在这一方面，徽州文书档案可以说是独占鳌头。

第二，就其性质而言，文书档案乃属一手资料，而典籍文献多为二手

---

① 参阅秦国经：《中华明清珍档指南》，人民出版社1994年版，第128—171页。

资料，从科学研究的角度来说，无疑应把文书档案放在第一位。文书档案与典籍文献相比，二者在形式上固然有所不同，但其根本区别主要在于可信程度上的差异。文书档案乃是官府或民间在各种社会活动中直接产生的原始文字资料，具有原始性、唯一性及文物性质。因此，文书档案是我们研究历史文化的一手资料，而一般文献记载，即使是当时人的著述，也多是经过人为加工的东西，实为二手资料。从科学研究的角度来说，无疑前者价值更高。所以，王国维先生说"中国纸上之学问赖于地下之学问"。此即著名的"二重证据法"，它是建立在科学认识基础之上的。王氏又说："古来新学问起，大都由于新发见。"这是因为，文书档案不只是能对文献记载加以补证，更重要的是它还具有独特的新的研究价值。王氏所举20世纪初殷墟甲骨文字、汉晋木简、敦煌写本、内阁大库档册等重大发现，多为传世文献记载中找不到的一大批新的文书档案资料，研究价值极高。故这些新发现都形成了新学问。徽州文书档案的这方面性质更为突出。

第三，在中国古代，文书与文献二者多互相通用，但至迟到唐宋以后，所谓文书，渐渐多指官府公文案卷与民间契约账簿等。这样，随着历史的发展，在文献之中又渐渐演变出文书档案与著述编撰等一般的文献记载之不同类别。这就是说，即使从文献学分类来说，文书档案相对于典籍文献而言有其独立性，二者并列也是成立的。

综上所述，将文书档案放到徽学研究基本资料的首位是有充足理由的，应充分认识文书档案在徽学构建中的重要意义。而实际上徽州文书档案对徽学形成与发展的重大贡献也是有目共睹的，难以否认。强调这一点无可非议。

不过，我们在强调徽州文书档案重要地位的同时，也不能忽视徽州典籍文献和徽州文物遗存这两大方面资料的存在，它们都是徽学研究的基本资料。无须赘言，数量巨大、种类繁多的徽州典籍文献，对于考察徽州的历史文化乃至探索中国的历史文化，以及解读徽州文书档案等，都具有极高的价值，不可或缺。而我们在强调文书档案重要性的同时，也不应忌谈其局限性。文书档案虽属一手资料，亦有它的缺欠。遗存至今的文书档案即使有几十万件之多，也只是当时实际存在文书之冰山一角。时至今日，由于数量的限制，很多文书档案虽然真实可信，具体入微，但难以反映该事物历史发展的背景与全貌，只宜进行微观剖析，不能作出宏观概括。而文献记载则多具宏观性、概括性。文书档案与文献记载相比，实则是各有优长，具有互补性。王国维先生提出的是"二重证据法"，其后又有学者提倡"三重"或"多重"证据法。既然是"二重"或"多重"，我们就不能只注意一个方面，而忽视其他方面。在实际研究中，必须走文书档案与文献记载相结合之路。迄今为止，像徽州地区这样，发现有大量的文书档案与典籍文献同时遗存下来的，并不多见。既有大量的文书档案，又有丰富的典籍文献，还有遍地的文物遗存，这是徽学研究基本资料的又一大特色，同类学科很难与之相比。总之，文书档案、典籍文献、文物遗存实为支撑徽学研究的三大支柱，它们奠定了徽学大厦的最雄厚的基础。

三、徽学的构建

人们常说，徽州文化博大精深，或将徽学与甲骨学、简帛学、敦煌学等相提并论，可见徽学是一门大学问。既然如此，徽学的构建就不会是简单的。徽学的构建是多方面的，历史学、经济学、法学、社会学、哲学等在徽学中占有重要地位，构成了徽学研究的主体，但徽学还包含文学、艺术、语言学、工艺以及自然科学等，是一门综合性学科。徽学的构建是多层次的，既包括基本资料的搜集、整理，又包括分门别类的基础性研究；既有依据翔实资料的实证性研究，又有概括性的理念与学说的总结。徽学的构建也是多元交叉的，因为徽学也为中国历史文化的跨学科综合研究以及不同地域的比较研究，提供了广阔前景。徽学的构建实为一项宏伟的系统工程。

我认为，徽学构建体系的第一个层面，是徽学基本资料的搜集、整理、公开与研究。如上所述，文书档案、典籍文献、文物遗存在徽学的构建中占有极为重要的地位，因此，对这些徽学基本资料的搜集、整理与研究，实为徽学研究基础的基础，是徽学研究的首要工作。没有这一步，其他工作无从谈起。从徽学构建这一角度来说，对文书档案、典籍文献、文物遗存这三大方面的资料都应予以重视，搜集与整理时应力求做到全面系统。由于徽学基本资料数量巨大，分藏各地，这一工作必然是长期的。关于徽学的研究资料，除了搜集、整理，还有一个公开问题。一种学问研究的人越多，它就越兴旺发达。其前提之一是必须做到资料公开。徽学研究资料特别是文书档案方面的资料，虽然极为丰富，却分藏于许多地方的各个单位乃至个人手中，目前多数没有公开，研究者很难利用，这对于徽学的建设与发展极为不利。长此下去，徽学难以成为大学问。资料的公开，也是现阶段徽学发展亟待解决的一个重要问题。

徽学构建体系的第二个层面，是各个学科分门别类的基础性研究。即依据翔实的资料，对历史学、经济学、法学、社会学、人类学、伦理学、文学、语言学、教育学等社会科学，以及艺术、工艺乃至自然科学等众多学科所进行的分门别类的基础性研究。同时包括各学科交叉的综合性研究，以及不同地域的比较研究等。这类研究具体来说诸如徽州宗族、徽州土地制度、徽商、徽州教育、徽州文献、新安理学、徽派朴学、徽州村落、徽州民俗、徽州方言、新安画派、徽派版画、徽派篆刻、徽州三雕、徽州园林、徽州戏曲、徽州工艺、徽派建筑、徽州科技、新安医学等。这里所说的基础性研究，不仅看其数量，更看其质量。它是实证性的，要尽可能地掌握该研究领域的各项原始材料，资料翔实，论证缜密；它是开拓性的，在大量占有资料的基础上提出新的论断，绝非低水平的重复之作；它也是权威性的，是在该领域站得住脚的、有影响的专著。徽学研究只有出现这样一批高水平的研究成果，才能达到真正的繁荣。

徽学构建体系的第三个层面，是理念性和精神方面的概括与总结。即在各学科研究的基础之上，作出理论、观念与学说的总结。这是徽学构建体系的最高层面。在徽学研究中，应高度重视理念、精神和学说的总结。它并不是对具体研究的简单综合，而是一种理性提炼和理论上的升华；它也不是对传统文化一味地推崇备至，而是一种批判性的总结。它具有徽州特色，同时更具典型意义与普遍意义。这种总结对今天最为有用，最能为现实服务。这是我们研究徽学所要追求的最高目标。在这一层面，还包括徽学学科本身理论方面的建设，诸如徽学概念与研究对象的界定、内涵的阐释、构建的分析、研究方法的总结等。

徽学基本资料的整理与研究，各个学科的基础性研究，理念性和精神方面的概括与总结，三者的关系又如何呢？它们虽然处于不同层面，但都是徽学构建体系的有机组成部分，都是属于"徽学"这一范畴之内的。不能认为只有理念、精神和学说的总结才是真正的徽学，而将其他排除在外。理念、精神和学说的总结固然是徽学构建的最高层面，但是，怎样才能建立起来呢？没有基本资料的整理与研究，离开各个学科的基础性研究，又如何作出理念、精神和学说方面的总结呢？不用说各个学科的基础性研究，就是基本资料方面的整理与研究，诸如徽州文书学、徽州文献学以及徽州各类文物的研究等，也都属于正经的徽学研究，都应登上徽学殿堂。

在实际研究中，徽学构建体系三个层面的工作自然是交叉进行的，是相互促进的。但从整体上说，徽学构建体系的三个层面是有一定序列性的。没有系统的一定规模的基本资料建设，就不可能出现高水平的基础性研究；而没有一批高水平的基础性研究，也难以作出学说性的总结。现在徽学仍处在初始阶段，应把重点放在基本资料的整理及各个学科的基础性研究上面，急功近利，做表面文章，都无济于事。徽学的构建是一项宏伟的系统工程，需要众多学者的长期努力，乃至几代学人的艰苦奋斗才能完成。然而，拥有最雄厚基础的徽学大厦必将耸立于学术之林。

原载《探索与争鸣》2004年第7期，《新华文摘》2005年第1期全文转载，有改动

徽州历史文献与中国史研究

展望21世纪史学研究的发展，不能不对20世纪学术界的百年历程进行总结。同样，探讨徽州历史文献与中国史研究这一课题，也必须对有关的学术史作一回顾。

20世纪的中国史研究，可以说取得了飞跃性的巨大发展。促成史学研究这一巨变的因素很多，但不难看出，其最主要的，一是由于理论方法上的革新，二是由于考古发掘和历史文献的一系列新发现。以后者而言，20世纪初即有一系列新发现。其后不久，国学大师王国维于1925年概括出甲骨文、汉晋简帛、敦煌文书、明清内阁大库档案四大发现，同时提出了"古来新学问起，大都由于新发见"的论断，他说：

> 古来新学问起，大都由于新发见。有孔子壁中书出，而后有汉以来古文家之学；有赵宋古器出，而后有宋以来古器物、古文字之学……然则中国纸上之学问赖于地下之学问者，固不自今日始矣。自汉以来，中国学问上之最大发现有三：一为孔子壁中书，二为汲冢书，三则今之殷虚甲骨文字、敦煌塞上及西域各处之汉晋木简、敦煌千佛洞之六朝及唐人写本书卷、内阁大库之元明以来书籍档册，此四者之一已足当孔壁、汲冢所出，而各地零星发见之金石书籍于学术有大关系者尚不与焉。故今日之时代可谓之发见时代，自来未

有能比者也。①

很明显，王氏的论断，不但有其时代背景，即在20世纪初出现了中国历史文化上的一系列重大发现，而且也是对数千年来学术史的一个总结。与此同时，王国维又提出了著名的"二重证据法"：

> 吾辈生于今日，幸于纸上之材料外更得地下之新材料，由此种材料，我辈固得据以补正纸上之材料，亦得证明古书之某部分全为实录，即百家不雅驯之言，亦不无表示一面之事实。此二重证据法，惟在今日始得为之。②

那么，王氏所说"纸上之材料"与"地下之新材料"指的是什么呢？又为什么说"中国纸上之学问赖于地下之学问"呢？以其所述不难看出，所谓"纸上之材料"，主要是指传世的历史典籍、著述编撰等文献记载资料；所谓"地下之新材料"，既包括考古发掘出土的金石器物，也包括新发现的古书佚籍及古文字资料。从其所举殷墟甲骨文字、汉晋木简、敦煌写本、内阁大库档册等来说，可看出其中相当大的一部分是文书档案类资料。又，这里既有考古发掘出土的古文字资料，又有通过其他途径发现的文书档案。在中国古代，文献一语，包含所有的历史资料。至今广义上的文献含义仍是如此。其后不久又出现文书这一词语。文书一词本来亦有多种含义，既指文字图籍、诗书古籍，又指公文案牍、契约字据、书信手札、遗书写本等。唐宋以后，所谓文书，渐渐多指官府公文案卷与民间契约账簿等。这样，随着历史的发展，在文献之中又渐渐演变出文书档案与著述编撰等一般的文献记载之不同类别。二者在形式上固然有所不同，但其根本区别主要在于可信程度上的差异。文书档案乃是官府或民间在各种社会活动中直接产生的原始文字资料，具有原始性、唯一性及文物性质。

---

① 王国维：《最近二三十年中中国新发见之学问》，载《王国维遗书》第五册《静庵文集续编》，上海古籍书店1983年版，第65—66页。

② 王国维：《古史新证——王国维最后的讲义》，清华大学出版社1994年版，第2页。

因此，文书档案是我们研究历史文化的一手资料，而一般文献记载，即使是当时人的著述，也多是经过人为加工的东西，实为二手资料。从科学研究的角度来说，无疑前者价值更高。所以王国维先生说"中国纸上之学问赖于地下之学问"，这是有其科学道理的。又，文书档案不只是能对文献记载加以补证，更重要的是它还具有独特的新的研究价值。王氏所举20世纪初殷墟甲骨文字、汉晋木简、敦煌写本、内阁大库档册等重大发现，多为传世文献记载中找不到的一大批新的文书档案资料，研究价值极高。故这些新发现都形成了新学问。所以王国维先生提出的"二重证据法"，实则是从理论上突破了传统国学以文献证文献的局限。不惟道理上如此，学术研究史上的事实也证明了这一点。如上所述，王氏的"古来新学问起，大都由于新发见"这一论断，就是其对以往的学术史进行总结而提出来的。王氏的论断也被其后的学术研究发展所证实。自甲骨文、汉晋简帛、敦煌文书等被发现以后，20世纪以来对它们的研究一直长盛不衰，都各自形成了一门新学问，有的甚至成了世界性的显学，对20世纪的学术研究起到了巨大的推动作用。

就新发现来说，除考古发掘之外，自20世纪40年代以来徽州契约文书的面世，当是20世纪历史文献方面的又一大发现。20世纪徽州文书的面世与发现大致有三个时期，一是40年代抗战胜利后①，二是50年代至60年代初，三是80年代至今。目前对在藏和已经面世的徽州文书数量，尚无确切的统计，但据很多学者的调查估算，其已有20余万件。现在徽州文书仍在不断发现。若将尚未面世者估算在内，其总量当在30万件以上。这也许是一个保守的估计。显然，徽州文书的数量是巨大的。从质量方面来说，徽州文书的种类繁多。以中国社会科学院历史研究所收藏编纂的《徽州文书类目》为例，该书将徽州文书分为"3种，9类，117目，128子目"，其中既有土地关系文书、财产文书，又有赋役文书、商业文书；既有宗族文书、会社文书，又有官府文书、诉讼文书；此外还有科举教育、乡规民约

---

① 卞利：《徽州契约文书的流传及其价值》，《光明日报》2002年7月9日。

等方面的文书。而这仅是依据该所收藏的1万多件（册）文书所作的一个分类。现在面世的徽州文书很多种类都有相当大的批量，成本成册，且跨越时间长（宋至民国），既可做定量定性分析，又可做连续性追踪考察。所以，徽州文书又以价值高著称。

如众所知，宋代以后特别是明清时代的文书档案，并不只是在徽州被发现。迄今已知在各省的很多地方都发现有明清时代的地方文书档案，如顺天府宝坻县清代档案、东北和内蒙古地区土地文书、河北获鹿清代编审册、山东曲阜孔府明清档案、江苏清代商业文书和太湖厅档案、浙江严州府明清土地文书和兰溪清代鱼鳞图册、安徽宁国府南陵县档案、福建明清契约文书、四川巴县清代文书档案、四川自贡清代盐业档案、云南武定彝族那氏土司清代档案、贵州清水江文书、珠江三角洲土地文书、香港清代土地文书、台湾淡新清代档案等①。但这些文书档案，或数量有限，或种类单一，或仅为某一朝代的，在量和质的方面都难以与徽州文书档案相比。关于徽州文书的数量与研究价值，还可举出一个例子。2001年，安徽大学出版社出版了陈智超先生所著的《美国哈佛大学哈佛燕京图书馆藏明代徽州方氏亲友手札七百通考释》，该书将一批珍贵的明人手札发掘出来，公之于世。美国所藏的这批明人手札，乃系原件，既属稀见文物，又为珍贵史料，堪称徽州文书之一宝藏。其不仅数量可观，属海内外罕见，而且内涵丰富，涉及明代后期这一变革时代的许多方面。又，收信人多为同一人，本系徽州儒商，研究价值极高。而国内目前收藏明人手札最多的是上海图书馆，计580余通②，且收信人颇为分散，二者相比，前者的研究价值更高。应该说，将数量大、价值高的徽州文书列为20世纪继甲骨文、汉晋简帛、敦煌文书、明清内阁大库档案四大发现之后的第五大发现，当之无愧。徽州文书的大量发现，在徽学的形成和发展过程中起到了十分重要的作用。随着徽州文书的新发现，一门新学问即徽学也兴起了。这恰是王氏

---

① 参阅秦国经：《中华明清珍档指南》，人民出版社1994年版，第128—171页。

② 上海图书馆编：《上海图书馆藏明代尺牍》第一册《凡例》，上海科学技术文献出版社2002年版，第1页。

预言的一个印证。总之，数十万件价值极高的徽州文书的遗存，乃是徽州历史文献最具特色的一个部分。

所谓徽州历史文献，包括徽州文书档案、徽州典籍文献及徽州金石文献等。在徽州历史文献中，除文书档案之外，还有丰富的典籍文献流传至今。近来学者统计，历史上见诸著录的徽人著述总数在7000种以上，目前存世者尚有3000种左右，未见著录的家刻本如族谱等尚有千余种，二者合计，现存徽人著述总数在4000种以上①。这些典籍文献种类繁多，经、史、子、集各类典籍都有丰富遗存。其中，像朱熹、程大昌、方回、朱昇、程敏政、江永、戴震、程瑶田、俞正燮、金榜、赵吉士、汪机等人的著述，实为中国历史上著名大家之作，世所公认。更有一批富有浓厚地域文化特色的乡邦文献，诸如《歙纪》《歙问》《歙事闲谭》《海阳纪略》《休宁碎事》《新安蠹状》《橙阳散志》《凤山笔记》《寄园寄所寄》《珥笔肯綮》等。再以新安医籍为例，据考证，清末以前新安医家所著医籍达800余部，现存尚有400余部②。而徽州地区遗存的族谱，亦以数量大、价值高著称。如中国国家图书馆所藏善本族谱共400余部，其中徽州族谱就占一半以上③。毋庸置言，这些典籍文献对于考察徽州的历史文化乃至探索中国的历史文化，以及解读徽州文书档案等，都具有极高的价值，不可或缺。众所周知，文书档案虽属一手资料，但亦有其局限性。遗存至今的文书档案即使有几十万件之多，也只是当时实际存在文书之冰山一角。时至今日，由于数量的限制，很多文书档案虽然真实可信，具体入微，但也难以反映该事物历史发展的背景与全貌，只宜进行微观剖析，不能作出宏观概括。而文献记载则多具宏观性、概括性。文书档案与文献记载相比，实则是各有优长，具有互补性。王国维先生提出的是"二重证据法"，其后又有学者提

---

① 徽州文献课题组：《徽州文献与〈徽人著述叙录〉的编撰［附凡例及样稿］》，载《徽学》2000年卷，安徽大学出版社2001年版，第367—368页。

② 参阅王乐匋主编：《新安医籍考·编后记》，安徽科学技术出版社1999年版，第686—690页。

③ 赵华富：《徽州族谱数量大和善本多的原因》，载《两驿集》，黄山书社1999年版，第391页。

倡"三重"或"多重"证据法。既然是"二重"或"多重"，我们就不能只注意一个方面，而忽视其他方面。在实际研究中，必须走文书档案与文献记载相结合之路。迄今为止，像徽州地区这样，发现有大量的文书档案与典籍文献同时遗存下来的，并不多见。既有大量的文书档案，又有丰富的典籍文献，这是徽州历史文献的又一大特色。

那么，为什么会有如此数量大、价值高的徽州历史文献保存至今呢？这是偶然的吗？大凡一处历史遗存被发掘，或某地历史资料被发现，既有其偶然性，又有其必然性。这种必然性多以该地历史上的经济文化繁荣为前提条件。在谈及徽州历史文献特别是徽州文书的遗存原因时，一般多强调其属山区、战乱较少这一因素，即所谓"山峭水厉，燹火弗惊"①。这的确是徽州历史文献能够保存下来的一个重要原因，但这仅仅是外因。从内因方面来说，大量的价值高的历史文献遗存至今，当与历史上的徽州经济文化高度发达这一点是分不开的。徽州虽为山区，但距杭州、南京等江南中心地区并不遥远，有多条水路、陆路相通，各方面联系十分密切。明代徽州一直属于南直隶，"乃当三辅"②，为京畿之地。清初属以南京为省会的江南省，康熙分省后归安徽省，但安徽布政使司仍驻南京，直至乾隆二十五年（1760年）才移驻安庆③。可以看出，宋元以后的徽州地区，虽不像杭州、苏州那样处于江南经济文化发展的中心地带，但它无疑是属于当时中国最为发达的江南经济文化圈的。史载，徽州在南宋时已是"人烟辏集，无异京华"④，明清时期以徽商称雄海内，更加繁荣。在文化方面，"新都故文献地也，隶畿辅而望东南"⑤，素称"程朱故里""东南邹鲁""文献之邦"，人文荟萃，名家辈出。其经济文化之发达，足以与苏杭相媲美。正是由于历史上徽州经济文化高度发达，公私交往频繁，产生了大量的契约文书，编撰了丰富的典籍文献，才能有数量大、价值高的徽州历史

---

① 《新安名族志》前集《名族志序·胡晓序》。
② 万历《休宁县志·序》之汪先岸《休宁县志叙》。
③ 《清史稿》卷58《地理五·江苏》，中华书局1977年版，第1983—1984页。
④ 《新安名族志》后集《韩姓》。
⑤ 〔明〕邵庶：《还古书院碑记》，载万历《休宁县志》卷7《艺文志·记述》。

文献流传至今。而徽州历史文献的大量遗存，反过来也说明了历史上徽州经济文化的繁荣昌盛。由此，我们可以进一步明了徽州历史文献的研究价值与意义。

第一，徽州历史文献所反映的社会经济制度与历史文化，既有其地方性特点，同时又有超越地方本身的典型性与普遍性的一面，对于研究同时期的中国史具有重要价值。

由于徽州地近南京苏杭，属京畿之地，明清两代徽州地区一直比较忠实地贯彻朝廷的政治经济政策，所以徽州文书与典籍文献中所反映的明清社会经济制度，既典型地体现了明清两代朝廷的政治经济措施在地方上的执行情况，同时亦具普遍性。如土地买卖文契、契本、税契凭证、契尾等体现的土地买卖制度，鱼鳞图册、丈量图册、签业归户票等反映的土地制度，户帖、黄册底籍等反映的户籍与赋役制度，十家门牌显示的保甲制度，等等。甚至可以说，如今也只有通过对徽州文书的考察，才能对明清时期的一些社会经济制度作更深入的研究，纠正谬误，推向前进。现存其他地方的文书档案，由于种种局限，已很难做到这一点。例如，以往中外学者都将日本所藏的一件文书认定是明代的黄册原本而广泛引用，甚至20世纪90年代出版的《中国大百科全书》亦加采用，似成定论。但通过对徽州文书所藏黄册底籍的考察，可知其并非明代黄册原本，只是一份明代保甲文册①。又如，美籍华人学者何炳棣先生认为，"六百年来最为传统及当代史家称道的明初全国各地履亩丈量绘制的《鱼鳞图册》，根本不是史实而是'传奇'"②，并宣称对此进行了"最多面、最缜密"的考证。然而，其考证只是关注了文献方面的有关记载，并未对遗存至今的鱼鳞图册档案文书进行调查与研究。如果对遗存至今的数千部（册）鱼鳞图册档案文书稍作调查，如果对在徽州文书中发现的龙凤时期（元末明初）及洪武时期的鱼鳞图册实物稍加留意，那么，所谓"鱼鳞图册传奇"说之谬误，是无须多加辩正的。

---

① 参阅拙著：《明代黄册研究》，中国社会科学出版社1998年版，第106—132页。
② 何炳棣：《中国历代土地数字考实》序言，台北联经出版事业公司1995年版，第7页。

徽州本是"文公阙里"。在思想文化方面，宋明理学特别是朱熹思想对徽州的影响巨大而深远，成为宋代以后徽州社会的统治思想。宋明理学与儒家文化是宋代以后徽州的主流文化。元代理学家赵汸说：

> 自井邑田野，以至于远山深谷，民居之处，莫不有学、有师、有书史之藏。其学所本，则一以郡先师子朱子为归。凡六经传注，诸子百氏之书，非经朱子论定者，父兄不以为教，子弟不以为学也。是以朱子之学虽行天下，而讲之熟，说之详，守之固，则惟新安之士为然。[①]

至清代前期，徽州又成为朴学的发祥之地。从朱熹到戴震，从宋明理学到清代朴学，这既是宋代以后徽州思想文化发展的一条主线，同时也代表了这一时期中国儒家思想发展演变的主流。徽州历史文献为这方面的研究提供了翔实的资料。

徽州本是一个移民社会。徽州世家大族多从北方迁来，历史悠久，远肇汉唐，迁徽以后一直保持原有的宗族体系和传统，其风最为近古。宋代以后，徽州宗族极为繁荣，成为中国封建宗族制度一个十分典型的地区。很明显，研究徽州宗族对于探索中国古代的宗族亦具有重大价值。而在徽州历史文献中，既有与宗族相关的大量的典籍文献存世，又有珍贵的宗族文书遗存，更有众多的族谱被保存下来，有关宗族的资料最为全面丰富。这方面的研究极具优势。

如同甲骨文、汉晋简帛、敦煌文书等对说明其同时期的中国历史文化都有重大价值一样，徽州历史文献在阐释整个明清时期的历史文化方面亦有特殊的重要价值，我们应努力将它发掘出来，而不能埋没它。

第二，徽州历史文献对于探索中国古代基层社会实态具有重要价值。

有关中国历史的传世典籍文献，虽然极为丰富，但从现代科学研究的要求来说，仍有很大不足。传世典籍文献记载，多重政治，轻经济；重典章制度，轻社会实态；重纲常伦理，轻社会生活；重王室精英，轻平民百

---

① 〔元〕赵汸：《东山存稿》卷4《商山书院学田记》，载《文渊阁四库全书》第1221册，上海古籍出版社1989年版，第287页。

姓。总之，多偏重上层社会，其记载不厌其烦，颇为详细；而轻视下层社会，其叙述语焉不详，十分简略。徽州历史文献中的乡邦文献特别是徽州文书所提供的资料，则可以在很大程度上弥补这方面的不足。如果说明清内阁大库档案属官府档案，那么徽州文书则是民间档案，记录的多是基层社会情况。这也是徽州历史文献的一个特色。它不仅反映了官方制定的社会经济制度在基层的实际运作与执行情况，而且提供了一大批典籍文献根本没有记载的、有关基层社会的原始档案资料，对中国古代基层社会的研究无疑具有重要价值。在徽州文书中，既有记载一个图（包括几个自然村）的较为完整的人口与土地资料，又有关于一个宗族或一户的归户性文书。前者如安徽省博物馆（2010年更名为安徽博物院）所藏四册明代黄册底籍《万历拾年大造贰拾柒都五图黄册底》《万历贰拾年大造贰拾柒都第五图黄册底》《万历叁拾年大造贰拾柒都五图黄册底》《万历肆拾年壬子大造贰拾柒都五图册底》，即登载了连续四个黄册大造之年该图的人口与土地资料，这些资料对于分析当时农村的人口与经济结构无疑是弥足珍贵的①。这里还要特别提一下徽州文书中的归户性文书。在20世纪80年代以前搜集的徽州文书中，一些原本是属于一户的文书即归户性文书，多被打乱，分别藏于多个单位，给研究者带来极大的不便。20世纪90年代以来搜集的徽州文书开始注意这个问题。如安徽大学徽学研究中心"伯山书屋"即搜集了一批归户性文书，颇为珍贵。这些文书从搜集工作开始即注意其归户性，凡原本属于一户的文书，在搜集、收藏、整理等过程中都没有被打乱，保持原貌不变，既给研究者带来了方便，也提高了文书的利用价值。在20世纪90年代以来搜集的归户性文书中，一户文书有的多达数百份，有的甚至超过千份。这些归户性文书，对于研究宗族社会乃至农村基层社会的重要价值，自不待言。

第三，徽州历史文献为中国历史的跨学科综合研究提供了可能。

随着现代科学研究的发展，社会科学的学科分类也越来越细。学科分

---

① 参阅拙著：《明代黄册研究》，中国社会科学出版社1998年版。

类的细化，有利于专攻和深入研究，但也有其局限性。因为人类社会本来是一个有机的整体，组成人类社会的各个方面，自有其特点与相对的独立性，又有相互依存、相互联系的一面。如果只进行各个学科的专门研究，忽视学科间的整合性考察，那么就难以从整体上解释人类社会，而各学科本身的专门研究也难以进一步深入。如今，越来越多的学者已注意到这个问题，倡导在进行各学科专门研究的同时，还要做跨学科的综合性研究，走多学科相结合之路。这也是20世纪学术研究给予我们的一个重要启示。

如前所述，徽州历史文献种类繁多，涉及面非常广泛，涵盖政治、经济、思想文化、艺术、军事、教育、商业、金融、考古、医学、农学以及数学、天文、历法等方面，从历史学科的分类来说，涉及政治史、经济史、思想文化史、社会史、法制史、教育史、军事史、科技史、艺术史等。这就为中国历史的跨学科综合研究提供了可能。往往一种徽州历史文献即涉及多学科的研究领域，如土地买卖契约，既涉及经济史，又涉及法制史等；宗族文书，既涉及社会史，又涉及经济史、法制史等；诉讼文书，既涉及法制史，又涉及社会史等。这些无疑为我们进行跨学科的综合性研究提供了丰富的资料。

关于徽州历史文献的研究价值和意义还可举出很多。

中国历史上的典籍文献，浩如烟海，汗牛充栋。特别是宋代以后的传世典籍文献，对个人来说，即使皓首，也难以穷尽。学者仅利用典籍文献方面的资料也能写文章、做学问。因而传统国学以文献证文献的研究方法，至今仍有很大市场。徽州历史文献堪称中国历史文化遗存的又一宝藏。徽州历史文献的开发与利用，无疑是合乎20世纪以来学术发展先进潮流之举。徽学研究的发展，将大大突破传统国学以文献证文献的局限，开辟中国史特别是明清史研究的新局面。

原载《徽学》第二卷，安徽大学出版社2002年版，有改动

改革开放以来徽学研究的回顾与展望

改革开放使中华大地发生了翻天覆地的巨变，社会科学研究亦出现了前所未有的繁荣。不仅已有的研究取得了新的进展，而且催生了不少新的学科。其中，徽学研究的兴起与徽学学科的形成尤为令人瞩目。

一、改革开放前的徽学研究

徽学是随着改革开放以来社会科学的发展繁荣而形成的一门新学科。但徽学的产生并不是偶然的。在改革开放以前，已有不少中外学者对徽州社会经济史及徽州历史文化等做了开拓性的研究。当我们叙述改革开放以来的徽学研究时，有必要对此前的徽学研究作一简略回顾。

由于徽州历史文化的光辉成就和重要价值，早在20世纪初就有学者对徽州的历史人物和文化进行研究，此后渐及其他方面。至改革开放前，这一时期所涉及的研究领域有：徽州历史人物，县乡镇志、乡土地理志及乡邦文献，徽州方言，徽州建筑，新安画派，徽州版画，徽班进京及徽剧，徽州庄仆（佃仆），徽州奴变，徽州宗族与族谱，徽商及徽州社会经济，等等。其中比较突出者大致有以下几个方面：（1）徽州历史人物研究。主要是对明末清初抗清义士金声①、数学家汪莱②、马克思在《资本论》中提到的唯一中国人清末理财家王茂荫③、绩溪经学三胡（胡匡衷、胡秉虔、胡培翚）④、思想家俞正燮⑤、徽派朴学家程瑶田⑥等的研究。其中不乏一些著名史家的论说，如1936年郭沫若发表的《〈资本论〉中的王茂荫》⑦为最先研究王茂荫之作，1937年吴晗著文《王茂荫与咸丰时代的币制》⑧，1938年商承祚著文《程瑶田桃氏为剑考补正》⑨，1944年陈垣写有《休宁金声传》⑩。（2）徽州乡土志书及乡邦文献编撰。除徽州县乡镇志、乡土地理志、徽州书院志等的编撰外，成就卓著、影响后世的是民国时期许承尧所撰的《歙事闲谭》⑪。该书系许氏在20世纪30年代编撰歙县志书等之际，对有关徽歙历史、沿革、山川、名胜、人物、典籍、经济、风俗、物产之类文献，广泛辑录，以笔记形式汇成的巨制，实为一部全面展示徽歙历史文化而具有学术见解的史料长编，被誉为徽学研究的先导与开山之作⑫。

---

① 熊鱼山：《金正希先生年谱》，《神州丛报》1913年第1卷第1期、1914年第1卷第2期；吴景贤：《金正希与抗清运动》等4篇论文，载《学风》1935年第5卷第1、6、8、9期。

② 钱宝琮：《汪莱衡斋算学评述》，《浙江大学科学报告》1936年第2卷第1期。

③ 张明仁：《我所知道的资本论中的王茂荫》，《光明半月刊》1936年第2卷第2期；谭彼岸：《资本论中的王茂荫问题》，《岭南学报》1937年第2卷第9、10期；王璜：《王茂荫的生平及其官票宝钞章程四条》，《光明半月刊》1937年第2卷第9期；王璜：《王茂荫后裔访问记》，《光明半月刊》1937年第2卷第10期。

④ 王集成：《绩溪经学三胡先生传》，《浙江省图书馆馆刊》1935年第4卷第6期；沈筱瑜：《绩溪三胡氏学通论》，《中日文化》1943年第3卷第8、9、10期。

⑤ 梁园东：《清俞正燮的史学》，《人文月刊》1933年第4卷第2期；柳雨生：《黟县俞理初先生年谱》，《真知学报》1942年第2卷第3期、1943年第3卷第1期。

⑥ 朱芳圃：《程瑶田年谱初稿》，《国立河南大学学术丛刊》1943年第1期。

⑦ 郭沫若：《〈资本论〉中的王茂荫》，《光明半月刊》1936年第2卷第2期。

⑧ 吴晗：《王茂荫与咸丰时代的新币制》，《中国社会经济史集刊》1939年第6卷第1期。

⑨ 商承祚：《程瑶田桃氏为剑考补正》，《金陵学报》1938年第8卷第1—2期。

⑩ 陈垣：《休宁金声传》，《真理杂志》1944年第1卷第4期。

⑪ 许承尧：《歙事闲谭》，黄山书社2001年版。该书撰于20世纪30年代，原为未梓稿本。

⑫ 诸伟奇：《歙事闲谭》序二，黄山书社2001年版，第9—26页。

（3）新安画派研究。现代国画大师徽籍人黄宾虹，对新安画派有精深的研究，1924年出版《黄山画家源流考》（又名《黄山书画佚史》），1926年在《艺观》杂志发表《黄山画苑论略》，1935年在《国画月刊》发表《新安派论略》，等等，撰写了一系列论著，对历史上的新安画派作了系统考察和探究。其后，著名书画史专家汪世清又进一步研究新安画派，1964年，他与汪聪编纂的《渐江资料集》出版①，20世纪70年代后期，又陆续发表了对新安画派渐江、程邃以及其他明清画家的论文，考辨严谨，见解独到，受到中外学者的关注与高度评价。（4）徽州建筑研究。1953年，著名建筑史研究专家刘敦桢对歙县西溪南乡古建筑进行考察，发表了《皖南歙县发现的古建筑初步调查》②。其后，张仲一、曹见宾等组成调查研究小组，对徽州20余处古民居建筑进行了较为全面的调研，出版了《徽州明代住宅》③。殷涤非著文《歙南古建调查中的一些认识》④，胡悦谦发表《徽州地区的明代建筑》⑤，探讨了徽派建筑的特色。（5）徽州奴变与佃仆制研究。1937年，吴景贤著文《明清之际徽州奴变考》⑥，对顺治年间徽州地区爆发的以宋乞为首的佃仆反抗斗争作了专题研究，文中叙及徽州佃仆制的内容，为现代徽州佃仆与奴变研究之先导。1957年，刘序功发表《略谈清初徽州的所谓"奴变"》⑦；1958年，程梦余发表《宋七与徽州"奴变"》⑧。此后，关于徽州佃仆制的研究逐渐展开。1960年，傅衣凌发表《明代徽州庄仆文约辑存——明代徽州庄仆制度之侧面的研究》⑨；1963年，魏金玉著文《明

---

① 汪世清、汪聪：《渐江资料集》，安徽人民出版社1964年版，1984年修订再版。

② 刘敦桢：《皖南歙县发现的古建筑初步调查》，《文物参考资料》1953年第3期。

③ 张仲一、曹见宾、傅高杰等：《徽州明代住宅》，建筑工程出版社1957年版。

④ 殷涤非：《歙南古建调查中的一些认识》，《文物参考资料》1957年第2期。

⑤ 胡悦谦：《徽州地区的明代建筑》，《文物参考资料》1957年第12期。

⑥ 吴景贤：《明清之际徽州奴变考》，《学风》1937年第7卷第5期。

⑦ 刘序功：《略谈清初徽州的所谓"奴变"》，《史学工作通讯》1957年第1期。

⑧ 程梦余：《宋七与徽州"奴变"》，《安徽日报》1958年5月25日。

⑨ 傅衣凌：《明代徽州庄仆文约辑存——明代徽州庄仆制度之侧面的研究》，《文物》1960年第2期。

清时代佃农的农奴地位》①。这些研究对徽州佃仆制度作了较为深入的阐述，成为当时徽学研究中的一个热点问题。(6)徽商研究。1947年，傅衣凌发表长文《明代徽商考——中国商业资本集团史初稿之一》②，对徽商活动的时间、地点、经营领域、资本出路及其在中国商业史上的地位与作用等诸多问题作了系统而深入的考察，资料翔实，富有创见，成为徽商研究的开山之作。其后傅氏又撰文《明清时代徽州婺商资料类辑》③，进一步加以论述。1958年，陈野著文《论徽州商业资本的形成及其特色》④，以徽州一地为例，论证了明清时代商业资本的作用问题。以上主要是国内学者的研究。

这一时期还应提到的是国外学者对徽学的研究。日本学者很早就对徽州予以关注，并在徽商、宗族、庄仆制等多方面开展研究，相当活跃，成绩斐然。20世纪40年代，藤井宏在有关明代盐商的长篇论文中已有较多篇幅涉及徽商问题⑤。1953—1954年，他发表了《新安商人的研究》之系列论文⑥，乃系统考察和研究徽商的又一力作，成为徽商研究的开拓性论著之一，一直影响后世。1968年，斯波义信在《宋代商业史研究》⑦中，论述了宋代徽州商业的发展；1972年，他又发表了《宋代徽州的地域开发》⑧，以徽州作为江南山村型的典型，对其历史地理、移民与经济开发

---

① 魏金玉：《明清时代佃农的农奴地位》，《历史研究》1963年第5期。

② 傅衣凌：《明代徽商考——中国商业资本集团史初稿之一》，《福建省研究院研究汇报》1947年第2期；后收入《明清时代商人及商业资本》，人民出版社1956年版。

③ 傅衣凌：《明清时代徽州婺商资料类辑》，《安徽史学通讯》1958年第2期。

④ 陈野：《论徽州商业资本的形成及其特色——试以徽州一地为例来论证明清时代商业资本的作用问题》，《安徽史学通讯》1958年第5期；后收入南京大学历史系中国古代史教研室编：《中国资本主义萌芽问题讨论集》(续编)，生活·读书·新知三联书店1960年版。

⑤ 〔日〕藤井宏：《明代盐商之一考察——边商、内商、水商的研究》(一)、(二)、(三)，《史学杂志》1943年第54编第5号、第6号、第7号。

⑥ 〔日〕藤井宏：《新安商人的研究》(一)、(二)、(三)、(四)，《东洋学报》第36卷第1号、第2号、第3号、第4号，1953至1954年。

⑦ 〔日〕斯波义信：《宋代商业史研究》，风间书房1968年版。

⑧ 〔日〕斯波义信：《山本博士还历纪念东洋史论丛》，山川出版社1972年版。

等作了全面考察。1975年，重田德在《清代社会经济史研究》一书中，以"清代徽州商人之一面"为题①，对清代徽商作了专门论述。1940年，牧野巽发表《明代同族社祭记录之一例——关于〈休宁茗洲吴氏家记·社会记〉》②一文，1956年，多贺秋五郎著文《关于〈新安名族志〉》③，这些研究开启了徽州宗族与族谱研究的先河。1960年，仁井田陞的名著《中国法制史研究》第二卷出版，其中辟有专章论述"明末徽州的庄仆制——特别关于劳役婚"④，实为徽州佃仆制研究的开山之作。1976年，美国学者居蜜发表《十九、二十世纪中国地主制溯源》⑤，论及徽州的世仆与佃仆。

此外，改革开放前还有一个与徽学相关的重要事件，即徽州文书的发现、收藏与研究。徽州文书的面世可追溯到20世纪40年代。抗日战争胜利后，流落杭州、上海、南京等地的徽州人开始把一些契约文书拿到市场上出售。当时"中央研究院"史语所的方豪在南京购到一批徽州文书。其后，他以"战乱中所得资料简略整理报告"为副标题，将其整理与研究的成果共12篇报告，发表在1971—1973年台湾的《食货月刊复刊》上⑥。而徽州文书的大规模面世则是在20世纪50年代。契约文书本是官府或民间

---

① ［日］重田德：《清代社会经济史研究》，岩波书店1975年版。

② ［日］牧野巽：《明代同族社祭记录之一例——关于〈休宁茗洲吴氏家记·社会记〉》，《东方学报》1940年第11期。

③ ［日］多贺秋五郎：《关于〈新安名族志〉》，《中央大学文学部纪要》1956年第6期。

④ ［日］仁井田陞：《中国法制史研究》第二卷，东京大学东洋文化研究所1960年版。

⑤ ［美］居蜜：《十九、二十世纪中国地主制溯源》，载《沈刚伯先生八秩荣庆论文集》，台北联经出版事业公司1976年版。

⑥ 方豪：《明万历年间之各种价格——战乱中所得资料简略整理报告之一》，《食货月刊复刊》1971年第1卷第3期；《明万历年间富家产业抄存——战乱中所得资料简略整理报告之二》，《食货月刊复刊》1971年第1卷第5期；《乾隆五十五年自休宁至北京旅行用账——战乱中所得资料简略整理报告之三》，《食货月刊复刊》1971年第1卷第7期；《乾隆十一年至十八年杂账及嫁装账——战乱中所得资料简略整理报告之六》，《食货月刊复刊》1972年第2卷第1期；《乾隆二十二年汪朱氏丧事账——战乱中所得资料简略整理报告之十一》，《食货月刊复刊》1973年第3卷第1期；等等。又参阅卞利：《徽州契约文书之三次外流》，《光明日报》2002年7月9日。

在各种社会活动中直接产生的文字资料。宋代以后特别是明清时代，徽州已是可与苏杭相比肩的经济文化高度发展之地，公私交往频繁，产生了种类繁多、数量巨大的契约文书；其地山限壤隔，战乱较少；徽州宗族发达，世代相承不断，多个世代积累的文书以人户为中心而被保存下来。这些成为徽州地区有大量契约文书遗存下来的根本原因。1949年新中国成立后，在时代变迁这一大背景下，特别是在土地改革运动结束之后，历史上原本作为物权书证或交易凭证的契约文书已失去了法律效用，一度从家珍变成了"弃物"，被当作废纸卖给造纸厂，从而开始大量面世。这引起了有关领导和有识之士的关注，于是他们开始组织收购和从造纸厂中进行挑选抢救，然仍有相当大数量的契约文书被作为造纸原料毁掉了，抢救出来的只是一部分。当时在徽州本地收购徽州文书的，主要是由余庭光负责的屯溪古籍书店进行的，而后转给北京的中国书店售给各收藏单位。亦有收藏单位到徽州直接收购的，然数量有限。这一抢救和收购活动延至20世纪60年代"文革"之前。这批文书主要收藏在中国社会科学院历史研究所和经济研究所、中国国家博物馆、中国国家图书馆、中国第一历史档案馆、北京大学图书馆、北京师范大学图书馆、南京大学历史系资料室、上海图书馆、天津市图书馆、安徽省博物馆、安徽省图书馆、安徽省档案馆、安徽师范大学图书馆、安徽省黄山市博物馆（现为安徽中国徽州文化博物馆）以及黄山市属各县博物馆、档案馆等单位。徽州文书的主要特点，诸如数量大、种类多、涉及面广、跨越历史时代长和研究价值高等，在这批文书中得到了充分的体现。这批文书总量估计在10万件（册）以上，其中各种簿册类文书有数千册。现今遗存的宋、元、明时期的徽州文书，绝大部分都在这批文书之中。20世纪50—60年代发现的这批徽州文书，为徽学学科的确立和徽学研究的发展奠定了雄厚的资料基础。

综观改革开放前的徽学研究，不难看出以下倾向与特点：第一，徽学研究从一开始就显示了综合性学科的倾向。其研究以徽州历史文化为对象而涉及了广泛的领域，虽以社会经济史、法制史、社会史等为主，但亦包含语言、文献、艺术、戏曲乃至自然科学等其他学科。第二，徽学研究从一开始就是开放性的，它不是单纯的地方学，许多中外学者是在研究中国历史的视角下而关注徽州的，或者把徽州当作研究明清社会的一个切入点。傅衣凌先生说："我对于徽州研究的发端，应追溯到三十年代。那时对于中国奴隶制度史研究感到兴趣，曾从事于这一方面史料的搜集。嗣又见到清雍正年间曾下谕放免徽州的伴当和世仆，唤起我的思索。特别是接触到明清时期的文集、笔记等等，发现有关徽商的记载甚多。……50年代末，徽州民间文约大量流入北京，为徽州研究的深入提供了第一手资料，使我扩大了研究的范围，展开了明清时期徽州社会阶级结构、土地租佃关系诸方面的探索。这些研究，使我对于明清时代商品经济在中国经济史上的地位与作用，有了进一步的认识，亦给中国经济史的研究，开辟了一个新天地；并为我以后有关资本主义萌芽和山区经济等方面的研究，提供了可靠的资料。"[1]日本学者仁井田陞关于徽州庄仆制的研究，则是从探索17世纪前后的中国社会农奴制转型并将其作为中国法制史的一部分而展开的。第三，徽学研究从一开始就是带有国际性的，不仅有众多中国学者对其作了相当长时间的研究，而且不少外国学者亦参与其中，他们的研究也是具有开拓性的。总的来看，改革开放前的徽学研究，从资料和学术研究等多方面为改革开放后徽学研究的兴起做了准备。

二、徽学研究的兴起与徽学学科的形成

1978年改革开放之后，徽学研究迅速兴起。有关徽学的学术问题成为热点，研究队伍不断扩大，学术机构纷纷成立。徽学研究何以在改革开放之初就出现了一个蓬勃发展的新局面呢？

首先，改革开放促进了学术界的思想解放，学者们开始对此前的研究进行反思。对中国历史文化的研究与探索，是否就只有大框架的、自上而下的这样一种宏观模式呢？在思想解放的大环境下，人们在思考新的视

---

① 傅衣凌：《徽州社会经济史研究译文集》序言，黄山书社1987年版，第1页。

角，寻求新的切入点，尝试新的方法。于是，区域史研究趋于热门，社会经济史的考察也出现了新的方法，等等。具有雄厚资料、在宋代以后特别是明清时代占有重要地位的徽州，自然进入人们的视野，很快成为研究者关注的一个热点。其次，改革开放使中外的学术交流成为现实，大大促进了学术的发展繁荣。1982年，日本学者、中国明清社会经济史研究专家鹤见尚弘来中国访问，他是中国社会科学院历史研究所（简称历史研究所）接待的首位外国研修学者。鹤见尚弘来到历史研究所后指名要看徽州文书，他以鱼鳞图册为中心对徽州文书进行了长达4个月的考察与研究，取得了很多成果，并与中国学者做了广泛的学术交流。美国、荷兰、加拿大等国学者亦在改革开放前开始关注徽州，改革开放之初即发表了令人瞩目的研究成果。如美国学者居蜜于1979年发表《主与奴：十七世纪的农民怒潮》①，1982年又著文《一六〇〇——一八〇〇年皖南的土地占有制与宗法制度》②，荷兰学者宋汉理于1984年发表《徽州地区的发展与当地的宗族——徽州休宁范氏宗族的个案研究》③，美国学者贺杰于1985年发表《明清徽州的宗族与社会流动性》④，等等。与此同时，《江淮论坛》编辑部和刘淼教授分别组织出版了《徽商研究论文集》⑤《徽州社会经济史研究译文集》⑥，使这些成果很快被介绍到国内，为中国学者所了解。这些成果与国内学者的研究交相辉映，大大推动了徽学的发展繁荣。同时，这种形势也给国内学者带来了一种紧迫感。如众所知，敦煌文书在1900年被发现后，由于种种原因，国内的研究一度滞后，致有"敦煌在中国，敦煌学在国外"的说法。如果我们不加紧研究，会不会也出现"徽州在中国，

---

① ［美］居蜜：《主与奴：十七世纪的农民怒潮》，《明史研究》1979年第8期。

② ［美］居蜜：《一六〇〇——一八〇〇年皖南的土地占有制与宗法制度》，《中国社会经济史研究》1982年第2期。

③ ［荷］宋汉理：《徽州地区的发展与当地的宗族——徽州休宁范氏宗族的个案研究》，荷兰汉堡莱登大学《通报》，1984年。

④ ［美］贺杰：《明清徽州的宗族与社会流动性》，第一届明史国际学术讨论会论文，1985年。

⑤ 《江淮论坛》编辑部：《徽商研究论文集》，安徽人民出版社1985年版。

⑥ 刘淼辑译：《徽州社会经济史研究译文集》，黄山书社1987年版。

徽学在国外"的局面呢？这是当时学者们常常议论的一个话题。加之改革开放前的徽学研究和徽州文书的发现也提供了较好的条件，于是，在改革开放的大好形势下，徽学研究迅速兴起。

20世纪80年代，徽学研究很快在徽州佃仆、徽商、徽州土地制度与土地关系、徽州宗族等方面展开。从某种意义上说，这些研究可以说是此前研究的继续，因为其在过去已有一定的研究基础。不过，即使在这些领域，改革开放以后的研究也有很大不同，展现了新的面貌。而进入20世纪90年代之后，徽学研究则进入了全面发展繁荣的新时期，在资料搜集、领域拓展、学术交流、理论建构等各方面都取得了飞跃性的发展。改革开放以来徽学研究的突出进展主要表现在以下几个方面。

第一，着眼于学科的长远发展，重视资料开发。改革开放前的徽学研究，多是仅抓住某些问题写出一些论文。与此不同，改革开放后的徽学研究已从学科发展的需要出发，长远考虑，全面规划，把资料开发放在首要的位置。无论徽学研究本身，还是学科建设需要，遗存下来的数十万件徽州文书档案资料都是具有战略意义的。徽州文书在20世纪40—60年代被发现，随后因"文革"在各收藏单位原封不动束之高阁。徽学研究若要有大的发展，徽学学科若要真正确立，那么，对徽州文书档案资料的整理与利用就必须提上日程。正是基于这种考虑，1983年，中国社会科学院历史研究所、经济研究所，中国历史博物馆，安徽省博物馆共同协作，拟将各单位收藏的徽州文书全部整理编辑成集，名曰《明清徽州社会经济资料丛编》，分册出版。后因各种原因，只出版了安徽省博物馆编的第一集和历史研究所编的第二辑①，仅占现存徽州文书的极小一部分。此后，历史研究所继续在做徽州文书的整理工作，至20世纪80年代末基本完成。那么如何利用这批资料呢？是采取保守的做法，仍然藏之深阁，仅能为少数人利用，还是出版发行，公之于众，为大家所用呢？历史研究所的领导和徽

---

① 安徽省博物馆编：《明清徽州社会经济资料丛编》第一集，中国社会科学出版社1988年版；中国社会科学院历史研究所徽州文契整理组编：《明清徽州社会经济资料丛编》第二辑，中国社会科学出版社1990年版。

学研究者秉持开放的理念，决定以影印原件的形式，将其公布于世，遂出版了大型文书档案资料丛书40卷本的《徽州千年契约文书》。该书的出版在国内外产生了很大影响，对推动徽学研究的发展发挥了重要作用。以张海鹏、王廷元为首的安徽师范大学徽商研究群体，在20世纪80年代初确定徽商研究这一课题时，并未急于发表文章，而是先用多年时间，"利用教学之余，冒寒暑，舍昼夜，到有关图书馆、博物馆、科研单位以及徽州各地，访求珍藏，广搜博采，从史籍、方志、谱牒、笔记、小说、文集、契约、文书、碑刻、档案中，进行爬梳剔取，初步摘录近四十万言，编辑成册，定名为《明清徽商资料选编》"①。同样，该书的出版在国内外也产生了很大影响，对推动徽学研究发挥了重要作用。同时，它也为该群体其后成果斐然的徽商研究奠定了坚实的基础。进入21世纪，安徽大学徽学研究中心伯山书屋所藏徽州文书亦出版面世，该中心还组织编辑"徽学研究资料丛刊"，整理出版了一批典籍文献资料。

第二，秉持开放理念，加强国内外学术交流。改革开放给学术研究带来了前所未有的广泛交流的条件和机遇，徽学研究者以开放的理念从事学术研究，徽学研究的国内外学术交流相当活跃，十分频繁。改革开放使中外学者互访成为可能。徽州历史文化的独特性及其研究价值，磁石般地吸引着海外学者来到中国，走访徽州；国内一些徽学研究者也多次出访，宣传徽州，倡导徽学。这种互访交流在20世纪80年代已很频繁，大大促进了徽学的研究发展。20世纪90年代初，韩国高丽大学朴元熇教授到北京大学研修，而后来到黄山（徽州）考察，感受到徽州文化的博大精深，遂决定将研究方向转为徽州宗族研究，其弟子们攻读硕士、博士课程时亦均选徽学课题。改革开放以来，以"徽学国际学术研讨会"名义以及其他与徽学相关名义而召开的各种大中型会议就有十多次。如1998年在绩溪召开的"'98国际徽学研讨会"，有来自海内外的70余位学者参会，中外学者济济一堂，就徽学研究的多项课题进行了广泛的学术交流。此外，中国社会科

---

① 张海鹏、王廷元主编：《明清徽商资料选编》前言，黄山书社1985年版，第3页。

学院徽学研究中心于1994—1996年还多次在历史研究所举办了徽学研讨班，参加者有日本、韩国学者多人。安徽师范大学历史系、安徽大学徽学研究中心、黄山市社会科学界联合会、黄山学院等也开展了多项有关徽学的国际学术交流活动。这些会议、研讨班和国际学术交流活动，对促进徽学研究的发展，扩大徽学的影响，加速其走向世界，无疑都起了重要的推动作用。

第三，学术团体和学术机构建立，学术刊物发行，研究队伍发展壮大。改革开放以后，随着徽学研究的兴盛，有关徽学研究的学术团体和学术机构纷纷建立。作为徽学研究的学术机构，最早是1983年中国社会科学院历史研究所成立的徽州文契整理组，以及同年安徽师范大学历史系成立的徽商研究课题组。1985年，徽州地区正式成立了徽州学研究会。同年，安徽省徽州学研究会在合肥成立，这是最早成立的徽学研究学术团体。1989年，徽商聚居地之一的杭州成立了杭州市徽州学研究会。2003年，浙江兰溪徽学研究会成立。至20世纪90年代，正式的徽学研究学术机构纷纷建立。1992年，安徽大学创建了徽州学研究所。1993年，中国社会科学院徽学研究中心成立。同年，安徽师范大学徽商研究中心成立。1994年，徽州师专建立了徽州文化研究所。1999年，安徽大学组建了徽学研究中心，其后经申报、审核、批准，于2000年成为首批教育部人文社会科学重点研究基地。此外，20世纪90年代以来，得到国家社科基金资助立项的徽学方面的研究课题有10余项之多，徽学研究受到国家的重视和支持。以上这些学术团体和机构，或主持徽学研究课题，或创办徽学研究刊物，或组织与徽学相关的会议及其他活动，成为开展徽学研究的重要平台。如由黄山市社会科学界联合会主办的《徽州社会科学》，自20世纪80年代以来登载了大量徽学研究论文，筚路蓝缕，功不可没。同时，在这些机构周围团结和凝聚了一批徽学研究者，他们是活跃在徽学研究舞台上的主力军。这些学术团体和机构，乃是改革开放以来徽学发展繁荣不可或缺的组织机构。

第四，徽学学科名称的提出与学科理论建设的开展。有学者指出，早在20世纪30年代，黄宾虹、许承尧等人已提出了"徽学""歙学"的概念，可看作徽学的萌芽和起步①。而具有学科意识、体系严谨的徽学（或徽州学）概念的提出，乃是改革开放以后的事。随着徽学研究的发展，20世纪80年代，叶显恩、张海鹏等人提出"徽州学"的概念。1985年，叶显恩发表《徽州学在海外》②一文，其中说："面对徽州学研究方兴未艾的局面，去年夏天在纽约，周绍明博士和贺杰博士就曾同我谈及建立国际性徽州学研究会的问题。我认为，徽州学的研究热潮正在日本、美国等国家兴起，研究的学者越来越多。为了交流研究成果，共推这一研究课题，国际性徽州学研究会的诞生不是不可能的。"同年，张海鹏在《明清徽商资料选编》③的前言中说："近几十年来，国内外学者在致力研究徽州社会史的过程中，形成了一门具有地域特色的徽州学。它既说明徽州社会史值得研究，也反映对徽州社会史的研究已取得了一定的成果。徽州学的内容，除要研究徽州的政治沿革、自然环境、语言、风俗习惯、土地制度、佃仆制度、宗族制度、历史人物、阶级斗争等等课题外，还有诸如'新安学派''新安画派''新安医派'这些大的研究领域，更有待于学者们的纵横驰骋。"随后，王钰欣、周绍泉主编的《徽州千年契约文书》④的前言中亦指出："自徽州文书发现以来，一个以研究徽州历史文化为对象的新学科——'徽学'（又称'徽州学'）在学术界逐渐形成，并日益为国内外学者所瞩目。"20世纪90年代之后，徽学研究全面展开，十分兴盛，"徽学"这一学科名称的提法日益普遍，已形成共识。与此同时，徽学学科本身的理论建设亦随之展开。其间，关于徽学学科本身的理论研讨出现了一个小的高潮。1993年，赵华富在首届全国徽学学术讨论会上发表《论徽州学的研究对象和意义》⑤，对徽州文化的特点及徽学的研究对象作了较为

---

① 鲍义来：《早期徽学浅见》，载《论徽学》，安徽大学出版社2004年版，第201—214页。

② 叶显恩：《徽州学在海外》，《江淮论坛》1985年第1期。

③ 张海鹏、王廷元主编：《明清徽商资料选编》，黄山书社1985年版。

④ 王钰欣、周绍泉主编：《徽州千年契约文书》，花山文艺出版社1991年版。

⑤ 赵华富：《论徽州学的研究对象和意义》，载《徽学研究论文集（一）》，黄山市社会科学界联合会、《徽州社会科学》编辑部编印，1994年版。

详细的阐论。2000年，周绍泉发表《徽州文书与徽学》①，着重阐述了徽州文书对徽学兴起的价值与作用，探讨了徽学在中国学术发展史中的地位与作用，产生了较大影响。接着，张海鹏发表《徽学漫议》②，对有关徽学的名称由来、形成原因、涵盖内容、学科性质等诸多方面作了较为深入的阐发。而后张立文发表《徽学的界定及其研究方法》③，认为"所谓徽学，是指以徽州社会、经济、文化、思想、艺术、科技、工艺等为研究对象的、具有徽州特色的一种理念和学说的总和"，强调其理念、学说和精神这一层面，并指出徽学的研究方法依次是象性分析、实性分析、虚性分析。这一年，由黄山学院徽州文化研究所组织编撰、姚邦藻主编的《徽州学概论》④也付梓面世。该书分为两编，上编"徽州学通论"，下编"徽州学分论"，为首部全面论述徽学学科体系之作，自成一家之言，而具先导之功。2004年，安徽大学徽学研究中心组织的"徽学的内涵与学科建构"研讨会召开，学者们围绕徽学学科的界定、建构、研究方法及相关的理论问题各抒己见，展开研讨。会后出版了《论徽学》⑤文集。同年，栾成显发表《徽学的界定与构建》⑥，认为"徽学是以徽州文书档案、徽州典籍文献、徽州文物遗存为基本资料，以徽州历史文化为研究对象，进而探索中国传统文化的一门综合性学科"，并论述了徽学构建体系的三个层面：徽学基本资料的整理与研究，各个学科的基础性研究，理念性和精神方面的概括与总结。该文被《新华文摘》等全文转载。徽学学科本身理论建设的开展，是在徽学研究发展繁荣的形势下出现的，其对徽学研究的进一步发展也是必不可少的。它是徽学学科形成的标志之一。

---

① 周绍泉：《徽州文书与徽学》，《历史研究》2000年第1期。

② 张海鹏：《徽学漫议》，《光明日报》2000年3月24日。

③ 张立文：《徽学的界定及其研究方法》，《光明日报》2000年9月12日。

④ 黄山学院徽州文化研究所编，姚邦藻主编：《徽州学概论》，中国社会科学出版社2000年版。

⑤ 朱万曙主编：《论徽学》，安徽大学出版社2004年版。

⑥ 栾成显：《徽学的界定与构建》，《探索与争鸣》2004年第7期；《新华文摘》2005年第1期全文转载。

第五，取得了一批水平较高、影响较大的研究成果。改革开放以来，原有的研究大为深化，推出了水平较高的新论著；随着研究领域的拓展、视角的更新，又取得了一批有分量的新的研究成果。改革开放后，许多原有的徽学研究，如徽州佃仆、徽商、徽州土地制度、徽州宗族等领域的研究，遵循科研规律，在大量搜集资料的基础上，先做专题研究，而后进行全面系统的考察与研究，推出了水平较高的新论著。20世纪90年代之后，徽学研究的领域大为拓展，从以徽州社会经济等为主扩展到其他方面，诸如新安理学、徽派朴学、徽州教育、新安画派、徽派篆刻、徽州建筑、徽州科技等，有关徽州历史文化的各个领域的研究全面展开。与此同时，随着整个学界学术视野的扩大和视角的多样化，徽学研究的视角多有更新，社会史、法制史、文化史、文化地理学等研究视角和方法亦被应用于徽学研究之中，徽学研究呈现多样化的发展态势。改革开放以来，徽学研究已取得了一批有水平、令人瞩目的新成果。其主要学术成果详见下节。

重要资料的开发，学术交流的加强，学术机构的建立，学科理论建设的开展，一批高水平研究成果的取得，这些既是改革开放以来徽学研究的突出进展，也是徽学学科形成的显著标志。

三、徽学研究成果概述

学术研究成果是徽学发展繁荣的集中体现。据不完全统计，改革开放以来发表的徽学研究著作有100余部，论文2000余篇。这里仅举其要者略作概述。

（一）资料整理与研究

中国社会科学院历史研究所收藏整理的《徽州千年契约文书》，是由该所徽州文书课题组在20世纪80年代初整理的基础上，又经多年整理编辑而成的。全书分为宋·元·明编和清·民国编，共40卷，是一部大型文书档案资料丛书。该书荣获中国社会科学院1977—1991年优秀科研成果奖等一系列奖项。它是首部经过研究整理、公开发行的徽州文书资料，在国内外产生了较大影响。日本学者鹤见尚弘发表评论，认为该书的出版"对于中国的中世和近代史研究上是一件值得纪念的重要成就"，"其意义可与曾给中国古代史带来飞速发展的殷墟出土文物和发现敦煌文书新资料相媲美"①。另一部在学界产生较大影响的徽学研究资料是张海鹏、王廷元主编的《明清徽商资料选编》②，该书广搜博采，涉猎各类书籍230余种，在抄录百万字的基础上选编了40万字，其为徽商研究乃至整个徽学研究提供了基本资料，对推动徽学研究的发展作出了贡献，受到了国内外学者的好评。1993年，周绍泉、赵亚光以《窦山公家议》万历本为底本，汇集其他版本补葺的《窦山公家议校注》③出版。2005年之后，安徽大学徽学研究中心刘伯山主编的《徽州文书》④相继出版，这批资料多保持了原文书的归户形式，具有特色；该中心还组织编辑"徽学研究资料丛刊"，先后整理出版了《太函集》⑤《新安文献志》⑥《新安名族志》⑦《休宁名族志》⑧《茗洲吴氏家典》⑨等一批典籍文献资料。陈智超所著的《美国哈佛大学哈佛燕京图书馆藏明代徽州方氏亲友手札七百通考释》⑩，将美国哈佛大学哈佛燕京图书馆所藏的一批珍贵明代徽商手札发掘出来，公布于世，并详

---

① ［日］鹤见尚弘：《中国社会科学院历史研究所收藏整理〈徽州千年契约文书〉》，《东洋学报》1994年第76卷第1、2号；译文载《中国史研究动态》1995年第4期。

② 张海鹏、王廷元主编：《明清徽商资料选编》，黄山书社1985年版。

③ 周绍泉、赵亚光：《窦山公家议校注》，黄山书社1993年版。

④ 刘伯山主编：《徽州文书》第一辑（10册），广西师范大学出版社2005年版；《徽州文书》第二辑（10册），广西师范大学出版社2006年版；《徽州文书》第三辑（10册），广西师范大学出版社2009年版。

⑤ 〔明〕汪道昆：《太函集》（胡益民、余国庆点校），黄山书社2004年版。

⑥ 〔明〕程敏政：《新安文献志》（何庆善、于石点校），黄山书社2004年版。

⑦ 〔明〕戴廷明、程尚宽等：《新安名族志》（朱万曙等点校），黄山书社2007年版。

⑧ 〔明〕曹嗣轩：《休宁名族志》（胡中生、王燮点校），黄山书社2007年版。

⑨ 〔清〕吴翟：《茗洲吴氏家典》（刘梦芙点校），黄山书社2006年版。

⑩ 陈智超：《美国哈佛大学哈佛燕京图书馆藏明代徽州方氏亲友手札七百通考释》，安徽大学出版社2001年版。

加考释，为徽学研究以及明清社会变迁的探索提供了重要资料。王振忠教授在出版《水岚村纪事：1949年》①一书之后，又发掘出珍贵的徽商小说稿本——"末代秀才"詹鸣铎所著的《我之小史》，与朱红共同整理校注出版②。此外，在张传玺主编的《中国历代契约会编考释》③和田涛等编著的《田藏契约文书粹编》④中，徽州契约文书都占了相当大的比重。

（二）基础性研究专著

改革开放之初，叶显恩先生在其多年调查研究的基础上推出专著《明清徽州农村社会与佃仆制》⑤。该书采用文献资料、契约文书、田野调查相结合的方法，对明清徽州社会作了全面考察，对徽州佃仆制进行了深入探索，是首部剖析和探讨明清徽州农村社会经济结构的力作，具有开拓性。"徽商研究"，是由张海鹏、王廷元、王世华等组成的安徽师范大学徽商研究中心所主持的国家级重大项目，也是徽学研究领域中一个重大的基础性课题。研究者从搜集资料做起，而后进行专题研究，历经十多年工夫，最后写出专著《徽商研究》⑥。该书在理论方法的运用、专题探索的突破和新资料的利用等方面均取得了重要成果，把徽商研究推到了一个新的阶段。该书荣获国家社科基金项目优秀成果奖等一系列奖项。陈学文所著的《徽商与徽学》⑦，对徽商的资本运作、徽商比较研究以及有关徽商的日用类书研究多有开拓性的阐发。徽州是一个宗族社会，宗族研究是徽学研究的另一重要基础性课题。赵华富先生自1990年开始专攻徽州宗族研究，多年坚持到全国各大图书馆抄录族谱，深入徽州一府六县实地调研，从个案研究做起，再进行专题研究，历经十多年工夫，最后完成《徽州宗

---

① 王振忠：《水岚村纪事：1949》，生活·读书·新知三联书店2005年版。

② 詹鸣铎：《我之小史》（王振忠、朱红整理校注），安徽教育出版社2008年版。

③ 张传玺主编：《中国历代契约会编考释》，北京大学出版社1995年版。

④ 田涛、［美］宋格文、郑秦编著：《田藏契约文书粹编》，中华书局2001年版。

⑤ 叶显恩：《明清徽州农村社会与佃仆制》，安徽人民出版社1983年版。

⑥ 张海鹏、王廷元主编：《徽商研究》，安徽人民出版社1995年版。

⑦ 陈学文：《徽商与徽学》，方志出版社2003年版。

族研究》①这一力作，成为首部全面、系统而深入探索徽州宗族的专著。刘道胜所著《明清徽州宗族文书研究》②，以明清徽州宗族文书为中心，解读文书的形式，阐释文书的内涵，对徽州宗族文书作出分类考察，进而揭示徽州宗族的各种社会关系，为首次系统利用文书资料研究徽州宗族之作。章有义先生自20世纪70年代起即着手徽州文书档案研究，改革开放之后连续推出《明清徽州土地关系研究》《近代徽州租佃关系案例研究》③等专著，他利用徽州文书所提供的一手资料，逐一作个案剖析，一改过去经济史学以摘引文献为主的归纳演绎之法，对明清及近代徽州土地关系作了具体而深入的探索，成果丰硕，受到高度评价。黄册制度是有明一代户籍与赋役之法的基本制度，以往学界依据文献资料多有研究。栾成显以徽州文书中新发现的黄册文书为基本资料，运用文书档案与文献记载相结合、微观分析与宏观考察相结合的方法，写出《明代黄册研究》④一书，厘正了中外学界对明代黄册原本的误判，对黄册制度本身诸问题提出了新的阐释，并论及明清社会经济史的一些基本问题，取得了新的突破。该书荣获中国社会科学院优秀科研成果奖，并被列入中国社会科学院文库图书。长期以来，有关徽派朴学大师戴震的哲学思想研究很多，而关于其考据学成就的论述甚少。徐道彬所著《戴震考据学研究》⑤，首次从戴震考据学的背景及特点、成就、方法、思想等诸多方面对戴震的考据学作了全面、系统的总结和阐述，填补了这方面研究的空白。

(三)综合性研究丛书

进入21世纪，为总结20世纪以来徽州文化的研究成果，并作出新的

---

① 赵华富：《徽州宗族研究》，安徽大学出版社2004年版。

② 刘道胜：《明清徽州宗族文书研究》，安徽人民出版社2008年版。

③ 章有义：《明清徽州土地关系研究》，中国社会科学出版社1984年版；《近代徽州租佃关系案例研究》，中国社会科学出版社1988年版。

④ 栾成显：《明代黄册研究》，中国社会科学出版社1998年版；又，《明代黄册研究》增订版，中国社会科学出版社2007年版。

⑤ 徐道彬：《戴震考据学研究》，安徽大学出版社2007年版。

探索与研究，安徽省委组织了省内外素有研究的徽学专家30余人，规划和实施了"徽州文化全书"这一国家社科基金重大项目。作为其最终成果，出版了20卷本、600余万字的《徽州文化全书》（安徽人民出版社2005年出版）。该丛书不设主编，各卷独立成书。该丛书取广义文化的视角，对博大精深的徽州文化作了全方位的展示，其中，物态文化方面，有《徽商》（王廷元、王世华著）、《徽州科技》（张秉伦、胡化凯著）、《徽州建筑》（朱永春著）、《徽州村落》（陆林、凌善金、焦华富著）、《新安医学》（张玉才著）、《徽州工艺》（鲍义来著）、《徽菜》（邵之惠、洪璟、张脉贤著）等；制度文化方面，有《徽州宗族社会》（唐力行著）、《徽州土地关系》（刘和惠、汪庆元著）、《徽州教育》（李琳琦著）等；行为文化方面，有《徽州方言》（孟庆惠著）、《徽州民俗》（卞利著）等；观念文化方面，有《新安理学》（周晓光著）、《徽派朴学》（洪湛侯著）、《新安画派》（郭因、俞宏理、胡迟著）、《徽州篆刻》（翟屯建著）、《徽派版画》（张国标著）、《徽州戏曲》（朱万曙著）、《徽州刻书》（徐学林著）、《徽州文书档案》（严桂夫、王国健著）等，丰富多彩，洋洋大观。《徽州文化全书》富于创新，其中有许多卷实为该专题领域的第一部专著，而属常见专题各卷，则有新的结构和体系。该丛书既是以往研究成果的一个系统总结，也是新时期探索创新的一次集中展示。该丛书获首届中国出版政府奖提名奖。另一部由安徽省社会科学界联合会和黄山市社会科学界联合会组织编撰的系列丛书《徽州五千村》，共12卷，200余万字。该丛书"精选了徽州数千村落中极具代表性的550多个村落，抓住其最辉煌的历史瞬间，自唐宋到明清，或记人，或叙事，或反映建筑特色，或记录民俗风情，以村落文化的个性魅力展示徽州文化的丰富内涵"[①]。

(四)新视角下的徽学研究论著

改革开放以来，多种理论并存，研究方法多样，总体上呈现出多元化

---

① 程必定、汪建设等主编：《徽州五千村：综合卷》出版说明，黄山书社2004年版，第1页。

的发展趋向。社会史研究重新兴起，法制史、文化史研究成为热门，历史人类学亦被大力倡导，等等，徽学研究很自然地受到这些新潮流的影响。而博大精深的徽州文化亦为不同理论方法的探索研究提供了用武之地。于是，改革开放以来的徽学研究出现了不少在新视角下探索徽州历史文化的研究成果。唐力行所著《明清以来徽州区域社会经济研究》①，从社会史的视角，对徽州宗族、徽州商人、徽州文化及徽州整体社会进行透视分析。王振忠所著《明清徽商与淮扬社会变迁》②，着力阐述徽商的经营发展对社会变迁带来的巨大影响，被誉为"从历史本身说明历史的著作"。卞利所著《明清徽州社会研究》③，也体现了社会史的研究方法，对明清徽州的社会变迁、社会结构、徽商与徽州社会、民俗与徽州社会、法制与徽州社会、徽州的社会问题等各个方面作了深层次的阐述，从整体上对古代徽州社会作了剖析。韩秀桃所著《明清徽州的民间纠纷及其解决》④，则是以法制史的视角和方法，解读古代徽州遗存的丰富的法律文献，进而对中国古代的法理文化作了深刻的阐释。日本学者中岛乐章所著《明代乡村的纷争与秩序——以徽州文书为史料》⑤，利用徽州文书中的珍贵资料，对明代基层社会的诉讼纷争作了翔实的阐述，揭示了明代乡村秩序的实态。阿风所著《明清时代妇女的地位与权利——以明清契约文书、诉讼档案为中心》⑥，以徽州契约文书等为基本资料，对"家族共产制""父权家长制""女子分法""强制继嗣"等重要理论问题进行了深入探讨，从法律规定与法律实践之不同层面论述了明清时代中国妇女的地位与权利。王振忠教授多年来致力于民间文书的搜集、整理和研究，他独树一帜，关注民

---

① 唐力行：《明清以来徽州区域社会经济研究》，安徽大学出版社1999年版。

② 王振忠：《明清徽商与淮扬社会变迁》，生活·读书·新知三联书店1996年版。

③ 卞利：《明清徽州社会研究》，安徽大学出版社2004年版。

④ 韩秀桃：《明清徽州的民间纠纷及其解决》，安徽大学出版社2004年版。

⑤ ［日］中岛乐章：《明代乡村的纷争与秩序——以徽州文书为史料》，汲古书院2002年版。

⑥ 阿风：《明清时代妇女的地位与权利——以明清契约文书、诉讼档案为中心》，社会科学文献出版社2009年版。

众的日常生活和社会文化，所著《徽州社会文化史探微——新发现的16—20世纪民间档案文书研究》①，对新发现的民间档案文书进行剖析，笔调清新，阐发入微，开辟了从社会文化史的视角研究徽州文书档案的新领域。周晓光教授别开生面，所著《徽州传统学术文化地理研究》②，以徽州的传统学术文化为研究对象，突破传统的徽州学术文化研究模式，首次依据文化地理学的相关理论和方法，从空间和区域的角度，对12世纪中叶以后的徽州学术文化体系作了系统而全面的阐论，视角新颖，资料翔实，考证缜密，堪称徽州文化研究的一部力作。

改革开放以来徽学研究取得的重要成果还有很多，因篇幅所限，不能全部举出。需要指出的是，这些研究成果的地位、作用和意义，不能仅限于徽学范畴之内加以评判，它对改革开放以来其他学科的发展繁荣也产生了积极影响，发挥了重要作用。

四、徽学研究的展望

温故而知新。改革开放以来，徽学研究既取得了显著成就，同时也存在一些不可忽视的问题，它们都对今后徽学研究的发展予以重要的启示。若要推动徽学研究的进一步发展繁荣，以下几个方面的问题恐怕不能不加以关注。

第一，资料开放问题。徽学研究具有雄厚的资料基础。改革开放以来，徽州文书的整理、公布与研究曾大大推动了徽学研究的发展。然迄今已整理公布的徽州文书数量还不到所藏总量的十分之一，还有大量文书档案资料仍被深藏馆阁，研究者难以窥见。如众所知，其所涉及的问题比较复杂。但是，资料只有开放，公布于世，研究的人才会多起来；而一种学问研究的人愈多，则愈兴旺发达。古今中外的学术发展史都证明了这一

---

① 王振忠：《徽州社会文化史探微——新发现的16—20世纪民间档案文书研究》，上海社会科学院出版社2002年版。

② 周晓光：《徽州传统学术文化地理研究》，安徽人民出版社2006年版。

点。敦煌学之所以成为世界性的显学，与其研究资料早已公开、能为世界各国学者所利用是分不开的。最近，我国敦煌学者编撰的"敦煌文献合集"已陆续出版①，这是一部汇集国内外收藏的集大成的敦煌文献合集，也就是说，有关敦煌学的文献即将全部公布于世，它不仅为敦煌学科所使用，还将成为各个学科都可以使用的资料。与敦煌文献相比，徽州文书资料的整理公布还相差甚远。对那些仍被束之高阁的大批徽州文书采取何种态度和做法，将是影响今后徽学研究发展的重要问题之一。毫无疑问，这些尚未公布的大批原始档案资料，蕴涵着极高的研究价值，具有广阔的学术开发前景。若能将其逐步整理公布于世，对于推动徽学研究的进一步发展，乃至嘉惠学林，是不言而喻的。

第二，基础性研究问题。自然科学领域非常重视基础性研究，尽管它不以特定的应用或使用为目的，但它所占的重要地位和发挥的长远效用已是众所周知。基础性研究是科学发展的动力和源泉。社会科学也是如此，一个学科若没有雄厚的基础性研究，最终是难以立于学术之林的。徽学是一门新兴的学科，从整体上看，其基础性研究还相当薄弱。然而，目前在课题的选择上多有忽视基础性研究的倾向，或为了申请项目，竞相争报那些大而空疏、缺乏实际内容的课题；或为了追赶某种潮流，去搞那些看上去很时髦的选题；或选取一些细枝末节、意义不大的题目。其实，徽学中许多领域的基础性研究几乎没有展开，而在业已展开的领域中，如徽商研究、徽州宗族研究等，其基础性研究仍有很大余地。如徽商资本研究，徽商与明清市场研究，徽州典商、布商、木商研究，人口流动与徽州宗族的形成，徽州宗族个案研究，徽州族谱研究，等等，这些课题都尚待研究。此外，研究缺乏力度和深度，这也是一个比较大的问题。即使选择了基础性课题，也存在这样的问题。改革开放以来已发表的徽学论著数量极为可观，但亦毋庸讳言，其中相当一部分论著并未怎么下功夫，题目多有重复，内容并无新意，既没有发掘新的资料，更未作出深入探索，多是在已

① 张涌泉主编：《敦煌经部文献合集》（全11册），中华书局2008年版。其他各部文献合集将陆续出版。

研究过的层面上炒来炒去。回顾改革开放以来的徽学研究，不难发现，凡是那些研究深入、成就突出而经得起时间考验的论著，都是肯下功夫，先从全面地搜集资料做起，再进行专题研究，最后才推出高质量的论著，都是历经多年时光、反复打磨的成果，而不是那种东拼西凑的急就篇。我们应该向那些踏踏实实、刻苦钻研的研究者们学习。基础性研究对于新兴的徽学学科来说，既是十分迫切的，更是关乎徽学长远发展的大问题，具有战略意义。徽学若要牢固地立于学术之林，只能建立在雄厚的基础性研究之上。

第三，研究理念与视角问题。改革开放以来徽学研究的一个重要启示是，在研究中必须坚持开放的理念。这一点在今后也必须坚持下去。徽学是有一定地域性限制的一门学科，但徽学研究不能关起门来做封闭式研究，而必须秉持开放的理念，实行开放的做法；必须加强与其他学科之间的交流，学习它们成熟的经验；必须关心国外学者的研究，借鉴他们好的研究方法；必须了解整个学术界的动态，汲取新的营养；而各个徽学研究者之间更要加强对话，互相交流，切磋研讨，互相启发。在具体研究中，则应有开放的视角和广阔的视野。在徽学研究中，既要防止泛化的倾向，不能把与徽州历史文化无关的东西拉到徽学研究中来，也要防止地方化的倾向，对徽学学科本身的定位应有正确的认识。那种把徽学与敦煌学、藏学一起称为"三大地方显学"的说法是不恰当的。须知敦煌学和藏学从来就没有把自己称为地方学，敦煌学从有其名伊始即称为"世界学术之新潮流"。徽学也不是地方学。如今，徽州的西递、宏村古民居也与敦煌莫高窟一样，早已进入"世界文化遗产"名录，又怎么能把徽学定位于地方学呢？徽学的研究对象虽有一定的地域性限制，但徽学的内涵是具有普遍性的。它所反映的历史文化性质往往要超出地方本身，具有更广泛的意义。因此，对徽州文化的研究不可局限于地方范围之内，而要有广阔的视野。当然，在徽学研究中既要阐述其普遍性价值，又不可忽视对徽州文化特点的提炼，愈是属于徽州特点的则愈具世界性。改革开放以来这方面研究也很薄弱，今后亦亟待加强。

第四，徽州文化生态的保护与研究问题。作为徽州历史文化的载体，遗存至今的不仅有文书档案和典籍文献，还有一个重要方面，就是在原徽州一府六县地区内遗存的大量的文物古迹。诸如古城、古村落、老街、民居、古建筑、祠堂、牌坊、石雕、砖雕、木雕、碑刻、古桥梁、古塔、水口、堨坝、匾额以及其他文物等，都有丰富的遗存。这些遗存不仅数量多，颇具规模，而且价值高，极为珍贵。许多遗存都属顶级文物，堪称中国历史文化之精华；已被确认为世界文化遗产者，不止一处。特别应指出的是，这些文物遗存并非一个个互不联属、孤立存在的点，而是互相联系，关系密切，构成系列，交相辉映，在相当程度上还保存着原有的文化生态。它们分布在原徽州一府六县的广大区域内，形成了一个典型的中国传统文化生态区。这是弥足珍贵的。这种整体性的文化遗存，更能让人们感受到那逝去的历史原韵。毫不夸张地说，如今在中国乃至世界上去寻找这种整体性的遗存已越来越难了。然而，人类现代化的进程又不可避免地对传统文化生态产生巨大的冲击。在徽州地区也是如此。近来，由学者倡议，经国家正式批准，国家级"徽州文化生态保护区"已经设立。而要切实保护好这一文化生态区，还有大量的工作要做。对徽州文物予以普遍而系统的调查、登录、整理、抢救，对这一珍贵的文化生态进行保护，是当务之急。与此同时，对徽州丰富的物质文化进行研究，也是徽学研究的一个重要领域。如上所述，迄今徽州文书与典籍文献方面的研究已经取得了丰硕的成果，相形之下，徽州文物方面的研究则很薄弱。徽州文物的丰富遗存，构成了相当完整的系列，对这一"徽州文物大系"的调查、整理与研究已经提上日程，亟待展开。采取多学科研究相结合，运用不同的视角、理论和方法，对徽州遗存的丰富的物质文化进行系统而深入的研究，必将迎来徽学研究发展的新局面。

从根本上说，徽学研究的兴起与徽学学科的形成，乃在于徽州文化本身具有重要的历史地位和极高的研究价值，在于徽州文化拥有丰厚的遗存——徽州文书、徽州文献、徽州文物，在于这些重要研究资料的重新发现。正是它们为徽学学科体系的建立奠定了基础，为学科理念的提炼提供了可能。回顾徽学研究的发展历程，我们认识到，研究对象具有重要的地位和价值，拥有丰厚的资料遗存和一批高水平的研究成果，是一个学科形成的根本条件。前二者乃为客观属性，后者则是在一定时机下人为努力的结果，三者缺一不可。改革开放为徽学研究的发展繁荣提供了大好时机。徽学研究的兴起与徽学学科的形成，是几代学人、众多学者共同努力的结果。今后徽学研究的发展，仍取决于研究者们的努力。从长远来看，徽学研究仍处于初始阶段，它还有很大的发展余地和拓展空间，前景广阔，任重道远。愿徽学同仁共勉。

原载《史学月刊》2009 年第 6 期，人大复印报刊资料《历史学》2009年第 10 期全文转载，有改动

徽州文书研究

明清地方文书档案遗存述略

20世纪，特别是20世纪下半叶以来，一些有代表性的地方文书档案相继面世，一批利用地方文书档案的史学研究成果引人注目，地方文书档案对于历史研究的价值被越来越多的学者所认识。地方文书档案已成为中国古代史史料构成的一个重要方面。然而，总体来看，利用地方文书档案研究历史的时间并不算长，其研究成果也不为多，特别是有关地方文书档案的史料仍在发掘之中，其确切的遗存情况尚不十分清楚。这里，仅就个人所知，对明清地方文书档案的遗存情况作一简略介绍和评述，以期与诸位学者进行交流，遗漏与错误之处在所难免，敬请批评指正。

一、明清地方文书档案遗存概况

这里所说的地方文书档案，一般是指与中央官府如内阁大库所藏文书档案相对而言，包括地方官衙在内而以民间收藏为主的文书档案，其主要类别有：交易文契、合同文约、承继分书、私家账簿、官府册籍、政令公文、诉讼案卷、会簿会书、乡规民约、日用类书、信函书札等。它们多是古代地方社会在各种官私交往活动中生成的原始文字记录和文本，每日都在产生，数量难以估算。可以说，在当时的社会生活中，文书档案各地都有，比比皆是。在历史悠久、经济文化发达的古代中国，这类地方文书档案的产生与遗存是极为丰厚的。然而，由于历史上改朝换代等原因，特别是近代以来，内外战争不断，各种动乱频繁，许多地方文书档案都屡遭劫难，所剩无几，这也是众所周知的。不过，近代以来各个地方的境遇并不完全相同，其文书档案的遗存情况亦呈现很大差别。总体来看，迄今遗存下来的地方文书档案，尤其是明清时代的地方文书档案还是相当可观的。本文从以下几个方面，对明清地方文书档案的遗存概况作一简略介绍。

（一）已公布的明清地方文书档案

已公布的明清地方文书档案主要是指已有出版物公布于世的明清地方文书档案。

1.徽州文书

①《明清徽州社会经济资料丛编》第一集，安徽省博物馆编，中国社会科学出版社1988年版，辑录本；《明清徽州社会经济资料丛编》第二辑，中国社会科学院历史研究所徽州文契整理组编，中国社会科学出版社1990年版，辑录本。前者据安徽省博物馆藏徽州契约文书编辑，后者据中国社会科学院历史研究所藏徽州契约文书编辑。

②《徽州千年契约文书》宋·元·明编、清·民国编，全四十卷，王钰欣、周绍泉主编，花山文艺出版社1991年版，影印本。据中国社会科学院历史研究所藏徽州文书编辑。

③《美国哈佛大学哈佛燕京图书馆藏明代徽州方氏亲友手札七百通考释》一、二、三册，陈智超著，安徽大学出版社2001年版。据美国哈佛大学哈佛燕京图书馆藏徽州文书编撰，该书第三册为方氏亲友手札原件影印资料集。

④《徽州文书》第一辑、第二辑、第三辑，共三十卷，刘伯山主编，分别为广西师范大学出版社2005年版、2006年版、2009年版，影印本。据安徽大学徽学研究中心伯山书屋藏徽州文书编辑。

⑤《安徽师范大学馆藏徽州文书》，周向华编，安徽人民出版社2009年版，影印本。据安徽师范大学图书馆藏徽州文书编辑。

⑥《中国徽州文书》民国编，黄山学院编，清华大学出版社2010年

版，影印本。据黄山学院图书馆藏徽州文书编辑。

2. 山东曲阜孔府明清档案

① 《曲阜孔府档案史料选编》，共三编，第一编为孔府档案全宗分类目录索引，第二编为明代档案史料，第三编为清代档案史料。中国社会科学院历史研究所、曲阜县文物管理委员会、曲阜师范学院历史系等合编，齐鲁书社1980—1985年出版，辑录本。据山东曲阜藏孔府档案编辑。

② 《孔府档案选编》（上、下），中国社会科学院近代史研究所中华民国史研究室、山东省曲阜文物管理委员会编，中华书局1982年版，辑录本。据山东曲阜藏孔府档案编辑。

3. 福建明清契约文书

① 《清代闽北土地文书选编》（一）（二）（三），杨国桢编，载《中国社会经济史研究》1982年第1—3期，辑录本。据厦门大学藏福建契约文书编辑。

② 《闽南契约文书综录》，杨国桢编，载《中国社会经济史研究》，1999年增刊，辑录本。据厦门大学藏福建契约文书编辑。

③ 《明清福建经济契约文书选辑》，唐文基、鹤见尚弘、周玉英编，人民出版社1997年版，辑录本。据福建师范大学历史系藏明清福建契约文书编辑。

④ 《泉州、台湾张士箱家族文件汇编》，王连茂、叶恩典整理，福建人民出版社1999年版，辑录本。据文献中所录契约文书编辑。

⑤ 《厦门典藏契约文书》，陈娟英、张仲淳编著，福建美术出版社2006年版，辑录本。据厦门市博物馆及社会人士收藏契约文书编辑。

⑥ 《福建民间文书》，全六册，陈支平主编，广西师范大学出版社2007年版，影印本。据厦门大学藏福建地区民间文书编辑。

4. 四川明清文书档案

① 《四川人民反帝斗争档案资料》，四川大学历史系编，四川人民出版社1962年版，辑录本。据四川省档案馆藏巴县档案编辑。

② 《四川保路运动档案选编》，四川省档案馆编，四川人民出版社

1981年版，辑录本。据四川省档案馆藏巴县档案编辑。

③《四川教案与义和拳档案》，四川省档案馆编，四川人民出版社1985年版，辑录本。据四川省档案馆藏巴县档案编辑。

④《清代乾嘉道巴县档案选编》（上、下），四川大学历史系、四川省档案馆主编，四川大学出版社1989年版，辑录本。据四川省档案馆藏巴县档案编辑。

⑤《清代巴县档案汇编》乾隆卷，四川省档案馆编，档案出版社1991年版，辑录本。据四川省档案馆藏巴县档案编辑。

⑥《清代地契史料》，熊敬笃编，新都县档案馆1983年印，辑录本。据新都县档案馆藏文书档案编辑。

⑦《自贡盐业契约档案选辑》，自贡市档案馆、北京经济学院、四川大学合编，中国社会科学出版社1985年版，辑录本。据自贡市盐业历史博物馆藏清代盐业档案编辑。

⑧《清代南部县衙档案目录》，全三册，西华师范大学、南充市档案局（馆）编，中华书局2009年版。据南充市档案馆藏清代南部县衙档案编辑。

5.山西文书档案

①《山西票号史料》（上、下部），中国人民银行山西省分行、山西财经学院《山西票号史料》编写组，黄鉴晖编，山西经济出版社1990年版，2002年增订，辑录本。该书辑录了档案馆、博物馆藏以及散见于民间的山西票号文书档案资料。

②《晋商史料全览》地方卷，全十一卷，山西省政协《晋商史料全览》编辑委员会编，山西人民出版社2006—2007年出版，辑录本。该书各卷中辑有大量明清晋商文书档案。

6.陕西契约文书

《陕西省清至民国文契史料》，王本元、王素芬编，三秦出版社1991年版。

7.甘肃清代文书档案

《清河州契文汇编》，甘肃省临夏州档案馆编，甘肃人民出版社1993年版，辑录本。据甘肃省临夏州档案馆藏清代文书档案编辑。

8.内蒙古文书档案

《清末内蒙古垦务档案汇编》（绥远、察哈尔部分），内蒙古自治区档案馆编，内蒙古人民出版社1999年版，辑录本。

9.北京契约文书

《北京房地产契证图集》，刘宗一主编，中国奥林匹克出版社1996年版，影印本。

10.天津清代文书档案

①《天津商会档案汇编》，第一辑（1903—1911），第二辑（1912—1928），第三辑（1928—1937），第四辑（1937—1945），第五辑（1945—1950），天津市档案馆、天津社会科学院历史研究所等合编，天津人民出版社1989—1998年出版，辑录本。据天津市档案馆藏文书档案编辑。

②《清代以来天津土地契证档案选编》，刘海岩主编，天津古籍出版社2006年版，辑录本。据天津市档案馆藏土地契约文书编辑。

③《天津商民房地契约与调判案例选编（1686—1949）》，宋美云主编，天津古籍出版社2006年版，辑录本。据天津市档案馆藏文书档案编辑。

④《券证遗珍：天津市档案馆藏清代商务文书图录》，天津市档案馆编，中国人民大学出版社2007年版，影印本。据天津市档案馆藏清代商务文书编辑。

11.上海文书档案

①《盛宣怀档案资料选辑》八种：《辛亥革命前后》《湖北开采煤铁总局·荆门矿务总局》《甲午中日战争》《汉冶萍公司》《中国通商银行》《上海机器织布局》《义和团运动》《轮船招商局》，陈旭麓、顾廷龙、汪熙主编，上海人民出版社1979—2002年出版，辑录本。据上海图书馆藏盛宣怀档案编辑。

②《清代上海房地契档案汇编》，上海市档案馆编，上海古籍出版社1999年版，辑录本。据上海市档案馆藏文书档案编辑。

③《上海道契》，全三十卷，蔡育天主编，上海古籍出版社2005年版，影印本。据上海市档案馆藏文书档案编辑。

④《老上海的当铺与当票》，傅为群撰，上海古籍出版社2006年版，影印本。据作者收录的照片和当票编撰。

⑤《上海图书馆藏盛宣怀档案萃编》，全二册，上海图书馆编，上海古籍出版社2008年出版，影印本。据上海图书馆藏盛宣怀档案编辑。

12.江苏文书档案

《苏州商会档案丛编》，第一辑（1905—1911），第二辑（1912—1919），第三辑（上、下册，1920—1927），第四辑（上、下册，1928—1937），华中师范大学历史研究所、苏州市档案馆合编，华中师范大学出版社1991—2009年版，辑录本。据苏州市档案馆藏苏州商会档案编辑。

13.浙江契约文书

①"绍兴县馆藏历史档案精品丛书"：《绍兴县馆藏清代档案集萃》（一函四册）、《绍兴县馆藏商会档案集锦》（一函四册）、《绍兴县馆藏教育档案集录》（一函五册）、《绍兴县馆藏金融档案汇集》（一函四册）、《绍兴县馆藏契约档案选集》（一函三册），绍兴县馆藏历史档案精品丛书编纂委员会编，中华书局2004—2008年出版，辑录本。据绍兴市档案馆藏文书档案编辑。

②《黄岩诉讼档案及调查报告》（上、下卷），田涛、王宏治、许传玺编撰，法律出版社2004年版，影印本。据中国第一历史档案馆藏《黄岩诉讼档案》及实地调查搜集文书编撰。

③《清代宁波契约文书辑校》，王万盈辑校，天津古籍出版社2008年版，辑录本。据宁波市档案馆藏契约文书编辑。

④《石仓契约》第一辑，共八册，曹树基、潘星辉、阙龙兴编，浙江大学出版社2011年版，影印本。据浙江省松阳县石仓村遗存契约文书编辑。

14.贵州清代文书

①《贵州苗族林业契约文书汇编（1736—1950）》，全三卷，唐立、

杨有赓、武内房司编，日本东京外国语大学国立亚非语言文化研究所2001年版，影印本。据贵州省锦屏县苗族遗存清代文书编辑。

②《清水江文书》，第一辑十三册，第二辑十册，张应强、王宗勋主编，分别为广西师范大学出版社2007年版、2009年版，影印本。据贵州省锦屏县苗族遗存清代文书编辑。

③《贵州文斗寨苗族契约法律文书汇编——姜元泽家藏契约文书》，陈金全、杜万华主编，人民出版社2008年版，影印加辑录本。据贵州省锦屏县苗族遗存清代文书编辑。

④《吉昌契约文书汇编》，孙兆霞等编，社会科学文献出版社2010年版。据贵州省安顺市西秀区吉昌村遗存清代文书编辑。

15.云南彝族土司档案

《清代武定彝族那氏土司档案史料校编》，楚雄彝族文化研究所编，中央民族学院出版社1993年版，辑录本。据中国国家图书馆藏云南彝族那氏土司档案编辑。

16.广西契约文书

《广西少数民族地区碑文契约资料集》，广西壮族自治区编辑组编，广西民族出版社1987年版，辑录本，2009年再版。

17.广东契约文书（含香港、海南）

①《广东土地契约文书（含海南）》，谭棣华、冼剑民编，暨南大学出版社2000年版，辑录本。据广州市档案馆，广东省博物馆，新会县博物馆，东莞市博物馆，香港大学冯平山图书馆、孔安道纪念图书馆等所藏契约文书编辑。

②《许舒博士所藏商业及土地契约文书：乾泰隆文书（一）潮汕地区土地契约文书》，蔡志祥编，东京大学东洋文化研究所1995年版，辑录本。据香港许舒博士所藏文书编辑。

③《张声和家族文书》，刘志伟编，香港华南研究出版社1999年版，辑录本。据香港许舒博士所藏文书编辑。

④《乾泰隆商业文书》，蔡志祥编，香港华南研究出版社2003年版，

辑录本。据香港许舒博士所藏文书编辑。

⑤《北海贞泰号：商业往来文书》，马木池编，香港华南研究出版社2003年版，辑录本。据香港许舒博士所藏广东南海九江黄慎远堂商业文书编辑。

⑥《北海贞泰号：1893—1935年结簿》，马木池编，香港华南研究出版社2003年版，辑录本。据香港许舒博士所藏广东南海九江黄慎远堂商业文书编辑。

⑦《英国国家档案馆庋藏近代中文舆图》，华林甫编著，上海社会科学院出版社2009年版，影印本。

18.西藏历史档案

《西藏历史档案荟萃》，西藏自治区档案馆编，文物出版社1995年版，影印本。据西藏自治区档案馆藏文书档案编辑。

19.台湾文书档案

关于台湾地区的文书档案，最早可上溯至19世纪90年代日本对台湾民间地契文书的调查与整理，其出版物可举出《临时台湾旧惯调查会第一报告书》《台湾私法》《台湾契字及书简文类编》《台湾总督府档案》等。台湾光复以来的出版物有：

①《台湾文献丛刊》所辑《台湾私法债权编》（丛刊第79种）、《台湾私法商事编》（丛刊第91种）、《台湾私法人事编》（丛刊第117种）、《台湾私法物权编》（丛刊第150种）、《清代台湾大租调查书》（丛刊第152种）、《淡新凤三县简明总括图册》（丛刊第197种）等各编，均载有大量文书档案，周文宪主编，辑录本，1959—1972年出版。

②《台湾公私藏古文书汇编》（又称《台湾公私藏古文书影本》），全十辑一百二十册，王世庆等辑，1977—1983年印行，影印本。该书印本较少，仅台北"中央研究院"、台湾傅斯年图书馆及美国、日本等少数图书馆有藏。

③《台湾古文书集》，三田裕次藏、张炎宪编，台北南天书局1988年版。

④《台湾平埔族文献资料选集——竹堑社》，张炎宪、王世庆、李季

桦编，台湾史田野研究室1993年版。

⑤《宜兰古文书》1—5辑，邱水金等主编，宜兰县政府、宜兰县立文化中心1994—1998年出版；《宜兰古文书》第6辑，陈金奇主编，宜兰县史馆2004年版。

⑥《台中县立文化中心藏台湾古文书专辑》（上、下），洪丽完编撰，台中县立文化中心1996年版，影印本。

⑦《南投县永济义渡古文契书选》，吴淑慈编，南投县立文化中心1996年版。

⑧《凯达格兰族古文书汇编》，黄美英主编，台北县立文化中心1996年版。

⑨《台湾古契书》，陈秋坤编，台北立虹出版社1997年版。

⑩《台湾史档案文书目录》，黄富三、张秀蓉等主编，台湾大学1997年版。

⑪《日据时期台湾拓殖株式会社文书中译本》第一辑，台湾省文献委员会编，南投县台湾省文献委员会1997年版。

⑫《头前溪中上游开垦史暨史料汇编》，吴学明编，新竹市立文化中心1998年版。

⑬《竹堑古文书》，张炎宪主编，新竹市立文化中心1998年版。

⑭《"国立"台湾大学藏岸里大社文书》，全五册，岸里大社文书出版编辑委员会编辑，台湾大学1998年版。

⑮《草屯地区古文书专辑》，台湾省文献委员会采集组编，南投县台湾省文献委员会1999年版。

⑯《噶玛兰、西拉雅古文书》，曾振名、童元昭主编，台湾大学人类学系1999年版。

⑰《凯达格兰古文书》，谢继昌主编，台湾大学人类学系1999年版。

⑱《道卡斯新港社古文书》，胡家瑜主编，台湾大学人类学系1999年版。

⑲《云林古文书汇编·第壹辑》《嘉义古文书汇编·第壹辑》，潘是辉

编，云林梅湖文化工作室1999年版。

⑳《大肚社古文书》，刘泽民编著，南投县台湾省文献委员会2000年版，影印本。

㉑《梧栖古文书史料专辑》，董伦岳撰，台中县梧栖镇公所2000年版。

㉒《台湾省文献委员会典藏北部地区古文书专辑》，全二辑，台湾省文献委员会采集组编校，南投县台湾省文献委员会2000年版。

㉓《后劲记事：后劲陈三正家藏古文书编》，郑水萍编，高雄市文化中心2000年版。

㉔《外埔乡藏古文书专辑》，洪丽完主编，台中县外埔乡公所2001年版。

㉕《台湾总督府档案平埔族关系文献选辑》，刘泽民、陈文添、颜义芳编译，南投县台湾省文献委员会2001年版。

㉖《笨港古文书选辑》，曾品沧执行编辑，台北"国史馆"2001年版。

㉗《平埔百社古文书》，刘泽民编著，南投市"国史馆"台湾文献馆2002年版。

㉘《水沙连埔社古文书选辑》，简史朗、曾品沧主编，台北"国史馆"2002年版，影印本。

㉙《道卡斯后垅社群古文书辑》《道卡斯蓬山社群古文书辑》，潘英海、陈水木编，苗栗县文化局2002年版。

㉚《靖海侯施琅督垦文献辑》，林金悔编，台南县政府文化局、台南县将军乡公所2002年版。

㉛《台湾社会生活文书专辑》，洪丽完编著，台北"中央研究院"台湾史研究所筹备处2002年版。

㉜《关西坪林范家古文书集》，刘泽民编著，南投市"国史馆"台湾文献馆2003年版。

㉝《金门古文书》，全二辑，叶钧培等编著，金门县立文化中心2003年、2004年版。

㉞《大甲东西社古文书》（上、下册），刘泽民编著，南投市"国史

馆"台湾文献馆2003年版，影印本。

㉟《左营历史照片及古文书》，曾光正编，高雄市政府文献会2003年版。

㊱《杨云萍藏台湾古文书》，张炎宪、曾品沧编，台北"国史馆"2003年版。

㊲《"中央研究院"民族学研究所藏道卡斯古契文书图文册》，潘英海编，台北"中央研究院"民族研究所2004年版。

㊳《台湾总督府档案平埔族关系文献选辑续编》（上、下），刘泽民编著，南投市"国史馆"台湾文献馆2004年版。

㊴《大冈山地区古契约文书汇编》，陈秋坤、蔡承维编著，高雄市政府文献会2004年版。

㊵《古凤山县文书专辑》，唐荣源编，高雄市政府文献会2004年版。

㊶《大基隆古文书选辑》，许文堂编，基隆文化中心2004年版。

㊷《流金岁月话蓬山：通苑古文书老照片专辑》，王春凤编著，苗栗县蓬山文教协会2004年版。

㊸《北路淡水：十三行博物馆馆藏古文书》（一），林明美总编，台北县立十三行博物馆2005年版，影印本。

㊹《水沙连眉社古文书研究专辑》，简史朗编，南投县政府2005年版。

㊺《金门浦边周宅古文书》，陈荣文编著，金门县政府2005年版。

㊻《嘉义市古文书选辑》，颜尚文计划主持，李建兴编，嘉义市政府2005年版。

㊼《新竹郑利源号典藏古文书》，郑华生口述，郑炯辉整理，南投市"国史馆"台湾文献馆2005年版。

㊽《台湾总督府档案抄录契约文书》第一辑、第二辑，全二十六册，台湾史料集成编辑委员会编，台北"行政院文化建设委员会"、远流出版事业股份有限公司2005—2006年出版，辑录本。

㊾《鹿港郊商许志湖家与大陆的贸易文书（1895—1897）》，林玉茹、刘序枫编，台北"中央研究院"台湾史研究所2006年版。

○50《力力社古文书契抄选辑：屏东崁顶力社村陈家古文书》，陈纬一、刘泽民编，南投市"国史馆"台湾文献馆、屏东县政府2006年版。

○51《大台北古契字集》，全四集，高贤治编著，台北市文献委员会2002年版、2007年版，影印本。

○52《苗栗鲤鱼潭巴宰族史暨古文书汇编》，张素玢编，台北苗栗县文化局2007年版。

○53《日阿拐家藏古文书》，林修澈编，台北苗栗县文化局2007年版。

○54《神冈——筱云吕玉庆堂典藏古文书集》，杨惠仙编，南投市"国史馆"台湾文献馆2007年版。

○55《台中东势詹家、清水黄家古文书集》，冯明珠、李天鸣编，台北"故宫博物院"紫禁城出版社2008年版。

○56《李景旸藏台湾古文书》，林正慧、曾品沧编，台北"国史馆"2008年版。

○57《台湾中部平埔族群古文书研究与导读》，洪丽完编，台中县立文化中心2009年版。

○58《台南县平铺族古文书集》，林玉茹编，台南县文化局2009年版。

○59《淡新档案》，台湾大学图书馆编，台湾大学出版中心1995—2009年出版，影印本，已出版28册。据台湾大学图书馆藏淡新档案编辑。①

此外，台湾还有一些文书档案的出版物，恕不一一列出。迄今台湾文书档案出版物总数已有60余种。

20.《中国历代契约会编考释》

《中国历代契约会编考释》（上、下册），张传玺主编，北京大学出版社1995年版，辑录本。其下册所辑为明、清及民国时期的契约文书。据北京大学图书馆、中国国家图书馆、天津市图书馆和博物馆、广西壮族自治区博物馆、安徽省博物馆、中国历史博物馆、中国社会科学院民族研究所

---

① 以上关于台湾文书档案的出版信息，主要参阅叶钧培《金门清代古文书研究——以契约文书为主》之"参考文献"部分以及李季桦《台湾契约文书的研究动向》而编辑，谨致谢意。

等所藏契约文书编辑。

21.《田藏契约文书粹编》

《田藏契约文书粹编》，田涛、［美］宋格文、郑秦编著，中华书局2001年版，辑录本。据田涛个人收藏契约文书编辑。

22.《故纸拾遗》

《故纸拾遗》，全三卷，王支援等主编，三秦出版社2006—2008年出版，影印本。该书汇编了清至民国时期以洛阳地区为主，包括山西、陕西、云南、东北、甘肃等地在内的各种契约文书。

23.《故纸堆》

《故纸堆》，全十册，鲍传江、郭又陵主编，北京图书馆出版社2003年版，影印本。该书收载了明清、民国及新中国成立后南北各地的多种契约文书。

24.日本学者所辑中国土地契约文书

①《中国土地契约文书集（金—清）》，东洋文库明代史研究室编，财团法人东洋文库1975年刊行，辑录本。据各种文献所录契约文书编辑。

②《东洋文化研究所所藏中国土地文书目录·解说》（上、下），滨下武志等编，东京大学东洋文化研究所附属东洋文献中心1983年、1986年刊行，辑录本。据东京大学东洋文化研究所藏中国清代契约文书编辑。

③《徽州歙县程氏文书·解说》，臼井佐知子编著，东京外国语大学大学院地域文化研究科2006年版，影印本。据编者在黄山市文物商店所购文书编辑。

以上所列，为迄今关于明清地方文书档案的出版物（截至2009年），计120余种。

（二）保存在各收藏单位、尚未公布的明清地方文书档案

所谓尚未公布，主要是指没有公开出版，只能到收藏单位阅览。而因各单位管理制度不同，有的单位仍未完全开放，前去阅读尚有困难。这类档案主要保存在以下几个方面的收藏单位。

1.档案馆系统

关于明清地方文书档案，在档案馆系统多归于明清档案或古代档案一类，其内容诸如地方官衙档案，房地产买卖契约，租佃契约及其他契约文书，工商会馆档案，同业公会档案，盐务档案，海关档案，邮政、各种工程档案，教会档案，慈善机构档案，等等。这类档案在全国各地档案馆多有遗存，但遗存种类各有特色，遗存数量不一，相差悬殊，多者达数十万卷（件），少者仅几件。从时代属性来说，又以清代档案占绝大部分。

2.博物馆系统

因文书档案本身兼具文物性质，故文书档案又作为一种文物被许多博物馆收藏，其中不少博物馆所收藏的文书档案品质上乘，数量可观。如中国国家博物馆、安徽省博物馆收藏的徽州文书，南京博物院收藏的清代苏州府太湖厅档案等，都是如此。首都博物馆收藏的一批北京地区的契约文书有1.5万余件。

3.图书馆系统

收藏文书档案的图书馆，既有中央及各地直属的图书馆，也有大学和研究院所的图书馆，这些图书馆实为收藏明清地方文书档案单位的一个重要方面。中国国家图书馆、中国社会科学院历史研究所图书馆、北京大学图书馆、上海图书馆、安徽省图书馆、南京大学历史系资料室收藏的文书档案都是很有名的。

4.其他单位及个人收藏

还有一些明清地方文书档案，因种种原因而被收藏于其他单位。如清同治年间编造、民国时期补造的浙江兰溪的一大批鱼鳞图册，即收藏于浙江省兰溪市财税局。又如，位于北京市海淀区、始建于辽代的大觉寺，保存了一批清代至民国初年有关寺院庙产等方面的契约文书原件。近年来，随着私人收藏热的兴起，个人收藏契约文书者亦颇为引人注目。如田涛搜集的明清地方文书档案有五千余件，王振忠搜集的徽州文书有一万数千件，刘伯山个人收藏的徽州文书更有四五万件之多。此外，黄山地区个人收藏文书契约在万件以上者，亦颇有人在。

（三）散在民间各地、尚待发掘的文书档案

这里先简要介绍一下2000年以来有关新发现的文书档案的几件事。

事例一。2000年7月，一场强台风向浙江省台州市袭来，该市黄岩区的一些老旧房屋被摧毁。就在一所倒塌的房屋中，意外地发现了一批清代文书档案。这是一批保存基本完整的诉讼案卷，包括诉状状式、副状、证据和审理记录等在内的司法文书计有110余件。这批文书档案大部分已被中国第一历史档案馆收藏，被学界称为"黄岩诉讼档案"。其后，田涛教授等又到该地做了多次的实地调查，进一步搜集了黄岩地区的大量文书及相关资料，采访了"黄岩诉讼档案"中部分当事人的后人，并写出了《黄岩诉讼档案及调查报告》，该书已于2004年出版。

事例二。2007年5月，上海交通大学教授曹树基到浙江省松阳县大东坝镇石仓村参观古民居，在村民阙龙兴家中意外地发现了一批契约文书。经调查发现，在这一集中的村落群中，农家老屋里多保存有旧时的契约文书。这些老契虽已过时，但仍被视为宝物，珍藏如初，并不轻易示人。后经协商，只可暂借在村中复制；部分愿出让者，也不准带出村外，仍在村里集中保存。曹树基遂在村中建立了工作室，扫描收集文书契约。现已收集到明末至民国时期各种契约文书4000余件，这些文书以土地契约为主，并包括分家书、收租簿、流水账、杂字书、医书、商业文书等各种文书，内容涉及诸多领域。2008年，曹树基以研究这批文书为中心，申请了国家社科基金一般项目和上海市社科规划重大课题"浙南山区土地契约的搜集、整理与研究（以松阳县石仓村为中心）"，已获立项，并准备出版文书资料《石仓契约》[①]。

事例三。2007年11月20日《三秦都市报》报道，陕西省澄城县尧头镇南关村一村民在整修家中年久失修的地洞时，发现了100多份发黄的契约文书。这批文书的种类很多，包括地契、水契、买卖合同、村保村规

①上海市哲学社会科学办公室网站：《重大课题公示》2008年第1期。

等；跨越的年代也很长，从清康熙时起，历经各朝直到民国年间，长达200多年。澄城县地处陕西渭南，发现文书的人家是个大家族，在清代出过举人和秀才，到现在已有十几辈人了。

事例四。2009年6月4日《扬子晚报》报道，江苏苏州太湖东山雕花楼藏宝阁藏有原主人金锡之、金植之的名片，中国兴业银行东山支行信封，"崇德公典"账本、当票，"田租总账"账册以及太湖厅官颁卖契等。

事例五。位于徽州本地的黄山学院，借地利之便，从20世纪末开始，在不到10年的时间里，收购的徽州文书已有7万余件。目前正在整理出版。

还有一些近年来各地发现明清契约文书的事例，不一一列出。

以上这些事例足以表明，迄今在中国不少地方，仍有一些明清文书档案，或深藏在农家的老屋里，或保存在个人手中，至今尚未面世，没有被发掘出来。这种情况在交通不便、开发较迟的山区以及边远的地方，诸如山西、江西、浙东山区、皖南山区、云南、贵州等地出现的概率更大。这部分契约文书的数量，目前仍然是一个未知数，很可能超出我们的想象。

总体来看，台湾地区有关明清地方文书档案的出版物较多，在前面列出的120余种出版物中，属于台湾地区的出版物就有60余种。据台湾学者估计，台湾地区遗存的契约文书总数在35000件以上[1]，可以说，相当多的台湾明清文书档案已公布于世。此外，台湾还建立了古文书资料库，实施数字化典藏，开通古文书阅览的网络平台，为文书资料的利用提供了极大便利。相形之下，大陆地区相关的出版物就很有限了。据估计，明清地方文书档案的遗存总量不下数百万件。而目前大陆地区已经出版公布、能为学者利用的明清地方文书档案，仅占其遗存的一小部分。绝大部分的明清地方文书档案仍深藏在有关单位，或散在民间，尚待发掘出来。这就是明清地方文书档案遗存的现状。

---

① 李文良：《土地行政与契约文书——台湾总督府档案抄存契约文书解题》，台北"中央研究院"台湾史研究所2004年版，第225页。

二、明清地方文书档案举要

以下对一些有代表性的明清地方文书档案试作简略介绍。

1.徽州文书

主要收藏在中国社会科学院历史研究所和经济研究所、中国国家博物馆、中国国家图书馆、中国第一历史档案馆、北京大学图书馆、北京师范大学图书馆、南京大学历史系资料室、安徽省博物馆、安徽省图书馆、安徽省档案馆、安徽大学徽学研究中心伯山书屋、安徽师范大学图书馆、上海图书馆、天津市图书馆、安徽省黄山市博物馆以及黄山市属各县博物馆、档案馆等单位。徽州文书的面世可追溯到20世纪40年代。抗日战争胜利后，流落杭州、上海、南京等地的徽州人开始把一些契约文书拿到市场上出售。当时"中央研究院"史语所的方豪先生在南京即购到一批徽州文书。之后，他以"战乱中所得资料简略整理报告"为副标题，将其整理与研究的成果共12篇报告，发表在1971—1973年台湾的《食货月刊复刊》上①。而徽州文书的大规模面世则是在20世纪50年代。契约文书本是官府或民间在各种社会活动中直接产生的文字资料。宋代以后特别是明清时代，徽州已是可与苏杭相比肩的经济文化高度发展之地，公私交往频繁，产生了种类繁多、数量巨大的契约文书；徽人健讼，契约意识很强，动辄写立字据，并加以珍藏；其地山限壤隔，战乱较少；徽州宗族发达，世代相承不断，多个世代积累的文书以人户为中心而被保存下来。以上这些成

---

① 方豪：《明万历年间之各种价格——战乱中所得资料简略整理报告之一》，《食货月刊复刊》1971年第1卷第3期；《明万历年间富家产业抄存——战乱中所得资料简略整理报告之二》，《食货月刊复刊》1971年第1卷第5期；《乾隆五十五年自休宁至北京旅行用账——战乱中所得资料简略整理报告之三》，《食货月刊复刊》1971年第1卷第7期；《乾隆十一年至十八年杂账及嫁装账——战乱中所得资料简略整理报告之六》，《食货月刊复刊》1972年第2卷第1期；《乾隆二十二年汪朱氏丧事账——战乱中所得资料简略整理报告之十一》，《食货月刊复刊》1973年第3卷第1期；等等。又参阅卞利：《徽州契约文书之三次外流》，《光明日报》2002年7月9日。

为徽州地区有大量契约文书遗存下来的根本原因。1949年新中国成立后，在时代变迁这一大背景下，特别是在土地改革运动结束之后，历史上原本作为物权书证或交易凭证的契约文书已失去了法律效用，一度从家珍变成了"弃物"，被当作废纸卖给造纸厂，从而开始大量面世。这引起了有关领导和有识之士的关注，于是他们开始组织收购和从造纸厂中进行挑选抢救，然而仍有相当大数量的契约文书被作为造纸原料毁掉了，抢救出来的只是一部分。当时在徽州本地收购徽州文书的，主要是由余庭光负责的屯溪古籍书店进行的，而后转给北京的中国书店售给各收藏单位。亦有收藏单位到徽州直接收购的，然数量有限。这一抢救和收购活动延至20世纪60年代"文革"之前。20世纪80年代以来，随着徽学研究的兴起，徽州文书的面世又出现了一个新的高潮。单是20世纪90年代之后各单位及个人新收藏的徽州文书总计就在20万件以上。现在仍有一些契约文书收藏在徽州地区民间，尚未发掘出来。徽州文书的类型大多属于民间保存的契约文书，官府册籍只占少数，主要有土地买卖契约、佃约、合同、阄书、祭祀簿、置产簿、商业账簿、赋税凭证、鱼鳞图册、诉讼案卷、会簿会书、便用杂字、信函书札等。其特点是数量大，有学者最新估计徽州文书的遗存总数在50万件左右；种类多，涉及基层社会各个方面；跨越历史时代长，从宋元直至明清民国时期，特别是明清各个朝代及民国时期都有大量文书遗存；其中不乏多个种类的珍贵的文书档案，更有数千册簿册类文书，研究价值极高。

2.山东曲阜孔府明清档案

山东曲阜文物管理委员会收藏。原为保存于曲阜衍圣公府的文书档案。孔府中本设有典籍官，专门保管文书册籍。原孔府档案分朝贺、承袭、奉祀、查修、宅基、地亩、人丁、词讼等28类，按《千字文》顺序编号。1956年，曲阜文物部门在南京档案史料处及北京故宫博物院的协助下，对孔府各厅房的档案资料进行整理、裱糊，重新分类、编目，至1959年基本完成建档立卷工作。该档案上起明嘉靖十三年（1534年），下迄1948年7月，按年代分为明代、清代、北洋军阀时期、国民党时期等8个阶段，又按类别分为袭封、宗族、属员、祭典、土地等12类，共9000余卷，计20余万件。孔府档案保存有历代帝王对孔子及其后裔的封爵赐土文件，宫廷、官府与孔府的往来文书，衍圣公朝觐、奏折、表文，孔府祭田、学田契约，祭祀筹办及礼仪账册，租银及开支账簿，官属员役册籍，佃户抗租、抗差等各方面档案资料，内容十分广泛，保存基本完整。这批档案是中国现存最完整、时间跨度最长的贵族私家档案，是研究孔氏家族史及中国封建社会诸多方面的重要资料。

3. 河北获鹿清代编审册

河北省档案馆收藏。该馆所藏获鹿县清代档案共1909卷，其中保存比较完整的是获鹿县编审册。清康熙初年废止了明代以来的黄册制度，而在南北各地普遍实行编审制度，编审册遂成为清代前期官府征调赋役的基本册籍，按制每五年编审一次，南方以里甲为单位，北方则以社甲等为单位，仍采用旧管、新收、开除、实在四柱式，详细登录各户户丁、事产，田土买卖推收，科则税额及其变动情况。现存获鹿县编审册档案，起自康熙四十五年（1706年），止于乾隆三十六年（1771年），时间长达65年；涉及当时获鹿县18个社中的17社，全县181个甲中的139甲，总计近500册，保存完整的有230余册。这一长时段、大范围的农村各户户丁及事产的登录档案，所载资料十分难得，备受学者关注，其对于经济史、社会史等诸多领域的研究价值不言而喻①。

4. 浙江兰溪清代鱼鳞图册

兰溪市财税局收藏。清同治年间编造，民国时期补造。兰溪地处浙东，历史上曾多次攒造鱼鳞图册。清咸丰末年，太平军占领兰溪，县衙被焚，册籍不存，清政权恢复后于同治年间重新编造，至民国时已有不少损佚，又加以补造。兰溪清代鱼鳞图册现存746册，缺74册，载有同治时期兰溪城乡35个都159个图的土地经理等情况，所存仍达原册籍的90%。鱼鳞图册是宋代以后官府经理土地而攒造的册籍，它以田土为中心，以县为

---

① 潘喆、唐世儒：《获鹿县编审册初步研究》，载《清史研究集》第三辑，四川人民出版社1984年版，第1—41页。

单位，按《千字文》顺序编造，详载每块田土的土名、类别、四至、图形、亩步、面积、税额，以及业主、分庄、佃户等，成为登录土地相关资料的原始档册。各地遗存的鱼鳞图册总计虽有数千册，但多零散而不完整，作为一个县范围整体性遗存下来的，迄今只发现两个，一个是徽州府休宁县鱼鳞图册，达千余册，另一个即兰溪鱼鳞图册，它们是研究中国古代社会土地制度、产权所有、租佃关系等较为完整的一手资料[①]。

5.福建明清契约文书

主要收藏在福建师范大学、厦门大学和福建省博物馆。福建师范大学历史系收藏的契约文书为1958年以来从该省许多地区搜集而来，总数近5000件，其中少量属明代文书，大部分为清代文书。这批文书分布的地区涉及闽中、闽东、闽南、闽北等福建大部分地区，主要类型有土地山林等典卖契约、租佃契约、借贷文书、经济合约、人身典卖文书、家族财产与婚姻文书、经济诉讼文书等。此外，还有一些文书群，即其中一些文书相对集中于某县某一都里，或集中于某一家庭，或集中于某一块田地山林，更具研究价值。这批文书既显示了明清时代一般的契约程式和内容，也鲜明地反映出明清福建地区社会经济方面的一些特点，如找价之风尤甚、一田二主广泛存在等等[②]。厦门大学历史研究所和历史系所藏契约文书，亦为20世纪50年代以来从福建厦门、泉州、闽北地区、寿宁县及其他市县搜集的各类民间文书，总数近3000件，所属时间自明万历年间至20世纪50年代。这批文书以买卖、租佃等契约文书为主，还有数量较多、时间集中且归户性很强的警察捐收据及工业捐税收据等，成为该地区捐税史及工商业发展史研究的珍贵史料。

6.上海道契

上海市档案馆收藏。总计3万余号。道契是清朝后期上海、天津等地

---

① 梁敬明：《鱼鳞图册研究综述——兼评兰溪鱼鳞图册的重要价值》，《中国经济史研究》2004年第1期。

② 福建师范大学历史系：《明清福建经济契约文书选辑》前言，人民出版社1997年版。

的地方政府签发给外国人租地经商和居住的地契，因由"道台"签发，故称"道契"。道契为中英文对照，详细标明该地块原中国业主姓名、地理方位、承租该地块的外国人名或企业与机构名、租金等，并记录地块承租权转移的经过及性质。上海道契签发历经道光、咸丰、同治、光绪、宣统五朝，直至民国时期，是研究租界史、房地产史、土地关系史、城市史、经济史、社会史、法制史等的珍贵资料。

7.四川南部县清代县衙档案

四川省南充市档案馆藏。总计18070卷，约10万件。时间跨度上起顺治十三年（1656年），下迄宣统三年（1911年），涵盖了有清一代。该档案为南部县正堂所属各房在公务活动中形成的各种文件材料，包括该县同上级、下级和平级衙门之间的往来公文，处理各种公务的相关文件、资料等，种类齐备，名称繁复，涉及政治、经济、军事、司法、宗教、文化、教育、外交等各个方面，实为清代县衙行政管理活动的一个全方位记录。其整理先以十朝分排，再以吏、户、礼、兵、刑、工、盐等七房分列，基本保留了档案的原貌。因其数量巨大，内容丰富，被誉为"地方文献宝库"。该档案系现存最完整、最系统、时间跨度最长的清代县衙档案，已被列入《中国档案文献遗产名录》①。

8.四川巴县清代文书档案

四川省档案馆藏。总计113000余卷。时间跨度上起清乾隆元年（1736年），下迄宣统三年（1911年）。该档案曾经四川大学历史系整理，仍按吏、户、礼、兵、刑、工等分房立卷归档；又按政务、农业、工商业和手工业、交通运输、财税、金融、文教卫生、军事、司法、重要事件分类，以朝代顺序排列。其中司法档案近10万卷，占总数的绝大部分，按诉讼性质与问题，分为司法体例（总类）、命案、地权、房屋、借贷、欺诈、家庭、妇女、商贸、斗殴、盗窃、租佃等21个专项。四川巴县档案涉及农工商业、财政金融、司法文化、军事外交等各个方面，为清代县衙档案的又

---

① 胡忠良：《四川省南充市档案馆清代档案调查报告》，载国家清史编委会网上工程"中华文史网"。

一重要遗存。

9.直隶顺天府档案

中国第一历史档案馆藏。顺天府为清代京畿地方行政官署，现存档案自雍正起，至宣统止，共4万余件，内容包括职官官制、民政警务、法律词讼、财务金融、工业交通、农林商务、外事往来等。其中各县衙门档案如宝坻县档案等，涉及清代地方社会行政、司法、民事等诸多方面，研究价值很高，已被学者关注和利用。

10.江苏太湖厅档案

南京博物院藏。本属清代苏州府太湖厅衙门档案，现存110件。同档案又有31件，现藏于日本国会图书馆。南京博物院所藏太湖厅档案，起自乾隆四十五年（1780年），止于宣统元年（1909年）。这些档案有官府上下行文书以及其他各种形式的文书，内容丰富，尤以诉讼文书居多，保存有数十个案件的档案资料，并涉及洞庭商人活动、钱粮征收实态、银钱比价、环境整治、治安教育等地方社会诸多方面，实为难得的清代江南地方文书档案[①]。

11.安徽宁国府南陵县档案

安徽省档案馆藏。总计数百件，时间跨度为清光绪十年（1884年）至光绪二十年（1894年）。该档案系清末南陵县衙承办诉讼案件遗存档案，保存比较完整，其中有县衙治理词讼的四柱清册，缉拿人犯的差票、批文，各种民事、刑事案件的诉状、禀状、判词等，亦属珍贵的地方诉讼文书档案。

12.台湾淡新清代档案

台湾大学图书馆藏。总计1.9万余件。淡新档案是清乾隆四十一年（1776年）至光绪二十一年（1895年）淡水厅、台北府及新竹县的行政与司法档案。经戴炎辉教授等主持整理，该档案现分为行政、民事及刑事三门，门下并分类、款、案、件，内容丰富，保存完整，是研究清代台湾行

---

① 范金民：《太湖厅档案及其史料价值》，载《江南社会经济研究·明清卷》，中国农业出版社2006年版，第1259—1275页。

政、司法、经济、社会等的极有价值的一手资料。淡新档案以其最具规模、完整系统及时间跨度长等，成为现存的清代台湾省、府、州、县厅署档案的典型代表，亦是中国明清地方文书档案遗存的重要代表之一。

13.内蒙古盟旗衙门档案

内蒙古自治区档案馆藏有内蒙古东部垦务档案汇集、呼伦贝尔都统衙门档案、喀喇沁旗札萨克衙门档案等，总计5万余卷。这批档案多为蒙、满文字文书，内容涉及王公世袭、官员任免、军事驻防、关防刑狱、民事诉讼、人丁户口、蒙旗垦务、灾民救济等，对内蒙古地方史和民族史的研究具有重要价值。如喀喇沁中旗札萨克衙门档案，共3.8万余卷，为该旗衙门与理藩院、卓盟盟长、同盟各旗之间来往文件，以及办理旗下各种公务文件，其中有官员任职、兵丁名册、户籍统计、救灾赈济、旗仓收租、土地分放等，尤为珍贵。

14.贵州清水江文书

该文书是明清至民国时期，以贵州省锦屏、黎平、天柱、三穗、剑河等县为中心的清水江流域少数民族群众，在林木生产经营、土地买卖以及其他各种社会生活中形成的民间契约文书。迄今发现的多属清代文书。该文书目前除一部分出版面世外，大部分仍在民间保存，估计总数有10万余件。该文书绝大多数为纸契，亦有少量石契、皮契、布契等，主要涉及山林交易、土地买卖、合伙经营、佃山造林、山林护养、环境保护、分家析产、家庭收支、纠纷诉讼、乡规民俗等。清水江文书是明清民间契约文书的又一重要遗存，多以归户形式保存下来，又属少数民族地区，对经济史、法制史、社会史、历史人类学以及少数民族史等研究，均有重要价值。

15.云南武定彝族那氏土司清代档案

中国国家图书馆藏。原为云南武定彝族那氏土司府中收藏，1943年由北京图书馆收购。该档案起自清顺治年间，止于同治八年（1869年），主要内容有武定慕连土司的禀复呈文稿，民产诉讼状文、具结保证书、土司出征记录，土司衙内行号簿、立嗣承继及家谱等，涉及政治、军事、经济、司法、立嗣、禁烟、民族关系等诸多方面。该档案是研究我国土司制度特别是彝族封建领主土司制度的第一手材料[①]。

16.西藏历史档案

西藏自治区档案馆藏。总计300万余件。该档案90%以上为藏文档案，其中大部分是1959年以后从西藏地方政府机构和拉萨地区的部分贵族府邸、僧俗官员、寺庙拉章以及上层喇嘛等处征集、接管来的，并经国家拨款大力抢救、修复，保持了档案原貌。该档案载体丰富多彩，有纸质、木质、叶质、骨质、金石、缣帛等；书写用料多种多样，除藏墨外，又有以金、银、铜、翡翠、珊瑚、珍珠、朱砂等珍宝研汁书写的档案。该档案最早可追溯到13世纪的元朝，历经明、清、民国直至20世纪50年代，时间跨度700多年。其内容极为丰富，涉及政治经济、军事外交、语言文字、宗教艺术、天文地理、医药历算、工艺建筑、科技文学、民俗风情、文化历史等各个方面，见证了西藏地方与历代中央王朝不可分割的密切关系，为西藏历史研究提供了系统而宝贵的原始资料[②]。

17.四川自贡盐业历史档案

四川自贡盐业历史档案馆藏。总计3.8万卷。时间跨度上起清乾隆年间，下至民国时期，长达200余年。该档案主要为盐业经营账册、契约及其他相关文书档案。经营账册记录了井盐业的生产活动等，如《岩口簿》即记载了钻前准备、凿井过程中每道工序使用的工具，每天凿井的进尺、岩层情况，井下发生事故的原因和处理事故采取的措施与办法等内容，保存了传统凿井工艺和相关地质资料，弥足珍贵。经营契约则有开凿盐井契约、井灶租佃契约、日份与火圈买卖契约、合伙契约、置笕契约以及借贷抵押、分关析产契约等，反映了这一时期自贡井盐业的生产关系和特点。自贡盐业历史档案全面系统，保存完整，资料珍贵，研究价值很高，已被

---

① 楚雄彝族文化研究所编：《清代武定彝族那氏土司档案史料校编》前言，中央民族学院出版社1993年版。

② 徐长安：《西藏档案馆　藏文史料宝库——访西藏自治区档案馆藏文档案专家扎雅·洛桑普赤》，中国新闻网2006年10月12日电文。

选入《中国档案文献遗产名录》。又，四川省自贡市档案馆亦收藏盐业历史档案2.8万卷，上自嘉庆十二年（1807年），下迄1949年，共45个全宗，较为系统地记录了近代井盐经营、发展的历史。

18.广东清代海关档案

广东省档案馆藏。该馆保存有清末粤海关及其下属8个海关的档案共1.2万卷。其大部分为英文档案，主要内容涉及人事、关税、贸易管理、验估、缉私、海务、港务、监察、社会情报等。这些档案数量巨大，保存完整，为清末以来广州口岸经贸活动的原始记录，是研究近代广州对外贸易和广州口岸历史的第一手资料。

19.广东清代衙门档案

英国国家档案馆藏。第二次鸦片战争时被英军掠去的清政府钦差大臣衙门、广州将军衙门、两广总督衙门、广东巡抚衙门及其下属机构的档案，统称清代广东衙门档案，该档案原件现藏于英国国家档案馆。1986年，国家档案局与英国公共档案馆协商，英方同意将这批档案的缩微复制胶片交给我国。这部分档案共25个胶卷，1954件，时间为1765年至1858年，主要内容为有关鸦片贸易和鸦片战争、清朝中央和地方行政管理、清政府对外关系和对外贸易、农民起义（如红巾军、太平天国）和清政府对起义的镇压、第二次鸦片战争等情况的信札及广东清军驻防地图和军事哨位草图等。

20.盛宣怀档案

上海图书馆藏。总计17.8万件，1亿多字。该档案系盛宣怀家族自1850年至1936年的历史记录，其中前20年的档案主要属于盛宣怀父亲盛康，而盛宣怀逝世后，其后人又继续记述了20年。盛宣怀（1844—1916年）是清末著名的政治家、企业家、福利事业家和官僚买办，亲历许多重要事件和活动。他自1870年成为李鸿章幕僚后，事无巨细记录自己的日常生活、官场活动、商贸事业、交际往来等，从未间断，并几乎将所有日记、文稿、信札、账册以及来信、来电、来文等保存下来。这些档案涉及近代中国史上大部分重大历史事件，成为研究洋务运动史、中国近代资本主义发展史、中国近代实业思想史、近代上海史等十分珍贵的原始史料，被誉为研究中国近代史的一个资料宝库。

还有一些重要的明清地方文书档案，因篇幅所限，恕不一一列出。总之，这些文书档案既有土地契约，又有商业文书；既有民间契约文书，又有地方官衙档案；既有少数民族契约文书，又有专门事项档案；既有平民百姓的归户文书，也有官僚富贾的家族档案等：涉及广泛领域，内容十分丰富。它们各具特色，都有独特的研究价值；而徽州文书则以其数量大、种类多、涉及面广、跨越历史时代长和研究价值高等特点，最具代表性。

三、明清地方文书档案的研究价值

随着近代历史科学的诞生和发展，史料学方面也发生了深刻的变化。一是史料的采用范围不断扩大。以中国史研究来说，举凡甲骨金文、简牍帛书、官府档案、契约文书、墓志石刻、谱牒家乘、出土文物，乃至田野调查、图像史料、口述历史等，都包括在史料搜集与利用的范围之内。二是对一手资料的重视。史学作为一种科学研究，实证性的论证是它的基础，而要进行科学实证，就不能不重视一手资料的搜集和利用。在史学研究中，虽然什么资料都可以用，但不可否认，资料本身的性质是有所不同的，其中有一手资料与二手资料、原始资料与晚出资料、直接资料与间接资料之分。所以研究中最重要的是搜集那些证据确凿的原始资料，用一手资料说话，才能使立论符合实际，得以成立，才能做到科学论证，具有说服力。而文书档案，由于它是在古代社会公私各种活动中直接产生的原始文本或文字记录，故具有原始性、凭证性和文物性质。所谓原始性，即与一般著述编撰不同，文书档案并非后来加工创作出来的，而是在社会活动中直接产生的最初文本与文字资料；所谓凭证性，即这些在社会活动中产生的原始文本，如契约、合同、分书、婚约等，本是一种书证，在法律上乃具证据之效用；所谓文物性质，则指文书档案虽属文字资料，但作为历史活动中直接产生的文本原件，亦构成历史事件本身物质资料之组成部分，许多文书原本自其形成之日起就是唯一的，故亦具文物性质。总之，一手资料正是文书档案的基本属性，因而在近代以来的历史科学研究中，文书档案史料占有十分重要的地位，其开发利用越来越受到重视，这是必然的。

文书档案可为史学研究提供典型的个案资料。在已面世的明清地方文书档案中，发现有较为完整的明代黄册底籍，记载了包括几个自然村在内、长达数十年的丁口与土地资料，有汇集一个家族若干世代分家析产的阄书汇录，有历时数十年至百年、数量达几百件至千件的归户性文书，有某个商号长达若干年的完整的商业经营账簿，有关于某个案件的齐全的诉讼案卷，还有集中于一人的长达数十年的信函书札，等等。这种具体的鲜活而完整的个案资料，在一般的典籍文献中很难找到。而史学研究中典型个案分析的价值和意义，并不仅仅在于它提供了一个例证。抽象论说源自具体事例，宏观概括离不开个案分析，那些研究中的真知灼见、理论上的创新发现，常常蕴含在具体个案的考察之中。

文书档案应该说是一个相当广泛的概念。从史料学来说，它包含多种史料，涉及史学研究的很多方面。一方面，文书档案的种类极为繁多，十分庞杂。以交易类文书来说，有土地买卖契约、典当文约、对换文约、租佃契约、借贷字据、投主文书、卖身文书等。又如簿册文书，则有置产簿、收租簿、祭祀簿、合同簿、分家簿、会书会簿以及各种商业账簿等。另一方面，即使一种文书所涉及的内容也常常是多方面的。如土地买卖文契，既有资产积累、土地流动、田土价格等经济方面的内容，也有契约订立、交易程序、签押证人等法制方面的内容，还有找价添价等地方民事习惯方面的内容，等等。又如宗族文书，既有宗族结构、人口生育等社会史方面的内容，又有族产经营、财产继承等经济史方面的内容，还有宗族纠纷、诉讼案件等法制史方面的内容，等等。总之，明清地方文书档案包含的内容极为广泛，内涵十分丰富，涉及土地关系、赋役征调、民间借贷、经济人口、农村市场、宗族社会、家庭婚姻、财产继承、司法诉讼、识字教育、医疗卫生、会社组织、诸神信仰、风俗习惯等诸多领域，为经济

史、社会史、法制史、教育史、文化史以及地方基层社会的综合考察提供
了多种素材。

如果我们再考察一下20世纪以来文书档案的发掘与史学研究实际发展
的关系，则更可明了文书档案的研究价值。首先可以看到，文书档案史料
的运用促进了不少学科领域研究的发展。早在20世纪三四十年代，我国老
一辈史学家、中国社会经济史学的开拓者之一傅衣凌先生，就开始注重民
间契约文书等资料的搜集，运用这类资料，写出论著，并倡导把这一方法
应用到社会经济史学的研究中去。他说："谁都知道社会经济史的研究，
应注重于民间记录的搜集。所以近代史家对于素为人所不道的商店账簿、
民间契约等等都珍重的保存、利用，供为研究的素材。在外国且有许多的
专门学者，埋首于此项资料的搜集和整理，完成其名贵的著作，而在我国
则方正开始萌芽。本书对于此点也特加注意，其所引用的资料，大部分即
从福建的地方志、寺庙志以及作者于民国二十八年夏间在永安黄历乡所发
现的数百纸民间文约类辑而成，皆为外间所不经见的东西，这一个史料搜
集法，为推进中国社会经济史的研究，似乎尚值提倡。"①在傅先生的倡导
之下，其后多有学者注重文书档案等史料的搜集和运用，中国社会经济史
学研究获得长足发展，成为中外瞩目的学派。在日本史学界也有同样事
例。日本中国史研究家仁井田陞教授于20世纪30年代写出《唐宋法律文
书研究》②一书，其后又撰写了《中国法制史研究》③等系列论著，注重民
间契约文书与基层社会史料的运用，开拓了中国法制史研究的新领域。20
世纪90年代以来，法制史研究十分兴盛，参与学者之众多，取得成果之丰
硕，前所未有。其得益于大量明清文书档案诉讼案卷的公布与利用，也是
十分明显的。如果没有文书档案诉讼资料，那种缺乏实例个案的法制史研

---

① 傅衣凌：《福建佃农经济史丛考·题记》，福建协和大学中国文化研究会1944年
版；转引自傅衣凌：《我是怎样研究中国社会经济史的》，山东大学《文史哲》1983年
第2期；又收入《傅衣凌治史五十年文编》，厦门大学出版社1989年版，第41页。

② ［日］仁井田陞：《唐宋法律文书研究》，东方文化学院东京研究所1937年版。

③ ［日］仁井田陞：《中国法制史研究》（全4卷），东京大学东洋文化研究所
1959—1964年版；东京大学出版会1981年再版。

究，恐怕是苍白无力的。社会史方面的研究也是如此。对于重视基层社会、倡导自下而上地阐释历史的社会史研究来说，鲜活而具体入微的文书档案，更是绝好的史料。尤其值得一提的是，文书档案资料的重大发现促成了新学科的诞生。20世纪初，国学大师王国维曾有这样的总结："古来新学问起，大都由于新发见。"这里暂且不说敦煌文书的发现对敦煌学形成的重大作用和意义，以明清地方文书档案而言，正是由于20世纪50年代以后徽州文书的大量面世及其研究，从而促进了徽学学科的形成和研究的发展。虽然不能把徽州文书与徽学等同起来，但徽州文书在徽学形成中所起的重要作用是有目共睹的。回顾20世纪以来的学术发展史不难发现，史料发掘与史学研究，二者实为一种相辅相成的关系。新史观的确立，理论上的革新，开拓了史料发掘的新视野；而新史料的重大发现则促进了新学问的诞生。徽州文书的重大发现促进了徽学学科的诞生就是一个典型例子。

同任何史料的价值都不是绝对的一样，文书档案亦有它的不足。总体来看，遗存至今的文书档案数量毕竟有限，很难反映历史发展的背景与全貌，虽可进行微观考察，但难以作出宏观概括。实际上各种史料都有自己的特色，相互之间具有互补性，在实际研究中，必须提倡史料的综合运用。尽管如此，文书档案作为一手资料应当引起研究者的特别关注，这是理所当然的。在史学研究倡导多维视角、多元参证的今天，明清地方文书档案的研究价值被越来越多的学者所认识。地方文书档案已成为中国古代史史料构成的一个重要方面。

本文撰写之际，封越健、王裕明、刘道胜诸位先生为文中所辑地方文书档案的出版信息做了补充，谨致谢意。

原载《第一届中日学者中国古代史论坛文集》，中国社会科学出版社2010年版，有改动

明清契约文书的研究价值

  中国古代历史文献遗存之多，堪称世界之最。尤其宋代以后的典籍文献，更是浩如烟海，汗牛充栋。就个人来说，即使皓首，也难以遍览。然而，今日研究古史者，又常常痛感所需史料之不足，搜集史料往往要占用研究工作的大部分时间。何以如此呢？原来中国古代的典籍文献虽然极为丰富，但从现代科学研究的要求来说，仍有很大缺憾。对于许多研究专题，文献记载方面的资料或过于笼统，语焉不详；或只言片语，不成系统；或缺乏数字，难以计量；甚至有些方面的资料竟然缺失。20世纪以来，随着史学理论上的革新，史学研究也同其他社会科学一样，成为一种真正的科学研究，与此同时，在史料方面也出现了划时代性的新变化。即史料的搜集与利用不再囿于典籍文献，开始从典籍文献的圈子里走了出来。举凡甲骨金文、简牍帛书、契约文书、墓志石刻、谱牒家乘，乃至出土文物、田野调查、图像资料、口述历史等，都包括在史料搜集与利用的范围之内。其间，更有考古发掘和文书档案的几次大发现。20世纪初，即有国学大师王国维所概括的甲骨文、汉晋简牍、敦煌文书、明清内阁大库档案等几大发现。20世纪后半叶，则有以徽州文书为代表的明清契约文书的一系列发现，可称之为继上述四大发现之后的又一重大发现。这些新资料的发现，大大地推动了20世纪中国历史文化研究，其所取得的丰硕成果有目共睹。以明清契约文书而言，它的发现同样受到了国内外学者的广泛关注，如今利用明清契约文书的研究成果已相当可观，它在史学研究中发挥的作用越来越大，其研究价值被越来越多的研究者所认识。

所谓明清契约文书，广义来说，一般是指在地方发现的以反映基层社会为主的明清文书档案，诸如徽州契约文书、福建明清契约文书、江苏清代商业文书和太湖厅档案、浙江严州府明清土地文书和兰溪清代鱼鳞图册、安徽宁国府南陵县档案、四川巴县清代文书档案、四川自贡清代盐业档案、云南武定彝族那氏土司清代档案、贵州清水江文书、珠江三角洲土地文书、顺天府宝坻县清代档案、河北获鹿清代编审册、山东曲阜孔府明清档案、东北和内蒙古地区土地文书、香港清代土地文书、台湾淡新清代档案等。这些文书档案数量庞大，种类繁多。以徽州文书为例，它自20世纪50年代大规模面世之后，80年代以来又新发现了10万余件，总数在30万件以上。其种类包括交易文契、合同文约、承继分书、私家账簿、官府册籍、政令公文、诉讼文案、会簿会书、乡规民约、信函书札等各种文书，应有尽有。以下仅据笔者在研究工作中接触明清契约文书（主要是徽州文书）的一些体会，试就其研究价值谈点粗浅看法。

第一，明清契约文书所反映的社会经济制度与文化，既有其地方性特点，又有超越地方本身的普遍性的一面，对于研究同时期的中国史具有重要价值。

如众所知，明清时的中国长时期处于大一统的局面之下，中央权势空前强大，王朝的典章制度贯彻到底，特别是像苏杭、徽州等，地处南直隶，皆属京畿圈内，更是忠实地执行了中央王朝的各项法规与政策。契约文书即反映了当时社会经济制度的具体实施情况，如土地买卖文契、税契凭证、契尾等体现了田土买卖制度，鱼鳞图册、签业归户票等反映了土地制度，户帖、黄册底籍等反映了户籍与赋役制度，十家门牌显示了保甲制度，等等。具体说来，契约文书对社会经济制度与文化的研究价值至少有以下几个方面。

契约文书可与文献记载相互印证，补充文献记载之不足，乃至纠正其谬误。例如，对于作为明代基本社会经济制度之一的赋役黄册，以往中外学者的研究主要依据文献写文章，将日本所藏的一件文书认定是明代黄册原本而广泛引用，甚至20世纪90年代出版的《中国大百科全书》亦加采用，似成定论。但通过对明清契约文书的考察，可知其并非明代黄册原本，而是一份明代保甲文册。又如，美籍华人学者何炳棣先生认为，"六百年来最为传统及当代史家称道的明初全国各地履亩丈量绘制的《鱼鳞图册》，根本不是史实而是'传奇'"，并宣称对此进行了"最多面、最缜密"的考证。何炳棣于20世纪50年代提出此说，80年代在《中国社会科学》发表相关论文，90年代又在台湾出版有关论著，颇有影响。然而，其考证只是关注了文献方面的有关记载，并未对遗存至今的文书档案做任何考察。如果对遗存至今的数千部（册）鱼鳞图册文书稍作调查，如果对在明清契约文书中发现的龙凤时期（元末明初）及洪武时期的鱼鳞图册实物稍加留意，那么，所谓"鱼鳞图册传奇"说之谬误，则无须多加辩正。

契约文书不只是能对文献记载加以补正，甚至应该说，如今也只有通过对契约文书的考察，才能对明清时期的一些社会经济制度作更深入的研究。仅仅依据典籍文献的资料，已很难做到这一点。例如，与西方相比，土地买卖较为发达可谓中国封建社会的特点之一。那么，其买卖手续到底有哪些？各个朝代的演变进程是怎样的？买卖价格与交易量又是如何？文献方面多是"千年田，八百主"之类的记载，很难进行深入考察。而在明清契约文书中，保存着大量土地买卖契约原件及有关簿册文书，既可对相关制度作具体考察，又能进行定量定性分析，为深入系统地研究这一问题提供了大量的原始资料。再如，诸子均分制也是中国古代社会的一个特点，但文献对这方面的记载只鳞片爪，无法深入研究。而明清契约文书中保存了数量颇多的诸子均分的原始档案——分家书，为具体考察这一制度提供了系统的一手资料。

契约文书还可为个案研究、专题研究以及跨学科的综合研究提供系统资料。中国古代的典籍文献，一般概括性、宏观性记载居多，缺乏个案资料为其通病。而契约文书所载十分具体，且事主单一、地点集中、时间连续，提供了许多典型的个案分析与专题研究资料。其中既有关于一个图（包括几个自然村）的数十年较为完整的人口与土地资料，也有专门记录某一家庭或家族资财的置产簿；既有关于某一案件的全部诉讼案卷，也有关于一个会或一个社的完整记录。明清契约文书中更有许多归户性文书，这些归户性文书原本多是该户家族与他人进行各种交易的原始文契，或是该家族所置财产的明细账簿，以及诉讼抄底、官府批文等，后被作为私家珍藏经过长期积累而保存下来。这些文书有的时间连续数百年，多者一户有千余份。这类个案与专题性资料正是我们今天科学研究所需要的。此外，一种契约文书的内容又往往涉及多学科的研究领域。如土地买卖契约，既涉及经济史，又涉及法制史等；宗族文书，既涉及社会史，又涉及经济史、法制史等；诉讼文书，既涉及法制史，又涉及社会史等。这些无疑为我们进行跨学科的综合性研究提供了丰富资料。

第二，明清契约文书对于探索中国古代基层社会实态具有重要价值。

中国古代传世的典籍文献记载，多重政治，轻经济；重典章制度，轻社会实态；重纲常伦理，轻社会生活；重王室精英，轻平民百姓。总之，多偏重上层社会，其叙述不厌其烦；轻视下层社会，其记载颇为简略。明清契约文书所提供的资料，则可在很大程度上弥补这方面的不足。如果说明清内阁大库档案属官府档案，那么明清契约文书则是民间档案，记录的是基层社会情况。这也是明清契约文书的一个特色。明清契约文书中，有关于基层社会结构的里甲文书和土地关系文书，有记录宗族社会的各种宗族文书，有反映基层法制运作的法律文书，有体现会社组织的会社文书，还有乡规民约以及反映百姓生活实态的其他各种文书。总之，明清契约文书保存了一大批典籍文献中根本没有记载的、有关基层社会的原始档案资料，其对中国古代基层社会的研究无疑具有重要价值。

第三，明清契约文书的发现促进了新学问的诞生。

早在20世纪初，国学大师王国维在概括了甲骨文、汉晋简牍、敦煌文书、明清内阁大库档案这几大发现之后，就提出了"古来新学问起，大都由于新发现"的著名论断。这个论断是对中国几千年学术发展史的一个总结。20世纪的学术发展历程证明了王氏的论断是科学的。其后，人们对甲骨文、汉晋简牍、敦煌文书、明清内阁大库档案的研究一直长盛不衰，都各自形成了一门新学问，即甲骨学、简帛学、敦煌学、明清档案学，有的还成了世界性显学。而明清契约文书的发现，也促进了新学问的诞生。其代表性的例子是，随着徽州文书的大量发现和研究的展开，一门新的学问——徽学诞生了。徽学已是21世纪新兴的显学。徽学是以徽州文书档案、徽州典籍文献、徽州文物遗存为基本资料，以徽州历史文化为研究对象，进而探索中国传统文化的一门综合性学科。当然，作为徽学研究的基本资料，除了文书档案以外，还有典籍文献和文物遗存。但很明显，徽州文书档案乃是徽州历史文献中最具特色的一个部分，它在徽学形成与发展的过程中，作出了不可替代的重大贡献，有目共睹。应该说，徽学与甲骨学、简帛学、敦煌学、明清档案学一样，都是20世纪以来以重大发现及重要遗存为基础而形成的一门新学问。此外，随着明清契约文书研究的深入，诸如明清契约文书学等新的学问亦将兴起，当在预期之中。

关于明清契约文书的研究价值还可举出很多。

契约文书之所以有如此重大的研究价值，主要是由其本身性质所决定的。文书档案乃是官府或民间在各种社会活动中直接产生的原始文字资料，具有原始性、唯一性及文物性质。因此，文书档案本系一手资料，实为科学研究立论的首要依据。而一般文献记载，即使是当时人的著述，也多是经过人为加工的东西，实为二手资料。从科学研究来说，无疑前者价值更高。所以王国维先生说："中国纸上之学问赖于地下之学问。"这是一个科学的论断。由于文书档案属于原始资料，实例个案居多，因而常常成为研究的基础和出发点。那些理论上的宏观概括、研究中的真知灼见和新发现，多寓于对具体实例或个案的考察分析之中。如同甲骨文、汉晋简牍、敦煌文书、明清内阁大库档案对说明其同时期的中国历史文化都有重大价值一样，明清契约文书在阐释整个明清时期的历史文化方面亦有特殊的重要价值，我们应努力将它发掘出来，而不能埋没它。

当然，契约文书也有其局限性。遗存至今的文书档案即使数量庞大，也只是当时实际存在文书之冰山一角。时至今日，由于数量的限制，很多文书档案虽然真实可信、具体入微，但难以反映该事物历史发展的背景与全貌，只宜进行微观剖析，难以作出宏观概括。而文献记载则多具宏观性、概括性。文书档案与文献记载相比，实则各有所长，具有互补性。在实际研究中，必须两条腿走路，走文书档案与文献记载相结合之路。

毋庸讳言的是，由于宋代以后的传世典籍文献极其丰富，学者仅利用典籍文献方面的资料也能写文章、做学问，因而传统国学以文献证文献的研究方法至今仍有很大市场。然而，如果我们从真正的科学研究需要来看，从学术发展新潮流的视角审视，明清契约文书的重大研究价值是绝不可忽视的。时至今日，研究者必须从传统国学以文献证文献的圈子里走出来，而对明清契约文书进行开发与利用，无疑是合乎20世纪以来学术发展先进潮流之举。明清契约文书利用与研究的发展，将大大突破传统国学以文献证文献的局限，开辟中国史特别是明清史研究的新局面。

本文为《史学月刊》"明清契约文书与历史研究笔谈"系列文章之一，原载《史学月刊》2005年第12期，《新华文摘》2006年第6期全文转载，人大复印报刊资料《明清史》2006年第6期全文转载，有改动

元末明初祁门谢氏家族及其遗存文书

徽学，是近年来在中国史研究中兴起的一门学科。所谓徽学，乃是以徽州文书及徽州的历史文化为研究对象，以揭示中国封建社会后期的各方面社会实态和发展规律为研究目的的一门综合性学科。徽学与甲骨学、简帛学、敦煌学一样，在中国史研究中占有十分重要而特殊的地位。徽学的兴起，是与数量庞大、研究价值极高的徽州文书遗存及其整理和研究密切相关的。关于徽州文书的由来、收藏和整理，已有不少学者做过介绍和论述①。本文试图从探索历史上的徽州世家大族入手，阐述徽州文书的遗存与徽州世家大族的关系，从而对徽州文书的由来做进一步具体的探讨。

一、关于徽州的世家大族

在现存的徽州契约文书中，时间最早的，即宋元明初时期的契约文

---

① 参阅刘重日：《关于徽州文书的收藏、整理和研究现状》，日本《东洋学报》1989年第70卷第3、4号；周绍泉：《徽州文书的由来、收藏、整理》，日本《明代史研究》1992年第20号；周绍泉：《徽州文书的分类》，《徽州社会科学》1992年第2期；周绍泉：《徽州文书与徽学》，美国《图书文献学刊》1992年春季刊；［日］臼井佐知子：《徽州文书与徽学研究》，《史潮》1993年第32号；戈页（拙文）：《大型文书档案资料丛——〈徽州千年契约文书〉出版》，《中国史研究动态》1993年第10期；［日］鹤见尚弘：《中国社会科学院历史研究所收藏整理〈徽州千年契约文书〉》，《东洋学报》1994年第76卷第1、2号。

书，属于祁门县者最多；而在祁门县的契约文书中，又以谢氏文书居多。对此，应如何解释呢？让我们先从徽州的世家大族谈起。徽州的世家大族又称大族、名族等。元代，著名理学家陈栎（字寿翁，人称定宇先生，徽州休宁人）即纂有《新安大族志》，但该书记载过于简略。其后，至明嘉靖年间，戴廷明、程尚宽等又在《新安大族志》的基础上，广加采摭，修纂了《新安名族志》。该书对新安（即徽州）六县的名族，大体以其迁居徽州的朝代先后为序，各族分别先考其姓源，然后将其在徽州六县各地的聚居点列为条目，叙其迁居由来和所属派系，特别是用较多文字扼要地介绍了其勋业文章、忠孝节义等突出事迹。《新安名族志》主要是依据当时徽州六县各大族所修族谱而编纂的。众所周知，中国历代所修族谱或家谱中既保存了有关该族源起和繁衍的珍贵资料，亦不乏攀附名族、弄虚作假的情况。因此，恐怕不能说依据各家所修族谱而编纂的《新安名族志》会完全避免此种情况，但《新安名族志》并非私人所修一家之谱，乃是"以六邑之谱而纂为一郡之志"①。先后为该书搜集资料、参加编纂的有徽州六县的叶本静、戴廷明、汪孟沚、胡德卿、程子璇、王克和、吴让夫等，他们"勤勤搜集十余年"，其中戴廷明为"终始弗懈"者②。其后，又经程尚宽"谋之六邑名公及诸同志者，仍其旧本而续补之，考其姓氏迁次而更定之，校其讹谬出没者而厘正之"③，才最后完成。当时，徽州六邑的乡绅名士郑佐、洪垣、胡晓、邵龄、王讽、程光显等均为之作序。所以，《新安名族志》乃是一部经由多人之手、广泛收集资料、历时多年反复续补校订而纂修的一部"郡志"，当可视为信谱，其所载资料是可以利用的。另外，对于研究个别的家族来说，《新安名族志》与各家所修族谱相比，其记载当然要显得简略。而徽州地区是现在中国历代家谱遗存最多的地区。尽管如此，并不是所有徽州历史上的名族至今都遗留有家谱的，现在所遗存的仅仅是其中的一部分。因此，从概观历史上徽州名族这一角度来

---

① 〔明〕戴廷明、程尚宽等：《新安名族志》卷首《王讽序》。
② 〔明〕戴廷明、程尚宽等：《新安名族志》卷首《郑佐序》《王讽序》。
③ 〔明〕戴廷明、程尚宽等：《新安名族志》卷首《程尚宽引》。

说，《新安名族志》中保存了非常难得的十分珍贵的资料。

如果我们查阅一下《新安名族志》则不难发现，徽州名族的绝大多数都是从外地迁入的。《新安名族志》所列80余姓大族中，可以确认是从外地迁入的就有60多个。在汉至元这一历史时期内，他们从全国各地，特别是从北方各省纷纷迁入徽州定居。这在其他地区是很少见的。为什么有如此多的大族从全国各地持续大规模地迁入徽州呢？

从《新安名族志》中可以看出，大族迁徽的原因是，或为官新安，如闵姓大族，"梁大通初曰纮，举贤良，为歙邑令，由浔阳因家于歙"①。又如歙县黄氏，"世望江夏，晋有讳积者，为考功员外郎，从元帝渡江，任新安太守，卒葬郡西姚家墩。积生寻，庐于墓，遂家焉，改曰黄墩"②。或弃官隐此，如詹姓大族，"陈有讳初字元载者，仕东阳郡赞治，因郡废，弃官不仕，隋大业间始迁于此"③。又如祁门方氏，"唐有讳可通者，任太常博士，时程元振误国，遂弃官隐此"④。或爱新安山水之胜，如休宁任氏，其"先乐安博昌人，有讳昉字彦昇者，在南朝以学问显，与沈约齐名，仕梁，天监中出守新安，尝行春，爱富资山水之胜，遂家焉"⑤。又如休宁孙氏，其"先山东青州人，曰万登者，咸通五年任金吾上将军，从岭南道节度使康承训领帅平蛮，七年凯旋，道经海宁（即休宁），爱风土之胜，遂家黎阳乡之唐田。今坑口、草市、埜山、阳湖、溪东、梅林、栈山、浯田、高桥、黄材、汉口皆出此派"⑥。

而其中最多的是为躲避动乱。从汉至元，几乎每逢朝代更替之际，北方都会发生长时间的大规模的动乱。其中有西汉末年的王莽之乱、东汉末年的黄巾之乱、西晋末年的永嘉之乱、唐末的黄巢之乱以及随后的五代之乱，其后还有北宋末年和南宋末年的北方之乱。这些动乱不仅使一般百姓

---

① 〔明〕戴廷明、程尚宽等：《新安名族志》前集《闵姓》。
② 〔明〕戴廷明、程尚宽等：《新安名族志》前集《黄姓》。
③ 〔明〕戴廷明、程尚宽等：《新安名族志》前集《詹姓》。
④ 〔明〕戴廷明、程尚宽等：《新安名族志》前集《方姓》。
⑤ 〔明〕戴廷明、程尚宽等：《新安名族志》前集《任姓》。
⑥ 〔明〕戴廷明、程尚宽等：《新安名族志》后集《孙姓》。

流离失所，就是对世家大族也常常带来毁灭性的打击。为躲避动乱，达官贵人、世家大族纷纷南迁。他们在选择新的居址时，不能不把地理环境的安全放在第一位。而徽州地处万山之中，历来兵燹较少，且山清水秀、环境优美，正具备了躲避动乱、选择新居的理想条件。如鲍氏，"其先青州人，晋太康中曰仲，官拜护军中尉，镇守新安。永嘉末，青州大乱，子孙避兵江南。咸和间曰弘任新安郡守，因占籍郡城西门，继于郡西十五里牌营建别墅"①。又如韩氏，"宋淳熙间，天下苦于金胡之乱，朝迁暮徙，当时民在北地者咸以江南为乐土，实（人名）由父宦邸道经休邑，见徽于万山，休邑人烟辏集，无异京华，乃留于城北居之。历宋乾道、开禧间，曰惟远、曰惟道，业盛家肥，人以韩家巷为名"②。其中，因躲避晋末永嘉之乱和唐末黄巢之乱而迁入徽州的世家大族最多。从原居地来说，来自河北、山东、山西、甘肃、湖南、湖北、河南、江苏、安徽、浙江、福建、江西等很多省份。如此众多的世家大族从全国各地迁入徽州，这在中国历史上极为少见。它对徽州地区的历史发展带来了巨大而深远的影响。

首先，以世家大族为核心的外来居民持续不断地大规模地迁入徽州，使该地的居民成分发生了根本性的变化。根据考古资料和文献记载，古徽州居民属百越族群。然而，从秦始皇统一中国以后，徽州地区即置于中原王朝的统治之下。经过两汉，徽州土著在中原政权的统治之下和汉民族文明的冲击下，人数大大减少。特别是经过三国、两晋、南北朝至唐末这一时期，北方世家大族的大规模迁入使徽州土著的社会地位发生了根本性的变化，他们或沦为世家大族的奴仆，或作为小民，被排挤到偏远之处，人数则更趋减少③。与此同时，不断迁入的世家大族则子孙繁衍，日益兴旺，成了徽州居民的主体。例如，东汉末年迁入徽州的汪姓大族，在隋末"保有歙、宣、杭、睦、婺、饶六州，称吴王，唐封越国公"，其后子孙繁盛，

① 〔明〕戴廷明、程尚宽等：《新安名族志》前集《鲍姓》。
② 〔明〕戴廷明、程尚宽等：《新安名族志》后集《韩姓》。
③ 参阅方光禄：《浅探古徽州土著的消亡》，载《徽学研究论文集》，黄山市社会科学界联合会、《徽州社会科学》编辑部编印，1994年版，第216—229页。

遍及新安六邑，"故新安有十姓九汪之谓也"①。又如东晋时从北方迁入新安的大族胡氏，至唐时人丁兴旺，唐代大诗人李白在经过黟县胡氏居住的横冈时，曾题诗曰："十里无余姓，田庐共一村。四时瞻庙貌，尽是太常孙。"②在徽州，相传有这样的古语："未有黟县，先有孙、奚"，"未有休宁县，先有曹、吴、刘、叶"③。而《新安名族志》中所列世家大族迁居以后分布于徽州六邑的七百多个聚居点，更是徽州世家大族子孙兴旺、成为徽州居民主体的有力证据。

其次，世家大族迁入徽州以后，仍保持其原有的宗族体系，聚族而居，昭穆有序，组织严密。其宗法伦理，乃至起居饮食、冠婚丧祭等皆有定规，族规家法严明；各族均有宗祠统之，岁时祭祀，聚会有期；各族均有族产、义田，恤族救灾，表彰义行，宗族成员得以相保；宗谱系牒齐备，不断续修，一姓相传，千载不乱；等等。史籍中有关这方面的记载颇多。例如，徽籍人赵吉士在其《寄园寄所寄》中说："新安各姓，聚族而居，绝无一杂姓搀入者，其风最为近古。出入齿让，姓各由宗祠统之。岁时伏腊，一姓村中，千丁皆集。祭用文公《家礼》，彬彬合度。父老尝谓，新安有数种风俗胜于他邑：千年之冢，不动一抔；千丁之族，未尝散处；千载之谱系，丝毫不紊；主仆之严，虽数十世不改，而宵小不敢肆焉。"④《橙阳散志》中亦说："吾徽敦本追远，视他郡较盛，聚族而居，一姓相传，历数百载，衍千万丁，祠宇坟茔世守勿替。间有贸迁远地者，一旦归来，邱垅无恙，庐舍依然。语云：歙俗千年归故土，谅哉言也。"⑤《新安名族志》中亦云："吾新安婚姻问家世，派系征谱牒，则犹沿袭成俗，不失前古遗意。故其为族也，有殊邑联宗、数村一姓之蕃；其为婚姻，有贫

---

① 〔明〕戴廷明、程尚宽等：《新安名族志》前集《汪姓》。

② 〔明〕戴廷明、程尚宽等：《新安名族志》前集《胡姓》。

③ 〔明〕戴廷明、程尚宽等：《新安名族志》后集《奚姓》《叶姓》。

④ 〔清〕赵吉士：《寄园寄所寄》卷11《故老杂记》，载《续修四库全书》第1197册，上海古籍出版社2002年版，第127页。

⑤ 〔清〕江登云辑，江绍莲续编：《橙阳散志》卷12《艺文志三·存志户墓祀序》。

不偶富、贱不偶贵之异。其先代坟墓之存者，远肇齐梁，近自唐宋，百年十世者勿论焉。"①由于以上原因，徽州的各姓宗族长期持续发展，更加繁荣。以世家大族为核心的各姓宗族构成了当时徽州社会的基本单位。

最后，世家大族在迁入徽州之前，其中居官显赫者，诸如丞相、尚书、大将军等，不胜枚举。此外，还有出身于其他名门望族的。例如胡氏婺源考水派，本出自陇西李唐宗室之后，因"朱温篡位，诸王播迁，曰昌翼者逃于婺源，就考水胡氏以居，遂从其姓。同光乙酉，以明经登第，义不仕，子孙世以经学传乡人，习称为明经胡氏"②。又如孔氏大族，本出自孔子之后，"先圣孔子之四十八世孙曰端朝，宋建炎间为黟县令，遂家歙之城南"③。又如韩氏，系"出唐昌黎愈公之后，本居上党"④。这些来自各个方面的世家大族从全国各地迁入徽州，无疑给徽州地区带来了丰富的文化遗产。

众所周知，唐代以前，中国的政治经济文化发展中心在北方，而从汉晋至唐末大量的世家大族从北方迁入徽州，自然就把中原地区的先进文化带到了徽州。这就使得唐代以后的徽州经济文化能在一个高起点上向前发展。到了宋代，徽州地区很快就成为全国最为发达的地区之一。徽州的经济文化高速发展，其中尤以文化繁荣著称，被称为"东南邹鲁"。据弘治《徽州府志》统计，仅宋代徽州科举中进士者多达六百余人，其中休宁一县就有一百五十多人。这不能不说与徽州的世家大族有直接关系。由于徽州的世家大族在迁入前多为官宦之家，迁入后则继承了崇文尚教的优良传统，特别重视文化教育，走读书仕进、科甲起家之路。《新安名族志》中所辑录的各世家大族迁入徽州后所取得的科举和宦业方面的成就，真是辉煌之至，确实是其他府郡都很难与之相比的。世家大族的影响，随之也带来了徽州整个地区文化教育的繁荣兴盛，史载："新安自南迁后，人物之

---

① 〔明〕戴廷明、程尚宽等：《新安名族志》卷首《郑佐序》。
② 参阅赵华富：《论徽州宗族繁荣的原因》，《民俗研究》1993年第1期。
③ 〔明〕戴廷明、程尚宽等：《新安名族志》后集《孔姓》。
④ 〔明〕戴廷明、程尚宽等：《新安名族志》后集《韩姓》。

多，文学之盛，称于天下。当其时，自井邑田野，以至于远山深谷，居民之处，莫不有学、有师、有书史之藏。"①

总之，唐宋以后，世家大族已成为徽州居民的主体，在徽州社会中占据了统治地位。世家大族与徽州的政治、经济、文化等各个方面都有极为重要的关系。可以说，离开世家大族来研究徽州的历史是不可能的。

二、关于祁门谢氏家族

下面要介绍的祁门谢氏家族，即徽州的世家大族之一。

谢氏本出自姜姓神农之后，至周时申伯有功，受封于谢，子孙因以为氏。其后曰鲲者为太常卿，从东晋元帝渡江，遂为著姓。鲲生六子，并显于时。其中谢安石为东晋名相，官至太保赠太傅，封为庐陵郡公。据《王源谢氏孟宗谱》及《新安名族志》所载，兹将迁入徽州的谢氏表示如下（图1）：

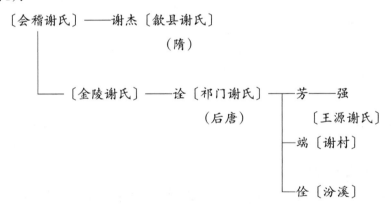

图1 迁入徽州的谢氏家族

迁入新安的谢氏有两派。一派是谢安石的十三世孙曰杰，仕隋，为歙州教授，由会稽始家歙，为谢氏迁徽之始。这一派谢氏后来主要居住在歙县一带。另一派即祁门谢氏，是在五代时由金陵迁入祁门的，其先亦出自浙江会稽谢氏。迁入祁门的始祖曰诠，仕后唐，官至银青光禄大夫、金吾

① 道光《休宁县志》卷1《风俗》。

大将军，因权奸误国，"遂弃官挈家来隐歙州之祁门"①。金吾大将军的夫人韩氏，本是后唐有名的宰相韩熙载的妹妹，所以迁入祁门的谢氏乃是当时有名的世家大族。诠公迁祁之后，居于县治之南大岭麓，生有三子，孟曰芳，仲曰端，季曰佺。其后三派析居，孟宗芳之六世孙强迁居王源，仲宗仍居原址，季宗迁汾溪而析于祁北。三派子孙繁衍，遂成为祁门的世家大族。"祁门言世族者必以谢氏为称首"②，其中尤以孟宗谢氏为最著。孟宗与现在遗存的徽州文书关系较多，并且有《王源谢氏孟宗谱》遗留至今，因此，这里主要介绍的是王源谢氏孟宗的事迹。

关于谢氏孟宗的事迹，在《王源谢氏孟宗谱》中有较详细的记载。"谢姓望于祁，而王源为最著。"③"洁邑东南，有地曰源，谢氏世居之。其山之峻嶒耸拔若莲花，若芙蓉，而为四境之所具瞻，所谓峻极于天者是已；其水之仰喷直泻如拖练，如漱玉，而为士女之所濯湘，所谓泌之洋洋者是已。谢之人生其间，钟灵毓秀，或天质之高迈，或才识之超卓，发而为文词，著而为功业。有父子科魁而名登天府者，有伯仲联芳而事垂竹帛者。衣冠济楚，簪组蝉联，宪台声价之相高，藩臬事功之并显，有非寻常所能班也。"④据《王源谢氏孟宗谱》所载，关于谢氏孟宗的具体情况，至少可以看出下列几点。

第一，聚族而居。

"予祖芳公始居王源衍外金家塔，至六世孙强公溯流入谷，续即源上之地，剪荆榛，辟疆宇，聚庐而处，皆由义而居仁，比屋可封，故民淳而俗美，其间折桂枝、登仕榜者亦不乏人。"⑤"祁门县治之东南去不二十里许曰王源，庐居其中皆谢姓人。多尚儒雅，敦礼让，视他族为冠。"⑥聚族而居是徽州世家大族的一个特点。"累徽六邑之名族，隔越而不亲，散漫

---

① 〔明〕《王源谢氏孟宗谱》卷首《谢氏源流族谱序》。
② 〔明〕《王源谢氏孟宗谱》卷首《谢氏孟宗谱旧序》。
③ 〔明〕《王源谢氏孟宗谱》卷9《双寿堂记》。
④ 〔明〕《王源谢氏孟宗谱》卷8《庆谢处士六十序》。
⑤ 〔明〕《王源谢氏孟宗谱》卷首《谢氏源流族谱序》。
⑥ 〔明〕《王源谢氏孟宗谱》卷9《一斋记》。

而无纪。"①所谓"隔越而不亲",是说因高山阻隔而互不往来,这是由于客观方面的地理条件所致。而在主观上,聚族而居也是为了保持自己宗族的纯正。

第二,从宋至明中叶,谢氏子孙繁衍,已成为人口众多的大族。"谢甲徽之祁,支属以千余指。"②

第三,奉先有祠,起居有堂。

那么,人口众多的大族是如何生活的呢?在《新安名族志》中虽记有"三百口共爨""五世共爨"的例子,如鲍姓在东晋时,"安国、安民、安福与堂兄弟安常、安时、安叙、安物、安邦、安禄、安世十人亲属三百口共爨,时人义之,号其居曰十安堂"③,黄氏在宋代曾"五世共爨,邑里义之"④,但这些都是作为个别例子而记载的。实际上多数大族虽是聚居,但已分爨。王源谢氏亦是如此。然而,作为同一宗族则奉先有祠,起居有堂(不止一个)。"奉先有祠,岁时荐享弗懈"⑤,所谓祠,即祭祀祖先和宗族举行重大活动的场所;所谓堂,即宗族成员"日夕居止,拜起坐立,凶吉燕集,送迎往来"⑥,进行日常活动的场所。"宋间谢强公始居祁之王源,居已有堂。"⑦至明代,王源谢氏宗族已有堂多所。以正德时所修"义和堂"为例:"谢生时益、克成及克修、介夫四人者,尝率其群从新作所居之寝堂四楹,高一丈八尺,广三丈二尺,袤杀其十之一,雷袤二丈,其广如堂,周缭以垣而垩之……堂名仍其旧,曰义和。盖自其先讳公玉者,至是凡七世,几六百指,列室而居,爨虽析而堂则共之。故朝夕聚于斯,出入由于斯,宾客燕于斯,冠婚丧祭之礼行于斯,若鲁署然。肃而不哗,

---

① 〔明〕戴廷明、程尚宽等:《新安名族志》跋。
② 〔明〕《王源谢氏孟宗谱》卷9《义和堂记》。
③ 〔明〕戴廷明、程尚宽等:《新安名族志》前集《鲍姓》。
④ 〔明〕戴廷明、程尚宽等:《新安名族志》前集《黄姓》。
⑤ 〔明〕《王源谢氏孟宗谱》卷9《双寿堂记》。
⑥ 〔明〕《王源谢氏孟宗谱》卷9《义和堂记》。
⑦ 〔明〕《王源谢氏孟宗谱》卷9《义和堂记》。

粹而不悖，雍雍有序而不紊，诚不愧于斯堂之名矣。"①祠和堂是统率本宗族的重要活动场所。

第四，世守一氏，数百年世系一直不乱，视为"纯族"。

"予尝稽之吾姓于他族为纯族。自晋东渡，氏族舛冒，真伪混淆，如元海之刘、后赵之石、京房之李、邛城之王……皆不得而辩也，而吾族世守一氏，亦异乎人之姓欤！"②谢氏自宋至明共七八次修谱，家族世次分明，家谱被称为"信谱""信史"。

谢氏孟宗从宋代迁入王源以后又是如何发展起来的呢？从《王源谢氏孟宗谱》来看，大体经历了三种途径，即"勤俭起家""商游起家"和"科甲起家"。

所谓"勤俭起家"，主要是指以农耕为主，靠积累经营土地而发家致富。《王源谢氏孟宗谱》中记载了一些终生不仕、在乡耕读的处士，如谢能静等，即是这方面的例子③。

所谓"商游起家"，即走出徽州，到全国各地从事商业活动，靠经商积累资财而发家致富。关于这方面家谱中并没有专门的记载，但也透露了不少例子：

> 先考会稽新三谢公，讳文新，字晋臣，以宋景定三年壬戌六月初八日生，我大元泰定三年丙寅三月三十日寅时终焉。呜呼！惟公之生，遭时险巇，幼失所怙，茕然孤立，困莫困于此者。公则奋发大志，懋迁淮甸，拓产恢基不窘，而泰公之有为何其裕哉！才干强也。④

> 乐善谢君，祁门官族也……予闻君朴茂简实，孝友勤俭，根于至

---

① 〔明〕《王源谢氏孟宗谱》卷9《义和堂记》。
② 〔明〕《王源谢氏孟宗谱》卷首《谢氏源流族谱序》。
③ 参阅拙文：《明初地主积累兼并土地途径初探——以谢能静户为例》，《中国史研究》1990年第3期。
④ 〔明〕《王源谢氏孟宗谱》卷10《元故先府君晋臣谢公墓志》。

性，虽寄迹于商，而宅心平恕，不周利以逐时。居常退逊，与物无忤。①

邑王源宦族谢尚德氏，予妻侄也，天性淳谨，雅尚儒素，而孝友睦姻仁恤之行，为宗族乡党称赏，且以勤俭起家，理生产，蓄资货，益致殷阜。尝曰：男子始生，悬桑弧蓬矢，以射天地四方，安能正墙面立耶？遂托迹于贾，驾轻舫以游。②

祁谢君世兴，少志四方，逮壮游于江宁，谋居殖贻厥。后作归燕堂，以昭景仰。③

谢孝子名广，字志浩，祁门人，系出南唐银青光禄大夫诠之后……父性涓逸，出贾梁宋……④

所谓"科甲起家"，即读书仕进，通过科举考试获取功名而兴家立业。这方面的例子，在谢氏族谱中记载最多。

这三种途径实际上是相互关联、不可截然分开的。从事农耕，经营土地，多是亦耕亦读，故称"耕读处士"。它常常成为"商游起家"和"科甲起家"的基础或出发点。徽州商人又多兼儒业，即所谓儒商，为其一大特点。而通过经商和仕途获取的资财，最后又多是回乡购买田产或用于宗族其他事业。这三种途径也是徽州其他大族在发展过程中所经历的道路，具有普遍性。由于徽州地区山多田少，从事农耕，经营土地，即所谓"勤俭起家"之路受到很大限制，所以迁入徽州的世家大族不得不选择"商游起家"和"科甲起家"的发展道路。而对于世家大族来说，他们首先选择的是"科甲起家"之路，这些官宦世家绝不甘心从此以后默默无闻。他们

① 〔明〕《王源谢氏孟宗谱》卷8《寿乐善谢君六十序》。
② 〔明〕《王源谢氏孟宗谱》卷9《舫斋记》。
③ 〔明〕《王源谢氏孟宗谱》卷9《东白轩记》。
④ 〔明〕《王源谢氏孟宗谱》卷10《谢孝子传》。

多是在选择"科甲起家"之路失败之后才转而经商的。

关于徽州商人，历来学者已做过不少研究，受到学界的瞩目。而关于徽州的科举仕进方面，迄今尚研究得很少。实际上从唐宋至明清，在徽州地区有两大发展潮流，一是科举仕进，二是外出经商。唐宋以后，徽州地区读书风气之盛，文化教育之发达，通过科举考试取得官位人数之多、职位之显要，乃是其他地区难以与之相比的。史载："四方谓新安为东南邹鲁，休宁之学特盛，岁大比，与贡者至千人。""即就试有司，动至数千人。"①

徽州地区之所以在唐宋以后出现科举仕进的潮流，除了上述原因，即山多田少，从事农耕难以有大的发展这一自然条件限制之外，还因为徽州的大族在迁入前多为官宦世家，迁入后则继承了崇尚儒雅的传统，坚持走读书仕进之路。这一点，在祁门谢氏家族中也表现得十分突出。

祁门谢氏素以崇尚儒雅著名，"素称诗礼世家"，"家世以诗礼闻"，"多尚儒雅，敦礼让，视他族为冠"，"斯文之学，代不乏人"②。

谢氏宗族各家多辟有专室，或为读书之室，如"曰彦修君者，族之敦厚君子也，尝名其读书之室曰省己轩"③；或为藏修之所，如"谢君名魁，字亚夫，严厚有仪，有学有守之士也，尝名其藏修之所曰介庵，盖心慕古人而将从事于中正之归尔矣"④。《王源谢氏孟宗谱》中收录了很多书斋题记，即是明证。

谢氏家族尤其重视教育，年长有学问者多亲自从教。例如恩公，"早有声邑庠，邃于春秋……暇则课诸孙读书，忘怀得失，以此自终"⑤。又如功茂公，"公质实而通敏而好学……宗戚子弟从学，必先之孝悌而后随质授业，以各充其量。制度名物，靡所弗及，尤邃于文公小学，每至暮，

---

① 万历《休宁县志》卷1《风俗》。
② 〔明〕《王源谢氏孟宗谱》卷9《记》。
③ 〔明〕《王源谢氏孟宗谱》卷9《省己轩记》。
④ 〔明〕《王源谢氏孟宗谱》卷10《毓秀斋训》。
⑤ 〔明〕《王源谢氏孟宗谱》卷7《孟宗事略·恩公》。

肃诸生两旁，口释之终篇，略无枝复"①。又如守忠公，"僻居金家塔，辟西塾以聚亲族之子弟诲焉，而不苟于利，务令主忠信以立其基，然后博书籍以资其识见，故其徒颇多成就云"②。再如谢再懋，对其兄"永懋之子芸芹，君爱如己子，或教之学，或教之贾……君尝为塾师以授徒，凡教里人之子弟及己之子弟，皆以洒扫应对为先，孝悌信让为本。虽至老不厌耕读"③。而谢氏宗族子弟多肆力于学，奋身科甲。如谢新安（明初人），"公少俊伟，不徇细务，独艰苦殖学，罔昼夜，寒暑岂少替"④。如谢振纪，"性悃愊无华，无纨绮膏粱之习，惟知肆力于学，以图进取"⑤。又如谢贞，"好读书，博闻强识，道路往来，口诵心惟不置。自其乡至城邑可一舍，公有事往焉，率背诵四书集注至一遍"⑥。再如谢再懋，"少为举子业，则有声称。因感目疾，遂退居南山，躬率僮仆，从事田园。然学亦不废，诵读率至夜分。兼究岐黄，旁览堪舆，咸畅其旨"⑦。

谢氏宗族在学业方面尤以习春秋经成绩卓著，代代相继不衰。至明代，谢氏子孙在科举考试中屡以春秋经中第。如谢仕俊，"公天资颖粹，自为儿童时，语言行步，秩秩有矩度，父奇之，遣从孙门治春秋经，文思日益如稚甲怒长。正统戊午，中应天府乡试第九名"⑧。如谢蓥，"卒春秋业，成化戊子出应考，饩廪邑庠，遂捷乡举……十七年辛丑，登王华榜进士"⑨。又如谢德泽，"惟祁门春秋闻天下，君始以是经起家进士"⑩。

正因为谢氏家族非常重视教育，其子弟又多肆力于学，所以在学业和科举方面取得了十分显著的成就。兹仅据《王源谢氏孟宗谱》所载资料，

① 〔明〕《王源谢氏孟宗谱》卷7《孟宗事略·功茂公》。
② 〔明〕《王源谢氏孟宗谱》卷7《孟宗事略·守忠公》。
③ 〔明〕《王源谢氏孟宗谱》卷10《明耕读处士谢君墓碣》。
④ 〔明〕《王源谢氏孟宗谱》卷7《孟宗事略·新安公》。
⑤ 〔明〕《王源谢氏孟宗谱》卷9《渐斋记》。
⑥ 〔明〕《王源谢氏孟宗谱》卷10《梅岩谢公传》。
⑦ 〔明〕《王源谢氏孟宗谱》卷10《明耕读处士谢君墓碣》。
⑧ 〔明〕《王源谢氏孟宗谱》卷7《孟宗事略·仕俊公》。
⑨ 〔明〕《王源谢氏孟宗谱》卷7《孟宗事略·蓥公》。
⑩ 〔明〕《王源谢氏孟宗谱》卷8《赠谢君德泽赴浙江金宪序》。

作"王源谢氏孟宗科第简表"如下（表1）：

表1 王源谢氏孟宗科第简表

姓名	时代	科第	官职
谢德善	绍熙	进士	凌云阁士
谢安邦	乾道	进士	江陵县尉
谢维石	景定	秀才	
谢荣	景定		制干文行
谢良骥		国学生	
谢有礼	景定	秀才	
谢孟瑞			节干
谢得魁	景定	举人	
谢子周	洪武	辟举	赣州府知事
谢仕俊	正统	举人	河南周王府伴读
谢润	天顺	进士	刑部员外郎、按察司金事
谢杰	成化	举人	武陵县令
谢嵩	成化	进士	监察御史
谢赞	弘治	举人	
谢贤		国子生	丽水县丞
谢周佑		国子生	蒲圻县主簿

宋代，举秀才，中举人、进士者即有多人。

元末明初，则有著名学者谢俊民，其虽未出仕，但"绰有才行，与汪环谷讲道于桃墅坳，学鸣一时"[1]，被称为"一时宿儒"，著有《玉泉诗稿》等。府志、县志均载其事迹。

明代，中举人、进士者更是不乏其人。

其中，谢润于景泰元年（1450年）乡试中举，随后又于天顺四年

---

[1] 〔明〕《王源谢氏孟宗谱》卷10《明耕读处士谢君墓碣》。

（1460年）登进士第，观政刑部，授广东司主事，历官至奉议大夫浙江按察司佥事，其父母妻子皆受皇帝敕封；又，谢瑩于成化四年（1468年）中举，成化十七年（1481年）登进士，授行人，成化二十一年（1485年）拜监察御史，后为广东左布政使，本人及其父母妻子五次受到皇帝敕封。当时谢家极为显赫，既富且贵，被称为"官族""宦族"。

可以想见，当时在像谢家这样一个既富且贵、崇文尚教的世家大族中，一般会保存有比一般家庭多得多的、相当丰富的有关本宗族的文献典籍和文书档案，并且受到重视。又由于徽州地处万山之中，很少受到动乱的冲击，世家大族宗族体系一直不乱，所以这些典籍和文书能代代相传，长期被保存下去。其中，作为持有土地与财产证据的契约文书，更加受到重视，得到珍藏保管，是不待言的。

祁门谢氏家族在持有和保管本家族的典籍文献方面尤为突出。其从宋至明，"代有文献为可征信"，在当时就被称为"文献之家"①。这一点，从遗留至今的《王源谢氏孟宗谱》即可得到证明。中国现在保存的族谱，从内容上看，大体可分为两类：一类是只标名字、系支派，宗族事迹记载很少；另一类则是不仅标名字、系支派，而且较多地记录了有关本宗族的事迹。无疑后者价值更高。《王源谢氏孟宗谱》即属于后一类，其有关谢氏宗族事迹的记载超过全书的一半，仿照修史体例，详载谢氏宗族各项事迹。这在现存的族谱中是比较少见的，若非"文献之家"，是不可能做到这一点的。所以，谢氏家族有较多的契约文书遗留到今天，并不奇怪。

三、关于祁门谢氏家族遗存的文书

据《王源谢氏孟宗谱》所载，兹将谢氏孟宗元末明初部分谱系整理如下（图2）：

---

① 〔明〕《王源谢氏孟宗谱》卷首《王源谢氏重修宗谱序·祁门谢氏重修族谱序》。

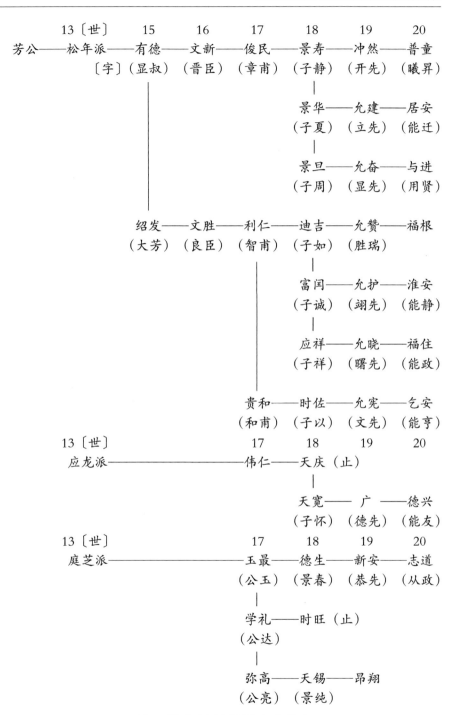

图2　谢氏孟宗元末明初部分谱系

以上谱系中所列松年派、应龙派、庭芝派均为王源谢氏孟宗即芳公的十三世孙。作为芳公的十三世孙，还有其他不少支派。由于这三派子孙兴旺，事迹显著，而《王源谢氏孟宗谱》即为松年派的后人所修，对这几派的记载亦较他派详细，特别是这三派与现存文书关系较多，故图中列出这三派。因篇幅所限，对这三派的人物亦有省略，图中所列以与现存徽州文书有关系者为主。

据不完全的调查统计，在现存的徽州文书中，仅元代至明初这一段时间，与祁门王源谢氏有关的契约文书就有100件以上。现仅将元代及明洪武、建文时期的文书列表如下（表2）：

表2　元代及明洪武、建文时期与祁门谢氏有关的契约文书

姓名	文书名称	馆藏	备注
谢良臣	至大元年祁门洪安贵等卖山赤契	历史所	△
谢良臣	至大元年祁门谢良臣买山契税文凭	历史所	△
谢利仁	泰定二年祁门谢利仁等标分底帐	历史所	△
谢章甫	泰定三年祁门谢章甫兄弟析户合同文书	安博	
谢智甫	泰定三年祁门谢智甫兄弟析户合同文书	安博	
谢子诚	至正十一年贵池谢安得卖坐落祁门山契	历史所	△
谢子以	至正年祁门谢子以卖山白契	安博	
谢公亮	龙凤十年祁门谢公亮退赎屋基地白契	安博	
谢景荣	龙凤十二年祁门谢志高卖山白契	历史所	△
谢允宪	洪武四年祁门谢允宪户户帖	一档	
谢冲然	洪武十年祁门谢冲然卖山地赤契	安博	
谢文先	洪武十五年祁门谢允恭卖山地赤契	历史所	△
谢文先	洪武十五年祁门谢允恭卖山赤契	安博	
谢显先	洪武二十年谢显先卖山赤契	安博	
谢乞安	洪武二十三年祁门谢得兴过继文书	历史所	△

姓名	文书名称	馆藏	备注
谢翊先	洪武二十四年祁门冯伯润卖山赤契	安师大	
谢翊先	洪武二十四年祁门谢翊先买山地契税文凭	历史所	△
谢景春	洪武二十四年祁门谢景春卖山赤契	安博	
谢景春	洪武二十四年祁门谢景春卖山赤契	安师大	
谢景华	洪武二十七年祁门谢銮友卖山地赤契	历史所	△
谢开先	洪武二十八年祁门谢士云买山地契本	安师大	
谢开先	洪武二十八年祁门谢士云买山地契税文凭	历史所	△
谢能静	洪武三十一年祁门谢愿郎等卖山赤契	安博	
谢能静	建文元年祁门谢銮友立换界文约	历史所	△
谢翊先	建文元年祁门谢翊先批契	历史所	△
谢翊先	建文元年祁门谢翊先批契	历史所	△

注：历史所，即中国社会科学院历史研究所；

　　安博，即安徽省博物馆；

　　安师大，即安徽师范大学；

　　一档，即中国第一历史档案馆；

　　加"△"者均载于《徽州千年契约文书》一书。

表2所辑录的文书共26件。这些文书中出现的谢氏人名都可以在元明时期《王源谢氏孟宗谱》的谱系中找到，因而可以肯定它们即是祁门谢氏家族遗存的文书。此外，这一时期还有一些文书中亦记有谢氏人名，其所属地点亦与王源谢氏的所在地点相同（祁门县十西都七保），因而可以推测其与王源谢氏有密切关系，或其本身就属于王源孟宗人物，但因其在现存的族谱中没有被确认，故表中暂未列入。又，在永乐、宣德以后，现存还有很多与谢氏有关的契约文书，其中与谢能静有关的各类文书最多，有70多件，因篇幅所限，表中亦未列入。

谢氏遗存的这些文书的特点，一是时期早，其中属于元代的有10件左右，属于洪武时期的在15件以上；二是其中有10余件是现存各类徽州文书中时间较早、具有代表性的珍品。它们不仅具有极高的研究价值，如今也成了珍贵的历史文物。兹分别举例说明如下。

（一）土地买卖契约与契税文凭

表2所列"至大元年祁门洪安贵等卖山赤契"与"至大元年祁门谢良臣买山契税文凭"①，是有关元代祁门谢氏家族的谢良臣买山及买山后赴县投税的两张文契。现录其文字如下：

> 归仁都洪安贵、安富、安和，为无钞支用，情愿将本保土名吴坑源前坞，寔字号夏山壹拾柒亩，东至岭，抵李宅及冯伯通山，随岭下至前段田末，下至溪，抵李宅山，西至岭，抵李大兴山，南至尖，北至大溪，西至岭，下至大溪及大石崖为界。又将墓背坞寔字号夏山壹拾肆亩，夏地壹亩，其山地东至乾坑，西至降，南至岭，抵谢宅山，北至岭，抵谢宅山。今将前项捌至内山地并地内杉木、果木等物，尽数立契出卖于同都人谢良臣名下，面议中统价钞柒拾柒贯文。其钞立契日一并交收足讫，并无少欠，契外不立碎岭（领）交相。其山地未卖已（以）前，即不曾与家外人交易。如有内外人占拦，及四至亩步字号不明，并系出卖主自行祗当，不涉买主之事。其山地今从出卖之后，一任受产主收苗管业为主。其契请官投兑，收税供解。今恐人心无信，立此卖契为照者。
>
> 至大元年十一月十五日　　洪安贵（押）
>
> 　　　　　　　　　　　　洪安富（押）
>
> 　　　　　　　　　　　　洪安和（押）

徽州路总管府祁门县在城税使司

---

① "至大元年祁门谢良臣买山契税文凭"在《徽州千年契约文书》一书中被命名为"至大元年祁门谢良臣置产税票"。"税票"一词，在汉语中出现较晚，至少在元代及明初尚无此种说法，故以当时文书本身的说法即"契税文凭"为宜。

今据谢良臣赍到后项文契，计价中统钞柒拾柒两（贯），赴务投税
讫。本司照依□画验价钞例，收税附历讫。所有公据合行出给照验者。

右付　　　　收执。准此。

至大元年十一月　　　　日给

税使司（右侧钤巴思巴文）（押）

在现存的徽州契约文书中，像这样买卖文契与其契税文凭一起遗留下
来的并不多，特别是在元代。到目前为止，元代这样的文书只发现两套。
另一套是"延祐二年祁门汪子先卖田山赤契"（历史研究所藏）及"延祐
二年祁门李教谕买田山契税文凭"（安徽省博物馆藏）。

在这几张文契中，有一些文字是值得注意的，如"至大元年祁门洪安
贵等卖山赤契"中提到的"其契请官投兑，收税供解"，以及"延祐二年
祁门汪子先卖田山赤契"中提到的"情愿经官给据"等。这些提法是什么
意思呢？原来，在元代，官府规定的土地买卖手续基本上承袭宋代，仍比
较复杂。"凡有诸人典卖田地，开具典卖情由，赴本管官司陈告，勘当得
委是梯己民田，别无规避，已委正官监视，附写原告并勘当到情由，出给
半印勘合公据，许令交易……若契到务，别无官给公据，或契到官，却无
官降契本，即同匿税法科断。""凡典卖田宅，皆从尊长画字，立帐取问有
服房亲，次及邻人。"[1]从文献记载可知，在元代，一次土地买卖，首先要
赴官陈告，取得官给公据，然后须立帐取问亲邻。此外，除了买主与卖主
之间要订立有关的买卖文契之外，还要经过官降契本、赴务投税、过割钱
粮等一系列步骤，才能最后完成。所谓经官给据，即凡有典卖田地，必须
向官府申告典卖情由，经官府勘查批准后，出给半印勘合公据，才许进行
交易。这是沿袭唐宋以来的规定。关于元代土地买卖中的官给半印勘合公
据实物，迄今尚未发现。买卖双方订立文契之后，买方还要赴务投税。一
是由官降契本，每契本一纸固定要纳工本钱若干；二是进行契税，即所谓
正课，一般要纳交易额的三十分之一，完税后得到一张契税文凭。这是两

---

① 《大元圣政国朝典章》户部卷5《田宅·典卖》。

项不同的税别。此外还要进行钱粮过割。前述与谢氏有关的几张文契中提到的"请官投兑，收税供解"及"经官给据"等，指的就是元代有关土地买卖的官府的这些规定。而"至大元年祁门谢良臣买山契税文凭"，就是元代土地买卖中买主赴务投税、缴纳正课后所得到的契税凭证实物。祁门谢氏的这套土地买卖文契及其契税文凭，是现存这类文书中最早的一套。又，元代这两张契税文凭所载的文字并不相同。毋庸置疑，它们是研究土地买卖契税制度及其演变的极为珍贵的历史文书。

　　(二)标分合同文书

　　在谢氏遗存的文书中，有三件元代的标分合同文书，即"泰定二年祁门谢利仁等标分底帐"、"泰定三年祁门谢章甫兄弟析户合同文书"、"泰定三年祁门谢智甫兄弟析户合同文书"(谢智甫即谢利仁)。其中，后两件文书的内容基本相同，第二件文书为第三件文书的草稿。这三件文书均是有关谢氏家族谢俊民、谢利仁、谢贵和三兄弟的标分文书，是以合同文书形式出现的标分文书。标分，本作摽分，意即析分。宋《名公书判清明集》中在叙及析分财产时，多处使用"摽拨"一语，与"分拨"语意相通。标分文书，简称标书(或作摽书)，又称关书、阄书、分书等，系析分家产时所立的一种文书。因篇幅所限，这里仅录"泰定二年祁门谢利仁等标分底帐"如下：

　　　　归仁拾都柒保谢利仁、谢贵和，承父亲胜四朝奉生前命立为子，不幸父亲于辛酉年十一月初八日身故。见为贰分，人口众多，各人意欲添造小屋，今将前后贰宅各西边壹半屋宇基园义分，庶使造作便当。今前宅籍金字号，东至富字号大厅心直进至洋沟，出至富字号园，西至第贰基园外硼，南至富字号帐地，北至洋沟，出至玉字号帐贰园，各立楗为界。后宅籍玉字号，东至富字号大厅心，出至洋沟，进至曲堂，向西楼屋柱为界，进至屋基□□至第贰基园硼，南至金字号洋沟，横过出至金字号贰园，各立楗为界，北至大众存地。其前项贰宅大四至，自有元摽富贵贰帐可照。今义（议）贴后屋玉字号好田贰亩，奉母亲指令，于郡坑南岸田内取，候利仁造屋完备，收苗为业。共立帐贰本，各收一本。其金字号帐系是谢利仁收掌为业，玉字号帐系谢贵和收掌为业。所是前项标分系伯父、母亲主盟，并无私曲，实出自兄弟贰人情愿，以后并不许悔易。如先悔者，罚中统钞壹伯（佰）锭与不悔人，仍依此文书为照。今恐无凭，立此标分的（底）帐为用者。

所有金字号前屋不曾罗砌浮砖石，一任金字号与伯父分用。

泰定二年乙丑岁正月十二日	谢利仁（押）	义帐
	谢贵和（押）	
见义帐人	谢伟仁（押）	
	李泰甫（押）	
书帐人	谢俊民（押）	
母亲	李 氏（押）	
主盟伯父	谢晋臣（押）	

金字号

有关谢氏的这几张标分文书，是现存徽州文书中最早的标分文书。毋庸置疑，它们是研究分户析产的难得的原始文书资料。从内容上看，泰定二年（1325年）的文书系谢利仁、谢贵和兄弟为分屋基地而立的标分底帐，是属于标分家产一类的分家文书。而泰定三年（1326年）的两张文书则是谢章甫兄弟分税析户的合同文书。从泰定二年的文书来看，谢利仁、谢贵和兄弟已经分籍，但在泰定三年的文书中仍作一户，分籍而未分户，即谢利仁、谢贵和兄弟虽已分家，但在官府的册籍上仍作一户。在泰定三年的文书中还言道"弟兄分籍众多"，这种在官府的册籍上虽作一户，而实际上其户下已经分籍成许多"子户"的情况，宋元以来是带有普遍性的。所以这几张标分文书亦为研究宋元以来乡村一般地主的实际存在形态提供了珍贵资料。此外，这几张文书亦为研究元代的赋役制度提供了宝贵资料。

（三）退赎文书

即"龙凤十年祁门谢公亮退赎屋基地白契"：

> 拾都谢公亮昨用价买受到谢士云住屋基地一片，坐落王坑源，经
> 理唐字　　号，尚地肆拾步半，夏地叄拾九步。东至众墓地，西至谢
> 升叔，南至自存门屋地，北至山。今为少货支用，情愿将前项地基出
> 退赎与谢士云名下，面议价货　　贯文前去，其货物当立契日乙
> （一）并收足无欠。未卖之先，不曾与家外人交易。如退赎之后，乙
> 任买主为主，本宅即无阻当。所是尚手乙并缴付，如有漏落，日后不
> 在（再）行用。今恐无凭，立此退契为用者。

> 　　龙凤十年十一月二十五日　　　　谢公亮（押）　　契

该件文书为龙凤十年（1364年）祁门王源谢公亮用价买到住屋基地以后，因"少货支用"又将前项基地退赎给原主人而立的一种退契。在大量的土地买卖契约中，像这样的退赎契约是不多见的。

（四）户帖

众所周知，明初的户帖制度是在黄册制度创立之前实行的有关户口管理与赋役征调的一项重要的社会经济制度。但由于户帖制度只是在洪武三年（1370年）至洪武十四年（1381年）这一段时间推行，时间较短，所以有关明初户帖的实物在明代后期就很难得。明代人李诩（1505—1593年）提及户帖时说："此帖人罕得见矣，余从一处觅来，录之以备典故。"[1]明代的户帖实物遗留至今的只有几件。一件是"洪武四年祁门谢允宪户户帖"（原藏中国人民大学历史档案系，现藏中国第一历史档案馆），该户帖韦庆远先生在《明代黄册制度》一书中已做了介绍。一件是"洪武四年祁门汪寄佛户户帖"（现藏历史研究所，载《徽州千年契约文书》宋·元·

---

① 〔明〕李诩：《戒庵老人漫笔》卷1《半印勘合户帖》，中华书局1982年版，第34页。

明编第1卷），该户帖笔者亦做过介绍①。此外，据韦庆远先生《明代黄册制度》一书第19页注①所载，历史研究所还藏有一件"谢允护户户帖"，该户帖现已下落不明。历史研究所还藏有一件"洪武十二年祁门叶诏寿户户帖"，为一残件。又，中国历史博物馆和北京图书馆亦各藏有一件户帖。以上遗留至今的几件明初户帖，均为徽州文书中的藏品，而且其中所载谢允宪户、谢允护户皆属明初王源谢氏人物，均为祁门王源谢氏遗存的珍贵文书。

（五）出继文书

即"洪武二十三年祁门谢得兴过继文书"：

> 在城谢阿黄氏观音娘有二男，长男宁兴，次男得兴，曾于洪武十年间将长男宁兴出继十都叔谢翊先为子，为因长子不应，回宗了毕，未曾过户。后叔翊先自生亲男淮安。至拾九年次叔文先病故无后，有翊先体兄弟之情，与簇（族）众商议，再来浼说。今黄氏愿将次男得兴、户名谢乞，出继文先为子，实乃昭穆相应。自过门之后，务要承顺翊先夫妇训育，管干户门家务等事，不许私自还宗。其文先户内应有田山陆地、孳畜耕物，并听继人得兴管业，家外人不许侵占。所是翊先原摘长男宁兴文书，此先系太（大）姑夫汪仲达收执，一时检寻未见，不及缴付，日后赍出，不在（再）行用。今恐人心无凭，立此文书为用。
>
> 洪武二十三年三月初三日　　　　黄氏观音娘（押）
> 　　　　见人　　　谢曙先（押）
> 　　　　　　　　　汪景原（押）

据该文书所载内容可知，先是在洪武十年（1377年），在城谢阿黄氏观音娘将其长男宁兴出继谢翊先为子，"为因长子不应，回宗了毕，未曾过户"，其后，谢翊先又自生亲男淮安（谢能静），所以，谢宁兴过继之事

---

① 参阅拙文：《明初地主制经济之一考察——兼叙明初的户帖与黄册制度》，日本《东洋学报》1987年第68卷第1、2号。

实际上并未实行。至洪武二十三年（1390年），应谢朔先之请，黄氏又将次男谢得兴，户名谢乞，出继给谢文先为子。该文书即是为此而立的一份过继文书。当时，不仅是在土地买卖方面，在其他很多方面，诸如财产继承、出继过户等都立有契约文书，说明契约文书的缔结是很广泛的。

（六）契本与契税文凭

即"洪武二十八年祁门谢士云买山地契本"与"洪武二十八年祁门谢士云买山地契税文凭"，原文如下：

户部检会到

律令内一款，诸典卖田地头匹等项，赴务投税，除正课外，每契本一纸纳工本铜钱四十文，余外不许多取。违者治罪。钦此。除钦遵外，议得，凡诸人典卖田宅头匹等项交易，立契了毕，随即赴务投税，依例验价，以三十分中取一，就给官降契本，每一本纳工本铜钱四十文。匿税者笞五十，价物一半没官；于没官物内，以十分为率，三分付告人充赏。如无官降契本，即同匿税。所有契本，须议出给者。

今据本县十西都谢士云等用价钞壹拾陆贯伍伯（佰）文，买受同都谢开先等名下山地，除收正课外，契本工墨宝钞依例收足。

洪武贰拾捌年贰月十三日

户　部

徽州府祁门县税课局，今据谢士云等用价钞壹拾陆贯伍伯（佰）文买到同都谢开先等名下山地为业，文契赴局印兑，除已依收税外，所有文凭须至出给者。

右付本人收执。准此。

洪武贰拾捌年贰月拾叁日　　　　　攒典　缺

税课局（押）

前已叙及元代有关土地买卖的若干规定，那么，到了明代又如何呢？

明代官府对有关土地买卖的规定已大大减少，在有关的律令条文中，均已不见"经官给据""立帐取问亲邻"等规定了。但在明初，仍依宋元旧制，土地买卖要有"官降契本"。洪武元年（1368年）颁布的《大明令》载："凡买卖田宅头匹，务赴投税，除正课外，每契本一纸纳工本铜钱肆十文。余外不许多取。"①即当时买卖田地牲畜等仍需交两项税款，一项是所谓正课，取交易额的三十分之一，完税后发给契税文凭；另一项是交契本工本钱，每本纳铜钱四十文，然后由官降契本。实际收税是否是按此执行的？契本到底是什么样子？这两件文书的存在使这一问题得到了解答。谢氏文书中保存的这一明初田土交易契本，是迄今为止在徽州文书中发现的唯一一件契本实物。而且，它与该项交易的契税文凭一起保留到今天，更属不易，尤为珍贵。

明初田宅交易中仍有官降契本这一规定，在同期的其他土地买卖文契中亦可找到证明。例如，在"洪武二十四年祁门谢翊先买山地契税文凭"中，即载有"契本未降"的文字。这种契税文凭中所载的"契本未降"或"工本未降"的说法，一直延续到明代中期。明中期以后，官降契本终被废止，契税文凭亦正式变成契尾。如果我们回顾一下宋至明官府对土地买卖的有关规定，则可以发现这样一种趋势，即规定越来越少，手续越来越简化。

在元代，官府虽承袭宋代有关土地买卖的规定，但在实际交易中违反官府规定的事件却频频发生，以至官府不得不屡加申饬。进入明代，官府对土地买卖的有关规定则不得不日趋简化。这深刻地反映了宋元以来土地买卖的日益频繁和社会经济的发展变化。

（七）换界文约

即"建文元年祁门谢銮友立换界文约"：

---

① 〔明〕《皇明制书》卷1《大明令·户令》，《续修四库全书》第788册，上海古籍出版社2002年版，第6页。

拾西都谢銮友昨用价买到本都冯喜得山壹片，坐落本都七保吴坑源，经理唐字贰千八十七号，其山与谢翊先木瓜坞口山地连界，护（互）换不明。今有谢能静愿出钞壹拾贯文，贴备銮友，立定本家山地南至岭，上至降，随岭下至木瓜坞口田厂为界。日后各无易词。今恐无凭，立此为用。

建文元年十二月十五日

（后改为洪武三十二年）　　　　谢銮友（押）　约

这是建文元年（1399年）祁门谢氏之间缔结的一件互换山地文约。其特点是，由一方出钱贴备另一方来换取土地，实际上是带有买卖性质的换界文约。

（八）批契

谢氏家族遗存的"建文元年祁门谢翊先批契"，共有两件。一件是建文元年（1399年）十二月十五日所立，只有谢翊先一个人署名画押，字迹歪斜，不成形状，可看出是其本人在病中所批。另一件是四天以后，即十二月十九日所写，为谢翊先的女婿依口代书，内容与前一件大致相同，但更为详细，其上除有谢翊先本人的亲笔署名画押外，还有见人及代书人的署名画押，更为正规。现录后者原文如下：

十西都谢翊先，自叹吾生于世，幼被父离，值时更变，艰辛不一。缘我男少女多，除女荣娘、严娘已曾聘侍外，有幼女换璋、注娘未曾婚聘。见患甚危，心思有男淮安年幼，侄训道心性纲（刚）强，有妻胡氏，年逾天命，恐后无依，是以与弟谢曙先商议，令婿胡福应依口代书，将本都七保土名周家山，经理唐字一千三百八十九号，夏山肆拾亩，其山东至田，西至大降，南至深坑，下至谢一清田，北至岭，上至降，下至双湾口小坑，随坑下至大溪及谢闰孙田末。其山与谢显先相共，本宅四分中合得三分，计山叁拾亩。又将七保吴坑源，土名南坞，经理唐字二千五十六号，计山五亩叁十步，其山东至长

岭，下至坑口大溪田，西至坑心，上至降，下至坞口坑，南至降，北
至正坞坑。今将前项二处山地尽行立契出批与妻胡氏园娘名下管业，
与女换璋、注娘各人柴米支用，候女出嫁之后，付与男淮安永远管
业，诸人不许争占。其山未批之先，即无家外人交易。如有一切不明
及侄下子孙倘有占拦，并听赍此批文经官告理，准不孝论，仍依此文
为始。今恐无凭，立此批契为用。

　　建文元年己卯岁十二月十九日

　　（后改为洪武三十二年）　　　　谢翊先（押）　　批契

　　　　　　　　见人　　谢曙先（押）

　　　　依口代书婿　　胡福应（押）

　　从契文中可以看出，谢翊先之所以要立此批契，其主要原因是他身患
重病甚危，儿子年幼，其妻已年过五十，身后尚有二女未出嫁，而特别是
由于其侄训道"心性刚强"，怕其在自己身后前来争占财产，所以才立此
批契，以确保其土地财产的顺利继承。故其批文中明确写道："今将前项
二处山地尽行立契出批与妻胡氏园娘名下管业，与女换璋、注娘各人柴米
支用，候女出嫁之后，付与男淮安永远管业，诸人不许争占。"该契最后
还声称："如有一切不明及侄下子孙倘有占拦，并听赍此批文经官告理，
准不孝论，仍依此文为始。"可见，这类批契是具有某种法律效力的。批
契又称批文，是在财产继承或转让时经常使用的一种契约文书，在明清时
代的契约文书中经常出现。谢氏的这两件批契是具有代表性的。

（九）垦荒帖文

　　徽州文书中现存有关谢氏的垦荒帖文计两件："永乐四年祁门谢能静、
李胜舟垦荒帖文"及"洪熙元年祁门谢能静垦荒帖文"。这里仅录前一件
原文如下：

　　徽州府祁门县永乐四年四月十一日，据西都里长谢齐受申奉帖
文，为开垦事，申乞得此，案照先为前事，已行体勘去后。今据见申

既已不系有额田土，拟合准令开耕，为此使县今开前去，文书到日，仰照各人所告田亩，如法尽力开耕，永为己业。候三年后收科，仍将该科税粮依期送纳毋违。须至帖者。

一户谢能静、李胜舟开亩肆亩，麦捌升伍合陆勺，米贰斗壹升肆合。

唐字四百六十八号，土名李家庄，内取田贰亩，东、西、南至山，北至田。

唐字二百四十一号，土名清塌，内取田壹亩，东至山，西至坑，南、北至田。

唐字二百四十二号，土名清塌，内取田壹亩，东至山，西至坑，南、北至田。

右帖下告人谢能静、李胜舟，准此。

永乐四年四月十一日（县印）

对同　　开垦事

帖（押）（押）

垦荒帖文，是将垦荒事呈报官府，经官府批准后发给垦荒者的文凭。上述永乐四年（1406年）的垦荒帖文中称："据西都里长谢齐受申奉帖文，为开垦事，申乞得此，案照先为前事，已行体勘去后。今据见申既已不系有额田土，拟合准令开耕……"其中所言"有额田土"，即指有额纳粮田土。这一点在历史研究所收藏的另一件帖文中说得很清楚，"告人郑仲彬所首告柑坟山地，委系积荒无额之数，即不系侵占他人有额纳粮坟山地并该科税粮，保结开申到县案照已行去后"，准其"如法开耕，永为己业"[1]。为此，垦荒须经里长前去"体勘"，证明确实"不系有额田土"后才发给帖文，准令开耕。在徽州文书中，帖文发现得很少。这两件文书，尤其是永乐四年（1406年）的那件，其上钤有"祁门县印"，印文十分清晰，是徽州文书中的珍品。

---

① 王钰欣、周绍泉主编：《徽州千年契约文书》宋·元·明编卷1《天顺五年祁门郑仲彬垦荒帖文》，花山文艺出版社1991年版，第169页。

（十）鱼鳞图册

在现存的徽州文书中，还有一本属于祁门县十西都七保的鱼鳞册①。祁门县十西都七保是王源谢氏的所在地。该鱼鳞册记载的人物亦多与谢氏家族有关，而且主要是谢氏家族元末时期的人物。因此，其当属龙凤时期所造的鱼鳞册。该鱼鳞册为明代抄本，但其记载的内容仍是十分珍贵的。

通过以上例子不难看出，祁门王源谢氏家族遗留至今的这些文书，种类多，价值高，特别是其中有关元代及明初的契约文书，如今已成为徽州文书中时间最早、极为珍贵的一批文书了。应该指出，祁门王源谢氏家族并不是元明时期徽州地区首屈一指最为兴旺的世家大族。从这一点来说，其有一批极为珍贵的徽州文书遗留至今，是有其偶然性的。当然，这不能不说与其所在的地理环境，即祁门县的地理条件有关。众所周知，整个徽州地区都处于万山之中，而其各县的地理条件又略有不同，其中处于徽州腹部地带、山地最多、最为封闭的地方，就要数祁门县和黟县了。由此我们就不难理解，为什么在现存的徽州文书中，属于宋元时期的文书绝大多数都是属于祁门县的。然而正如本文前面所介绍的那样，祁门王源谢氏家族之所以能有一批时间最早、极为珍贵的徽州文书遗留至今，从根本上说，与其作为当时徽州的世家大族这一点是密不可分的。从这一角度来说，祁门王源谢氏家族有一批时间最早、极为珍贵的徽州文书遗留至今，又不是偶然的。

原载《'95国际徽学学术讨论会论文集》，安徽大学出版社1997年版，有改动

---

① 安徽省博物馆藏2：16715号。

《成化二十三年休宁李氏阄书》研究

中国社会科学院历史研究所藏《成化二十三年休宁李氏阄书》^①，1册，绵纸，原册纵40厘米，横39.5厘米，墨迹抄本。现存49线装叶，每叶双面，抄有文字的页数计97页。略有残缺。该文书属现存徽州文书"分书"类文书中较早者，所载内容丰富，可为明清经济史、社会史等研究提供不少珍贵的素材，且迄今未被学者研究利用。本文即以该文书为中心，对其所载内容作一介绍，并就其所反映的经济史、社会史等方面诸问题试加考察分析。

一、文书内容介绍

该文书所载内容，大致分为以下七个部分。兹依原文书所载顺序，分叙如下。

（1）永乐七年高祖李彦仁遗嘱（现存文书第1—2页，计2页）。

该文书封面缺佚，开头部分残缺，现存首页系李彦仁于去世前一年所立遗嘱的后部分。遗嘱中叙及李彦仁与其弟彦纯分析家产前后事宜，以及分析后艰苦创业的情况。最后立下遗嘱："所有〔承〕祖并续置产土，日

① 中国社会科学院历史研究所藏徽州文书 HZB3060001 号。载王钰欣、周绍泉主编：《徽州千年契约文书》宋·元·明编卷5，花山文艺出版社1991年版，第3—101页。该书收载时将此文书定名为"正统休宁李氏宗祠簿"，实误，见本文有关考证。

后均搭为仁、义、礼、智、信五勾，各执一焉，永为世守。"遗嘱所述是李彦仁的口气，可知其所录为遗嘱原文。但末署"永乐七年己丑春初良吉之日高祖李彦仁述，前光禄寺署丞徵仕郎辱眷桃源吴恭书"，从其中写有"高祖"二字可知该遗嘱为后世抄件。

（2）"誊录曾祖、曾叔祖仁义礼智信勾书序"①（现存文书第3—5页，计3页）。

"誊录曾祖、曾叔祖仁义礼智信勾书序"，系抄录时所题。其后序文中有"吾父""父命原摽祖父事产仁义礼智信勾书"等提法，可知其所录为原序文。序文中叙及其父（李彦仁）创业之艰辛、分析家产缘由及分析原则等，最后所录文字为："清堂勾得智字，高堂勾得义字，修堂勾得信字，和堂勾得仁字，烜、启堂勾得礼字。"无所署时间。

（3）"渊源勾书序"（现存文书第6—7页，计2页）。

序中言及李氏迁徙来历、家世变迁，以及分析家产缘由、分析原则等。最后亦无所署时间。

（4）"律"字阄书（现存文书第8—57页，计50页）。

首页载："（前残）阄得律字〔下注：'上重写吕律'〕，渊字正本阄书旻收。"该阄书共有三个部分。第一部分所载是"律字勾分得田地山塘"，其下以田地山塘为序分类开载。每类田土之下，依其所在各保字号分类，详列其分得的一笔笔各号田土。每号田土所载项目有土名、字号、计田土面积、田土来源（其下又多注有原契由谁收藏）、佃人、该租多少等。以其开头所载为例，按原格式抄录如下（原文为竖写）：

> 律字勾分得田地山塘开后
>
> 　本都六保礼字号田
>
> 　　一、土名雄源呈四坞口　　　　　号计田壹亩四分四厘
>
> 　　　勾分原买方轮兄弟全业　　契本勾收　　　佃人

---

① 勾书即阄书。"勾"本作"钩"，古有投钩之习，后世俗称拈阄，勾同阄。分析家产之际，多焚香拈阄为定，故分书又称阄书、勾书。

　　　　　　　　见监分约租玖秤

　　七保别字号田

　　　一、土名黄宁中墩广头四佰贰拾捌号　　计田捌分

　　勾分原买方阿李、方景春兄弟全业　　契本勾收　　佃人汪高
祖郎

　　　　　该租拾秤

　　（文书第9页）

　　第二部分所载是"济堂众存田地山"，格式与前一部分基本相同。第
三部分所载是"济堂家常事件"，即家族的日常活动事项，其中主要是本
门房应轮值宗族门户公共事务的有关事件，如祭祀祖先、轮坐社会、承充
户役等。阄书最后说："前件事产，悉吾兄弟量其肥瘠品搭均分，集成文
簿二本，而以律、吕为号，誊录完日，明白拈勾，各执一焉，永为世守。"
（文书第56页）末尾有所署时间及署名画押：

　　龙集成化贰拾叁年菊月吉日　　　　　　李鼎（押）　　阄书
　　　　　　　　　　　　　　　　　　　　　　旻（押）
　　　　　　　　　　　　　　　主议堂叔尚敬翁（押）
　　　　　　　　　　　　　　　代书从堂叔尚皦（押）（文书第57页）

　　（5）"誊录恒堂众存田地山塘"及"恒堂家常事例"（现存文书第58—
62页，计5页）。

　　（6）"誊录清堂众存田地山塘"及"清堂家常事例"（现存文书第63—
68页，计6页）。

　　（7）"誊录存仁堂勾书"。其下有"众存各处田地山塘""众存火佃屋
地""众存三十二都所佃官山""众存黟县寄庄山地""众存胡岭水口山"
以及"誊录存仁堂家常事例"。（现存文书第69—97页，计29页）

二、关于文书定名及时间、地点考证

该文书现收载于历史研究所收藏整理的《徽州千年契约文书》宋·元·明编第5卷，被定名为"正统休宁李氏宗祠簿"。

首先，就该文书的所属时间作一考证。

查阅该文书，或在其所叙文字之中，或在其所录某部分末尾，明确标出的时间有多处，且各不相同，如永乐七年（现存文书第2页，下同），成化十年、成化十二年（第30页），成化甲辰年（即成化二十年，第51页），洪熙乙巳（即洪熙元年）、景泰癸酉（即景泰四年）、成化己亥（即成化十五年）（以上均见第54页），成化二十三年（第57页），景泰七年（第67页），正统五年（第78页），正统八年（第86页），成化乙巳年（即成化二十一年，第86页），等等。其中虽有"正统五年"（1440年）、"正统八年"（1443年）等记载，但它并不是该文书记载的最晚时间。其第四部分"律"字阄书的末尾署有"成化贰拾叁年菊月吉日"，这一时间才是该文书所载一系列时间中最晚的一个时间。尤其应注意的是，在这一时间之下，有不同人的署名及各自亲笔画押。又明显看出，此"律"字阄书所占页数最多，为该文书的主干部分，且其前后各部分多明确标有"誊录"字样。前后各部分的誊录字体，也都与此"律"字阄书相同。所以，该文书的所属时间不应定为正统年，而是成化二十三年（1487年）。

其次，对该文书的所在地点作进一步的考察。

该文书的第三部分"渊源勾书序"中载："吾李自宋元来，世居祁之孚溪新田，族大以蕃且富。至国朝初曾祖彦仁翁来似（祀）高祖伯起翁后，妃居休阳之双溪。"（文书第6页）休宁，古称休阳，"东汉献帝建安十三年戊子"，建"休阳县，析歙西乡地"①，是为休宁县的前身。故休阳即指休宁。由此可知，李氏自明初以来，即世居休宁之双溪。那么，具体说

---

① 万历《休宁县志》卷1《舆地志·沿革》。

来又在休宁的哪个都保呢？这从该文书所载田土字号以及有关文字所提供的线索即可推知。

该文书中多处有本都"八保尊字号"的记载（文书第16、33、52、54、58、63、70、71、75、80、83页等），而历史研究所藏《成化八年休宁江源卖山赤契》①中明确记载：

> 三十三都八保江源，用价买到谢得旺山壹号，坐落土名丘木坦，系尊字叁拾壹号，计山……其山四至自有经理该载明白，不及开写。通山贰拾四分中合得壹分。今来无物用度，情愿将前项四至内分数并山骨苗木，尽行立契出卖与李名下，面议时值价银壹两整，其银契当日两相交付足讫……
>
> 成化八年三月初七日立契人　　　江　源（押）　契
> 　　　　　　见　人　　　　　汪贵亮（押）

该契所钤印文为"休宁县印"。从该文契所载可知，明成化时休宁县三十三都八保的田土字号系"尊"字号。由此可知，李氏阄书的所属地点是休宁县三十三都。该都位于休宁县最西部，其北部与祁门县相邻，南部与婺源县相接，西南则是江西的浮梁县。又从文书中"八保尊字号……本宅上村住基地"（文书第16—17页）、"流口上村住基地"（文书第59页）等记载可知，其具体地点是休宁县三十三都八保流口上村。

最后，关于该文书的分类属性，《徽州千年契约文书》中定为"宗祠簿"。该文书中虽有关于宗族祭祀事项的记载，但它属于分家事宜的一部分，是作为阄书附件而出现的。阄书的序言中已言明"所有家常条目亦列于次"（文书第5页），"其余家常事件逐条开后"（文书第7页）等。有关祭祀之事即属家常事件。该文书所载的基本内容是分析家产各项事宜，其他所录各项也都与分家之事有关。因此，就其性质而言，该文书显然不是"宗祠簿"，而是阄书。

---

① 中国社会科学院历史研究所徽州文契整理组编：《明清徽州社会经济资料丛编》第二辑，中国社会科学出版社1990年版，第449页。

　　总之，该文书在《徽州千年契约文书》中被定名为"正统休宁李氏宗祠簿"，实误，其定名当是"成化二十三年休宁李氏阄书"。

　　此外，从该文书有关赋役户头及都保田土字号的记载之中，还可看出明代徽州地区都图划分与都保划分之不同体制。关于李氏的赋役户头，文书中有如下记载：

> 礼、金二户里长、甲首，礼户分出八图第五年里长，金户六图第二年甲首。二户差役门庭支用，并系对半出备应付。二户公堂税粮，亦作对半均纳。（文书第62页）

由此可知，李氏的赋役户头共分为两户，一是八图第五年里长，二是六图第二年甲首。因此，就其所属都图来说，则是分属于三十三都六图和八图。如上所述，文书中又记载李氏居住的具体地点乃是休宁县三十三都八保流口上村，所以可明显看出，李氏的所属都图与所属都保并不一致。这表明当时的都图划分与都保划分是不相同的，二者并非对应。

　　从该文书有关保的田土字号的记载之中，我们还可以进一步得知当时休宁县三十二都、三十三都下属保的划分的具体情况，即三十二都、三十三都之下皆分别划有10个保，其所属田土字号见表1所示：

表1　休宁县三十二都、三十三都各保的田土字号

都保	一保	二保	三保	四保	五保	六保	七保	八保	九保	十保
三十二都	（职）	（从）	政	（存）	以	甘	（棠）	去	而	益
三十三都	咏	乐	殊	贵	贱	礼	别	尊	卑	上

　　可以看出，各保田土字号的排列是以《千字文》为序的。其中加括号者，现存文书中未载，但可据《千字文》所载顺序推知。然而，据弘治《休宁县志》和嘉靖《休宁县志》所载，当时休宁县三十二都的建置是4个图，三十三都的建置是8个图（缺第7图，实为7个图）[①]。其都保划分与都图划分均不相同，二者并不对应。再从整个休宁县的情况来看，亦是如

---

　　① 嘉靖《休宁县志》卷2《舆地类》。

此。明代徽州府休宁县的乡都建置是，十二乡四隅三十三都。如上所引，其三十三都八保的田土字号系"尊"字号。按《千字文》所载顺序，"尊"字为其第327个字，所以可知当时休宁县共划分了320余保，而且每都多为10保。遗存至今的土地买卖契约等颇多的徽州文书中所载田土字号都证明了这一点，不仅上述的三十二都、三十三都，其十都、十一都、十二都等，每都之下皆分为10保。但当时休宁县图的建置却与之不同。据万历《休宁县志》载，自洪武十四年（1381年）至万历三十年（1602年），休宁县都之下里（即图）的建置情况见表2所示[①]：

表2 洪武十四年至万历三十年休宁县都里的建置情况

年份	洪武十四年	洪武二十四年	弘治十五年	嘉靖三十一年	嘉靖四十一年	隆庆六年	万历十年	万历二十年	万历三十年
图数	247	160	200	202	206	211	213	215	216

自洪武十四年至万历三十年，休宁县都之下图的建置数量各时期有所不同，最多达247图，最少为160图。但不难看出，这与当时休宁县所划分的320余保相比，二者并不对应，都图与都保显然是不同的。遗存文书和有关文献记载又证明，当时徽州府所属的祁门县，乃至江南其他一些地区，亦有此种情况。嘉靖《浦江志略·疆域志》载：

> 大明洪武十有四年，定图籍，隶于隅都。民以一百一十户为一图，共图一百六十有六，每图设里长一人，十年一役……
>
> 都分十保，县共三十都，每都设都长一人。每都各分十保，设保长一人，专管田地山塘古今流水、类姓等项印信文册，防民争夺。[②]

都图与都保之所以不同，是因为其分别属于不同的划分系统。原来，都图划分属黄册里甲系统，每都所划图数依其赋役人户数额而定，以110户为一里（图），岁役里长1人，甲首10人，10年一周。由于各都人户不等，故各都的图数不同，差别较大。而都保划分属鱼鳞图册系统，保为鱼

---

① 万历《休宁县志》卷1《舆地志·沿革》。
② 嘉靖《浦江志略》卷1《疆域志·乡井》。

鳞图册的经界区划，是按地域划分的，一般每都分为10保，设保长1人，专管田地山塘鱼鳞图册。遗存至今的相当多的明代土地文书中，在言及田土字号的所属单位时，一般多称保，而不称图，其原因即在于此。不过，从遗存的明代徽州文书来看，以保为单位划分田土字号主要是在万历以前，万历清丈之后，田土字号的划分多已改为以图为单位，每图1个田土字号，黄册的里甲编制与鱼鳞图册的字号划分已趋于一致。总之，弄清都图与都保的区别，对于我们了解明代江南地区乡村基层建置体制及其演变，是十分重要的。李氏阄书在这方面也给我们提供了珍贵的研究资料。

三、李氏家族与诸子均分制

目前笔者尚未找到该家族的族谱等其他资料。该文书所录"渊源勾书序"中有一段文字谈及李氏家族的迁居始末与部分谱系，其文如下：

> 吾李自宋元来，世居祁之孚溪新田，族大以蕃且富。至国朝初曾祖彦仁翁来似（祀）高祖伯起翁后，妃居休阳之双溪，娶曾祖母吴氏孺人，生祖德清翁及叔祖五人。祖生父思恒公，讳文产，系前乙卯年正月二十六日亥时；叔思徽公，讳文献，永乐丙戌正月十八日（空）时。皆俊伟，有智略。父娶吾母妙义孺人，洪武丙子七月初七日戌时生，大卿方氏富家女也，贤而有德，生予兄弟有二，姊亦有二。兄讳宏，娶黄氏，生二侄鼎、旻；予娶汪氏，生三男暹、晔、曼；长姊琼，适祁门里源吴公士昌；次姐瑞，适大卿方公志俊。（文书第6页）

从这段文字以及阄书中其他有关记载可知这一家族的简略谱系如下（图1）：

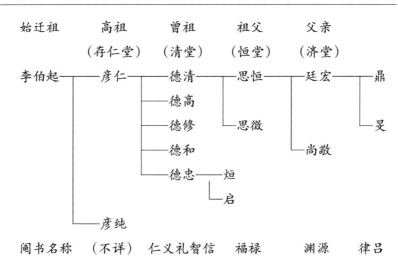

图1　李氏家族简略谱系

其中需要说明的一点是，关于李廷宏与李尚敬的关系，如前所引，在成化二十三年（1487年）"律吕阄书"的最后署名中，李尚敬是作为鼎和旻的"堂叔"而出现的，在这里他与廷宏并非亲兄弟关系。但在该阄书的第六部分"誊录清堂众存田地山塘"及"清堂家常事例"（现存文书第63—68页）中，末尾录有以下文字：

一、大公堂家常支待应事，五年轮该一次。收租管办，丙年系徽房，辛年系恒房，各照原众勾书事例支应，毋违。

景泰七年丙子岁春清明日　　双溪　　　　李思徽　　　阄书
　　　　　　　　　　　　　　　侄　　李尚敬
　　　　　　　　　　　　　　侄孙　　　鼎
　　　　　　　　　　　主盟　叔　李和堂
　　　　　　　　　　　立议亲人　黄执中
　　　　　　　　　　　　　祁闾　吴士昌
　　　　　　　　　　奉书甥石门　　方　轸

可以看出，所谓"誊录清堂众存田地山塘"及"清堂家常事例"，实际上是李思恒、李思徽二房兄弟的分家阄书，即"福禄勾书"的一部分，其所录文字中多处提到"恒房""徵房",或"福勾""禄勾"。据该阄书记载,李思恒卒于宣德癸丑年(文书第61页,即宣德八年,公元1433年),其长子李廷宏卒于景泰癸酉年(文书第54页,即景泰四年,公元1453年),因此,当景泰七年(1456年)李思恒、李思徵二房兄弟分家时,作为恒房署名的,就是李思徵的侄子李尚敬及其侄孙李鼎了。从这里不难看出,李尚敬即李思恒的次子,他与李廷宏本是亲兄弟。这一点,《弘治元年祁门吴仕昌立〈竹字阄书〉》(吴仕昌即吴士昌)所载亦可证明:"又承休宁岳父李恒堂户,并作叁分均纳……弘治元年十二月二十一日主盟父吴仕昌翁(押),依口奉书休阳双溪母舅李尚敬(押)。"①这里所言亲族关系,与前引"渊源勾书序"中所叙李氏家族关系可相互印证。即,李德清生有两个儿子,长男曰思恒,次男曰思徵;李思恒则生有二男二女,长男曰廷宏,次男曰尚敬,长女曰琼,嫁祁门吴仕昌,次女曰瑞,嫁大卿方志俊。因为吴仕昌的妻子与李尚敬是姐弟关系,所以称其为"母舅"。然而,在"律吕阄书"中,李尚敬被其亲兄之子称为"堂叔",这恐怕是因为李尚敬后来又承继了该家族他人宗祧的缘故吧。

通过该阄书所载可以看出,李氏家族自明初迁到休宁之后,并不是一个累世同居的大家族,而是不断分析。据该阄书所录,其第一次分析即李彦仁与李彦纯二房兄弟分家,其所立阄书名称不详,但从"永乐七年高祖李彦仁遗嘱"中可证实此事,其中说:"丁卯父命异炊,辛未年父将户下田地山塘均摽为二。壬午春,弟彦纯与妹夫等罔知吾父子之勤苦,议以亲疏之殊,继以积年支用帐目昏算,将父先立阄书更改。"(现存文书第1页)这里所说辛未即洪武辛未年(洪武二十四年,公元1391年)其后相继有李彦仁之子李德清等兄弟五人分家,立有"仁义礼智信勾书";李德清之子李思恒、李思徵二房兄弟分家,立有"福禄勾书";李思恒之子李廷宏、李尚敬二房兄弟分家,立有"渊源勾书";李廷宏之子李鼎、李旻兄弟分家,立有"律吕阄书",这次分家在成化二十三年(1487年),为该阄书中

---

① 王钰欣、周绍泉主编:《徽州千年契约文书》宋·元·明编卷5《弘治元年祁门吴仕昌立〈竹字阄书〉》,花山文艺出版社1991年版,第176—177页。

所载最末一次。从洪武二十四年（1391年）到成化二十三年（1487年），计97年，历经5代，分家5次，每一代人都分一次家，平均不到20年分家一次。关于分家原因，其遗嘱或阄书的序言中多有叙及：

> 昔张弓艺九世同居，今义门郑氏数代世处，汝等慕此，我复何忧？如其不然，俗效秦人子壮，言之痛心……（"永乐七年高祖李彦仁遗嘱"，文书第2页）

> 今予兄弟四人者，年俱近耆耋，子姓兄弟益众，而家事尤为繁缛。思与世守恒产，缘人之禀气赋命有智愚强弱贫富之不齐，恐后智者作聪明以罔愚暗，强者怙悍勇以轹羸弱，富者矜有余以困不足，致斗粟尺布之嫌者有之。以此为虑，勉强分异，虽非出于吾兄弟之所欲，而事势使然，不得不然也。（"仁义礼智信勾书序"，文书第4—5页）

> 诚恐众业经久，内有分法琐碎，人事浩繁，难以清白……（"渊源勾书序"，文书第7页）

其分析原因主要是人口众多，家事浩繁；众业经久，分法琐碎，给经营管理上造成极大的困难；而同居共财的大家庭，虽然在分配上实行平均主义，但由于家庭成员"智愚强弱贫富之不齐"，而往往出现"智者作聪明以罔愚暗，强者怙悍勇以轹羸弱，富者矜有余以困不足"的情况，结果并不均平，以致矛盾重重，难以克服。因而析产分户成了"事势使然，不得不然也"。"俗效秦人子壮"，更说明了当时实行诸子均分制的普遍性。

分析家产所实行的是诸子均分制。其基本原则是以房分为分析单位，平均分析，以私有制为基础。李氏阄书的分法和规定即体现了这些原则。首先是以房分为分析单位。诸子均分制，虽说是当父（母）亲遗传分析家产时，按其儿子人数平均分配，每人各得一份，但这里父亲之下的各个儿子，并非作为分析家产的一个个人头，而是被视为承继遗产的各个房分的代表。如分析遗产时有的儿子已死去，其承继之人如下一代仍可分得一份，但其下一代不管人数多少，只能合得一份。按李氏阄书所载，其家族的数次分析做法都是如此。据"仁义礼智信阄书序"载，李彦仁的五个儿子分析家产时，最小的儿子德忠已经死去，则由其下一代"烜"和"启"承继，"烜、启堂阄得礼字"（文书第3页），合得其应分的一份遗产。又前叙"誊录清堂众存田地山塘"及"清堂家常事例"，即"福禄阄书"中所载，当李思恒、李思徽二房兄弟分家时，李思恒及其长子李廷宏都已先后去世，但家产仍由二房均分，于是作为恒房，就由李思恒的次子李尚敬和李思恒的嫡长孙李鼎来承继了。再据"渊源阄书序"所载，当其下一代李廷宏、李尚敬二房兄弟分家之际，李廷宏也早已去世，而其家产仍作二房均分，即一房是李尚敬，另一房则由李廷宏的两个儿子李鼎和李旻合得一份，承继该房。所以"渊源阄书序"中说，是由李尚敬与其"二侄"分析家产的（文书第7页）。

所谓平均分析，是尽可能做到均平，但并不是绝对的，也不可能做到绝对平均。在李氏阄书中还可看到这样的规定：

> 又有业与他共，该得三之一，而阄作四之一；或四之一，而阄作三之一。设遇多，则本阄遂为己有，少则众房亦不补增。永遵斯立，毋得妄生异议也。（文书第5页）

> 将在户田地山塘除众存外，肥硗品答为二，写立渊、源阄书二本，面众拈阄，各自永远为业。其间或有分范载集未详，或与他人误有干碍，只凭阄书为定，别无增损。（文书第7页）

> 各人分得田地山土，其来脚契字，各阄已于各项开注明白。或原来共契，或丘儿相连，今后要用之人，即于所收之家索出参照，毋得推故执匿。如违，即将本人产土应有花利尽行阻当。或有各契字于各家收执，未曾检寻得出，日后将出，不再行用，只照阄书管业为定，

永为世守。（文书第95页）

假有莫知其留之硕，贪得无厌而动悔之心者，罚白金五百两，毋令改易，允矣原勾为正。（文书第5页）

在这些规定中，对各自阄得承分的产业，均强调"遂为己有""各自永远为业"。承祖阄分所得财产遂为己有产业，可以买卖。遗存至今的明清土地买卖文契中，言明所卖田土来源于"承祖阄分"者，占相当大的一部分，即是证明。

又可看出，即使在分析之际有不够均平之处，日后也"只凭阄书为定"，"只照勾书管业为定"，不得反悔。阄书是具有一定法律效力的。

四、赋役户头与析产分户

关于析产分户之后，如何承担原户赋役之事，李氏阄书中有下列记载：

催征里甲，照依存仁堂轮该之年，二房均同管办，毋致（下残）……（文书第56页）

礼、金二户里长、甲首，礼户分出八图第五年里长，金户六图第二年甲首。二户差役门庭支用，并系对半出备应付。二户公堂税粮，亦作对半均纳。各人私己收入户者，各自多寡输纳，候再造册之年，各自金入本户供解。（文书第62页）

祁门十一都李旭庄户税粮及里甲催征款劳，并照大五房事例，税粮不以所分亩步多寡为拘，并系对半均纳。（文书第62页）

休、黟、祁里甲催征各户税粮，该年随宜款劳，即拉五房照例依期算纳。如有拖延使其往返叫嚣等事，酒饭等项俱是拖延之人支待，不及该年之事。（文书第94页）

从这些记载中可看出，对于分析之前原户头所承担的赋役，在分析后则是原赋役户头不变，只是在该当服役输纳之时，依平均分析之原则，或新分各户轮流管办，或新分各户平均输纳，"不以所分亩步多寡为拘"；而对各人私已收入户者，即非承祖阄分者，则各自输纳，不在此限。

这种原赋役户头不变，而由分析后的新户共同负担即平均输纳的做法，遂形成了在析产分户之后，赋役户头与实际存在的户不相对应的情况。特别是在经过多次分析之后，这种现象更为突出。例如，李氏家族从洪武至成化年间经过多次分析之后，实际上已形成了众多的新户（即子户）。如作为李德清之后第四代，已有鼎、旻、暹、晒、曼等五户，而李德清共有兄弟五人，由此可推知在成化时李氏家族实际存在的人户，至少有几十户之多。但作为官府登载的赋役户头仍只有"礼、金二户"，二者极不对应。

李氏阄书所载，系当时析产分户的一种普遍做法。其他阄书中亦多有同类记载。如《弘治元年祁门吴仕昌立〈竹字阄书〉》中规定：

今从眼同将田肥瘦品答，立定松、竹、梅为号，不已（以）亩步为拘，官、民、庄税粮等则，又承休宁岳父李恒堂户，并作叁分均纳。[1]

前已叙及，这里所言的"祁门吴仕昌"，与当时休宁李氏家族有亲戚关系，即李氏阄书中出现的李思恒的女婿、李廷宏的姐夫，该阄书"渊源勾书序"中有"长姊琼，适祁门里源吴公士昌"的记载，可相互印证。"又承休宁岳父李恒堂户，并作叁分均纳"的提法，表明当时女儿出嫁时，

---

[1] 王钰欣、周绍泉主编：《徽州千年契约文书》宋·元·明编卷5《弘治元年祁门吴仕昌立〈竹字阄书〉》，花山文艺出版社1991年版，第176页。

作为嫁妆，亦承继某些家产。

再如《嘉靖四十年孙时立阄书》记载，孙时共有三子，长曰良器，次曰良才，三曰良璧。嘉靖四十年（1561年）将其家资按三份作了分析，实有子户三户。但该分书最后却有下列批文：

> 本家五户税粮，俱是三分均纳，不以田亩多寡为规。日后各进新粮各解纳，不在阄书内数。再批。①

由此可知，该家族在官府原有五个纳税户头，而按诸子均分制分析多年之后实际存在的子户是三户，与之并不对应。

同类事例还可举出很多。

那么，出现这种现象的根源在哪里呢？官府的赋役户头为什么长期不变呢？原来明代的赋役制度规定，人户以籍为定，役皆永充。即，明初洪武时所定各种户籍，不得变更，世代相承，永当此役。因而其赋役户头以及所承担的赋役，如里长、甲首及其所纳税粮，在官府的册籍上多长期不变。这样，一方面赋役户头固定不变，另一方面随着时间的推移，原户在诸子均分制的原则下一分再分，形成了越来越多的子户，亦有个别户头减少的情况，结果便出现了实际存在的人户与官府的赋役户头互不对应的现象②。

这种官府的赋役户头与实际存在的人户并不对应的现象，在经济史、社会史的研究中应予以注意，特别是在有关人户与人口数量的统计中，更是必须加以考虑。因为在官府册籍以及一般文献记载中，其所载人户与人口数字，多只是官府的赋役户头，与实际存在的人户与人口数字往往相差很大，不能简单地将二者等同起来，而必须对后者作进一步的考察。

---

① 王钰欣、周绍泉主编：《徽州千年契约文书》宋·元·明编卷5《嘉靖四十年孙时立阄书》，花山文艺出版社1991年版，第435页。

② 参阅拙著：《明代黄册研究》，中国社会科学出版社2007年增订版，第393—404页。

五、土地所有与家产结构

如上所述，李氏阄书开头三部分所载，为其祖辈的遗嘱或所立阄书序文，其后是"律"字阄书，即"律字勾分得田地山塘"，这是该阄书的核心部分，它向我们展示的是李氏家族中李鼎户分得的田地山塘，亦即其所拥有的土地资产。以下据阄书所载，将该户分得的田地山塘统计如下（表3）：

表3 李氏家族李鼎户分得的田地山塘统计

田土类别	田	地	山
面积/亩	28.669	5.314	65.77585

按表3统计，李鼎户在分家后拥有田28.669亩，地5.314亩，山65.77585亩，田地山共计99.75885亩。此外，另有地和山共22处，阄书上载有土名和字号，但具体面积不详。总之，据阄书所载，其拥有的土地面积当在百亩以上。如上所述，这些在阄书上载明的分析时阄得的地产，"遂为己有"，"永远为业"，即属李鼎户的私有地产。此外，阄书中还载有该家族不同层次房分的众存地产，据其所载，统计如下（表4）：

表4 李氏家族的众存地产统计

田土类别	田/亩	地/亩	山/亩	塘/亩
堂(父辈)	7.2	7.271 (另有2处面积不详)	5.198	
恒堂 (祖辈)	1.5835 (另有2处面积不详)	9处,面积不详	0.184	
清堂 (曾祖辈)	1.6215 (另有1处面积不详)	0.283 (另有3处面积不详)		
存仁堂 (高祖辈)	23.2025	5.161 (另有4处面积不详)	36.489 (另有1处面积不详)	0.0197

仅据阄书中载明具体数字的部分统计，其众存地产共有田33.6075亩，地12.715亩，山41.871亩，塘0.0197亩，计88.2132亩。此外，在众存地产中，阄书上虽载明土名及田土字号，但只写某田一块、某地一产、某山一片等，其具体面积不详者，计有22处，若加上这一部分，众存地产的面积还要更多。

那么，众存地产的具体情况又如何呢？从阄书中可以看出，所谓众存地产，大致有以下几种情况：

一是属于较难分析的地产，如竹林（文书第52页）、道路（文书第60页）、菜园（文书第73页）、水碓基地（文书第68页）、麻榨基地（文书第73页）、池塘（文书第85页）、佃仆住基以及祖坟茔地等，如"誊录清堂众存田地山"项下载：

> 八保尊字号
> 一、土名八亩丘一佰贰拾捌号，计田玖亩一分五厘四毫，计十产。勾分原买纯堂田贰产，计一亩捌分叁厘，契福勾收；又将父买李彦进土名小柘村心一佰四拾捌号田柒分五厘，凑价对换谢得英、得耀兄弟，转对江右胜同号捌亩丘田捌分有零；又转对高堂与普同兄共业八亩丘连界田一产，计九分一厘五；又将勾分土名段心一佰五拾四号内取田叁分柒厘五毫，对换江得善、江右胜兄弟土名百将丘田一角，凑造父茔并守坟屋外，剩田约一亩叁分。（文书第63页）

二是与宗族公共事务相关的地产，如"誊录存仁堂家常事例"中载：

> 前项开注该年合办事件，议将众存土名半流下坑口田五亩七分，该租四十六秤；又鲍子坑口田七亩八厘八毫，约租六十余秤；又小柘方同住后地，该租三十斤；其三处约计租壹百壹拾秤；又土名琅竭洪惠住前及坳下，共计田四亩三分九厘六毫，共该豆租一十三秤；每候秋成之际，该年会同下次支（值）年之家，监收均分。如遇时年干旱水荒蝗螟等故，或有或亡，俱是二家随田收受，其终年该办应事，仍

依前例，毋得托此违例。（文书第95页）

这里所说的"该年合办事件"，即指宗族的日常活动事件，主要是扫墓祭祖，供奉家庙；祭土地、天地，供奉神佛；婚姻丧葬，亲朋贺礼；招待过往官员、僧道，以及承应门庭赋役等。这些活动均需支出相当费用，所以一般宗族门户都设有众存地产，由轮值房分从该项收入中支出。

还有一种情况，在分析家产时由于种种原因，致使家族的一些土地暂时没有分析，亦成为众存地产。如"济堂众存田地山"中载：

七保别字号

一、土名黄宁口车头湖边墩叁佰玖拾叁号、叁佰玖拾肆号、叁佰玖拾伍号、叁佰叁拾陆号、肆佰叁拾叁号、肆佰叁拾肆号，前项共计田壹亩贰分、地柒亩零柒厘一毫。

原买各人田地分数花名如后：

汪永进、汪周才、汪济隆……

前项原于上年间，叔祖与父叔等收买各人分数凑片已开成田，摽为四勾均业。于成化甲辰年六月初四日辰时被洪水冲损，丙午（下缺损）造，仍系四分均业，本堂四分中之壹，该租（空缺）。（文书第51页）

如其所述，这类田土虽称众存，但其中每个房分应得多少，即"合得分数"，都明确标出。而其他众存地产亦多如此。该阄书"誊录曾祖曾叔祖仁义礼智信勾书序"中说："其众存者，各勾白注，彼此可征。余悉揣肥硗而均之。"[1]可见在众存土地之下注明各个房分的合得分数是一种普遍的做法。其他阄书所载亦可证实这一点。多数众存地产实质上只是一种共业分股关系。遗存文书的很多记载表明，对这种众存地产中的合得分数，亦可进行买卖、典当、对换、扒分等，可投入交换领域，只不过其多在本族

① 王钰欣、周绍泉主编：《徽州千年契约文书》宋·元·明编卷5，花山文艺出版社1991年版，第9页。

内进行[①]。如果把这种众存土地看作一种族产，那么可以看出，明清时代族产的私有化倾向也是很明显的。如果将族产理解为只是一种没有分析、一直为其宗族成员共有的财产，那么在一般家庭中，这种族产即使在众存地产中所占的比例也是很小的。

此外，众存地产的结构呈现出多层次、多分支的形式。而这种多层次、多分支的形式是与宗族的房分系统相吻合的，前者是由后者而来的。它与诸子均分制所体现的原则，即以宗族房分为分析单位的原则是一致的。如李氏阄书所示，其众存地产并不是为李氏家族整个所有，而是分为父辈、祖辈、曾祖辈、高祖辈等不同层次，每一层次又以房分为单位，呈现多分支形态。

在诸子均分制的原则下，家族的土地等主要资产不断分析，分析后的资产归各个新家庭（子户）所有，与此同时，还保存有相当数量的众存地产或族产，这些众存地产或族产也以宗族房分为单位，呈现多层次、多分支形态。这就是李氏家族的土地所有形态与家产结构。

六、租佃经营与佃仆制

如上所述，李鼎户拥有的土地有百余亩，这在明清时代的徽州已属占有土地较多的业户。而从田土种类来说，李鼎户拥有田、地、山，以山居多。另外其在众存田土中又有塘及"所佃官山"。其田土分布地区见表5所示：

表5 李鼎户的田土分布

县别	休宁		祁门			婺源	黟县
都别	本都（三十三都）	三十二都	十东都	十一都	十三都	十六都	七都
土地面积/亩	72.48455	5.4632	16.5611	5.25	1处，面积不详	2处，面积不详	2.167（众存）

---

① 参阅拙著：《明代黄册研究》，中国社会科学出版社2007年增订版，第222—231页。

如表5所示，其田土分布跨越休宁、祁门、婺源、黟县四县。其中多数虽在本县（休宁），但据阄书所载，其在本县的田土分布也不集中，乃遍布于三十三都一至十保，三十二都三、五、六、九、十保，仍极为分散。这种田土分布形态的散漫参错，无疑给土地的经营管理带来了极大的不便。

又，阄书所载文字披露，李氏家族数代一直从事经商活动，"渊源勾书序"中说：

> 痛思父之生也，经商创业，靡不遂意，不幸于宣德癸丑十月初五日遽啬天年……兄弟弱冠以来，克遂叔志，不坠先业，抑加创置，是谓不幸之中犹有幸也……父之经营，叔之开拓，兄之增续，名誉伟然。（文书第6—7页）

其在本乡亦有商业活动，"律"字阄书中载：

> 九保阜字号
> 一、土名谢家路上捌百拾叁号计地（下空缺），见造店屋四间并小屋余地……（文书第18页）

李氏家族占有较多的土地，而这些土地分布极为分散，又一直经营商业活动，这就使其对土地的经营管理不得不采取租佃方式。李氏阄书中所载完全证明了这一点。

如本文开头所引该文书格式中所示，其所录各号田土之下均有佃户一栏，且多载有佃户姓名。李氏家族所有的土地，其中特别是田和地，几乎全部出租，租佃经营为其主要方式。收租的方式分为监分租和定额租，而以定额租为主，监分租只是个别的。李氏阄书中所录每笔字号田地之下，一般不仅注有佃户一栏，还有该分得的租额。其中"律"字阄书即李鼎户分得的田地之下，所注该分田租计219.5秤零5斤（若以每秤20斤计，约合4395斤），豆租70斤，粟租4秤，苎租每限共14斤。在各众存田地之下，所注该收田租计141秤零10斤（约合2830斤），豆租13.5秤又3斗30斤，苎租3斤。

值得注意的是，在"誊录存仁堂勾书"部分，专门录有"众存火佃屋地"一项，计50余处，录有佃仆姓名28户。又在阄书最后一部分"誊录存仁堂家常事例"中，将"智勾得各处火佃开录于后"，计24户。智勾所得仅占"仁义礼智信勾书"的五分之一，由此可推知当时李氏家族拥有的佃仆在百户左右。徽州地区佃仆制颇为发达，尤其在明中叶以前，十分盛行。万历时期的《窦山公家议》中说："计众佃仆，昔称繁庶，今渐落落，殊可慨也！"①李氏阄书所载亦证明了这一点。

然而，查阅该阄书上各号田土之下所载"佃人"名单，与阄书最后所列佃仆名单，二者并不相同。李鼎户"律"字阄书中所录各号田土之下具体登载"佃人"姓名者，计有汪高祖郎、江顺和等24人；又，众存各号田土之下录有"佃人"姓名者计有洪遇、陈祥等21人。二者共计45人，都是实际租种李家土地的佃户。而如上所述，该阄书最后所录佃仆名单共有50余户。上述二者之间只有众存田土之下的方售、方音保、洪惠等3户佃人，可在该阄书后所列的佃仆名单中找到。租地佃户与服役佃仆二者绝大部分都是不同的人户，可见租种李家土地的佃户并不一定都是佃仆。这表明，即使在拥有众多佃仆的李氏家族，也是一般租佃制与佃仆制二者并存的。

七、宗族日常活动事件

如前所述，在该阄书所录不同层次房分的众存田土之后，都附有各房"家常事件"，或称"家常事例"。实际上这就是该宗族的日常活动事项，它也为我们研究当时宗族与家族的一般社会生活提供了珍贵资料。

从其记载来看，当时作为一个宗族的"家常事件"即日常活动事项，

---

① 周绍泉、赵亚光：《窦山公家议校注》卷6《庄佃议》，黄山书社1993年版，第95页。

每年例行主要有以下几个方面。

（一）祭祀祖先

祭祀祖先主要有以下几项活动。首先是父母及先祖忌辰即逝世纪念日的祭祀活动。父母忌日设酒筵，祭于正寝，每年每家例行。其他列祖忌日，则按房分轮值祭祀。如"济堂家常事件"中载：

> 十二月十九日届
>
> 考君忌日。厥明夙兴，设蔬酒腐饭一筵，蜡烛一对，火楮五百张。长幼咸致其诚，祭于正寝，毋致怠慢……
>
> 曾祖曾祖妣忌辰摽挂，四年轮本房一年；祖及祖妣祀拜，二年轮该一次。
>
> （文书第54—55页）

其次是清明祭祖扫墓。父母墓与列祖墓均拜扫。"存仁堂家常事例"中载：

> 清明节早晨，令人先到各墓剪除荆棘，然后五房人眷诣墓拜扫。
> （文书第90页）

还有祭拜家庙即宗族祠堂等。春节、上元节、中元节等各节日照例举行。

（二）祭祀神佛

祭祀神佛有社神（土地神）、天地以及其他神佛。其中最主要的是春秋二社，即祭土地神的活动，由各房轮流管办。"济堂家常事件"中载：

> 坐春秋二社及朝献等福，庚戌年为始议该××房支管，甲寅年系××房管办，四年一轮，周而复始。其遇本户酬赛福头，合众均同管办。（文书第55页）

又有其他求神活动。如"存仁堂家常事例"中载：

> 遇时年干旱，其于祈求各处境神经过，设香案、茶、果、纸、米。其白旗竹马俱劳以果酒外，醮龙浇路合用物件，俱是管年为首敷掠五房均出，各无异言推却。（文书第 92 页）

（三）亲族庆贺，婚丧嫁娶等

"存仁堂家常事例"中载：

> 亲族贺节，用京果合行礼酒：一巡膻荤酒，二巡腐松酒。乡情礼同前。（文书第 88 页）

> 丧葬，五房人眷俱要斋戒，卑幼依律服服，毋令色服茹荤，务要协同相助。婚姻各房子侄，务要候俟照应勿怠。（文书第 94 页）

（四）收租输纳，接应门户公务等事

收租输纳、接应门户公务等主要指众存地产的租谷监收，宗族赋役户头上的赋税输纳、里甲催征，以及门庭公务的支应等。"清堂家常事例"中载：

> 祁门十一都庄田系福勾收租输纳。其催粮里甲，大众堂轮该五年一次，亦系福勾管办，毋得推托。如有己粮，各自输纳，不在此限……
> 大公堂家常支待应事，五年轮该一次。收租管办，丙年系微房，辛年系恒房，各照原众勾书事例支应，毋违。（文书第 66 页）

"存仁堂家常事例"中载：

> 官员过往及僧道谒访及古亲朋旧交接、僧道化缘等事，其馈馔该用酒肴饭食果菜、盐油酱醋该用等件，并是公堂当给时价付还，五房

同心管办，毋得执钥故行耽误，并怠应付者，一听废毁不开之锁，所有炊薪器用，系该年出备。（文书第93页）

以上宗族日常活动事项，除少数事件，如父母忌日的祭祀活动，每个家庭都要举行外，其余大多数事件均属宗族门户的日常活动。因此，这些活动多由宗族下各房分共同承担，或轮流管办，几年轮该一次；或共同支应，均摊所用。其花费即从众存地产或族产的收入中支出。所以，众存地产与族产实为维持宗族日常活动的经济基础。

原载《明清论丛》第二辑，紫禁城出版社2001年版，有改动

诸子均分制与家庭经济变动

——《乾隆黟县胡氏阄书汇录》研究

阄书即分家书，系家庭分析与财产继承之际所订立的契约文书，是研究中国古代诸子均分制的一手资料。"分书""阄书"等在徽州文书以及其他明清契约文书中有很多遗存。其中既有某一次家庭分析时所订立的文约，又有汇辑多次家庭分析阄书的所谓"阄书汇录"。后者可为研究一个家族的财产继承以及其他方面的演变情况提供系统的资料。本文以中国社会科学院历史研究所藏《乾隆黟县胡氏阄书汇录》①为中心，对该家族在实行诸子均分制过程中的经济变动，以及文书中所反映的社会经济诸问题试作探讨。

一、《胡氏阄书汇录》内容介绍

《乾隆黟县胡氏阄书汇录》（简称《胡氏阄书汇录》），一册，皮纸，原册纵28厘米，横26厘米，墨迹抄本。抄有文字的页数计74页，保存完好。封面无题识。《胡氏阄书汇录》所辑，并非当时所立阄书原件，而是据原件所录的汇抄本。现存第1页为其所辑各阄书目录，原文如下：

---

① 中国社会科学院历史研究所藏HZB4040019号。载王钰欣、周绍泉主编：《徽州千年契约文书》清·民国编卷8，花山文艺出版社1991年版，第269—344页。

一、岩真公阄书　　　　　　九、有绣公妻汪氏遗嘱分墨

二、添旺公阄书　　　　　　十、可杰公关书

三、汪氏宝弟孺人阄书　　　十一、可杰公批房契与喜生

四、期太公阄书　　　　　　十二、可杰公批田契与爱生

五、世祯公同侄长孙议约　　十三、立墨武先与爱生均承可仕祀

六、又世祯公康熙二十一年分墨　十四、有辉公阄书

　　又二十四年批墨　　　　十五、可佳公妻阿张分田单

七、期富、贵、荣、华分关序　　　产业分书

八、新起妻阿汪遗嘱　　　　十六、翔周分家阄书序

如上所示，《胡氏阄书汇录》所辑阄书达16项之多。其中有2项分别抄录了2份阄书，所以实际共辑录了18份阄书。第一项"岩真公阄书"，立于明嘉靖四十三年（1564年），第十五项中"可佳公妻阿张产业分书"，立于清乾隆九年（1744年）。其后第十六项又抄有"翔周分家阄书序"，但无所署时间。若计算到乾隆九年，《胡氏阄书汇录》所跨越的时间，即从明嘉靖四十三年到清乾隆九年，共计180年。其所属地点，各阄书序中多写有"黟邑之南，地属瑞村"（文书第2页）、"黟南七都许村"（文书第14页）、"黟南七都瑞村"（文书第55页）等，所以胡氏家族的所在地点为明清徽州府黟县七都瑞村、许村一带，十分明确。

《胡氏阄书汇录》所辑，虽均属阄书性质，但从其所录内容上看，又略有不同，大致可分为三类。

第一类是对家庭某次正式分析所立阄书作全部抄录者。其中包括阄书序文，各阄分得的田地山塘、房屋等财产细目，存众事宜，补充批文，以及末署年月日、署名画押（各画押以"号"字代）等。有的家庭在第一次正式分析之后，尚有未完事宜，又做第二次乃至第三次补充分析，这些文书也一并录入。从世系来看，这类阄书一般多属直系传承或亲房的家庭分析。《胡氏阄书汇录》中所录这类阄书有：岩真公阄书、添旺公阄书、汪氏宝弟孺人阄书、期太公阄书、世祯公康熙二十一年分墨及康熙二十四年

批墨、有绣公妻汪氏遗嘱分墨、可杰公关书、有辉公阄书、可佳公妻阿张分田单及产业分书等。

兹以"岩真公阄书"为例，按原格式摘抄如下：

黟南胡氏分析序

黟邑之南，地属瑞村。安定胡岩真承父胡宗茂，真之独立也，甚有不齐，年逢五载，换椿树于北堂；未及成童，别萱亲于膝下。甚艰怙恃之无依，未免风木之叹息。凤遭幼苦，天幸有成。娶妻凌氏，喜全内取之能；育子成人，幸得徐卿之乐。长曰添旺，次曰添琦。俱毕子平，孙枝衍秀。喜旺琦之兄弟，有椿津之遗风，爨难分产业。田共恐混淆之无别，致使乖争之有由，思身年老，不能尽事，请凭亲族为盟，义（议）将各处产业，肥硗兼答（搭）均分，编作仁、义阄书二本，对天焚香拈阄为定。自今阄业之后，二男毋许倚强欺弱，生情挖界，以起争端，致伤和气，各宜遵守，永保身家，不得故违。如有此者，执此理论，准作不孝罪论，甘罚白银拾两，与不违者用，仍依阄书。为此立阄书二本一样，各执一本，永远存照。

其有各处条款亩步开具于后

一、计各土名自种开列于后

旺执业

黄判坞塘下第二丘西头近灿田一丘　梭肚丘　长丘直到东头西山边（以下略）

琦执业

黄判坞塘下西头一块东头一大丘　弯里大丘连西头一小丘（以下略）

又将外人佃种租田土名开具于后，两半均收租

六亩丘租四十砠　佃吴女、琦奴、汪乞、旺奴（以下略）

旺阄得共租八十六砠零十四斤　又加租三十一砠零廿斤

下坞租七砠半　佃汪员保　　路下租十八砠　佃陈四（以下略）

琦阄得共租八十六砠零十四斤　又加租三十一砠廿斤

大坦水积丘租廿砠　佃汪乞　　小塘租二十九砠　佃胡勇（以下略）

旺阄得

一、计开老土库屋宇并厨房门首楼屋、厕所、牛栏开具于后

一、老土库前重楼房上下二间在东边（以下略）

琦阄得

一、老土库前重楼房上下二间在西边（以下略）

计开塘

水大坞塘一口　　前山塘一口　　上庄塘一口（以下略）

一、各处田产官民科则税粮，不论轻重，俱作两半输纳当差

一、所买契书产业并置产簿，俱是长男收管，日后添琦要用，检出参照，毋得执悫

一、前后山脚地菜园，肥瘦兼答阄业已讫，毋许争论

嘉靖四十三年八月十五日立阄书	主盟	父	胡岩真	号	
	长男		胡添旺	号	
	次男		胡添琦	号	
	族弟		胡　侃	号	
	亲人		许黑仔	号	
	婿		许尚德	号	
	婿		吴　堂	号	
	亲长		吴岩赐	号	
	依口代书亲人		汪克明	号	[①]

其后，还录有"嘉靖四十四年六月初十日"和"嘉靖四十五年十月初九日"所立的两个补充"分单"。最后写有一个"毕"字，表明"岩真公阄书"抄录完毕。《胡氏阄书汇录》中所录"岩真公阄书"共有12页之多（文书第2—13页）。

第二类是不系正式分家所立阄书，而属分析部分家财所立文书，或对某一部分家财的分法所立文约，诸如议约、遗嘱、批文等，一般篇幅不

---

① 《胡氏阄书汇录·岩真公阄书》，文书第2—8页。

大。《胡氏阄书汇录》中所录这类阄书有：世祯公同侄长孙议约、新起妻阿汪遗嘱、可杰公批房契与喜生、可杰公批田契与爱生、立墨武先与爱生均承可仕祀等。

兹以"世祯公同侄长孙议约"为例，原文如下：

> 立议约人胡世祯同侄长孙，今原有承祖阄分基地，肥瘦不均，世庆股不服，因未画字。今期太股现今造屋，请凭亲族品搭。众议将许大坞土库长孙房顶上大仓一眼，扒补长孙管业；又有长孙原阄得世裕厨前地一块，世祯愿出木帮扶造屋。再长孙不得去期太股争长竞短。今恐无凭，立此议约存照。合同二张，各执一张存照。

康熙三年九月初二日	立议约人	胡世祯	号		
	同侄	胡长孙	号		
	族众人	胡应文	号	胡世芳	号
		胡福祐	号	胡秉珪	号
		胡岩象	号	胡世元	号
	代笔亲人	汪潍	号①		

第三类是只录某阄书序文，其余省略。《胡氏阄书汇录》中所录这类阄书有：期富、贵、荣、华分关序，翔周分家阄书序等。

此外，在《胡氏阄书汇录》中的"世祯公康熙二十一年分墨及二十四年批墨"之后，还附有胡氏家族的片断谱系；在"翔周分家阄书序"之后，附有康熙五十五年胡阿郑卖房屋与同族人的卖房文契。

二、胡氏家族与诸子均分制

据《胡氏阄书汇录》所载各阄书中的片断谱系考证，若将胡岩真的父亲胡宗茂作为一世，可知胡氏家族的简略世系如下（图1）：

---

① 《胡氏阄书汇录·世祯公同侄长孙议约》，文书第28页。

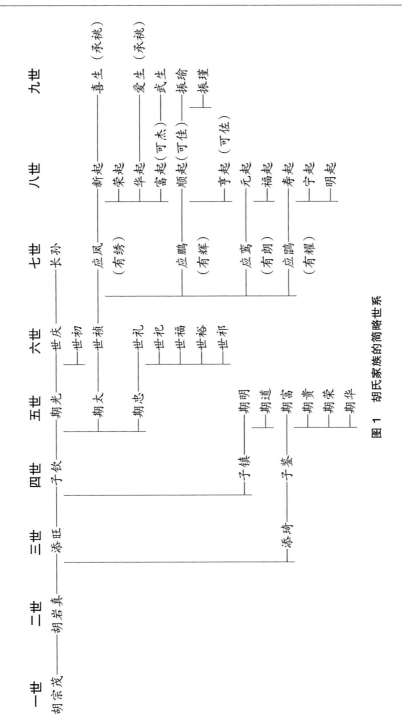

图 1　胡氏家族的简略世系

如众所知，在一个始祖之下，经过近200年七八代人的繁衍之后，一般都形成了有很多分支的大家族。胡氏家族亦不例外。上述谱系仅是胡氏家族一个支的不完全的谱系，只是胡氏家族的一小部分谱系。《胡氏阄书汇录》中所载各阄书涉及胡氏家族的世代，是从二世胡岩真到九世胡喜生等，共为八代人。若将《胡氏阄书汇录》中所载阄书按世代分类，则如表1所示：

表1　《胡氏阄书汇录》所载阄书分类

世系	二世	三世	四世	五世	六世	七世	八世
阄书名称	①岩真公阄书（嘉靖四十三年）	①添旺公阄书（万历四年）	①汪氏宝弟孺人阄书（万历二十三年）②期太公阄书（万历三十七年、崇祯十五年）③期富、贵、荣、华分关序（万历三十一年）	①世祯公同侄长孙议约（康熙三年）	①世祯公康熙二十一年分墨及二十四年批墨	①有绣公妻汪氏遗嘱分墨（应凤）（康熙四十七年）②有辉公阄书（应鹏）（雍正十年、康熙四十八年）	①新起妻阿汪遗嘱（康熙四十四年）②可杰公关书（富起）（雍正十一年）③可杰公批房契与喜生（雍正十一年）④可杰公批田契与爱生（雍正十年）⑤可杰公立墨武先与爱生均承可仕祀（雍正十一年）⑥可佳公妻阿张分田单及产业分书（雍正十年、乾隆九年）

通过这些阄书可明显看出，胡氏家族的延续与发展并不是采取累世同居共财的方式，而是实行诸子均分制，在不断分析的过程中进行的。何以如此呢？其实行诸子均分制的原因，在各阄书中多有谈及：

田共恐混淆之无别，致使乖争之有由，思身年老，不能尽事，请凭亲族为盟，义（议）将各处产业，肥硗兼答（搭）均分，编作仁、义阄书二本，对天焚香，拈阄为定。①

仍有未分基址，虽有各暂便业，任众心繁，人心弗古，日久未兑（免）竞端，仁义即难全矣。②

所有先夫承祖并续置田地产业，未经分晰（析），今身七旬有三，自虑年老，不能照管，恐后有争端之事，是以请凭族众，眼同将田地房屋产业逐一肥瘦均搭四股，编作文、行、忠、信四号，焚香拈阄为定。③

吾今花甲有一，妻年亦满六旬，咸值暮景，老倦于勤，又且家务繁剧，难以统理。为此请凭亲族，将承父阄分并自续置屋宇、田地山塘等项产业，逐一肥瘦眼同品搭，均作两半，编立天、地二号，对天焚香，拈阄为定。④

各阄书中的这类行文还可举出不少。从中可以看出，其分析家产的原因主要有两个方面：一是因所谓"家务繁剧，难以统理"，即一个家庭在经过若干年之后，首先是人丁繁衍，往往人口越来越多；而有的家庭土地资财等也不断增加，达到一定规模，若集中统一进行经营管理，实际上会带来很大的困难。二是因"人心弗古"，在不分析的情况下，往往会产生很多家庭纠纷，特别是财产方面的纠纷。这可以说是实行诸子均分制的一个根本原因。胡氏阄书中所说的"田共恐混淆之无别，致使乖争之有由"，"恐后有争端之事"等，虽然在阄书中经常出现，但并非套话，而是反映了那个时代的一种普遍现象。南宋《名公书判清明集》所载关于家庭财产

① 《胡氏阄书汇录·黟南胡氏分关序》，文书第2页。
② 《胡氏阄书汇录·期太公阄书》，文书第26页。
③ 《胡氏阄书汇录·有绣公妻汪氏遗嘱分墨》，文书第40页。
④ 《胡氏阄书汇录·有辉公阄书》，文书第55页。

纠纷的案例，颇为不少①。明清时代判牍谳语中涉及家庭财产纠纷的案例，更是屡见不鲜。《皇明条法事类纂》载，成化时山东地方，"各处刁徒，捷行词讼，搅扰官府，欺诈良善，不得安生。原其所由，多因争分家财田地等项细数，遂成大狱"②。徽州地区也不例外。程敏政说："夫徽州之讼虽曰繁，然争之大要有三，曰田，曰坟，曰继……田者，世业之所守；坟者，先体之所藏；继者，宗法之所系，虽其间不能不出于有我之私，然亦有理势之所不可已者。"③即使在胡氏家族之中，亦不乏此类事件发生。

在现存的徽州文书中，笔者还找到了与《胡氏阄书汇录》所言胡氏相关的其他两份文书，一份是《康熙五十五年黟县胡瑞寿、胡可佳诉状并县令批文》④，另一份是《雍正四年黟县胡可佳状纸》⑤。两份均为诉讼文书原件。这两份诉讼文书中出现的胡有缘、胡有桂、胡可佳、胡宁起等人名，均可在《胡氏阄书汇录》中找到（其中胡可佳、胡宁起参见前列胡氏家族简略谱系）；他们在世时间一致，皆系康熙至雍正时人；所属地点相同，均为黟县七都人；甚至诉讼文书中出现的土名"高丘"，亦可在阄书中见到。因此，诉讼文书中出现的胡可佳、胡宁起等，与《胡氏阄书汇录》所言胡可佳、胡宁起，均系同一人，这两份诉讼文书本系阄书汇录所叙胡氏家族的文书，乃属无疑。

其中《康熙五十五年黟县胡瑞寿、胡可佳诉状并县令批文》共有三件，第一件是"康熙五十五年闰三月初六日胡瑞寿诉状"，第二件是"康熙五十五年闰三月十三日胡可佳诉状"，第三件是"康熙五十五年闰四月

① 参阅〔明〕张四维辑：《名公书判清明集》卷4—9《户婚门》、卷10《人伦门》等，载《续修四库全书》第973册，上海古籍出版社2002年版。

② 〔明〕《皇明条法事类纂》卷12《逃避差役·分定家产重告者立案不行例》，〔日〕古典研究会影印本1966年版。

③ 〔明〕《篁墩文集》卷27《序·赠推府李君之任徽州序》，载《文渊阁四库全书》第1252册，上海古籍出版社1989年版，第479页。

④ 中国社会科学院历史研究所藏，载《徽州千年契约文书》清·民国编卷1，第173—175页。

⑤ 中国社会科学院历史研究所藏，载《徽州千年契约文书》清·民国编卷1，第243页。

初四日休宁县正堂审语"。这份文书的主要内容是，胡氏家族中的人为争夺一块田土的管业与继承权而发生纠纷，在家族之内已无法解决，不得不对簿公堂。因篇幅所限，这里仅转录其县令批文如下：

正堂审语

审得胡瑞寿，乃狂暴不法之徒也。族人胡可佳有园地土名高丘，承父先年买自其继母金氏之业，交管多载。斯时金氏未立瑞寿为嗣也，迨后瑞寿借序得承，以此地契未奉书，突于本年三月遂将其地围占，并怒其论而殴之，此可佳有势占降杀之控也。讵瑞寿不自悔过，犹以契属造伪，呶呶置辩。拘审验契，则金氏之婿周楚珍代笔，房长胡有桂居中，质证明确。夫继嗣未立，即婿犹子，奉命代书，何伪之有？况可佳执出分阄书，此地系其父买分受阄书内，又有瑞寿之父胡有缘居间，尚可谓之造伪乎？胡瑞寿占杀情真，本应重惩，姑念同族，薄罚城砖，以儆狂暴。断令地归胡可佳照契管业。余审无干，相应逐释立案。

康熙五十五年四月初四日（钤满汉对照"黟县之印"）

第二份《雍正四年黟县胡可佳状纸》仅为一张状纸，其文如下：

告状人胡可佳，为电情赏案以杜贻患事。身住七都山僻，向在苏郡艺趁度活。家有妻室，塞与服弟胡宁起同室居住。弟娶亲殴（欧）氏，悍泼异常，不守妇道，姑老莫制。另爨避凶，迩（弥）欺弟懦，日夕吵闹，弟稍诚谕，动则持刀做命，悬梁自缢，撒泼多端，一室不安，将来必有不测。身属外趁，妻与同居，若不急禀赏案，恐后贻累，噬脐无及。迫叩宪天，俯怜下情，恩准存案，以防不侧（测），以杜贻累，万感上禀。上告。

雍正四年八月初三日具

江南徽州府黟县正堂田　　批准存案

这桩案情虽属一般家庭纠纷，但亦闹得不可开交，乃至诉诸官府。此外，在《胡氏阄书汇录》所载"世祯公康熙二十一年分墨"中，还有如下记载：

> 许大坞屋后田租并老厕地，凤逞其富，杀父杀弟，强占造屋，该作银卅两与鹏、鸢、鹃均分，（凤）违梗桡，无银交出。三人执父墨逞官，要凤拆屋，还三人田业。①

在雍正十年"可杰公批田契与爱生"中又载：

> 又因长子各怀二心，私己浪费，另立炊煮，以至店业化为乌有也。②

以上两份诉讼文书及《胡氏阄书汇录》中的有关记载，足以证明在胡氏家族之中矛盾颇多，纠纷不断。如若累世同居共财，更难处理，而不得不实行析产分居。这种情况并非胡氏家族所独有，而是一种普遍现象。清人魏礼说："处晚近之世，慎毋浮慕累世同产之名，而实受其害，吾见之也数矣。"③李绂则说："凡累世同居者，必立之家法。""否则，财相竞，事相诿，俭者不复俭，而勤者不复勤，势不能以终日。反不如分居者，各惜其财，各勤其事，犹可以相持而不败也。"④因此，尽管当时的官府大力旌表那些累世同居共财的大家庭，但历朝历代其终归是少数。大多数家庭则是"家务纷纷，难以理合，欲效张公之遗风也，不可得矣"⑤，"欲效田真之风，难笃张公之义"⑥。自秦以后，析产分户逐渐成为中国封建社会家族制度中的一个主流。

那么，胡氏家族在不断分析的过程中，其各家庭与整个家族的经济发

---

① 《胡氏阄书汇录·世祯公康熙二十一年分墨》，文书第29—30页。
② 《胡氏阄书汇录·可杰公批田契与爱生》，文书第52页。
③ 〔清〕魏礼：《二子析产序》，载《清经世文编》卷59《礼政六·宗法下》，中华书局1992年影印本，第1503页。
④ 〔清〕李绂：《别籍异财议》，载《清经世文编》卷59《礼政六·宗法下》，中华书局1992年影印本，第1504页。
⑤ 《胡氏阄书汇录·期富、贵、荣、华分关序》，文书第37页。
⑥ 《胡氏阄书汇录·期太公阄书》，文书第24页。

展与变化情况又如何呢？《胡氏阄书汇录》在这一方面也为我们提供了难得的研究资料。兹将《胡氏阄书汇录》中所载历次各家庭分析时的租谷总数和各股分得的数量列表如下（表2）：

表2 《胡氏阄书汇录》中历次各家庭分析情况

单位：斤

世代	二世	三世	四世	六世	七世		八世	
年代	嘉靖四十三年	万历四年	万历二十三年	康熙二十一年、二十四年	康熙四十七年	康熙四十八年	雍正十一年	雍正十年、乾隆九年
阄书名称	岩真公阄书	添旺公阄书	子钦公汪氏阄书	世祯公阄书	有绣公汪氏阄书	有辉公阄书	可杰公阄书	可佳公阄书
租谷总数	17716.5	18640.75	2350	5033	12004.5	12303	6316	5971.25
各股分数	8850.5 8866	8252.5 8255.5	740 840 1158 770	990 1080 1158 1285	3145 2482.5 2505 2522	5675.5 5672.5	2819.5 3346.5	1870.25 2758
存众租谷数		2132.75		520	1350	955	150	1343

《胡氏阄书汇录》所记载的租谷数量，多以"砠"为单位，少数场合又以"秤"或"斤"为单位，并不统一。为便于比较，表2中统计的租谷数量一律以"斤"为单位，表中的数字系换算后的数字。那么，每"砠"、每"秤"又各合多少斤呢？各阄书中并没有明确标出，但根据其中某些场合的记载，可以准确地推算出来。例如，在万历四年（1576年）"添旺公阄书"中有下列一段记载：

计开未分众租伍十六砠二斤十二两细数如后

长丘塍并渠里十八砠　自种　　银瓶丘八砠十斤　佃棘

银瓶丘八砠　　　佃仁礼　　银瓶丘八砠　　自种

　　栈栢山七硠半　　　　佃仁礼　　许大坞屋边六硠　　自种

　　许大坞屋边塘下七斤十二两　　佃汪乞①

　　若将这里记载的各细数租谷数量分别按"硠"和"斤"加以统计，则是五十五硠半又十七斤十二两，而阄书的总计数量记载为"伍十六硠二斤十二两"，所以可知半硠为十五斤，一硠为三十斤。《胡氏阄书汇录》中还有类似记载，推算结果亦是一硠为三十斤②。又，在雍正十年（1732年）"可佳公阄书"中有下列一段记载：

　　　　计开长男振瑜阄得田租

　　一、土名墙下正租十硠　　　　　　一、土名管山段田租八硠

　　一、土名正坞正租五硠零五斤　　　一、土名大坦正租八硠一秤

　　一、土名长丘塍正租十硠　　　　　一、土名凌村段正租五硠

　　一、土名社屋背正租四硠　　　　　一、土名余大坞正租九硠

　　　　以上八宗共计正租五十九硠廿五斤③

　　同样，对这里记载的各宗租谷数量分别按"硠""秤""斤"加以统计，则是五十九硠又一秤五斤，而其总计数量记载为"五十九硠廿五斤"，所以可知一秤为二十斤。

　　关于上述统计，还有以下几点需要说明。首先，如前所述，《胡氏阄书汇录》所录各阄书有所不同，其中对家庭的某次正式分析所立阄书作全部抄录者，或属分析部分家产的分书，多载有分析各项产业的细目与数字，上述统计就是根据这类阄书所载资料加以统计的。而有的阄书仅是对某部分家财的分法所立的文约，或仅有序文，均无相关统计资料，只好阙如。其次，除了当时家庭的主要财产土地之外，其他资产如房屋等，亦在分析之列，但难于计量和比较，故上述统计从略。最后，各阄书所载土地财产主要是水田（只载各块田土的租谷数量，缺面积），此外还有某些基

---

　　① 《胡氏阄书汇录·添旺公阄书》，文书第19页。

　　② 《胡氏阄书汇录·岩真公阄书》，文书第4—5页。

　　③ 《胡氏阄书汇录·可佳公阄书》，文书第65—66页。

地、山场、池塘等，但计量单位并不统一，或不明确，如"一块""一处"等，亦难于统计和比较，又有少数"自种"田土，没有租谷数量，所以表2只统计了阄书上载明的水田租谷数量。总之，表2仅是阄书所载有关胡氏家族一个分支的，自明嘉靖四十三年（1564年）至清乾隆九年（1744年）历次分析的租谷数量统计。

尽管如此，由于当时各个家庭的主要财产是土地，租谷即是其基本收入而成为分析家产的主要对象，所以，这一统计仍可反映出胡氏家族在不断析产分户过程中经济发展变化的基本情况。

明嘉靖四十三年（1564年），胡氏家族由二世岩真公主持进行了家产分析（姑且作为首次分析），按阄书所载其租谷总数为17716.5斤，二子均分，长子旺得8850.5斤，次子琦得8866斤。又，每人还阄得"自种"田土各10余处，但没标明租谷数量。此外，被分析的家产还有基地、房屋、池塘等。那么，17716.5斤租谷收入的田土应合多少面积呢？据《成化二十三年休宁李氏阄书》①所载有关资料，"律"字阄书共分得水田28.669亩，其租谷收入为219.5秤，每秤20斤，计4390斤，合每亩租谷153.127斤。以此推算，可知17716.5斤租谷收入的田土面积大致在100亩左右。所以，加上其他土地，总体上看胡家地产已达一百几十余亩，当无疑问。其分析后各子所得也均在50亩以上。这在江南徽州已属中小地主水平。12年后，至万历四年（1576年）胡岩真的长子添旺这一支分家时，租谷总数为18640.75斤，亦是二子均分，长子钦得8252.5斤，次子镇得8255.5斤，又有存众租谷2132.75斤。可以看出，胡氏家族仅这一支拥有的土地已超过了其父辈时的水平。再考虑到当时其次子添琦即另一支所拥有的土地资财，应该说虽然经过分析，但整个胡氏家族的经济是大大向前发展了。

然而，到第四代胡子钦和第五代胡期太分家时，胡氏家族的经济状况却急剧地衰落了。万历二十三年（1595年）子钦公汪氏主持分家，其租谷

---

① 中国社会科学院历史研究所藏，载《徽州千年契约文书》宋·元·明编卷5。该书将其定名为"正统休宁李氏宗祠簿"，实误，参阅拙文：《〈成化二十三年休宁李氏阄书〉研究》，载《明清论丛》第二辑，紫禁城出版社2001年版。

总数只有2350斤，三子均分，分别阄得740斤、840斤、770斤。万历三十七年（1609年）期太公分析，租谷总数亦仅有2360斤，并欠他人债务白银31.69两。此时拥有的少量田土在阄书上已均注明为"种作田数"，佃出的土地也"赎回"了①，即当时胡期太等已降到自耕农的水平了。关于胡氏家族这一支经济上衰落的原因，阄书上写道："家道不幸，因夫前程（承）京债销费，产业浮薄"②，"经今运年不遇，支费如常，积成欠债"③。

而到清初康熙二十一年（1682年）和康熙二十四年（1685年）胡世祯主持分家时，租谷总数为5033斤，表明其经济水平又有所恢复。至第七世有绣公和有辉公时，又达到乃至超过了以前的经济水平。康熙四十七年（1708年）有绣公汪氏主持分家，租谷总数达12004.5斤，另有白银74两；康熙四十八年（1709年），其弟有辉公主持分家，租谷总数达12303斤，另有当出白银128.14两，此外还有"江湾店业"等未计在内。胡有辉之子胡可佳，在前引《康熙五十五年黟县胡瑞寿、胡可佳诉状并县令批文》中，被对方称为"万富势豪""伊系富豪，势压通族"，虽是诉讼夸大之词，亦说明其当属富户之列。

总之，从纵向上看，胡氏家族在不断分析的过程中，其经济变动是曲折的，呈现出曲线轨迹。而在横向上，则显出不平衡性，即在同一世代，越来越多的分支家庭，由于在析产分户以后各自独立经营以及其他种种原因，有的发达起来，有的衰落下去，各家庭之间必然在经济上呈现出明显的差别。《胡氏阄书汇录》中即载有向本宗兄弟借债之事④。虽然《胡氏阄书汇录》没有更多地提供这方面的资料，但这是不言而喻的。从总体上看，尽管胡氏家族在不断分析，尽管其各个家庭在经济上存在着明显的差别，但就其整个家族的经济总和来说，其后世则要大大超过以前的水平。因为如上所述，《胡氏阄书汇录》所载资料仅属整个胡氏家族的一个分支

---

① 《胡氏阄书汇录·期太公阄书》，文书第24页。

② 《胡氏阄书汇录·子钦公汪氏阄书》，文书第21页。

③ 《胡氏阄书汇录·期太公阄书》，文书第24页。

④ 《胡氏阄书汇录·期太公阄书》，文书第25页。

而已。按一般情况，在胡岩真之下这一胡氏家族中，经过180余年的人口繁衍，至康熙、乾隆时像《胡氏阄书汇录》所载这类分支，至少有好几支乃至10余支。所以，就总体的经济情况来看，无疑是大大向前发展了。

当然，胡氏家族在不断分析过程中的这种经济变动情况，并不是孤立进行的，还受到其他方面诸多因素的影响。胡氏家族在外从事的商业活动就是一个重要方面。《胡氏阄书汇录》中对于其家族成员在外的经商活动并未正面叙述，但在一些阄书中时有披露：

> 家道不幸，因夫前程（承）京债销费，产业浮薄。①

> 身幼年向在苏郡江湾帮店趁口，家务重大，辛力甚微，不能支给。多蒙吾叔（有辉）及亲友扶持，合伙开店生理，竭力苦创，颇觅微利，略置产业。无如命运坎坷，事务颠沛，次兄荣起，生意淡薄，足又跌伤，毫无所有，累身送归供给，店又折本百金，累吾赔还。三兄华起，得沾重疾，医药无效，客丧在店，棺衾费用，搬柜归家，计费百金……身又帮弟（可佐）店二年，微积辛俸，还人利息……②

> 再批：所有吴地江湾镇在店本领，佳、佐两半均。
> 再批：次男可佐已支店中银十五两买仆进贵、婢双桂，其仆婢二人今批与可佐己用，今将店中另外拨银十五两津补与长男可佳，以抵佳另买仆婢无辞。③

这些记载告诉我们，长期以来，胡氏家族成员多有在外经商者，其所从事的商业活动，对各家庭的经济发展无疑产生了重大影响。经商获利，多回乡置产，购买土地；开店赔本，销费产业，家业遂衰微。各家庭经济的兴衰与其在外经商的好坏紧密相连，实为一体。

---

① 《胡氏阄书汇录·子钦公汪氏阄书》，文书第21页。
② 《胡氏阄书汇录·可杰公阄书》，文书第45页。
③ 《胡氏阄书汇录·有辉公阄书》，文书第64页。

诸子均分制是中国古代社会长期实行的一项基本制度，也是中国封建社会的基本特点之一。迄今为止，论者在谈及诸子均分制时多强调其对产业的瓜分，不利于资本的积累与集中等。这的确是诸子均分制的负面作用和影响。然而，我们不能因为它一分再分，只简单地看到它越分越细，使财产越来越分散这样一种走向。如果我们对一些家庭作较长时段的考察，就不难发现，诸子均分制虽然实行平均分配，但在一分再分之后，由于遗产数额和兄弟人数多少不同，结果并不平均。特别是诸子均分虽然使家产分散，但由于分析后各自独立经营管理，"各惜其财，各勤其事"，大大提高了其积极性，因而它又为下一代提供了各自重新创业的机会。诸子均分制是适应当时经济发展水平与经营管理的一项制度。因经营管理方式不同等原因，诸子均分制实行的结果必然出现两极分化，呈现出两种不同的走向。一方面，地主富户在一分再分之后，有的降至一般农户乃至破产；另一方面，其中亦不乏善于经营、重新发迹者。而从整体上看，其经济则是向前发展了。上述对胡氏家族实行诸子均分制的考察即说明了这一点。如果地主富户实行诸子均分制的结果只是越分越细，财产越来越分散，只有这样一种走向，那么，要不了几代，地主富户就都不存在了。这从理论上和事实上都是说不通的。

三、《胡氏阄书汇录》体现的诸子均分制原则

如前所述，《胡氏阄书汇录》的时间跨度为180年，所辑录的阄书有18份之多，其中除2份阄书只抄录了其序文外，其余均对原文书作了全部抄录。这些文书无疑为我们研究诸子均分制提供了难得的素材和案例。

（一）关于阄书名称

明清时代最常见的阄书名称是"分书""阄书"，此外还有多种名称。《胡氏阄书汇录》中所录各阄书，名称亦有多种。

1. 称"分单""分书"者

嘉靖四十五年（1566年）"胡添旺、胡添琦立分单"（"岩真公阄书"的补充分书）、万历二十三年（1595年）"胡期光、胡期大、胡期忠立分单"（又称"汪氏宝弟孺人阄书"，胡期大即胡期太）、万历三十七年（1609年）"胡期太、胡期忠立分单"、崇祯十五年（1642年）"胡期太等立分单"（又称"期太公阄书"）、乾隆九年（1744年）"胡阿张立分书"（又称"可佳公妻阿张产业分书"）。

2. 称"阄书"者

嘉靖四十三年（1564年）"岩真公阄书"、万历四年（1576年）"添旺公阄书"、康熙四十八年（1709年）"有辉公阄书"、雍正十年（1732年）"可佳公妻阿张分田单"（又称"可佳公阄书"）、"翔周分家阄书序"。分书又称阄书，是因为分析家产之际，多"焚香拈阄为定"，即从这一做法而来。

3. 称"分墨""遗嘱分墨"者

康熙二十一年（1682年）"胡世祯立分墨"（又称"世祯公康熙二十一年分墨"）、康熙四十七年（1708年）"胡阿汪立遗嘱分墨"（又称"有绣公妻汪氏遗嘱分墨"）。

4. 称"分关""关书"者

万历三十一年（1603年）"期富、贵、荣、华分关序"、雍正十一年（1733年）"可杰公关书"。分书又称分关、关书等，这里的"关"，即关约、契约之意。宋《名公书判清明集》中就有将分书称为"分析关书""关书文约"或"关约"的提法①。

以上均为胡氏家族正式分析时所立阄书之名称。

5. 称"批墨""批契""立墨"者

康熙二十四年（1685年）"胡世祯立批墨"、雍正十一年（1733年）"胡可杰立批契"（又称"可杰公批田契与爱生"）、雍正十一年"胡可杰

---

① 〔明〕张四维辑：《名公书判清明集》卷5《物业垂尽卖人故作交加》，载《续修四库全书》第973册，第381—382页。

立批契"（又称"可杰公批房契与喜生"）、雍正十一年"胡武先立墨"（又称"立墨武先与爱生均承可仕祀"）。

6.称"遗嘱"者

康熙四十四年（1705年）"胡阿汪立遗嘱"（又称"新起妻阿汪遗嘱"）。

7.称"议约"者

康熙三年（1664年）"胡世祯立议约"（又称"世祯公同侄长孙议约"）。

从其所载内容来看，称"批墨""批契""遗嘱"等，多为二次分析，或为分析部分家产时所立阄书之名称。

（二）关于分析时间和次数

从《胡氏阄书汇录》来看，其分析家产的时间，一般多是在父母向下一代遗传家产时，且都要按诸子均分制的原则进行分析。这样，即形成了每一代人至少要分一次家的基本模式。前文已将胡氏家族所立各阄书按世代分类列出一表（见表1），该表中有的世代所列阄书在两份以上，其中除直系继承正式分析的一份阄书之外，有的或为补充分析部分家产之阄书，或为同宗其他房分的分析阄书，除去这些，可明显看出每一代人分一次家这样一种基本模式。其分析时间，一般多在父母年老、儿子业已成家之时进行，各阄书序言中多有叙及：

> 年逾六旬，难以理事。剧（据）夫妇同男商议，请凭亲族为盟，将承祖及续置田地山场房屋，肥瘦阔狭品搭均半，编作天、地二号，焚香对天拈阄为定。①

> 黟南七都许村胡世祯，娶妻本邑四都泉山岭汪氏女也，生育四子，颇以成人，长曰应凤，次曰应鹏，三曰应鸾，四曰应鹍，俱已完

① 《胡氏阄书汇录·添旺公阄书》，文书第14页。

娶。今因年老，不能尽事，自将田地山塘基址房屋，编作仁、义、礼、智四号均分。①

　　吾今花甲有一，妻年亦满六旬，咸值暮景，老倦于勤，又且家务繁剧，难以统理。为此请凭亲族，将承父阄分并自续置屋宇、田地、山塘等项产业，逐一肥瘦眼同品搭，均作两半，编立天、地二号，对天焚香，拈阄为定。②

　　想身一生助夫，克勤克俭，恪守先人遗业，不敢懈惰。因身年登大衍以外，又属女流，家务繁剧，难以统理。是以请凭亲族，将夫所遗田租，逐一肥瘦眼同品搭均分。③

明代的法律中有这样的规定："凡祖父母、父母在者，子孙不许分财异居。其父祖许令分析者，听。"④清代法律中亦有类似条文。在一般情况下一代人分一次家，这或许与当时的法律规定有关，或受到当时社会风尚的制约。但最根本的恐怕还是如阄书序文中所言，一是因为家务繁剧，父母年老，难以理事；二是诸子多已完娶，长大成人，各自能够独立门户。

就一次析产分户而言，一般请凭亲族，订立一份正式的分书，即一次分析便可完成。但亦有在第一次正式分析之后，仍有未完事宜，又做第二次甚至第三次补充分析的。如《胡氏阄书汇录》所载"岩真公阄书"，在嘉靖四十三年（1564年）第一次正式分析之后，有的产业因分析时规定不清而带来不便，在嘉靖四十四年（1565年）又做了二次补充分析，其分书的序言中写道：

　　所有已（以）前分定房屋，兄弟出入，动止不便。吾兄弟以义气

---

① 《胡氏阄书汇录·世祯公康熙二十一年分墨》，文书第29页。
② 《胡氏阄书汇录·有辉公阄书》，文书第55页。
③ 《胡氏阄书汇录·可佳公妻阿张分田单》，文书第65页。
④ 《皇明制书》卷1《大明令·户令》，载《续修四库全书》第788册，第7页。

尚家庭，商议各取其便，自情愿复托亲族，将前阄分房屋丈量，照前均搭，各业得便。自分之后，兄弟再无悔异。如有先悔者，甘罚白银叁拾两，与不悔人用，仍依此文为准。其余田地山塘，悉照前文……[1]

在嘉靖四十五年（1566年），又因对一些分过的田土"轮流种作不便"而做了第三次补充分析。

此外，在《胡氏阄书汇录》中，万历三十七年（1609年）"期太公阄书"、康熙二十一年（1682年）"世祯公分墨"、雍正十年（1732年）"可佳公妻阿张分田单"、雍正十一年（1733年）"可杰公关书"等，在第一次正式分析之后，又都进行了第二次或第三次补充分析，有的则是在第一次分析十几年后做的补充分析。其中万历三十七年（1609年）"期太公阄书"和雍正十年（1732年）"可佳公妻阿张分田单"的第二次分析，主要是对前次"未分基址"和"未经分析"的"住房厨屋园地山塘"等加以分析。其余二者，则是对在前次分析之中出现的一些特殊事宜进行处理，由父母出面，采取"批契"形式。

（三）关于分析原则

第一，以房分为分析单位。

诸子均分制，顾名思义，即当父（母）亲在向下一代遗传家产时，按其儿子的人数平均分析。从表面上看，这似乎是以男子人头为单位进行均分，但其背后却有更深的涵义。对《胡氏阄书汇录》所载各阄书加以考察，即可发现，实行诸子均分制之际，父亲之下的各个儿子，并非作为分析家产的一个个人头，而是被视为继承遗产的各个房分的代表。因为在家长制的封建社会里，男子（父亲）是家庭的代表，为一家之主，所以按子数均分家产，实质上是按房分均分家产。而女儿因为在娘家没有什么地位，并且终究属于外姓人，所以一般分析家产是没有份的（按，宋代女儿

----

[1]《胡氏阄书汇录·岩真公阄书》，文书第9页。

尚可分得一定家产，至明清时已与分析家产无涉）。《胡氏阄书汇录》所载阄书，对以房分为分析单位这一点，提供了很典型的案例。

崇祯十五年（1642年）"胡期太等立分单"，是继万历三十七年（1609年）"期太公阄书"之后，对一些"未分基址"进行二次分析的阄书。胡期太有兄弟三人，至崇祯十五年，其兄期光、弟期忠都已去世，遗有子侄多人，该阄书的最后署名是"立分单人胡期太同侄世庆、世初、世礼、世祀、世福、世裕、世祁"，共为八人，但阄书之中并不是按八个男子人头均分，而是编定天、地、人三号，仍按期光、期太、期忠三房分析。最后的八人乃是分别作为三房的代表而署名的，即胡期太代表二房，世庆、世初代表大房期光〔按，其后康熙三年（1664年）"世祯公同侄长孙议约"中载"今原有承祖阄分基地，肥瘦不均，世庆股不服，因未画字"，而该分单抄件最后世庆、世初署名之下与他人不同，没有表示画押的"号"字，可与之印证〕，其余则代表三房期忠[1]。

又如，康熙四十七年（1708年）"有绣公妻汪氏遗嘱分墨"载，胡阿汪其夫先逝，有四子一女，俱各成家室，女儿也已出嫁。但后来长子"未育而亡"，其妇守节，遂将四子的第二个儿子喜生立嗣承继长子。当康熙四十七年分析家产时，尽管长子已亡，但仍算一房，按"四股均分"[2]。

万历《大明会典》中关于分析家产的法律条款是这样行文的：

> 凡分户继嗣，洪武二年，令嫡庶子男除有官荫袭，先尽嫡长子孙，其分析家财田产，不问妻妾婢生，止依子数均分。奸生之子，依子数量与半分。如别无子，立应继之人为嗣，与奸生子均分。无应继之人，方许承绍全分。[3]

其后还有其他一些关于诸子均分制的条文，亦均在"分户继嗣"这一

---

① 《胡氏阄书汇录·期太公阄书》，文书第26—28页。

② 《胡氏阄书汇录·有绣公妻汪氏遗嘱分墨》，文书第40—44页。

③ 万历《大明会典》卷19《户部六·户口一》，载《续修四库全书》第789册，第331页。

款项之下。即诸子均分制的各项条款，均属"分户继嗣"范畴之内。对此应予以注意。它说明分析家产与分户继嗣二者关系密切，或者说，分析家产本是分户继嗣的一种手段，分析家产是为了分户继嗣。这样，诸子均分制就不是一种单纯地从经济上分析家产的制度，因而不能不受到封建宗法制度的制约。由此，对于诸子均分制实行以房分为分析单位的基本原则就不难理解了。

第二，平均分析。

《胡氏阄书汇录》所载阄书还表明，平均分析是实行诸子均分制时贯彻的一项基本原则。土地和房屋是分析家产的主要对象，但多难于计量，即使为等量单位，其价值也往往并不相等。例如，面积相同的两块田土，因肥瘦不同，其收益则大不一样。因此，各阄书中均强调"肥瘦均搭""肥硗兼搭""逐一品搭"等，或贴屋，或贴地，尽量做到均平分析。如崇祯十五年（1642年）"期太公阄书"载："高丘南头与道屋边毗连地一块，南北与道界止。此地原系阄是期太名下，因分高丘屋阔狭不均，众论将地俱贴补期忠讫。"①即便如此，分析的结果往往还会出现并不完全均等的情况，这主要是因为实际上难以做到绝对平均。

又有兄弟二人分析，兄已成家，而弟幼尚未娶亲的情况，为均平起见，即对未成家者另加补贴。雍正十年（1732年）"可佳公妻阿张分田单"载："惟次男尚幼，公议另扒田租三十砠正（整），以作津贴娶亲之资。"②

关于未分前家庭债务，俱按各股均讨均还。"本年　月　日前所欠他人钱债、门役等务，俱作三分认还。"③"所欠账目，逐一两半均还，已（以）前有结等会领过者，俱是均应，未领者亦是均领，毋得异说。"④"所有祖遗外人欠账，四股均讨；但身所欠外人账目会银，俱系四股认还。"⑤

---

① 《胡氏阄书汇录·期太公阄书》，文书第27页。
② 《胡氏阄书汇录·可佳公妻阿张分田单》，文书第65页。
③ 《胡氏阄书汇录·子钦公妻汪氏阄书》，文书第21页。
④ 《胡氏阄书汇录·期太公阄书》，文书第24页。
⑤ 《胡氏阄书汇录·翔周分家阄书序》，文书第72页。

关于土地税粮和门庭差役，一般则保持原赋役户头不变，而由各股平均输纳当差。"各处田产官民科则税粮，不论轻重，俱作两半输纳当差。"①"其税粮俱各两半输纳。其山园熟坦分过外，其未分住基房屋山场，俱各两半管业，税粮亦各两半解纳。"②

关于父母养老，或各股轮流供给管办，或拨出一定租谷即另分出养老田，作为父母膳食，其去世后仍按股均分。"母亲膳食，期光、大二人管办，同日另立文书与母，五年以后亦作三分认供，毋得违文争论。"③"二亲膳食，四子均当供膳。"④"予也勤俭治家，积有盈余。今当老矣，欲求安逸，将承祖及续置田土阄分与二男管业。量收各人分内租共收四十八砠零贰斤半，又收未分众租伍十六砠贰斤，共收租一百零四砠四斤，与吾妻程氏共为日食之需。"⑤

在拥有较多人口和土地的富裕之家，特别是在宗族势力发达的徽州地区，分析家产之际，往往还保留一些存众未分的产业，即所谓众业。胡氏家族亦是如此。这些众业虽不在正式分析范围之内，但多数众业每股该得多少，分析的阄书上也都登载分明，其原则也是平均分析。"再批：众存田地山塘及未分基地，俱各三分均业。其税粮及里役三分均纳。"⑥"计开存众业：一、土名许大坞田成地一块，一、土名许大坞茶山一块，一、土名庄里坦一块，此三宗两半均业。"⑦

而在分析时有遗漏产业，日后亦按股均分。"如有遗漏产土，日后查出，亦作两半均分。"⑧"或遗有人头字约，未及细查，日后检出，四股均分。"⑨

① 《胡氏阄书汇录·岩真公阄书》，文书第7页。

② 《胡氏阄书汇录·添旺公阄书》，文书第14页。

③ 《胡氏阄书汇录·子钦公妻汪氏阄书》，文书第21页。

④ 《胡氏阄书汇录·世祯公康熙二十一年分墨》，文书第29页。

⑤ 《胡氏阄书汇录·岩真公阄书》，文书第18—19页。

⑥ 《胡氏阄书汇录·期太公阄书》，文书第23页。

⑦ 《胡氏阄书汇录·可杰公关书》，文书第48页。

⑧ 《胡氏阄书汇录·添旺公阄书》，文书第14页。

⑨ 《胡氏阄书汇录·有绣公妻汪氏遗嘱分墨》，文书第43页。

总之，有关分析家产的各种事宜，都尽量贯彻平均分析这一基本原则。

第三，以私有制为基础。

从《胡氏阄书汇录》所载可以看出，对各自承分阄得的产业，均强调各管各业，独自经营，不得侵越，即承认其私有权。"自今阄分之后，照阄各管各业，毋得争长竞短，遵守先规，亦不得恃强欺弱，生情悔异。"[1] "自今阄分之后，照阄管业，毋得生情异说，亦不得倚强欺弱，以长凌幼。"[2]对所承分的产业拥有所有权的一个重要证据，就是受分人对分得的产业有权买卖。前已叙及，《胡氏阄书汇录》最后附载有"康熙五十五年胡阿郑卖房文契"，其中说：

> 立卖契妇胡阿郑同男叁壹，今因年老病久，日食衣衾无措，自情愿将承夫阄分己名下东边挨墙楼屋房壹间，并阁厢在内，座（坐）落土名许村屋角头，系师字九百六十六号，计地拾贰步四分九厘贰毫正（整），计地税伍厘贰毫零伍忽正（整），其房东至墙外尚元房……上至青天，下连地骨，尽行立契凭中出卖与房叔祖有辉名下为业，三面议定时值价纹银贰拾贰两整。其银当日收足，其房即听买主住歇管业。未卖之先，并无重叠交易。倘有内外人声说一切不明等情，尽是本身承当，不干买人之事。其税即听本户收挖输纳，不必另立推单。自成之后，各无悔异。如有悔者，罚银壹两，与不悔人用。今欲有凭，立此卖契，永远存照。[3]

这是一桩普通的房屋买卖交易，但是在本户内亲族之间进行的。其交易的房屋就是"阄分己名下"的产业。此类交易表明，在家产分析之后，各人承分的产业，即归私人所有，个人是拥有所有权的。当这种所有权转移时，即使在本户内的亲族之间进行，也是一种普通的买卖关系。从遗存至今的大量土地房屋买卖契约来看，其来源有相当一部分都是属于"承祖

---

① 《胡氏阄书汇录·有辉公阄书》，文书第55页。

② 《胡氏阄书汇录·可佳公妻阿张产业分书》，文书第67页。

③ 《胡氏阄书汇录·胡阿郑卖房文契》，文书第73页。

摽分"的产业。这无疑是对所承分的产业拥有所有权的有力证据。

（四）关于阄书的法律效用

分析阄书乃属民间订立的契约合同文书。在分析家产、订立阄书之际，一般须由父母等家长主盟，参与分析者一一列名，并请亲戚和同族人作中见人，又有代书人等，以上人等均须在阄书最后署名画押。阄书按分析的股数，一式抄录同样份数，编定字号，相互署名画押，阄定之后，各执一份保存。有的阄书上还钤有某种印记，或写有骑缝字样，以防篡改。《胡氏阄书汇录》所载崇祯十五年（1642年）"期太公阄书"，最后即写有"有骑缝字的一样三本"等文字。

阄书虽属民间订立的合同文书，但它是具有法律效用的。在《胡氏阄书汇录》所载各阄书中，最后多写有这样的文字：

> 自今阄业之后，二男毋许倚强欺弱，生情挖界，以起争端，致伤和气。各宜遵守，永保身家，不得故违。如有此者，执此理论，准作不孝罪论；甘罚白银拾两，与不违者用，仍依阄书。[1]

> 自今阄定之后，各以父命为遵，永远依阄管业。如违，一听将此赴官陈理，准不孝论，仍依此阄书为准。[2]

> 自今阄分之后，照阄管业，毋得生情异说，亦不得倚强欺弱……如有此情，听自执墨鸣公理治，以不孝罪论，仍依此文为准。[3]

阄书的法律效用亦得到封建官府法律的承认。《大明律》中有如下条例：

---

[1] 《胡氏阄书汇录·岩真公阄书》，文书第2页。
[2] 《胡氏阄书汇录·添旺公阄书》，文书第14页。
[3] 《胡氏阄书汇录·可佳公妻阿张产业分书》，文书第67—68页。

告争家财田产，但系五年之上，并虽未及五年，验有亲族写立分书已定，出卖文约是实者，断令照旧管业，不许重分再赎。告词立案不行。①

《大清律》中亦附相同条例。

而在胡氏家族中，即有用阄书打官司的案例。前文对《康熙五十五年黟县胡瑞寿、胡可佳诉状并县令批文》这一胡氏家族的诉讼文书已作了介绍。其中"康熙五十五年闰三月初六日胡瑞寿诉状"的主要内容是，胡瑞寿控告同族人胡可佳"伪造谋占"属于他的一块田土。而"康熙五十五年闰三月十三日胡可佳诉状"，即是胡可佳的反控状，其中说：

况身父买此地，分析于身名下，阄书逆父作中，现有花押炳据，何得诬为造伪？例填年月，若果伪造倒填，逆父岂肯居中？……设果伪造，身父分析之时，理应控告，价仅壹两，何业可谋？②

官府即以土地买卖文契和阄书为据，判胡可佳胜诉。前文已征引了县令的"正堂审语"，其中批道："况可佳执出分阄书，此地系其父买分受阄书内，又有瑞寿之父胡有缘居间，尚可谓之造伪乎？"阄书的法律效用，在胡氏家族的这一案例中得到证明。南宋《名公书判清明集》中载有不少分析阄书在诉讼中发挥法律效用的案例，明清时代此类案例更是很多。胡氏家族的这一案例只是其中之一而已。

四、《胡氏阄书汇录》反映的土地经营方式

《胡氏阄书汇录》所载另一值得注意的方面是，有关土地经营方式的问题。据嘉靖四十三年（1564年）"岩真公阄书"载，其两个儿子胡添旺、

---

① 《大明律附例注解》卷5《户律·典买田宅条例》，北京大学出版社1993年版，第345页。

② 中国社会科学院历史研究所藏，载《徽州千年契约文书》清·民国编卷1，第174页。

胡添琦阄分得土地的经营方式及其数量如表3所示：

表3　胡添旺、胡添琦阄分得土地的经营方式及其数量

经营方式		执业		阄分租谷	外人佃种	轮流种作
		自种	出租	（出租）	（均业）	
数量	添旺业	黄判坞、梭肚丘等16处	计租2510斤	计租3562.25斤	计租2778.25斤	野猪舍、长丘塍等8丘
	添琦业	黄判坞、弯里等15处	计租2525.5斤	计租3562.25斤	计租2778.25斤	
	总计	31处	5035.5斤	7124.5斤	5556.5斤	8丘

在"岩真公阄书"的开头部分，首先列出了"旺执业"和"琦执业"的内容，各"执业"之下又分为自种和出租两部分，自种部分仅列各丘段田土土名，出租部分则载各丘段土名、租谷数及佃人姓名。那么，这里所说的"执业"又应如何理解呢？从该阄书上看，"执业"即执管的产业，当是已由胡添旺、胡添琦分别执管的产业。该阄书在"执业"之后又载有"外人佃种租田"（两半均收租）和胡添旺、胡添琦各"阄得共租"两部分，显然，"执业"是与"外人佃种租田"和这次阄分租田相对而言的。又，此时的胡添旺、胡添琦年龄都很大，早已成家立业。这从万历四年（1576年）"添旺公阄书"所载即可看出。胡添旺在阄书序言中有"年逾六旬"的说法[①]，因而可知在十二年前（嘉靖四十三年，1564年）其父岩真公主持分家时，他已年近五十了。所以，年已四五十岁的胡添旺、胡添琦都有自己执管的一部分产业，也就不足为奇了。不过，阄书中用"执业"二字，而没有用"管业"，显然二者有所不同。"执业"的权限自然要比"管业"小些。而将"执业"田土载入分析阄书，恐怕亦有通过所立阄书加以正式确认之意。又说明，在这次正式分家之前，其家业已有某种程度的分析了。

前已叙及，岩真公分家时其租谷总量达17716.5斤，合田土面积为100亩左右，当时在徽州出租土地达百亩的人户并不多，其属于地主富户当无疑问。而如表3所示，其"执业"土地中又有自种田土，达31处，虽未具体标出面

[①]《胡氏阄书汇录·添旺公阄书》，文书第14页。

积和租谷数，亦可看出有相当数量。又，在其后"添旺公阄书"分给两个儿子的田产中，标明自种田土的共有20余处，租谷总数达7767斤，若以亩产300斤计算，土地面积合20余亩。此外，在康熙二十一年（1682年）"世祯公分墨"中，亦有不少标有"自种业"的田土。康熙四十八年（1709年）"有辉公阄书"中，有的田土佃户栏中标有"佃无佃自"字样[1]，显然亦属自种业。

在地主富户拥有的土地之中，有相当数量的"自种业"，或称"种作业"，这种现象并不奇怪。从理论上说，地主靠出租土地为生，佃农则靠租种地主的土地过活。因此，很容易理解为地主的土地都是出租的，而佃农均租种别人的土地。但历史实际并非如此简单。从一些具体的历史记载中，特别是文书契约所提供的资料中，可知当时不少中小地主多有一定数量的自种田土，乃至有的大地主所占有的土地之中亦有相当数量的自营田土；而佃农也常拥有少量的土地，自耕农或兼佃农，或兼小土地出租者，甚至有既出租土地同时又佃种别人土地并有自耕地者，等等。明清时代，这种现象不仅在徽州，在江南其他地区如苏州等地，亦不乏其例。

在"岩真公阄书"中，又有"外人佃种租田"一项，共计田土11处，租谷5556.5斤。标题原文是"又将外人佃种租田土名开具于后，两半均收租"。这实际上是一种共业未分田土。当时分析家产之际，常有一些田土标为"共业"，其与已经分析给个人的田土在形式上有所不同。然而，共业田土只是形式上没有正式分析而已，实际上按应分的房分如何分法，各人合得几分之几，在阄书上一般都明确标出。如前项田土即标明"两半均收租"。又如"有绣公妻汪氏遗嘱分墨"载：

　　计开地

一、许大坞茶山园	四股均业	一、许大坞弯地	四股均业
一、许大坞东边山地	四股均业	一、许大坞塘边地	四股均业
一、余大坞地	四股均业	一、吊插丘地	四股均业

----

[1] 《胡氏阄书汇录·有辉公阄书》，文书第55页。

所有山场照册四股均业[①]

一些存众产业亦采取此种方式处理。如"有辉公阄书"中载：

计开存众承祖正租并田皮于后

一、土名杨家坦子钦公租五斤半　身该分数　　佃胡元质　佳、佐均业

一、土名杨家坦田租壹砠零三斤　该得三股之一　　佃元质　佳、佐均业

一、土名许大坞塘下田租十二斤　该得三股之一　　佃胡有缨　佳、佐均业

（以下略）[②]

这里的"该得三股之一"，是说有辉公承祖该得三股之一，这三股之一再由佳、佐均业。从经营方式上来说，以上这些都是采取一种在形式上共业经营，实际上已经按股分析的方式，可以说是一种共业分股方式。

表3所列还有一种"轮流种作"方式。在"岩真公阄书"嘉靖四十五年（1566年）的补充分单中有如下批文：

> 再批：原分过田仍存土名野猪舍田二处，门口上下田共二处，长丘塍田一丘，塘田源田一丘，六五家坞田一丘，山尾坞田一丘，因轮流种作不便，今兄弟商议丈量均搭，各业为业定，立此存照，再不许生情异说。如违，甘罚白银三两公用，仍依再批为准。[③]

由此可知，嘉靖四十三年（1564年）岩真公主持分家时，曾有八丘田土采取所谓"轮流种作"的方式经营。其后，"添旺公阄书"中又载有"两半种作"田土：

> 计开众存田数开后
>
> 土名长丘塍并渠里田上下二丘计租十八砠并庄里塘　　两半种作
>
> 许大坞屋边租六砠，两半种作　　银瓶丘租八砠　　两半种作

---

① 《胡氏阄书汇录·有绣公妻汪氏遗嘱分墨》，文书第42—43页。

② 《胡氏阄书汇录·有辉公阄书》，文书第60页。

③ 《胡氏阄书汇录·岩真公阄书》，文书第12页。

（以下略）①

"两半种作"即"轮流种作"。该阄书后文中作为父母的养老田又提到这三处田土，其下则均标"自种"二字②。说明轮流种作属自种性质。但这种轮流种作在经营管理上势必带来很大不便，所以，如阄书所示，岩真公主持分析时的轮流种作田土在两年后就又重新分析了。

关于租佃关系方面，《胡氏阄书汇录》所载亦有值得注意之处。

首先，其所录明代各阄书中，各收租田土之下均只注有"租××砠"，或"租××秤"，而在清代康熙四十七年（1708年）"有绣公妻汪氏遗嘱分墨"、康熙四十八年（1709年）"有辉公阄书"、雍正十年（1732年）"可佳公妻阿张分田单"、雍正十一年（1733年）"可杰公关书"及乾隆九年（1744年）"可佳公妻阿张产业分书"中，除了上述记法外，还普遍出现"正租""田皮租""小租""田皮小租""硬交田皮小租"等提法，其租谷数量亦相当可观。正租即土地所有者收取的地租，又称"大租"等；"田皮租""小租""田皮小租"系土地使用者据其所拥有的佃权而收取的地租，这种佃权可转让或出卖。它是明清江南一带永佃制发达、土地所有权与土地经营权分离的结果，明代虽已出现，但尚不为多，至清代在江南一些地区盛行起来。《胡氏阄书汇录》所载亦可看出这一点。

其次，在货币地租方面亦是如此。《胡氏阄书汇录》所载明代各阄书收取的地租均为实物地租。而在清代的阄书中，除了实物地租外，已收取相当多的货币地租。如康熙四十八年（1709年）"有辉公阄书"载：

计开各当田租、田皮本银于后

一、胡有桂	羊尾坞田租七砠	当本纹四两整
一、同	野猪舍田租二砠半	当本纹壹两二钱五分整
一、同	岭背田租三砠	当本纹壹两五钱整
一、胡有缘	松树冢林田租六砠	当本纹三两整

---

① 《胡氏阄书汇录·添旺公阄书》，文书第17页。

② 《胡氏阄书汇录·添旺公阄书》，文书第19页。

一、胡元大　　门口田、查枝源二处田租五租　　当本纹二两五钱整

一、胡有道　　横丘田皮　　　　　　　　　　当本壹两五钱

一、胡有纹　　庄里田皮　　　　　　　　　　当本五钱

（以下略）

以上共计当本银十九两零五分整　　　　佳、佐均收

　　计开小租谷并银利本银于后

一、胡元吉借本壹两五钱　　　　　　交利谷三租

一、胡有纹二约借本五两　　　　　　交利谷十租

一、胡元清约借本纹四两　　　　　　交利谷八租

一、胡士登借本壹两五钱五分　　　　交利谷三租零三斤

（以下略）①

这里所载，前部分是以银当租，后部分则是用租谷顶借银的利息。既可用白银交租，又可用租谷顶银利，可见货币地租发展之一斑。

　　总之，《胡氏阄书汇录》所载反映了当时土地经营的多样性和租佃关系的复杂性，为经济史研究的许多方面提供了一般文献记载难以见到的珍贵资料。

　　　　　　　　　　　　　　原载《中国史研究》2006 年第 4 期，有改动

----

① 《胡氏阄书汇录·有辉公阄书》，文书第 61—62 页。

《康熙休宁县保甲烟户册》研究

　　在人口与家庭史的研究中，我们既要关注正史和一般文献中有关的各种记载，也应注意发掘文书档案中遗存的相关资料。明清时代有关户籍与人口的文书档案，不仅可为论证相关的文献记载提供原始样本，而且是研究那个时代人口与家庭的一手资料；一些地方户籍文书档案，亦是考察地方社会的珍贵素材。新发现的《康熙休宁县保甲烟户册》，对明清时代的户籍制度、人口与家庭等的研究颇有价值，本文拟对该文书作一初步探讨，敬请批评指正。

一、明清户籍制度的演变

　　明清时代的户籍制度与前代一样，是与其他社会经济制度合在一起而建立的，其与传统的相关制度之间存在着一种继承性，但更有自己的特点。随着明清赋役制度的发展变化，明清户籍制度有一个明显的演变历程。户籍制度的演变则产生了不同的户籍文书。所谓户籍文书，是指与明清不同时期户籍制度相关的各种册籍文书。户籍文书又成为不同时期户籍制度的基本标识。这类文书一般兼具多方面功能，其与近代社会为确立户籍与统计人口而专门造的文书有所不同。但是这些文书在当时都具备了户籍登录的功能，发挥着人口统计的作用，因而明显具有户籍文书的性质。

　　关于明清的户籍文书，首先应从明初的户帖谈起。

明初户帖的实行，始于直隶宁国府地区。《明史》载，陈灌于洪武初除宁国知府，在其任内"创户帖以便稽民。帝取为式，颁行天下"①。关于户帖制度，《明太祖实录》中有较为详细的记载：洪武三年（1370年）十一月辛亥，"核民数，给以户帖。先是，上谕中书省臣曰：'民，国之本。古者司民岁终献民数于王，王拜受而藏诸天府，是民数有国之重事也。今天下已定，而民数未核实，其命户部籍天下户口，每户给以户帖。'于是，户部制户籍、户帖，各书其户之乡贯、丁口、名岁，合籍与帖，以字号编为勘合，识以部印。籍藏于部，帖给之民。仍令有司岁计其户口之登耗，类为籍册以进。著为令"②。由此可知，明初为推行户帖制度所造的文书至少有以下三种：一为藏于户部的户籍，二为发给每户的户帖，三为有司岁计户口登耗的籍册。其中，发给每户的户帖文书原件至今仍有遗存，此外，按原格式抄录某一户帖个案的文献记载亦可找到不少，二者合计共有10余件之多③。兹以中国社会科学院历史研究所藏"洪武四年祁门汪寄佛户户帖"为例，明初户帖所载文字如下：

　　户部洪武三年十一月二十六日钦奉圣旨（从略）
　　　一户汪寄佛　　徽州府祁门县十西都住民应当民差计家伍口
　　　　男子叁口
　　　　　　成丁贰口　　　　　本身年叁拾陆岁
　　　　　　　　　　　　　　　兄满年肆拾岁
　　　　　　不成丁壹口　　　　男祖寿年四岁
　　　　妇女贰口
　　　　　　　　　　　　　　　妻阿李年叁拾叁岁
　　　　　　　　　　　　　　　嫂阿王年叁拾叁岁

---

① 〔清〕张廷玉等：《明史》卷281《陈灌传》，中华书局1974年版，第7187页。
② 《明太祖实录》卷58，洪武三年十一月辛亥条，台湾"中央研究院"史语所1962年版，第1143页。
③ 参阅拙文：《明清文书档案反映的农民家庭规模》，《中国人口科学》2006年第1期。

事产　　　　　　　　　　田地无

房屋瓦屋叁间　　　孳畜无

右户帖付汪寄佛收执　　准此

洪武四年　　月　　日

部①

　　明初户帖所登载的项目首先是户名、住址、应当何差（即所属户籍）、计家多少口；其次为人丁事项，其下登载的项目颇为详备，不但分为男子、妇女，而且各设细目，"男子"项下分为"成丁"与"不成丁"，妇女项下一般分"大口"与"小口"（按，该户帖所载仅为"大口"，但其他户帖抄件中所载又有"小口"一项）。"户帖"之称，并非自明代始，唐宋史籍中已有记载。但唐宋时所造户帖仅属于赋税催科等方面的册籍，而与户籍调查、人口登记并不相涉②。从明代户帖所载不难看出，其主要是与户籍和人口相关的各项内容，兼及事产。也就是说其首要功能是在户籍方面，同时也作为赋役征调的依据。明初的户帖，是在朱元璋大军的直接参与和督察之下而攒造的，是在新王朝伊始严刑峻法、政令畅通的政治形势下而推行的一种户籍制度。遗存的户帖文书及文献抄录的户帖个案，涉及明代南直隶、江浙、河南等广大地区，可佐证户帖制度曾在明朝全面实行。它是早在14世纪中国就曾进行的全国性的普遍人口调查。20世纪西方学者在看了明代户帖的样本之后，也不得不承认这是世界上"最早试行全面的人口普查的历史证据"了③。

　　户帖是明代最初实行的户籍制度，始于洪武四年（1371年），止于洪武十三年（1380年）。如上所述，户帖之中虽然登录了每户的事产，但没有税

---

　　① 中国社会科学院历史研究所藏HZS3010003号，载王钰欣、周绍泉主编：《徽州千年契约文书》宋·元·明编卷1，花山文艺出版社1991年版，第25页。

　　② 参阅梁方仲：《明代的户帖》，载《梁方仲经济史论文集》中华书局1989年版，第226页；葛金芳：《宋代户帖考释》，《中国社会经济史研究》1989年第1期。

　　③ 梁方仲：《中国历代户口、田地、田赋统计》总序，上海人民出版社1980年版，第17页。

则和税额，而且其所反映的只是该户某一年的静态情况，这些对于赋役征调来说是有欠缺的。洪武十四年（1381年），明王朝在户帖的基础上又建立了黄册制度。黄册所载内容为人丁和事产两大项，兹以《嘉靖四十一年浙江严州府遂安县十八都下一图黄册残本》为例，黄册之中所载人丁部分的文字如下：

第陆甲正管

下户壹户洪彦亮原以故叔洪廷潮为户系浙江严州府遂安县拾捌都下壹图民籍充嘉靖肆拾柒年甲首

旧管

人丁计家男妇捌口

男子肆口

妇女肆口

事产……

开除

人口正除男妇叁口

男子贰口

成丁壹口兄洪彦明于嘉靖叁拾伍年叁月内病故

不成丁壹口伯洪廷潮于嘉靖叁拾陆年捌月内病故

妇女小口壹口伯母程氏于嘉靖肆拾年玖月内病故

事产……

新收

人口正收男妇贰口

男子不成丁壹口弟毛儿系嘉靖叁拾捌年生

妇女小口壹口侄女白云系嘉靖肆拾年生

事产……

实在

人口男妇柒口

男子叁口

　　　　成丁壹口弟彦清即彦恩实年叁拾伍岁

　　　不成丁贰口　　本身年肆拾伍岁见患疯疾

　　　　　　　　　弟（旁改"侄"字）毛儿年叁岁

　　妇女肆口

　　　大口贰口　　婶吴氏年肆拾伍岁

　　　　　　　　弟妇毛氏年贰拾伍岁

　　　小口贰口　　侄女云玉年壹拾岁

　　　　　　　　侄女白云年贰岁

事产

　　官民田地山塘贰拾陆亩伍分伍厘

　　（下略）①

　　与户帖相比，首先，黄册之中事产部分的登载至为详细，不但载有田地山塘、房屋车船及牲畜等动产与不动产的所有总数，而且列出田土买卖推收的一笔笔细目，以及田土等则与应纳税额等；其次，黄册是以"旧管""开除""新收""实在"所谓四柱式为基本登录形式，能够体现出 10 年之间的人口与事产的增减变化；最后，黄册的攒造把各户纳入了以 110 户为里的里甲组织之中，其每户所属户籍、户等，编在第几甲，在哪一年应当何种差役，都在大造之年预先编定，写入黄册之中。不过，人丁部分黄册所载与户帖项目基本相同，有明显的继承关系，而黄册采用了四柱式的登录形式，更可看出 10 年间人口的变化情况。从户籍角度来说，黄册是明代继户帖之后所实行的户籍制度，故明代有"户口之数据黄册也"之说②。总之，黄册在户帖的基础上又前进了一步，其所录人丁与事产，堪称登载完备、组织严密，成为有明一代长期实行的户籍与赋役制度。

　　户籍与赋役制度之所以合而为一，是因为明代前期的"力役之征"仍占有很大比重。官府的赋役征调必须建立在严密的户籍制度之上。然而至

---

① 上海图书馆藏 563792 号，馆藏名称为《浙江严州府遂安县人口税收册》。

② 嘉靖《钦州志》卷 3《食货·民数》。

明代中后期，随着社会经济的发展变化，赋役纳银化范围扩大，力役之征已不重要了，于是黄册所载人丁部分亦发生变化，或只载男子成丁及妇女大口，不载小口，或抄袭旧册，不具实数；而随着一条鞭法的实施，人丁则开始向赋税单位转化，黄册越来越失去其原有的户籍功能。在黄册衰败的过程中，一种新的制度在明代后期产生了，"故明旧例，各直省人丁，或三年，或五年，查明造册，谓之编审"①。

至清前期，编审册取代了黄册。编审册在形式上同黄册一样采取四柱式的攒造格式，编审项目亦为人丁和税粮两大项，然编审的具体内容已与黄册有很大的不同。其税粮编审已采用一条鞭法推行后的税亩制，田地山塘最后一律换算成"折实田税"及该征粮银，其所表示的已不是土地的实际面积。人丁编审主要是为了赋税征派，编审之丁成了一种赋税单位，多不是代表人头。因丁口与赋税相联，故新增人丁多有隐匿。即使就成丁而言，册中所编丁数亦非全部成丁人口。又，清代人丁编审的原则各地很不相同，有按等则编审的等则丁统计法，有按户编审的户丁统计法，有量田计丁的田丁统计法，有以田赋折丁的粮丁统计法，还有朋丁统计法等，五花八门，不胜枚举。由于人丁多是折算而来，所以最后得出来的往往并非整数，常带有"分""厘""毫"等尾数；其离人口统计之意义越来越远。清代顺治、康熙、雍正三朝中央政府所能看到的就是这种"皆照编审造报"的人丁统计数字，并没有掌握到大清王朝的实际民数。

这引起了清朝最高统治者的关切。为改变这种状况，清政府推行了两项重大举措。康熙五十一年（1712年），清政府颁布谕令："嗣后所生人丁，免其加增钱粮，但将实数另造清册造报。"②此谕亦称为"盛世滋生人丁，永不加赋"，这就从根本上解决了新增人丁隐匿不报的痼疾。又，乾隆五年（1740年）户部遵旨奏议："请嗣后编审奏销，仍照旧办理外，应令各督抚即于辛酉年编审后，将各府州县人丁，按户清查，及户内大小各

---

① 《清世祖实录》卷87，顺治十一年十一月丙辰条。

② 《清圣祖实录》卷49，康熙五十一年二月壬午条。

口，一并造报，毋漏毋隐。"①同时，户部题准朝廷不再依编审照报人丁，而按"直省各州县设立保甲门牌"的"原有册籍"，"将户口实数与谷数一并造报"②。这样，户口统计的依据就从编审册转到了保甲册。

那么，保甲制度与户口统计又是怎样一种关系？所谓保甲的"原有册籍"到底是些什么册籍呢？

保甲制度创立于北宋王安石变法。明初亦曾实行保甲制，但由于里甲制的大力推行致使保甲制中止。在明后期里甲制衰败和社会动荡的背景下，王守仁在江西创十家牌法，复兴保甲制。明末保甲制在很多地方得以推广。清代前期康、雍、乾三朝更是严饬力行保甲，定保正、甲头赏罚之例，令棚民、寮户照保甲之法一体编查。从乡村到城市，由内地至边疆，包括少数民族在内，大力推行保甲制度③。清代保甲制度的发展为户口统计制度的转变创造了条件。原来，按保甲法规定，其所造文书与册籍主要有以下几种：一为保甲门牌，由官府发给每户，登录户长姓名、籍贯、年龄、生理，以及亲属、附住、雇工等各类丁口，其中关于户长的填写至为详细，而对亲属、附住、雇工等，亦要填写年岁、生理，或只分类填写，总的要求是户内"男妇大小丁口"俱要登录，不得遗漏一人，并要求将此牌悬挂门首，以便每日稽查。一为十家门牌，亦称十家总牌，发给甲长（牌头）悬挂，内填本牌十户户长姓名、年岁、生理及该户男妇丁口名数等。一为保甲册，又称保甲烟户册，这里所说的烟户，乃指诸色人户。保甲烟户册，是以所造各户保甲门牌为据，照所编保甲挨次填写，其所载人户，不仅包括一般庶民百姓，而且乡绅举贡生员、庵观寺院乃至畸零人户等尽在其中；其每户所载，一如保甲门牌，"无论本户、同居，祖父母、伯叔母婶等大小男子、女人、仆婢，俱要详细开列姓名、年纪，一名不许遗漏"④，可谓户无遗漏，丁口尽载。清乾隆时户部题准的今后户口统计

① 《清高宗实录》卷131，乾隆五年十一月乙酉条。
② 嘉庆《大清会典事例》卷133《户部·户口·编审》。
③ 《清朝文献通考》卷22《职役2》，卷23《职役3》。
④ 〔清〕黄六鸿：《福惠全书》卷21《保甲部》，载《官箴书集成》第3册，黄山书社1997年版，第457页。

照依保甲的"原有册籍"，主要指的是这种保甲烟户册。保甲册的编查之所以有这样的严格规定，首先是出于治安的目的，以便能够对辖地之内的所有人员进行有效的控制和管理。但其做到户无遗漏，丁口尽载，也就具有了户口普查之意义。而在乾隆五年（1740年）户部题准户口统计照依保甲册之后，保甲册即正式具备了这种功能。

清代的户口统计从依据编审册转到了依据保甲册，这一转变使得统计的对象从编审人丁变为大小各口，从对部分人口的查编走向对全社会人口的统计，户口统计趋于真实全面。这是明清户籍制度的一个重大转变，堪称中国在走向近代人口统计方面迈出的关键一步。

二、《康熙休宁县保甲烟户册》介绍

关于清代保甲所造各种册籍文书样式，文献之中已有详细记载，有关保甲门牌的文书实物，也有相当遗存。但作为保甲制度重要册籍的保甲册，其文书实物迄今很少发现。上海图书馆藏《康熙休宁县保甲烟户册》①，为我们提供了一个难得的样本。在介绍该文书之前，简略回顾一下明末清初保甲制度在休宁县实行的情况。

明后期，徽州府休宁县也与江南很多地方一样，保甲制度业已复兴。康熙《休宁县志》载：万历"甲辰，关中李令力为振起，以休西南境接江浙，盗贼靡常，遂议捍卫法，合乡约保甲并行之。申以六谕，附以律章，约以十三条，终以劝罚，纲目明备，风示境内。嗣后复请乡绅主盟，各乡奉行弗斁"②。入清以后，"国朝尤严保甲之令，康熙九年颁圣谕十六条……廖令复实心举行，劝善化暴，奸宄潜踪"。"今严行保甲之法，与乡约正副共相核举，正合今十六条规式。鼎革之初所以弭盗而安民，承平之后所以安民而弭盗。"③可以看出，明末清初休宁保甲的复兴，自有其"西

---

① 上海图书馆藏566531号，馆藏名称为《休宁县编造保甲人户烟册》。
② 康熙《休宁县志》卷2《建置·约保》。
③ 康熙《休宁县志》卷2《建置·约保》。

南境接江浙，盗贼靡常"的特殊处境。又，休宁所实行的是"合乡约保甲并行之"法，大力借用乡绅宗族的力量而振兴之。很明显，在清初曾严行保甲之法的休宁县，如今有相关的册籍遗存下来就不完全是偶然的事了。

上海图书馆藏《康熙休宁县保甲烟户册》，一册，纵29.5厘米，横26厘米，厚约0.3厘米。皮纸，刻版填写本。封面题识如下：

> 休宁县清编保甲人户烟册
>
> **伍都肆**图
>
> **龙源**地方
>
> 保长**曹敦**①

封面墨笔填写处钤满汉合璧"休宁县印"印文。册内多处钤有同一骑缝印文，正文首叶有朱笔批点和填写的文字。书口题"休宁县编造保甲烟户册"。该册为一残册，现存连封面共计15叶。每叶双面，除前两叶外，自第三叶起每面（页）登录一户。每面印有同一版式的文字，有关各户的具体内容系墨迹填写。兹录其正文前两叶（计4页）文字如下：

【第一页】

江南徽州府休宁县正堂加三级**金**，为申严保甲以靖地方事，照得保甲之法屡奉宪饬，本县莅任伊始，拟合清查编册，为此册仰保甲长，即将保内居民，毋论绅衿士庶，农工商贾民人，填注住何地方，系何生理，男丁妇女各几名口，乡约保甲姓名，逐一清编，毋许遗漏一户一丁，如违取究未便。须至册者：

> 计开
>
> 休宁县　**伍**　都　**肆**　图　**龙源**　地方
>
> 乡　约　**张维纲**
>
> 保　长　**曹敦**
>
> 甲　长　**邵芳**

---

① 按，楷体表示刻印字休，楷体加粗表示墨笔填写，下同。

栅　栏　　　副

更　楼　　　座

【第二页】

右册仰保长　曹敦　准此

康熙肆拾年　　月　十三　日册

县（押）

【第三页】

第　壹　甲甲长　邵芳

一户 潘喜 年 六十六 岁 本 县人 住 龙源 地方 作田 生理

亲丁男　应顺　年　　三十三　岁　同　　生理

同居程四喜　　年　　二十　岁　豆腐　生理

年　　　　岁　　　生理

年　　　　岁　　　生理

年　　　　岁　　　生理

年　　　　岁　　　生理

年　　　　岁　　　生理

妇女　　三　　　　名口

家人雇工　　　　　名口

妇女　　　　　　　名口

【第四页】

第　　甲甲长

一户 邵其文 年 六十五 岁 本 县人 住 龙源 地方 算命 生理

亲丁男　永福　年　　四十　岁　作田　生理

弟　其成　年　　五十七　岁　北京　生理

侄　永麟　年　　二十　岁　务农　生理

同居　汪桂　年　　五十八　岁　松江　生理

年	岁	生理
年	岁	生理
年	岁	生理
妇女 六		名口
家人雇工		名口
妇女		名口

据该册封面和书口所题，这一文书为康熙四十年（1701年）徽州府休宁县五都四图龙源地方所造保甲烟户册，已属无疑。康熙《休宁县志》中亦载，五都所属地方首列龙源，可为佐证①。作为清代实施的保甲制度实物，该文书登录的各项内容可与文献的有关记载相互印证。该册序文中说，保甲的清查编册，须"将保内居民，毋论绅衿士庶，农工商贾民人，填注住何地方，系何生理，男丁妇女各几名口，乡约保甲姓名，逐一清编，毋许遗漏一户一丁"。再看册中所载，每户首列户长姓名、年岁、籍贯、住处及生理等各项内容，下载"亲丁男"子各人情况，其次录有"同居"人户即附户的各人丁详细情况，再次载有该户下所有妇女合计口数，最后还列有家人（仆婢）雇工人口栏目。总之，保甲册中所载虽然仍详于男子而略于妇女，妇女只载口数，这与近代的专门的人口普查仍有所不同，但每户所属男妇大小丁口都要登录在册。从人口统计来说，依据保甲烟户册统计的数字，当是接近历史实际的。其序文中还说，清编保甲时须载明"乡约保甲姓名"。该册首即将所属乡约、保长、甲长姓名一一列出，这也证实了休宁地方是"合乡约保甲并行"的说法。可以看出，清代的保甲制是集治安、教化、人口普查于一体，三者兼而有之。

保甲烟户册不但可以印证文献的有关记载，而且其所登录的有关具体人户的个案资料，更是一般文献记载中难以见到的，为地方社会乃至社会史的研究提供了宝贵的素材。

---

① 康熙《休宁县志》卷1《方舆·隅都》。

三、保甲烟户册所载户与家庭

《康熙休宁县保甲烟户册》现存有3个甲计25户的登录资料，第一、二甲保存完整，第三甲只存5户。

其册中登载的各户家庭结构并不相同。从户与家庭的构成情况来看，大致有以下三种类型。

第一，一户只有一个家庭，户与家庭等同。如第二甲第十户：

一户 胡迟 年 五十二 岁　本 县 人　住 龙源 地方　作田 生理

亲丁男 增寿　年 二十三 岁　同 生理

妇女　　　　四　　　名 口

该例是一个仅由双亲及其子女构成的家庭，此外，又有兄弟未分家者，如第三甲第三户：

一户 郑达元 年 六十三 岁　本 县 人　住 龙源 地方　作田 生理

亲丁男 友生　年 三十三 岁　樵 生理

弟　国镇　年 三十四 岁　同 生理

妇女　　　　三　　　名 口

前者计3户，后者计6户，该册所载一户只有一个家庭者总计9户。

第二，一户由复数家庭构成，户与家庭不是同等概念。

该册所载值得注意的是，有多数户（计16户）在本家人口之后还附有同居人口，明确标示"同居"某某，一一列出（仅列男子姓名），既有同姓，又有异姓。"同居"是中国古代社会常用的一个术语，正史与官府法律之中更是常见。它有多种涵义，或指在同一个家庭内居住之亲属，或指同一户籍之下的不同家庭人口，等等，其有时与家庭同义，而在有的场合又不能与家庭等同。那么该册所载"同居"又是怎样一种情况呢？

如上文所示，该册每户所载最先是本家人口，只限本身、亲丁、弟、侄等这些直系亲属，其后所列才是同居人口。可以看出，前者属于本户家庭，而后者所谓同居人口是与这些本家人口相对而言的。仔细考察可发现以下几点：一是同居姓名之中外姓颇为不少，16户同居者中属于外姓者共有10户；39名同居男口中，有15人属于外姓。二是10户外姓同居者中有8户仅为1人，如前引该册第一户资料所示，户主潘喜，同居程四喜1人，作豆腐生理，其他户外姓同居者1人的情况是或作田，或帮工，或在外经商，等等，由此可知这种外姓同居者多为该户家庭的附属人口。三是册中又有5户所列同居人数较多，其与本家多为同一姓氏，如第二甲第一户：

第 贰 甲甲长 张世祀

  一 户 张维纲　年 七十九 岁　本 县 人　住 龙源 地方　作 乡约 生理

      亲丁男　明实　　年 四十二 岁　客外 生理

        侄　明岳　　年 五十八 岁　同　　生理

        侄　孙世辉　年 三十三 岁　客外 生理

      同居　张明绶　年 五十八 岁　客外 生理

        弟　明炽　　年 三十七 岁　建德 生理

          明燦　　年 三十三 岁　皖城 生理

        侄　世盛　　年 三十八 岁　客外 生理

          起翔　　年 三十七 岁　同　　生理

          兆昇　　年 二十　 岁　同　　生理

    妇女　　　　　　二十　　　　　名 口

这是现存该册中人口最多的一户，共计30口，其所列人口均属同姓，其中同居人口男子6人，虽标为"同居"，但都在"客外生理"，并非真正居住在一起，显然，该户之下是有多个家庭的。总之，该册所载同居，多为附在本户籍之下的其他家庭。这表明，一户是由复数家庭构成的情况是很多的。

第三，户中有户，一户由本户加附属户构成。

该册有2户分别附在他户之内，这里的"一户"虽与"同居"连在一起，但又明确标出"一户"，如第二甲第九户：

一户 胡斗转 年 三十七岁 本 县 人 住 龙源 地方 作 请神 生理

　　　　弟 斗龙 年三十二岁 请神 生理

　　　　同居 胡九 年四十一岁 作田 生理

金烂洞 移居 年三十六岁 帮工 生理

　　　　林爱生 年六十一岁 六合 生理

一户 黄文元 年四十 岁 生理

妇女 五 名口

这种一户由本户加附属户构成的情况，在明清时代并非少见。当时，州县平常亦造有烟户册，从编造这种册籍的规则中可知，在正户之外，还有副户、佃户、浮户等多种人户类型[①]。保甲册中所载附属人户，当与这类人户相关。

总之，仅从该保甲册亦可看出，当时多数场合户与家庭不是同一概念，其人户构成形态多种多样，相当复杂。

再看该册所载户与家庭的人口情况。按册中所载数据，其有关人口的各项统计如表1所示：

表1 《康熙休宁县保甲烟户册》中的人口统计

每户口数	户数	人口总数	男	女	同居		
					户数	同姓男口数	外姓男口数
11口以上	7	119	48	71	6	20	4
6～10口	12	94	43	51	8	3	10
5口以下	6	26	15	11	2	1	1
合计	25	239	106	133	16	24	15

《康熙休宁县保甲烟户册》现存25户，合计人口239人，平均每户为9.56人。其中男子106人，妇女133人，男女比例为1∶1.25。其中有同居

① 〔明〕刘明俊：《居官水镜·清理烟门示》，载《官箴书集成》第1册，黄山书社1997年版，第685页。

人口的共 16 户，载明同居男口 39 人，册中所载女口为每户合计数，未分本户与同居，按男女比例推算，其同居女口约为 49 人，其同居人口总计约为 98 人，约占总数的 40%。

如上所言，该册所载同居者一般不属于本户家庭，而是本户之下的其他家庭。所以，就家庭人口规模而言，其所载各户同居人口不应计算在内，而应以本户家庭人口为准。按此原则，册中所载 25 户本家男子共 68 人，加上女口约 85 人（按册中男女口总数比例算出），男女总计约 153 人，平均每个家庭约 6.12 人。再从该册所载较多的 6 至 10 口这一类型户数来看，其 12 户本家男子共 30 人，加上女口约 38 人（同上，按该册男女口总数比例算出），计约 68 人，平均每个家庭约 5.67 人。

四、保甲烟户册反映的生理行业与人口流动

如上所示，保甲册中列有"生理"一项，这里的生理，主要指个人为维持生计而从事的基本行当或职业。保甲册中对每个男子作何生理都一一载明，这对于了解当时农村的社会行业不无裨益。按册中现存资料统计，其所载生理行业如表 2 所示：

表2　《康熙休宁县保甲烟户册》中所载生理行业

生理行业	务农、作田	帮工	卖柴、樵	腐酒	豆腐	木匠	鞴鞋	小贩	行医	训蒙
人数	23	7	4	2	1	1	2	4	1	1
生理行业	习儒	读书	算命	请神	乡约	保长	图正	甲长	生员	客外
人数	3	2	1	2	1	1	1	1	2	40

此外，又有 6 人册中未载明作何生理，其中 3 人已年近八旬，另外 3 人未有填写。通过这一简略统计可以看出，在总计 106 人中，其所从事各项行当近 20 种，显示了当时农村社会行业的多样性。当然，人数最多的还是务农、作田和客外经商这两大类。其中务农、作田者 23 人，帮工 7 人，合

计30人，而客外人数则是最多的，共有40人。这里所谓客外，显然主要是指在外经商。在这40人中，有9人只填了"客外"生理，地点不明，有31人则填写了其在外的具体地点。这些地点和人数如表3所示：

表3　《康熙休宁县保甲烟户册》中所载客外经商的地点和人数

客外地点	北京	建德	松江	遂安	朱仙镇	江北	饶州	东流
人数	1	6	4	4	1	1	2	2
客外地点	湖广	福建	江西	皖城	宿松	玉山	六合	客外（地点不明）
人数	3	2	1	1	1	1	1	9

这里涉及北京、江苏、浙江、江西、福建、湖广、安徽等广大地区。在仅仅有关百余人的一个统计中，就有40人外出经商，涉及了这样广大的地区，可见徽民寄命于商之一斑。同时，这也显示了当时人口流动的发展程度。康熙《休宁县志》中说道："邑中土不给食，大都以货殖为恒产。因地有无，以通贸易，视时丰歉，以计屈伸。居贾则息微，于是走吴越、楚蜀、闽粤、燕齐之郊，甚则逾而边陲，险而海岛，足迹几遍寓（宇）内。近者岁一视家，远者不能以三四岁计，彼岂不知有父母室家之乐哉？亦其势使然也。"①道光《休宁县志》亦曰："徽州介万山之中，地狭人稠，耕获三不赡一，即丰年亦仰食江楚，十居六七，勿论岁饥也。天下之民寄命于农，徽民寄命于商。"②保甲烟户册所录即是这类文献记载的一个有力佐证。

《康熙休宁县保甲烟户册》现存资料十分有限，这些幸存的片断不过是当时地方社会的一块极小截面而已，对其有关的统计分析尚不足以成为结论。但是，它所留下来的那些实例个案，真切而具体，一般文献记载之中难得一见，无疑具有重要的参考价值，应当仔细探究。

原载《西南师范大学学报》（人文社会科学版）2006年第6期，有改动

---

① 康熙《休宁县志》卷1《风俗》。
② 道光《休宁县志》卷1《风俗》。

清水江土地文书考述

——与徽州文书之比较

　　贵州清水江文书，是继徽州文书之后发现的又一大地方文书档案遗存。清水江文书保存了大量明清以降苗族、侗族人民在山林经营和木材贸易方面所立的契约与记录，故有"贵州苗族林业契约文书""苗族林契""侗族林契"之称①。但山林经营契约并非该文书的全部。在清水江文书中，还遗存有田土买卖、分关析产、纠纷诉讼、日常收支、婚姻习俗、合同议约、领字除帖、会簿会书、业户执照、纳税凭证，以及其他公私交往与社会生活的契约和记录，种类繁多，数量巨大，堪称民间契约文书遗存之又一宝藏。其中保存的田土交易、土地权属方面的契约文书数量亦颇为可观。这也是清水江文书的一个重要组成部分。迄今关于清水江林业契约

---

① 如唐立、杨有赓、武内房司主编：《贵州苗族林业契约文书汇编（1736—1950年）》（共3卷），日本东京外国语大学国立亚非语言文化研究所，2001年、2002年、2003年分卷出版；杨有赓：《清代清水江下游苗族林契研究》，载李廷贵主编：《苗学研究》（一），贵州民族出版社1989年版；罗洪洋：《清代黔东南文斗侗、苗林业契约研究》，《民族研究》2003年第3期；等等。

的研究颇多，而有关清水江土地文书的探讨较少①。特别是将清水江文书与其他文书进行对比的研究尚付阙如。本文拟就部分清水江土地文书作一考述，并与徽州文书试作比较，敬请方家教正。

一、田地买卖契约

清水江流域民众除了山林经营之外，在河谷地带还种植水稻，在坡地种植其他粮食作物，稻作水田及旱地种植相当广泛，田地买卖颇为活跃，故相关交易的契约文书多有遗存。兹以《康熙三十五年二月十七日潘荣华、潘富华、潘凤华等卖田契》为例，录其文字如下：

> 立卖田契人潘荣华、潘富华、潘凤华、金华、贵华，今因家下要钱使用，无从得处，兄弟谪（商）议，情愿将到自己祖产，土名马路上下二处，共计田陆丘正（整），计禾肆拾边正（整），又并土名元头路背田壹丘、拾冲内壹丘，并下抵路，上抵圳脚，并地上在内，计禾壹拾柒边正（整），贰处共载原粮柒升壹合贰勺伍抄正（整），欲行出卖，无［人］承就，凭中在内迢（招）到亲房潘贵明近前接留为业，当日三面议作卖价纹银壹拾贰两零贰钱整。其银入手亲领，并不短少分厘，其田付与买主子孙永远管耕。一卖一了，二卖二休，上凭青天，下平（凭）二家祖宗，在后不许异言争论憣悔。如有悔者，在于卖主向前理落，不与买主相干。今人不古，立此卖契为照。

① 关于清水江土地文书研究的论文有：王宗勋：《清代清水江中下游林区的土地契约关系》，《原生态民族文化学刊》2009年第3期；吴才茂、龙泽江：《清代清水江下游天柱吴家塓苗族村落土地契约文书的调查与研究》，《原生态民族文化学刊》2011年第1期；林芊：《从清水江文书看近代贵州民族地区土地制度——清水江文书（天柱卷）简介》，《贵州大学学报》（社会科学版）2012年第6期；林芊：《近代天柱凸洞侗族地区的土地买卖和地权分配——清水江文书（天柱卷）研究之一》，《贵州大学学报》（社会科学版）2013年第2期；廖峰：《晚清天柱地区土地的集中与分散——以刘文举、昌儒父子土地经营为个案》，《贵州大学学报》（社会科学版）2013年第1期；安尊华：《试论清水江流域的民间地权转移——基于文书的考察》，《贵州大学学报》（社会科学版）2013年第3期。

                              君华（押）

                              富华（押）

          立卖田契人   潘荣华（押）   一共二钱三分

                              凤华（押）

                              桂华（押）

              引进中人   潘斗明（押）   柒分

      康熙叁拾伍年丙子岁贰月拾柒日   立

                  代笔书人   潘显华（押）

      天理人心   永远管耕①

　　这是一份稻作水田的买卖契约。从其行文可以看出，契约所叙内容事项主要有立契性质，卖田人姓名，出卖原因，田土来源，土名，田土数量（包括丘数、产量、税额），田土四至，买田人姓名，凭中所议卖价，钱地交割情况，以及发生纠纷时的应对责任等，最后书有卖田人姓名及亲笔画押，中人姓名及亲笔画押，立契年月日，代笔人姓名及亲笔画押。此外，还特别书有"天理人心　永远管耕"字样。

　　在徽州文书中亦遗存有同类的田土买卖契约，以《康熙十九年休宁程台级等卖田赤契》为例，录其文字如下：

　　　　二十都八图立卖契人程台级同弟程于忠、于真等，今自情愿将王字　　号，土名石柱坑大丘，田租壹拾壹秤，计税壹亩叁分叁厘，计大小贰丘，佃人程保；又将归字三千壹佰五十八号、三千壹佰六十九号，土名小富石墙坞，田租肆秤，计大小贰丘，今议硬交叁秤半，计税五分三厘，佃人程旺，其四至照依鱼鳞经册，今来凭中立契出卖与本都六图江　名下为业。当日面议时值价足纹银壹拾壹两肆钱整，其银当日随手一并收足。其田自今出卖之后，一听买主收租受税管业。如有内外人言及先后重复交易不明等情，尽是卖主祗当，不涉买主祗

――――――――――
　　① 张新民主编：《天柱文书》第1辑第4卷，GT-ZGP-004/GT-014-106号，江苏人民出版社2014年版，第109页。

（之）事。所有税粮在本家户内起推无异。恐后无凭，立此卖契存照。

契内改一"买"字，再批（押）。

主　　盟　母胡氏（押）

康熙十九年闰八月　　　　日　立卖契人　程台级（押）

同　　弟　程于忠（押）

程于真（押）

凭见包中　程振之（押）

前项契内价银当日随手一并收足领（押），再批。①

　　此件田土买卖契约所叙内容事项有立契性质，卖田人姓名，田土字号，土名，田土数量（包括租额、税额、丘数），佃人姓名，买田人姓氏，凭中所议卖价，钱地交割情况，以及发生纠纷时的应对责任等，最后书有主盟（画押），立契年月，立契人姓名及亲笔画押，中人姓名及亲笔画押。此外，还附有改字及契内价银一并收足两条再批。

　　比较两件买卖契约，其所叙内容事项与先后次序，整体上是相同的。而在具体表述之中，差异又颇为明显。

　　关于买卖标的物田土的各项表述，清水江文书中一般写有所卖田土的丘数、产量、税额等，其中产量多以"手""把""籽""稿"表示②。此外，还有"箩""挑"等计量单位，而以"手""把""稿"等较为常见。一般四剪为手，十手为把；又，六手或四手为一稿，还有六籽或四籽为一稿的计量。《光绪十三年龙虞臣钞录乾隆九年奉札清查事文》中载有：天柱县之居仁里"每稿六籽"，或"每稿四籽"；由义里"一稿六手，重一十八斤"，或"每稿四籽，重一十四斤"；循礼里"每稿四籽"，或"每稿四

　　① 王钰欣、周绍泉主编：《徽州千年契约文书》清·民国编卷1，花山文艺出版社1991年版，第87页。

　　② 关于苗、侗民族传统的特殊计量单位，请参阅张明：《清水江流域苗侗民族传统糯禾特殊计量单位》，《贵州大学学报》（社会科学版）2012年第6期；龙泽江、谭洪沛、吴小平：《清水江文书所见清代贵州苗侗地区的田粮计量单位考》，《农业考古》2012年第4期。

手"①。一般每稨重12斤、14斤、15斤、18斤不等。其计算进位，因地而异，即使在该县各里之间也不统一，颇为复杂。官方一般用"稨"字，民间则俗称"编""边""扁""遍"等，系同音异体字。又，"手""把""籽""稨"等多为糯禾稻田的计量单位，因"苗民俱食糯米"之故②。稨，《集韵》的解释是扁豆③，而在清水江流域苗族、侗族这里，则演变为一种特殊的计量单位。这些特殊的计量单位，既表示某块田土的产量，同时也用以标识该块田土的面积。因当地遍布丘陵，地形极为复杂，稻作水田之开垦多见缝插针，"山头地角，高下田丘，方圆大小，阔狭形势，悉依地而成，不能以丈量计亩。苗民置产，惟计田几丘，收禾若干把，或计收获若干斤，以登券据"④。

又，关于田土四至，清水江文书多以上、下、左、右表示，称为"四抵"，叙述也很具体；徽州文书中则称"四至"，叙述多有省略，二者有所不同。

徽州契约文书对买卖标的物田土的表述，则为所在田土字号，田租多少秤（或砠⑤），佃人某某，其四至仅写"照依鱼鳞经册"，多有省略。这是因为徽州地区的租佃关系十分发达，田地出租极为普遍，田土买卖之际租佃关系亦随之转移，在契约中必须写清楚。又，徽州地区自南宋时期即开始进行土地丈量和鱼鳞图册的攒造，其后接连不断，至明清时这一制度更为成熟，田土皆登记在册，故在买卖契约中一般四至只写"照依鱼鳞经

①　贵州省天柱县档案馆藏《光绪十三年龙虞臣钞录乾隆九年奉札清查事文》，见张新民主编：《天柱文书补遗》卷4，贵州大学内部复印本。按，该文书还在整理中，暂无编号与页码，所引文字系据原文书拍摄图像而录。

②　〔清〕林溥：《古州杂记》，中国国家图书馆藏嘉庆六年（1801年）刻本，第8页。

③　〔宋〕丁度等编：《集韵》卷3《平声三·先韵》，上海古籍出版社1985年版，第159页；汉语大字典编辑委员会：《汉语大字典》中册，四川辞书出版社、湖北辞书出版社1995年版，第2621页。

④　〔清〕林溥：《古州杂记》，中国国家图书馆藏嘉庆六年（1801年）刻本，第8页。

⑤　"砠"为徽州地区租谷计量单位，一般每砠25斤或30斤不等。

册""照依鱼鳞图册"以及"亩步四至自有经理可照"等，而多有省略。关于田土面积，南宋及元时期的徽州契约文书多用亩、角、步表示，如《延祐二年祁门汪子先卖田山赤契》载：

> 归仁都汪子先有田山壹段，坐落土名苦竹降，唐字一千四百四十九号，夏山贰亩，次不及田贰角令（零）陆步，其田山东止（至）岭、分水直下止（至）谢太年田……①

亩、角、步表示法至明代仍有沿用者，如《建文二年休宁县吴碧湖卖田赤契》载："太平里十二都九保住人吴碧湖，原用价钞买到十保胡真户下田取一半，系体字五百二十七号，取二角五十二步，土名猴塘……"②史载："绍兴中，李侍郎椿年行经界。有献其步亩之法者，若五尺以为步，六十步以为角，四角以为亩。"③一角等于60步，即四分之一亩。明清时期的徽州契约文书中，丈量田土实际面积一般用亩、步、分、厘、毫等表示，税亩面积则用亩、分、厘、毫等表示。

关于买主，清水江契约文书中多写有具体姓名，而徽州契约文书中虽亦有书写姓名者，但多数契约只写姓，不写名，如上述列举契约中所叙："立契出卖与本都六图江　　名下为业。"④这种省略，或因契约是保存在买主手中，当时不书写买主姓名并无多大关系。而在今天，像清水江契约文书这样书写买主姓名，则为我们提供了更多的具体信息。

此外，在徽州契约文书中一般还要言明税粮在何户内起推，以便税粮推割。在清水江契约文书中这种表述较少。

清嘉庆时林溥撰《古州杂记》，记载当时贵州省的开垦情况："境内有可开垦水田者，一邱一壑，纤悉无余；无水之地，种植荞麦、大麦、燕

---

① 王钰欣、周绍泉主编：《徽州千年契约文书》宋·元·明编卷1，第10页。

② 安徽省博物馆编：《明清徽州社会经济资料丛编》第一集，中国社会科学出版社1988年版，第9页。

③〔宋〕赵彦卫：《云麓漫钞》卷1《唐宋史料笔记丛刊》，中华书局1996年版，第10页。

④ 王钰欣、周绍泉主编：《徽州千年契约文书》清·民国编卷1，第87页。

麦、包谷等，以裕旨蓄。"①即，贵州除水田之外，还有旱地，以种植其他粮食作物。故在清水江文书中还有不少关于旱地的买卖契约，其中有关所谓墦地或墦土的契约颇为不少。"墦"字，原意为"冢"②，即"坟墓"，而在贵州当地一般则指种植旱地作物的坡地③。墦地具体又称"墦坡""墦坪""墦冲""墦场""墦土""地土"等。以《道光七年三月十七日龙福照卖墦土契》为例，其文如下：

> 立卖墦土人群横寨七甲龙福照，今因家下要银使用，无从得处，自愿将到土名大格墦土乙（一）冲，上依龙照景平方为界，左依领（岭）为界，右依山领（岭）为界，下依龙秀生界田□；又土名龙光正田上坎墦土乙（一）冲，左右两边依领（岭）为界，上依路为界，四至分明，二处出卖。先问亲房，无人承买，请冲（中）问到必腰寨六甲龙朝峰名下承买。当日凭冲（中）议定价银五两六钱整，其银卖主亲领入手应用，其墦土卖与买主耕管为业。自卖之后，不得异言，若有异言幡悔、来历不明，在于卖主向前理落，不与买［主］相□。恐后无凭，立有卖契存照为据。
>
> 代　　笔　　朝　　先
> 凭冲（中）　　龙照什
> 道光七年三月十七日　　立卖［契］④

契文中所言"其墦土卖与买主耕管为业"，亦可佐证"墦土"即指耕种的土地。而所谓坟地，在当地则称阴地，如《嘉庆十二年七月二十四日

---

① 〔清〕林溥：《古州杂记》，中国国家图书馆藏嘉庆六年（1801年）刻本，第8页。

② 〔宋〕孙奭：《孟子注疏》卷8下《离娄下》"齐人有一妻一妾"疏，《十三经注疏》下册，中华书1980年版，第2732页。

③ 参阅马国君：《清水江流域白市、江东、渡马三地文书考释与研究》，《贵州大学学报》（社会科学版）2012年第2期。

④ 张新民主编：《天柱文书》第1辑第13卷，GT-GDL-018/GT-022-063号，第21页。

吴茂珍、吴士朝卖阴地契》，其文如下：

立卖阴地契人吴茂珍、吴士朝，今因要钱无处，兄弟商议，将到自己分上土名八角塖凤形阴地壹形，出卖与吴玉光名下承买，三面作卖价银九三色叁两八钱正（整），其银当日兄弟亲领入手用度。内除贰排老祖壹堆，长六尺、宽四尺，在我兄弟祭扫，不得进塟（葬），其阴地周围上下，任从玉光兄弟进塟（葬），不得异言。如有房亲人等言论，在卖主理落，不干买主之事。今欲有凭，立此卖契存照。

计开四抵：上抵岭，下抵墝（壕），左右抵塆，四抵分明，并无包卖。

内添四字。

凭　中　吴立中（押）

吴绍周

代　笔　吴建中（押）

嘉庆十二年七月二十四日　卖主　吴茂珍　吴士朝（押）　立[①]

清水江文书中除买卖播地、阴地外，还有园场地、屋场地、房屋地、水塘、菜园等各类旱地交易，因篇幅所限，不再一一例举。

在徽州文书中也有关于旱地买卖的同类文书。如《乾隆五十三年歙县戈时显卖地赤契》载：

十六都三啚（图）二甲立杜卖契人戈时显，今因欠少使用，自愿将父遗坐字乙（一）千九百零九号，计地税壹亩壹分五厘七系（丝），土名中凸地一业，又坐字贰千零五十贰号，计地税壹亩伍分七厘五毛（毫），土名大溪头地壹业，以上之业尽行卖绝与十九都八啚（图）四甲汪　名下为业，作种交租。三面议定时值价纹银贰拾四两整。其银当即收足，其地随即管业，其税随契过割入户，支解输粮。先前并无

① 张新民主编：《天柱文书》第1辑第3卷，GT-YYD-003/ GT-018-026号，第234页。

重复交易，但有亲疏内外人等异言，俱系卖人承当，不涉买人之事。此系两相情愿，无得异说。恐口无凭，立此杜卖契，永远存照。

乾隆五十三年十二月　　　日立杜卖契人　戈时显（押）

凭　中　程文波（押）

程天有（押）

代　笔　程建侯（押）

（契文上钤有官府红印，又钤有"库房挂号讫"长条印记）

该契后面粘连乾隆五十七年（1792年）三月颁发的"契尾"一张，其文如下：

契　尾

江南安徽等处承宣布政使司为遵旨议奏事，奉督、抚部院牌，准户部咨开，嗣后布政司颁发给民契尾格式，编列号数，前半幅照常细书业户等姓名，买卖田房数目，价银、税银若干，后半幅于空白处预钤司印，以备投税时将契价、税银数目，大字填写钤印之处，令业户看明，当面骑字截开，前幅给业户收执，后幅同季册汇送布政司查核等因，奉旨：依议，钦此。钦遵咨院行司，奉此合印契尾颁发。凡有业户呈契投税，务遵定例，照格登填。仍令业户看明，当面骑字截开，前幅粘给业户收执，后幅汇同季册送司查核，转报院部。毋违。须至契尾者。

计开业户　买　　田　　亩　用价银贰拾肆两　纳税银柒钱贰分

房　　间

布字玖千玖百柒拾肆号　　右给歙县业户　汪　　准此

乾隆　五十七　年　三　月①

如同徽州田土买卖契约，其旱地买卖契约亦着重表述交易土地之税亩与税粮过割等条款。特别是在徽州，遗存的田土和旱地买卖契约中有相当

---

① 王钰欣、周绍泉主编：《徽州千年契约文书》清·民国编卷2，第72页。

一部分粘连契尾等纳税凭证。按照官府规定，作为一次完整的田地买卖交易，除买卖双方签订契约外，还需呈送交易契约到官府投税，缴纳税金。上引《乾隆五十三年歙县戈时显卖地赤契》的交易价银为24两，纳税7钱2分，税率为3%。这是明清时代一般通行的田房买卖税率。实行契税制度，一方面是官府为了加强对土地买卖的控制，另一方面也是为了增加财政收入。唐宋以降，历代官府都有相关法规。买方业户到官府投税，缴纳税金的同时，在原契上钤盖官印，并将纳税凭证或契尾等粘连其后，此种契约称为赤契（红契），没有钤盖官印，即未上税者称为白契。在徽州文书中，保存有宋元时代的赤契及元代的投税契凭。如前引《延祐二年祁门汪子先卖田山赤契》，其投税契凭也同时被保存下来，安徽省博物馆藏有《延祐二年李教谕投税契凭》，其文如下：

> 皇帝圣旨里，徽州路祁门县务，今据李教谕赍文契壹纸，用价钱中统钞壹拾叁锭，买受汪子先夏山、次不及田，赴务投税讫，所有契凭须至出给者。
>
> 右付本人收执。准此。
>
> 延祐二年七月　　日（押）①

至明初，徽州这种投税契凭称为契税文凭，明中期以后，则普遍称为契尾。契税文凭、契尾等，在徽州文书中有相当遗存，表明契税制度在徽州曾长时间普遍实行。

就清水江地区而言，契税制度推行的时间相对较晚。清水江文书中迄今发现的最早的红契，是明末天启元年（1621年）的一份土地买卖文契②。不过，直至清前期，其红契仍然罕见。雍正时实行改土归流，国家的社会经济制度在这里开始全面实施，乾隆时该地红契已不少见。如《乾隆五十

---

① 安徽省博物馆藏2：29643号。按，契凭上钤有八思巴文官印。

② 该文契为贵州省天柱县竹林乡梅花村吴家塝吴恒荣家收藏。参阅吴才茂、龙泽江：《清代清水江下游天柱吴家塝苗族村落土地契约文书的调查与研究》，《原生态民族文化学刊》2011年第3卷第1期。

九年文斗寨姜文照等卖田文契》：

> 立断卖田约人平鳌寨姜文照、文奇、绍尚，为因要银使用，自愿将到岩板坡田乙（一）丘，出卖与文斗寨姜耿飞名下承买为业，凭中议定价银拾肆两贰钱，亲领入手应用，粮跟田走。其田自卖之后，恁从买主子孙永远耕管为业，卖主房族弟兄不得异言。[如有] 来路不明，俱在卖主理落，不与买主向（相）干。今恐无凭，立此断契为照。
>
> > 凭　中　姜甫周　启才
> >
> > 代　笔　姜绍怀
>
> 乾隆五十九年十一月廿九日　立①

该文契在议定价银及年月处，钤有两方满汉对照官印，印文为"天柱县印"。在清水江文书中，还发现有乾隆时颁发的契尾，如乾隆三十七年（1772年）贵州承宣布政使司颁发给业户姜天秀的买产契尾，所载文字如下：

> ## 契　尾
>
> 贵州等处承宣布政使司，为遵旨议奏事，奉抚部院宪牌，准户部咨开河南司案呈，所有本部议复河南布政使富条奏，买卖田产将契尾粘连用印，存贮申送府州藩司查验等因一折，于本年十二月十二日奏，本日奉旨：依议，钦此。相应抄录司班，并颁发格式，行文贵州巡抚，钦遵办理可也等因，咨移到本都院，准此合就檄行。为此，仰司官吏查照票内，准部咨奉旨及粘单内事理，即便钦遵刊刷，酌量颁发，移行遵照办理，仍刷样呈送备查。毋违。
>
> 须至契尾者
>
> 计开
>
> 业户　姜天秀　等买　　　　　　　坐落
>
> 用价银〇千二百六拾　两　钱　　税银　拾　两　钱　分　厘
>
> 布字　壹百伍拾伍　号

---

①　陈金全、杜万华主编：《贵州文斗寨苗族契约法律文书汇编——姜元泽家藏契约文书》，人民出版社2008年版，第52页。

> 右给与业户 姜天秀 等 准此
> 乾隆 三十七 年 十一 月 日①

从其所载"买卖田产将契尾粘连用印，存贮申送府州藩司查验"等文，可以确认，清水江地区在乾隆时期已经实行土地买卖的契税制度。又，依据已刊布的清水江文书进行统计，可以看出乾隆以后红契呈现逐渐增多的趋势②，表明契税制度在该地逐渐推广实施。

当然，无论徽州，还是清水江地区，当时都有大量的白契存在，民间交易颇为盛行，其在大多数情况下同样被认可。而在清水江地区白契要更多一些，反映了该地民间习惯法所起的作用更大，这当是导致该地税契制度推行迟缓的深层次原因。

二、其他田地契约

除田地买卖契约外，清水江文书中还遗存有典当契约、租佃契约、对换契约等，分别叙述如下。

田土典当是土地交易关系中的一种常见行为。这种行为的发生与成立，亦以签订契约为准。如清水江文书中的《光绪二十五年十二月二十六日潘通江典水田地契》：

> 立典水田地契人潘通江，今因家下要钱使用，无从得处，自己夫妻谪（商）议，情愿将到土名蔺天冲鱼塘边水田壹丘，上抵典主田，下抵通明田，左右抵路，四抵分明。欲行出典，无人承受，自己上门问到潘光世名下承典。当日凭中言典价钱贰仟肆佰捌拾文整，其钱亲

① 贵州省锦屏县档案馆藏该县平略镇平鳌村契约。参阅王宗勋：《清代清水江中下游林区的土地契约关系》，《原生态民族文化学刊》2009年第1卷第3期。承蒙王宗勋提供该文契相关信息，谨致谢意。在清水江文书中还遗存有乾隆四十三年（1778年）的同类契尾等，该契尾中模糊不清的印刷文字，系据其他同版契尾识补。

② 参阅吴才茂：《清代清水江流域的"民治"与"法治"——以契约文书为中心》，《原生态民族文化学刊》2013年第5卷第2期。

手领［足］。其田应从典主限三年登门续取，不得短少分文。今辛（幸）有凭，立此典契存照。

外添内乙（一）字　　　典价钱四□

凭中　潘通尧

笔　　光彬

光绪二十五年十二月廿六日　　立①

田地典当，实质上是土地交易中的一种活卖行为。这件典田契约中就有"典主限三年登门续取"的条款，表明典主在三年之内可持原典价赎回土地。当然，到期无钱赎回，亦有可能变为找价绝卖。徽州文书中亦遗存有类似的典当田地契约，其中更多的是典当田皮契约，如《光绪五年陶朱氏等当佃皮契》：

立当佃契人陶朱氏同男长顺、大顺，今有承父遗下田皮贰号，坐落土名汪思坑口，计田壹丘，计田税壹亩捌分，又取土名岭下坞，计田捌丘，计税壹亩五分，计交正租壹佰五十四斤，又汪思坑口计交正租午谷贰百贰十九斤。今因正用，自愿央中将前项立契出当与王如昇名下为业耕种，三面言定时值得受价洋钱贰拾四元正（整），其契洋比即两相交明。未当之先，并无重复交易。今当之后，悉听受人执契管业耕种，本家无得异说。倘有一切来历不明，尽是出当人理值，不涉受业人之事。恐口无凭，立此出当佃皮契存照。

再批：来脚契四张。又，加税字一个。又，当十贰年之后，听从原价取赎，无得异说，又照。子（只）准取赎，不准加当，又照（押）。

光绪五年正月　　　日立当佃皮契人　　陶朱氏（押）

同男人　　陶长顺（押）

陶大顺（押）

① 张新民主编：《天柱文书》第1辑第4卷，GT-ZGP -040/GT-014-115号，第145页。

凭中人　　　吴文长

依口代笔人　　　汪元达（押）

契内价洋钱当日一并收足（押）讫①

这是一件当田皮契约，出当标的物为典主承父遗下的两号田皮。同一块田地分为田骨和田皮，又称一田二主，明清时代盛行于长江下游江南地区。所谓田骨，又称田根、田底等，即田土之所有权，属掌田者；所谓田皮，又称田面、田脚等，即田土之经营权，属耕田者。田骨与田皮之分，反映了土地所有权与经营权的分离，是明清时代土地关系特别是租佃关系进一步发展的产物。掌田皮者，有权对其进行买卖、典当、出租、出让及承继等，这是土地交易中的一种常见行为。明清时期徽州田骨与田皮之分盛行，其田骨交易又称大买，田皮交易则称小买。由于当时交易频繁，故有关契约遗存颇多。而在清水江山林文书中，已确认存在类似一田二主那样的山主、佃户、栽手之间的复杂关系②，那么，其土地关系中是否也存在一田二主现象，值得关注。

租佃契约在清水江土地文书中或称为"付约"，如《民国二十三年五月四日杨文朗租房屋基地墙土付约字》：

> 立付约字人杨文朗，先年得买宋贵林、景江房屋基地、墙土合共陆磴，租与宋贵林耕管住座，当日言定租钱陆千贰百文正（整）。租钱四季兑楚，不得有悮（误），如有悮（误）者，将物件出卖兑楚。双方情想意愿，中人并不压逼等情，日后双方不得藉事生断，自愿书立租帖付约承认合同二张，各收一张，二比不得异言。恐口无凭，立付约字样为据。
>
> 合同二张　　各收一张　　（半书）
>
> 凭　中　宋成林

---

① 王钰欣、周绍泉主编：《徽州千年契约文书》清·民国编卷3，第95页。

② 王宗勋：《清代清水江中下游林区的土地契约关系》，《原生态民族文化学刊》2009年第1卷第3期。

姚汉炳

杨政玉

民国廿叁年古历伍月初四日亲笔　立①

这种租帖，系出租人与租佃者共同签立，一式两张，各收一张，两张契约骑缝书写"合同二张　各收一张"，分开后各为半书字样，带有合同性质。当然，在清水江文书中亦有要求佃户交租"升合勿得短少"、附带条件的佃田契约。不过，目前在清水江地区发现的租佃契约尚不为多，表明土地租佃关系似乎不甚盛行。徽州文书中的租佃契约一般称为"租约""租批""佃约""承佃约""揽佃约"等，如《道光八年童光祖揽佃约》：

> 立揽佃字人童光祖，今凭中揽佃到陈田主名下河厈租拾捌石，麦租每石加三升。每年秋收请主临田踹看，其租稊（稻）务要干飏洁净，不得短少。无（毋）许抛荒。此分（份）计田五丘。今欲有凭，立此存照。
>
> 道光十年九月廿六日杜买童丙贵瓦屋三间与光祖居住。

立揽佃字人　　童光祖（押）

凭　中　人　　蔡文广

　　　　　　　董琼芳

　　　　　　　张琢菴　同见

道光八年三月廿三日②

契约中所列几乎都是田主要求揽佃人必须做到的各项条款，佃人与田主是不平等的。徽州文书中租佃类契约遗存颇多，表明该地区租佃关系的发达。然而，徽州地区一直盛行佃仆制度，佃仆由于种主田、住主屋、葬主山而没有迁徙的自由。上述揽佃约中即有"道光十年九月廿六日杜买童丙贵瓦屋三间与光祖居住"的批文。佃仆婚配也受到干涉，亦不具科举入

---

① 张新民主编：《天柱文书》第1辑第1卷，GT-BDY-003/GT-001-060号，第130页。

② 王钰欣、周绍泉主编：《徽州千年契约文书》清·民国编卷2，第353页。

仕资格，其与主人之间存在严格的隶属关系。尽管在法律上佃仆的地位要高于奴仆，并且至清代佃仆制度已日渐式微，但佃仆与田主之间的极不平等关系仍然存在，并渗透到一般的租佃关系中。这是徽州地区租佃关系的一个特点。

清水江文书中又遗存有对换田土的契约，如《道光二十七年二月二十二日潘明性与潘礼彦拨换田土并补差价契》：

> 立拨换田契人潘明性，今有□□马路冲头水田第伍拾伍丘，墨斗形，下禾伍稨正（整），第伍拾陆丘，贰不等形，下禾贰拾柒稨，贰形［册载］下禾叁拾贰稨正（整），自［己］父子谪（商）议，与潘礼彦名下有土名竹刘寨脚溪水田，第十丘，三角［形］，上禾陆稨肆手，［第］柒丘，银锭形，上禾叁拾叁稨贰手，贰形册载上禾肆拾稨整，此贰形多上禾捌［稨整］。［凭］中言定，明性找礼彦名下铜钱壹拾伍仟伍伯（佰）文，二比情愿拨换，其钱礼彦□□入手，竹刘寨脚之田拨与明性子孙永远耕管，明性马路之田拨与礼彦子孙［永远耕］管为业，日后不得异言懆悔。今幸有凭，立此拨契贰纸，各执壹张，永远存［照］。
>
> 　　　凭　　中　　刘德山（押）
> 　　　　　　　　　潘礼发（押）
> 　　　［代］笔　　潘芝友（押）
> 道光贰［拾］柒年二月二十二日[①]

田土对换文契是一种对等交换田土的契约。在这份契约中，由于其中一方田土的收获量大于另一方，故需另一方找钱补上其差额，而成为田土对换的一个条件。徽州文书中也有田土对换契约，如《同治五年李佑东兑换文书》，其文如下：

---

① 张新民主编：《天柱文书》第1辑第4卷，GT-ZGP-033/GT-014-091号，第138页。

　　立斟（调）兑字人李佑东，同治三年叔父江关内分受季叔天瑞之田四斗丘壹半、坤内糯禾长丘壹半，兹江子佑乾意欲叔嫂分晰（析），不便品分，自愿兑东所拈之葫芦丘、丁家坪湾丘、柳树丘，请族劝东斟（调）兑，永无反悔，除收乾书立斟（调）兑字外，理合出此付乾父子叔侄为据。

　　计批：糯禾长丘塘头壹半属乾，塘尾壹半属东，此批。

　　计批：四斗丘原系江与瑞各拈分壹半，江分瑞田又拈壹半，兹江子乾与东斟（调）兑，凭众品定，佑乾属南面，佑东属北面并水圳，此批。

凭　族　云楼（押）　　步云（押）　　克昌（押）

永清（押）　　世顺（押）　　元上（押）

春山（押）　　佑正（押）　　久厚（押）

长发其祥（半书）

同治伍年腊月二拾贰日　　立①

　　"族戚为证"在清水江文书中颇为常见。而明清时期的徽州为一典型宗族社会，宗族的力量更为强大，其在日常交易活动中作为"中人"或"证人"，频繁出现。上引这一徽州田土对换文契，"凭族"为唯一署押者，且有九人之多，族众作为证人，在田土交易中的地位与作用可见一斑。

　　此外，清水江文书中还遗存有"清白合同"等划分地界等契约文书，不再一一例举。

三、鱼鳞图册文书

　　鱼鳞图册是官府为登录业户产权和征收赋役而编制的土地账籍。官府通过土地清丈，将田地编为字号，登录土地类别，量度田土方圆，悉书主名与田之丈尺，备载税粮及地产分割情况，有关田地的自然属性及其社会

---

　　① 王钰欣、周绍泉主编：《徽州千年契约文书》清·民国编卷3，第34页。

经济信息悉载在册，而成为确立土地权属、征调赋税以及田土诉讼的基本依据。鱼鳞图册是南宋至民国时期广泛实行的一项基本土地制度。

清水江文书中也遗存有鱼鳞图册文书。如《同治十二年八月重抄循下三甲春花鱼鳞册》，其封面题名及所载文字如下：

循下三甲春花鱼鳞册

上花冲　盘老李　桐木盘　上花盘　六流冲希　团背

册内第1面题：

同治拾二年八月遵依原本重抄

〔循下三甲〕春花鱼鳞册

册内第2面题：

循礼里下半三甲春花鱼鳞册

土名

上花冲　盘老李　上花盘　桐木盘　六流冲希　团背等冲①

由以上所载文字可知，该册为"循礼里下半三甲春花鱼鳞册"，封面所题"循下三甲春花鱼鳞册"是其简称。天柱县自明万历二十五年（1597年）建县之后，设六里一厢，此外，在苗族、侗族人聚居地区又划分三个图里，称为"归化三里"②。"其三里，至清雍正四年邑令洪更名居仁、由义、循礼，通详各宪，并革去归化一图、二图、三图之名。此后凡应差、考试，一切均照内地办理。"③由此可知，循礼里乃为天柱县苗族、侗族人聚居的图里，是清雍正四年（1726年）之后才有此名的。又据光绪《续修

---

① 张新民主编：《天柱文书补遗》卷5。

② 〔清〕王复宗纂修：康熙《天柱县志》上卷《坊厢》，载《中国地方志集成·贵州府县志辑》第22册，巴蜀书社2006年版，第79页。

③ 〔清〕杨树琪等纂：光绪《续修天柱县志》卷3《食货志·田赋》，载《中国地方志集成·贵州府县志辑》第22册，第191—192页。

天柱县志》载，循礼里下属村寨中列有"春花寨"，春花即苗族村寨之名①。

《循下三甲春花鱼鳞册》共载有6个土名的鱼鳞册资料，其正文第1面载：

> 龙太安
>
> 上花冲田形　　　　　四至
>
> 　　　东至　时串沟　止　　南至　上花坡　止
>
> 　　　西至　上花坡　止　　北至　上花沟　止　由北首起
>
> 第壹丘　林中三　　梭形　下等田
>
> 　　　东至　本人田　　　　南至　姚伽蓝
>
> 　　　西至　龙时遇山　　　北至　龙时遇山　禾壹稿
>
> 第贰丘　林中三　　蛇形　下等田
>
> 　　　东至　姚老伯田　　　南至　林留古田
>
> 　　　西至　本人田　　　　北至　龙时遇山　禾叁稿
>
> 第叁丘　林留古　　袜形　下等田
>
> 　　　东至　姚老伯田　　　南至　姚东乔田
>
> 　　　西至　龙时遇山　　　北至　林中三田　禾肆稿②

从其所载可知，该鱼鳞册的攒造是以土名为单位，先列每一土名的田形、四至，然后对这一土名所属各丘田土加以编号，从第一丘起依次详细登载。每丘登载的事项有丘号、田主姓名、田形、田土等级、四至、收禾多少稿等。

与鱼鳞册相关联，清水江文书中又有归户册。它是将分散载于鱼鳞册中的同一户主的各号田土归并收载于该户名下的一种册籍，以便核实产权与征收赋税。如《光绪元年秋月上浣日龙彦功田产归户册》，其封面题：

---

① 〔清〕杨树琪等纂：光绪《续修天柱县志》卷2上《地理志·乡里》，第172页。
② 张新民主编：《天柱文书补遗》卷5。

光绪元年秋月上浣日造

龙彦功

归户册

第1面载：

 土名　　　阳山坝

第六十九丘　　　蛇形　中禾四十边

　　　　东至　山　　　南至　东〔久〕

　　　　西至　东久　　北至

 土名　　　寨坝

第八十丘　　　帽形　上禾十五边四子（籽）

　　　　东至　耀礼　　南至　沟

　　　　西至　永太　　北至　开甲①

　　归户册所载各号田土事项基本与鱼鳞册相同，其特点是所载田土丘号多不相连，因为业户所有的土地往往散漫参错，并非连成一片，而鱼鳞册上的田土丘号则是按数字序列编号连续不断的。

　　徽州鱼鳞图册的攒造可追溯至南宋时期，其后，元、明、清各朝都有土地清丈与鱼鳞图册的攒造，至清代该制度已十分成熟。以《顺治六年祁门县三四都二图月字号鱼鳞册》为例，其各号具体所载如下：

 月字　　　伍　　　号

 土名　朴墅丘　　新丈田六百五十八步〇五厘

　　　　　　　　　计税贰亩六分七厘九毛（毫）三系（丝）六忽

 见业三四都二啚（图）二甲汪植德户

　　　　　　　　东至坑

① 张新民主编：《天柱文书》第1辑第13卷，GT-GDL-042（2）/GT-022-018（1）号、GT-GDL-042（2）/GT-022-018（2）号，第45、46页。

```
        南              西至山
东（绘田形）西          南至田
        北              北至田
分庄    钟登    钟乐均业①
```

徽州鱼鳞图册各号登载的具体事项有字号、土名、丈量亩步、合税亩数、业户都图姓名、田形（手绘）、四至、分庄等。

清水江鱼鳞册与徽州鱼鳞图册相比，二者的差异是：第一，编号不同。清水江鱼鳞册是以土名为单位各自编号，而徽州鱼鳞图册是以保或图为单位，全县以千字文为序编号。第二，田土计量不同。因地形复杂，难以清丈，清水江鱼鳞册只以收禾多少"稿"米来计量田土，而徽州鱼鳞图册是在清丈田土的基础上攒造的，分别载有实丈亩步与应合税亩数。第三，徽州鱼鳞图册多绘有田土形状，而清水江鱼鳞册仅记田形，不绘形状。不过，清水江鱼鳞册所载各种田形极多，诸如梭形、蛇形、袜形、牛角形、蚯蚓形、湾形、方形、直形、带形、梯形、斜角形、三角形、圭形、四不等形、寿桃形、葫芦形、半月形、丈鼓形等，亦反映了当地田土形状的复杂情况。第四，清水江鱼鳞册没有分庄一项，而徽州鱼鳞图册多设分庄，记录该号田土的实际分割情况。从总体来看，清水江鱼鳞册有田土编号、田主姓名、田形、田土等级、四至等项内容，具备了鱼鳞图册记载的基本要素。

《循下三甲春花鱼鳞册》的册内第1面题"同治拾二年八月遵依原本重抄"，表明该地鱼鳞册的攒造要早于同治时期。那么，该里的鱼鳞册又是造于何时呢？

在清水江土地买卖契约中，有一件田土买卖契约值得关注，即《乾隆二十年三月三日潘德成卖田契》，所载文字如下：

> 立卖田契人潘穗（德）成，今因家下帖小财礼艮（银），无从得

---

① 王钰欣、周绍泉主编：《徽州千年契约文书》清·民国编卷19，第7页。

处，自己谪（商）议将到马路冲田，四不等形，下田壹丘，计禾贰十三边，载粮一升三合七勺四抄○七圭四立（粒）二粟八黍，欲行出卖，无人承就，自己请中在内，问到房侄潘进林名下壹面承买为业，凭中议定卖价纹银贰拾柒两整，其田潘进林兄弟子孙永远耕管为业。如有后来房族人等言论，在与（于）卖主上前理落，不干买主之事。一卖一了，父买（卖）子休。今幸有凭，立此卖契存照。

代笔　　潘赞成

凭中　　潘尔科（押）

卖主　　潘德成

乾隆二十年三月初三日　立契[1]

此件契约中关于买卖标的物田土的叙述是"马路冲田，四不等形，下田壹丘，计禾贰十三边，载粮一升三合七勺四抄○七圭四立（粒）二粟八黍"，其中有土名、田形、田则、田土计量和税粮，而这些都是载于当地鱼鳞册上的田土事项。尤其是"载粮一升三合七勺四抄○七圭四立（粒）二粟八黍"的记载，在升、合、勺后面还有抄、撮、圭、粒、粟、黍等一长串的尾数计量单位，其来源只能是抄自官府编制的诸如鱼鳞册之类的册籍。这件契约是该地在乾隆时已有鱼鳞册籍的一个佐证。

又，前引《道光二十七年二月二十二日潘明性与潘礼彦拨换田土并补差价契》中，对有关田土的所载内容亦有丘号、田形、田土等级及其收获量等，如"马路冲头水田第伍拾伍丘，墨斗形，下禾伍稬正（整）"等，特别是契约中明确写有"册载上禾肆拾稬整"之类文字，其来源于鱼鳞册籍，已属无疑。

---

① 张新民主编：《天柱文书》第1辑第4卷，GT-ZGP-018/GT-014-105号，第123页。按，此契文开头书"立卖田契人潘穗成"，末署"卖主潘德成"，卖主前后名字不同，而在其后该家族的《乾隆二十一年四月八日潘印应卖油树契》《乾隆二十四年正月二十五日潘德成卖墦冲契》《乾隆二十五年正月十日潘德成、潘尔和卖竹山场契》等各契文中，均书为"潘德成"之名，可证"潘穗成"实为"潘德成"之误，故此契应定名为《乾隆二十年三月三日潘德成卖田契》。

　　康熙《天柱县志》中载有明万历时该县儒学教谕陈九韶所撰《厘田赋记》，叙及当时知县朱梓主持清丈田土之事，"若田塘，若园地，由山箐而高岗，分峒尽丈，尺土无遗，侯仍不时抽丈，必彼此毫无间异乃已。盖履丈于辛丑季冬月，越壬寅仲秋而告竣焉"①。即在万历二十九年（1601年）至万历三十年（1602年），天柱县曾进行过土地清丈，但文中并未具体言及攒造鱼鳞册之事。至清代，"国朝康熙四年奉文丈田一次，先造八形册，部驳不准，再造四形册，亦驳不准。至二十三年始以归户册定例报竣。今考旧志，田赋内载遵例起科者六里一厢，其归化三里仍纳无亩本色秋粮……乾隆四年，县主奉文均摊，通行丈量，则壤定赋，既不偏枯，亦无匿漏，盖天柱田赋至是始归画一焉。其经始之难若此"②。由此可知该县康熙时虽进行了几次清丈，但只造有归户册，而苗族、侗族人聚居的"归化三里仍纳无亩本色秋粮"；到了乾隆四年（1739年），再次通行丈量，该县田赋才归画为一。那么，乾隆初年天柱县田土丈量的具体情况是怎样的呢？重抄的《循下三甲春花鱼鳞册》所遵原本到底是在何时攒造的呢？其"归化三里"所纳"无亩本色秋粮"又是怎么一回事呢？综观方志所载，寥寥数语，不得其详，仅据此难以找到确切答案。

　　在清水江文书中，还有一件《光绪十三年龙虞臣钞录乾隆九年奉札清查事文》，这是一件综录乾隆初年贵州镇远府天柱县奉札清查田粮、丈量田土的官府文书，全文3000余字，其所载正是乾隆初年天柱县在苗侗图里进行田土清丈、攒造鱼鳞册之事，原委清楚，记录翔实，恰好弥补了志书所载之不足。它不仅叙及天柱县田赋输纳变迁的历史，而且详细地记录了天柱县苗侗图里田亩清册即鱼鳞册的攒造缘由与经过。其原文摘录如下：

　　　　贵州镇远府天柱县为照田当粮、吁天准行、救活贫民事。乾隆玖年拾月初十日奉本府正堂赵宪牌……奉此，该卑职遵奉宪檄饬行查议事理，查得卑县居仁里、由义、循[礼]里三里人民，系万历二十五

①〔清〕王复宗纂修：康熙《天柱县志》下卷《艺文·厘田赋记》，第111页。
②〔清〕杨树琪等纂：光绪《续修天柱县志》卷3《食货志·田赋》，第191—192页。

年始行归化，其田原未清丈，并无亩数，只凭田形之大小，听各寨长
口报秋粮，并非经官按亩、按户科编之数，多寨原数不均。凡苗丁一
丁，纳鸡一只，折银三分，故举报之田税，示名之曰口报鸡粮，报县
入册，输纳秋米。延今一百数十余年，册籍遗编户名变更，实有卖田
不卖粮之陋习，致有田去粮存之偏枯，更有户绝遗丁之赔累。是以乾
隆元年间，有卑县士民杨建极等以呈前事，呈控制宪批行，升任诸令
查明，非仅居仁里，即由、循二里亦然，详请彻底清查。复奉批饬，
妥议通详到县。乾隆二年十二月内刘令到县……饬令各该里户首、里
长，协同各花户各所有之田丘禾秅，据实开报，齐全日纳，查无弊，
即按照各里之原粮，并丁银改征之米，计禾稉均摊派。其余存丁银改
征，仍每年按丁银原款，照数变改，禀蒙允准在案。嗣缘各户首、甲
长，逐田、逐户查照。①

文中所述表明，原来天柱县苗侗图里在乾隆以前，田亩从未清丈，并无亩
数，只凭寨长口报，致使田赋输纳愈益不均。乾隆元年（1736年），应该
县士民杨建极之请，呈控制宪批行，随后由刘县令主持，于乾隆二年
（1737年）开始逐田、逐户清查。后因县令丁艰离任，清查有所延搁。该
文书下面又载：

卑职于乾隆六年十一月内祗任，蒙委刘令协同查办，旋据居仁里
各该户首、甲长查造该里各花户田丘禾秅清册……通里共三则田六万
九千八百八十一丘，通共禾七十三万九千九百五十五稉四籽半……

又据由义上半里各该户首、甲长查造该里各花户田丘禾秅清
册……通共上、下由义里三则田七万九千五百五十七丘，共禾六十七
万四千四百一十三稉零半手……

又据循礼里各该户首、甲长查造该里各花户田丘禾秅清册……通
共里二则田共七万八千九百二十七丘，通共禾六十五万五千二百七十
稉零半手……

---

① 贵州省天柱县档案馆藏，见张新民主编：《天柱文书补遗》卷4。

　　声明在册，各送到县。卑职核查，该三里通共上、中、下三则田二十二万八千三百六十七丘，通共禾二百零六万九千六百三十七稊八籽半……兹缮具清册，共壹百壹拾二本，一样缮造七套，除存一套永贮县库房，交代为该三里完粮之章程外，其余六套，通赍督、抚两院粮、藩、巡三宪，并本府。[①]

所载表明，这一清查至乾隆九年（1744年）才完成。以此清查查明了各户所有的田土丘数与田亩计量（以禾稊为单位），以及应征的总数。从其汇总来看，不仅有各里的田粮总数，还有其不同田则的具体丘数，这显然是经过认真清查的结果。其所查造的"各花户田丘禾稊清册"，即是当地的鱼鳞册，共计112本，一样缮造了7套，其中1套永贮县库房。此即天柱县苗侗各里鱼鳞册攒造的起源，也应是前引同治十二年（1873年）重抄的春花鱼鳞册之原本。

　　一般认为，鱼鳞图册乃是宋代以后在中原地区实行的一种社会经济制度。清水江文书中鱼鳞册的发现表明，至明清时代在比较偏远的少数民族地区也实行了这一制度，其对鱼鳞图册以及土地管理制度等研究无疑具有重要价值。

　　契约文书是在各种公私交往活动中产生的原始文本和记录。中国古代契约文书产生的时间很早，其后经过长期的发展，至明清时代已十分成熟。随着社会经济的发展和交往的频繁，各地都有大量契约文书产生。契约文书与社会经济活动和社会生活密切相关，其不仅显现出当时的社会经济制度及其运行情况，还反映了法制实施、财产分配、日常收支、婚丧嫁娶等基层社会的方方面面，并渗透着大众传统、地方习惯、民族风俗等诸多因素。中国古代各地的契约文书有其共同之处，又具各自的特点。清水江文书与徽州文书相比，从大的方面看，整体上大致是相同的，说明其承继和吸收了中原契约文书的基本要素，而在契约内容事项的表述中又清楚地显露出地方特色和民族习俗。将不同地区的契约文书进行比较研究，不

---

① 贵州省天柱县档案馆藏，见张新民主编：《天柱文书补遗》卷4。

仅能显现国家社会经济制度在各地运行之差异，还可以了解不同地方的传统习惯和民族风俗，同时亦将大大丰富对契约文书本身的研究。

笔者看到的清水江文书有限，本文仅就其部分土地文书进行考述，纰漏之处在所难免，尚祈识者斧正。

本文为国家社科基金重大项目"清水江文书整理与研究"（编号：11＆ZD096）的研究成果，原载《中国史研究》2015年第3期，人大复印报刊资料《明清史》2015年第10期全文转载，有改动

鱼鳞图册考析

鱼鳞图册的遗存与研究价值

鱼鳞图册是官府为登录业户产权和征收赋税而编制的土地账籍。官府通过土地清丈，将田地编为字号，标明土地类别，量度方圆，图画田形，书写丈尺，签定业主，登载税粮及地产分割情况，有关田地的自然属性和社会经济信息悉载在册，成为确立土地权属、征调赋役以及田土诉讼的基本依据。鱼鳞图册是中国封建社会后期广泛实行的一项基本土地制度。鱼鳞图册研究为中国古代社会经济研究方面的一个重大课题，受到研究者的关注和重视。本文拟对鱼鳞图册文书档案的遗存与研究价值作一简略叙述，敬请批评指正。

一、鱼鳞图册制度的实施与册籍攒造

鱼鳞图册制度缘起于南宋绍兴时期的土地"经界"（清查与核实土地占有状况）。绍兴经界开创了中国历史上土地经理的新机制，有关鱼鳞图册的基本框架已经确立，各种鱼鳞册籍的雏形已经显现。其后，南宋绍熙、嘉定、绍定、景定年间亦在一些地方推行经界法，鱼鳞图册形成制度。元代继承之，延祐年间实行土地经理，造有鱼鳞图册。至明代，洪武和万历时期两次在全国进行大规模土地清丈，攒造相关图籍，鱼鳞图册制度趋于完善。到了清代，鱼鳞图册制度更加完善，除康熙、咸丰和光绪三次全国性清丈，造有大批册籍外，几乎各朝都造有鱼鳞图册，并在垦荒、滩地、沙田、堤岸、盐场、马场等各类田土之上全面推开，土地清丈和鱼鳞图册攒造成为常态。直至民国时期，不少地方仍造有鱼鳞图册。概言之，宋代以降，各个朝代都曾大力推行鱼鳞图册制度。鱼鳞图册作为土地管理的一项基本制度，曾在中华大地上长期实施。

从鱼鳞图册制度实施的地域来看，明清两代都多次实行全国性的土地清丈。清代更着力在边疆与少数民族地区，诸如新疆、东北、贵州、云南、台湾等地，进行土地清丈，攒造鱼鳞图册，已然覆盖全国各地。

鱼鳞图册的攒造与土地清丈紧密相连，是一种官府行为。它以县为单位，由官府在各都图组织相关人员，多指派都正（公正）、图正主持其事，又遴选弓手、算手、书手等，共同组成一套人马，以施其事。沿丘履亩，唱弓量步，算手核计，书手誊册。丘块成千上万，田土形状不一，往往累月经年，耗时费力，并需花费大量财力。由于鱼鳞图册是有关土地制度的基本册籍，为土地管理之本，具有多种功用，故鱼鳞图册所造册籍不止一种，而是类别多样，册籍繁多。鱼鳞图册有草册与正册之分。鱼鳞图册须先造各种草册，其名称有鱼鳞草册、经理草册、鱼鳞清丈册、清丈册簿、清丈细底、丈量鱼鳞号册、丈量图册、覆丈底册、弓口册、弓口草底、弓口册底等，其上录有字号、土名、业主、丘块四至，多画有田形草图，详载丈量弓步和应纳税额等。草册核实无误后再造正册，其中有以保或图为单位的鱼鳞清册，称为"保簿"或某图"鱼鳞清册"等，其名称还有鱼鳞册、鱼鳞图册、鱼鳞经册、鱼鳞京册、鱼鳞号册、鱼鳞底册、鱼鳞弓口清册、经理保簿、经理簿、经理册、印信经理、经理册底籍、亩业底册、亩步亩业收税册、弓口鱼鳞册、流水号簿、临田图册、清册分庄等，其上按其所编田土字号为序，登载各号田土丘块的详细信息，又称"流水册"。这种鱼鳞清册是鱼鳞图册中最基本的一种册籍，按其大界，攒造都图县图；汇其总数，以造都总县总；据其细图，核实各户田产，以造砧基簿、类姓簿、归户册等。其上多钤有县印。正册之中又有向上面各级官府（包括中央官府）呈送的鱼鳞正册，呈送县、府的鱼鳞清册多贮于县衙、府衙的架阁库，又称"库册"。这种向上面各级官府呈送的鱼鳞正册，一般逐级简化，只载其相应下一级的各种田土数字，不列细图。但也有呈送鱼鳞清册的，如清乾隆初年，贵州镇远府天柱县奉札清查田亩，在该县苗侗图里进行田土清丈，清水江文书《光绪十三年龙虞臣钞录乾隆九年奉札清查事文》中记载了其向上面各级官府呈送鱼鳞清册之事："兹缮具清册，共壹百壹拾二本，一样缮造七套，除存一套永贮县库房，交代为该三里完粮之章程外，其余六套，通赍督、抚两院粮、藩、巡三宪，并本府。"[①]

在攒造鱼鳞清册的同时，又画有鱼鳞总图，其所绘"状若鱼鳞"，故称鱼鳞图册。鱼鳞总图在徽州地区称为"摊金"。鱼鳞总图亦分别有保图、都图、县图等。

此外，还造有鱼鳞归户册。归户册是在鱼鳞册造好之后，依据鱼鳞清册而攒造的，宋元时期称为砧基簿，明清之后称为归户鱼鳞册、归户清册、亲供归户册、归户鳞册、归户册、田土号簿、田土号单、分庄归户、归户底籍、清丈产簿、户领丘册、庄册等。鱼鳞清册是以田为主，以户从田，而田赋征收则以户为主，以田从户。但业户所属田土一般多散在诸乡，即散在各鱼鳞册之中。所谓归户鱼鳞册，则是以户为主，将其分散登载于鱼鳞册上的各号田土归于本户之下而攒造的一种册籍。其中有将各户所有田土都进行归户的"归户鱼鳞册"，也有只将某一鱼鳞字号田土进行归户的"田土号簿"。鱼鳞清册是以地为母，以户为子，归户册则是以户为母，以地为子，二者在性质上有所区别。

以上这些都是每次土地清丈所必须攒造的基本鱼鳞图册。当然，不同时期、不同地区所造的鱼鳞图册亦不尽相同，不再细说。又，鱼鳞图册除收贮于官府外，乡里和民间亦有收藏，并造有各种鱼鳞家册。总之，所谓鱼鳞图册，实为一个包含多种类别的土地册籍系统。

在宋代以来鱼鳞图册制度实行的过程中，历代都造有大批鱼鳞图册，往往一个府县即存有成千上万之巨。从鱼鳞图册制度缘起伊始即是如此。史载，南宋大臣洪遵曾于绍兴经界时知常州府无锡县，"旧例，令佐四厅

---

① 《光绪十三年龙虞臣钞录乾隆九年奉札清查事文》，张新民主编：《天柱文书补遗》卷4，贵州大学内部复印本。

催科，浮民得以为奸，号为杂催者，至七百余人，因缘侵渔，人蒙其害。经界复实官在县置枷械于门，追呼自便。又于太保长名下勒取丁口图帐七千余本，皆鱼鳞细图，期限严峻，遂以重价就买官中本送纳。珦始至之日，即时禁止"[1]。这里所载"丁口图帐七千余本"，虽不全是鱼鳞图册，但从所言"皆鱼鳞细图"，可知其大多为鱼鳞图册类账籍。再如《宋史·食货志》载："知婺州赵恳夫行经界于其州，整有伦绪，而恳夫报罢，士民相率请于朝，乃命赵师岩继之。后二年，魏豹文代师岩为守，行之益力。于是向之上户析为贫下之户、实田隐为逃绝之田者，粲然可考。凡结甲册、户产簿、丁口簿、鱼鳞图、类姓簿二十三万九千有奇，创库匮以藏之。历三年而后上其事于朝。"[2]这里所言，是南宋嘉定时赵恳夫等在婺州推行经界，历三年完成，所造鱼鳞图册等册籍达"二十三万九千有奇"，创专库以藏之。后世所造鱼鳞图册数量之巨，更是如此。

由于鱼鳞图册制度实施历史时段长，涵盖地域广，造册类别多，所以在历史上产生了数量巨大的鱼鳞图册文书档案。然而，由于改朝换代、战乱浩劫、时代变迁等原因，历代所造数量巨大的鱼鳞图册，至今多已消失在历史演进的尘埃之中。不过，由于当时各地造册数量庞大，故鱼鳞图册文书档案至今仍有相当遗存。

二、鱼鳞图册遗存概况

遗存至今的鱼鳞图册文书档案，大致可分为零散遗存与大宗遗存两种情况。

鱼鳞图册的零散遗存，主要是指国内外一些单位零散收藏的鱼鳞图册。其中有的单位保存的鱼鳞图册虽然较多，但各册所属时间多不相同，

① 〔明〕黄淮、杨士奇：《历代名臣奏议》卷143《用人》，载《文渊阁四库全书》第437册，上海古籍出版社1989年版，第33页。

② 〔元〕脱脱等：《宋史》卷173《食货志上一》，中华书局1985年版，第4179页。

地点各异，并不属于同一册籍体系，颇为杂乱，故归于零散遗存。鱼鳞图册本是官府主持攒造的土地册籍，主要在官府库房保管。但为了赋役征收所用，以及鱼鳞图册攒造时产生了大量草册、底册，于是乡间的公正、保正、图正、册书及一些势家大户等，都有保管鱼鳞图册的机遇，结果有部分册籍被保存在乡里间，为私家所藏，后来流向社会，成为鱼鳞图册零散遗存的主要来源。现今鱼鳞图册的零散遗存，主要散藏于国内外的图书馆、博物馆、档案馆及科研院所等单位。

中国社会科学院历史研究所图书馆藏鱼鳞图册文书240余种，280余册。其中有鱼鳞清册、鱼鳞草册、丈量册、鱼鳞总图等110余种，各种鱼鳞归户册130余种，多是在20世纪50年代末、60年代初从中国书店收购的。除4册浙江严州府遂安县鱼鳞册外，其余均为徽州鱼鳞册。其中有元末龙凤时期朱元璋经理鱼鳞册、洪武清册分庄、弘治抄录鱼鳞册、万历清丈鱼鳞册等30余种，其余为清代徽州鱼鳞册，多属顺治、康熙时期所造鱼鳞册[①]。

中国社会科学院经济研究所藏明清鱼鳞图册数十种，其中有明代早期鱼鳞册、清代江苏苏州鱼鳞册以及徽州鱼鳞册多种。章有义先生利用这些资料发表过相关研究论文[②]。

中国国家图书馆藏鱼鳞图册总计近200册，分为善本和普通古籍本。善本鱼鳞册近20种，其中有明浙江绍兴府诸暨县鱼鳞册（48册）、浙江严州府遂安县清丈鱼鳞册、常熟县清丈鱼鳞册等，其余多为徽州鱼鳞册，有明洪武鱼鳞册1册。普通古籍本有长元吴三邑鱼鳞册等95册。

中国国家博物馆藏明清鱼鳞图册数十种，尚未整理公布。其中多数为徽州鱼鳞图册。

中国第一历史档案馆藏明清鱼鳞图册数百种。笔者于20世纪90年代初为历史研究所购买鱼鳞册，与历史研究所图书馆的夏其峰先生（曾在中

---

① 王钰欣等编：《徽州文书类目》，黄山书社2000年版，第530—542页。

② 章有义：《康熙初年江苏长洲三册鱼鳞簿所见》，《中国经济史研究》1988年第4期。

国书店工作）一起，到过北京琉璃厂中国书店的一个库房，看到在地板上堆放着一大堆鱼鳞图册，至少有几百册，但多有破损，残缺不全，我们只给历史研究所选了几种。后来，据夏其峰说，这些鱼鳞图册都转到了中国第一历史档案馆。如今是否整理，情况不详。

北京大学图书馆藏鱼鳞册90余种，250余册。其中明代鱼鳞册30余种，其余为清代徽州鱼鳞册①。这些鱼鳞册多保存完好，研究价值较高。其中有《山西丈地简明文册》1种5册，系万历十年（1582年）都察院右佥都御史辛应乾主持山西省清丈时所造通省州县清丈文册，十分珍贵。

天津图书馆藏明清鱼鳞册19种，26册，皆为徽州鱼鳞册，涉及歙县、休宁、绩溪等邑②。

前已述及，明代万历十年（1582年）山西省清丈简明文册存于北京大学图书馆，为研究明代万历清丈提供了珍贵资料。当时的碑刻资料对此次清丈的范围、具体过程、编修鱼鳞册等都有详细记载③。清代光绪年间丁戊大灾荒之后，山西省介休县、阳曲县、解州等地进行了卓有成效的土地清丈和鱼鳞册攒造。陕西省朝邑县光绪年间也进行了土地清丈和鱼鳞册攒造。这在北方地区是比较少见的。山西省河津、万荣、永济等县沿河多个村庄，陕西省大荔县档案馆、韩城市档案馆等，共藏有山、陕黄河滩地鱼鳞册40余种，40多册。据山西大学中国社会史研究中心胡英泽教授考察，这些鱼鳞册时间跨度自清雍正至民国时期，为北方地区发现的数量较大的鱼鳞图册资料④。此外，山、陕两地一些市、县的档案馆亦藏有当地的鱼鳞册。

① 参阅北京大学图书馆编：《北京大学图书馆藏古籍善本书目》六《邦计——赋税财政》，北京大学出版社1999年版，第183—186页。

② 参阅刘尚恒、李国庆：《天津馆藏珍本徽学文献叙录》，载《首届国际徽学学术讨论会文集》，黄山书社1996年版，第305—314页。

③ 雷涛、孙永和主编：《三晋石刻大全 临汾市曲沃县卷》，三晋出版社2011年版，第60页。

④ 胡英泽：《清代山、陕黄河滩地鱼鳞册研究》，《中国经济史研究》2010年第4期；胡英泽：《流动的土地：明清以来黄河小北干流区域社会研究》，北京大学出版社2012年版。

上海图书馆藏鱼鳞册 230 余种，360 余册，种类多，数量大，所属地区甚广。其中明代鱼鳞册有 50 余种，以万历清丈鱼鳞册为最多，其余为清代鱼鳞册，并有少量民国鱼鳞册。清代鱼鳞册主要是顺治、康熙两朝所造册籍。这些鱼鳞册所属地区仍以徽州地区为最多，但其他地区的亦不少，其中有上海、南汇两县的鱼鳞册，又有浙江绍兴、上虞、象山、东阳、遂安、开化，江苏江阴，安徽宁国、旌德、太平，江西吉安，四川方阳等地的鱼鳞册。

南京图书馆藏鱼鳞册 30 余种，40 余册。其中仍以徽州鱼鳞册较多，又有江苏溧阳县、常熟县鱼鳞册，以及浙江东阳县鱼鳞册等。此外，该馆还藏有《康熙十五年分奉旨丈量销圩鱼鳞清册》10 册，系江苏苏州府长洲县鱼鳞图册，研究价值颇高。

南京大学历史系所藏的大量簿册文书中，亦有鱼鳞图册类文书，计 16 册，其中明代鱼鳞册 11 册，以万历年间居多，清代 5 册，主要为顺治、康熙、雍正三朝所造。另外还有明代浙江杭州府昌化县、严州府遂安县鱼鳞册各 1 册[①]。

安徽省图书馆藏鱼鳞册 50 余种，70 余册。其中有明初及明中期的鱼鳞册，而以明万历和清初的鱼鳞册为多。属地以徽州各县为主，又有宁国、宣城、太平、石埭等地鱼鳞册。其中有草册、正册多种，又有归户册，并有明木活字本鱼鳞册。此外，还有鱼鳞摊尖（鱼鳞总图）及都图字号便览、土地丈量算法等。

安徽博物院藏鱼鳞册 30 余种，50 余册。数量虽不为多，但质量较好。所藏仍以徽州鱼鳞册居多，其中有元末明初鱼鳞册、明中期鱼鳞册和万历时期鱼鳞册，并有清代鱼鳞册，还有 2 部旌德县鱼鳞册。所藏清代康熙《休宁县新编弓口鱼鳞现业的名库册》很有特色，汪庆元研究员发表了相关研究论文[②]。据原黄山市博物馆馆长朱开霖先生说，安徽省博物馆

---

① 夏维中、王裕明：《南京大学历史系所藏徽州文书评介》，《中国社会经济史研究》2000 年第 4 期。

② 汪庆元：《清代徽州鱼鳞图册研究——以〈休宁县新编弓口鱼鳞现业的名库册〉为中心》，《历史研究》2006 年第 4 期。

（2010年更名为安徽博物院）所藏的鱼鳞册、契约文书及古籍有不少是从黄山市博物馆挑选而调去的。

安徽中国徽州文化博物馆藏鱼鳞册50余种，60余册。该馆前身即黄山市博物馆，其自20世纪五六十年代以来，在原徽州地区收集了数量可观的文物古籍、契约文书和鱼鳞图册。现藏有元末明初鱼鳞册抄本、明万历鱼鳞册及清代鱼鳞册多种，其中有明木活字本鱼鳞册1部，颇为珍稀。

中国徽州税文化博物馆以赋税文化为中心，收藏徽州文书2万余件，其所收藏的黄册、鱼鳞册、税契文凭、土地买卖文契、盐引、茶引等，多有品相上乘、价值珍贵者。其中收藏的鱼鳞图册类文书颇为丰富，既有罕见的鱼鳞总图，又有珍稀的鱼鳞清册；既有鱼鳞草册，又有鱼鳞正册；既有鱼鳞号簿，也有鱼鳞归户册等；此外，还有与鱼鳞图册相关的各种文书，如金业票、册书照票、业户执票、清丈土地条款等。其所藏的明清鱼鳞图册以及元末明初鱼鳞册抄本等，计70余册，又有清及民国归户清册150余册。

安徽师范大学藏鱼鳞册20余种，30余册，系20世纪五六十年代及近年来购藏。其中有明代鱼鳞册数种，其余为清代鱼鳞册，皆为徽州鱼鳞册。

浙江师范大学中国契约文书博物馆自21世纪以来大力收集各种契约文书，成果显著。该馆迄今所藏鱼鳞图册超过百册，涉及金华、丽水、衢州、温州、绍兴等多个地区。其所藏鱼鳞图册最早为明万历年间攒造，清康熙、雍正、乾隆、嘉庆、道光直至民国时期的鱼鳞图册均有遗存，而且收藏的种类包括鱼鳞清丈册、鱼鳞清册、鱼鳞草册、鱼鳞底册、鱼鳞家册、流水文册、弓口册等，非常丰富，已成为鱼鳞图册文书档案的重要收藏单位之一[1]。

中山大学图书馆藏鱼鳞册近30种，30余册。这些鱼鳞册主要为梁方仲先生于20世纪收集所藏，亦包括近年来该馆购藏的。其中有明代万历清丈

---

① 胡铁球、李义敏、张涌泉：《婺州鱼鳞图册的遗存与研究价值》，《浙江社会科学》2016年第4期。

鱼鳞册数种，而以清代鱼鳞册居多，涉及顺治、康熙、乾隆等朝[1]。

在著名的贵州清水江文书中亦发现有鱼鳞册遗存。贵州鱼鳞册攒造于清乾隆和同治时期，迄今发现6册，分别收藏于天柱县档案馆和贵州凯里学院图书馆[2]。

最近，云南地区亦发现有鱼鳞图册文书档案遗存。

台湾在清末曾大力推行土地清丈，攒造相关册籍，鱼鳞图册颇有遗存，但具体情况不详。

此外，安徽大学徽学研究中心、安徽省黄山市各县博物馆和档案馆、黄山学院图书馆、南京博物院、苏州博物馆、无锡市博物馆、武汉大学图书馆、湖南图书馆、厦门大学图书馆等单位，各藏有几种至数十种不等的鱼鳞图册。另外，还有一些单位和个人也藏有数量不等的鱼鳞图册，恕不一一列举。

鱼鳞图册在国外主要藏于日本和美国，而以日本所藏较多。日本所藏鱼鳞册绝大部分都是清代的，有少数是民国鱼鳞册。这些鱼鳞册主要藏于日本国立国会图书馆、东京大学东洋文化研究所、东洋文库、筑波大学等单位。日本国立国会图书馆藏鱼鳞册计9种137册，其中清代8种，民国1种；东京大学东洋文化研究所藏鱼鳞册计5种20册；东洋文库藏鱼鳞册1种16册；筑波大学藏鱼鳞册2种2册[3]。美国哈佛大学哈佛燕京图书馆藏鱼鳞册3种6册。日本东京大学东洋文化研究所和美国哈佛大学哈佛燕京图书馆所藏鱼鳞册均已在网上公布[4]。

鱼鳞图册的大宗遗存，主要藏于安徽省黄山市休宁县和浙江省金华市两地。

---

① 梁方仲：《历代户籍、地籍、租约、赋役册诠释》，载《中国社会经济史论》，中华书局2008年版，第1—89页。

② 参阅栾成显：《清水江土地文书考述——与徽州文书之比较》，《中国史研究》2015年第3期；陈洪波、龙泽江：《新发现贵州清水江侗族鱼鳞册评介》，《云南民族大学学报》（哲学社会科学版）2014年第4期。

③ 参阅栾成显：《日本所藏鱼鳞图册及其研究》，《中国史研究动态》1989年第2期。

④ 参见中国国家图书馆公布的《东京大学东洋文化研究所汉籍全文影像数据库》《哈佛大学哈佛燕京图书馆善本特藏资源》。

　　安徽省黄山市休宁县档案馆现藏鱼鳞图册1162册。这批鱼鳞图册原本为清代官衙遗存档案，民国初期政府仍利用这批鱼鳞图册进行土地管理，并重新装订修补过。新中国成立后，这批档案先保存在休宁县财政局，后因无处可放，就搬入钟鼓楼堆放着，其后长时间无人问津。1984年，这批档案被休宁县档案馆接收，保存至今。1989年，相关部门曾组织安徽大学历史系人员对其进行过初步整理。这批档案还包括民国时期所造丈量簿、丘领户册、户领丘册、土地呈报表等，共4200余册，是清至民国时期一套较为完整的土地管理档案。休宁县档案馆所藏明清鱼鳞图册中有16册是2017年从该县流口乡政府接收过来的，笔者曾见证其事，并鉴定其中有一件为明代鱼鳞图册。这批鱼鳞图册因年代较久，流转多次，保管不善而多有破损，亦有相当缺佚。休宁县在明清时期共有33都，其中六都、三十都、三十二都的册籍全佚，其他都图的册籍亦有不同程度的缺佚。但总体来看，大部分都图的鱼鳞图册仍被保存下来。其所属地点集中，全为徽州府休宁县的鱼鳞图册文书档案；从时代来看，除一件明代鱼鳞图册外，其余全为清代攒造的鱼鳞图册，涉及多个朝代，而以顺治、康熙朝居多。其中有各种草册、弓口册、丈量册、底册、丈量登业草册等，又有鱼鳞清册、鱼鳞经册等，还有归户册、金业册、弓口金归册、的名库册等，册籍种类颇多。这批鱼鳞册从清初攒造之后，直到民国时期，一直都在使用。在各种册籍的许多字号页面上都有不同朝代的各种批注，从清朝顺治直至清末光绪，乃至民国时期，往往一号田土之上就有多个朝代的批注，蝇头小字，密密麻麻，见缝插针，填满了整个页面。长时段地详细登录土地流转与产权变动等各种信息，是这批鱼鳞图册的最突出的特点。休宁县大批遗存的鱼鳞图册，为鱼鳞图册制度及其攒造史的研究提供了重要资料。

　　迄今发现的浙江省金华市大宗遗存的鱼鳞图册主要有四个部分。其一，浙江省金华市兰溪县财政局档案室藏有兰溪县鱼鳞图册746册，缺74册（完整的兰溪鱼鳞图册为820册）。这批鱼鳞图册为清同治年间编造，民国时补造，载有兰溪县城区十坊及乡区34都149图的田土资料。其二，金华市档案馆藏有同治汤溪鱼鳞图册436册。其三，该馆还藏有民国金华县庄册约200册。其四，浙江师范大学中国契约博物馆藏有雍正至乾隆时期开化县鱼鳞图册40册。以上遗存的四个部分的鱼鳞图册具有明显的特色。第一，数量巨大。迄今发现的浙江鱼鳞图册总共有1422册。第二，保存完好。这些册籍大多保存完整，破损很少，所载资料齐全。第三，系统性强。所谓系统性，即指最初造册之际所形成的原本册籍体系，它们属于同一时代、同一地点，且必须有相当数量才能构成一定体系。毋庸置言，系统性强的鱼鳞图册，要比缺乏系统性的零散遗存的鱼鳞图册研究价值高得多。金华市大宗遗存的这些鱼鳞图册每部分各属于同一地点，攒造时间为同一时代，且遗存数量都相当大。如兰溪县的鱼鳞图册，现存746册，缺佚不到十分之一，涵盖了该县的绝大部分地区；又，这批鱼鳞图册均为清同治年间编造，属于同一时代，这是十分难得的。第四，具有典型意义。浙江省金华市鱼鳞图册的大宗遗存不是偶然的。金华市地属古婺州，婺州鱼鳞图册源起于南宋绍兴经界，其后历经南宋嘉定经界、元代至正经理，至明初，婺州更成为洪武时期鱼鳞图册攒造的最有代表性的地区，著名的苏伯衡《核田记》，即是洪武时期婺州土地丈量和鱼鳞图册攒造的写实[1]。明代的万历清丈，清代的各次土地丈量，直至民国时期，婺州都是土地清丈和鱼鳞图册攒造的核心地区。婺州鱼鳞图册攒造史是整个中国鱼鳞图册攒造史最为重要的组成部分，是土地清丈和鱼鳞图册攒造的一个典型[2]。

　　如果对以上所列鱼鳞图册文书档案做个粗略统计，零散遗存近2500册，大宗遗存超过2500册，二者合计在5000册左右。这仅是依据笔者多年来对一些主要收藏单位走访调查，以及部分单位公布的资料而统计的数字。由于个人能力有限，加之各单位公开的程度不同，或有所藏尚未披露，上面所列具体数字或不十分确切，所以，这个统计很可能是一个保守的估计。

---

① 苏伯衡：《苏平仲文集》卷6《核田记》，载《文渊阁四库全书》第1228册，第639—641页。

② 胡铁球、李义敏、张涌泉：《婺州鱼鳞图册的遗存与研究价值》，《浙江社会科学》2016年第4期。

三、鱼鳞图册研究价值

迄今关于鱼鳞图册的研究，以引用文献资料为多，而利用鱼鳞图册文书档案的研究较少。这一方面是由于鱼鳞图册文书档案分藏各地，加之多不开放，相关资料的收集十分困难，另一方面也是因为对鱼鳞图册文书档案资料认识不够。有的学者甚至否认历史上鱼鳞图册制度的真正实施，否认鱼鳞图册这种册籍的存在。美籍华人学者何炳棣先生关于鱼鳞图册研究发表了多篇论著[1]，认为"六百年来最为传统及当代史家称道的明初全国各地履亩丈量绘制的《鱼鳞图册》，根本不是史实而是'传奇'"，并声言他是做了"最多面、最缜密"的考证。何先生的诸多论述之中，对鱼鳞图册文书档案没有任何涉及，对遗存至今的数千册鱼鳞图册不屑一顾。然而，就在遗存的鱼鳞图册文书档案之中，迄今已发现多部明初鱼鳞图册实物，其结论显然是难以成立的。

时至今日，社会科学研究必须走出以文献证文献的圈子，重视原始资料，重视一手资料的发掘，重视文书档案资料的运用。鱼鳞图册是一种社会经济制度，对鱼鳞图册的研究当然离不开文献记载，但鱼鳞图册本身就是一种册籍。所以在鱼鳞图册制度的研究中，绝不能忽视鱼鳞图册文书档案本身。宋、元、明、清直至民国实施了近千年的鱼鳞图册制度到底是怎样一种制度？履亩丈量到底实行了没有？鱼鳞图册又是怎样攒造的？册上到底登载了什么？田土面积是如何计算的？鱼鳞图册又是如何演变的？……对这些有关鱼鳞图册制度的基本问题，传统文献的记载十分有

---

[1] 何炳棣：《明初以降人口及其相关问题：1368—1953》，1959年英文版；葛剑雄译：《1368—1953年中国人口研究》，上海古籍出版社1989年版，后译作《明初以降人口及其相关问题：1368—1953》，生活·读书·新知三联书店2000年版；何炳棣：《南宋至今土地数字的考释和评价》，《中国社会科学》1985年第2、3期，后汇集成书《中国古今土地数字的考释和评价》，中国社会科学出版社1988年版；何炳棣：《鱼鳞图册编制考实》，载《郑天挺学记》，生活·读书·新知三联书店1991年版，第109—131页；何炳棣：《中国历代土地数字考实》，台北联经出版事业公司1995年版。

限，或含糊不清，或语焉不详，多属宏观描述性的。若只根据文献上的某些记载就断言如何如何，就下结论，恐怕难免失之偏颇。这就必须依靠对鱼鳞图册文书档案的发掘和利用。在遗存的鱼鳞图册文书档案中，我们可以找到鱼鳞草册、鱼鳞正册、鱼鳞总图、鱼鳞归户册以至鱼鳞家册等各种鱼鳞图册，类别繁多而又相互关联，了解到其实际上存在着一个完整的册籍体系。打开鱼鳞清册，就可以看到按字号顺序登录的各号田土内容，其中有字号、土名、田土类别、等则、田形、四至、丈量弓步、丘段面积等，有的还标明了荒熟，在有水田稻作田土的鱼鳞册中，甚至还有"本田受××水"一项，其中填有"塘""溪"等字样；特别是册上还详细记录了各种田形的划分及其丈量弓步，图画精细，文字详明，可以说，与田土形态相关的种种信息多登录在册，这对于了解鱼鳞图册是如何攒造的，册籍上登载了怎样的内容，田土面积的计算方法等，都是难得的原始资料。鱼鳞图册的攒造是鱼鳞图册制度实施的集中体现，是它的核心，是这一制度实施而产生的最后结果。毫无疑问，鱼鳞图册文书档案是研究鱼鳞图册制度的一手资料，有其不可替代的重要研究价值。

鱼鳞图册上既登录了每块耕地的诸多自然属性，也记载了人地关系的种种信息；既有当时官府土地管理的原始记录，也留下了土地流转、桑田变迁的历史印记。这就为揭示鱼鳞图册所蕴含的丰富的社会经济内容提供了各种极有价值的研究素材。通过鱼鳞总图和鱼鳞清册对各号田土类别、等则、四至的记载，可在一定程度上复原耕地的田土自然形态；通过对鱼鳞图册业户占有土地的统计分析，可反映当地的土地占有形态和地权分配问题；通过鱼鳞图册上业主与佃户的相关记载，可反映农村的租佃关系；通过鱼鳞图册"乡→都→图→庄→户"的编制序列，可反映农村基层组织单位的大小及其演变过程；通过鱼鳞图册详细登记的业主姓氏及其住址情况，结合族谱等其他资料，可了解较大区域范围的宗族分布状况；通过鱼鳞图册详细登录的业主与分庄资料，可明了宗族之下的各人户的构成形态；通过鱼鳞图册上登载的多种多样的会社组织，可开展会社类型、组织规模及其分布特点的研究。此外，通过鱼鳞图册上记载的土地荒熟变动等信息，以及一些独特类型的鱼鳞图册资料，可探索环境变迁及地域社会应对环境演变等问题①。而鱼鳞图册上登录的长时段的土地流转与产权变动记录，更可为考察相关经济史的动态演变趋势做出有力的论证。总之，鱼鳞图册所载的丰富资料，可为土地流转、地权分配、社会结构、基层组织、赋役制度、民间会社、宗族社会、环境变迁等诸多问题，提供其独特的研究素材，为社会经济史的深度研究展现了广阔的前景。

在大数据时代，史学研究的数字化趋势正在加强。传统的研究方法固然不能废弃，但对数字化这一新趋势必须加以关注。鱼鳞图册中所载资料，有丈量弓步、丘块面积、应纳税额等各种数字，已不必说。特别是与一般文献记载不同，鱼鳞图册所载资料不是描述性的，而是按规定的项目进行登录，每一丘号所登录的项目相同，而其下所填写的文字各异，这样，对每一项目都可做出数据统计分析；又，其每一图册登载的田土丘数多是成千上万，总量巨大，这也具备了数据统计与数据分析的重要条件。通过对鱼鳞图册所载资料进行统计分析，可以得到在一般文献记载中难以找到的数据，使研究水平达到新的高度。在大数据时代，在史学研究的数字化趋势加强之际，鱼鳞图册所载资料必将大有用武之地。

当然，无论是解决社会经济研究中的一些重大历史问题，还是进行较大数据的统计分析，都必须以完整且系统的鱼鳞图册作为支撑，零散而不完整的鱼鳞图册难以做到。有幸的是，这样的鱼鳞图册如今已被发现。前文介绍的大宗遗存的浙江金华市鱼鳞图册，即婺州鱼鳞图册，具有数量巨大、保存完好、系统性强、典型突出等特点，是一批极为难得的、具有极高研究价值的鱼鳞图册遗存。这是多年以来人们期盼已久的发现。对这批鱼鳞图册进行系统整理，加以数字化，同时作深入研究，将会取得重大的研究成果，使鱼鳞图册的研究进入一个新的阶段。

鱼鳞图册是中国古代独创的土地管理制度，从宋代一直延续至民国时

① 胡英泽：《营田庄黄河滩地鱼鳞册及相关地册浅析——一个生态史的视角》，《中国史研究》2007年第1期；刘炳涛：《环境变迁与村民应对：基于明清黄河小北干流西岸地区的研究》，《中国农史》2008年第4期。

期，其对田土的精细丈量，对业主产权的确认，对土地权属转移的记录等，形成了一整套十分完善的登记管理制度，成为中国古代极其重要的经济制度之一。它的许多成就都远远早于西方近代相关文明的形成，是中国古代创造的优秀的文化遗产之一，对于今天我们继承传统文化、坚定制度自信无疑具有重要意义。

本文所述鱼鳞图册的遗存情况，有不少系笔者多年来对一些收藏单位走访调查所得，这里对各单位提供的帮助谨致衷心谢意；又，胡英泽、刘道胜、李义敏、申斌诸位先生对部分鱼鳞图册馆藏情况作了补充修改，一并致谢。

原载《浙江学刊》2019年第1期，有改动

鱼鳞图册起源考辨

关于鱼鳞图册的起源，学界有各种说法。大者而论，有南宋说、元代说、明代说。1933年，梁方仲发表《明代鱼鳞图册考》，指出鱼鳞图册起源于南宋[①]。1982年，刘敏在《明代"鱼鳞图册"考源》中认为，最早的鱼鳞图册是在元代产生的，明代的鱼鳞图册源自元代[②]。而林增杰等则认为，明太祖朱元璋"在总结宋代经界法及鱼鳞图经验的基础上，创立了鱼鳞图册制度"[③]。时至今日，随着资料发掘与研究深入，南宋说已被多数学者认同。

然鱼鳞图册具体起源于南宋何时，研究者又有不同说法。具体而言，可分为绍熙说、嘉定说、绍兴说。首先提出绍熙说的是梁方仲，其在考证"鱼鳞图册之来源"时，引证的最早史料是朱熹在绍熙元年（1190年）《晓示经界差甲头榜》中有关"画鱼鳞图"的记载，认为绍熙元年朱熹在漳州的土地经界为鱼鳞图册来源之始[④]。何炳棣说："划时代的鱼鳞册终于在嘉定十七年编制完成，首次在金华地区出现。"[⑤]嘉定十七年即1224年，他认

① 梁方仲：《明代鱼鳞图册考》，《地政月刊》1933年第1卷第8期，载《梁方仲经济史论文集》，中华书局1989年版。

② 刘敏：《明代"鱼鳞图册"考源》，《学习与思考》1982年第1期。

③ 林增杰、严星、谭峻：《地籍管理》，中国人民大学出版社2001年版，第25页。

④ 梁方仲：《明代鱼鳞图册考》，《地政月刊》1933年第1卷第8期。

⑤ 何炳棣：《南宋至今土地数字的考释和评价（上）》，《中国社会科学》1985年第2期。

为这是婺州经界完成的时间，从而判定鱼鳞图册在南宋嘉定时期首次出现。尚平论述了南宋砧基簿与鱼鳞图册的关系，认为鱼鳞图册是由砧基簿演变而来，大致形成于南宋中期①。1983年，王曾瑜发表《宋朝的鱼鳞簿和鱼鳞图》，指出宋代有保甲鱼鳞簿和经界鱼鳞图，为两种不同图籍，并认为"从南宋初绍兴年间开始，鱼鳞图已成经界时必备之图籍，而得到相当普遍的行用"②。其他研究者的说法大致不超出以上各家之说范围，不再胪列。本文拟就鱼鳞图册到底起源于南宋何时，试作探讨，敬请批评指正。

一、"鱼鳞图"之称首现时间

关于鱼鳞图册的起源时间，研究者多以文献记载中"鱼鳞图"之称首次出现的时间为据，来确定鱼鳞图册的起源时间。南宋时期，现存文献中出现"鱼鳞图"之称的记载，主要有以下几则。其中被引用最多的是《宋史·食货志》的一段记载：

> 知婺州赵愚夫行经界于其州，整有伦绪，而愚夫报罢。士民相率请于朝，乃命赵师嵒继之。后二年，魏豹文代师嵒为守，行之益力。于是向之上户析为贫下之户，实田隐为逃绝之田者，粲然可考。凡结甲册、户产簿、丁口簿、鱼鳞图、类姓簿二十三万九千有奇，创库匮以藏之，历三年而后上其事于朝。③

该记载言赵愚夫知婺州推行经界，其后赵师嵒、魏豹文继之，行之益力，并言及造有"鱼鳞图"等各种册籍。《宋史》叙其事系始于南宋嘉定八年（1215年）。《宋会要辑稿》中也有关于此事的记录：

① 尚平：《南宋砧基簿与鱼鳞图册的关系》，《史学月刊》2007年第6期。

② 王曾瑜：《宋朝的鱼鳞簿和鱼鳞图》，《中国历史大辞典通讯》1983年第1期，载《锱铢编》，河北大学出版社2006年版。

③ 〔元〕脱脱等：《宋史》卷173《食货志上一》，中华书局1985年版，第4179页。

嘉定十四年十一月四日臣僚言，臣闻“仁政必自经界始”，孟轲有是言也。然近年经界一事，每难于讲画，而则败于垂成，惟官吏纵贪而取赢，故民心多疑以求免。有如诸郡赋役不均，豪右得志，穷弱受害，婺之为郡，乃其尤者。迩来谏臣台察，相继论奏，委曲详尽，诏旨赐可，德惠至渥。臣窃聆此令既颁，环婺之境，小民欢呼，豪右失色，可谓盛举。第如守臣赵师嵒申台状，则惩前守赵悫夫之覆辙，不无过虑。悫夫经界兰溪，颇见端绪，强家合力，厚有所携，逐去乃已。师嵒欲得本台主盟，遇有诉者，勿与受理。①

从以上所记，可知赵悫夫等在婺州经界所造鱼鳞图册之事，是在南宋嘉定时期。这是鱼鳞图册起源于嘉定的主要依据。

而研究者又发现，南宋绍熙元年（1190年），朱熹在漳州经界时也提到了“鱼鳞图”，其在《晓示经界差甲头榜》中列有下项：

打量纽算，置立土封，桩摽界至，分方造帐，画鱼鳞图、砧基簿，及供报官司文字应干式样，见已讲究，见得次第，旦夕当行。镂版散下诸县，庶几将来经界，大小甲头等人各通晓，免至临时雇募他人，重有所费。②

其中明确提到在经界田土之际须“画鱼鳞图”。对此何炳棣说，朱熹在“1190年的榜示很可能是现存文献中最早提到鱼鳞图这个名词的”。这一记载成为鱼鳞图册起源于绍熙的主要根据。

不过，应注意的是，比上述所引史料更早的关于鱼鳞图的记载，还可在现存南宋史籍中见到。前述王曾瑜发表的《宋朝的鱼鳞簿和鱼鳞图》一文，征引了《历代名臣奏议》所载洪遵的上奏，其中即有“鱼鳞细图”的说法。原文如下：

① 〔清〕徐松辑：《宋会要辑稿》食货70《经界杂录》，中华书局1957年版，第6437页上。

② 〔宋〕朱熹：《晦庵先生朱文公文集》卷100《公移·晓示经界差甲头榜》，载《四部丛刊》初编，上海涵芬楼藏明刊本，商务印书馆1929年版，第9页。

绍兴中遵又荐用林珣，上奏曰："右臣伏睹右通直郎、新差通判、福州军州事林珣，本出书生，敏于为政，治民有受利之行，持己有公廉之称……后知常州无锡县。旧例，令佐四厅催科，浮民得以为奸，号为杂催者，至七百余人，因缘侵渔，人蒙其害。经界复实官在县置枷械于门，追呼自便。又于太（大）保长名下勒取丁口图帐七千余本，皆鱼鳞细图，期限严峻，遂以重价就买官中本送纳。珣始至之日，即时禁止。"①

洪遵（1120—1174年），南宋绍兴至乾道时大臣，著名钱币学家。其在绍兴时曾任户部侍郎、翰林学士等职，为官正直，多次上奏，荐举贤能。上述奏文言他于绍兴年间曾荐用无锡知县林珣，但具体年份不详。幸南宋《咸淳毗陵志》尚存于世，据该志载，林珣是在绍兴十九年（1149年）十二月至绍兴二十年（1150年）八月任常州府无锡县知县的②。从上述引文中"珣始至之日，即时禁止"可知，文中所言之事，当发生在绍兴十九年底。而洪遵所上奏文的时间亦不会太晚，即在绍兴二十年或稍后几年时间。

考绍兴经界，李椿年于绍兴十二年（1142年）上经界奏文，次年朝廷正式在各地推行，至绍兴二十年（1150年）前后长江下游地区基本结束。故可确认，林珣在无锡县禁止勒取与购买的"丁口图帐"，正是绍兴经界所产生的存于官府及民间的各种图籍，而从其所言"皆鱼鳞细图"，可知其中有大量的经理田土册籍，并被称为"鱼鳞细图"。史载，洪遵曾于绍兴十五年（1145年）至绍兴十八年（1148年）任常州通判③，其后不久所荐无锡知县林珣，乃为常州府下属。洪遵是绍兴当时之人，所言为当时之

---

① 〔明〕黄淮、杨士奇：《历代名臣奏议》卷143《用人》，载《文渊阁四库全书》史部第437册，上海古籍出版社1989年版，第33页。

② 〔宋〕史能之纂：咸淳《重修毗陵志》卷10《秩官四·知县》，载《宋元方志丛刊》第3册，中华书局1990年版，第3037页。

③ 〔宋〕史能之纂：咸淳《重修毗陵志》卷9《秩官·郡官》，载《宋元方志丛刊》第3册，第3027页。

事。鱼鳞图之称在绍兴年间已然出现，乃无疑问。

二、绍兴经界与所造图籍

那么，绍兴年间所称鱼鳞图到底是怎样一种册籍？绍兴经界又都造有哪些图籍呢？

绍兴经界是南宋初年采取的一项重要社会经济举措。当时，南宋政权刚确立不久，社会经济秩序亟待整顿：

> 兵火之后，文籍散亡，户口租税虽版曹尚无所稽考，况于州县乎！豪民猾吏因缘为奸，机巧多端，情伪万状，以有为无，以强吞弱。有田者未必有税，有税者未必有田。富者日以兼并，贫者日以困弱。①

而在这后面潜在的更大历史背景是，自唐中叶均田制败坏以后，土地私有成为主流，特别是进入宋代以后，田制不立，不抑兼并，土地私有迅速发展并占据了主导地位。"富者有资可以买田，贵者有力可以占田，而耕田之夫率属役于富贵者也。"②土地的占有，不再是由官府授田所得，而主要是通过分析承继、田土买卖或土地兼并等手段获取。于是，业户占有土地的分布形态也呈现出新的局面，大多不是连成一片，"诸色之田，散漫参错，尤难检计"③。一方面，业户土地占有极为分散，加之豪民猾吏机巧多端，情伪万状；另一方面，对统治者来说，土地税收仍为财赋来源，乃是立国之本，经济命脉，须臾不可离开。这样，官府如何准确地掌握业户占有土地的实际数量以确保稳定的赋税来源，则成为统治者面临的一个新的历史课题。

---

① 〔清〕徐松辑：《宋会要辑稿》食货6《经界》，第4897页。

② 〔元〕马瑞临：《文献通考》卷2《田赋二·历代田赋之制》，载万有文库《十通》影印本，浙江古籍出版社2000年版，第43页。

③ 〔宋〕朱熹：《晦庵先生朱文公文集》卷19《条奏经界状》，第36页。

关于核实业户田土，宋之前各代曾实行"自实""手实""首实"等举措，即先由业户自己陈报，再经官府核实。这种方法的实质，乃是以人为主，以地从人。在以授田制为主的时代，通过以地从人的方法，官府仍可基本掌握业户占有土地的状况。而在新的历史条件下，业户占有土地极为分散，且土地流转频繁，租佃关系发达，加之作弊多端，传统的"自实""手实"，即从人户路径入手核实田土的方法，必致隐漏多多，且无法检核，已很难奏效。在这样一个历史节点上，新的制度萌生了。北宋时期推行的方田法即是一种新的尝试。所谓方田法，即"以东西南北各千步，当四十一顷六十六亩一百六十步，为一方……分地计量……方量毕，以地及色参定肥瘠而分五等，以定税则……揭以示民，一季无讼，即书户帖，连庄帐付之，以为地符"①。其实质，则是从清丈土地入手，以地为主，以人从地的方法来核实业户的土地，以均赋税。但方田法只能在平原地区施行，还有很大局限。

南宋的绍兴经界，则继承了方田法清丈土地、以人从地的方略，且有新的发展和突破。它克服了方田法的局限，使之趋于成熟。

具体来说，绍兴经界乃缘起于吴江县的"按图核实"。绍兴十二年（1142年）十一月李椿年在奏请推行经界时说：

> 臣尝闻于朝廷，有按图核实之请。其事之行，始于吴江知县石公辙，已尽复得所倚阁之数外，又得一万亩，盖按图而得之者也。以此知臣前所请不为妄而可行明矣。臣愚欲望陛下断而行之，将吴江已行之验，施之一郡，一郡理，然后施之一路，一路理，然后施之天下，行之以渐，而迟以岁月，则经界正，而陛下之仁政行乎天下矣，天下幸甚。诏专委李椿年措置。②

这是一则十分重要的记载，它明确地告诉了我们绍兴经界的缘起。当绍兴经界在全国正式推行之前，平江府（苏州）吴江知县石公辙已在该县实行

---

① 〔元〕脱脱等：《宋史》卷174《食货志上二》，第4199页。
② 〔清〕徐松辑：《宋会要辑稿》食货6《经界》，第4897—4898页。

了"按图核实",即通过丈量土地、攒造图籍来核实业户田土,并且取得了成功。除了完全补足该县"倚阁"即缓征拖欠之数外,又多得一万亩。石公辙是在绍兴初任吴江知县的,此事发生在绍兴初年①。李椿年就是用"吴江已行之验"多次奏请皇帝,向全国推行经界,从而受到朝廷专委,以措置经界。绍兴十二年(1142年)十二月,李椿年在"被旨措置经界事"中,亦首先言明:"今欲先往平江府措置,候管下诸县就绪,即以次往其余州军措置经界。要在均平,为民除害,更不增添税额。"②后来,当绍兴经界结束之际,仍提及平江府"已行事理":"(绍兴)二十年二月五日,户部言措置经界,所有诸处申到文字及人户词诉等事,令本路措置结绝。其未经界去处,限一月委转运司并守臣,依平江府已行事理施行。"③可见,平江府的经界措施,实为绍兴经界始终依据的成功经验。

上述引文中,对"吴江已行之验"并未做具体说明,但已指出其主要的关键做法乃是"按图核实",其所增田亩数,也是"按图而得之者"。随后,李椿年上言被旨措置经界的各项事宜,其中不止一次提到"按图核实":

> 今画图,合先要逐都耆邻保在(伍),关集田主及佃客,逐丘计亩角押字,保正、长于图四止押字,责结罪状,申措置所,以俟差官按图核实。稍有欺隐,不实不尽,重行勘断外,追赏钱三百贯,因而乞取者,量轻重编配,仍将所隐田没入官。有人告者,赏钱并田并给告人。如所差官被人陈诉,乞许亲自按图核实,稍有不公,将所差官按刻(勃)取旨,重行审责。如所诉虚妄,从臣重行勘断。④

这里所言主要有两项,首先是"画图",其次是差官按图核实。其中对按图核实所用文字较多,强调稍有欺隐,不实不尽,即重行勘断,对欺隐者

---

① 〔清〕乾隆《吴江县志》卷19《长官》,载《中国方志丛书》华中地方第163号,台北成文出版社1975年版,第541页。

② 〔清〕徐松辑:《宋会要辑稿》食货6《经界》,第4897页。

③ 〔清〕徐松辑:《宋会要辑稿》食货6《经界》,第4903—4904页。

④ 〔清〕徐松辑:《宋会要辑稿》食货6《经界》,第4898页。

加以处罚。但对画图亦有言及，所谓画图，即是逐都逐保集结者邻、保伍及田主、佃客，"逐丘计亩角押字，保正、长于图四止押字"，所言"逐丘计亩角押字"，即包含了对各保每一丘段田土的丈量和面积计算，核准无误，有关人员一一押字，然后上报措置经界所，以俟差官按图核实。可见，画图是经界首先要做到的一步，是按图核实的前提。

何炳棣认为，"所谓的'画图'实在是田主自绘的丘块示意图"，"南宋土地经界数字并非得自履亩勘丈"，"都是一贯地实行田主自行陈报亩角并自行绘制丘块示意图"①，根本否认打量画图、履亩丈量的存在。这与绍兴经界的历史实际不符。

打量画图的实施及其重要性，从绍兴经界所经历的波折中即可看出。绍兴十五年（1145年），李椿年以忧去命，王铁以户部侍郎代之，并改变了李椿年的做法，对"两浙诸州县已措置未就绪去处，更不须图画打量、造纳砧基簿"，"令民十家为甲自陈，不复图画打量，即有隐田以给告者"。结果"缘为未曾差官复实，致有隐匿亩角土色，不实不尽，诡名挟户之类"②。王铁实行的结甲自陈之法，因不须画图打量，致使隐匿田土、诡名挟户等痼疾重发，而达不到经界的目的。这正说明了是否实施打量画图乃是绍兴经界的关键所在。至绍兴十七年（1147年）春，李椿年免丧复故官，专一措置经界，才恢复了之前的做法，其在措置两浙路经界事件中则言：

> 本路州县经界，已用打量及砧基簿计四十县，欲乞结绝。未曾打量及不曾用砧基簿，止令人户结甲去处，窃虑大姓形势之家，不惧罪责，尚有欺隐，欲乞令措置行下州县，依旧打量画图，令人户自造砧基簿，赴官印押施行讫，申本所差官复实。稍有欺隐，不实不尽，即依前来已得指挥断罪追赏。③

① 何炳棣：《南宋至今土地数字的考释和评价（上）》，《中国社会科学》1985年第2期。
② 〔清〕徐松辑：《宋会要辑稿》食货70《经界杂录》，第6433页。
③ 〔清〕徐松辑：《宋会要辑稿》食货70《经界杂录》，第6435页。

此外，在该文以下所列各项经界措置中，亦多次申令"今来打量，依实供具，画图入帐"，"打量画图"，"近承画图指挥，依旧打量"，等等。北宋欧阳修云："以丈尺量地曰打量。"所谓"打量"，即丈量田土，为宋代清丈土地的通用说法。

关于绍兴经界中实施的打量田土、按图核实的具体事例，还见于其他记载。如南宋楼钥《攻媿集》中载有汪大猷行状，其中云：

> 本贯庆元府鄞县武康乡沿江里汪大猷，字仲嘉，年八十有一，状……遂中十五年进士乙科。秩满，官升左从事郎，为婺州金华县丞。处事益明，期限必信……时户部侍郎李公椿年建议行经界，选公为龙游县复实官，约束严峻，已量之田，隐藏亩步，不以多寡，率至黥配，盛气临人，无敢忤者。公独曰，愚民不识弓步，不善度量，若田少而所供反多，须使之首复，乃可并行。李公问，当何如？公曰，凡有不实，许其自陈，俟验实与改正，悉皆施行，受赐者已不知其几。既至，躬行阡陌，唱弓量之，目则已默计其广袤之实，吏运筹久之，无毫厘差，观者以为神。凡事俱有方略，邑人鼓舞，旁县皆取为法。事毕躬纳图帐。[1]

《金华府志》中亦载有汪大猷的相关事迹：

> 汪大猷，字仲嘉，鄞县人，由进士绍兴间任。争财者谕以长幼之礼，悦服而退。李椿年行经界法，约束甚严，檄大猷复视，请不实者得自陈，毋遽加罪。[2]

从该事例可知，在绍兴经界的实际推行中，主持者"躬行阡陌，唱弓量之"，是实施了打量即丈量田土这一做法的；初步丈量之后又差官复实；

---

① 〔宋〕楼钥：《攻媿集》卷88《敷文阁学士宣奉大夫致仕赠特进汪公行状》，清武英殿聚珍版丛书本，紫禁城出版社2012年版。

② 〔明〕周宗智纂：成化《金华府志》卷12《官师二》，台湾学生书局1965年版，第741页。

其执法严峻，"已量之田，隐藏亩步，不以多寡，率至黜配，盛气临人，无敢忤者"；最后并造有图帐上纳。

其后不久朱熹论经界时，亦对绍兴经界的打量步亩、攒造图帐等做法，特别予以称赞和强调：

> 经界利害，如前所陈，则其不可不行审矣。然行之详略，又有利害者。盖版籍之所以不正，田税之所以不均，政缘教化未明，风俗薄恶，人怀私意，不能自克。是以因循积弊，以至于此，虽有教化，亦未可以卒然变也。况今吏治何暇及此，而遽欲版图之正，田税之均，是岂不差官、不置局、不打量步亩、不攒造图帐，之所能办乎？所以绍兴年中虽以秦太师之权力、李侍郎之心计，然犹不惮甚劳大费，以至淹历岁时之久，而后能有成也。若如议者之言，即是熙宁手（"手"疑当作"首"，去声——原注）实之法，其初虽若简易，其终必将大起告讦之风，徒伤淳厚之俗，而卒不足以得人户田产有无多寡之实，又反不如偷安度日，都不作为之为愈也。抑绍兴经界立法甚严，人所创见，莫不震悚，然而奸猾之民，犹有故犯之者，况于今日以此苟简之法，施之玩习之民，而欲妄意簿正而税平，岂可得哉！此经界详略之利害者然也。①

这里，朱熹列出了绍兴经界实施的几个重要步骤，即差官、置局、打量步亩、攒造图帐，并称赞其"不惮甚劳大费，以至淹历岁时之久，而后能有成也"。所谓甚劳大费、淹历岁久，主要指的是打量步亩、攒造图帐之事。因为打量一事，最费功力；而攒造图帐，则所费甚巨。关于绍兴经界实行打量步亩之事，朱熹在另一处亦有提及：

> 至如经界一事，固知不能无小扰。盖驱田里之民，使之随官，荷畚持锸，揭竿引绳，以奔走于山林田亩之间，岂若其杜门安坐饱食而嬉之为逸哉？但以为若不为此，则贫民受害，无有已时，故忍而为

---

① 〔宋〕朱熹：《晦庵先生朱文公文集》卷21《经界申诸司状》，第17页。

之，庶其一劳而永逸耳。若一一恤此，必待其人人情愿而后行之，则无时而可行矣。且如此间，绍兴年间正施行时，人人嗟怨，如在汤火之中，是时固目见之，亦以为非所当行，但讫事之后，田税均齐，里闾安靖，公私皆享其利，遂无一人以为非者。①

所言"盖驱田里之民，使之随官，荷畚持锸，揭竿引绳，以奔走于山林田亩之间"，显然是指绍兴经界实施的履亩丈量之事，因其驱民奔走，故招嗟怨。此则文字还可证明，履亩丈量是由官府组织的，绝非所谓"一贯地实行田主自行陈报"。

朱熹还将绍兴经界与北宋熙宁年间实行的手实法做了对比，指出手实法虽若简易，但终不足以得人户田产有无多寡之实，反而扰民，不如不做。所以，在论及绍兴经界时，对其实施的打量步亩、攒造图帐这一步决不能忽略，它不是可有可无的，实为其最重要的一环，这是绍兴经界得以成功的关键。

绍兴经界打量步亩，按图核实，最后攒造各种图帐，当时称之为"画图供帐"，或"画图入帐"。绍兴二十年（1150年）二月，李椿年的继任者宋贶谈及绍兴经界时说：

> 壬子，权户部侍郎宋贶言，契勘经界本意，务要革去侵耕冒佃，诡名挟户，逃亡死绝，虚供抵当，差科不均，乡司走弄二税之弊，使民有定产，有定税，税有定籍。后来缘以画图供帐，分立土色等则，均任苗税，转生奸弊，遂致久不能结绝。②

画图供帐实施的整个过程，十分繁杂，需动用各方面人力物力，耗时费力。首先必须对都保所属田土，逐丘丈量，计算面积，分立土色，确定税则，核实业主，集合耆邻、保伍及田主、佃客，逐丘计亩角押字，再经复实官按图核实无误，最后才能将所画之图攒造成各种帐籍。正因为其十分

① 〔宋〕朱熹：《晦庵先生朱文公文集》卷49《书·答王子合》，第14页。
② 〔宋〕李心传：《建炎以来系年要录》卷161，绍兴二十年二月壬子条，载《文渊阁四库全书》史部第327册，第244页。

繁杂，工作量巨大，且牵动面广，难度大，易转生奸弊，遂使绍兴经界耗时较长，致有久不能结绝者。

"画图供帐"或"画图入帐"的"帐"，一般指的就是册籍。宋之前，与人口和土地有关的官府册籍，一般多称为"帐籍"或"籍帐"，宋代仍延续这种说法，至绍兴时仍是如此。关于绍兴经界所造册籍，现存史料记载并不多，但有关绍兴经界的史料中，多处明确记有"画图供帐"或"画图入帐"等相关文字，如前引仅无锡县丁口图帐就有"七千余本，皆鱼鳞细图"之事例。所以绍兴经界通过打量田土与按图核实，最后造有与丈量土地相关的各种图籍，这是确定无疑的。《宋会要辑稿》中即明确载有绍兴经界中的"打量图帐"：

> 庆元元年二月七日，臣僚言：财赋源流所系在图籍，倘图籍之不明，则财用之不足，此必然之理也。伏自经界之久，打量图帐，一皆散慢（漫），递年税籍，又复走弄，所以州县日益匮乏，莫知所措，虽欲稽考，猝难搜索。乞申严行下，应经界以来打量图帐，与夫逐年乡司税籍，并行拘置官府，以候检核；民间或有隐匿，并与乡司同坐侵移之罪，不以赦降原减。从之。①

庆元元年即1195年，距离绍兴经界结束之时已有40余年，所言"伏自经界之久"，显然是指之前的绍兴经界，所称"打量图帐"，即指绍兴经界中所造丈量土地的图籍簿册。由此可知，绍兴经界已专门造有丈量土地的图籍——"打量图帐"；又可知，这种打量图帐，在绍兴经界后一直是官府检核税赋的重要图籍，乃财赋源流之所系。

关于绍兴经界画图供帐所造册籍，朱熹有颇为全面的论述。

朱熹（1130—1200年），于绍兴十八年（1148年）登进士及第，绍兴二十一年（1151年）授福建同安主簿，后亦在其他地方从政。朱熹是绍兴经界同时代人，深知经界实行与否对国计民生之利害。绍熙元年（1190年），"是岁朱熹守漳州，复以三州经界为请。熹初为同安簿，已知经界不

---

① 〔清〕徐松辑：《宋会要辑稿》食货69《版籍》，第6346页。

行之害。及到任，会臣僚有奏请行于闽中者，诏监司条具利害以闻，监司下其事于州，适与熹初意合。即加访问讲求，纤悉毕至，以至方量算造之法，尽得其说"①。朱熹向朝廷连上《条奏经界状》《经界申诸司状》《再申诸司状》等，极言推行经界之必要。然朝廷迟迟不决，直到年底才下旨"先将漳州经界措置施行"，但农闲时间即将错过，朱熹只好申请来年十月方行打量。这期间，漳州经界仍受到朝廷与地方各种势力的阻挠和反对。绍熙二年（1191年）正月，朱熹长子朱塾卒，朱熹无奈以治子丧请辞，漳州经界未能推行下去。不过，朱熹为漳州经界做了大量的筹备工作，诸如选择官吏、招募谙晓算法之人，发布榜示，乃至差人于邻近州县已行经界处取会绍兴年中施行事目，等等。在其所上奏请和所发榜示之中，详细解释了经界的各种"可行之术"，诸如差官、置局、打量、画图、攒造图帐等。朱熹是绍兴同时代人，亦是绍兴经界的亲历者，他一再声称，其倡行之经界，乃是"仰遵绍兴已行之故典"，"今来经界乃是绍兴年中已行之法"，"经界之法当依绍兴年例"，"绍兴已行之法诚不可易"②，等等。故其所列各项，既是对漳州经界的筹划，同时也是对绍兴经界的解读。当然其中亦有对绍兴经界"一二未尽善者"加以改进之处，朱熹奏言：

> 经界之行否详略，其利害已悉具于前矣。今欲行之，则绍兴已行之法，诚不可易。但当时所行，亦有一二未尽善者，如不择诸道监司以委之，而至于专遣使命，不择州县官吏，而泛委令佐，至其中半，又差官复实以纷更之，此则今日之所不可不革者也……盖县令不能，则择于其佐，佐又不能，则择于它官，一州不足，则取于一路，见任不足，则取于得替待阙之中，皆委守臣，踏逐申差，权领县事，要以得其人而后已……则差官置局必可行之说也。

> 至于打量一事，则其势不得不少劳民力。但一县之地，大者分为数百千保，小者分为数十百保，使之分头散出，各自打量，则亦不至

---

① 〔宋〕《两朝纲目备要》卷1，载《文渊阁四库全书》史部第329册，第702页。

② 〔宋〕朱熹：《晦庵先生朱文公文集》卷100《公移·晓示经界差甲头榜》，第9页。

多费时月，而绍兴遗法亦必有能识之者。此打量步亩必可行之说也。

至于图帐之法，始于一保，大则山川道路，小则人户田宅，必要东西相连，南北相照，以至顷亩之阔狭，水土之高低，亦须当众共定，各得其实。其十保合为一都，则其图帐但取山水之连接与逐保之大界总数而已，不必更开人户田宅之阔狭高下也。其诸都合为一县，则其图帐亦如保之于都而已，不必更为诸保之别也，如此则其图帐之费亦当少减。然犹窃虑今日民力困弊，又非绍兴年中之比，此费虽微，亦恐难以陪备，若蒙朝廷矜怜三郡之民，不忍使之更有烦费，则莫若令役户只作草图草帐，而官为买纸雇工，以造正图正帐……此则攒造图帐必可行之说也。[①]

可知朱熹改进之处主要是，经界差官不再专遣使命，而择州县官吏；打量步亩派员分头散出，各自打量，以少劳民力；图帐攒造向上逐级简化，役户只作草图草帐，官为买纸雇工，造正图正帐，以减少负担费用等。而经界的基本做法仍是遵循绍兴当年已行之法。

就攒造图帐而言，通过朱熹所述，可认证绍兴经界是以都保为单位，逐丘丈量，画鱼鳞图；先造保簿，然后诸保合为一都，只登大界及总数；诸都合为一县，亦如保之于都。前引李椿年与汪大猷的对话中亦谈及于此：

李公（李椿年）又欲以十保合为一图，仍与邻都犬牙相入。公（汪大猷）曰：一保之图用纸二百番，已无地可展，又从而十之，不惟不能图画，亦安所用之，徒重劳费，无益于经界也。由是诸郡俱免催科办事。[②]

此外，《建炎以来系年要录》亦有相关记载：

（绍兴十三年闰四月）壬寅，诏人户应管田产，虽有契书而今来

---

① 〔宋〕朱熹：《晦庵先生朱文公文集》卷21《经界申诸司状》，第17页。

② 〔宋〕楼钥：《攻媿集》卷88《敷文阁学士宣奉大夫致仕赠特进汪公行状》，第3页。

不上砧基簿者，并拘没入官，用两浙转运副使措置经界李椿年请也。时椿年行经界法，量田不实者，罪至徒流。江山尉汪大猷复视龙游县，白椿年曰：法峻民未喻，固有田少而供多者，愿许首复改正。又谓每保各图顷亩林塘，十保合一大图，用纸二百番，安所展视？椿年听其言，轻刑省费甚众。大猷，鄞县人也。[①]

这里言汪大猷系江山县尉，与前引《攻媿集》中所记其为金华县丞有所不同。但两则史料关于汪大猷在绍兴经界中相关事迹的记述却是一致的。从这里首先可以看出，绍兴经界有"一保之图"，"每保各图顷亩林塘"，这与朱熹所言"图帐之法，始于一保"可相互印证，即绍兴经界造有保簿，颇为明确。又，关于"十保合为一图"之事，在汪大猷复实的龙游县似未实行，而绍兴经界是否均未实行，这里并未说明。不过，从后来朱熹建议对"十保合为一都""诸都合为一县"加以简化来看，当是绍兴经界时较为普遍的做法。

总之，画图供帐、画图入帐是绍兴经界的关键与核心。绍兴经界通过逐丘打量，纽算步亩，核实田主，画鱼鳞图，而造有各种图帐。其中既有描画各田土丘段、详录人户田宅的鱼鳞细图，也有"十保合为一图"的鱼鳞总图；既有以保为单位，"每保各图顷亩林塘"的保簿，也有登载合都、合县总数的各级总簿；既有以田土丘段为序、以户从田的土地清丈册，也有登载各户所有田产、以地从人的砧基簿，即归户册。应该说，绍兴经界有关鱼鳞图册的基本框架已经确立，各种鱼鳞册籍的雏形已经显现。

三、砧基簿与鱼鳞图

关于绍兴经界所造图籍，迄今研究注意较多的是砧基簿。砧基簿确为绍兴经界所造之一重要册籍。砧基簿与鱼鳞图籍的关系十分密切。鱼鳞图

---

① 〔宋〕李心传：《建炎以来系年要录》卷148，绍兴十三年四月壬寅条，载《文渊阁四库全书本》史部第327册，第76页。

是通过全盘清丈土地来核实业户所占有的田土，但鱼鳞图帐中所呈现的各业户土地占有是分散的；砧基簿则是以人户为中心来总括本户所占有的土地，这是征调赋役所需要的。在鱼鳞图册制度体系中，这两种册籍均不可缺少。二者看似相伴相生，但鱼鳞图是基础和前提，砧基簿是根据鱼鳞图攒造的，而不是相反。此前研究对二者关系多叙述不清，甚至搞颠倒了。关于绍兴经界砧基簿与鱼鳞图的关系，至少应辨明以下几点。

(一)砧基簿不应与鱼鳞图混为一谈

不少研究者在论及绍兴经界和鱼鳞图册起源时，只提砧基簿这一种册籍，给人的印象是绍兴经界仅造有砧基簿；或者虽然也提到了鱼鳞图，但由于砧基簿上也画有鱼鳞图，从而认为所谓鱼鳞图，所谓画图，就只是针对砧基簿上的鱼鳞图而言的，并未指明鱼鳞图乃是绍兴经界所造的另外一种重要册籍，多将二者混为一谈。典型的例子，可以举出何炳棣在《南宋至今土地数字的考释和评价（上）》中所言："南宋通用的'打量'，就是明清的'丈量'。表面字义虽是测量土地，真正的性质却与实际测量有很大的区别。南宋土地经界数字并非得自履亩勘丈，可从李椿年的原奏和代他主持全国经界两年的户侍郎王铁的原奏中，得到坚强的证明。"然而，查阅原文不难看出，在李椿年的原奏中［见本节"（二）先攒鱼鳞图，后造砧基簿"引文］，措置经界打量画图，与其后所造砧基簿，分明是两种不同册籍，措置经界画图与砧基簿画图，乃是两种不同册籍上的画图。而何氏则将措置经界打量画图与其后所造砧基簿完全混为一谈，特别是在引证时对原文加以删节，将两种不同册籍上的画图合在一起论证，从而否认履亩丈量的存在[1]。

如前所述，绍兴经界不仅造有砧基簿，还造有鱼鳞图等其他多种图籍。在有关绍兴经界的记载中，多有"图帐""画图供帐""画图入帐""画图造帐""打画图本""打量图帐"等提法。"图帐"，既是册籍的泛称，

---

[1] 何炳棣：《南宋至今土地数字的考释和评价（上）》，《中国社会科学》1985年第2期。

亦有具体所指。这里的"图",即指鱼鳞图;"帐",即指帐籍或籍帐;"图帐",即绍兴经界所造各种鱼鳞帐籍。在绍兴经界中,各地多曾造完这种图帐,而为核实田亩、施行均税等所用:

> (绍兴二十年七月)二十三日,前权知资州杨师锡言:"乞诚谕逐路元委监司,令责自逐州守臣,恪意遵奉,躬亲照应,逐县逐都已造到图帐,已均了税数,一一核实……如是,前日经界打量不为虚文,后来所毕帐籍可凭用矣。"诏令逐州县,遵依今年三月二十一日手诏施行。[①]

这些鱼鳞图帐遂成为南宋官府的重要版籍。几十年后,至淳熙时,官府曾对绍兴经界版籍图帐进行过整顿:

> (淳熙)八年闰三月十七日,知江阴军王师古言:"经界版籍图帐历时浸久,令宰不职,奸胥豪民恶其害已,阴坏其籍,间有稍存处,类不藏于公家,而散在私室,出入增损,率多诈伪。乞下诸路漕司,专委知县主簿,根刷经界元在图帐簿籍,拘收入官,整缉齐备,置厨封锁于厅事之右。其散失者,将逐年版簿参对,间有疑误,则证以官本砧基,官本有阙,则以民户所存者参定,一依经界格式,置造簿籍。自今凡有分析及出产受产之家,以此为祖,即时逐项批凿,庶几欺弊可革。"从之。[②]

其所言"经界版籍图帐""经界元在图帐簿籍",即指绍兴经界所造图帐,它是作为版籍而被官府收藏使用的。绍兴经界图帐是有一定格式的,特别是从这里可明确看出,作为官府版籍的图帐,与官府收藏的砧基簿并不是同一种册籍,故用它来检证版籍图帐。绍兴经界所造各种图籍,既相互关联,又各自独立成册。就砧基簿与鱼鳞图而言,二者虽关系密切,但又是绍兴经界所造的不同图籍,不应混为一谈。

---

① 〔清〕徐松辑:《宋会要辑稿》食货6《经界》,第4904页。
② 〔清〕徐松辑:《宋会要辑稿》食货69《版籍》,第6345—6346页。

（二）先攒鱼鳞图，后造砧基簿

不少学者认为，鱼鳞图册是从砧基簿演变而来，即先有砧基簿，后有鱼鳞图册[①]。也有学者提出不同看法，认为鱼鳞图册是从砧基簿演变而来的说法，不符合绍兴经界的实际情况[②]。请看李椿年提出的关于措置经界与置造砧基簿的原文，即何炳棣所称李椿年原奏：

（绍兴十二年）十二月二日，两浙转运副使李椿年言：被旨措置经界事，臣今有画一下项：

一、今来措置经界，应行移文字，并乞以转运司措置经界所为名……

一、今画图，合先要逐都耆邻保在（伍），关集田主及佃客，逐丘计亩角押字，保正、长于图四止押字，责结罪状，申措置所，以俟差官按图核实，稍有欺隐，不实不尽，重行勘断外，追赏钱三百贯。因而乞取者，量轻重编配，仍将所隐田没入官；有人告者，赏钱并田并给告人。如所差官被人陈诉，乞许亲自按图核实，稍有不公，将所差官按刻（劾）取旨，重行审责，如所诉虚妄，从臣重行勘断。

一、乞许于本路军州（州军）委自知、通踏逐保明精勤廉谨官三两员，不以有无拘碍，发遣前来，从臣差委逐都复实。俟平江措置就绪，却（即）令归本州依仿施行。

一、所委官自能于本州依（效）仿施行就绪，无人陈诉，乞从保明申朝廷，乞赐推恩施行。

一、有措置未尽事件，许续具申请。从之。

既而椿年又言："今欲乞令官民户，各据画图了当，以本户诸乡管田产数目，从实自行置造砧基簿一面，画田形丘段，声说亩步四至，元典卖或系祖产，赴本县投纳，点检印押类聚，限一月数足，缴

---

① 尚平：《南宋砧基簿与鱼鳞图册的关系》，《史学月刊》2007年第6期。

② 葛金芳：《中国近世农村经济制度史论》，商务印书馆2013年版，第332—334页。

赴措置经界所，以凭照对画到图子审实，发下给付人户，永为照应。日前所有田产，虽有契书，而不上今来砧基簿者，并拘入官。今后遇有将产典卖，两家各赍砧基簿及契书赴县对行批凿，如不将两家簿对行批凿，虽有契帖干照，并不理为交易……"①

这段文字所言，首先是"两浙转运副使李椿年言：被旨措置经界事"，其次才是置造砧基簿之事。《宋会要辑稿》将二者作为绍兴经界的基本条例编辑在一起，遂成为考察绍兴经界与砧基簿的最基本史料。但二者在历史上并不是同时发生的。先是绍兴十二年（1142年）十二月二日公布李椿年措置经界事，而置造砧基簿之事，则在其后，故《宋会要辑稿》说"既而椿年又言"，然"既而"二字常被研究者忽略。考诸相关史籍得知，"（绍兴十三年闰四月）壬寅，诏人户应管田产，虽有契书而今来不上砧基簿者，并拘没入官。用两浙转运副使措置经界李椿年请也"②。即李椿年提出置造砧基簿之请是在"绍兴十三年闰四月"，距前公布措置经界事已有五个月之久，这清楚地表明，绍兴经界是先进行画图打量，后来才提出置造砧基簿的。这是研究绍兴经界首先应该注意的基本史实。而何炳棣先生在征引上述李椿年原奏时，竟把上述原文中从"稍有欺隐，不实不尽"起，至"既而椿年又言"这一大段文字全部删去，将绍兴经界先实行的画图打量、"按图核实"，与其后"自行置造砧基簿"连在一起，成了一回事，从而造成了绍兴经界的画图打量不过是各户自行陈报这样的印象，以作为"南宋土地经界数字并非得自履亩勘丈"的"坚强的证明"③。

不仅如此，鱼鳞图帐的攒造与砧基簿的置造过程本身也有不同，亦呈现先后之分。前者是先以保为单位，委派保伍、耆邻，关集田主、佃客，逐丘打量画图，并要按图核实，攒造图帐；后者则是"各据画图了当"，

---

① 〔清〕徐松辑：《宋会要辑稿》食货6《经界》，第4898页。

② 〔宋〕李心传：《建炎以来系年要录》卷148，绍兴十三年四月壬寅条，载《文渊阁四库全书》史部第327册，第76页。

③ 何炳棣：《南宋至今土地数字的考释和评价（上）》，《中国社会科学》1985年第2期。

即依据官府组织保伍等逐丘打量画图的鱼鳞图帐，自行置造的。这一过程必须是先打量画图，攒造鱼鳞图帐，待"画图了当"之后，再"从实自行置造砧基簿"。如果不是画图完成以后，怎能确知各户诸乡管田产数目？如果没有逐丘打量的鱼鳞图帐，砧基簿又怎能"从实"置造？如果不是先造鱼鳞图帐，措置经界所又如何将砧基簿"照对画到图子审实"？很明显，砧基簿必须俟"画图了当"、打量了毕，"灼见多寡实数"，方可置造。所以是先攒鱼鳞图帐，后造砧基簿，这是必然的。不唯如此，绍兴经界所要解决的问题与所造各种册籍，也都是在"打量了毕"之后才进行的。如"绍兴经界打量既毕，随亩均产，而其产钱不许过乡"①，等等。虽然在绍兴经界之前砧基簿业已有之，但十分明确的是，自绍兴经界实施之后，鱼鳞图帐便成为砧基簿置造的根据和基础，而不是相反。

(三)砧基簿与鱼鳞图属性有所不同

绍兴经界所造鱼鳞图帐，"始于一保"，即以保为单位，委派保伍、耆邻，关集田主、佃户，"逐丘计亩角押字"，画图入帐，是以田土丘块为序所攒造的土地册籍。明人论述鱼鳞图制度时说道：

> 旧制，丈量之法有鱼鳞图。每县以四境为界，乡都如之。田地以丘相挨，如鱼鳞之相比，或官或民，或高或圩，或肥或瘠，或山或荡，逐图细注，而业主之姓名随之。年月卖买，则年有开注。人虽变迁不一，田则一定不移，是之谓以田为母，以人为子，子依乎母，而的的可据，纵欲诡寄埋没，而不可得也。此鱼鳞图之制然也。②

绍兴经界所造鱼鳞图帐，即是从丈量土地入手，攒造"打量图帐"，"以田为母，以人为子"，以人从地是鱼鳞图帐的基本属性。按绍兴经界的规定，砧基簿中亦"画田形丘段，声说亩步四至"，即也画有鱼鳞图，但

---

① 〔宋〕朱熹：《晦庵先生朱文公文集》卷19《条奏经界状》，第36页。

② 〔清〕顾炎武：《天下郡国利病书》原编第七册《常镇·武进县志》，载《四部丛刊》三编，商务印书馆1936年版，第5页。

其上登载的乃是"本户诸乡管田产数目",仅为本户所有田产。很明显,砧基簿实为一种归户册。它是在鱼鳞图帐攒造完成以后,为了税收方便,将田产赋税落实到户而造的归户税役册。砧基簿的基本属性乃是以地从人。绍兴经界之前砧基簿已存在,从其源流来看,则是属于唐宋以来户帖这一范畴的。故时人说:"今造砧基簿,只如人家造户帖,初无难者,然恐沮(阻)于上户。"①唐至北宋时期,户帖之上详载该户的田产及其应纳税额,成为州县催科赋税的重要依据。于是在绍兴经界以后,具有户帖性质的砧基簿,依然扮演着十分重要的角色。一是成为赋役征调的基本依据。南宋大臣曹彦约说:"夫契书者,交易之祖也;砧基簿者,税役之祖也。"②二是成为田宅诉讼的重要书证。砧基簿因详载民户田产,并经官府印押,故又有确认业权归属的作用,在田事诉讼中成为产权认证的法律依据之一。南宋《名公书判清明集》中,即多有砧基簿作为产业书证、"照砧基管业"的判语③。形成这种状况,主要是由于南宋时期正处于制度的转换期,即鱼鳞图册才刚刚产生,作为制度尚未完全确立,而原有的户帖制度的作用和影响仍在延续。但这些并未改变砧基簿的归户属性。而鱼鳞图帐则是以人从地,这是宋代新出现的一种机制,至绍兴经界趋于成熟。由于"人虽变迁不一,田则一定不移",鱼鳞图帐因而成为核实业户土地所有、清理奸弊、均平赋役的有效手段,遂被后世继承与发展,成为一种新的制度。至明初,鱼鳞图册制度正式确定下来,并向全国推广,同时又建立了黄册制度。赋役征调和田宅诉讼的依据则被鱼鳞图册和黄册所取代,并出现了鱼鳞归户册,砧基簿遂退出历史舞台,走向消亡。如果说它还存在的话,则已变成了由鱼鳞图册派生的鱼鳞归户册。

鱼鳞图帐是以地为母,以人从地;砧基簿则是以人为母,以地从人:

---

① 〔宋〕陈宓:《复斋先生龙图陈公文集》卷20《回使府造砧基簿拟事件》,载《续修四库全书本》第1319册,上海古籍出版社2002年版,第513页。

② 〔宋〕曹彦约:《昌谷集》卷10《新知澧州朝辞上殿札子》,载《文渊阁四库全书》集部第1167册,第118页。

③ 〔宋〕《名公书判清明集》卷4《干照不明合行拘毁》,中华书局1987年版,第129页。

二者属性有所不同，故其演变结果亦不尽相同。而这也反映了宋代以后从倚重人口转向倚重土地的历史发展趋势。

四、方志族谱所载绍兴经界

徽州作为南宋畿辅之地，绍兴经界曾在此实施。罗愿于淳熙二年（1175年）撰修完成《新安志》，这距绍兴经界结束仅20余年。据该志载："凡六县田产，未经界前为百五十一万六千三百亩半，经界为三百万余亩，今为二百九十一万九千五百五十三亩有奇，税钱十一万一千七百八贯二百三十九文。"①"绍兴中推行经界，尚书郎章侯为时相，力言民病，请因蠲减重赋，不见听。"②该志又载："紫金山，在县东三十五里，旧名金紫山，与绩溪石金山偕号。甘露大士道场，暮夜见种种光相映，绍兴十八年，尚书郎章侯睹而异之，因取佛语改其山曰紫金，而徙置白莲院焉。"③又据明万历《休宁县志·食货志》载："（宋）高宗绍兴十八年经界田土。"④康熙《婺源县志·食货》亦载："（宋）高宗绍兴十八年经界田土。"⑤由以上所载可知，徽州经界是在绍兴十八年（1148年）前后。这正是绍兴经界实施的时间。通过绍兴经界，徽州官府掌握的田亩数量增加几近一倍，这表明绍兴经界在徽州是有效实施了的，是成功的。

在遗存丰富的徽州文献中，亦有关于绍兴经界的记载。《程典》为明万历徽州休宁人程一枝所修程氏族谱，编撰极富特色，所录资料珍贵。其

---

① 〔宋〕罗愿纂：淳熙《新安志》卷2《贡赋·税则》，载《宋元方志丛刊》第8册，中华书局1990年版，第7626页。

② 〔宋〕罗愿纂：淳熙《新安志》卷2《贡赋·杂钱》，载《宋元方志丛刊》第8册，第7626页。

③ 〔宋〕罗愿纂：淳熙《新安志》卷3《歙县·山阜》，载《宋元方志丛刊》第8册，第7637页。

④ 〔明〕李乔岱：万历《休宁县志》卷3《食货志·公赋》，中国国家图书馆藏万历三十五年（1607年）刊本，第7页。

⑤ 〔清〕蒋燦：康熙《婺源县志》卷7《食货志·公赋》，中国国家图书馆藏康熙三十三年（1694年）刊本，第7页。

中"图第三卷《茔兆图》"中载有新安十三世祖墓图及相关文字，原谱册页如图1所示：

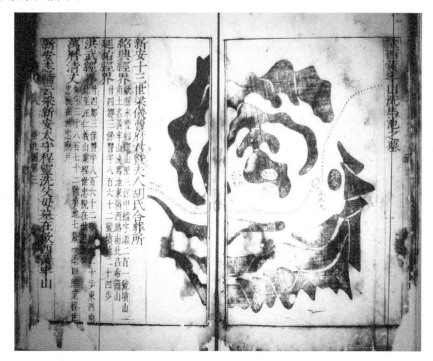

图1 《程典》图第三卷《茔兆图》原谱

其所载文字是：

歙西黄牢山洗马池之墓

新安十三世梁仪曹府君暨夫人胡氏合葬所：

绍兴经界，歙县永丰乡环山里三保甲楹字源二百一号，坟山一角，土名黄牢山洗马池，东岭，西路，南、北吕希简山。

延祐经界，卅（廿）四都三保习字八百六十二号，坟地二十四步。

洪武经界，卅（廿）四都三保习字八百六十二号，坟地二十步。东、西、南、北至汪仁义山，业程世忠，税在世忠庙户。

万历清丈，知字三千八百七十二号，坟地七厘一毫四丝，业程世忠，税在世忠庙户。①

《程典》中又载：

> 歙西黄墩之墓
> 新安十四世陈重安忠壮公葬所：
> 绍兴经界，歙县仁爱乡长沙里二十五都第五源二十一号坟地，二
> 亩十四步，地名黄墩，东路，西程十九园，南路及大溪，北程丙园。
> （以下略）

这是有关绍兴经界鱼鳞图经理的两则具体记录，颇为珍贵。如上所示，《程典》中所载"绍兴经界""延祐经界""洪武经界""万历清丈"，都是序列并连的。其中绍兴经界载有乡里保甲、字号、田土种类及面积、土名、四至，这些都是后世鱼鳞清丈保簿登载的基本事项。其中有丈量步亩、丘块四至等，这是绍兴经界逐丘打量步亩的有力证明。特别应注意的是，其中载有"楹字源二百一号""第五源二十一号"，表明绍兴经界的打量图帐已有田土流水字号登载。这里的"楹"字某某号，即是按《千字文》的编号。又，通过《吴氏先茔志》所载，可以见到歙县南宋绍兴经界部分都保字号，诸如十五都九保"老字源"、十五都十保"纺字源"、十六都一保"洁字源""银字源"、十六都二保"歌字源"、十六都三保"豫字源"②等。那么，"老""纺""洁""银""歌""豫"这些字又出自何处呢？原来这些字都可在《千字文》中找到。有关《千字文》如下：

> 亲戚故旧，老少异粮。
> 妾御绩纺，侍巾帷房。

---

① 〔明〕程一枝：《程典》图卷3《茔兆图》，中国国家图书馆藏万历二十六年（1598年）刻本，第5页。

② 〔清〕《吴氏先茔志》第1册，日本东京大学东洋文化研究所藏道光二十九年（1849年）补刻本。"老字源"：始祖第3页。"纺字源"：始祖妣第2页。"洁字源"：四世祖第3页。"银字源"：四世祖妣第1页。"歌字源"：三世祖第3页。"豫字源"：七世祖第2页。

纨扇圆洁，银烛炜煌。

昼眠夕寐，蓝笋象床。

弦歌酒宴，接杯举觞。

矫手顿足，悦豫且康。

　　不过，上述十五都九保、十五都十保、十六都一保、十六都二保、十六都三保是顺序相连的，而与其对应的"老"＂纺"＂洁"＂银"＂歌"＂豫"诸字在《千字文》中，除"洁"＂银"二字之外，其余诸字顺序并不相连，这又应如何解释呢？这表明，其字号虽以《千字文》为序，但并不是像后世那样，每保（图）只领一个《千字文》字号，则相邻都保字号便顺序相连，绍兴经界是每保领有多个《千字文》字号。该志中的记载亦证明了这一点：

　　历朝经理

　　宋四世祖守观公……宋额，坐落中鹄乡十六都一保，洁字源一百二十一号，众坟地二角三十步……

　　宋四世祖妣守观安氏、叶氏……宋额，坐落中鹄乡十六都一保，银字源五号，下地一角五十步……①

这里所谓"宋额"主要指南宋绍兴经界。该记载清楚表明，其十六都一保所领不止一个《千字文》字号，而同时领有"洁"＂银"两个字号。由于一个保领有多个《千字文》字号，这样，在同一保内，其《千字文》字号相连的可能性较大，"洁"＂银"二字在《千字文》中就是相连的；而在相邻各保之间，由于其所领字号较多，就不一定全与邻保字号相连。尽管如此，仍可看出，这些字号的总体顺序是按《千字文》先后之序排列的。

　　在上述《程典》及《吴氏先茔志》所载字号之后都有一个"源"字，原来，这是徽州地区表示地名的一个后缀词语。在徽州地区，从小土名到地段名称，乃至自然村名，都有某某源之称，如土名上源、大充源、郑坑

---

　　① 〔清〕《吴氏先茔志》第1册，四世祖第3页，四世祖妣第1页。

源、塘尾源等，地段名第拾叁源、第拾肆源、第拾伍源等①，村名洪源、桃源、瑯源、前源、彰源等。上引《程典》所载又有"二十五都第五源"的记载，这与《清休宁县二十九都三图靡字号摊金》中所载"第拾叁源"等，正可相互印证，"源"字均为表示地段名称之意。

其实，在绍兴经界之前，北宋经理土地的丈量之中，已经出现了按《千字文》编号的做法。史载：

> 宣和元年八月二十四日，农田所奏："应浙西州县因今来积〔水〕减退，露出田土，乞每县选委水利司谙晓农田文武官，同与知佐，分诣乡村，检视标记，除出人户已业外，其余远年逃田、天荒田、草葑荗荡及湖泺退滩、沙涂等地，并打量步亩，立四至坐落，着望乡村，每围以《千字文》为号，置簿拘籍，以田邻见纳租课比扑，量减分数，出榜限一百日，召人实封授状，添租请佃……"从之。②

所以，绍兴经界的图帐之中亦出现按《千字文》为序的田土字号并非偶然。

又，浙江金华《兰溪郑氏族谱》卷首《郑氏家庙记》载："遂断自曾八公为族之始祖。又得民间所收高宗迁都之初所遗鱼鳞图，该载县城东南隅有郑家宅基、郑家小巷出入门路、郑家五通堂等称，至今宛然在也。"③此为明嘉靖十一年（1532年）郑瓘所撰家庙记中的一段文字，叙其先父于当时搜访郑氏先祖事迹，言及"又得民间所收高宗迁都之初所遗鱼鳞图"，文字虽简略，但可佐证南宋初年（建炎、绍兴初）即已造有"鱼鳞图"之

---

① 《清休宁县二十九都三图靡字号摊金》，其中载有："第拾叁源：土名洪坑、千秋岭、程脚坞、赶祭坞、筊笋坞、洗衣坞、打石坞、櫸树坞、汉坞"，"第拾肆源：土名洪坑、神坞、枧坑、双坞、张家岭、鸦鹊坞、旱充、俞家坞"，"第拾伍源：土名洪坑、株木林、旱充、丽充、毛枧坑"，等等。中国社会科学院古代史研究所藏316000000025号。

② 〔清〕徐松辑：《宋会要辑稿》食货1《农田杂录》，第4818页。

③ 《兰溪郑氏族谱》卷首《郑氏家庙记》，1936年修，第1页，浙江兰溪市图书馆藏。

类图籍，其鱼鳞图遗物至迟到明代后期还存于民间。

方志族谱有关绍兴经界的记载，不仅证实了经界在地方之有效实施，而且揭示了其所造图帐的一些具体内容。

五、结语

宋代土地私有已占据主导地位，买卖频繁，租佃兴盛，土地流转加速，致使业户土地占有形态极为分散。官府必须实行新的举措，制定新的制度，运用新的机制，才能掌握业户占有土地的实际数量，才能达到均平赋役、确保稳定的赋税来源的目的。南宋绍兴经界就是在这样的历史背景下实施的。

宋代之前，官府检核业户占有的土地，多实行"自实""手实"等做法，而在宋代土地私有占主导地位的新形势下，这种从控制人户入手的做法，终不足以得其田产之实，很难奏效。人虽变迁不一，田则一定不移，唯有以地为母，从控制土地入手，才为有效之法。于是，新的机制和制度便产生了。

北宋时期为适应这一新的社会经济形势，曾推行方田法，进行了大规模土地丈量。但方田法是"以东西南北各千步"划方丈量，只能在平原地区进行。而南宋绍兴经界则开创了新的机制。这就是以都保区划为单位，逐丘丈量田土，从而不受地理区域限制，能在各种地方推行土地清丈。

绍兴经界的主要步骤有差官、置局、打量步亩、攒造图帐等。而打量步亩、攒造图帐是绍兴经界的核心，为其最重要的一环，是绍兴经界得以成功的关键。图帐之法，始于一保，即以保为单位，逐丘打量步亩，关集保伍、耆邻、主佃，"计亩角押字"，按图核实，画图入帐。这种以保为单位的"打量图帐"，成为绍兴经界的基本帐籍。按其大界，攒造都图县图；汇其总数，以造都帐县总；据其细图，核实各户田产，以造砧基簿、类姓簿等。后世鱼鳞图册别称"保簿"，诸如"经理保簿""丈量保簿""流水保簿""金业保簿"等，即由这种以保为单位的"打量图帐"发展而来，绍兴经界为其源头。

砧基簿与鱼鳞图关系密切，但不应混为一谈。绍兴经界是先画鱼鳞图，后造砧基簿。鱼鳞图帐是以地为母，以人从地，砧基簿则是以人为母，以地从人，二者属性有所不同，故其演变结果亦不尽相同。由于鱼鳞图帐是以地为母，以人从地，因而成为核实业户土地所有、清理奸弊的有效手段，遂被后世继承与发展，形成一种制度。砧基簿属于唐宋以来的户帖系统，实为一种归户册。绍兴经界时，它是在鱼鳞图帐攒造完成以后，将田产赋税落实到户而造的归户税役册。明清以后，则演变成了由鱼鳞图册派生的归户册，砧基簿之称归于消亡。

绍兴经界的实施，多有波折，屡受朝廷高官和地方势豪阻挠，有实行不彻底者，有久不结绝者，有功败垂成者，亦有根本没实行之地。但不能因为这些缺陷和弊端而否定绍兴经界所取得的历史性成就。从总体上看，绍兴经界在南宋统治的大部分地区是有效实施了的，是成功的。南宋中后期，在局部地区所实行的经界法，实以绍兴经界为本。特别是绍兴经界开创了中国历史上土地经理的新机制，影响后世，至为深远。绍兴经界有关鱼鳞图册的基本框架已经确立，各种鱼鳞册籍的雏形已经显现。后世鱼鳞图册实起源于绍兴经界的鱼鳞图帐，不是从砧基簿演变而来。

本文为国家社科基金重大项目"浙江鱼鳞册的搜集、整理、研究与数据库建设"（编号：2017ZDA187）阶段性成果，原载《中国史研究》2020年第2期，人大复印报刊资料《宋辽金元史》2020年第5期全文转载；《中国历史文摘.2020年第1期（总第1期）》全文转载，中国社会科学出版社2021年版；又载《徽州文书与中国史研究》第二辑，中西书局2021年版，有改动

龙凤时期朱元璋经理鱼鳞册考析

　　鱼鳞图册是中国封建社会后期官府用以记录农田清丈、经理田土的一种土地帐籍。它源于宋元，洪武时期开始向全国推广，明清时期广泛实行，为明清土地制度中的一项基本制度。其可为明清土地制度的研究，诸如土地占有、租佃关系、经济结构等，提供第一手的档案资料，具有极为重要的价值。可惜至今保存下来的鱼鳞图册虽有一定数量，但零散而不完整，其中多是清代的，明代的很少，且明代的又多是万历以后的，万历以前的则十分珍贵。最近，在中国社会科学院历史研究所收藏的徽州土地文书档案中，发现一本《明成化有印鱼鳞册》（原编目题）。笔者多方考证，发现其年代更早，本是龙凤时期朱元璋在徽州府祁门县经理的一本鱼鳞册。这是迄今为止发现的保存年代最早的一本鱼鳞册。它既是一件十分珍贵的历史文物，又是一份研究价值极高的历史文献。本文拟对其所属时代作一考证，并就其所载资料试作统计与分析，同时就教于史学界的诸位先生与同志。

一

　　该鱼鳞册纵40.6厘米，横37.5厘米，厚约1厘米。计48叶（古装筒子叶），96面，原册第1、2两叶已不存，现存者为后来补抄。第3叶至第26叶原册叶尚存，但边缘部分多有残缺，每叶均加衬纸，补抄了残缺部分。

第27叶至第47叶前半面保存基本完好。最后一叶半（3面）原册叶已不存，亦为补抄。补抄的文字，有几处不全；现存原册叶中的文字也有数处残缺。但总的看来，文字部分保存尚基本完好。

第1面首书：

甲辰

十四都五保田地山总肆阡陆伯叁拾玖亩叁角壹拾玖步

田总壹阡叁伯捌亩叁角壹拾步

地总壹伯捌拾叁亩壹拾捌步

山总叁阡壹伯肆拾柒亩叁角伍拾步

笔者仔细查阅该鱼鳞册所载全部文字，除"甲辰"外，再无与时间有关的文字记载。原编目将该鱼鳞册定为成化时代，可能主要是根据该册所载"甲辰"二字。不错，明成化时确有甲辰年，即成化二十年（1484年）。但"甲辰"二字并不一定表明就是成化时代，因为按干支纪年，每60年就有一个甲辰，如成化前后，元至正二十四年（即宋龙凤十年，1364年）、明永乐二十二年（1424年）、嘉靖二十三年（1544年），均为甲辰年，该鱼鳞册所载到底是哪一个甲辰呢？

关于该鱼鳞册所属时代问题，笔者从以下几个方面作了考证。

（1）该鱼鳞册原册叶用纸及衬纸均为皮纸。衬纸呈黄色，质地较细。原册叶用纸已变暗，略呈黑灰色，质地较为粗糙，可看见块状桑皮纤维。二者显然属于不同时代。从纸上的帘子纹来看，衬纸上的较窄，不足一指，似为明中期以后所造；而原册叶用纸上的帘子纹很宽，可达两指，这一点与宋元时期所造的一些纸张特征相符。

该鱼鳞册的墨书字体亦与元代及明初时流行的行书体相近。元代及明初徽州土地文书中的一些互相通用文字，如"至"与"止"、"新"与"辛"、"森"与"申"等，在该册中多处出现。

（2）从形制上看，该鱼鳞册的绘制格式与现存的明清时代的鱼鳞图册显著不同。该鱼鳞册系十四都五保经理"竹"字号，自一号至一千一百二十八号依次排列登载，每号所载内容有字号、土名、都保、业户、田土面积、荒田面积、四至、佃户等。以该册所载九百七十七号为例，所载文字及其格式如下：

竹字九百七十七号　土名　庄前

十四都五保　户　汪逢吉

田肆亩壹角叁拾陆步

内荒贰亩壹拾步

东止功效田　西止山

南止胡宅田　北止路

佃户　自佃

　　其中，"字""土名""都""保""户""东""西""南""北""佃户"诸字为木刻板黑色印刷字，其余的字均为行书墨笔填写。从每号所列文字项目来看，其与现存明清时代鱼鳞图册中所载基本项目大致相同。但值得注意的是，每号均不绘田土形状，根本没有田形一项。这与明清时代的鱼鳞图册是不同的。明朝建国伊始，朱元璋即遣使行天下，经理田土，攒造鱼鳞册。杨维桢的《东维子集》中载："今天子龙飞金陵……又遣使行天下，以经界为重务也。而北庭黄侯万里氏在选中，分按华亭履田事，事毕还京，邑士朱辉为绘田间竿尺图以见。侯勤于王事，而敏有成功也。"①这里所说的"田间竿尺图"即指绘有田形的鱼鳞图册。洪武二十年（1387年）二月"戊子……浙江布政使司及直隶苏州等府县进鱼鳞图册。先是，上命户部核实天下田土……遣国子生武淳等往各处，随其税粮多寡定为几

---

① 〔元〕杨维桢：《东维子集》卷3《送经理黄侯还京序》，载《文渊阁四库全书》第1221册，上海古籍出版社1989年版，第398页。

区，每区设粮长四人，使集里甲耆民，躬履田亩以量度之，图其田之方圆，次其字号，悉书主名及田之丈尺四至，编类为册，其法甚备。以图所绘状若鱼鳞然，故号鱼鳞图册"[1]。从现存的明清时期的鱼鳞图册实物来看，几乎每一册内都绘有各号田土的图形，有的简略，有的则相当精细。即使个别鱼鳞图册在填写时没有画上田土形状，也空着一块地方，列有田形一项。当然，根据文献记载，宋元时期的鱼鳞图册亦有绘制田形的。像该册这样不绘田形的鱼鳞册，当是较早时期攒造的鱼鳞册形制不够完备的一种表现。

又，该鱼鳞册版心无字，无版口，每叶两个单面用单线印刷版框，每面的版框内又以单线竖三横四分成12个小框，登载12个号数的田土情况。这种格式亦与明清时期的鱼鳞图册不同。明清时期的鱼鳞图册大多是每单面分成4个小框，登载4个号数的田土情况。也有因登载的项目较多，每单面分成2个小框，只登载2个号数田土情况的。像该鱼鳞册这样，每个单面登载12个号数的田土情况，十分少见。

总之，该鱼鳞册不绘田形，形制较为粗略简单，不似明洪武以后所攒造的鱼鳞图册。

（3）鱼鳞图册所使用的田土面积计量单位是"亩、角、步"。这种亩制是宋元时期所普遍使用的。"其步田之法者，若五尺以为步，六十步以为角，四角以为亩，使东西南北之相等，则各以其数乘之。"[2]至明初，这种亩制在某些地区民间仍沿用未改，但官府已改为使用"亩、分、厘、毫"的十进位亩制。从现存的有关明代土地文书来看，徽州地区除山地之外，明中期以后，包括民间在内，已普遍使用"亩、分、厘、毫、丝、忽"的十进位亩制。从该鱼鳞册使用"亩、角、步"这种亩制来看，其时代要更早一些，当不晚于明初。

（4）该鱼鳞册原册叶每两叶之间下方皆骑缝钤盖官印，印文钤本（含边框）6.7厘米见方。多数印文清晰可辨，为"祁门县印"四字。印色古

---

[1]《明太祖实录》卷180，洪武二十年二月戊子条。

[2]〔宋〕赵彦卫：《云麓漫钞》卷1，中华书局1996年版，第10页。

旧，与现存元末明初徽州土地文书中所钤官印的印色十分相近。

为进一步鉴定印文，笔者将其与历史研究所现存元明徽州土地文书中所钤印文有"祁门县印"者一一作了对照。首先，发现该印文与元代"祁门县印"印文有显著区别[①]：一是尺寸大小不同。按，元代州县印大小仍沿袭唐、宋、金制，一般方一寸八分，现存元代"祁门县印"钤本均为5.5厘米见方，与此大体相符；而该鱼鳞册印文方6.7厘米，约为二寸一分，要大得多。又，元代"祁门县印"边框一般仅3～4毫米宽，而该印文的边框较宽，竟达8毫米。二是印文不同。元代至元以后，遂通行八思巴文[②]。现存元代土地文书上所钤"祁门县印"印文即元代特有的八思巴文。而该鱼鳞册所钤印文是九叠篆文，二者明显不同。

该册所钤印文又与明代"祁门县印"印文不同。在历史研究所现存明代徽州土地文书中，除建文、宣德两朝（按，这两朝均无甲辰纪年）外，其他朝的"祁门县印"钤本印文都可找到[③]。明代各朝的"祁门县印"印文亦不尽相同，各朝稍有区别，但一般是6.7厘米左右见方（相当于明代市尺二寸一分），均为九叠篆文。这与《明史·舆服四》中关于百官印信的记载是相符的："正七品、从七品，铜印，方二寸一分，厚三分……以上俱直纽，九叠篆文。"[④]官印印文用九叠篆自唐宋以来就有。九叠篆，又称上方大篆，"名曰九叠者，以九为数之终，言其多也。叠数多寡之故，大抵因印文多寡而为增损，或因时代不同，而所铸各殊，或如三代尚数，各有定仪。明九叠篆印，取乾元用九之义"[⑤]。笔者首先将明成化二十年

---

① 参阅中国社会科学院历史研究所藏契0004786号、0004164号、0004235号、7000233号及至元二十八年李阿林卖山契。

② 〔明〕宋濂等：《元史》卷202《释老传》，中华书局1976年版，第4517—4518页。

③ 参阅中国社会科学院历史研究所藏契0003667号、0006170号、0006171号、0002480号、0004280号、0002070号、0004283号、0007335号、0002966号、0003309号、0004348号、0004055号、000434号、000636号。

④ 〔清〕张廷玉等：《明史》卷68《舆服四》，中华书局1974年版，第1662页。

⑤ 沙孟海：《印学概论》，转引自邓散木：《篆刻学》上篇，人民美术出版社1979年版，第29—30页。

（甲辰，1484年）祁门县土地文书上所钤印文①，与该鱼鳞册所钤印文作了对照，二者并不相同，特别是在篆文叠数与风格方面显著不同。又仔细观察了明代各朝"祁门县印"的九叠篆文，发现其每一个字的叠数均为九叠，整个明代都是一致的，十分统一，无一例外。该鱼鳞册所钤"祁门县印"亦为九叠篆文，但每一个字的叠数却是十叠，笔画曲折更为复杂，这是其与明代各朝"祁门县印"印文的一个明显的不同之处。

总的看来，该鱼鳞册所钤印文与明代"祁门县印"印文大小、边框基本相同，形制相近，又同属九叠篆文，只是印文叠数不同。这种情况与元末农民起义宋（韩林儿）龙凤时期的官印特征相符。从现存的几枚龙凤时期的官印印文来看②，其与元代官印根本不同，而印文大小、边框宽窄以及篆文风格都与明代相近，只是九叠篆文的叠数不同。现存两枚龙凤时期的官印的九叠篆文俱为八叠，其中有一枚"津宁县印"，其印文大小、边宽都与该鱼鳞册所钤印文相同，篆文式样也很相近，二者只是叠数不同，这大概是由于当时政权还没有完全统一的缘故吧。

总之，该鱼鳞册所钤印文与元代官印根本不同，跟明代官印亦有区别，而与元末农民起义宋龙凤时期的官印相近。龙凤时期恰有一个甲辰年，即龙凤十年（元至正二十四年，1364年）。印文是判断该鱼鳞册所属时代的一个重要依据。

（5）该鱼鳞册共载人名117个，其中可考者有汪仲仁、汪仲祥、汪仲云、汪永宁、汪时中等人。据徽州地区《汪氏通宗世谱》所载，在"祁邑武山乡"汪氏爽公派的世系图中，录有汪仲仁、汪仲祥、汪仲云、汪永宁、汪时中等人的名字。现按该世谱所载资料③，将其世系图简略编绘如下（图1）。

---

① 参阅中国社会科学院历史研究所藏契0004292号、0004293号。

② 本社编：《上海博物馆藏印选》，上海书画出版社1979年版，第131—133页。

③ 《汪氏通宗世谱》卷101《酉中部》，中国社会科学院历史研究所藏。

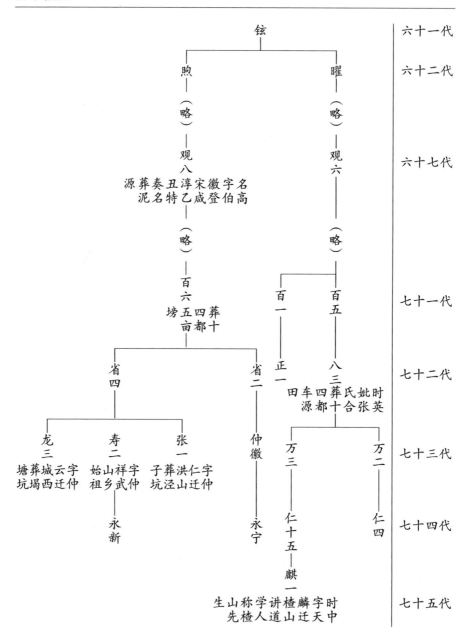

图1 《汪氏通宗世谱》中汪氏爽公派世系

"祁邑武山乡"，即祁门县十四都所在乡，元明时代，祁门十四都均在武山乡①。从该世系图可以看出，汪仲仁等的祖先有数代都是十四都居人，"葬十四都"。该世系图中的汪仲仁、汪仲祥、汪仲云、汪永宁等人的名字与鱼鳞册中所载名字完全相同，一字不差。二者相同的人名有这么多，绝非偶然。又，汪仲云的名字下注有"迁城西"字样，而鱼鳞册中所载汪仲云是"一都"人。据弘治《徽州府志》载，祁门一都在"县市西南"②，《汪氏通宗世谱》与鱼鳞册的记载也是相符的。从以上诸点来看，《汪氏通宗世谱》所载汪仲仁等人无疑就是该鱼鳞册所载汪仲仁等人。

那么从《汪氏通宗世谱》来看，汪仲仁等人是什么时代的人呢？该世系中的人多数在《汪氏通宗世谱》中别无传略、行状等其他记载，生卒年多不可考。只有第六十七代"观八"名下记有"登宋咸淳乙丑特奏名"。宋咸淳乙丑即南宋咸淳元年（1265年）。所谓"特奏名"，北宋初年已开始实行③，至景祐时则规定："'凡年五十，进士五举，诸科六举；尝经殿试，进士三举，诸科五举；及尝预先朝御试，虽试文不合格，毋辄黜，皆以名闻。'自此率以为常。"④即以特奏名之途被取士者，年龄都在50岁以上。这就是说，汪观八在南宋咸淳元年登特奏名时已年过五十。其与汪仲仁、汪仲祥、汪仲云等人相隔六代，与汪永宁相隔七代，每代相传以25至30年计算，则汪观八传至汪仲仁等人当有150～200年。若从南宋咸淳元年算起，则至多向后推100～150年，当在1365—1415年前后，即为元末明初之际。

再从世谱中与汪仲仁等人同宗的最近一支的情况来看，也证明了这一点。从本文所绘世系图中可看出，汪仲仁等人的先祖煦公与曜公都是汪氏第六十一代铉公之子，曜为兄，煦为弟，本是同胞兄弟。曜公一支传至第七十五代麒一公，名叫汪时中。而该鱼鳞册第七百六十七号业主的名字也叫汪时中，所属都保是"在城"。据弘治《徽州府志》载："汪时中，字天

① 弘治《徽州府志》卷1《厢隅都图》，载《天一阁藏明代方志选刊》影印本，上海古籍书店1982年版。

② 弘治《徽州府志》卷1《厢隅都图》。

③ 〔元〕脱脱等：《宋史》卷155《选举一》，中华书局1977年版，第3606页。

④ 〔元〕脱脱等：《宋史》卷155《选举一》，第3612页。

麒，祁门西隅人，博学善吟，不乐仕进。元季隐查山筑书堂，与从兄克宽讲学，学者称查山先生，所著有《三分藁》，藏于家。"①再查道光《祁门县志》，元末及明代祁门县城内县治"正街以西为西隅"②。所以，鱼鳞册上"在城"的记载与府志上"西隅"的记载是一致的，从而可证明鱼鳞册所载汪时中即世谱中所载汪时中，二者实为一人。再者，汪时中既然与汪仲仁等人为同宗近支，那么，都在同一都保中占有田土也是不奇怪的。关于汪时中，《汪氏通宗世谱》中载有他的事迹，名曰《七十五代麒一公行状》，其中写道："先生讳时中，字德乡，幼名麒寿，字天麒……值元兵乱嘉，遁碧山，潜心理学，而最窥於《易》，别号碧山道人……大明洪武戊申六月十有四日整衿端坐而逝，享年六十有五。"③戊申，即洪武元年（1368年）。由此可知，汪时中是元代人，卒于明洪武元年。这是该鱼鳞册所属时代当在明洪武之前的一个有力证据。

（6）在安徽省博物馆所藏的徽州祁门《郑氏誊契簿》中有一件对换文书，摘其文如下：

> 十二都胡鼎卿有夏地一段，坐落十五都四保土名黄荆坞口上，系赖字九百四十四号。其地与十五都尊姑夫郑世京原买汪元鹗赖字九百四十二号山与九百十四号地抵界；鼎卿见于黄荆坞口山内迁造风水……愿将赖字九百四十四号内取与郑世京抵界夏地上截一段，对换郑世京黄荆坞口新结石塝外小丘田一截，其田价地对面结石塝为界……今二家对换之后，据从评人言议，愿意对换，各不许悔，如悔者愿罚中统钞一十贯与不悔人用，仍依此文书为准。今恐无凭，立此对换文书为用。

> 至正十年正月十五日

> 胡鼎卿

> 主议对换人　郑贵夫④

---

① 弘治《徽州府志》卷9《隐逸》。
② 道光《祁门县志》卷3《舆地志》。
③ 《汪氏通宗世谱》卷111《七十五代麒一公行状》。
④ 安徽省博物馆藏《郑氏誊契簿》，转引自《南京大学学报专辑》，1984年第8期。

这里记载的胡鼎卿与该鱼鳞册五百一十八号业主胡鼎卿的名字完全相同。而且，二者所属都的地点也相同，都是十二都人。又，从对换文书中看，十二都人胡鼎卿在十五都四保占有地一段；而该鱼鳞册所载是十二都人胡鼎卿在十四都五保占有田一丘，计三亩一角四十五步，并出租给佃户郑社。二者所载，都是胡鼎卿在外都保占有土地，这一点也是相同的。因此，二者所载胡鼎卿实为一人。这样，此对换文书上所记至正十年（1350年），即元末这一时间，当成为该鱼鳞册所属时代的证据之一。

综合以上几个方面的考证，不难看出，该鱼鳞册上所记"甲辰"年，当属于元末之甲辰年，即元至正二十四年、宋龙凤十年（1364年）之甲辰年，而不是明成化二十年（1484年）之甲辰年。

（7）从文献记载来看，朱元璋在正式建立明朝之前，于宋龙凤甲辰年前后，在徽州地区实行过田土经理。徽州地区自元末农民起义开始以后即发生战乱。至正十七年（1357年），朱元璋派大将邓愈、胡大海攻取徽州，"改徽州路为兴安府"①，遂即置于其政权的管辖之下。当时，朱元璋以应天为中心，视江东徽州等府为其股肱之郡，十分注意对这一地区的经营。他两次亲临徽州，召见儒士耆老；委派官吏，修筑城池，安抚百姓，恢复生产。据弘治《徽州府志》载："〔国朝〕（按，指明朝）本府初领州一县五，洪武二年己酉以后，婺源州降为县，领县六。乙巳年查出元戊戌年自实后至甲辰年官民田土二万九顷七十九亩四分九厘。"②"乙巳年"，即元至正二十五年、宋龙凤十一年（1365年）；"元戊戌年"，即元至正十八年（1358年）。也就是说，朱元璋在攻取徽州的第二年，即实行了土地经理自实。这件事，徽州《休宁县志》上亦有记载："程宾赐，字孟思，山斗人……戊戌自实田，一秉至公，毫发不少假……明太祖深嘉之。"③但这一次实田毕竟是在"戡定之初"，不够彻底。其后不久，又在徽州地区认真地实行了一次土地经理自实。《宋学士文集》载："君讳复初，以善其字也，姓端木氏……至正初，以儒试吏……

---

① 《明太祖实录》卷5，丁酉岁七月乙酉条。

② 弘治《徽州府志》卷2《食货一》。

③ 康熙《休宁县志》卷6《隐逸》。

癸卯三月，召为徽州府经历。徽为江东大郡，政繁而赋殷，君悉力佐治，百废俱举，功则归于其长。田赋久不均，民不堪命，君即城东建局，使民自实田，集为图籍，核盈朒，验虚实，而定科徭。吏民阴为欺蔽，痛谪之。不数月而毕。由是民无逋租，官无横敛……丙午冬，改通判吉州府。"①癸卯（元至正二十三年，1363年）即甲辰的前一年，丙午（元至正二十六年，1366年）即甲辰后的第二年。这一记载更具体地说明了龙凤时期朱元璋政权在徽州经理自实田土的情况。弘治《徽州府志》载："〔国朝〕戡定之初，犹据郡志所载元初旧则，以田亩起税钱，以税钱科税粮。至乙巳年，中书省查勘本府钱粮，为见癸卯、甲辰两年册内花户田粮增减不同，行拘本府并所属州县首领官吏、贴书、算人等到省，委自本省照磨帖木儿不花监督查勘，攒造归一得实文册。"②光绪《婺源县志》又言："明洪武元年之前甲辰年初定田赋。乙巳年，更定田赋科则有差。旧志以龙凤纪年，今去之。"③从"癸卯、甲辰两年册内花户田粮增减不同"及"甲辰年初定田赋"的记载来看，端木复初的土地经理很可能就在甲辰年。后来，道光《祁门县志》也提到龙凤经理之事："山为云雾山场，金业定于明洪武前龙凤经理，向无山税，与婺源同，间有古墓茂林，听从民便，报垦起科。"④从以上这些记载中可以看出，当时田土经理的手段是"使民自实田"，这是继承了元代土地经理的方法。其目的是"核盈朒，验虚实，而定科徭"，经理的结果是确定了金业（即管业）的业主。而这次土地经理又是"集为图籍"的。由此看来，新发现的这一龙凤时期的鱼鳞册即是当时土地经理的一件实物。

　　关于明代鱼鳞图册始造于何时，有洪武二十年说⑤、洪武十三年说⑥、洪

① 〔明〕宋濂：《宋学士文集》卷35《端木府君墓志铭》，四部丛刊影印本。

② 弘治《徽州府志》卷3《食货二·财赋》。

③ 光绪《婺源县志》卷15《食货二·公赋》。

④ 道光《祁门县志》卷13《食货志·田土》。

⑤ 参阅翦伯赞主编：《中国史纲要》，人民出版社1964年版；吴晗：《朱元璋传》，生活·读书·新知三联书店1985年版；等等。

⑥ 参阅〔明〕沈文：《圣君初政记》，丛书集成初编本。

武二年说①、洪武元年说②等。新发现的这一鱼鳞册实物及当时的文献记载证明，早在龙凤时期朱元璋就在徽州地区实行过土地经理，攒造了鱼鳞册。这一次土地经理，尽管是在明洪武之前，但明代弘治《徽州府志》却把它列为"国朝"开国后的第一次土地经理，无疑认为它是具有重要意义的。因此，明代鱼鳞册的始造时间，当追溯至元末龙凤时期，这是没有疑问的。

龙凤年间的土地经理固然为元末农民起义后确定地权、征调赋役所必需，但就徽州地区而言，它的实行绝非偶然。南宋绍兴实行经界，徽州地区就是其中之一。弘治《徽州府志》载："〔宋〕本府初为歙州，后改徽州，领县六。未经界前，田百五十一万六千二百亩半。绍兴中经界为三百万余亩，后为二百九十一万九千五百五十三亩有奇。"③这里所言的经界，即经界田土，其中是造有图籍的。南宋时朱熹曾说："窃见经界一事最为民间莫大之利，其绍兴年中已推行处，至今图籍有尚存者，则其田税犹可稽考，贫富得实，诉讼不繁，公私其间，两得其利。"④《宋史》中亦明确记载，当时经界田土时是造有鱼鳞图的。从遗留下来的宋代徽州祁门土地买卖文契来看，其上明白写有乡都、业主、土名、字号、四至、田土面积等项目⑤，这即是根据当时鱼鳞图册之类的册籍而抄录下来的。

元代曾进行过较大规模的土地经理，尽管在许多地区并未真正实行下去，但徽州地区却是实行了的。"〔元〕本府为徽州路，领州一县五。延祐二年经理自实到官民田土三万三千五百九十二顷七十八亩五分二厘一毫。"⑥现在保存下来的徽州祁门元代土地买卖契约也可证明这一点。如延祐六年（1319年）祁门十六都汪润翁的卖山契云："十六都汪润翁有山地

---

① 参阅〔明〕吴侃：《在是集》，上海图书馆藏崇祯十四年（1641年）刻本。

② 参阅梁方仲：《明代鱼鳞图册考》，《地政月刊》1933年第1卷第8期；唐文基：《明代鱼鳞图册始造于洪武元年》，《社会科学战线》1981年第3期。

③ 弘治《徽州府志》卷2《食货一》。

④ 〔宋〕朱熹：《晦庵先生朱文公文集》卷19《条奏经界状》，四部丛刊影印本。

⑤ 中国社会科学院历史研究所藏《宋淳祐二年李思聪等卖田山文契》《淳祐八年胡梦年卖山契》。

⑥ 弘治《徽州府志》卷2《食货一》。

一段，坐落十八都七保土名深度胡家坞，上山四亩一角，元系国字第一百二十八号，经理系出字一千四十五号，东至高尖，西至青龙臂篱堑，南至祖坟庵后左篱堑随垄分水直上至降，北至大坞下弦……"①像这样原系某字，经理系某字某某号的说法，在其他徽州祁门元代的土地买卖文契中每每可见。同时，也都清楚地写有都保、业户、土名、四至等项目，特别是在字号之后常常写有数百以至上千的数字，这只能是根据按字号依次排列的鱼鳞图册之类的簿籍抄录下来的。史籍所载亦可佐证。至正二年（1342年），刘辉主持余姚州核田，"又核站田一万五千二百二十余亩，俾得田者助其役，其画田之形，计其多寡以定其赋，谓之流水不越之簿。又画图，谓之鱼鳞才（依）次之图。其各都田亩则又所谓兜簿者焉"②。土地买卖文契中字号之后数百上千的数字，正好与这里的"鱼鳞依次之图"的记载相印证。元末至正五年（1345年），徽州休宁县仍有核田之事，五月开始，"八月讫事，上其籍于郡"③。

总之，龙凤年间的土地经理，可以说是徽州地区宋代以来土地经界的一个继续，它上承元代经理，下开明代丈量，本是一脉相承的。所以，该鱼鳞册作为这次经理的一件实物，从中既可窥见宋元时期鱼鳞图册的某些特征，又能对比出明清时代鱼鳞图册有哪些继承与发展，在鱼鳞图册的攒造史上，无疑占有十分重要的位置。

二

以下对该鱼鳞册所载田土资料作一统计分析。

该鱼鳞册登录的是祁门县十四都五保竹字1号至1128号（1128号为终止号）的土地资料。其中，52号、271号、1105号各重写了一号，实际一

---

① 安徽省博物馆藏《郑氏誉契簿》，转引自《南京大学学报专辑》，1984年第8期。

② 〔明〕危素：《说学斋稿》卷1《余姚州核田记》，载《文渊阁四库全书》第1226册，第656页。

③ 〔明〕危素：《说学斋稿》卷1《休宁县尹唐君核田记》，载《文渊阁四库全书》第1226册，第658—659页。

共有1131号。现存册内有14个号数的土地资料全缺；有17个号数的土地资料部分残缺，有的缺业主姓名，有的土地面积部分残缺。现存该册各号田地山（包括部分残缺资料）统计总面积为4575亩3角30.5步，比该册首页记载的"田地山总肆阡陆伯叁拾玖亩叁角壹拾玖步"少63亩3角48.5步。这与该册已略有残缺的情况是相符的。由此可证明，首页所载的田地山总面积当是造册时的最初统计。同时又可看出，现在该鱼鳞册仍基本上较完整地保存了该保的土地资料。以下就其所载资料，试作一统计与分析。

（1）关于田土形态。

据首页所载资料，各类田土总面积及其所占比例如表1所示：

表1　各类田土面积及其所占比例

类别	田	地	山	总计
面积/亩	1308.792	183.075	3147.958	4639.825
比例	28.2%	3.9%	67.9%	100%

从表1中可以看出，该保山场面积最多，占田地山总面积三分之二以上。徽州地处万山之中，"田地少，户口多"[①]，但所属各县情况亦有所不同。其中，歙县、休宁两县山场面积相对要少一些，婺源、黟县、绩溪三县山场面积较多，而祁门县山场面积最多，比田的面积多两倍以上。该保各类田土面积比例也反映了这一特征。

该鱼鳞册登载的各号田土的四至情况也说明了这一点。据该册各号田土四至分类统计，田的四至中，仍以山、坑、溪、路、高塝、石坎、坞口、坞头、石嘴、埂塍、垄、竭头等自然地形为多，占比近60%，其中以山、坑、溪、路为最多；而田与田相邻的情况只占40%。至于山的四至中，降、垄、岭、尖、坞口、高坎、弯心、溪、坳等自然地形占80%以上，山与田地相连的情况仅占20%。这充分反映了当地山多田少，田地零星分散，不似平原地区连成一片的特有形态。

从该鱼鳞册所载各号田土面积来看，其中1亩以上者占绝大多数。田各

---

① 弘治《徽州府志》卷2《食货一》。

号在1亩以上者有398丘段，占丘段总数的72%；面积为1227.9396亩，占田的总面积的94%。其中，以2～5亩的丘段数为最多，所占面积亦超过其他类别。面积最大的一号田为16亩2角（16.5亩，297号）。山各号在1亩以上者有409丘段，占丘段总数的90%；面积为3046.6251亩，占山的总面积的99%。其中10亩以上的有100段，面积为1985.5亩，占总面积的65%。面积最大的一号山场为80亩（807号）。地各号在1亩以下的丘段却占多数。在鱼鳞图册上，小块地多附属于山场，与山场编为一号。这种情况的地在该册中共有89丘段，面积为85.8583亩，占地的总面积的43%。附属于山场的面积最小的三块地分别仅有1、2、3步（647号、738号、737号）。

该鱼鳞册中各号田土面积在1亩以上者占绝大多数这一点，与该地区明后期及清代的鱼鳞图册中的情况相比，显著不同。后者鱼鳞图册各号田土面积在1亩以上者很少，1亩以下者占绝大多数。需要说明的是，鱼鳞图册所载每号田土面积，并不一定是一丘田土面积，特别是在田地"层累而上，数十级不能为一亩"的徽州地区，鱼鳞册中所载一号田土有时多达一二十丘。这从后期的鱼鳞册中所画的田地图形中即可看出。因此，鱼鳞图册中各号田土面积变小，大多不是丘段本身面积发生了变化，与其自然形态并无多大关系。但它却表明，随着时代推移，由于人口增加及土地所有权变化等因素，土地的分割日趋严重。

（2）关于土地占有与租佃关系。

据该鱼鳞册所载资料，按业户占有田地山总面积多少分类可得表2。按业户占有山的面积多少分类可得表3，按业户占有田的面积多少分类可得表4。以上诸表所载共业土地，分别指十四都五保本身业户之间的共业土地或其他都保本身业户之间的共业土地，十四都五保业户与其他都保业户之间的共业土地未计入内。

表2　业户占有田地山的总面积分类

类别		5亩以下	5~10亩	10~30亩	30~50亩	50~100亩	100亩以上	共业	总计
十四都五保	户数	9	1	4	4	5	2		25
	面积/亩	17.8833	8.0875	70.4375	146.5333	322.1583	458.0375	366.7375	1389.8749
	比例	1.3%	0.6%	5.1%	10.5%	23.2%	32.9%	26.4%	100%
其他都保	户数	19	15	14	10	3	6		67
	面积/亩	47.025	103.5708	234.7438	468.8167	211.9917	1705.2042	172.7917	2944.1439
	比例	1.6%	3.5%	8%	15.9%	7.2%	58%	5.8%	100%

表3　业户占有山的面积分类

类别		5亩以下	5~10亩	10~30亩	30~50亩	50~100亩	100亩以上	共业	总计
十四都五保	户数	6	0	4	6	1	2		19
	面积/亩	11.025	0	92	243.5	76.5	264.5	328.75	1016.275
	比例	1.1%	0	9.1%	24%	7.5%	26%	32.3%	100%
其他都保	户数	5	8	11	8	4	4		40
	面积/亩	9.25	59.5	174.75	307.25	258.5833	968.75	92	1870.0833
	比例	0.5%	3.2%	9.4%	16.4%	13.8%	51.8%	4.9%	100%

表4　业户占有田的面积分类

类别		5亩以下	5~10亩	10~30亩	30~50亩	50~100亩	100亩以上	共业	总计
十四都五保	户数	12	3	4	0	1	1		21
	面积/亩	15.0458	19.5542	64.4292	0	82.2792	100.4625	16.9875	298.7584
	比例	5%	6.5%	21.6%	0	27.5%	33.6%	5.7%	100%

类别		5亩以下	5～10亩	10～30亩	30～50亩	50～100亩	100亩以上	共业	总计
其他都保	户数	22	13	7	3	8	2		50
	面积/亩	56.1042	84.7125	117.4521	110.0875	210.5146	317.6063	69.4167	965.8939
	比例	5.8%	8.8%	12.1%	11.4%	21.8%	32.9%	7.2%	100%

通过表2、表3、表4，可以看出该鱼鳞册所载十四都五保的土地占有有如下特点。

第一，土地占有集中的情况十分明显。按该册所载，十四都五保共有业户27户，佃户21户。其中，自耕农兼佃户或佃户兼自耕农者计6户。所以该保实际共有42户。其他都保共有业户67户，佃户1户，计68户。就业户占有田地山总面积来说，十四都五保占有30亩以下土地的业户有16户（包括仅有共业田土的2户），加上根本没有土地的15户佃户，共31户，占该保总户数的70%以上，但所有的土地却仅占该保土地总面积的7%。其中占有5亩以下土地的业户有9户，占该保总户数的21.4%，但所有的土地仅占1.3%。而占有30亩以上土地的业户只有11户，占该保总户数的26.2%，却占有66.7%的土地。其中占有100亩以上土地的业户有2户，仅占总户数的4.8%，所有的土地却占32.9%。其他都保占有30亩以下土地的业户有48户，亦占其他都保总户数的70%以上，但所有的土地却仅占13.1%。其中占有5亩以下土地的业户有19户，占其他都保总户数的27.9%，但所有的土地仅占1.6%。而占有30亩以上土地的业户有19户，占其他都保总户数的27.9%，但他们所有的土地却占81.1%。其中占有100亩以上土地的业户有6户，占总户数的8.8%，所有的土地却占58%。业户占有山的面积的情况以及占有田的面积的情况也与此类似。

第二，十四都五保业户所占有的土地要比其他都保业户在该保占有的土地少得多。从占有田地山总面积来看，十四都五保仅占1389.8749亩，而其他都保却占2944.1439亩，二者比例约为1∶2。十四都五保平均每户占有土地33.1亩，其中有15户是根本没有土地的佃户。而其他都保平均每户占有土地43.3亩，其中只有1户是没有土地的佃户。这种情况在田的占有方面更为突出。十四都五保占有田仅298.7584亩，而其他都保占有田达965.8939亩，二者比例约为1∶3。十四都五保平均每户占有田7.1亩，其中有21户根本不占有田，占该保总户数的50%。其他都保平均每户占有田14.2亩，其中有18户不占有田，占其他都保总户数的26.5%。总之，一方面，十四都五保的田土绝大部分被其他都保的业户所占有；另一方面，这些田绝大部分又被十四都五保的佃户以租佃方式耕种。这是有关土地占有与租佃方关系的一个十分典型的例子。

据该鱼鳞册所载田的方面资料，按户别，可分为以下八类：土地出租户，土地出租兼自佃兼佃户，自佃兼土地出租户，自佃户，自佃兼佃户或佃户兼自佃户，小土地所有户，佃户兼小土地所有户，佃户。以上八个户别的田的占有面积及其所占比例如表5所示。

表5 各类户别田的占有面积及比例

类别		土地出租户	土地出租兼自佃兼佃户	自佃兼土地出租户	自佃户	自佃兼佃户或佃户兼自佃户	小土地所有户	佃户兼小土地所有户	佃户	总计
十四都五保	户数	1	1	1	6	3	9	2	15	38
	面积/亩	18.8583	100.4625	82.2792	52.7167	18.3417	7.0791	3.8012	0	283.5387
	比例	6.7%	35.4%	29%	18.6%	6.5%	2.5%	1.3%	0	100%
其他都保	户数	34	0	0	1	0	15	0	1	51
	面积/亩	835.3354	0	0	3.9833	0	57.1583	0	0	896.477
	比例	93.2%	0	0	0.4%	0	6.4%	0	0	100%

下面对该鱼鳞册所载各类户别试作一介绍与分析。

土地出租户。这是指占有田土并明确写有佃户某某的一类业户。土地出租户占有田土面积分类如表6所示。

表6　土地出租户占有田土面积分类

类别	5亩以下	5～10亩	10～30亩	30～50亩	50～100亩	100亩以上	总计
户数	9	12	6	3	3	2	35
面积/亩	28.9292	79.2958	107.7604	110.0875	210.5146	317.6063	854.1938
比例	3.4%	9.3%	12.6%	12.9%	24.6%	37.2%	100%

土地出租户占有田的面积总计为854.1938亩，再加上共业中出租田土23.4542亩，共为877.648亩，占该保田的面积的67.6%，即该保的大部分田为土地出租户所占有。

从田的占有面积来看，土地出租户大体可分为两类。一类是占有田土面积较多的土地出租户。其无疑属于农村中的地主阶层。土地出租户占有田面积在30亩以上者共有8户（均为其他都保的业户），计占有田638.2084亩，占土地出租户占有田土总面积的74.7%。其中占有百亩以上田的出租户有2户。一户叫胡茂德，占有田184.4438亩，为该鱼鳞册中占有田最多的一户，其占有田地山总面积为377.9438亩。另外，其尚有与他人共业田地山22.5417亩未计入内。另一户叫胡申甫，占有田133.1625亩，其占有的田地山总面积达597.1208亩，为该鱼鳞册中占有土地总面积最多的一户。另外，其还有与他人共业田地山155.4542亩未计入内。这两户都是十二都人，在该鱼鳞册中是外都保的业户，他们在十四都五保占有如此多的土地，那么，在其本身所在都保以及其他都保中一定还会占有不少的土地，就徽州地区来说，他们已属于较大的地主之例。

另一类是占有田土面积较少的土地出租户。土地出租户占有田面积在30亩以下者共27户，计占有田215.9854亩，占土地出租户占有田土总面积的25.3%。其中占有田10亩以下的土地出租户有21户，共计占有田108.255亩，平均每户占有田仅5亩多。这类业户较为复杂，并非一定都是地主。因为宋元以后租佃关系十分发达，土地出租的情况极为普遍。就徽州地区来说，人口多，田地少，很多人外出经商，于是，将留在家乡的小块田土出租给他人。这种情况除商人兼地主外，有的则是小商人兼小土地出租者。十四都五保的土地出租户只有1户，叫王一宁，占有田18.8583亩，其中，出租田仅11.0833亩。像这样的土地出租户，无论是就其占有田的面积来说，还是就其田的出租量来说，都很难说其一定就是属于地主这一阶层的。然而，鱼鳞册中占有田土面积较少的土地出租户，若属于外都保的业户，情况与此又有所不同。从现存的徽州土地文书来看，有的业户占有土地的总数量并不少，但分散在各都保之间，若只从一都一保来看，其占有的土地数量并不多。因此，该鱼鳞册中属于外都保的占有田较少的土地出租户，可能有一部分是属于占有土地较多的地主这一阶层的；但也有由于土地在外都保，仅因"管业不便"而出租给他人的，这类业户并非一定就是地主。总之，占有田土面积较少的土地出租户情况较为复杂，须作具体分析。

土地出租兼自佃兼佃户。1户，汪龙云，十四都五保人，占有田100.4625亩，其中除去荒田26.2542亩外，自佃（该词系攒造鱼鳞册时在"佃户"栏下所填写的，指本户所有的田土由自己耕种，即自耕之意）23.4542亩，出租44.1458亩，共有4个佃户。另外还租佃别人1.625亩田。这是一个以土地出租为主的土地出租兼自佃兼佃户，该户占有田地山总面积为230亩，当属于地主兼自耕农兼佃户。

自佃兼土地出租户。1户，汪逢吉，十四都五保人，占有田82.2792亩，其中除去荒田46.975亩外，自佃22.7625亩，出租7.975亩。这是一个以自佃为主的自佃兼土地出租户，该户占有田地山总面积为228.0375亩，当属于自耕农兼地主。

自佃户。共有7户，其中只有1户是十四都四保人，其余均为十四都五保本保人。其中占有田最多的是十四都五保的汪功敏，计25.0708亩，除去荒田14.8042亩，自佃9.2667亩。联系上述土地出租兼自佃户中自佃土地均为20余亩的情况，可以看出，徽州地区自耕农一般耕种的土地是10~20亩。其余自佃户占有田都很少，自佃田土更少，多在5亩以下，均非属于标准的自耕农。

自佃兼佃户或佃户兼自佃户。共3户，均为十四都五保人。其中汪仲祥占有田10.2167亩，除去荒田3.0833亩，自佃4.5833亩，同时还租佃了0.2833亩田。该户共有田地山计60.7583亩，当属于自耕农兼佃农这一阶层。其余2户都是以租佃为主的佃农兼自耕农。一户是韩子龙，租佃田12.1875亩，自佃田仅1.1667亩。另一户是王应士，租佃田55.1042亩，自佃田仅5.4583亩。

小土地所有户。这里所说的小土地所有户并非一般意义上的小土地所有者，而是仅指鱼鳞册中记载的占有小块田土，既无佃人又无自佃的一类业户。这类小土地所有户，十四都五保有9户，其他都保有15户。这类业户户数最多，但总计占有田面积却不到10%。十四都五保的小土地所有户共占有田7.0791亩，平均每户占田仅0.7866亩。其他都保这类业户共占有田57.1583亩，平均每户占有田3.8106亩。这类业户的性质较为复杂。就十四都五保而言，小土地所有户一般当属于占有田土数量很少的业户。但属于其他都保的，有的也可能是属于占田分散而总占田量并不少的业户。

佃户兼小土地所有户。2户，均为十四都五保人。汪四，租佃田65.4667亩，另占有田2.375亩。汪德甫，租佃田6.3292亩，另占有田1.4292亩。二人均是以租佃为主的佃农兼小土地所有者。

佃户。该鱼鳞册所载佃户共22户，属于外都保的仅1户，其中佃户兼各类业户者6户，根本没有土地的佃户16户。按佃户租佃田土面积分类见表7所示。

表7　佃户租佃田土面积分类

类别	10亩以下	10～20亩	20～30亩	30～50亩	50亩以上	总计
户数	8	5	3	0	6	22
面积/亩	28.471	60.4957	74.0646	0	391.975	555.0063
比例	5.1%	10.9%	13.4%	0	70.6%	100%

从该鱼鳞册所载资料中可以看出，佃户与租佃的关系具有以下特点。

第一，佃户耕种的田土占该保实际耕种田土的大部分。按实际统计，十四都五保共有田 1310.7604 亩，其中除去荒田 387.025 亩，实际耕种田土为 923.7354 亩，佃户租佃耕种田土总计为 555.0063 亩，占实际耕种田土的 60%。第二，佃户租佃的田土属于十四都五保的仅有 63.2041 亩，其余 491.8022 亩都是其他都保业户占有的田土，占 88.6%。第三，租佃 50 亩以上田土的佃户有 6 户，总面积达 391.975 亩，占全部租佃田土的 70.6%（详见表 8）。这 6 户中的王应士前面已经介绍过，是个佃户兼自耕农，自己还占有田地山共 37.7292 亩土地。另一户汪四自己亦占有 2.375 亩土地。前文已经述及，该鱼鳞册所载资料表明，徽州地区一户自耕农所耕种的田土一般在 10 ~ 20 亩，而有一部分佃户每户竟租佃 2 ~ 3 倍一般自耕农户的田土，这或许是由于该佃户劳动力较多所致。但少数佃户掌握该保大部分租佃田土的现象是值得注意的。第四，地主在选择佃户方面有一定的集中性，即地主出租田土时一般多集中租给少数一两个佃户。或者说，地主与佃户之间有一定的对应性。如地主胡申甫共出租田 72.7083 亩，其中 56.0917 亩集中租给了佃户王清。又如地主王君信共出租田 54.3146 亩，其中 47.0542 亩集中租给了佃户王应士。徽州地区很早以来就是佃仆制发达的地区之一，地主在选择佃户上所表现出来的集中性或许是佃仆制的一种反映。

表 8　租佃 50 亩以上田土的佃户

姓名	王清	汪寄	王圣	汪四	叶六乙	王应士	总 计
租佃田土面积/亩	78.3813	67.075	65.7063	65.4667	60.2417	55.1042	391.975
备注				兼小土地所有户		兼自佃户	

总之，通过该鱼鳞册所载各类业户及佃户情况可以看出，一方面，不少业户多兼有几种身份，在土地占有及租佃关系上呈现出十分复杂的局面；另一方面，土地集中的情况十分明显，租佃关系则极为普遍。

在业户占有土地方面，该鱼鳞册还载有一部分共业土地。其中田 95.9917 亩，地 43.0417 亩，山 527.25 亩，共计 666.2834 亩，占土地总面积的 14.6%。共业土地绝大多数都是 2 户共业，少数有 3 户共业，有一号土地是 6 户共业（496 号）。该鱼鳞册中除极少数外，共业土地绝大多数没有写明各个业主该得多少。共业土地的形成最初多因共继祖产所致。兄弟、叔侄等共继祖产而尚未摽分，或已经摽分而鱼鳞册中仍为一号田土，遂形成共业土地。该鱼鳞册中有一些共业土地，如 7 号田，业户胡桂云、叔达，490 号地，业户谢寿卿、庄孙，虽写有两个业主名字，其上却明确写为"一户"，即属上述情况。以后，其中一户若将自己的一份田产出卖给他人，即形成异户之间或异姓之间的共业土地。亦有将自己田产的一部分出卖给他人而形成与他人共业的情况。此外，还有两户共买一块田产而形成共业的，等等。总之，共业土地的形成是与土地继承和土地买卖有密切关系的。

宋元时代，寺院占有大量田土。这方面在该鱼鳞册中亦有所反映。该鱼鳞册的业户栏中载有 2 所寺院。一所是十二都的白杨院，占田 23.0792 亩，地 4.125 亩，山 55 亩，计 82.2042 亩。白杨院在该册中属于其他都保业户，其在自己所在都中当占有更多土地。另一所是十四都的东松庵，占田 1.375 亩，地 1 亩，山 12 亩，计 14.375 亩。弘治《徽州府志》载："白杨院，在十二都。宋元祐二年建。建炎间朝散郎胡俊杰请赐今额……元废。"[1] "东松庵，在十四都。当官道之冲，而邸舍辽远，暮行者患之。宋熙宁间悟法寺僧子珣为庐舍数十楹，设床榻，备薪蔬，以给往来……元，寺毁，徙叶家源。"[2] 这些记载亦可佐证该鱼鳞册的所属时代。

关于荒田。

该鱼鳞册所载田土中有大量荒田。其中有一般荒田 317.65 亩，"积砂""砂荒" 65.225 亩，"成溪" 4.15 亩。多数是整块田土全荒，亦有部分荒掉的，在鱼鳞册上写作"内荒"，属于内荒田土的共 57.6042 亩。各类荒田总计为 387.025 亩，占全部田土面积的 29.5%，比例颇大。这一点也证明了该鱼鳞册当是元末明初动乱时代的田土记录。历史上徽州地区在元末所遭战

---

[1] 弘治《徽州府志》卷 10《寺观·祁门县》。

[2] 弘治《徽州府志》卷 10《寺观·祁门县》。

乱尤为突出。"徽之为郡，介乎万山，昔有革代，招附以安。曩岁淮兵，渡江窥浙，直捣于徽，肆其燔劫，突来荐至，奔北相仍，六胜六负，哀哉民生。"[①]"近年以来，南北变乱，兵革不息，田畴荒芜，民多饥馁。"[②]"祁门为新安属邑……壬辰之变，薪兵蹂躏，鞠为茂草，邑之遗黎存者百二三。"[③]联系到这一时代背景，该鱼鳞册作为朱元璋攻取徽州后时间不久的一次经理记录，其上载有大量荒田，当然是不足为奇的。

以上，仅就该鱼鳞册记载的土地方面的资料粗略作了统计与分析。最后要提及的是，只就一个都保的鱼鳞册资料来进行统计与分析，其资料并不十分完全，因而在某些方面不免带有局限性。尽管如此，从鱼鳞册这类原始档案中挖掘出来的东西，当更接近于历史的真实。特别是在数据资料十分难得的情况下，它就更显得宝贵。

原载《中国史研究》1988年第4期，人大复印报刊资料《明清史》1989年第1期全文转载，日本《东洋学报》1989年第70卷第1、2号转译，有改动

---

① 〔明〕朱升：《朱枫林集》卷7《行枢密院判官邓公勋德碑颂》，载《四库全书存目丛书》第24册，齐鲁书社1997年版，第347页。

② 〔元〕舒頔：《贞素斋家藏集》卷1《绩溪县劝农文己亥岁作》，清道光二十六年（1846年）刻本。

③ 弘治《徽州府志》卷12《祁门重建儒学记》。

洪武鱼鳞图册考实

明洪武时期的土地丈量及其攒造的鱼鳞图册，作为明代社会经济史上的一件大事，一直备受学者关注。中外有关明史的各种论著对其多有叙及，而所谓"洪武丈量鱼鳞图册"则被广泛引用。然而，自20世纪80年代以来，美籍学者何炳棣先生多次发表论著，称明初全国各地履亩丈量绘制的鱼鳞图册根本不是史实而是传奇。那么，明洪武时期攒造的鱼鳞图册到底是传奇还是史实？所谓"洪武丈量鱼鳞图册"的真相又如何呢？本文拟对这些问题作一探究。

一、所谓"洪武丈量鱼鳞图册"并非鱼鳞图册实物，
而是《吴氏先茔志》所配插图

迄今在许多中国通史、断代史、专史以及论文之中，叙及明洪武时期的土地丈量时，多配有一幅"洪武丈量鱼鳞图册"，见图1。

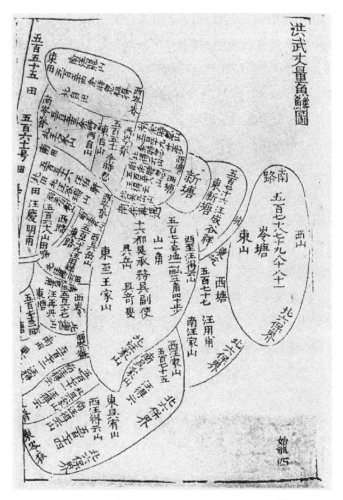

图1　各论著中引用的"洪武丈量鱼鳞图册"

这幅"洪武丈量鱼鳞图册"被中外学者广泛引用。仅据笔者初步调查，引用该图片的论著至少可举出以下16种（按出版时间顺序）：

①李洵著《明清史》，人民出版社1957年版，插图2，题作"洪武丈量鱼鳞图（'吴氏先茔志'所载）"；

②韦庆远著《明代黄册制度》，中华书局1961年版，图五，题作"鱼鳞图册（中国历史博物馆藏）"；

③［日］山根幸夫编《图说中国历史》7《明帝国和日本》，讲谈社

1977年版，第30页图16，题作"洪武鱼鳞图册"；

④梁嘉彬编撰《中国历史图说》10《明代》，新新文化出版社有限公司1979年版，第203页，题作"鱼鳞图册"；

⑤〔日〕土井正兴等编《新世界史》，三省堂三订版1979年版，第70页，题作"鱼鳞图册（摹刻版）"；

⑥中国历史博物馆编《简明中国历史图册》第八册《封建社会·明清》，天津人民美术出版社1980年版，第11页，题作"《洪武丈量鱼鳞图册》"；

⑦李永炽编《锦绣系列·中国全集》2《历史中国》，锦绣出版社有限公司1982年版，第191页，题作"洪武年间的鱼鳞册"；

⑧汤纲、南炳文著《明史》上册，上海人民出版社1985年版，图版八，题作"《洪武丈量鱼鳞图册》"；

⑨〔日〕小山正明著《东亚的变迁》，《世界历史》第11卷，讲谈社1985年版，第106页，题作"洪武鱼鳞图册"；

⑩《中国史稿》编写组著《中国史稿》第六册，人民出版社1987年版，第55页，题作"洪武时鱼鳞图册"[①]；

⑪《中国大百科全书·中国历史Ⅲ》，中国大百科全书出版社1992年版，第1417页，题作"洪武鱼鳞图册"；

⑫蔡美彪主编《中国通史》第八册，人民出版社1993年版，第47页，题作"洪武鱼鳞图册"；

⑬刘泽华主编《中华文化通志》第四典《制度文化·土地赋役志》（葛金芳撰），上海人民出版社1998年版，第403页图7，题作"明初洪武年间（1368—1398年）的鱼鳞图"；

⑭朱大渭主编《中国通史图说》八《明代》（丁琼著），九洲图书出版

---

① 《中国史稿》第六册插图系笔者编选，选用"洪武丈量鱼鳞图"时在该书中未作说明。1987年10月3日，笔者在日本东洋文库演讲时指出，该图并非洪武鱼鳞图册实物。参阅拙文：《关于朱元璋攒造的龙凤时期的鱼鳞册》（鹤见尚弘译），日本《东洋学报》1989年第70卷第1、2号，第26—27页。

社1999年版，第190页图二八八，题作"黃册及洪武丈量鱼鳞册"；

　　⑮赵冈著《简论鱼鳞图册》，《中国农史》2001年第1期，第44页图一，题作"洪武鱼鳞册总图"；

　　⑯宋昌斌著《制度文明与中国社会·编户齐民——户籍与赋役》，长春出版社2004年版，第17页，题作"洪武丈量鱼鳞图"。其在引用该图时删去了原图中的"洪武丈量鱼鳞图"及"始祖四"等文字。

　　以上各种论著所引图片完全相同，均为本文图1之图片。可以说，所谓"洪武鱼鳞图册"之图片已得到中外学界的公认。不过，各家对该图片的题名则有多种说法，或作"洪武丈量鱼鳞图"，或作"洪武丈量鱼鳞图册"，或作"洪武鱼鳞图册"，或作"洪武鱼鳞册总图"，或作"鱼鳞图册"，等等。但可以看出，其中多数是题作"洪武鱼鳞图册"的，这样就很容易使读者将该图片理解为一种鱼鳞图册实物。关于其来源，有的标为"'吴氏先茔志'所载"，有的则标为"中国历史博物馆藏"，而大多数引用者并未指明其出处。那么，这幅图片到底源于何处呢？其究竟是否是洪武鱼鳞图册实物呢？

　　查其来源，它并不是中国历史博物馆所藏鱼鳞图册实物。笔者曾多次到中国历史博物馆调查，该馆根本没有这样一本所谓"洪武丈量鱼鳞册"实物。这幅图片正如李洵等先生在引用时所标明的那样，它原是"'吴氏先茔志'所载"的一幅插图。下面的图2是笔者从《歙西溪南吴氏先茔志》一书中翻拍下来的。只要把本文的图1与图2两相对照，立刻就会发现，上述各种论著中所引"洪武鱼鳞图册"之图片，与《歙西溪南吴氏先茔志》中所载完全相同。前者引自后者，十分明了。还有一点也很清楚，各论著引用的图片并不是《歙西溪南吴氏先茔志》所载图之全部，只是其中的一部分。原书插图分载于一叶双面，引用者只选取了其第一面所载之图。

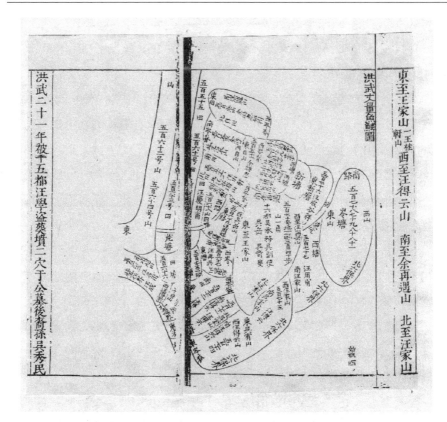

图2 《歙西溪南吴氏先茔志·始祖墓》所载 "洪武丈量鱼鳞图"

《歙西溪南吴氏先茔志》是宋代以后徽州府歙县西溪南吴氏所修的一种家志，主要记载吴氏历代祖先坟茔地产的源流变迁等各项有关事迹，其中有各墓地的所在位置、历朝经理、见业分庄，有关的交易契据、合同文书、禁约茔记，以及行实传赞、墓表志铭等，书中汇录了有关吴氏墓地产业的各种文书档案资料，颇为珍贵。该志始修于南宋嘉定年间，历经元明，延及清代。其序文中载有"览前志，自嘉定辛未迄万历癸未，四百年来作者十余曹"①等文字。现存于世的多为清代刊本。最先引用《歙西溪南吴氏先茔志》所载有关洪武丈量史料的是日本学者清水泰次②。笔者所

---

① 《歙西溪南吴氏先茔志》卷首《元士叔重修先茔志序》（崇祯八年，1635年）。

② ［日］清水泰次：《明初的版籍研究》，载《兴亚经济研究所纪要》一，1943年。

见该志为日本东京大学东洋文化研究所藏道光补刊本。首刊崇祯八年（1635年）、崇祯十七年（1644年）、康熙二十八年（1689年）序文，次为凡例。再次即是正文，首题"歙西溪南吴氏先茔志 附图"，署"裔孙正绥元士重修"。其下从"始祖"开始，按世次顺序依次刊载。正编迄二十五世止（清康熙），续编自二十六世起至三十一世止（清道光）。"洪武丈量鱼鳞图"即是载于该志"始祖·历朝经理"部分的一幅插图。

那么，这幅插图是否是洪武丈量鱼鳞图册实物原封不动的摹本呢？看一下"洪武丈量鱼鳞图"上所载内容，就会得到答案。

第一，该图的右下角刊有"始祖四"三个字，鱼鳞图册正册属官府册籍，并非私家所修，每册以保或图为单位编造，登录各业户所属每块田土相关内容，在洪武丈量鱼鳞图册的原物上显然不会有"始祖四"这类在家志上记载的文字。

第二，该图中所绘各鳞片内的记载颇为详细，其中有号数、亩步、四至、见业及分庄等。这与遗存的鱼鳞图册总图类文书所载很是不同。明清时代徽州鱼鳞图册总图又称"摊金"。现存徽州文书之中，明清两代的鱼鳞图册总图类文书都有遗存，每张鱼鳞总图所绘各鳞片中所载，只有号数与田土类别，或只有号数，并无其他各项内容，明清两代都是如此①。这是因为，一张鱼鳞总图中要登录相当多的鱼鳞字号，所绘鳞片图形甚多，因而每一鳞片中不可能载有更多内容，仅录号数与田土类别而已。由此可知，《歙西溪南吴氏先茔志》所刊之"洪武丈量鱼鳞图"并非鱼鳞图册实物的摹本。

第三，细看"洪武丈量鱼鳞图"中各鳞片内所载文字，有的如上所述，颇为详细；而有的亦很简略，只有号数；有的甚至一个图形之内载有几个字号，很不统一。这种情况在正式的鱼鳞图册总图中是不可能有的。该图所载大致分为以下四种情况：一是图中间的鳞片五百七十号所载最为详细，"五百七十号，地一亩三角四十步，山一角；十六都吴承务、吴副

---

① 参阅《万历休宁鳞字号鱼鳞摊金册》，载《徽州千年契约文书》宋·元·明编卷11，花山文艺出版社1991年版，第217—276页。

使、吴岳、吴奇叟；东至王家山，西至汪得云山，南余再遇，北汪家山"；
二是五百七十号周围文字稍详，如"五百六十九汪用祥，东路，西吴岳
山，南汪家山，北汪得云田"等；三是在周边一个鳞片中标多个字号，又
标明四至和土名，如"五百七十八、七十九、八十、八十一，岭塘，东
山，西山，南路，北六保界"等；四是在周边一个鳞片中标多个字号，但
只标字号和田土类别，如"五百六十二号山、五百六十四号山"等，文字
简略。总之，该图是以五百七十号田土为中心，向外各鳞片所载文字逐渐
减少，且详略不一。从迄今遗存的明清鱼鳞总图实物所载来看，其上各鳞
片所载文字多只有字号和田土类别，格式相同，无详略之别。从该图所载
详略不一，又有"始祖四"等文字可以看出，该图是为配合家志正文所
叙，以洪武丈量草字五百七十号为中心所绘之图，系私家志簿所绘鱼鳞
图，并非洪武鱼鳞图册原封不动之摹本。

《歙西溪南吴氏先茔志》中在"洪武丈量鱼鳞图"之前，还载有下列
文字：

> 历朝经理
>
> 宋额，坐落孝悌乡十五都九保，老字源三百二十四号，众坟山乙
> （一）角，地壹亩三角四十步。
>
> 元延祐四年丈量经理，编草字五百七十号，坟山一角，荒地乙亩
> 三角四十步……
>
> 明洪武十八年丈量，十五都九保仍作草字五百七十号，荒地一亩
> 三角四十步，土名岭塘〔夹注：又名新塘尾〕，坟山一角。见业分庄：
> 十六都吴承务，荒地三角；吴岳，坟山一角；吴奇叟，地二角四十
> 步；吴副使，地二角。东至王家山〔夹注：一王桂轩山〕，西至汪得
> 云山，南至余再遇山，北至汪家山。①

"洪武丈量鱼鳞图"即是为说明这段文字而配的一幅插图。可以看出，图
的中心所绘便是草字五百七十号所载的基本内容，图中这一号所载最为详

---

① 《歙西溪南吴氏先茔志·唐始祖光公》，第3页。

细。其四周所录内容渐次减少，边缘部分甚至有数号合并载于一个鳞片图形之内的情况。如五百七十八号、五百七十九号、五百八十号、五百八十一号即合并载于一个鳞片图形之内，五百五十五号田、五百五十六号田也合并载于一个鳞片图形之内，等等。

当然，据《歙西溪南吴氏先茔志·凡例》所载可知，该书所配插图乃是以"元明丈量清册"为据而刊刻的，它也反映了洪武鱼鳞总图的基本形制，对于了解洪武鱼鳞总图是有参考价值的。但从以上考证分析之中则不难明了，它是专为说明《歙西溪南吴氏先茔志》的所载内容而重新绘制的、有所详略的一幅插图，并非洪武丈量鱼鳞图册实物原封不动的摹本。所以严格来说，迄今中外学者广泛引用的所谓"洪武丈量鱼鳞图册"图片，既不是洪武鱼鳞图册实物，也不是洪武鱼鳞图册实物的摹本，只是《歙西溪南吴氏先茔志》所配的一幅插图。

二、与"洪武丈量鱼鳞图"所配的"分图"根本不是洪武时期的鱼鳞册，而是万历清丈鱼鳞册

从鱼鳞图册的分类来说，其中有鱼鳞总图和鱼鳞分图。鱼鳞总图是以字号为单位，标绘某一鱼鳞字号内所属各号田土位置的一种文书，其状极似鱼鳞。由于某一鱼鳞字号所属各号田土一般都有数千号，所以鱼鳞总图亦多分为若干张绘制，装订成册。徽州鱼鳞总图的名称有摊金册、摊金总图、摊册、全图等，如图3所示的"万历休宁鳞字号摊金册（鱼鳞总图）"。而鱼鳞分图则是按田土流水字号顺序排列，详载每号田土所属各项内容，诸如所属字号、都保（或都图）、业主姓名、土名、田土类别、四至、丈量弓步、税亩面积、分庄、佃户姓名等。鱼鳞分图一般都绘有各号田土形状，但亦有不绘者。其名称有鱼鳞清册、鱼鳞经册、鱼鳞号册、鱼鳞弓口清册、保簿、经理保簿、经理册、弓口鱼鳞册、流水号簿、清册分庄等。作为完整的鱼鳞图册文书，鱼鳞总图与分图二者是配套的，即当时一个保或一个图的鱼鳞图册，既有鱼鳞总图，又有鱼鳞分图。

图3 万历休宁鳞字号摊金册（鱼鳞总图）

在上述引用"洪武丈量鱼鳞图"的论著之中，又有数种著作是将该图作为洪武鱼鳞图册"总图"，同时配以"分图"（图4）而一并引用的。

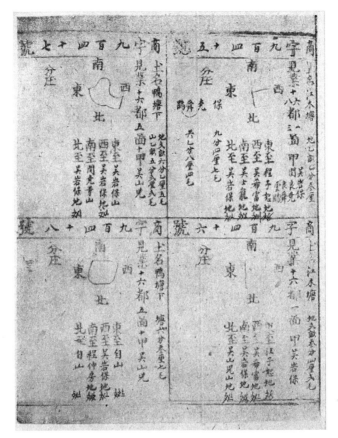

图4　与"洪武丈量鱼鳞图"一起被引用的"鱼鳞分图"

作如此引用的有如下著作（按出版时间顺序）：

①韦庆远著《明代黄册制度》，中华书局1961年版，图五，题作"鱼鳞图册（中国历史博物馆藏）"。首列"洪武丈量鱼鳞图"，其下题作"（一）总图"；其后配以分图，题作"（二）分图"。

①［日］山根幸夫编《图说中国历史》7《明帝国和日本》，讲谈社1977年版，第30页图16，上列"洪武丈量鱼鳞图"，下列分图。其文字说明为："上为《吴氏先茔志》所载，并非洪武年间鱼鳞图册的现存实物。下为记载每笔字号、所在地、所有者、面积、四至等的分图。"

③梁嘉彬编撰《中国历史图说》10《明代》，新新文化出版社有限公司1979年版，第203页，上列"洪武丈量鱼鳞图"，下列"分图"。其文字

说明为："图上为鱼鳞册，取于《吴氏先茔志》所载，图下为字号、所在地、所有者、面积、四至的分图。"

④［日］小山正明著《东亚的变迁》，《世界历史》第11卷，讲谈社1985年版，第106页，右列"洪武丈量鱼鳞图"，左列分图。其文字说明为："洪武鱼鳞图册。作为租税赋课基础的一种土地帐籍，见于宋代以后。一般认为，至明代在江苏、浙江、江西、山东、河南、湖广、福建等地广泛实施。右为《吴氏先茔志》所载'洪武丈量鱼鳞图'，表示一定区划的总图；左为记载每笔土地字号、所在地、界至、种类、所有者等的分图。"

⑤蔡美彪主编《中国通史》第八册，人民出版社1993年版，第47页，右列"洪武丈量鱼鳞图"，左列"分图"，未作任何文字说明。

⑥刘泽华主编《中华文化通志》第四典《制度文化典·土地赋役志》（葛金芳撰），上海人民出版社1998年版，第403页图7，左列"洪武丈量鱼鳞图"，右列分图。其下文字说明为："明初洪武年间（1368—1398年）的鱼鳞图。右图记载地产的字号、坐落、所有者、面积及四至；左图是各户的分布图（采自《图说中国历史》）。"

⑦朱大渭主编《中国通史图说》八《明代》（丁琼著），九洲图书出版社1999年版，第190页图二八八，左列分图，右列"洪武丈量鱼鳞图"，题作"黄册及洪武丈量鱼鳞册"。

以上各论著中所引的"分图"，除朱大渭主编《中国通史图说》八《明代》（丁琼著）将其作为"黄册"（实误）外，其余都是作为与洪武丈量鱼鳞图"总图"相配而引用的。而且，从其所附文字说明来看，均认为这一"分图"即洪武时期的鱼鳞分图。

其实，这一"分图"虽然引自中国国家博物馆所藏鱼鳞图册实物[①]，但它并不是洪武时期的鱼鳞图册。1982年，日本学者鹤见尚弘先生在中国做鱼鳞图册探访时首先对其提出了质疑。1987年，笔者在日本东洋文库所做的演讲

---

① 1982年，日本学者鹤见尚弘在中国作鱼鳞图册探访时，经笔者之手从中国历史博物馆借阅过该鱼鳞册。

中指出其为万历九年（1581年）清丈的鱼鳞图册①。1993年，鹤见尚弘发表论文又对其作了翔实的专门论考②。但如上所述，其后仍有学者将其作为洪武时期的鱼鳞分图而加以引用。关于其所属时间，这里拟作进一步的考证。

首先，"洪武丈量鱼鳞图"总图所载字号与"分图"所载字号，乃是属于明代不同历史时期的鱼鳞字号。明初洪武时期的土地丈量多承宋元旧制，在区域划分与字号编排上仍沿袭宋元以来的都保制。嘉靖《浦江志略·疆域志》载：

> 大明洪武十有四年，定图籍，隶于隅都。民以一百一十户为一
> 图，共图一百六十有六，每图设里长一人，十年一役……
> 都分十保。县共三十都，每都设都长一人。每都各分十保，设保
> 长一人，专管田地山塘古今流水、类姓等项印信文册，防民争夺。③

即在都之下有两种建置系统，一为都图，以人户为主，属黄册里甲系统；一为都保，以地域划分为主，属鱼鳞图册系统④。文献记载表明，土地丈量和鱼鳞图册编制方面所实行的这种都保制，明初在江南相当多的地方都曾实行过。徽州地区也是如此。现存徽州方志中对其虽无明确记载，但从徽州文书的记载中仍可看出，徽州地区在明初洪武时的土地丈量和鱼鳞图册编制方面也是实行都保制的，其所攒造的鱼鳞图册多称"保簿"。然而，到万历九年（1581年）清丈时，这种情况则发生了变化，其鱼鳞图册字号的编制不再以保为单位，而是以图为单位，即一个图编为一个字号，遂使鱼鳞图册系统与黄册系统合而为一。这样，从鱼鳞图册字号编制系统的不同，即可看出其所属时期之区别。

具体来说，据前引《歙西溪南吴氏先茔志》记载可知，"洪武丈量鱼

---

① 参阅拙文：《关于朱元璋攒造的龙凤时期的鱼鳞册》（鹤见尚弘译），日本《东洋学报》1989年第70卷第1、2号，第25—48页。

② 鹤见尚弘：《中国历史博物馆藏万历九年清丈徽州府一种鱼鳞册》，载《和田博德教授古稀记念·明清时代的法与社会》，汲古书院1993年版，第565—591页。

③ 嘉靖《浦江志略》卷1《疆域志·乡井》。

④ 参阅拙著：《明代黄册研究》，中国社会科学出版社1998年，第293—306页。

鳞图"中五百七十号地实系"明洪武十八年丈量十五都九保"草字号。在《歙西溪南吴氏先茔志》中还录有下列契文：

> 十五都三图立卖契人吴元学、元桂，今将续买原草字五百六十五号，今丈新编唐字 号，山税九厘六毫，其山土名山凹下，东至汪家山，西至岭，南至王家山，北至路，今将四至明白凭中立契出卖与十六都 图吴 名下为业……
>
> 万历十年二月二十三日立卖契人 吴元学 吴元桂……①

由此可知，十五都九保草字号至万历九年（1581年）清丈时已改为唐字号了。所以本为十五都九保草字号的"洪武丈量鱼鳞图"，乃是洪武时期的鱼鳞图册字号编制系统，已属无疑。

再看一下"分图"中所载的具体内容，是"商字九百四十五号"至"商字九百四十八号"，其中"见业"项下需要填写的栏目已不见"×都×保"字样，而是"×都×图×甲"，属都图系统，说明鱼鳞图册的编制已与黄册的都图系统合而为一了，从而可知其为万历九年（1581年）清丈以后所编制的鱼鳞册。关于这一点，亦可在《歙西溪南吴氏先茔志》的记载中得到证明，其有关宋六世祖妣安人李氏墓地记载如下：

> 历朝经理
>
> 宋额，坐落中鹄乡十六都三保，豫字源一百三十号，柴山二角，该载吴禛分上。
>
> 元延祐四年丈量经理，编万字 号，吴禛户报。
>
> 明洪武十八年丈量，十六都三保仍作万字 号，详吴禛派子孙下。
>
> 万历九年清丈，十六都二图改编商字六百十号，山税四亩四分二毫，土名西塘山〔夹注：坐落七世祖墓左〕
>
> 见业十六都吴俊楷等。②

---

① 《歙西溪南吴氏先茔志·始祖》，第16页。

② 《歙西溪南吴氏先茔志·六世祖妣安人李氏》，第1页。

很明显,十六都二图商字号地在洪武丈量时是编作十六都三保万字号的,而直到万历九年(1581年)清丈时才改编作商字号的。所以,明确载有商字号的这一鱼鳞"分图",实为万历九年(1581年)清丈编造的鱼鳞册,乃无疑问。

其次,再从二者使用的田亩计量单位来看,亦可发现其所属时期之不同。如"洪武丈量鱼鳞图"中载"五百七十号地一亩三角四十步",其所使用的田亩计量单位是"亩、角、步"。这本是宋元时代土地丈量时所使用的田亩计量单位。"绍兴中,李侍郎椿年行经界,有献其步田之法者,若五尺以为步,六十步以为角,四角以为亩。"①作为宋元时代的遗制,明初土地丈量及其攒造的鱼鳞图册,在表示土地面积时,仍在使用"亩、角、步"计量单位,在表示税额时才使用"亩、分、厘、毫"计量单位,常常是二者并用。而"分图"中使用的田亩计量单位只是"亩、分、厘、毫",如图中"商字九百四十七号"载"地贰亩六分乙厘五毛(毫),山乙亩五分贰厘贰毛(毫)"。这乃是明万历九年(1581年)土地清丈及其攒造的鱼鳞图册所普遍使用的计量单位,与"洪武丈量鱼鳞图"中使用的计量单位有所不同,从而证明了二者本属于不同的历史时期。

应该说,洪武时期土地丈量所攒造的鱼鳞图册,既有状若鱼鳞的总图,也有清册分庄之类的分图。但是,将万历清丈的鱼鳞清册不加说明地作为洪武丈量的鱼鳞分图来使用,显然不妥,当予辨正。

三、洪武鱼鳞图册并非传奇,而是史实

通过以上考辨可知,所谓"洪武丈量鱼鳞图"并非鱼鳞图册实物,而与之相配的"分图"又根本不是洪武时期的,那么,洪武鱼鳞图册实物如今是否存在呢?它到底是怎样的呢?

在历来关于洪武鱼鳞图册的研究中,有以下两种观点:一种观点认

---

① 〔宋〕赵彦卫撰,傅根清点校:《云麓漫钞》卷1,中华书局1996年版,第10页。

为，洪武时期朱元璋的土地丈量及其所编造的鱼鳞图册，与当时实行的黄册制度一样，是全国性的。明史专家吴晗、韦庆远等均持此种观点①。与此相反，自20世纪50年代以来，美籍学者何炳棣先生多次发表论著，称"六百年来最为传统及当代史家称道的明初全国各地履亩丈量绘制的《鱼鳞图册》，根本不是史实而是'传奇'"②。何氏还以"重要的'内证'"特别举出了徽州的例子，认为徽州鱼鳞图册"显然不是根据当年实地勘丈而来的，因为府属方志根本从未提到明初曾举行过勘丈。徽州在同一年几个月时间内编就的鱼鳞图册一定是根据当地完备的原有土地档册照抄照描而编就的"③，并声称其考证是"最多面、最缜密"的。但是，何氏在其论著中并未举出多少有力的证据，其说法只是对史料的一种解释而已。特别是对有关洪武鱼鳞图册的文书档案，丝毫没有提及，未作任何考察，所下结论未免难以令人信服。

如今，就在徽州文书之中，已不止一种地发现了洪武鱼鳞图册实物。有关洪武鱼鳞图册的文书档案，无疑是研究洪武鱼鳞图册的第一手资料，研究者不能不加以关注。下面笔者就徽州文书中发现的两种洪武鱼鳞册实物作一初步介绍与考察。

1.《明洪武十八年歙县十六都三保万字号清册分庄》

中国社会科学院古代史研究所藏315010000001号（图5）。册纵32.5厘米，横26.7厘米，厚约1.6厘米。白绵纸。每叶双面，每面分成四格。四周双边，上下黑口，双鱼尾。版心刻有"洪武 清册分庄 添一"字样。"洪武清册分庄"为该册名称，"添一"系刻工名。该册首尾均残，册内亦

---

① 吴晗：《朱元璋传》，人民出版社1987年版，第184页；韦庆远：《明代黄册制度》，中华书局1961年版，第74—75页。

② 何炳棣：《中国历代土地数字考实》，台北联经出版事业公司1995年版，序言第7页。此前，何氏曾于20世纪50年代著书《明初以降人口及其相关问题：1368—1953》（见该书第6章，生活·读书·新知三联书店2000年版）；80年代又发表论文《南宋至今土地数字的考释和评价》，《中国社会科学》1985年第2、3期；后汇集成书《中国古今土地数字的考释和评价》，中国社会科学出版社1988年版。在以上论著中均持此种观点。

③ 何炳棣：《中国历代土地数字考实》，第66—67页。

有残缺。现存册自万字十七号起至万字六百九十四号止。每面登录四个顺序田土号码的内容。每号所载内容有字号，田土类别，田土面积，见业，原额，先增，今增，土名，佃人，东、西、南、北图形（均未画出），四至，分庄等。

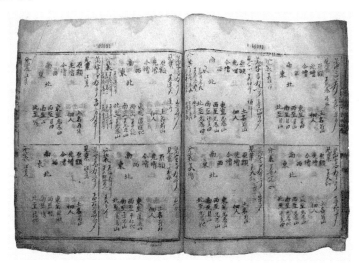

图5　《明洪武十八年歙县十六都三保万字号清册分庄》

以该册三百九十四号为例，其所载内容及格式如下：

```
分                                    见   万
庄                      南        今先原  业   字
                                增增额      三
                                            百
吴  吴  吴    东          西          吴再  九
天  文  海                                  十
多  昭  壹              北                  四
八  四  分                                  号
厘  厘  二                                  山
三  二  二    北  南  西  东      佃  土    一
毫  厘  厘    至  至  至  至      人  名    角
        五    运  景  千  运          前
        毫    善  高  仁  善          山
              山  山  地  山
```

其中，"见业""原额""先增""今增""土名""佃人""东""西""南""北""东至""西至""南至""北至""分庄"诸字为雕版黑色印刷字体，其余的字均为行书墨笔填写。

该鱼鳞册在20世纪50年代曾见诸报道。1958年，余庭光在《文物参考资料》第4期上发表《歙县发现明代洪武鱼鳞图册》一文，称"最近在歙县溪南乡发现了明代'洪武鱼鳞图册'。这本册子仅残存百余册（原文如此），残破不堪，但却是一件珍贵的历史资料"[1]，并附有照片。但其后很长一段时间这本册子却下落不明。20世纪90年代初，中国社会科学院历史研究所在整理徽州文书的过程中，又重新发现了它。将该鱼鳞册与《文物参考资料》上的照片核对，可确认这本鱼鳞册即余庭光文中所说的"洪武鱼鳞册"。该册现存计169页，由此可知余文中所说的"这本册子仅残存百余册"实为"百余页"，最后一个"册"字当是误排。

据《歙西溪南吴氏先茔志》所载，"明洪武十八年丈量十六都三保仍作万字"，志中并载有吴氏所属万字各号经理的内容摘要，其所载与这本鱼鳞清册中登录的内容几乎完全一致。如该志"七世祖"之下载：

> 明洪武十八年丈量十六都三保……万字三百九十四号，山乙角，计税二分五厘，土名前山，见业吴再等。分庄吴福海乙分二厘五毫，吴天多八厘三毫，吴文昭四厘乙毫。东至运善山，西至关仁地，南至景高山，北至运善山。[2]

志中所载与前引鱼鳞册中三百九十四号所载两相对照，除个别文字外（册中"吴海"，志中作"吴福海"；册中分庄"吴文昭四厘二毫"，志中作"四厘乙毫"；册中"干仁"，志中作"关仁"），其余完全一致。类似的例子还可举出很多。所以，可确认该册为"明洪武十八年丈量歙县十六都三保万字号"的鱼鳞册。

2.《明洪武十九年休宁县十都六保罪字保簿》

---

[1] 余庭光：《歙县发现明代洪武鱼鳞图册》，《文物参考资料》1958年第4期。

[2]《歙西溪南吴氏先茔志·宋七世祖仕伋公》第5页。

中国国家图书馆善本部藏16828号（图6）。著录于该馆所编善本书目[1]。编目定名为"《明洪武十九年十都六保罪字保簿》。明抄本。一册"。该册封面原题"拾都陆保罪字保簿洪武延祐前"（原文"前"字为小字）。册纵33厘米，横31厘米，厚约1.5厘米。封面为双层厚皮纸，册页均为白绵纸，丝线装订。连皮计94叶，每叶双面。白口四周单边，线鱼尾。每面分成四格，登录四个田土号码的内容。每号所载内容有字号、土名、原（田土类别及面积）、今实、四至、见业、原业等。各号均未画出图形。

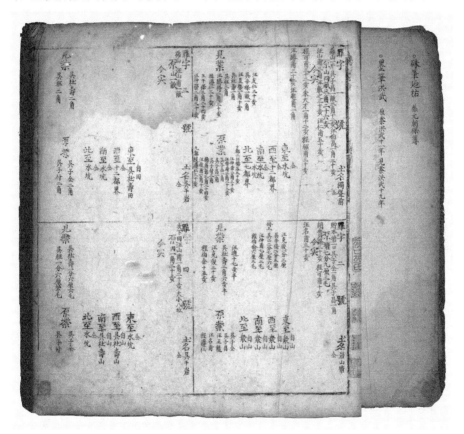

图6　《明洪武十九年休宁县十都六保罪字保簿》

① 《北京图书馆古籍善本书目》史部《政书类》，书目文献出版社1987年版，第1072页。

以该册罪字四号为例，其所载内容及格式如下：

```
罪字四号                                            见
                                                    业
次下田汪山甫一角二十步    原田一角二十步    今    吴旺一分六厘柒毫    吴社寿一分六厘六毫
                                          实
土名                                                        北至    南至    西至    东至
同吴干岩                                                    水坑    同吴社寿山    自吴社寿山    自水坑
大小八丘                                                    原
                                                            业
                                                            吴子付    吴子余
```

册中每号分别用朱笔、墨笔两种颜色填写相关内容，册前扉叶第二面记有下列文字："朱笔延祐，系元朝保簿。墨笔洪武，原业洪武十一年；见业洪武十九年。"其中用黑体字表示的"罪字""号""土名""原""今实""东至""西至""南至""北至""见业""原业"等字，为册中雕版黑色印刷字体；仿宋体字表示的为册中朱笔填写的元代延祐经理的内容；楷体字表示的为册中填写的洪武时期的内容。册中填写的字迹极为工整，始终如一，认真细致。该册封面、封底虽略有破损，册页亦有被虫蛀之处，但总体看来保存相当完好。只有几个字已被虫蛀，可据上下文补订。册内所载自罪字一号起至罪字七百二十号止，共720号，完整无缺。特别是册中还完整地保存了该保元代延祐经理及洪武十一年（1378年）的有关资料，弥足珍贵。

该鱼鳞册封面虽题有"拾都陆保罪字保簿"，但并未言明其所属府县。不过，在该册正文第一页线框外右侧下部，钤有五方小红印，其第一方印文为"演口胡氏"。演口系地名。据万历《休宁县志》载："十都，共二图……横街、演口、尚资、渭桥、方塘、板桥。"①可知演口为休宁县十都的一个自然村。又，该鱼鳞册第十一号载："罪字十一号，土名黎壁阶……北至齐云山……"齐云山即位于徽州府休宁县境内。还有，遗存的徽州文书亦可为之佐证。《天顺六年休宁杨元观卖田赤契》载有下列文字：

> 十都四保住人杨元观，今将续置己田一号，坐落本保土名李家坞，系民字一百五十一号，计田壹亩捌分有零，其田东至汪舟保田，西至水坑，南至小路，北至水坑。今来本家缺少物用，自情愿将前项四至内田，原买得柒分整，尽行立契出卖与同里人吴道真名下，面议时值狮头银肆两肆钱整。其价银当成契日，一并交收足讫。今从出卖之后，一听买主自行收苗受税，永远管业为定。如有内外人占拦及重复交易、一切不明等事，并是出卖〔人〕抵当，不及买人之事。所有来脚当即缴付。今恐人心无凭，立此出卖契文为用。
>
> 天顺六年十二月十六日　　出卖人　　杨元观
> 　　　　　主名（盟）父　　杨升千
> 　　　　　见　人　　杨元辉
> 　　　　　同见人　　吴奇安
> 今就契内领去价钱并收足讫，同年月日再批。②

该契为赤契，钤有"休宁县印"，证明休宁县十都四保的鱼鳞册字号系"民"字。而鱼鳞册字号的编排是以《千字文》为序，其有关"民"字一句的原文是"吊民伐罪"。已知休宁县十都四保为"民"字，那么，十都五保即是"伐"字，十都六保即是"罪"字，这与鱼鳞册上所题"十都六保罪字保簿"完全一致。该册所属地点本是休宁县，乃无疑义。所以，该鱼鳞册应定名为《明洪武十九年休宁县十都六保罪字保簿》。

---

① 万历《休宁县志》卷1《舆地志·方域·隅都》。
② 安徽省博物馆编：《明清徽州社会经济资料丛编》第一集，中国社会科学出版社1988年版，第46页。

根据洪武鱼鳞图册实物的发现以及有关的文献记载，我们对徽州地区洪武时期的土地丈量及其编造的鱼鳞图册，至少可以得到以下几点认识。

第一，所谓徽州"府属方志根本从未提到明初曾举行过勘丈"，完全不是史实。查阅一下遗存的徽州府属方志，即可看到以下记载：

（1）万历《休宁县志》卷一《舆地志》的"沿革表"中，先在"洪武十年丁巳"之下的"中书省"栏中载"监察御史巡州县"，同时在"特记县事"栏中载"籍田土"；又在"洪武十五年壬戌"之下的"特记县事"栏中载"六月我县遣官量田，定经界"①，该志又载"国朝高皇帝洪武十五年遣官量田定经界"②。应注意的是，以上这些记录并非方志中的一般性记载，而是作为一件大事，载于"沿革表"之"特记县事"的。

（2）康熙《徽州府志》亦载："洪武十年丁巳，命监察御史巡行州县，籍田土"，"洪武十五年壬戌，六月蠲本年田租，遣官量田定经界"③。

（3）康熙《婺源县志》载："明太祖洪武十五年，遣官量田定经界。"④

（4）乾隆《婺源县志》亦载洪武丈量之事："（洪武）十五年壬戌，遣官量田，定经界"，"（洪武）二十年，鱼鳞图册成"⑤。

第二，徽州地区洪武时期鱼鳞册的攒造并不是在同一年几个月时间内编就的，而是历经数年之久才完成的。上述万历《休宁县志》中载"国朝高皇帝洪武十五年遣官量田定经界"，"六月我县遣官量田定经界"⑥；前引《康熙歙县吴氏家志》《歙西溪南吴氏先茔志》中则多次提到了"明洪武十八年（1385年）丈量"之事。而遗存的歙县十六都三保的鱼鳞册是在洪武十八年（1385年）丈量的，休宁县十都六保的鱼鳞册又是在洪武十九

---

① 万历《休宁县志》卷1《舆地志·沿革》。

② 万历《休宁县志》卷3《食货志·公赋》。

③ 康熙《徽州府志》卷1《舆地志》上《建置沿革表·总隶并纪事栏》。

④ 康熙《婺源县志》卷7《食货·公赋》，中国国家图书馆藏康熙三十三年（1694年）刻本。

⑤ 乾隆《婺源县志》卷1《疆域二·沿革》，中国国家图书馆藏乾隆五十二年（1787年）刻本。

⑥ 万历《休宁县志》卷1《舆地志·沿革》。

年（1386年）攒造的，所以可知徽州地区洪武时期的鱼鳞图册并不是在同一时间攒造的，整体来说，至少是历经了四五年之久才完成的。所谓徽州鱼鳞册是"在同一年几个月时间内编就的"说法，显然不符合历史事实。

第三，徽州地区洪武时期鱼鳞册的攒造并不是根据原有土地档册照抄照描而编就的，乃是经过丈量重新攒造的。徽州地区洪武时期鱼鳞册的攒造，到底是否是根据原有土地档册照抄照描而编就的，《明洪武十九年休宁县十都六保罪字保簿》这一鱼鳞册实物给我们提供了很好的研究素材。如上所述，该册除登录了洪武十九年（1386年）的资料之外，还保存了该保元代延祐经理及洪武十一年（1378年）的相关资料。如果徽州鱼鳞图册的编造只是为了敷衍官府而照抄照描的话，又怎能将不同时代的资料汇录于一册呢？这样做岂不是不打自招？将该册洪武时新造的资料与元代延祐经理的资料相比就会发现，有相当多号数的田土面积，二者的记载并不相同，或有增加，或有减少，而增加者占多数。如"罪字九号"载"土名竹阶源，（原称）竹阶下，原（延祐经理）田二角三十步，今实田一亩二十一步"，"罪字十号"载"土名竹阶源，（原称）竹阶下，原（延祐经理）田三角四十步，今实田一亩二十四步半"，等等。在该鱼鳞册的册首还载有下列文字：

> 本保延祐经理
> 田地山塘一十七顷三十九亩二十三步半
> 　　田一十四顷四十一亩五十八步
> 　　地五十四亩一角六步
> 　　山一顷五十五亩一角十步
> 　　塘八十八亩一角九步半
> 洪武通保并出田土一十八顷五十五亩七分五毫

即，该保洪武时所攒造的鱼鳞册，要比延祐经理原额统共多出1顷16亩多田土。这怎么能说其"一定是根据当地完备的原有土地档册照抄照描而编就的"呢？

第四，徽州地区洪武鱼鳞图册上所载各号田土数值，既有丈量面积，即实际田土面积，又有其纳税田亩面积。二者用不同的计量单位表示，但表示的面积却是相等的，当时的税亩并非折亩。洪武鱼鳞册上载有两种计量单位，一为"亩、角、步"，其进位是60步为1角，4角为1亩；一为"亩、分、厘、毫"，即十进位制。前者是作为宋元时代的遗制而在明初使用的，后者则是明初开始普遍推行的田亩计量单位。在明初，一般在表示田土实际面积时仍多使用"亩、角、步"制，在表示田土纳税面积时则使用"亩、分、厘、毫"制。上述洪武鱼鳞册中，每号田土的总面积使用"亩、角、步"计量单位，分庄则使用"亩、分、厘、毫"计量单位。如前揭洪武十八年（1385年）歙县十六都三保万字三百九十四号中所载，"山一角"，这是该号山的总面积，如前所述，一角为一亩的四分之一，相当于二分五厘；其后分庄项下分别载有一分二厘五毫、四厘二毫、八厘三毫，三者合计亦为二分五厘。所以，分庄之下虽表示的是税亩面积，但其总和仍相当于"山一角"换算成"亩、分、厘、毫"制的面积数值，二者是相等的，并非折亩。其他各号所载皆如此。再如前揭洪武十九年（1386年）休宁县十都六保罪字四号所载，"田一角二十步"，这是该号田的总面积；其后分庄项下分别载有一分六厘六毫、一分六厘七毫，合计为三分三厘，分庄之下虽表示的是税亩面积，但其总和仍相当于"田一角二十步"换算成"亩、分、厘、毫"制的面积数值，二者相等，也不是折亩。明初直至明中叶的普遍做法是，将各类田土划分为不同的等级，定其田则，再依田则定其税则。田则和税则都是以实际耕地面积为准的。上述洪武鱼鳞图册中所载即是证明。税亩实行折亩制，明中期以前在有的地方虽已出现，但其普遍实行则是在明后期一条鞭法推行以后的事。何氏认为，宋代以后包括明初官府册籍上的土地数值都是折亩制之税亩，并非实际耕地面积，这显然有悖于基本史实。

第五，徽州地区洪武时期所攒造的鱼鳞册是当时订立契约文书的基本依据，在土地买卖、诉讼质证等社会生活中发挥着实际效用。前揭《康熙吴氏家志》中即载有这样的事例。该志首录洪武十八年（1385年）丈量鱼鳞册"彼字二百八号"之有关内容，后附注文，接着录有洪武十九年（1386年）关于该号田土的买卖契文与合同文书，兹将有关原文抄录如下：

经理

　　明洪武十八年丈量十九都　保，彼字二百八号，柴山地乙亩，土
名女儿石，坐落灰窑祖坟山地。见业十五都汪学士、汪子士。分庄汪
学士，山额下等地税五分；吴仲升，山额下等地税五分。东至自田，
西至自田，南至自水窟，北至叶伯再田。

　　此号山地本家买得汪子士户下汪用弘山地税五分，今与汪学士子
孙共业。立合同本家分在北边，汪分在南边。

　　【契】歙县十五都五图住人汪用弘，今自情愿同父亲商议，将续
买到十九都吴禅保名下、原系本家出卖与十九都九保彼字二百八号内
柴山地二角，坐落土名女儿石，其山地东至路并田，西至汪学士田并
路，南至汪德章地及塘，北至行路及田，今将前项四至内山地凭吴彦
中为见，永业（远）立契出卖与十六都吴仲升名下，三面评议时值价
钱宝钞三百四十五贯文，其钞自成契日当便一并收领足讫，即无欠
少，亦无准折之类。其山地听自收产人日下管业，于吉便处扦作风水
用度，于上本家即无新旧坟穴。如有内外人拦占，并系出产人抵当，
不干买人之事。其山地自立契之先，并不曾与他人重复交易，亦无出
卖未尽亩步。自卖之后，本家子子孙孙永远不在取赎之限。自成契之
后，两家各不许番（反）悔，亦无瞒昧尊长。如有番悔及难异等件，
甘罚宝钞五百贯文与不悔之人用，仍依此契为准。其税于本户起割支
解。今恐无凭，立此永远立契出卖文书为用。

　　洪武十九年四月十六日　立契人汪用弘　　父亲汪仲嘉
　　　　　见　人吴彦中　　汪用仁[①]

　　这是徽州府歙县的一桩田土买卖交易，发生在洪武十九年（1386年），即在
该县洪武土地丈量和鱼鳞图册编成之后的第二年。该交易是汪姓将洪武鱼鳞
册彼字二百八号所载田土的一半卖给了吴姓，属不同族姓之间的田土买卖交
易。契中详载有关的鱼鳞字号、田土类别、田土面积、坐落、四至等。契中

---

　　① 王钰欣、周绍泉主编：《徽州千年契约文书》宋·元·明编卷9《崇祯［康熙］
歙县吴氏家志》，花山文艺出版社1991年版，第5—7页。

所言与引文前面所录鱼鳞图册是一致的。显然，鱼鳞图册是该土地买卖契约订立的基本依据。这种情况绝不限于此例。在《吴氏家志》中还录有多份这样的土地买卖契约、合同等，其中所叙田土交易事项，均以洪武鱼鳞图册所载为据。洪武鱼鳞图册也是其后很长一段时期内土地买卖交易的基本依据。在土地买卖契约中，以鱼鳞图册为依据，写有田土的字号、土名、坐落、田土类别、土地面积、四至等，已成惯例。有的文书中甚至将亩步四至省略，直接写有这样的字句："其田四至字号亩步，并依经理（鱼鳞图册）可照"[①]，"田、山亩步字号，自有本保经理可照"[②]，等等。如果鱼鳞图册不是经过实地勘丈而攒造的，而是"抄袭前代档册、敷衍塞责"之物，所载不实，并不可信，那么，它怎么会在当时的土地买卖、诉讼质证等社会生活中发挥实际效用呢？人们又怎么会把它视为家珍而保存至今呢？

从现存的文献资料及鱼鳞图册实物遗存情况来看，即从洪武时期的土地丈量和鱼鳞图册攒造的实施情况来看，说它是全国性的，尚有待继续发掘史料，作进一步证实，其实施也存在这样那样的弊病。然而，洪武时期的土地核实与丈量，乃是朱元璋和中央朝廷多次下达的全国性政令。而且，它是在经过元末十几年的战乱、版籍多已不存的背景之下，在明初改朝换代、急需确定新版籍的形势之下而举行的。它又是在明朝开国之初政令通行的环境中，特别是在朱元璋推行严刑峻法以猛治国的形势下而实施的。因此，这一举措曾在相当广大的地区内认真实行。徽州文书中洪武鱼鳞图册实物的发现有力地证明了这一点。它确凿地表明，洪武丈量及其鱼鳞图册的攒造并非传奇，而是史实。

原载《中国史研究》2004年第4期，又载《中国学术年鉴：人文社会科学版2004上卷》，中国社会科学出版社2005年版，有改动

---

① 王钰欣、周绍泉主编：《徽州千年契约文书》宋·元·明编卷1《永乐十一年祁门吴希仁、汪伯春换田赤契》，第72页。

② 安徽省博物馆编：《明清徽州社会经济资料丛编》第一集《（嘉靖十二年）歙县倪廷贤卖田赤契》，第53页。

弘治九年抄录鱼鳞归户号簿考

　　中国社会科学院历史研究所收藏的徽州契约文书中，有一册弘治九年（1496年）抄写的鱼鳞归户号簿，保存基本完好，它将该保鱼鳞图册所载各号田土分类归户，按户头为序登录，较完整地记载了一个保的有关土地资料。现存徽州契约文书中，这类资料被保存下来的很少；属于明代中期以前的，尤为罕见。因此，这是一份研究明代土地制度的十分珍贵的文书档案资料。本文拟对该簿记录的时间、地点，以及所载内容作一初步考证与分析。

一

　　该册纵32厘米，横27.5厘米，厚约1厘米。皮纸。每叶折成双面。原抄正文末尾附记"弘治九年六月抄写，莲（连）皮伍拾捌叶，良道（押）"①。现存58叶，116页。原封皮、封底均失，现存的封皮、封底为后来补装。第一、二两页各残存半页，第三页至第十三页左上角残，文字亦稍缺。正文为墨迹行书，文中抄录的数字有用朱笔改动之处，看来经过核对。因封面已失，故无册名标题。现残存的第一、二两页为该册抄录的户头人名索引，人名之下用朱笔书写编号。从第三页开始即是抄录正文，

---

　　① 中国社会科学院历史研究所藏契1000210号，载王钰欣、周绍泉主编：《徽州千年契约文书》宋·元·明编卷11，花山文艺出版社1991年版，第101—214页。

首列户头姓名，下列各类田土，每类田土先列总数，然后是各丘田土细目，分列田土面积、丘号、土名。各户头姓名均用朱笔标识编号。其形式如下：

乙（壹）　汪义和

田　六十六亩六分八厘二毫

　　三分四厘　　　　　　　一千六十号　　　　后塘

　　三亩五分四厘二毫　　　二百二十四号　　　塘充口

　　……

地　四分一厘七毫　　　　　八百十五号　　　　程坑口

山　四亩六分八厘四毫

　　三分七厘五毫　　　　　一千三百五十号　　竹鸡山

　　三分九厘二毫　　　　　九百五十六号　　　潘坑汰

　　……

从内容上看，该簿抄录的田土面积、丘号以及土名等，均为鱼鳞图册登录的基本项目，因此，可初步看出，这是一份从鱼鳞图册上抄录下来的各业户所有田土数目的归户号簿。笔者试图将该簿抄录的各号田土按号顺序排列，结果可以从一号顺序排至一千二百七十二号，得出了一分鱼鳞图册的复原资料。其中仅缺50余号（该册第一、二两页部分残缺是其原因之一），这完全证实了该簿的内容是从一本鱼鳞图册上抄录下来的。但该簿并不是将业户在各都图的全部田土加以登录的那种吊号归户册，如历史研究所藏《遂安县吊号归户册》[①]的形式即是如此，而是只将一个保的鱼鳞图册所登录的各号田土按户头归并抄录的鱼鳞归户号簿。

该归户号簿前面所列大多数业户姓名之前没有标出其所属都图地点，只在后面抄录的一些业户姓名之前标出其所属都的地点，计有三十都、三十一都、十三都、二都、十七都、十都、东南隅、西北隅等。那么，该簿所载田土是否就在这些都隅中？很明显，大多数业户姓名之前没有标出都

---

① 中国社会科学院历史研究所藏契1000181号。

图地点，是一种省略；而少数标出都图地点的业户，恰是因为其不在本都，所以才特意标出。又，这些标出的都隅属于徽州府哪一县亦不明确。因此，需要对该簿所载田土地点加以考证。

（1）弘治《徽州府志》载："〔休宁县〕洪武十八年设置粮长，置十二乡，统四隅三十三都。洪武二十四年编户一百六十里。忠孝乡：东南隅、西南隅、东北隅、西北隅、一都。"①嘉靖《徽州府志》又载："〔歙县〕国朝关厢十六，统都三十有七……关厢曰东南隅，二图；西南隅，二图；东北隅，三图；西北隅，一图。"②而徽州府所属其他各县，婺源、祁门、黟县、绩溪均无四隅设置的记载。可知明代徽州地区有四隅设置的只有休宁、歙县两县。因此，该归户号簿所载田土地点是在徽州府休宁、歙县两县范围之内。

（2）该归户号簿户头第一百六十八号载"没官圆通庵田，六亩九分一厘九毫"，第一百六十九号载"没官石桥院田，四十亩九分五厘七毫"。查弘治《休宁志》"圆通庵在三十三都"③，载：

> 石桥院在十二都履仁乡太平里，唐元和五年建。先是刺史韦绶梦僧来谒，曰："能相记否？"绶不省。僧言："昔与公同修证，今为二千石，遽忘我耶？"绶问所居，曰："在公部下休宁之石桥岩。"旦问左右，无知者。索图经阅之，岩在县西六十里，有石室、讲堂、佛像。遣视信然，乃建精舍。会僧元立以游方来，问所须，愿住此岩，是为开山祖。④

又载：

> 石门岩在白岳山西，高二百仞，周二十里，唐天宝中有僧居之。石室中有龛像、讲台、石梯之属。其东有高岩，岩腰有石洞，东西通

---

① 弘治《徽州府志》卷1《厢隅乡都》。
② 嘉靖《徽州府志》卷1《厢隅乡都》。
③ 弘治《休宁志》卷5《寺院》。
④ 弘治《休宁志》卷5《寺院》。

彻，可以往来。乾元中道士龚棲霞绝粒隐此。元和四年刺史韦绶感梦，置精舍，名石门寺。[①]

即石桥院又名石门寺。根据上述记载，可初步确定该归户号簿所载田土地点是在休宁县；但圆通庵在三十三都，石桥院在十二都，二者地点并不相同，因此尚不能确定该归户号簿的具体都图地点。

（3）该归户号簿所列的田土丘号，一般都未写明其所属的鱼鳞图册字号。细查全文，仅在第二十一号户头胡庚右所列田土细目的丘号中出现"黎字二号"的字样。如前所述，该簿所列田土丘号是从一号至一千二百七十二号，而二号为其系列顺序中的一个，由此可推知其他田土字号亦当属黎字。在现存的徽州契约文书中，可找到数件明代休宁县十二都一保的土地买卖文契，其上都清楚写明十二都一图一保的经理字号为黎字。将这些土地买卖文契与该归户号簿所载有关资料相对照，二者所记田土类别、字号及土名等完全相同，仅因时间相异其所载业主或田土面积有所不同。兹举安徽省博物馆藏《正统八年休宁县金舟原卖田赤契》为例：

拾贰都壹保住人金舟原，同弟舟显商议，将承父经理本保黎字贰佰玖拾陆号田，共捌亩贰分捌厘三毫，其田四至自有经理保簿可照。今来缺物支用，自情愿将前项字号［内］田取田四亩，佃自每年硬上籼粗谷贰拾捌租，系是吴宅石租。自情愿出卖与同都汪希美名下，面议时值价籼谷一百四十租。其价当成契日一并收足。其田今从出卖之后，一听买人自行闻官受税、收租，永远管业。如有四至、来历不明及重复交易，内外人拦占，一切不明等事，并是出卖人自行之当，不及买人之事。所有上首（手）来脚契文与别产相连，缴付不便，日后要用，本家索出参照不词。其前项字号田系土名七亩塝。今恐人心无凭，立此文契为照。

---

① 弘治《休宁志》卷1《山川》。

正统八年九月初四日　　　出产人　　金舟原　　契
　　　　　　　　　　　　　同弟　　　金舟显
　　　　　　　　　　　　　侄　　　　周民
　　　　　　　　　依口代书人　　　黄思成
　　　　　　　　　见人　　　　　　黄思清
今领前项契内价谷并收讫。同［日］再批。①

该归户号簿第一百四十三号户头载："吴彦才：田……八亩二分八厘三毫，二百九十六号，七亩壤。"二者除业主外，其他所载完全相同。很明显，这些钤有明代"休宁县印"的十二都一保经理黎字的土地买卖文契，当是该归户号簿所属具体地点的确凿证据。

又，该簿正文的末尾记有："朱金陵收佛记山，四分五厘八毫，黎字九百九十号……二保，一分六厘七毫，首字六百九十二号……六厘三毫，三保臣字。"安徽省博物馆藏《洪武二十六年十二月休宁县李资衮卖田赤契》载："十二都九保住人李资衮，今将本户田一号，系八保迩字一千五百七号，田一亩六分二厘五毫……"②《洪武二十六年十二月休宁县朱宋寿卖田赤契》载："十二都九保住人朱宋寿，今为日食不给，同母亲吴氏己姑商议，愿将承父户下有田二号，系九保乙（壹）卖字一千七十二号田，取五分二厘一毫……"③历史研究所藏《建文三年八月九日休宁县胡社卖田赤契》载："太平里拾贰都十保住人胡社，原有妻伯朱铁干批拨到本都十保体字叁伯（佰）壹拾陆号田玖分伍厘捌毫……"④像这样记载休宁县十二都八保的经理字号是迩字，九保是壹字，十保是体字的卖田契，

---

① 安徽省博物馆藏契2：16667.8号，载《明清徽州社会经济资料丛编》第一集，中国社会科学出版社1988年版，第34页。

② 安徽省博物馆藏契2：16802号，载《明清徽州社会经济资料丛编》第一集，第1页。

③ 安徽省博物馆藏契2：26638号，载《明清徽州社会经济资料丛编》第一集，第1页。

④ 中国社会科学院历史研究所藏契002486号，载《明清徽州社会经济资料丛编》第二辑，中国社会科学出版社1990年版，第21页。

在安徽省博物馆及历史研究所还可以找出很多件。明清时期徽州地区鱼鳞图册的编造字号，每县均以《千字文》为序，而《千字文》中"体"字及其前面的九个字的顺序是黎、首、臣、伏、戎、羌、遐、迩、壹、体。由此即可推知，当时休宁县十二都一保至十保的经理字号分别为：一保，黎字；二保，首字；三保，臣字；四保，伏字；五保，戎字；六保，羌字；七保，遐字；八保，迩字；九保，壹字；十保，体字。这与该归户号簿中明确记载的二保首字、三保臣字完全相符。因此，我们可以断定，载有"黎字"号的这一休宁县鱼鳞归户号簿，其所在具体都图地点当是休宁县十二都一保。

（4）该簿所载各丘土名，在明清各休宁县志中均不见记载。难得的是，历史研究所现存的徽州契约文书档案中有一件万历时期的摊金册[①]，即鱼鳞总图册。该册所绘各幅鱼鳞总图中，多标有"鳞字某某号起某某号止，原黎字某某号起某某号止"，"鳞字某某号起某某号止，原首字某某号起某某号止"，等等。这证明，该摊金册恰是休宁县十二都的一份鱼鳞总图册。同时也表明，休宁县十二都在万历九年（1581年）清丈以后，一图各保的鱼鳞图册都重新总编为鳞字号（十二都仅有一图和三图，分别编为鳞字和潜字），因此，原十二都一图一保的经理字号即在其中。该摊金册封面上有一幅总图，图中可找到"石门古寺"的位置，其侧绘桥一座，注"石桥"二字。根据前引弘治《休宁志》的记载，石门寺即石桥院，此亦说明该摊金册所绘正是弘治九年（1496年）抄写的归户号簿所载田土的鱼鳞总图。归户号簿上所载土名，如排岑、岩坑、方坑、黄充、上坞、下坞、金子坑、铁店坞、月子山、杨梅段、白羊塘、麻榨坞、丁伯塘、黄干坳等，在这一摊金册中都可一一找到，二者可以相互印证。

根据此摊金册的绘图及万历《休宁县志》卷首所绘地图，可知休宁县十二都的地理位置是在该县西部山区，紫溪河上游，西部、西北部分别与祁门县、黟县相邻，本县七都、十都、三十都等皆在其周围，而十二都一

---

① 中国社会科学院历史研究所藏契1000190号，载《徽州千年契约文书》宋·元·明编卷11，第215—276页。

保则位于该都的西北部，今休宁县渠口乡岩坑、呈坑、黄充一带。

二

据该归户号簿末尾附记，其抄写时间是在弘治九年（1496年），但细看全文，其所载内容的时代，却要复杂得多。

（1）在各号业户户头姓名之下，多处记有某某即某某的情况，如"汪成寄即汪奉""程干寿即程仲名""金得享即金堂甫""金海孙即金宗孙"等。从书写的文字来看，显然不是同人异名。在第一页残存的各户人名索引中，第二十二号明确记有"朱子怡，父朱佛奴户"，而正文中第七十八号业户户头则载有"胡福孙，今曹右善户"。很清楚，这里所表明的是一种顶户继承关系。而"某某即某某"的情况，有的很可能也是指这样一种关系。明清时期，土地买卖越来越频繁，"土田之贸易无恒主"[①]，田产流动性增大；但一户的田产作为祖业原封不动地传给下一代或亲族的现象仍很普遍，有的甚至是数代相传，往往延续很长时间。由此看来，该归户号簿所记业主姓名虽是弘治时代的人，但所记土地状况渊源很长，要比弘治时代早得多。又，该簿第一百六十号户头载"汪伯达即朱义和"，而一百六十四号户头又载"朱义和即汪伯达"，即二者已并为一户，但在该簿中仍列两号户头记载。此外，该簿五十六号与八十号、一百五十六号与一百六十一号、一百五十八号与一百六十二号的记载也与此相同。其中五十六号记有"胡隆太全户入胡寿孙"。从虽已并户，但仍列两号户头分别记载这一点来看，该簿所载仍是并户以前的情况，这也说明了该簿记载的土地所有状况要早于弘治时代。

另外，从前文引述的《正统八年休宁县金舟原卖田赤契》中亦可看出，该簿所载土地状况及业主所属时代，有的是非常早的。如前所述，该契所卖田土与归户号簿中所载田土字号、类别、面积、土名等完全一致，

---

① 〔明〕危素：《危学士全集》卷6《休宁县尹唐君核田记》，载《四库全书存目丛书》集部第24册，第734页。

仅是业主不同。契文称该项田土系金舟原兄弟经理，而归户号簿上载该项田土的业主是吴彦才。从卖契的行文来看，"其田今从出卖之后，一听买人自行闻官受税、收租，永远管业。如有四至、来历不明及重复交易，内外人拦占，一切不明等事，并是出卖人自行之当，不及买人之事"。即该项田土当时系金氏兄弟管业是没有疑问的。但该契中又载："佃自每年硬上籼租谷贰拾捌砠，系是吴宅石砠。"由此看来，该项田土与吴氏又不无关系。所谓"吴宅石砠"的说法并非偶然。应该说，这与归户号簿上载该项田土业主亦为吴氏是相吻合的。这说明，该项田土正统时虽在金氏手中，但原系吴宅所有，故"吴宅石砠"的租谷标准一直沿袭下来。而金氏兄弟在正统时又是"承父经理"，因此，该项田土为吴宅所有时，当是更早的事了。

（2）在业主所属各丘田土细目的记载中，有很多丘之下用小字批注"入某某"字样，如五号业户汪寿太的一丘田便载有"七分八厘三毫〔注文〕入汪应龙，一千一百四十号，下坑口"，查业户汪应龙的名下已有该号田土。很明显，这是一种土地所有权的转移。其转移方式，簿内不见记载，但从现存的数量颇为可观的徽州田土买卖契约来看，主要是通过土地买卖实现的。这种某丘田土已入某某人，即关于田土转移的记载簿内共有126处之多，约占全簿记载的丘号数总和的十分之一。如此数量众多的土地所有权的转移，绝不是在短时间内同时发生的，所经历的时间一定是相当长的。簿内关于这种土地所有权转移的记载，只有两处写明了具体时间，一是十五号户头汪进太的一块山，"一亩五分〔注文〕上年入黄舟圣，七十八号，前培"；二是七十三号户头程再兴的一块山，"一分六厘七〔注文〕永乐元年入杨树，一千十号，　社屋"。这两处记载恰巧说明了这些土地所有权的转移至少是发生在永乐元年（1403年）至弘治八年（1495年）近百年的这段历史时期之内。而这同时也说明了该归户号簿正文所抄录的内容的时代之早，可追溯到永乐之前即洪武时代。

（3）在各丘田土面积之下，有的还有一种小字注文"增××步，×厘×毫"，如一号户头汪义和的一丘田，"一亩四分七厘一毫〔注文〕增十三步，五厘四毫"，即增出十三步，合五厘四毫，又如十四号户头汪社太的一块地，"一分二厘五毫 〔注文〕今一分四厘二毫，增出一厘七毫"，等等，即正文所表示的是原来的田土面积，注文所表示的是现在增加的田土面积。像这种田土面积发生变化的丘号数，在该簿中数量也不少，共有64处，其所经历的开垦时间也必然是相当长的。

万历《休宁县志》载："洪武十五年壬戌六月我县遣官量定经界"，"洪武十九年置乡隅都图"①，又载"洪武二十年鱼鳞图册成"②。前文引述的洪武二十六年（1393年）休宁县李资衮卖田赤契和朱宋寿卖田赤契中，已分别提及十二都八保经理迩字、九保经理壹字等事，这也证明，同都一保黎字号鱼鳞图册的编成亦当在洪武时期。而洪武鱼鳞图册在编成以后，其上所载有关田土的各项内容，在明代很长一段时间内，一直成为官府税收、土地买卖、田土诉讼、祖产继承等的重要依据。这种情况一直持续到万历九年（1581年）张居正重新丈量土地之时。前文提到的万历摊金册即可证明。甚至在万历九年丈量之后，洪武鱼鳞册仍是民间土地买卖的依据之一。如《万历二十一年十一月十七日休宁县汪文观卖田赤契》即称："十二都一图汪文观今将续置田壹号，坐落土名扛桐坞，原黎字一千一百十九号，今丈鳞字一千六百十二号，计税叁分叁厘贰毫……"③因此，弘治时期抄录的鱼鳞归户簿的内容依据，只能是洪武时期攒造的鱼鳞图册。联系到前面介绍的种种情况，我们完全可以推断，该归户号簿正文中有关田土的各项内容，基本是以洪武时期攒造的鱼鳞图册为蓝本抄录的，而正文之下的注文则表示从洪武后期到弘治九年（1496年）发生变化的情况。

---

① 万历《休宁县志》卷1《舆地志·沿革》。
② 万历《休宁县志》卷3《食货志·公赋》。
③ 中国社会科学院历史研究所藏契0003297号。

三

以下据该归户号簿所载田土资料试作一统计与分析。

（一）关于田土形态

对该簿所载各户田地山塘资料加以统计，包括新增土地面积在内，弘治时休宁县十二都一图一保有土地 1639.691 亩。各类田土面积及其所占比例如表1所示。据弘治《徽州府志》所载资料①，弘治五年（1492年）徽州府以及休宁县田地山塘各类田土总面积及其所占比例如表2所示。表1与表2相比可以看出，由于十二都一图一保地处山区，所以山的面积较多，所占比例比府县都高，而塘和地的面积很少，所占比例远远低于府县所占比例，但该保水田的面积并不少，虽略低于县所占比例，却高出府所占比例很多。

表1　弘治时休宁县十二都一图一保各类田土面积及其所占比例

类别	田	地	山	塘	总计
面积/亩	1089.052	61.346	487.597	1.696	1639.691
比例	66.4%	3.7%	29.7%	0.1%	100%

表2　弘治五年徽州府与休宁县各类田土面积及其所占比例

	类别	田	地	山	塘	总计
徽州府	面积/亩	1476815.252	361656.206	660216.522	29058.605	2527746.585
	比例	58.4%	14.3%	26.1%	1.1%	100%
休宁县	面积/亩	355263.108	80481.729	71283.26	10158.033	517186.13
	比例	68.7%	15.6%	13.8%	2.0%	100%

表3所示为万历九年（1581年）丈量以后十二都一图各类田土面积所

---

① 弘治《徽州府志》卷2《食货一·田地》。

占比例①。因难以找到万历以前十二都一图的田土总面积资料，故录此表以作对比参考。通过表3可以看出，万历九年丈量以后，十二都一图的田土总面积为3482亩多，而弘治时十二都一图一保的田土总面积为1639亩多，约占一图总面积的47%。据前引万历摊金册载，十二都一图鳞字号的田土面积包括原十二都一保黎字号、二保首字号、三保臣字号、四保伏字号、五保戎字号的田土面积。该册后部有残缺，资料并不完整。又据《万历十四年休宁邵文桂等卖山赤契》，十二都原羌字号亦编在鳞字号中②。羌字原为十二都六保字号，也就是说万历时十二都一图鳞字号的田土面积至少包括原十二都一至六保的田土面积；而一保的田土面积约占一图的田土总面积的二分之一，由此可知，十二都一图一保为该都一图各保中最大的一个保。

表3　十二都一图各类田土面积及其所占比例

类别	田	地	山	塘	总计
面积/亩	2592.582	343.34	524.5617	22.448	3482.9317
比例	74.4%	9.9%	15.1%	0.6%	100%

如前所述，笔者将该簿抄录的各号田土按顺序排列，得出了十二都一保鱼鳞图册的复原资料，根据这一资料，按各丘号的面积大小分类，各类丘号田土的丘数、总面积及其所占比例如表4所示。由于该册第一、二两页登载的各丘田土细目部分有残缺，故表4的总面积少于表1的总面积。

表4　十二都一保鱼鳞册各类丘号面积及其所占比例

类别	0.1亩以下	0.1~0.5亩	0.5~1亩	1~2亩	2亩以上	总计
丘号数	65	284	336	385	251	1321
面积/亩	3.592	79.705	223.342	480.951	844.329	1631.92
比例	0.2%	4.9%	13.7%	29.5%	51.7%	100%

① 根据中国社会科学院历史研究所藏《天启休宁汪氏实征册》所载资料编制。

② 中国社会科学院历史研究所藏契000754号，载《明清徽州社会经济资料丛编》第二辑，第520页。

通过表4可以看出，该保鱼鳞图册中丘号面积在1亩以上者数量很多，丘号数占比近50%，总面积占比80%以上，其中最大的一号田亩面积达9.930亩（黎字1148号），最大的一号山面积达28亩（黎字48号）。每一丘号平均面积达1.235亩。而到了明代后期，鱼鳞图册上的丘号数大大增加，丘号面积都相应变小，各丘号中面积在1亩以上的已变为少数。以该归户号簿所在都保来看，在前引万历摊金册上，鳞字1号至1428号标有"系原黎字"1号至980号；又，前文提及的《万历二十一年十一月十七日休宁十二都一图汪文观卖田赤契》中亦说，"原黎字一千一百十九号，今丈鳞字一千六百十二号"，也就是说，万历时的丘号数增加了40%以上。查万历摊金册，在原黎字号部分中新垦土地仅有5个丘号，为数极少，说明鱼鳞图册中田土丘号数的增加主要是对原有土地分割的结果。需要指出的是，这里所说的丘号面积，并非指田土自然丘段面积，在"层累而上，数十级不能为一亩"[①]的徽州地区，田地的自然丘段面积在1亩以上者一直是很少的；所谓丘号面积是指攒造鱼鳞图册时所划分的各号田土面积。明代后期鱼鳞图册中丘号数增多、面积变小的这一现象，反映了由于人口增加、土地所有权发生变化等原因，致使土地分割的趋势日益严重。

该归户号簿中标出的原丘号面积增加者共有49处，但新增土地面积都很小，少者仅8毫，最多的也不过2分5毫，总计2.547亩，所占比例极小。这说明，由于该地的开发历史很长，已经没有多少开垦的余地了。

(二)关于土地占有情况

该归户号簿所录虽然仅是一个保的土地，但田土占有情况复杂，种类很多，既有民田，又有官田，除了本保业户之外，还有其他都保的业户，等等。十二都一保田土占有情况见表5所示。

---

① 弘治《徽州府志》卷2《食货一·田土》。

表5　十二都一保田土占有情况

类别	官田（田地山塘）				民田（田地山塘）	
	义役官田	没官民兵田	没官寺院田	没官程伯善田	本保	其他都保
面积/亩	1.496	9.901	69.084	259.45	981.456	318.304
总计/亩	339.931				1299.76	
比例	21%				79%	

就土地占有种类而言，与明代其他地区一样，该保田土亦分成官田和民田两大类。通过表5可以看出，该保田土中官田的数量颇为可观，比例相当大，竟达五分之一强。根据《明史·食货志》及正德《大明会典》所载资料①，弘治时官田在全国田土总额中约占七分之一，在徽州府志田土总额中占百分之三强，该保官田所占比例比上述二者都高，其种类也不少。今按该簿所载名目，分别叙述如下。

1. 义役官田

该簿户头第一百六十六号载："义役官田杨景章田，一亩四分九厘六毫。"明代官田种类繁多，仅《明史·食货志》中提到的就达15种之多，但没有叙及义役官田一项。所谓"义役官田"亦是明代官田的一种，按正德《姑苏志》等的解释，"义役田，民出助保正差役者"②。其渊源可追溯至南宋时代，"乾道五年，处州松阳县倡为义役，众出田谷，助役户轮充，自是所在推行"③。施行中至有强令下户出钱买田入官，别置役首，编排役次者，朱熹曾有《奏义役利害状》，谓义役有未尽善者四事④。淳熙十年（1183年），"冬十月乙未，诏两浙义役从民便"⑤。其后遂行"劝谕人户各

---

① 《明史》卷77《食货一》；正德《大明会典》卷19《户部四·田土》。

② 正德《姑苏志·田制》，《天下郡国利病书》原编第六册《苏松》，四部丛刊影印本。

③ 〔元〕脱脱等：《宋史》卷187《食货上六》，中华书局1977年版，第4335页。

④ 〔宋〕朱熹：《晦庵先生朱文公文集》卷18《奏义役利害状》，四部丛刊影印本。

⑤ 〔元〕脱脱等：《宋史》卷35《本纪第三十五·孝宗三》，第680页。

出义田均给保正、户长"之法①。义役官田的来源主要是通过购买或民间自行向官府捐献而取得的。嘉靖《淳安县志》、《天下郡国利病书》中均有记载:"诏给官价,买义役田"②,"嘉靖二十七年,知县宋仪望置买公田助役"③。该归户号簿所谓"义役官田杨景章田",很可能原本是由杨景章捐助的,故得此名。该簿所记十二都一保的义役官田面积很少,仅有1亩多。但弘治《徽州府志·食货志》中,休宁县"旧官田"税则项下却载有:"义役田,每亩正米四斗五升九合二勺。"④这说明,当时休宁县的义役官田尚有一定数量。

2.没官民兵田

该簿户头第一百六十七号载:"没官民兵田沈周右田,一亩三厘二毫。"又,第八十号户头亦称"民兵胡寿孙"。明代民兵之设,始于国初龙凤时期。《明太祖实录》载,龙凤四年(元至正十八年,1358年)"十一月……辛丑,立管领民兵万户府。谕行中书省臣曰:'古者寓兵于农,有事则战,无事则耕,暇则讲武。今兵争之际,当因时制宜。所定郡县,民间岂无武勇之材,宜精加简拨,编辑为伍,立民兵万户府领之,俾农时则耕,闲则练习,有事则用之,事平有功者一体升擢,无功令还为民。如此则民无坐食之弊,国无不练之兵,以战则胜,以守则固,庶几寓兵于农之意也。'"⑤万历《休宁县志》中也提及此事:"民兵远戍。洪武戊戌年(即元至正十八年,龙凤四年,1358年),诏良家子弟愿从军者赐免事牌面。我邑少年俱奋勇入籍,初发新安卫守城。"⑥然而,民兵之设,甚累于民。弃家远戍,田园荒芜。衣装兵具,民皆苦之。元末明初徽人舒頔以诗文记此事,甚是凄惨。

---

① 〔宋〕朱熹:《晦庵先生朱文公文集》卷18《奏义役利害状》。
② 嘉靖《淳安县志》卷11《人物一》。
③ 〔清〕顾炎武:《天下郡国利病书》原编第六册《苏松》。
④ 弘治《徽州府志》卷3《食货二·财赋》。
⑤ 《明太祖实录》卷6。
⑥ 万历《休宁县志》卷8《通志考·佚事》。

己亥（龙凤五年，1359年）冬十一月，立民兵万户府，招农家充军，数余七百。意犹未已，衣装兵具，皆民苦之。乃作诗以记其事。

兵家招军无老丑，民畏从军挈家走。

老天不念民穷困，疫疬刀兵亡八九。

匹夫耀武黄荆旗，小卒扬威红结首。

饥岁凶年事可知，荒凉谁为耕南亩。

古来军旅起于民，今日充军民罕有。

况乃衣食出农桑，农不力田将谁咎。

催促上道打衢州，裂采纫衣愁各妇。

居者蠢蠢缩角蜗，行者累累丧家狗。

东村西村声呜呜，破屋磐具犹攣肘。

……①

在这种情况下，发生民兵举家逃亡、抛弃田园的事就不足为奇了。该簿所载"没官民兵田"，即是将这种逃亡民兵弃置的田土没为官田的。弘治《徽州府志》中也记有"逃亡军兵田""逃亡军兵地"等，亦是证明。

3.没官寺院田

该簿户头第一百六十八号载："没官圆通庵田，六亩九分一厘九毫。"第一百六十九号载："没官石桥院田，四十亩九分五厘七毫。"值得注意的是，圆通庵的地址在三十三都，这是跨都在十二都一保占有田土，其在本都保当曾占有更多的田土。宋元时期，寺院占有大量田土，其中有的寺庵由于年代久远，至元末已变成废寺。明初官府将这类废寺占有的田土没为官田，此即没官寺院田。弘治《徽州府志》亦著录有这种官田，称其为"没官废寺田""无僧住寺院田""无僧住持庵院地"等，说得更为清楚。

4.没官程伯善田

该簿户头第一百七十号载："没官程伯善田，二顷三十亩七分九厘七毫。"明代的没官田，从广义上讲，上述的"没官民兵田""没官寺院田"

---

① 《贞素斋家藏集》卷3《招军行》，清道光二十六年（1846年）刻本。

等当然都包括在内，但最主要的是指籍没田。籍没田，亦称抄没田，宋代已有。明代的籍没田主要是明初在江南苏松一带籍没了张士诚集团的大量土地。其次是凡"民间有犯法律该籍没其家者，田土合拘收入官。户部书填堪合，类行各布政司府州县，将犯人户丁、田土、房屋召人佃赁，照依没官则例收科"①，即籍没犯法土豪的田土也是其来源之一。无论是在全国，还是在徽州地区，这种籍没田在官田中都占绝大多数。以休宁县为例，嘉靖十一年（1532年）官田总计为147顷97亩6分2厘②，根据弘治《徽州府志》乙巳改科（元至正二十五年，龙凤十一年，1365年）时的记载，该县在朱元璋开国之初的籍没田土中，仅"钦免五分原抄没入官田土"一项（"钦免五分者，国初没官后钦免其半者也"③）就达74顷83亩2分8厘5毫，超过其官田总额的一半。此外，还有"先次续抄没""后次抄没"等多种籍没田名目，如果加上这些，其所占比例将更大。没官程伯善田在十二都一保的官田总额中亦占绝大多数，田地山塘共有259亩，占官田总额的四分之三强。同时，这也是该簿所载官民田土中占田数额最大的一个户头。没官田多依籍没前的私租起税，且科则繁多。这是明代官田的一个特点。由于没官前各家私租不同，因而没官后科则各异。这样籍没后的官田仍称"没官某某田"，以示区别。

该归户号簿关于官田的记载，还显示了另一方面的问题，即可发现明代官田与民田差别趋于消失的明显证据。该簿官田各丘号田土细目之下，大多数都注有人名，这些人无疑当是领种官田的佃户。其中有11户，如金宗孙、吴玄右等，是本保拥有一定数量民田的业户。值得注意的是，在有的丘号田土细目下却注有"入某某"字样，如"没官程伯善田"项下即有"三分七厘五毫 上 一千一百九十三号 月子山下 入汪圣孙"，"一亩八分二厘九毫下 四百五十九号 胡四塚下 入程玄保"，等等。该簿官田中这种田土细

---

① 万历《大明会典》卷17《户部四·田土》，载《续修四库全书》第789册，上海古籍出版2002年版，第288页。

② 万历《休宁县志》卷3《食货志·公赋》。

③ 弘治《徽州府志》卷3《食货二·财赋》。

目下标有"入某某"的，计有31处之多。如前所述，这里所谓"入某某"即土地所有权转移的一种表示。这可以从明代的土地买卖契约中找到证明。现引述《嘉靖三十一年休宁汪众积卖田白契》如下：

十二都住人汪众积，今将续置程伯中水官田一号，坐落土名下坑口，系黎字一千一百四十六号，内取中水官田三分二厘；又将土名庙南，黎字一千一百七十三号；又千二百七十二号，共二号，民地三厘三毫；又将黎字八百三十二号民山七分五厘；又将五百七十六号，土名朱梓岭，民山三分；又将三百九十二号；又将三百八十六号；又将一千一百四十五号，土名下坑口；又将一千一百三十五号，同处；又将一千一百四十三号，同处；又将一千一百五十六号，土名丁伯塘；又将九百四十四号，土名麻榨坞；又将九百三十一号，同处；又将羌字五十号，共山九号，该得山一亩一分二厘；又将黎字五百八十五号，程伯善官山，合得四分，共计官民山一十二号，计税山二亩五分七厘整，今省四至，自有保簿该载，不及开写。今来本家缺支用，自情愿将前项四至内官民田、山共计一十五号，共计官民田、地、山税三亩二分三厘整，凭中出卖与同族汪邦魁、玘岩、互口、闰谥、印信、齐祥名下，三面议作时值价白纹银六两整，其价当日收足。其田、地、山一听买人随即管业，如有来历不明及重复交易、一切不明等事，尽是出卖人抵当，不及买人之事。所有税粮，系是本户头汪瑞云户内赴割过户，即无阻当（挡）。今恐人心无凭，立此出卖文契为照。

六契

嘉靖三十一年五月初二日立契出卖人　　汪从积（押）契

中见人　　方九富（押）

依口代笔人　　汪社佃（押）

今领前项契内价银并收足讫，同日再批为照（押）领。[①]

① 中国社会科学院历史研究所藏契003000号，载《明清徽州社会经济资料丛编》第二辑，第57—58页。

不难看出，这份土地买卖契约即是该归户号簿所载休宁县十二都一保黎字号有关田土的买卖文契。其中所言"程伯中水官田一号"即是"没官程伯善田"中的一号，其下所属土名字号与该归户号簿所载完全相同。又，"五百八十五号，程伯善官山"亦与该归户号簿上的记载相同。这份将官田和民田合在一起进行交易的买卖文契，足以说明当时的官田已与民田没有多大区别了。而且，据契中称，其官田土的来源是"续置"，即官田的买卖在此之前早已发生了。该归户号簿中官田项下多处记有土地转移的事实，说明至迟在弘治时官田土地买卖就相当普遍了。本来，作为国家所有的官田，民间是不能进行买卖的。然而，"官田承佃于民者日久，各自认为己业，实与民田无异"[1]，买卖的事不免发生。明代中期以后，民间买卖官田越来越普遍的现象，正是这一制度走向崩溃的明显标志。

在民田占有方面，该归户号簿共载有167个户头，其中属于其他都保的有48户，约占总数的30%。在其他都保的业户中，有的是本都即十二都其他保的业户；有的则是外都业户，如三十都、三十一都、十二都、十七都、十都、东南隅、西北隅等业户跨都在本保占有土地。关于其他都保业户在十二都一保和十二都一图中占有的土地数额及其比例见表6所示。其中十二都一图的数据是根据《天启休宁汪氏实征册》[2]统计的，属于万历时期。

表6 十二都一保和十二都一图中其他都保占有田土比例

类别		本保	本都他保	他都	总计
十二都一保	面积/亩	981.456	183.415	134.889	1299.76
	比例	75.5%	14.1%	10.4%	100%
类别		本保	本都他保	他都	总计
十二都一图	面积/亩	2602.538	844.266	36.1277	3482.9317
	比例	74.7%	24.2%	1%	100%

通过表6可以看出，外都保在本保、本图中所占田土比例均近四分之

---

[1] 〔清〕顾炎武：《天下郡国利病书》原编第八册《江宁·卢安》。

[2] 《天启休宁汪氏实征册》，中国社会科学院历史研究所藏215140000011号。

一。而在外都保占有的田土中，又主要为本都他保和本都他图所占有，真正跨都占有田土的还是少数，这一点，在万历时图保方面的统计中显得更为突出。十二都一图中跨都占有的田土仅占1%。其他都保在本保本图中占有田土这一现象，是与当时业户占有土地的一般形态有关。宋元以来，由于土地买卖发展等原因，特别是占有土地较多的业户，其田产地点多"散在诸乡"，"散漫参错，尤难检计"①。这样，在一个保或一个图的土地中总有一部分田土为其他都保的业户所占有；同样，本保业户占有的土地中也有一部分是在外都保。因此，仅就一个保的田土资料对业户的土地占有状况进行统计与分析，是不完全的。但并不是所有业户都一定在外都保占有土地，一般仍以本保为主，特别是占有土地较少的业户更是如此；又因为每一个保的土地中都有一部分田土为其他都保的业户占有，情况大体相同，因此，就一个保的田土资料，如该归户号簿所载资料进行统计与分析，仍可反映该保业户在土地占有方面的主要情况，它是该保业户在土地占有方面的一个缩影。特别是在业户占有土地的完整资料极为难得的今天，这类统计与分析就更具有重要的参考价值。以下仅据该归户号簿所载资料，对民田的土地占有情况试作一统计与分析。按各业户占有田地山塘总面积多少统计如表7所示。按各业户占有田的面积多少统计如表8所示。

表7　十二都一保业户占有田地山塘总面积统计

类别		1亩以下	1~5亩	5~10亩	10~20亩	20~30亩	30亩以上	总计
十二都一保	户数	18	39	26	27	6	3	119
	面积/亩	8.827	103.15	197.897	361.525	144.081	165.976	981.456
	比例	0.9%	10.5%	20.2%	36.8%	14.7%	16.9%	100%
其他都保	户数	9	23	9	4	1	2	48
	面积/亩	2.475	67.757	55.871	57.773	28.958	105.47	318.304
	比例	0.8%	21.3%	17.6%	18.2%	9.1%	33.1%	100%

① 〔宋〕朱熹：《晦庵先生朱文公文集》卷19《条奏经界状》。

表8 十二都一保业户占有田的面积统计

类别		1亩以下	1~5亩	5~10亩	10~20亩	20~30亩	30亩以上	总计
十二都一保	户数	9	41	20	10	1	3	84
	面积/亩	3.699	115.839	155.235	120.897	28.696	157.521	581.887
	比例	0.6%	19.9%	26.7%	20.8%	4.9%	27.1%	100%
其他都保	户数	5	21	4	2	2	1	35
	面积/亩	1.624	58.653	28.387	25.571	52.778	58.912	225.925
	比例	0.7%	26%	12.6%	11.3%	23.4%	26.1%	100%

通过表7可以看出，在本保的119户业户中占有土地不满10亩的业户达83户，占本保业户总数的69.7%，但占有土地面积的比例仅为31.6%。需要说明的是，这里统计的业户占有土地数额，田地山塘都包括在内，因该地是山区，山地占较大比例，故占有10亩以下土地的业户是不能自给自足的，这类业户应看作是半自耕农兼佃农，而占有土地不满2亩的业户则只能是佃农了。其中最少的一个业户仅有1厘7毫山地（九十九号户头余得付）。占有20亩土地以上的业户仅占本保业户总数的7.6%，却占有30%以上的大量土地，其中最多的一户有70余亩田地（一号户头汪义和）。在田的占有方面，这类差别更为明显。在本保的119户业户中有35户属于无田户，加上占田不满10亩的业户，总计达105户，占该保业户总数的88%以上，占有田的面积的比例仅为47.2%。而占有田20亩以上的业户仅4户，占本保业户总数的3.4%，但占有田的面积的比例却在30%以上。总之，一方面，土地占有情况差别很大，租佃关系是普遍存在的。另一方面，即便是占有土地较多的业户，其绝对数额也不是很大，这与徽州地区田少山多的自然条件是有很大关系的。

（三）关于土地所有权的转移

该归户号簿所载各丘田土细目中，注有"入某某"字样，属于民田的有95处，属于官田的有31处，计126处，田土面积总和为116.626亩。安徽省博物馆及中国社会科学院历史研究所现存的明代前期徽州地区土地买卖契约中，属于休宁县十二都九保、十保的相当多，即与该归户号簿所载业户同属于一个都。从这一方面也可以看出，这种土地所有权的转移，当是通过土地买卖进行的。从绝对数量上看，这在一个保之内已为数不少，但总的来看，土地买卖仅占鱼鳞丘号总数的9%，占该保田土总面积的7%，仍是少数，土地所有权代代相承还是主要的。

原载《明史研究》第1辑，黄山书社1991年版，有改动

顺治丈量与万历清丈比较研究

——以休宁二十七都五图鱼鳞册为例

　　清开国之初，为核准土地税额，落实赋役征派，屡下诏令清丈土地。史载，顺治三年（1646年）、顺治十年（1653年）朝廷都曾下令清丈江南及直省州县田土；顺治十五年（1658年），"命御史二员诣河南、山东，率州县履亩清丈，分别荒熟实数，其地亩绳尺，悉遵旧制"，又令"凡各省亩数不均者悉令地方官踏丈改正"①。可知顺治十五年有一次全国性的土地清丈活动。徽州各县于顺治初年即遵朝廷旨令，开展土地清丈，攒造鱼鳞册籍，所造鱼鳞图册有多部遗留至今。至顺治十五年，徽州府仍有清丈活动，也有攒造的鱼鳞图册遗存下来。

　　休宁县档案馆现藏休宁二十七都五图良字鱼鳞册，册纵25厘米，横20厘米，残缺，页内多有虫蛀（图1）。现存共5册，前4册自良字一号起至六百号止，中间缺三百零二至四百号；最后一册扉叶第1面标为"得字"，第2面题"良字壹千贰百壹号起至壹千捌百号止"，册内填写"今丈良字"，现存自一千二百零一号起至一千三百九十九号止②。

---

① 〔清〕嵇璜、刘墉等：《皇朝通志》卷81《食货略一》，载《文渊阁四库全书》第645册，上海古籍出版社1989年版，第196页。

② 休宁县档案馆藏鱼鳞图册，第1057册。

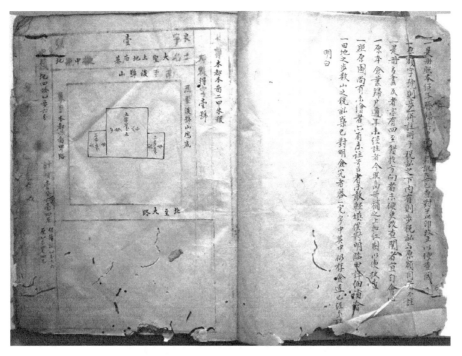

图1 清休宁县二十七都五图良字鱼鳞册扉叶及正文

第一册前面有数页开列多项内容，第一面首列各田则每亩所合丈量步数，第二面至第四面列册中出现的各个土名（第三面空白），第五面、第六面题有下列文字：

> 顺治拾伍年丈量鱼鳞经册
>
> 休宁县贰拾柒都伍图新丈田土总数
>
> 计开
>
> 　良字壹号起至叁千伍百柒拾壹号
>
> 事产
>
> 　官民田地山塘税叁拾贰顷贰拾亩玖分叁厘柒毫
>
> 　一则田税贰拾壹顷柒拾肆亩柒分伍厘贰毫
>
> 　一则地税伍顷肆拾壹亩肆厘叁丝
>
> 　一则山税肆顷陆拾肆亩玖分肆厘肆丝
>
> 　一则塘税肆拾亩贰分柒厘

顺治拾伍年　月　日经［手］　都正　朱李铨

图正　朱正美

量手　王盛琴

王善宗

画手　朱国钱

书手　朱　钦

算手　汪　瑞

第七面所列，为二十七都五图原得字田地山塘各丈量总数（税亩）与今丈量总数之对比，其中有多有少；第八面列有如下文字：

照此印鳞册总面

顺治八年六月初六日送鳞册

五图原额得字号

新丈良字号　共丈叁千五百七十一号

送鳞册总面底稿

第九面至第十一面分别开列二十七都五图、一图、二图、六图鱼鳞字号，以及图下各甲排年里长与所在村落：

二十七都

五图　良字号

一甲　王　茂　　　　　二甲　朱　国　原朱洪

三甲　朱学源　原朱清　四甲　王正芳　原王时

五甲　陈国兴　原陈章　六甲　朱　贵　原朱广

七甲　王永昌　原王齐兴　八甲　陈元和　原陈沧

九甲　王茂五　朱启元　原王叙　王正顺　十甲　金正茂　原金万政

一图　男字号

（以下为一图、二图、六图鱼鳞字号，以及图下各甲排年里长与所在村落，略）

最后所列文字如下：

　　一　是册照本经年誊录，其中尚有错讹，概已查对，盖印改正，以便查阅。

　　一　原额字号则步，一并注明于税亩之下，内有则步税亩，与原额同者不注。

　　一　是册多画反者，亦有四至错于方向者，未便更改，查阅者宜自会心。

　　一　原本金业归户，递年未经注者，今照图册补之，上加红圈，以便考察。

　　一　照原图尚有未绘者，亦有未注弓口者，未敢轻填，俟对明临田详细补绘。

　　一　田地之步数，山之税亩，概已对明，金完者盖一完字中，其中仍存金透，已经分注明白。

从册前所载这些文字可知，该册为一誊录本，系照"顺治十五年丈量鱼鳞经册"抄录，并参照其他册籍，加以核对注明，所载资料颇多。其正文册页书口印刷"　都　图丈量登业草册"，各页每面登录一个字号，上画丈量弓口，下载业户分庄，以良字五十九号为例，其登载格式见下页。

每号登载的项目有见业、字号、原额字号、土名、田形、四至、今丈积、计税、某年某月某日丈过，以及分庄金注等。其中值得注意的是，在"今丈积"与"计税"栏中，还有"保簿注……"及"原……"的批注文字，其下各填有相应数字。如该册书口所题，其本为"丈量登业草册"，所谓"保簿"，当指该图所造正册，即鱼鳞清册。宋元直至明万历清丈之前，鱼鳞图册是以保为单位而攒造的，故鱼鳞图册又别称"保簿"，而在万历清丈之后，乃至清代，虽改以图为单位攒造，但保簿之称仍延续下来。那么，该册中所批注的"原"字，又是指何而言呢？

字良 号九十五		
田则中拟　口坞消　名土		

| 年月日丈过 | 今丈积田三百贰拾叁步三分　原三百一十七步二分
计税壹亩四分六厘九毫五丝　原保簿注一亩四分四厘九毫 | 东至山及四十三号田路
路至南

田形及丈量弓口
（略）

田号前至北 | 西至一百○六号山 | 原额得字同 | 见业本都本图十甲 |

朱钰镜 各九十六步九分九厘
朱宠选 各税四分四厘一毫三丝
各六十四步六分六厘二丝
各税二分九厘四毫二
○总入朱毓户
一图五甲陈积敖户丁光坚

（注：黑体字表示版刻印刷字体）

　　原来，这是指该图原丈量册籍，即万历清丈该图得字号鱼鳞图册。难得的是，万历清丈该图册籍亦被保存下来。上海图书馆藏《休宁县二十七都五图丈量保簿》[1]，1册，册纵35厘米，横30.3厘米，厚约6厘米，计884叶。每叶双面，每面分4格，记载4个田土字号。现存得字九号至三千

　　① 《休宁县二十七都五图丈量保簿》，上海图书馆藏线普563585号；参阅［日］伊藤正彦：《从〈丈量保簿〉与〈归户亲供册〉看万历年间徽州府休宁县二十七都五图之事产所有情况》，载《徽州文书与中国史研究》第一辑，中西书局2019年版，第76—99页。

五百四十四号，内略有残缺，但资料保存基本完整，版心印刷"休宁县贰拾柒都伍图丈量保簿"文字，各页字号印有"得"字（图2）。据《海阳都谱》①（《休宁县都图地名字号便览》）载，休宁县二十七都五图"得"字，本是万历九年（1581年）清丈的鱼鳞字号，故可得知，该册为明万历九年丈量休宁县二十七都五图鱼鳞图册。该册全为木活字印刷刻本，当是万历九年休宁县令曾乾亨主持清丈而印刷的一批活字版鱼鳞册之一。

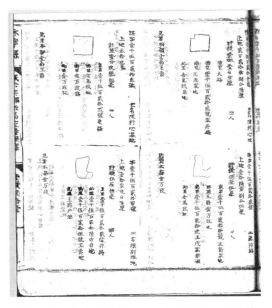

图2　明万历九年休宁县二十七都五图丈量保簿

将上引《顺治十五年丈量二十七都五图良字登业草册》五十九号中所注"原（丈积）三百十七步二分""原（计税）一亩四分四厘二毫"，与万历丈量《休宁县二十七都五图得字保簿》五十九号查对，万历得字册上载有："得字伍拾玖号，土名消坞口，中田叁百壹拾柒步贰分，计税壹亩肆分肆厘贰毫。"②二者所载号数、土名、田则、亩步、计税，均完全相同，可确凿证明清初良字册所注"原"字，即指万历得字册所载。

若将《顺治十五年丈量二十七都五图良字登业草册》（简称《顺治良

① 中国社会科学院古代史研究所藏，史980/7727号。
② 《休宁县二十七都五图丈量保簿》第五十九号，上海图书馆藏线普563585号。

字登业草册》），与《万历丈量休宁县二十七都五图得字保簿》（简称《万历得字保簿》）全面对照一下，又可发现二者具有多方面的不同特征。

首先，《顺治良字登业草册》所载各号丈量弓步与计税数额，与《万历得字保簿》所载各号相比，除相同者外，又有很多不同者，兹以《顺治良字登业草册》第一册前100号所见为例，将其与《万历得字保簿》各号所载对比，见表1：

表1 二十七都五图《顺治良字登业草册》与《万历得字保簿》所载差额（部分）

顺治册良字号码	丈量弓步/步			计税/亩		
	顺治册	万历册	差额	顺治册	万历册	差额
1				0.1664	0.144	0.0224
6				0.87	0.8	0.07
8	321.1	326.1	5	1.0084	1.087	0.0786
13				0.6145	0.52	0.0945
15				0.692	0.512	0.18
16				1.32	1	0.32
18				0.5727	0.497	0.0757
22				0.733	0.636	0.097
24	62.75	58.4	4.35	0.2416	0.195	0.0466
26	268.2	234	34.2	0.8942	0.78	0.1142
27	118.8	115.54	3.26	0.4577	0.404	0.0537
29	50.3	41.9	8.4	0.1935	0.161	0.0325
30	236.24	244.8	8.56	1.0738	0.577 （标"错"字）	
31				0.159	0.134	0.025
32	90.4	85.5	4.9	0.3477	0.328	0.0197
33	299.2	268	31.2	1.151	1.031	0.12
34	233.2	207	26.2	0.897	0.796	0.101
35	250	245.5	4.5	1.136	1.12	0.016
36	186	182	4	0.7153	0.607	0.1083
37	471.5	461.5	10	1.813	1.715	0.098

续　表

顺治册良字号码	丈量弓步/步			计税/亩		
	顺治册	万历册	差额	顺治册	万历册	差额
38	165.8	162.5	3.3	0.6377	0.665	0.0273
39				0.845	0.733	0.112
40				0.302	0.318	0.016
41				1.267	0.8775	0.3895
42				0.33	0.284	0.046
43	75.2	91.5	16.3	0.3418	0.306	0.0358
45				0.125	0.1	0.025
46				0.1047	0.104	0.0007
48				0.04307	0.031	0.01207
49				0.237	0.205	0.032
51				0.057	0.066	0.009
53				0.7045	0.596	0.1085
54				0.0316	0.031	0.0006
56				0.416	0.414	0.002
58	120.3	120.4	0.1	0.46	0.459	0.001
59	323.3	317.2	6.1	1.4695	1.442	0.0275
60	46.8	39.6	7.2	0.18	0.152	0.028
62	134.5	103.5	31	0.6114	0.47	0.1414
63	444	452.8	8.8	2.018	2.058	0.04
68				0.1338	0.115	0.0188
70	289.7	262	27.7	1.314	1.19	0.124
71	116.1	115.8	0.3	0.5277	0.526	0.0017
72				1.971	1.967	0.004
73				1.72	1.5	0.22
80				1.37	1.25	0.12
81	369	300	69	1.5	1.25	0.25
84				0.176	0.146	0.03
85	136.4	132.4	4	0.2728	0.265	0.0078

顺治册良字号码	丈量弓步/步			计税/亩		
	顺治册	万历册	差额	顺治册	万历册	差额
86	80.2	78.4	1.8	0.3082	0.261	0.0472
87				1.612	1.186	0.426
88	47.8	46.7	1.1	0.1365	0.18	0.0435
89				0.154	0.108	0.046
90	85	83	2	0.327	0.319	0.008
91	157.3	153.5	3.8	0.601	0.59	0.011
94	516.36	515.6	0.76	1.986	1.983	0.003
95	213.2	208.3	4.9	0.82	0.801	0.019

注：为方便统计，表中田土号码采用阿拉伯数字表示。

以上所录，即《顺治良字登业草册》1至100号中所载丈量弓步、计税与《万历得字保簿》不同者各号的具体情况。在这100号中，所载相同者计44号，不同者计56号，后者占多数。按册中所载，这种不同的成因有多种情况。有的字号是因田土形态变迁，如良字8号，土名黄茅坞口，万历清丈时为田326.1步，顺治丈量时为321.1步，少5步，其中有田成地200步，实田121.1步，因而造成丈量弓步与计税二者均不相同。又有不少是因田则变化而出现计税不同。如良字18号田，土名干子源，万历清丈时为下下则田，计税0.497亩，顺治丈量时改为下则田，变成计税0.5727亩；又如良字43号田，土名水碓岭，原定为下下则，今拟为中则，尽管顺治丈量弓步比原丈少16.3步，但计税却比原额多0.0358亩。此外，还有新增垦地的情况，如良字81号，土名徐充西培外坞，万历清丈时只有山税1.25亩，顺治丈量时则增新垦地69步，计税亦相应增加。而更多的情况是丈量弓步与计税的细微不同，差额多在毫厘之间。

因现存册籍残缺，对这种不同情况不能做全面统计。但难得的是，在该鱼鳞册册首第七面，列有二十七都五图原得字田地山塘各丈量总数（税亩）与今（顺治）丈量总数之对比：

二十七都五图原得字壹号起至叁千五百六十七号

田　原贰千一百八十亩二分一厘九毫

　　今贰千一百八十六亩四分五厘七毫六丝　　多六亩贰分叁厘八毫九丝

地　原五百贰十贰亩六分八厘叁毫

　　今五百贰十八亩贰分六厘柒毫九丝一忽　　多五亩五分八厘四毫九丝一忽

山　原四百六十贰亩六分八厘叁毫

　　今四百六十五亩贰分叁厘五毫九丝　　　　多贰亩五分五厘贰毫九丝

塘　原四拾一亩七分一厘九毫

　　今四拾亩六分六厘［九毫］　　　　　　　少一亩〇五厘

从总体上看，二十七都五图顺治丈量与万历清丈相比，田地山塘各项总数均不相同，其中有多有少，不过，差额总数并不很大。表1所列各号丈量弓步与计税的不同情况，亦多在毫厘之间，二者情况是相符的，可相互印证。这种细微的差别情况表明，清顺治丈量并非照抄旧册，马虎从事，而是经过临田履亩清丈的；同时亦显示明万历清丈也是认真的，可信的。由于时间关系导致田土形态变迁，或因人工开垦等而呈现细微差异，这是必然的。

其次，《顺治良字登业草册》较《万历得字保簿》登载内容更为全面详细。按遗存文书实物所见，《万历得字保簿》所载事项有字号、土名、田则、弓步、计税、佃人、田形、四至、见业等。而《顺治良字登业草册》所载事项有见业、字号、原额字号、土名、田形、四至、今丈积、计税、某年某月某日丈过，以及分庄金注等，与《万历得字保簿》所载事项有显著不同，增加了不少新的项目，特别是其各项之下所载内容更为详细。如田形一项，《万历得字保簿》只画有简单田形，不载弓口；而《顺治良字登业草册》不但画有田形，还详注丈量弓步，这与其"登业草册"性质相关。再如现业一项，《万历得字保簿》所设见业一项，或可理解包括分庄在内，但其下多只载业主户名，若有多个业主，则注有各业户的分业亩步，或注"均业"。如该册得字九号载："得字玖号，山，计税壹亩柒分伍厘……见业：本图朱洪户玖分柒厘；朱滔、朱滨、朱淳各贰分陆厘。"
又如得字十一号载："得字壹拾壹号，山，计税壹亩叁分叁厘……见业：
本图朱滔、朱滨、朱淳各贰分陆厘。"①实际上各业户之下分庄的详细情况
并未登录，所载比较简略。而《顺治良字登业草册》不但设见业一项，又
另辟分庄一栏，详细填注分庄情况。如顺治良字十七号载：

良字十七号

土名　成堀坞　山

见业　本都本图二甲朱滨、朱滔

（分庄栏载）

五图二甲　朱晓章山二厘　　象方入

五图二甲　胡兴户丁奇芳山七厘　秉周入

五图二甲　朱作仲二分九厘二毫

五图二甲　胡兴户七厘五毫捌丝　作仲入

一图五甲　陈田茂户七厘　　朱英户入

五图二甲　陈永盛三厘　　　庭三入

　　　　　陈永户三厘　　　永盛入②

该号既在见业栏填有业主户名，又在分庄栏中详细登载各子户图甲、
姓名、所占税亩，以及田土来源。

又如良字二十七号载：

良字二十七号　　田

土名　干子源　　今丈积田一百拾八步八分

见业　本都本图

（分庄栏载）

朱　镜　三十五步六分四厘

---

① 《休宁县二十七都伍图丈量保簿》第九号、第十一号，上海图书馆藏线普
563585号。

② 休宁县档案馆藏鱼鳞图册，第1057册，第17页。

　　朱　选　　二十三步七分六厘

　　朱　镒　　三十五步六分四厘

　　朱　宪　　二十三步七分六厘

　　○共入十甲胡元乾户讫①

　　该号在分庄栏中载有4个分庄户姓名，以及其所占丈量弓步，这些弓步总计118步8分，与该号今丈积弓步完全相同，又在其后批注"共入十甲胡元乾户讫"。

　　再如良字二百二十一号载：

　　良字二百二十一号　　　地

　　土名　里充尾　　　今丈积地一百拾二步五分

　　（分庄栏载）

　　本都五图二甲　　　旧注朱滔等

　　朱　滔（滨、淳）　　九十六步

　　朱来仪　　　　　　三步五分

　　朱　镒　　　　　　三步五分

　　朱　汶　　　　　　九步九分

　　　　　　　　　　　透归四分②

　　该号分庄栏中分别载有各子户所归丈量弓步，最后注有"透归四分"文字，这里的"透归"又是指何而言呢？若将各子户所归弓步加以统计，共为112亩9分，比该号"今丈积地一百拾二步五分"多出4分，所谓"透归四分"，当是指此而言，即各子户所归弓步之和超出了今丈积弓步，此溢额便是透归之额。该册文书册前所载出现"金透"一语，亦是此意，即各子户分金之和，溢出了该号田土应金总额。该册文书中此类记载，无疑反映了册籍攒造者的认真与精细。

────────────

　　① 休宁县档案馆藏鱼鳞图册，第1057册，第27页。

　　② 休宁县档案馆藏鱼鳞图册，第1058册，第18页。

最后，《顺治良字登业草册》中除了对各户分庄等详细登载之外，还记录了历代金注的内容。如良字八十号载：

> 良字八十号
> 土名　徐冲中心坞　山
> 见业　本都本图十甲
> 今丈积　山　　　计税　壹亩叁分七厘
> （分庄栏载）
> 朱　鋕　五分
> 朱　镜　三分七厘　出税一分入徐玉
> 朱　选　二分五厘
> 朱　宠　二分五厘
> 五图十甲汪应明户丁德林山一分一厘　朱传入
> 一图十甲陈齐福户山五厘　寿入
> 本图一甲谢廷奉山叁厘　育入
> 五图十甲金正茂户山叁厘　廷奉入江云章
> 一图五甲陈永成户一分　寿铸入
> 道光二十一年八月本图九甲徐玉户金税一分　朱出①

该号在分庄栏中，先是记载朱鋕、朱镜、朱选、朱宠等四户的分庄情况，其所归税亩之和为一亩三分七厘，与该号"计税"栏所载完全相同，可知这四户即该号田土最初的分庄子户。而在其后，又有多笔不同图甲人户的金税情况，这些记载的墨迹与前四户所载墨迹显著不同，可看出其所载时间不同。这些记载，是该号田土于造册之后，陆续发生的土地产权转移在鱼鳞图册上的金注。其最后一笔为"道光二十一年八月本图九甲徐玉户金税一分　朱出"，而在前面朱姓四个子户之下，则有"出税一分入徐玉"，与之呼应。

又如，良字一百五十七号载：

---

① 休宁县档案馆藏鱼鳞图册，第1057册，第80页。

良字壹百五十七号

土名　士安充桃花坞界

见业　本都五图二甲　朱滔　滨　淳

今丈积　山　　计税　六分六厘七毫

（分庄栏载）

二甲朱作仲二分二厘二毫三丝

六图四甲程天员山税一厘　□入

乾隆十一年正月

十一都二图三甲汪养户丁尧阶壹分　滔入

五图二甲朱晓章山贰厘　象方入

二十六都四图五甲吴元祥山陆厘　朱滔户□入

本图一甲谢廷奉四厘　庭三入

五图五甲陈瑞隆户山叁厘　朱明入

本图十甲金正茂户山四厘　廷奉入

五图五甲陈瑞隆户丁徐玉美山叁厘　贵先入

二甲朱仲户二分五厘八毫五丝　廷三入

二甲朱永兴户徐玉美一厘　育元入

九甲徐玉户丁玉美三分七厘　廷入　仰周入

五甲陈元昌户五厘　仲入

道光十一年八月二十七都五图九甲徐玉户金税一厘三毫九丝　朱
振等出　验契

九甲徐玉户丁玉美三厘　瑞隆入

又五厘　育源入

又五毫　连寿[①]

该号分庄栏载有众多图甲人户的金税情况，其中标明时间的有"乾隆
十一年正月，十一都二图三甲汪养户丁尧阶壹分，滔入"，"道光十一年八

---

① 休宁县档案馆藏鱼鳞图册，第1057册，第157页。

月二十七都五图九甲徐玉户金税一厘三毫九丝，朱振等出，验契"等。在遗存的《顺治良字登业草册》中，关于这种土地产权转移的诸多记载，还可见到的有康熙五年（1666年）关于买卖换金业票的夹条批注（良字一千二百四十五号），道光十一年（1831年）、道光十三年（1833年）、道光二十一年（1841年）、道光二十九年（1849年）的金税批注（分别见良字一百五十三号、一百六十七号、二百零七号、二千零三十八号等），此外，还有民国二年（1913年）的金税批注（良字四百九十八号、四百九十九号），等等。

如前所述，在清代徽州休宁地区，顺治、康熙等鱼鳞图册攒造完成之后，一直被其后各朝所利用，如有田土买卖、承继过户、典当转让等土地产权转移事项发生，随即在鱼鳞图册之上加以批金注明，这不仅是为了查考方便，更重要的是它也成为一种官方记录，具有一定的法律效力。这种金注，在徽州地区清代以前的鱼鳞图册中是很少见到的，而在清代徽州休宁的鱼鳞图册中则十分普遍，乃为清代徽州鱼鳞图册的一大特色。

以上所述二十七都五图的情况，并非只是个案。遗存至今的很多清初徽州休宁县所造的鱼鳞册都有类似情况。有的册籍各流水字号同时列出原丈字号与数额，即万历清丈数额，又载有今丈步亩与税额，以参考对照，两相比较，多有不同。这是清初临田清丈，重新造册的确凿证据。因篇幅所限，这里不再一一例举。

明万历清丈，是在张居正主持下奉朝廷令旨在全国推行的一次土地清丈，总体来看，万历清丈是认真的，取得了很大成效。在徽州地区亦是如此。徽州休宁县万历清丈是由时任知县曾乾亨主持的，他先是经过调查研究，制定了详细的丈量章程和严格的实施计划；慎选都正、图正，十分得人；并躬行周视，以身作则；又严格执法，赏罚分明。休宁万历清丈将此前的都保制改为都图制，实行官民一则，具有里程碑之意义。休宁万历清丈经官府倡导统一攒造了鱼鳞图册，前引《休宁县二十七都五图丈量保簿》即是其中遗存之一。而通过以上顺治十五年（1658年）休宁二十七都五图良字鱼鳞册的概述可知，其与万历老册相比，无论是攒造格式、登载事项，还是所录内容，都有很大不同，并呈现出新的特点。这种情况并非只是个案，表明顺治清丈并非抄誊万历旧册，而是履亩丈量，认真核算，重新攒造了鱼鳞图册。明清鼎革时期徽州所受冲击不大，特别是徽州地区鱼鳞图册制度实施的历史源远流长，已扎根于社会经济制度之中，官民重视，造册经验丰富，技术积累深厚，故至清初开国，在万历清丈的基础上，又把土地清丈与鱼鳞图册的攒造向前推进，颇有发展。

原载《安徽师范大学学报》（人文社会科学版）2021年第3期；又载《徽州文书与中国史研究》第四辑，中西书局2023年版，有改动

明清徽州土地佥业考释

徽州是宋代以后江南经济文化十分发达的地区之一，如今尚有数十万件契约文书档案被保存下来，成为明清地方文书档案遗存之最具代表性者。在徽州文书档案中，"佥业""佥票""佥业归户票""佥业收税册""佥业底册"，以及"老佥""新佥""改佥""换佥"等名词术语频频出现。佥业一语，在徽州见于整个明清时代，并延及民国时期。它是有关明清徽州土地清丈、产权归属、田土交易以及司法诉讼等的一个关键性用语，具有丰富的社会经济内涵，当予以探讨。然迄今关于徽州土地佥业的研究很少，仅有个别论文有所涉及①。本文以利用徽州文书档案为主，对明清徽州土地佥业试作一考察，并就教于方家学者。

一、土地清丈与佥业

佥业，原作签业，明代中期以降多作佥业。宋元以后，在"签押"

---

① 汪柏树：《民国徽州休宁的佥票》，载黄山学院徽州文化研究所编：《徽州学研究》第二卷，中国文史出版社2007年版，第191—199页；夏维中、王裕明：《也论明末清初徽州地区土地丈量与里甲制的关系》，《南京大学学报（哲学·人文科学·社会科学）》2002年第4期；汪庆元：《清代顺治朝土地清丈在徽州的推行》，《中国史研究》2007年第3期。前者指出，徽州的佥业票分为明清时期的丈量佥业票和民国时期的非丈量佥票，而民国时期的佥票则是以明清时期的丈量佥业票为据的；后二者则从土地清丈的视角对明末清初的佥业归户票有所论及。

"征集""指派"等场合下，"佥"与"签"互用①。在徽州文书中多数场合用"佥业"，以下行文中一律作"佥业"，引文中以原文书用字为准。从遗存的契约文书来看，徽州地方的土地佥业始于元末明初。在《洪武十三年祁门汪守位批山契》中已出现佥业一语，该契文如下：

> 立出批山契岳汪守位，今有承祖汪日辛签业山柒号，坐落西都十保伐字一千七百九号，土名胡廷坑，上地拾伍步；又一千七百十号，土名同处，上山六亩三角；又一千七百七十号，土名同处，下山十亩；又一千六百八十四号，土名赤义源，山五亩；一千六百八十五号，土名赤义大坞头，山二亩；一千六百八十一号，土名大岭，山一亩；一千六百八十八号，土名大岭青林弯，山三亩；前山柒号，所有四至悉照该保经理可查。今为身乏子，仅生一女，出室谢则成名下为妻，因身家业淡薄，妆饰无措，愿将前山柒号出批与谢则成名下入山为业，以作妆饰之资。自批之后，本家无得生奸异说，如有生奸反悔情弊，凭婿执批鸣官理治，以作不孝罪论。今恐无凭，立此出批山契为照。
>
> 　洪武十三年五月蒲日立出批契
> 　　　岳　汪守位　（押）契
> 　　中见亲　胡文贞　（押）②

批契，类似遗嘱，多为家庭财产继承之际所立契约，一般由长辈直接将其土地等资产批给后人，亦有签字画押，同样具有法律效力。从这份批契可以看出，洪武时民间契约中已使用"签业"一语，可见"签业"的说法相当普及。从文契中的"坐落西都十保"文字，可知其所属地点为徽州

---

① 参阅罗竹凤主编：《汉语大词典》"佥"字条释文，汉语大词典出版社1997年版，缩印本第683页。

② 南京大学历史系资料室藏000066之00024号。

府祁门县①。契中所批"签业山"共七号，并言明"前山柒号，所有四至悉照该保经理可查"，经理即鱼鳞图册，这表明其所说金业，即指登录于鱼鳞图册上的各号田土。又，其立契者汪守位身为岳父，年龄自然不小，而其所批土地乃是"承祖汪日辛签业山"，由此不难明了，所谓汪日辛签业，则应是洪武十三年（1380年）之前即元代之事了。考诸史籍，元末在徽州确有土地经理之事。朱元璋在元末至正十七年（1357年）占领徽州，随后于至正十八年（1358年）、至正二十四年（1364年）几次进行土地经理，因当时的朱元璋政权仍按红巾军韩林儿的宋龙凤纪年，史称龙凤经理。而龙凤经理的鱼鳞图册实物，尚有多部遗存至今②。徽州地区龙凤时期的土地经理，实为当地明朝开国之初的第一次土地经理，地位十分重要。其所确立的地权，延及整个明代乃至清代。道光《祁门县志》仍然提到龙凤经理之事："山为云雾山场，金业定于明洪武前龙凤经理，向无山税，与婺源同，间有古墓茂林，听从民便，报垦起科。"③所以，上述契文中所言"汪日辛签业山"，即指登录于元末龙凤经理鱼鳞图册上的田土，乃无疑问。

再看洪武时期鱼鳞图册中的金业之称。中国国家图书馆藏《明洪武十九年休宁县十都六保罪字保簿》中有多处关于金业的记载④。该保簿罪字三百二十五号田土，在其"现业"栏后面有下列注文：

> 乡保簿见业是汪售甫、汪保二人，官印保簿是见业汪再、汪善二

---

① 据永乐《祁阊志》卷1《乡都》载，祁门元代"乡凡六……定都二十有二……入国朝乡因之，都削其名，合三四都为一都，析十为东、西两都，凡二十二都，编五十一里"。弘治《徽州府志》卷1《厢隅乡都》亦有类似记载。再查有关文献，徽州府所属各县中，只有祁门县在明代以后有十东都和十西都的建置。故可确定该文契的所属地点为徽州府祁门县。

② 参阅拙文：《龙凤时期朱元璋经理鱼鳞册考析》，《中国史研究》1988年第4期；《徽州府祁门县龙凤经理鱼鳞册考》，《中国史研究》1994年第2期。

③ 道光《祁门县志》卷13《食货二·田土》。

④ 中国国家图书馆善本部藏16828号。参阅拙文：《洪武鱼鳞图册考实》，《中国史研究》2004年第4期。

人。今详查归类庄户，并洪武十九年紫阳书院对同棋盘米麦册，俱是汪售甫、汪保名目，并无汪再、汪善名目。又且汪再、汪善分厘与原签山分厘大不相侔，决是誊官印者之谬录也。

这是为纠正该号田土见业栏名目上的记载之误而所附注文。其中出现了"乡保簿""官印保簿""归类庄户""棋盘米麦册"等册籍名称。乡保簿、官印保簿，是指鱼鳞图册，鱼鳞图册以保为单位攒造，故又称保簿；归类庄户当是一种归户册，而棋盘米麦册则是一种赋税册，明初沿袭此前的两税制度，夏税主征麦，秋粮主征米，故称米麦册。应注意的是，其中还有"汪再、汪善分厘与原签山分厘大不相侔"的记载，很明显，这是一句作同质比较之语，前面"汪再、汪善分厘"指的是该鱼鳞册上所登录的田土数额，后面"原签山分厘"则指原来鱼鳞图册上所登录的田土数额[1]，但用了"原签山"即原金业之山的说法。可以看出这里的金业与鱼鳞图册乃为同义语。又，该册第四百七十一号田土中有"十四年保簿"的注文，而在第五百四十号田土中又有"十四年签业"的注文，二者所言实为同一册籍，这也是金业即指鱼鳞图册的一个证明。

此外，在该鱼鳞册中还有多号田土，或注有"册上"，或注有"米麦册"，或注有"米麦册上"。如罪字三十四号田土注有"米麦册汪洪甫九分一厘七毫"，罪字三十六号田土注有"册上郑大付五分七厘三毫，吴道右一分九厘二毫"，罪字五十四号田土注有"米麦册上杨干保"，不难看出，其所言"册上""米麦册""米麦册上"，虽略有不同，但均为同一种册籍，即米麦册。与此同时，该鱼鳞册中还有多号田土注有"签上"的记载，如罪字一百四十一号田土载"见业：汪克俊三分九厘二毫，汪洪三分六厘三毫；签上：许德茂一角二十七步，汪子正一角二十七步"，这里的"签上"并未具体指明是何种册籍，其下所述乃为多少角步，系丈量田土面积，其他关于"签上"的记载凡注有具体数字者，亦均为丈量田土面积。而该册第四百七十一号田土则有以下注文："签上：汪克俊二十七步，汪龙售二

---

① 该册罪字四百七十一号田土中有"十四年保簿"的记载。

十步；十四年保簿：汪应，汪克进；米麦册上：吴社英一分一厘二毫，汪克俊一分一厘三毫。"这里的"十四年保簿"无疑是指鱼鳞图册，是说十四年鱼鳞图册上的业主姓名与"签上"所记业主姓名不同，也是作同质比较的，由此可推知，所谓"签上"当是指与土地清丈密切相关的一种文书，诸如金业归户票之类文书，或指保簿即鱼鳞图册。

关于洪武时期的土地丈量与金业，明代徽人文集中亦有记载，嘉靖、万历时期歙县人吴文奎在其所撰《苏堂集》中说：

> 私有社簿，官有保簿。临溪之吴，如秀才吴旦为擂地吴，书算吴子宪为针匠吴，彼即通往来，而社不共，则所云立社聚族，俱出七府君之派，社簿可据审矣。国初法严，丈量产土，不敢为奸利，某保某姓，某业某人，无不得冒，有不得隐，其所载金业，源流相承，保簿可证审矣。[①]

从这里所言，亦可看出金业与鱼鳞图册之间的密切关系，金业即指载于保簿即鱼鳞图册上的各业户之土地产业。

明代另一次全国性的土地清丈是在万历时期。徽州土地清丈于万历九年（1581年）开始进行。在这次清丈中，徽州府休宁知县曾乾亨为印刷"保簿"（鱼鳞图册）而刊发布告，其文如下：

> 休宁县为酌定刊刷保簿，以便稽查，以垂永久事。照得国初丈量，原设保簿，便民经业，立法甚善。今奉明旨清丈，民业更新，若照先时保簿画图填写，费用浩繁，致势家则有，弱民则无，后世疆界纷更，稽查实难。为此欲垂永久，酌定画一之规，行令总书等镂梓印刷，广布流行，以遗金业人民，使有凭据，后世本本相同，不致滋生异议。为尔诸民奕世悠远之计，所愿世世相承，人人共守，不蹈去籍之害，而增让畔之风，岂非本县与地方所深幸哉！

---

① 〔明〕吴文奎：《苏堂集》卷9《谱·读谱记》第四则，载《四库全书存目丛书》集部第189册，齐鲁书社1997年版，第218—219页。

知休宁县事吉水曾乾亨书①

从布告所云"行令总书等镂梓印刷，广布流行，以遗金业人民，使有凭据"可以看出，所谓金业，即指鱼鳞图册上登录的各号田土，这是十分明确的，而且它是人户土地产业的凭据。遗存的明代其他文书记载亦可为之佐证，如《万历二十八年休宁洪岩德等立阄书》载：

> 原承祖阄书田地山塘及续置等业，于万历九年已经丈量，金业编号，四至、亩步、税粮逐一查数，注入七房，新立合同，派清各该粮数，归户总册一样七本，各执存照。仍未金业者，后已割税入上，黄册可考。②

这里说得很清楚，所谓金业，乃指经过清丈，在鱼鳞图册之上被编号的田土，而未被编入鱼鳞图册的田土，则属未金业者。

在徽州万历土地清丈中，其攒造的鱼鳞图册，也有直接以"金业"冠名者。如中国社会科学院历史研究所藏《明万历十年丈量歙县三十五都三图步亩金业收税册》③，该鱼鳞图册为一残册，无封面，现存福字二百三十三号起至八百七十三号止。各叶书口上部均刻印"万历拾年壬午岁丈量"，下部刻印"三十五都三图步亩金业收税册"。该册每叶双面，每面载四个号数的田土资料，其每一号田土所刻印的填写事项有土名、今丈、折税、分庄、四至、金业、税入等，其登载的大多数事项与一般鱼鳞图册并无区别，而特别值得注意的是其中有"金业"一项，以该册"福字柒百陆拾玖号"为例④，具体登载格式和文字如下：

①　万历《休宁县志》卷3《食货志》。
②　王钰欣、周绍泉主编：《徽州千年契约文书》宋·元·明编卷7，花山文艺出版社1991年版，第345页。
③　中国社会科学院历史研究所藏315141000001号。载《徽州千年契约文书》宋·元·明编卷17，第107—271页，该册定名为《万历十年五都三图步亩金业收税簿》，有误。其编目又载王钰欣等编：《徽州文书类目》，黄山书社2000年版，第532页。
④　王钰欣、周绍泉主编：《徽州千年契约文书》宋·元·明编卷17，第243页。

税入	金业	庄　　分				折税	今丈	原
		福　字　柒　百　陆　拾　玖　号						
二甲	本都	田				柒厘捌毫壹丝	平田壹百柒步伍分	下田柒厘五毫
同户	本图	北至坑	南至路	西至坑	东至路			土名 同
	王镗							

以上所录文字，黑体表示刻版印刷文字，楷体表示墨迹填写文字。在鱼鳞图册的各号田土登载中明确出现金业事项，说明了金业与鱼鳞图册二者之同质关系；其所列"金业"一项，在其他鱼鳞图册中多标为"见业"或"业主"，这表明，在鱼鳞图册中，"金业"与"见业"或"业主"是可以互换的。所谓金业，指的就是现业或业主，而它所特别表明的，则是签定业主，确定本块土地的所有者之意。

由于金业与土地清丈关系密切，故金业又称"金丈""丈金""号金"等，万历年间撰修的《新安大阜吕氏宗谱》在叙及吕氏丘墓及祠产时说："今我明兴，各复旧土，据我世传号金，对查明甚，仅有文仲公之丘陵而已，余悉成墟，莫睹其迹。"[1]"吕云甫金业于国初，祠挂分字三号……万历九年惧蹈汪孽，奉例金丈升科。"又说："始祖血食，祠落郡西，续当祠前葬坟植木，丈金祀业，谱志册案交征。"[2]《万历三十二年歙县汪士望等息讼呈文》中说："告和息状人汪士望、鲍通等，……各照册额金丈四至、

① 《新安大阜吕氏宗谱》卷5《丘墓》，安徽中国徽州文化博物馆藏。
② 《新安大阜吕氏宗谱》卷6《吕氏负冤历朝实录》。

弓步，埋界明白，二各无事，不愿终讼。"①

清承明制，顺治初年即实行土地清丈，攒造鱼鳞图册。徽州地方也开展了土地丈量，现存的《康熙休宁陈氏置产簿》中录有《大清国清丈田土告示》，全文如下：

大清国清丈田土告示

正堂佟为清丈地土事。奉兵道张宪牌前事，蒙按院刘批该本道呈宽爱（缓），丈量缘由，批升丈量咨札频催，似不可缓，若再展限秋成，恐干功令，仍丈完册报缴。蒙此，拟合就行即将丈量田土事，速行料理，以副功令，不必因前牌言宽，就行停止，所用耆老、书算、弓手，务寻身家德行之人，以重其任，万不可因而索民酒食，踏民田麦，荒民春作，有此一者，候县不时查出，拿解本道重究，以儆其余，不得违错等因。奉此，拟合给示晓谕，为此示谕概县图正、量、画、书、算诸民人等知悉，即将各图田土速行清丈，但各里有未报者，速行金报，未认者速行具认状，立等造册，报府转报，所报图正、书、算、量、弓手，务寻身家德行之人，以重其任，限本月内报完造册申报，万不可因而索民酒食，踏民田麦，荒民春作，有一此者，本县不时查出，拿解究［办］，决不姑贷。速速特示。

顺治四年丁亥岁二月初七日示②

在休宁县这一清丈田土告示中，有"速行金报"之语，这里的"金报"是什么意思呢？从此语之后"未认者速行具认状"的说法，可知这是要求各里对清丈过的各号田土必须具有认状，也就是核实业户，签定业主，而后速行上报官府。

康熙初年，清廷下诏清丈田土。康熙《徽州府志》载："二年癸卯，

---

① 王钰欣、周绍泉主编：《徽州千年契约文书》宋·元·明编卷3，第331页。按，该文书原编者定名为《万历三十二年歙县吴宗贵状文》，不确。

② 《康熙陈氏置产簿》，南京大学历史系资料室藏。

诏天下丈量田土。"①此次清丈在清代徽州占有重要地位,此后徽州的土地经理多以康熙清丈为基础,康熙清丈所造鱼鳞图册,一直沿用至清末。同样,在这次清丈中,对每一块丈量过的田土,亦核定业主,发给金业归户票。如《康熙五年休宁黄起志户金业归户票》载:

金 业 归 户 票

休宁县贰拾都壹图遵奉县主明示清丈地土,照量积步依则科税,编发号票付与业人,执赴该图亲供归户。今据现业黄福承丈本图首字贰千玖百肆拾贰号,土名江坞干。

积田贰拾贰步。

下下则,计税柒厘叁毫叁丝叁忽。

归入二十都八图五甲黄起志户办课册漏。此照。

康熙五年十一月　日　　公正吴正中票②

该票现藏中国社会科学院历史研究所,纵22厘米,横12厘米,皮纸,四周刻印单线框,顶栏横印"金业归户票"五个大字,正文刻版墨书填写。应注意的是,该号田土属于二十都一图首字,但其业主却在二十都八图,该归户票上分别钤有"贰拾都壹图图正吴正中图记"和"贰拾都八图册里程元清归户(押)"两方戳记,表示该号田土已分别经过两图的公正、册里核准,金业归户无误,此金业票即作为业户的土地所有凭证而生效。

清后期太平天国战乱,徽州亦受重创。清政府为恢复税收,在徽州又一次清理田赋,重新金业,确立业户土地产权。如《同治七年休宁程汝承户金业票》载:

金 业 票

字字叁千壹百贰拾叁号　经管册书(钤戳记)　　经丈县书(钤戳记)
同治六年休宁县十六都遵奉县颁给示谕,清理赋业,今照原额积

---

① 康熙《徽州府志》卷1《建置沿革表》。
② 王钰欣、周绍泉主编:《徽州千年契约文书》清·民国编卷1,第61页。

步税数亲供纬税，凭册清丈查验，给发新金，付业主收执，输纳国课，存票对验凭照。

现业土名湖塝上，南至地，北至地，西至地，东至地。　分庄（戳记）

现业十六都壹图正三甲花户程汝承户丁（空缺）　旧管现业（戳记）

丈中积壹百肆拾玖步捌分壹厘肆毫，计地则税伍分玖厘玖毫贰丝伍忽陆微。

同治柒年七月　　日　　补金（戳记）　　清厘局□发金票①

该票之上还钤有"拾陆都清厘局图记""拾陆都清厘局验对发金""倘有讹错即行赴局更正"等戳记，以及"此号当业原主远贸，凭局照税贴本户完纳，此批；取赎日，将此金缴还程姓收执"墨批，并有民国时期的"陈报验讫"戳记。这是一份补发的金业票，该号田土系旧管现业，且业主远贸在外，但重新金业时并没有漏掉，表明此次重新金业是相当全面的。

清末光绪年间，徽州又一次进行土地清丈，并攒造了新的鱼鳞图册。在中国社会科学院历史研究所收藏的《光绪二十一年休宁二十九都六图长字号弓口册》的田土丘块及见业栏中，多有"金税""金全""补金""加金"等记载。如该册长字二百六十号载"七图六甲黄鲁如七十九步二分五厘出，入黄文明户丁相荣金一半，光绪十九年黄德廷加金，光绪十七年廿九都七图六甲黄启辉金税贰分三厘九毫五丝，姚勤甫、忆春出"，长字二百七十六号载"一图二甲童秀峰户金全，贻泽出，光绪廿五年童秀峰加金"，长字三百九十六号载"光绪八年六图二甲张祖添户丁姚茂补金一百二十步整"②，等等，这类有关金业的各种提法，在该册中频频出现，不胜枚举，充分显示了金业与鱼鳞图册二者密不可分的关系。

在明代的徽州族谱中还出现了"受国金业"或"国金"的说法，明万历年间所修《新安大阜吕氏宗谱·顺公传》载："公讳顺，字云实，性明敏，特达过人。涉猎书史，常以辨博服众心……至于受国金业，父所遗

① 黄山学院图书馆特藏部徽州文化资料中心藏。

② 王钰欣、周绍泉主编：《徽州千年契约文书》清·民国编卷20，第160页、第176页、第296页。

产，一毫敢不改移，每遇农事，躬先倡率，尽力田亩，故群下罔不奔命。"①这里所说的"受国金业"，是被官府佥定、载于国家版籍鱼鳞图册中的土地产业。

总之，金业与土地清丈的关系十分密切。所谓金业，即通过土地清丈，经过官府认定，而登录于国家版籍即鱼鳞图册上的土地产业。从业户的角度来说，金业则指经过官方认定的土地业主。

二、金业归户票汇考

金业归户票是在土地清丈佥业之际发给业主的一种凭证。在徽州，明清两代有相当多的"签业归户票"被保存下来。"签业归户票"，又称"金业归户票""分亩归户票""分税归户票""金业票""业户执票""踏业印票""纬税票"等。兹以《万历十年五字号归户票》为例，其文如下：

五 字 号 归 户 票

贰拾叁都玖图奉本县明示，丈过田地山塘，每号照丈积步，依则清查分亩，给发小票，业人亲领，付该图亲供归户。执此凭证。

计开

丈过五字贰千伍百六号，土名朝山下。

应拟下则，地玖拾四步六分四厘。

该税贰分柒厘〇四丝。

给付本都本图一甲吴大兴户丁玄湘、应泰存照。

万历拾年八月十五日　　图正吴继宁票②

该票现藏中国社会科学院历史研究所，纵24厘米，横14厘米，皮纸，四周刻印单线框，顶栏横印"五字号归户票"，刻版墨书填写。票上还钤有"二十三都五图图正吴继宁记"及"票换新金，老金不准"戳记红印。其

---

① 《新安大阜吕氏宗谱》卷4《世德·顺公传》。
② 王钰欣、周绍泉主编：《徽州千年契约文书》宋·元·明编卷3，第108页。

所谓"新金"，指的是该归户票；所谓"老金"，指的是这次清丈前的老归户票。由此可见，在万历之前亦是存在金业归户票的。

归户票又有"分亩归户票""分税归户票"之称。如休宁县《万历十年汪保分亩归户票》，纵26厘米，横15厘米，皮纸，墨迹填写。四周刻印单线框。顶栏横印"分亩归户票"。票上钤有两方戳记红印。其文如下：

分 亩 归 户 票

贰拾肆都贰图奉本县明示，丈过田地山塘，每号照丈积步，依则清查分亩，给发小票，业人亲领，前付该图亲供归户。仍执凭票。

计开

丈过土名所坞，恭字一千三百五十五号，计积一百叁拾贰步叁分壹厘五毫，下则田税五分零玖毫，系本都一图九甲汪保户，见业户丁（空缺）。

执此票证。

万历拾年七月二十三日　　公正洪良法票①

又如休宁县《万历十年吴明坤分税归户票》，纵23厘米，横14.5厘米，皮纸，墨迹填写。四周刻印单线框。顶栏横印"分税归户票"几个大字。票上钤有三方戳记红印。其文如下：

分 税 归 户 票

贰拾叁都叁图今奉县主明示，丈过田地山塘，每号照丈积步，依则查清分亩，给发小票，业人亲领，前去付该图亲供归户造册。执此证。

计开

丈过土名庄前，盖字叁千贰百捌拾陆号，计则中田肆百柒拾伍步贰分。

税（空缺）

---

① 王钰欣、周绍泉主编：《徽州千年契约文书》宋·元·明编卷3，第100页。

二十三都一图五甲吴杰户，见业吴明坤存证。

万历拾年八月初六日　　　图正胡天赦票①

这种金业归户票多为各都图分别印制的，故名称、格式略有不同。金业归户票又常冠以"分亩""分税"之名，这是由于宋代以后随着土地私有的发展和土地买卖的频繁，业户占有的土地多不是连成一片，而呈散漫参错的状态，业户所有的土地多分属于互不相连的鱼鳞字号；又由于人口增加和实行诸子均分制等原因，即使一号成块田土，从产权划分来说，也常被分成多股所有，故在鱼鳞清册各号田土的登录事项中，常设"分庄"一项，详细登载该号田土的产业分割情况，一个业户所有的土地只是其中的几分之一，甚至几十分之一。而一张金业票，也只是业户占有某一块或某一份土地的证明。从归户票实物所载文字来看，其作用主要有二：一是业主据此"前去付该图亲供归户"，攒造归户册；二是业户"仍执凭票"，以为"凭证"，即作为该号土地所有者的一种书证。

清代的徽州土地清丈亦同明制，对清丈过的每一号田土，向业主给发"金业归户票"。如中国社会科学院历史研究所藏《顺治六年休宁程质夫户金业归户票》，其文如下：

金 业 归 户 票

贰拾壹都玖图奉本县明示，丈过田地山塘，每号照丈积步，依则拟税，给发金业票，业主亲领，前付该图册里亲供归户。

票照：

归字贰千叁百六拾贰号，土名王家滩。

今丈积壹百贰拾肆步壹分五厘　毫。

应拟中地，税　亩叁分伍厘肆毫柒丝　忽。

见业二十一都二图　甲户丁　程质夫

顺治六年十月　日　　图正　汪本昭

　　　　　　　　　　册里　何承凤

_____

① 王钰欣、周绍泉主编：《徽州千年契约文书》宋·元·明编卷3，第107页。

　　　　量手　　汪克家

　　　　画手　　汪振德

　　　　书手　　何元魁

　　　　算手　　汪种德[①]

该金业票的文字与明代金业票的文字基本相同。其末尾不仅刻印有图正、册里的姓名，还刻印了量手、画手、书手、算手的姓名，有关土地清丈的各类役员齐备，充分表明了金业与土地清丈的密切关系。

　　在徽州婺源县，金业归户票称"跽业印票"。如《顺治八年婺源叶金贵户跽业印票》载：

问　字　一　千　六　百　三　十　一　号

　　婺源县为清丈事，照奉部院司道府明文前事，奉此遵行，督令各号公正丈量，取册申报在案，各号丈过田地山塘，合给跽业印票，付业主照证归户，供纳税粮，永为遵守。须至业票者：

　　十一都二图七甲业人叶金贵户应中己业。

　　山，南至垅脊直下至坳，北至弯心小垅脊上至尖，西至弯心直下至田，东至尖。

　　今丈积步　　　　　计山税柒厘

　　坐落本都土名兰青。

　　顺治捌年六月二十六日　　公正汪德瑞　书算詹时周　汪廷训　宋成茂

　　　　　　　　　　　　　　　　　　　　　　贰百贰号[②]

其上钤有满汉对照"婺源县印"全印、半印各一方，以及公正戳记两方。其中所言"跽业印票"即金业归户票，"跽"字原意为长跪，引申为敬奉，跽业即取其敬奉之意，蕴涵对金业的敬奉。土地通过金业，取得官府的认证，业户即具有长久的产权；土地通过金业，须向国家完纳税粮，同时也

① 王钰欣、周绍泉主编：《徽州千年契约文书》清·民国编卷1，第26页。

② 王钰欣、周绍泉主编：《徽州千年契约文书》清·民国编卷1，第34页。

取得了国家编户齐民的资格。在徽州，佃仆小户即使拥有自己的土地，也不能直接向官府缴税，而必须附在主家户内纳税，因为他们还没有取得国家编户齐民的资格。

通过金业票所载文字，我们还可以了解到土地金业制度实施的一些具体过程。《顺治七年休宁戴氏分亩归户票》载：

> 拾捌都拾壹图公正戴应新，遵奉县主明示，清丈田地山塘，照号丈过积步，验契注业，依则查清分亩填号，给发纬税正票，业人亲领，前付该图亲供归户。票照。（下略）
>
> 顺治七年二月　　　　票①

由此可看出，金业实施的过程大致分为以下几个步骤：第一，清丈土地，照号丈量积步；第二，验契注业，即查验与业户所持契约如买卖文契等是否相符，核实业主；第三，依则清查，确定税额；第四，给发归户票，业人亲领，前付该图亲供归户。在《顺治十六年何万良户月字号归户票》中，还载有"合给信票，前赴该图册里对验字号步税，登册归户，上纳国课，庶无遗漏"等文字②，即在业人前赴该图归户之际，还要与册里掌握的册籍进一步核对，最后登册归户。

业户产业受金又称"注金"或"挂金"。《顺治十一年祁门李来泰等立合文》载："其税粮原在十东都一图六甲李时华户、二图一甲李时尚户、八甲李时春户供解。今奉清丈黄字叁百零玖号，其业李御书注金，其地税众族合议：不便分散归户，今合并归入十东都二图一甲李时尚户供解，递年照则付银，上官完纳。"③《嘉庆二十三年歙县郑裕昆户金业票》中亦有"挂金"说法：

金 业 票

歙县拾捌都陆图公正郑思敬，弓手　　　画手　　　书手　　　算手

---

① 王钰欣、周绍泉主编：《徽州千年契约文书》清·民国编卷1，第28页。
② 王钰欣、周绍泉主编：《徽州千年契约文书》清·民国编卷1，第46页。
③ 王钰欣、周绍泉主编：《徽州千年契约文书》清·民国编卷1，第41页。

计开

新丈羌字叁拾叁号，土名长龄桥池塘兜。

地则　　　　　　　　计税柒厘正。

本都本图捌甲郑裕昆户见业。

　嘉庆贰拾叁年伍月　　　　　日金票

　挂金须执该图册里税票磨对，庶免隐漏，如无税票，不准挂金。

　　验明赤契。[①]

其中所载"挂金须执该图册里税票磨对，庶免隐漏，如无税票，不准挂金"文字，在金票内最后两行，为刻印字体，说明这是一个制度性的规定。还可看出，业户完纳国课乃为金业的一个必要条件。

由于土地买卖、重新丈量以及转让继承等原因，业户对产业的持有并非长久固定，即使已金业的土地也会发生变动，于是，又出现了"换金""改金"等名目。《康熙三十三年休宁戴大有户奉旨纬税票》载：

奉　旨　纬　税　票

　休宁县拾捌都拾贰图遵旨清丈，又奉县主严示，眼同业主丈明，挨号彻底清查。今照丈实积步亩，验契注业，即发纬税票付业主，亲赴该图册里归户。但步亩时有更形，业主新旧不一，册里验明新票，注填亲供，庶无隐漏奸弊。须票。

　拱字贰千柒百伍拾壹号，土名水碓湾，佃人

　积叁百拾柒步叁分壹厘伍毫，则计下地，税玖分陆毫陆丝。

　见业十八都一图十甲戴大有户户丁千一。

　康熙三十三年又伍月　　　日　公正　戴瑞暄　票

　　　　　　　　　　　　　　量手　戴廷正　画手　戴文洗

　　　　　　　　　　　　　　书手　戴恒瑞　算手　戴文运

---

　① 转引自储敖生编著：《华夏土地证集粹》，黑龙江人民出版社2007年版，第134页。

册里 戴盛①

鱼鳞图册以田土丘段为序攒造，黄册、归户册则以人户为中心编制，二者实为经纬关系。故鱼鳞图册又称经册，黄册、归户册又称纬册。因而归户票又称纬税票。纬税票是一种金业归户票。该票刻印有"步亩时有更形，业主新旧不一，册里验明新票，注填亲供"等文字，票上还钤有一个"换"字戳记，前文所引《万历十年五字号归户票》上亦钤有"票换新金，老金不准"的戳记红印，这些都是在重新清丈土地时换给新票的例子。《乾隆六十年休宁县程天阶户金业纬票》也反映了这种情况：

金 业 纬 票

休宁县贰拾贰都贰图图正奉旨清丈田土事。今丈过鸣字壹千叁百叁拾叁号，土名山湾。

积步　　拟则　　田税壹亩壹分伍毫叁丝肆忽。

见业宗海，系本都本图拾甲程天阶户。

事干宪件，该图册里速同业主即领纬票归户，不致遗漏，以杜争端。纬票存照。

乾隆六十年九月　　日　图正 程序忠

　　　　　　　量 吴一元　画 金法

　　　　　　　书 姚毓佳　算 程元茂　票②

该票中还钤有两方"票换新金，老金无用"戳记红印，这也是一个换金实例。除了重新清丈土地换给新金，在土地买卖业主转移之际，亦多将旧金换给新金。其他一些业主发生变更的场合，亦出现换金或改金。《歙淳方氏柳山真应庙会宗统谱》载：

永乐间，族之贤士大夫增置祀产。五十世孙广西金事如森惧分办税赋之未善，因尽更真应庙名，改签鳞册，计庙基地贰亩玖分叁厘捌

① 王钰欣、周绍泉主编：《徽州千年契约文书》清·民国编卷1，第131页。
② 黄山学院图书馆特藏部徽州文化资料中心藏。

毫，祀田柒拾伍亩零，并将丈量字号税亩铸载庙钟，以示稽考。①

即，柳山方氏在永乐间曾增置宗族祀产，但祀产名目不一，各自分办赋税，因而"尽更真应庙名，改签鳞册"，将其金业名目都统一改到真应庙名下，以避免分办赋税的弊端。

《乾隆二十七年休宁程氏立置产簿》所收《乾隆四年休宁程子惠立批据》中，亦提及"改金"与"转金"，这是一起因土地转让而发生的转金事例：

> 廿一都一图立批据程春生户丁程子惠、汝文，向承祖遗旧戎字新丈章字一百十五号山，税柒分玖厘；又一百十七号地，税壹亩壹分九厘，土名竹林坞，原买本都九图程元纶业，今转出与十九都三图三甲刘亮户为业，因未改金，立批据，以便图正执此转金。倘有来历不明，是身理值。恐后无凭，立此批据存照。
>
> 乾隆四年十一月　　日　立批据　程子惠
>
> 程汝文（泰塘图正）
>
> 中　见　程君荣②

此外，亦有金业名目与产权实际不符的情况，则称之为"混金"或"冒金"。《新安大阜吕氏宗谱》载："水西宁康寺，前坤艮向，眠猫捕鼠形，分字六十一号，内坟山一分八毫，一名宁江寺，安葬中丞御史开运公、沂奥万五公、并女坟五穴，我明国初丈量，被许应崇混金，本家清理，税入九都五图黄村吕云甫、吕云荣、吕云实三户支解。"③

如上所述，金业与土地清丈的关系十分密切。然而，至迟到清初已出现了新的变化。南京大学历史系资料室藏《康熙休宁孙氏文契簿》所录"金业归户票"中，即有两类不同的归户票，一类是土地清丈归户票，另一类则是因田土买卖而金发的归户票。如《顺治九年休宁姚部户金业归户票》载：

① 乾隆《歙淳方氏柳山真应庙会宗统谱》卷18《真应庙纪事》，上海图书馆藏。

② 王钰欣、周绍泉主编：《徽州千年契约文书》宋·元·明编卷10，第457页。按，该置产簿原定名为《崇祯十五年休宁程氏立置产簿》，有误。

③ 《新安大阜吕氏宗谱》卷5《丘墓》。

归字二百七十五号，土名北山头，今丈积一百八十四步三分四厘，应拟下田税七分零八毫，见业廿二都四图二甲户丁姚部。

量手汪克家　画手汪振德　书手何元魁　算手汪种德

顺治九年七月廿四日图正　汪本昭　册里　何承凤①

而《顺治十八年休宁孙大有户金业归户票》则载：

廿一都一图四甲孙大有户，收归字二百六十一号，田税四分六厘，土名刀板丘，顺治十七年　月买到廿一都二图十甲程惟仁户下元圣业。

顺治十八年三月　册里汪世昭　书（缺）　算（缺）②

再如《康熙五年休宁孙大有户金业归户票》载：

归字四百八十六号，土名上屋，丈积内取地柒步八分七厘，应拟中则地税三厘一毫五丝，东至　　西至　　南至　　北至　　见业廿一都一图四甲孙大有。

康熙五年十月　　日　图正　汪桂芳

量手　程廷玉　书手　何先　画手　汪宁　算手　汪英卿③

而《康熙十年休宁孙大有户金业归户票》则载：

廿一都一图四甲孙大有户，契买腾字二千六十九号，土名溪阳后、充口，计地税壹厘整，康熙六年六月　日收西北隅都壹图六甲俞有仁户。

康熙十年九月　　日　册里　汪世昭

书手　程友昭　算手　孙德茂④

以上所列，是顺治和康熙时各自不同种类的归户票。顺治四年（1647

①《康熙休宁孙氏文契簿》，南京大学历史系资料室藏。
②《康熙休宁孙氏文契簿》，南京大学历史系资料室藏。
③《康熙休宁孙氏文契簿》，南京大学历史系资料室藏。
④《康熙休宁孙氏文契簿》，南京大学历史系资料室藏。

年）以后，在徽州有一次土地清丈，《顺治九年休宁姚部户金业归户票》无疑属于土地清丈归户票；而《顺治十八年休宁孙大有户金业归户票》，则系田土买卖的金业归户票，是因孙大有户在顺治十七年（1660年）契买他图土地，收入自己名下而给发的归户票。同样，《康熙五年休宁孙大有户金业归户票》则为康熙初年土地清丈而金发的归户票；而《康熙十年休宁孙大有户金业归户票》，乃因康熙六年（1667年）契买土地而给发的归户票。其所载之不同是很明显的。

在考察徽州土地金业票时可以发现，清代顺治、康熙、雍正、乾隆、嘉庆、道光、咸丰、同治、光绪、宣统等各朝的金业归户票都有遗存。这既表明，徽州的土地金业制度是贯彻清代始终的；同时又说明，清代徽州的土地金业已超出了土地清丈的范围，因为清代并不是每朝都进行了大规模土地清丈的。清代徽州的土地金业，已经从土地清丈之际的归户凭证扩大为业户的土地买卖、转让以及业户土地所有的凭证了，它作为土地产权书证的范围大为扩展。

三、源流述议

就中国古代的土地制度来说，至宋代已发展到了一个新的阶段，土地私有占据了主要地位。国家为了掌握私人业主占有的土地数目和征收对象，通过清丈田土，核实各业户占有田土情况，同时攒造相关册籍。北宋神宗时实行方田法，史载：

> 熙宁五年八月，诏司农以方田均税条约并式颁之天下。方田之法，以东西南北各千步，当四十一顷六十六亩一百六十步为一方。岁以九月，县委令佐，分地计量，据其方庄帐籍，验地土色号，别其陂原平泽、赤淤黑墟之类凡几色，方量毕，记其肥瘠，定其色号，分为五等，以地之等均定税数。至明年三月毕，揭以示民，仍再期一季，

以尽其词。乃书户帖，连庄帐付之，以为地符。①

这里言北宋实行方田丈量，最后"乃书户帖，连庄帐付之，以为地符"。"符"者，本为古代凭证符券等信物之称②，是将户帖连庄帐付给业户，以作为土地所有之凭证。这是迄今所见关于发给业户土地凭证的较早记载。

至南宋李椿年主持绍兴土地经界，除了按都保逐丘丈量核实各乡田土外，特别强调攒造砧基簿：

> 令官民户各据画图了当，以本户诸乡管田产数目，从实自行置造砧基簿一面，画田形丘段，声说亩步四至，元典卖或系祖产，赴本县投纳，点检印押类聚，限一月数足，缴赴措置经界所，以凭照对画到图子审实，发下给付人户，永为照应。日前所有田产，虽有契书，而不上今来砧基簿者，并拘入官。今后遇有将产典卖，两家各赍砧基簿及契书赴县对行批凿，如不将两家簿对行批凿，虽有契帖干照，并不理为交易。③

首先，所谓砧基簿，是将"本户诸乡管田产数目"都收载于册，实为一种归户册；其次，砧基簿须送县点检印押，经官府审核，发给人户，永远为照，具有土地执照之性质；最后，砧基簿与契书有别，田产交易只有买卖契约不行，还必须拿出砧基簿对行批凿，方才成立，它已从一般契帖干照之中独立出来，这是值得注意的。

砧基簿直到元代仍广泛实行。在元代的核田中，则出现了对每一号田土颁发票证的做法。元武宗至大元年（1308年），李拱辰任绍兴路新昌县尹，"患经界之不正，则核其实，而图其地形，书其保甲，编次鳞集。印

---

① 〔宋〕杨仲良：《宋通鉴长编纪事本末》卷73《神宗皇帝》，清嘉庆宛委别藏本。

② 参阅罗竹风主编：《汉语大词典》"符"字条释文，汉语大词典出版社1997年版，第5200页。

③ 〔清〕徐松辑：《宋会要辑稿》食货6《经界》，中华书局1957年版，第4898页。

分两券间，官报其左，户执其右，鬻产则券随之，隐没诡并之弊无所容，而赋役以均"①。由此可知，在核田中印发的这种证券分为两联，中间盖有骑缝官印，官执其左，户执其右，买卖则券随之，而成为业户所有土地的一种凭证。元末，刘辉受命主持余姚州之核田，史载：

> 侯受檄以来，出宿公宇，日一还问太夫人起居而已。昼夜悉心，须发为变。田一区印署盈尺之纸，以给田主，为之乌由，凡四十六万余枚。田后易主，有质剂无乌由，不信也。②

关于当时的土地清丈及其所造各种册籍，朱右《白云稿》中有更详细的记载：

> 国朝至元以来，虽累行理田之令，而迄无成式者，非法之过、不得人以任法者之过也。比年邻境骚绎，民力益殚。天台韩侯自行来为令，深为此惧。乃议履亩以计田定赋，而差役思以均齐其民。其法每田一区，亩至百十，随其广袤高下形势，标其号若干，画为之图，曰鱼鳞；以鱼鳞条号第载简册，曰流水；每号署图一纸，具四至、业佃姓名，俾执为券，曰乌由；集各号所载得亩若干，曰保总；集各保所积得亩若干，曰都总；又自各都流水攒类户，第计其实管田数，曰鼠尾。大小相承，多寡分合，有条而不紊，其为法可为密矣。③

以上两则记载中均出现"乌由"的说法。这里所说的"乌由"，与前引至大核田中的土地证券相同，即在清丈田土之际对每一号田土都制作有票证，其上画有田形四至，署业户、佃户姓名，发给业主，"俾执为券"，即作为业主对该号田土所有的土地凭证，而且是不同于"质剂"即买卖契

---

① 〔元〕黄溍：《金华黄先生文集》卷31《墓志铭·奉议大夫御史台都事李公墓志铭》，载《续修四库全书》第1323册，上海古籍出版社2002年版，第407页。

② 〔明〕危素：《说学斋稿》卷1《余姚州核田记》，载《文渊阁四库全书》第1226册，上海古籍出版社1989年版，第655页。

③ 〔明〕朱右：《白云稿》卷4《序·韩侯核田事实序》，载《文渊阁四库全书》第1228册，第52页。

约的一种凭证。由于丈量时所编田土号数甚多，故一个地区所发的这种券证即达数十万枚之巨。元代核田中出现的土地证券和乌由，实为后世"金业归户票""执业方单""丈单"之肇端。

据方志所载，南宋绍兴经界和元代延祐经理均曾在徽州实施，然其记述简略，难究其详。不过，徽州的土地清丈由来已久，为宋元土地经理的典型地区之一，其受到宋元时期土地清丈普遍做法的影响应属无疑。

又，关于元代站户，则有"元签当站田土"的说法，《元典章》户部《田宅·典卖》"站户典卖田土"条载：

> 今准咨，该先据福建省咨，站户消乏，将元签当站田土典卖与僧、道、医、儒、军、匠等，产去户乏。今后站户如必消乏，典卖田土，当该社长、里正、主首、亲邻，并原签同甲站户，从实保勘是实，止于同甲户内互相成交，如独力不能成就，听从众户议价典买，若本甲马户无钱成买，许听于本站别甲户计成交，务要随地当役，苗米不失。①

其"站户卖讫田土随地收税"条又载：

> 至大元年三月，江西行省准中书省咨，来咨抚州路崇仁县站户杨汝玉，元签云山站马贴户入站田六顷七十亩七分九厘，除粮四十五石二斗，因为马死频并支持不敷，户下消乏，节次将田出卖与谢正甫、周信甫等为业，不堪当役，委官体复相同。②

元代站户当役负担繁重，而有税粮优免，乃以土地为计算标准，北方站户每户四顷地免税，南方则以税粮七十石出站马一匹，其土地又称"入站田"或"当站田土"。因站户当役及其占有的土地最初都要经过官府认定，故称"元签"。这与明清时期徽州地方将载于鱼鳞图册、经过官方确认的

---

① 《大元圣政国朝典章》户部卷5《田宅·典卖》，中国广播电视出版社1998年版，第754页。

② 《大元圣政国朝典章》户部卷5《田宅·典卖》，第755页。

田土称为金业，显然有某种相通之处，其或是徽州金业提法的缘起。

四、性质分析

那么，从整体上究竟应该怎样认识徽州的土地金业呢？其性质又如何呢？

如众所知，宋代以后土地私有发展，土地流转加快，买卖频繁。民间土地买卖契约，须到官府税契，钤盖官印，称为赤契或红契，而成为一种制度。这种土地买卖税契制度，在明清时代已广泛实行。红契作为业户土地产权的一种凭证，是得到官府承认的，也体现在官方的法律条文中。论述土地产权的研究者也多用土地买卖文契作为分析对象。但不论土地买卖多么频繁，绝非全部土地都进入了交换领域；即使进入交换领域，签订了买卖契约，也不是全都经过官府税契变为红契，民间大量白契的存在是不争的事实。因此，红契作为业户土地产权的一种凭证，其所涉及的只能是业户所有土地之一部分。又，土地买卖最初只是一种民间行为，官府进行税契，不过是被动地加以追认。而与土地买卖税契制度相比，土地金业则是官府主动实施的一项制度。与金业紧密相连的土地清丈之举，也是官方推行的。所谓清丈，则是以地域为单位，划分都保，对其所辖全部耕地按丘块编号，丈量亩步，金定业主，登录有关基本资料，攒造鱼鳞图册，给发金业归户票，以作为业户土地所有之凭证。这样，官府才能无遗漏地掌握全部耕地及其所有者，因而金业所涉及的原则上当是全部耕地。若在土地清丈之后发生土地买卖，亦须"照契金业归户"。如《雍正二年休宁程文瑞等卖山赤契》载：

> 二十五都六图立卖契人程文瑞、文祥，今将承祖遗下山壹号，坐落土名太伯山，系岂字贰千三百柒号，内取山税贰厘正（整），自愿央中出卖到十四都八图八甲张　名下为业，其山东至本家坟臂外钉石为界，西至江姓山，南至田，北至降，今将前项四至内开明，其山听

凭买主扦（迁）造风水，本家并无异言。当日凭中得受价九五色银贰两整。今奉新例，其税随即推割过买主户内，办纳粮差无异。如有内外拦阻人，尽是卖主理直，不涉买主之事。尤恐无凭，立此卖契存照。

今有上首来脚契文，本家坟在上，不便缴付。再批。

雍正二年四月　　　日立卖契人　程文瑞（押）

程文祥（押）

程符彩（押）

凭　中　倪扶光（押）

倪其英（押）

依口代书　夏以宁（押）

契内价银同年月日一并收足，另不立领。再批。

值得注意的是，在这份买卖契文之后，粘有《业户收税票》与《业户割税票》合同串票，与契文连接处钤有满汉合璧"休宁县印"。合同串票二者所载文字相同，其文如下：

业　户　收　税　票

休宁县为推收过税事，据　都　图　甲业户　　买到　都　图　甲户丁　　名下业价契文，已经税印，合给印票，付业户执赴该图图正，照契金业归户，仍赴册里推收，核入实征，业户自行纳粮当差，不得隐漏。敢有不行税契、无此合同印票、私相推收、不纳税粮者，查出依律究治，决不轻贷。须至票者。

雍正　　年　　月　　日给

县

八百廿十七号①

这里所载表明，当时的土地买卖手续是，首先由各方签订买卖文契；其次

---

① 王钰欣、周绍泉主编：《徽州千年契约文书》清·民国编卷1，第230—231页。

须到官府缴税，钤盖官印，成为红契，同时官府发给合同印票，即《业户收税票》与《业户割税票》；最后"业户执赴该图图正，照契金业归户"，并赴册里推收，核入实征。这样，就把土地买卖纳入金业制度之中。这种做法，在清代徽州是具有普遍性的。康熙时休宁知县廖腾煃在其著名的《海阳纪略》中说："买业金税，悉照旧金换给新金。"①所以从制度上说，金业乃是包括业户所有全部土地的，而且它超越了土地买卖税契制度，是官府主动实施的对业户所有土地的全面性认证，金业归户票则成为民间私有土地产权的一种书证。

从金业土地所表现的社会功能来看亦可证明这一点。

金业土地有权继承转让，世代相承。本文前引《洪武十三年祁门汪守位批山契》所述汪守位将其承祖汪日辛金业山，批给其女作嫁妆，即是一例。明清徽州土地买卖契约中言及田土来源时，多有"承祖金业"的提法，乃属常例。在徽州，洪武时期被金业的土地，多传给家族子孙，世代传承；而首次登录于鱼鳞图册的业主，后世则称之为"金业祖"。如万历时所修《新安大阜吕氏宗谱》载："我明洪武，演饬兄弟各爨，百二公迁本里石塌，复迁溪东，子孙赴襄阳承伍伯四公，讳仕达迁呈口，乃子寿山公即龄师，为金业祖，考之迄、体、率字号保簿，皆可证也。"②《康熙二十四年祁门胡公度等卖山地赤契》（抄件）中说："同都胡公度同侄士凯，今立凑全契，原崔家垒、茶园垒、戴家边、前山坞地、小溪山共五处，前明末季先叔伯辈曾三次立契，前项山地卖过十分之八，仍存十分之二未曾出契……兹托亲议说明白，立契将祖遗及买受金业前项地山应有分法，丝毫无存，坐落字号亩步另载于契尾，四至仍照龙凤经理为准，不及细注，山骨地皮一并在内，立契卖与张　　亲名下，凑成全业。"③这里所言，胡

---

① 〔清〕廖腾煃：《海阳纪略》卷下《审语·孙君宜、汪新控争坟山看语》，载《四库未收书辑刊》第7辑第28册，北京出版社2000年版，第470页。

② 《新安大阜吕氏宗谱》卷1《源流·歙北呈坎寿山公迁派源流》，黄山市博物馆藏。

③ 该契为抄件，夹在祁门十东都三保《谷字号经理》（安徽省博物馆藏2：16722号）册内。抄件上有"契字14586号"字样，可知原契经官税契，本为赤契。

公度所卖土地中包括祖遗金业，其"四至仍照龙凤经理为准"，说明元末朱元璋龙凤时的金业土地一直传承到清康熙时，而且是合法有效的。

金业土地有权进行买卖、典当与抵押。上述所举事例多已涉及金业土地买卖，下面再举一例。《嘉靖四十年祁门吴什卖山地赤契》载：

> 十一都吴什，承祖有椿祥、钦远山地，共六备，坐落东都三保，土名下岭坞、长坞、外坞，系经理谷字八百九十号，八百九十四、八百九十五、八百九十六号，八百九十七、八百九十九号。其前项[山]地骨、亩步、四至，自有本保经理该载，不及开写，自情愿该本边承祖金业分数，尽行立契出卖与江　名下为业。面议时值价银捌钱整，其价并契当日两相交付，契后再不立领。今从卖后，一听买人入山栽笛（苗）管业。未卖之先，即无重复交易。如有一切不明等事，并是卖人之当，不及买人之事。今恐无凭，立此为照。
>
> 嘉靖四十年后五月初六日　立卖契［人］　吴　什（押）　契
> 　　　　　　　　　中见人　吴奇勋（押）[①]

契约中买卖的土地乃是"该本边承祖金业分数"，既表明其为继承祖先之业，同时也是金业土地，卖者将其应得分数进行了买卖交易。金业土地亦可进行典当。《同治九年林恒发户当田浮金票》载：

> 浮　金
>
> 鸣字壹千伍拾捌号，土名小路边，拾捌都玖图拾甲林恒发户丁礼有户，原金中田税壹亩肆分肆厘叁毫伍丝，出当与拾陆都叁图拾甲汪吕斋户为业。
>
> 同治玖年六月　日　　　分粘册归为据，日后对同销缴。[②]

这是一份金业田土典当的票据，林恒发户丁礼有，将其原来金业的田土典给他人，其上有"票换新金，老金无用"红色戳记，表明受典者重换了新

---

① 王钰欣、周绍泉主编：《徽州千年契约文书》宋·元·明编卷2，第302页。
② 黄山学院图书馆特藏部徽州文化资料中心藏。

的金业。浮金是与实金相对而言的，乃里甲图书为核对田土归户而用，票上最后印有"分粘册归为据，日后对同销缴"的文字。

金业票又可作为借贷抵押的证券。《咸丰四年戴楚三借券》载：

> 立券借字戴楚三，今借到程名下九五平九五色纹银四十两整，凭中言定按月一分五厘行息，期到来年冬间，本利一并归楚。恐口无凭，立此借券为据。

> 当将地契一纸、签票两纸、收税票一纸、曹源盛租折一本付执，以租作利。此批。

> 咸丰四年七月 日 立借券人 戴楚三
>
> 凭 中 戴鲁詹
>
> 戴丽川
>
> 亲笔①

这里，田土买卖契约、土地金业票和收税票都成为借贷抵押的有价证券。

土地金业最为重要的社会功能是法律诉讼之际作为产权所有的书证。宋元以降，随着土地私有的发展，民间田土争端频频发生，官司不断，为当时地方诉讼之一大宗。然而，官府单凭两造口供是难以定案的。"理诉田产，公私惟凭干照。"②所谓"干照"，即有关的文书证据，诸如买卖契约（赤契）、批契、分书等等。在徽州，明清田土诉讼之际，金业是业户土地产权之重要书证。这类案例屡见不鲜。如《隆庆三年徽州府付给吴伯起杜害帖文》载：

> 直隶徽州府为恳照杜害事。据歙县十七都三图民吴伯起告称，承租金业坟山，被休宁县豪恶金帅欺家驾远盗葬，平坟毁碑，情急告台，抗提捏告。该县批老勘明，催提人卷，解案审判，其原坟山照以

---

① 安徽省博物馆编：《明清徽州社会经济资料丛编》第一集，中国社会科学出版社1988年版，第560页。

② 〔明〕张四维辑：《名公书判清明集》卷9《过二十年业主死者不得受理》，载《续修四库全书》第973册，上海古籍出版社2002年版，第454页。

原册界管业，拟罪发落讫。今豪故违天判，又复谎告，休宁县批周阴阳处明缴。奈豪势大，刁诈百端，缠无了期，恳赐抄招执证杜患等情。据此案照，先据本犯告为土豪盗葬事，据此，随据金帅告为挖冢盗占事，俱经行据歙、休二县申解各犯前来研审前情明白，问拟金帅应得罪名追赎完卷发落讫，今据告称前因，拟合抄招给发，为此，今抄招由给付本告收执，以杜后患。须至帖者：

右帖给付本告吴伯起。准此。

隆庆三年十月初八日　典吏周天道

恳照杜害事

帖（押）①

（原件中钤"徽州府印"整印、半印各一方）

该帖文称，吴伯起有"承祖金业坟山"被金帅欺占，经诉讼由官府判定，"原坟山照以原册界管业"。所谓原册，即指原来金业的鱼鳞图册。鱼鳞图册所载之金业，乃为官府定案的依据。

乾隆三十年（1765年）前后在徽州休宁发生的汪胡互控案，系佃仆（胡姓）力争开豁为良、大户（汪姓）坚持压良为贱而相互控告的一桩大案，案情起伏跌宕，错综复杂，前后拖延数年。其中多有涉及土地产权情节，无论两造具词，还是官府谳批，皆以土地金业为据。如乾隆三十一年（1766年）五月二十六日，主家监生汪增燮等禀："生家承祖金业潜字四千三百七十二号，土名安山，胡富住基业地三百八步零，于上祖造墓祠一所，祠旁并造余屋数间，与庆等上祖胡富住守。现奉堂吊潜、重两册，查明并无庆等分法，其葬山土名柿宅、瓦窑丘等处，亦生家承祖金业……不思业各有主，经纬两册炳据。"县官在此禀文后"批：胡葬之山并住屋之基，果系尔业，自应照例起租，堂谕甚明。但是否尔业，候送军厅带同图正，照册查勘契并移"②。与此同时，佃仆胡琪生等亦具禀文，其中说：

① 王钰欣、周绍泉主编：《徽州千年契约文书》宋·元·明编卷2，第438页。

② 安徽省图书馆藏2：43651号，《汪胡互控案抄·乾隆三十一年五月二十六日汪增燮等禀文》。

"至三千七百五十三号，土名盘野，册金身祖胡舟敬名，四千七百五十一、二、三、四等号，土名陈四六居后、石板、垄板、石下等处全业，均有金凭，胡姓众祖坟山；又四千二百三十八、九号，土名柿宅，系国正己祖坟山，册载胡黑、胡奇富名，册金叠证，则身葬坟己山明矣。"文后县官"批：候并送确勘"①。不久，休宁县军厅将查勘结果呈报："敝厅查勘得……据汪增燮称系墓祠基地，指旁屋为伊祖所造，查图册载地四百余步，汪尚义等名下共地三百余步，与库册合符……所有空屋，汪姓管业……各号山场俱有胡姓坟墓石碑，查册现系汪姓办税。"②此案审理，多有反复，至乾隆三十二年（1767年）六月五日，知县"堂谕：讯明胡庆等住葬山地，业经核对图册，均系汪姓金业，自应服役，不应开豁为良。但胡庆等既系汪姓族中众仆，自应以汪姓祠内遇节祭扫，至祠服役，不应至各私家服役。至两造前各滋事，均从宽免究。即取各遵存查"③。官府仍以金业为据断案，胡姓最终没能完全摆脱佃仆的身份。

总之，明清时代徽州在家产继承、土地买卖、土地转让以及田产诉讼等诸多方面，都可发现金业的身影。土地金业在徽州一府六县广泛实行，并于明清两代贯彻始终，实为业户土地产权方面的一项基本制度。

关于土地金业，从现存文书档案来看，仅限于在徽州一地实行。但这似乎又不是绝对的。在与徽州相邻近的浙江严州府淳安县，海瑞于明嘉靖三十七年（1558年）至嘉靖四十一年（1562年）任其知县，他在《量田申文》中说："若欲存抚疲民，招回逃流，均平赋役，诚莫若概县丈量，通融补算，一劳而可永定也。缘干税赋，合无容令卑县亲诣各里，金督管保、书、算、量手，照依见管田地山塘丘段，从实丈量，吊查原号，金定

---

① 安徽省图书馆藏2：43651号，《汪胡互控案抄·乾隆三十一年五月二十九日胡琪生等禀文》。

② 安徽省图书馆藏2：43651号，《汪胡互控案抄·乾隆三十一年六月二十二日休宁县军厅移文》。

③ 安徽省图书馆藏2：43651号，《汪胡互控案抄·乾隆三十二年六月五日审案堂谕》。

今业。"①他又说:"产业争论者极多,今日丈量止以见今管业人金为业主,不论前事。"②海瑞在这里所说的"吊查原号,金定今业"和"以见今管业人金为业主"等,与徽州地方的土地金业的含义完全一致,并无不同。然迄今尚未在该县发现"金业归户票"之类的文书,故该县的丈量归户与产权确定,是否也称为金业,尚不能定论。不过,在明清时代,各地对业户土地产权的认证是相当普遍的。政书方志,多有记载;文书档案,尚有遗存。作为土地产权书证的文书实物,诸如"丈单""归户由帖""执照单""执照""执业田单""执业方单""遵照""宪照"等,在各地时有发现,至今仍有相当遗存。这类文书尽管名称不一,形式各异,但在作为土地产权书证这一点上,性质基本相同。徽州的土地金业,即属明清时代业户土地产权认证性质,这是可以明确的。

徽州的土地金业一直延至民国时期。民国时期徽州土地产权确认之诸多事项,仍以"金业""金票"等相称;同时,其对明清时代所确定的业户土地金业继续予以承认,乃至仍以清代丈量鱼鳞图册所载为据③。当然,民国时期的土地产权与明清时代的土地产权,二者并不完全等同。或认为,民国时期的土地产权属于近代产权范畴,为一种完全的独立的私有产权;而明清时代的土地私有产权则是不完全、不独立的。诚然,官府对所有土地实行全面金业,毋宁说其主要目的是征收赋税,故金业归户票又有"纬税票""金归税票"之称。然而,不能因此就否认中国古代土地私有制度的存在,否认明清时代民间私有土地产权认证的出现。在土地金业中,官方为了保持赋税征收的稳定,同时又赋予土地金业具有长久性,给发金业票证,申明"永为执照"。尽管当时还没有提出土地私有产权这样明确的概念,但土地金业已经在家产继承、土地买卖、土地转让以及田产诉讼等诸多方面发挥了其独特的作用,其所展现的只有产权书证才能具备的社

---

① 〔明〕海瑞:《海瑞集》上册《淳安知县时期·量田申文》,中华书局1962年版,第160页。

② 〔明〕海瑞:《海瑞集》上册《淳安知县时期·量田则例》,第192页。

③ 参阅汪柏树:《民国徽州休宁的金票》,载《徽州学研究》卷2,中国文史出版社2007年版,第191—199页。

会功能，表明了土地金业实质上已具有私有土地产权认证的性质。总之，土地金业已成为官府对民间私有土地的一种全面性的认证，成为业户土地产权的一个证明。而民国时期徽州土地私有产权的确立，正是从这里出发的。二者之间不只是形式上的联系，更体现了一种内在的历史发展的连续性。

本文为纪念王毓铨先生诞辰一百周年而作，原载《中国史研究》2010年第4期，有改动

黄册研究

明代黄册底籍的发现及其研究价值

　　黄册制度，是有关明代赋役之法的一项基本制度，故又称赋役黄册。它从洪武十四年（1381年）起正式编制，以后每十年一大造①，至崇祯十五年（1642年），共攒造了27次。在明王朝统治所及范围内，包括部分少数民族地区，几乎都按制攒造了黄册。据《后湖志》载，每次大造各地方送南京户部转后湖收贮的黄册达6万余本，至明末，南京后湖收贮黄册的库房近千间，所贮历代黄册已在200万册以上②。可以说，黄册制度是广泛实行了的、与明王朝相始终的一项基本的社会经济制度。因此，对它的研究受到历代学者的重视。遗憾的是，由于朝代变迁、几经战乱等原因，至今尚未发现南京后湖保存的黄册原本。近年来，在整理和研究明清徽州文书的过程中，发现了散叶形式的黄册抄底以及成本的黄册底籍，亦不失为研究黄册制度极为珍贵的档案资料。本文拟对此作一介绍，并就某些有关问题试加考正，以就教于中外学者。

---

　　① 明代黄册制度规定每十年一大造，整个明代多是按此定制攒造的。其中只有两次例外，一次是在永乐元年（1403年），与上一届大造（洪武二十四年，1391年）相隔十二年，另一次是在永乐十年（1412年），与上届大造（永乐元年）相隔九年。

　　② 〔明〕赵官等：《后湖志》卷10《事例七》，美国国会图书馆藏本。

一、历来关于黄册制度的研究

我国著名的中国古代社会经济史专家梁方仲先生，在明代社会经济史的研究中做了许多开拓性的工作，也是近代以来研究明代鱼鳞图册和黄册的第一位学者。1933年，梁氏发表了《明代鱼鳞图册考》[①]一文，论及鱼鳞图册与黄册的关系。1943年和1950年，又先后发表了《明代的户帖》和《明代黄册考》两篇论文。《明代黄册考》一文指出，作为政府剥削农民的田赋制度，到了明代达到一种空前严密的结构。这种严密的结构表现在两个基石上，一为黄册，一为鱼鳞册，这两册籍的意义，不止代表册籍的本身，并且与赋役的整个制度构成一种有机性的联系，彼此互相影响。此中尤以黄册制度为一切赋役的根据。固然这两种册籍在明以前早已具备，不过以前各朝对它们并没有像明代那样重视，也没有像明代那样花一大笔人财物力和时间去办理，因此无论从地域与规模的广大，时间上影响的深远，或编制方法的整齐划一等各方面来说，明代这两种册籍都是远迈前代的[②]。梁氏依据有关的文献记载，主要是利用了《后湖志》所载史料，对明代黄册的早期历史、由来和作用、内容与格式、黄册与鱼鳞图册的关系、编制与申解的手续、大造及其费用、造册人员及监造人员等有关明代黄册制度的一系列问题，都作了简明概括的论述。

20世纪30年代，日本史学家清水泰次发表了《江南经济史方面的考察》[③]、《明代户口册（黄册）研究》[④]等论文，1943年，又撰写了《明初版籍研究》[⑤]一文。在这些论说中，清水氏就明代黄册的有关问题，

---

① 梁方仲：《明代鱼鳞图册考》，《地政月刊》1933年第1卷第8期。

② 梁方仲：《明代黄册考》，《岭南学报》1950年第10卷第2期；又载《梁方仲经济史论文集》，中华书局1989年版，第264—300页。

③ 该文系作者1934年在日本外务省文化事业部的演讲稿，1935年发表于日本《日华学报》五。

④ ［日］《社会经济史学》五之一，1935年。

⑤ ［日］《兴亚经济研究所纪要》一，1943年。

诸如黄册攒造的目的、黄册的编成、黄册制度的演变、黄册制度的崩溃、黄册与鱼鳞图册、黄册与田土统计以及明初的户帖等，都作了论述，其中对黄册与鱼鳞图册的关系，以及黄册所载各种田土统计的阐述尤为详细。

1961年，韦庆远先生所著《明代黄册制度》①一书出版，这是全面论述明代黄册制度的第一本专著。作者在占有比较丰富的材料基础上，对明代黄册制度的具体内容、建立经过、收贮管理以及败坏过程等，都作了细致的阐述；同时，对黄册制度在不同时期所起的作用，与其他制度之间的关系，以及所反映的明代社会问题等，也作了较为深入的探讨。

此外，还有数篇从不同方面阐述黄册制度的文章，恕不一一介绍。

赋税和徭役是封建国家机器赖以存在的经济基础，即使是封建统治者自己也很清楚它的重要性。明朝官吏即一再声称，黄册乃"国家之命脉，政事之根本"，"天下之根本莫重于黄册"，"黄册关系国计至重，天下钱粮徭役根本于此"，"实国家重务，亿万载无疆之根本也"②。因此，研究黄册这一明代赋役根本制度，对于阐明封建国家的上层建筑与经济基础之间的关系，以及解剖封建国家的统治体制乃至社会结构，是一个极为重要的课题。从这一高度上来讲，历来关于黄册制度的研究，还是很不够的，尚有待于作进一步阐发。时至今日，史学研究中在征引文献资料的同时，利用文书档案资料已越来越受到人们的重视。现在，在明清徽州契约文书中，已经发现了有关黄册制度的十分珍贵的档案资料。明清契约文书的整理与研究的开展，必将为黄册制度的研究提供更多的有价值的档案资料。

至于历来黄册制度研究中对所谓"黄册原本"的判断，实为一个失误。

---

① 韦庆远：《明代黄册制度》，中华书局1961年版。

② 〔明〕赵官等：《后湖志》卷7《事例四》、卷9《事例六》、卷10《事例七》。

二、日本京都大学文学部所藏不是黄册原本

梁方仲先生在《明代黄册考》一文中说:

> 一九三七年春,我自北平去南京,每于暇日游玄武湖,踏勘当年故址,游倦以后,静对水色山光,很想将研究的结果写出,好为美丽的湖山添一段参考的资料,但因人事碌碌,迄无余暇,我在南京不久,旋东渡日本,在芦(卢)沟桥战事爆发后束装返国,道过京都,复承京都帝国大学文学部陈列馆内东洋史研究会诸君的盛意,以新得来的嘉靖四十五年福建泉州府德化县的黄册原本相示,并代摄影寄回广州(参看本文附图八幅)。在空袭声中,我收到了寄来的影片和相底。后来我播迁西南,皆以此自随。今年春初我自宁返粤,行箧中携回的书籍无多,但这些摄片和多年前的笔记幸仍然无恙,所以辄先为文发表,以免散失,并了却多年来的一桩心愿。[①]

该文称"嘉靖四十五年福建泉州府德化县的黄册原本"系日本"京都帝国大学文学部陈列馆"所藏,这一文书现为日本京都大学文学部博物馆收藏,系该馆所藏明代文书的一部分。由于这是多年以来唯一一件公开发表的所谓"黄册原本"照片,所以几十年来一直被中外有关明史的多种论著作为"明代赋役黄册"而被广泛引用,似成定说。

通观梁氏在《明代黄册考》一文中所附八幅照片,其所载内容均为一些片断,文字互不连接,内容、格式亦不尽相同。其实这八幅照片可分为两种,一种是按户编甲形式的,另一种是有关钱粮文书形式的(见附录)。梁先生将这八幅照片作为《明代黄册考》一文的附图公开发表时,文中除了上述引用的一段文字外,再无其他说明,并没有具体论证其作为"黄册原本"的根据。当然,一眼就可看出,其中有的文字是与明代黄册所用的

---

① 梁方仲:《明代黄册考》,载《岭南学报》1950年第10卷第2期;后收入《梁方仲经济史论文集》,中华书局1989年版,第265—266页。

术语相同的，如"里长""里班"①"甲首""成丁""民籍""军籍"，以及按户编甲的形式，等等。但显然不能仅仅根据这些就将其定为明代的"黄册原本"或"赋役黄册"。

有明一代的基本史籍，如《明实录》《诸司职掌》《大明会典》等，特别是专门记录黄册事迹的《后湖志》，都对明代黄册及其有关制度作了十分明确的记载。从洪武十四年（1381年）开始攒造黄册时起，特别是在洪武二十四年（1391年）即奏准攒造黄册格式及有关事宜，其规定十分详细，极为明确。而后，每次大造前都重申："照例将定到册式，并先今合行事例，刊印榜文册图，差人驰驿赍去，各司府州县翻刻，给发所属张挂，照样攒造，依限进呈。"②总之，黄册的编造是有定式的。而每次大造实际所攒造的黄册，据记载虽有种种弊病，但就其格式而言，基本上是按照明朝中央政府的统一"定式"而攒造的。因此，所谓明代黄册，乃是内容明确、格式固定的一种特定的官文书，其涵义十分清楚。对此，前述研究黄册制度的中外学者，包括梁方仲先生在内，也作过详细的论述。

笔者根据明代史籍中关于黄册制度的记载，于1987年在有关文章中曾指出梁氏所引京都大学明代文书照片（简称"京大文书照片"）不是明代的赋役黄册③。最近，承蒙日本京都大学文学部竺沙雅章教授以及该部东洋史研究室诸位先生的厚意，得到了该室所藏明代文书的复印件，基本上

① "里班"一词亦散见于福建泉州等地的方志记载中，其来源与里甲均徭的班次有关。嘉靖《邵武府志》卷5《版籍·赋役》载有《邵武令曹察均平徭役册序》，其中说："以一县之丁粮均为十班，以十班之丁粮均为一则。"万历《泉州府志》卷6《版籍志上·赋役》中载："嘉靖十六年，御史李元阳悯闾阎受弊，再议征银贮库，用度各有定则，但额外费繁，支应不给，仍令里长贴办，称为班次。"乾隆《德化县志》卷6《民赋志·户役》记有康熙二十五年（1686年）知县撒启明条陈里甲偏枯之弊，详请匀编丁米事，其中有"伏查德邑共八里，一里管辖十班"的说法。其词意因使用场合不同而略有差异，一般可与"里长""里排"等词互相通用。"里班"一词在京都大学文学部所藏明代文书中使用很普遍，多数场合与"里长""里排"意相通，有同一人在此处称里长，在另一处又称里班的记载。

② 〔明〕赵官等：《后湖志》卷8《事例五》。

③ 栾成显：《明初地主制经济之一考察——兼叙明初的户帖与黄册制度》，日本《东洋学报》1987年第68第1、2号。

可以看到该文书的全貌。如果我们将明代史籍中有关黄册制度的基本记载,与梁氏所引京大文书照片作一对比,再通观一下京都大学所藏明代文书全貌,则不难发现,二者根本不相符合,歧异之处甚多。

首先让我们来看一下按梁氏所引按户编甲形式的几幅照片。

(1)据有关史籍记载,明代攒造的赋役黄册亦可分为几种,其中有各里所造文册,即里册;又有各司府州县所造总册,"每一里进呈南京册一本,并司府州县等衙门总册,俱要黄纸为壳面,其余存留册止用青纸为壳面"①。而无论是各里文册还是司府州县总册,无论是进呈册还是存留册,其所载内容均为人丁和事产两大部分。这是由于黄册攒造是为了征调赋役这一根本目的所决定的。人丁为徭役编审之所据,事产本钱粮征收之所凭。明代赋役黄册在这方面的特点是,将人丁和事产明确分为两项,并且每项登载都至为详细。《后湖志》在谈及于此时说:"谨按黄册所载至为浩繁,其大要则天下之人丁事产而已。人丁即前代之户口,事产即前代之田赋⋯⋯而今之人丁事产则详备其数而别为两条焉,盖见千古者其辞略,故合而为一行乎;今者其事悉,故分而为二,理固然也。"②人丁方面,明代黄册登载的项目有"人丁计家男妇""男子""成丁""不成丁""妇女""妇女大""妇女小"等。统计单位为"口",并分别列有每人的姓名和年龄。新生和死亡人口还分别记有其生死年份。以征调赋役为目的的黄册制度还明确规定,每次大造时都要将十岁以上的不成丁男子按年份远近编入正管,"候长,一体充当甲首"③。事产方面,明代黄册登载的项目有"田地山塘"、"房屋车船"、"头匹"(耕畜)等,其中田地山塘的登载至为详细,既登载田土总面积,又分列每类田土撒数,对田土买卖中的每一笔交易都一一列出,特别是在每类田土面积之后必载有应交纳的税粮数目,等等。我们再来看一下京大编甲文书照片每户所载内容,除人丁情况外,根本没有事产方面的内容,即使是人丁方面,也甚是简略,与黄册所载内容

---

① 〔明〕赵官等:《后湖志》卷8《事例五》。
② 〔明〕赵官等:《后湖志》卷1《事迹二·民数考略》。
③ 〔明〕赵官等:《后湖志》卷4《事例一》。

和格式根本不合。

（2）明代黄册登载的基本格式是先"旧管"，次"新收"，次"开除"，次"实在"，即所谓四柱式。每次大造都将人丁事产的内容按这四大项分别登载。"今制黄册所载，人丁、事产二者其经也；旧管、新收、开除、实在四者其纬也。"① "凡旧管、开除、新收、实在等项，无不分明开载，名曰赋役黄册。"②黄册制度之所以规定每十年一大造，就是因为黄册上登载的人丁事产内容是经常变动的，"十年之间，户口有消长，产业有推收，且沧海桑田，变更难凭，故必一大造黄册，以清赋役，乃均平之重典也"③。而旧管、新收、开除、实在这四大项目，也正是因登载人丁事产变动情况的需要才设置的。明代黄册中的四柱式，继承了中国历史上唐宋以来有关会计结算的基本方法，并有所发展，使之更加完备，为明代黄册的基本特征之一。而京大文书照片登载的格式中根本没有旧管、新收、开除、实在这四大项目，只列有每户户丁的简单情况，与黄册的登载格式截然不同。

（3）明代赋役黄册的攒造与里甲制度的建立是合在一起同时进行的。里甲组织机构的编制是在攒造黄册的过程中完成的，而赋役黄册的攒造又是在里甲制度这一组织基础上进行的，二者关系密不可分。明代里甲的编制是，每里正管一百一十户，推丁粮多者十户为长，其余百户编为十甲，每甲十户。凡十年一周，轮流充役。先后则以丁粮多寡为序。丁少贫难及鳏寡孤独等则带管于一百一十户之外，名曰畸零。每里的赋役黄册基本是按这种里甲编制原则进行攒造的，因而赋役黄册也是里甲编制的一个体现。构成里甲的基本单位是户，而黄册的攒造也是以户为最小单位的。按户定军民匠灶等籍，按户分上中下三等人户，按户登载其人丁事产情况。户的排列则以丁粮多寡为次。

再看京大文书照片，首先，其内容虽亦是编甲形式，但与黄册中的里

---

① 〔明〕赵官等：《后湖志》卷首《序》。
② 〔明〕赵官等：《后湖志》卷10《事例七》。
③ 〔明〕赵官等：《后湖志》卷10《事例七》。

甲制度却不相同。照片上载有"第陆甲章内村""第玖甲埔尾村""第拾贰甲猿步村"等；笔者还查阅了京都大学所藏这种编甲形式的其他明代文书，发现其中还有"第拾肆甲""第拾捌甲""第贰拾壹甲""第贰拾贰甲""第贰拾叁甲"等记载。这种超出十甲乃至二十余甲的编甲形式，显然不是黄册中记载的里甲制度的编甲。其次，该文书的编甲形式中虽然开头都写有"一户"字样，但每户仅载成丁情况，对不成丁及妇女等人口状况根本不载，实际上是以丁为主。其中有不少条记载的都是属于同一户的户丁，如"一户刘仕制民籍系本都里班刘祥户丁成丁壹丁耕田，一户刘仕本民籍系本都里班刘祥户丁成丁壹丁耕田，一户刘鸿育民籍系本都里班刘祥户丁成丁壹丁耕田"等，在该文书的编甲中却分成若干户。而黄册中属于同一户的户丁不管有多少，都归一户记载。此外，该文书的编甲中还有这样明确的记载，如"第拾甲锦水村一户林元统军籍系本都柒甲里长成丁贰丁耕田"，又"一户杨光福民籍系本都贰甲里长成丁一丁耕田""一户郑淮民籍系本都拾甲里长成丁一丁耕田"，二者都编在该文书的"第拾柒甲"内。在明代的黄册内，或里甲清册中，怎么可能把七甲里长编在第十甲之中，又怎么可能把二甲里长和十甲里长同编在第十七甲之内？很明显，这里所载"本都柒甲里长""本都贰甲里长""本都拾甲里长"等才是该都黄册中的里甲编制，而该文书所编与之并不相同的"第拾甲""第拾柒甲"等，则分明是另外一种编甲形式。

（4）明代黄册制度规定，除民户外，凡军匠等籍人家，不许分户析产，以防变乱户籍。对此，有明一代曾多次加以申饬。但该文书编甲中往往把本是同一户军籍的户丁分成多户加以登载，如"一户洪国舜军籍系本都里班洪敦户丁成丁壹丁耕田""一户洪国璘军籍系本都里班洪敦户丁成丁壹丁耕田""一户洪国育军籍系本都里班洪敦户丁成丁壹丁耕田"等，这是根本不合黄册攒造规制的。另外，该文书编甲中还载有卫所屯种军人，如"一户张鸿翼军籍系福州卫屯种军成丁壹丁耕田""一户张天富军籍系兴化卫屯军成丁壹丁耕田"，这类记载在明代的民黄册中也是不会出现的。

（5）京都大学明代编甲文书中还载有一些寓居、招住人等。明初攒造黄册时曾规定允许外郡寄庄人户以畸零户身份附在图后。至景泰时则申严："凡各处招抚外郡人民在境居住，及军民官员事故改调等项遗下家人弟男子侄，置有田地已成家业者，许令寄籍，将户内人丁事产报官，编入图甲，纳粮当差，仍于户下注写原籍贯址，军民匠灶等户，及今收籍缘由，不许止作寄籍名色。如违，所在官司解京，发口外充军，田产入官。"①即外籍人户一经正式编入图甲，就必须在该地纳粮当差，不许只作寄籍名色。而该文书编甲中关于外郡人户却这样记载，如"一户吴仙养民籍系同安县捌都民林玉山招住耕田成丁壹丁当原籍差役"等，虽已正式编入甲内，却不在该地当差，而是"当原籍差役"，其不合黄册规制，十分明显。

（6）关于明代黄册的形制，《后湖志》及其他有关史籍都有详细记载。每次黄册的攒造，自始至终都有定式。各户亲供，要按定式刻版刷印，依式开写。各里文册与司府州县总册，更须依式誊写，按样攒造。黄册封面须用厚纸为壳面，粗大丝索装订。进呈册用黄纸面，存留册用青纸面。面上司府州县并坊乡都里分名目俱照式印刷，不许用纸浮贴，以防改换脱落。册首俱照依式样类总填图。册内书写字样，弘治以前为细书，其后改为题本字样，真楷书写，其行款高低俱要依式填写。册内各叶之间钤骑缝印。册后填写年月，书名画字用印。而京大明代编甲文书却是一般公文式的蝴蝶装，行款单一，形制简单，最后一叶只有"右具"二字，与黄册规定的形制相差甚远，根本不同。

总之，梁方仲先生所引京大编甲形式的文书照片，粗略看去，与明代黄册里甲编制有些相似之处，但仔细研究一下，从内容、格式乃至形制都与黄册制度不符，实际上是另一种编甲形式。那么，其到底为何种文书呢？

首先就其所属地点作一考察。梁氏认为其是属于"福建泉州府德化县的"。这几幅编甲形式照片，本是从京都大学所藏明代文书的编甲部分拍

---

① 正德《大明会典》卷21《户部六·户口二·攒造黄册》。

摄的。笔者在查阅这部分编甲文书时，首先发现，每户凡属本都本县者，即该文书的所属都县，文中均略称"本都""本县"，而系外郡者，则具体写出其所属县名，其中除安溪、晋江、南安等县外，还有德化县，如"一户邓宗四民籍系德化县人移住本都成丁壹丁耕田""一户张日中系德化县在坊寓居本都里班连思武招住成丁壹丁耕田""一户留德大系德化小尤中人本都曾珙八招住耕田成丁壹丁当原籍差役"等。这说明，这部分编甲形式文书并不是德化县的。

又，从内容上看，这部分文书可分为七组（每组均有缺佚，但程度不一），实际上每组所载均为一个都的编甲情况；而据各都所载内容互相验证，又可识出多数都的名称。各都名称及现存编甲情况如下：

三 都	一至十八甲	九十都	一至二十二甲
四五都	一至十八甲	十一二都	二十二甲、二十三甲
六七都	一至二十三甲	（缺都名）	一至六甲
八 都	一至二十一甲		

查万历《泉州府志》等可知，嘉靖时德化县的乡里建置为一隅二里五团。上述这些都的名称与德化县的乡里编制根本不符，而在泉州府永春县的乡都建置中都可找到。据万历《泉州府志》载："永春县，宋分五乡，统一十七里，元改为二十五都，国朝因之。永乐中并为十四都，都各十甲。"①嘉靖《永春县志》记其原委："国朝洪武二十年以后虎为灾，群虎四出，有白昼噬人于牖下者，或夜阗门以尽。民缘是死亡转徙，相续户口耗，田以荒，始并为都十四。"②所以，永乐以后永春县一个都的名称多为邻近都的并称，如"四五都""六七都""九十都"等。上述记载又告诉我们，永春县在永乐并都以后，其黄册中的里甲编制是"都各十甲"，即每都仅有一里编制，都即是里。这一点，从万历《永春县志》卷7《赋役》篇的记载中可找到确凿的证据。该篇录有《均田缘由》一文，在言及万历

① 万历《泉州府志》卷1《舆地志上·都里》。
② 嘉靖《永春县志》卷9《杂志·祥异》。

初年均分赃米时称："就照黄册版籍逐户挨名清查，分列总撒数目。"从其所列黄册"都总大要"中即可看出永春县的都甲（里甲）编制情况，现按原文顺序简要摘抄如下：

二十四五都	十甲	十一二都	十甲
二十三都	十甲	九十都	十甲
二十一二都	十甲	八都	十甲
十八九二十都	十甲	六七都	十甲
十五六七都	十甲	四五都	十甲
十四都	十甲	二三都	十甲
十三都	十甲	一都	十甲①

从这里我们可以看出，永春县十四个都每都的黄册里甲编制确为十甲；而京大编甲文书中出现的都名除三都外，均与这里所列都名相符，但甲的编制却根本不同。

此外，京大编甲文书中出现的一些村名，如乌石村、白芒坑村、章内村、埔尾村、后溪村、达埔村等，亦可在乾隆《永春州志》及民国《永春县志》的附图中找到②，其中梁氏所引照片中出现的章内村、埔尾村等乃属于永春县九十都。又，该编甲文书上现存的印记残文，亦可辨出为"永春"二字。

至此，我们完全可以明了，京都大学所藏明代编甲文书不是泉州府德化县的，而是泉州府永春县的，其编甲形式也是不同于黄册里甲的另一种编甲形式。

从京大编甲文书中可看出如下特点：第一，按居住单位编甲。不论其原编里甲如何，也不论"寓居""移住""招住""佣雇"等，不论卫所屯军，还是儒学生员，都按居止编入甲内，因而黄册中的里甲编制均被打

---

① 万历《永春县志》卷7《赋役·均田缘由》。

② 乾隆《永春州志》卷首《永春州疆域图》；民国《永春县志》卷1《疆域沿革表·附图》。

乱。绝大多数是一村编为一甲。第二，论丁编甲。编入甲内者均为成丁。第三，每户登载的内容不但有原籍、来历，还有其所从事的职业，如"耕田""教读""耕读""裁缝""开铺"等。第四，各户下没有税粮；外郡人虽正式编入甲内，但申明当原籍差役，编甲的目的不是为了纳粮当差。那么，这到底是一种什么编甲呢？

查《海瑞集》，其《保甲告示》篇云：

> 察院近行保甲之法，止论居止人户，年至十五以上，尽行开报，为保为甲，不论原管都图册籍。盖原该管都图人户，今有迁徙，又有他方来此为工、为商、雇工、流寓之人。故又立为保甲之法，以讦奸细，联涣散，使尔等出入相友，急难相救，亦即古者井邻里邑比闾族党之意也。尔等可照发去式样，照依居止次序编甲。若街道狭窄去处，则编东一户为第一，西一户为第二，又东二户为第三，西二户为第四。若居止星散参差，难以齐一者，各随其居相近者为一甲，多或十余户，少或不及十户，但取守望之便，不必分析割补，拘定数目。多者接纸再填四五户于十户之后。遇有寺观去处，即尽其寺观内之人为一户。甲内有新来人户增入，新去人户开除。旬日雇工人止觉察来历，不书。论年月雇工人书入，去则除之。各户人丁年貌有册，牌上止书花名。一甲择一有行止才力为人信服之人为甲长，三甲或四五甲内择有行止才力为人信服之人为保长。[①]

不难看出，京大编甲文书的一些特点与这里所言保甲之法，诸如不论原管都图册籍，只论居止人丁编甲，编甲户数、人员都比较灵活等，是基本相同的。里甲组织自明初建立以后，作为乡村统治的基层机构，亦兼有政治统治方面的机能，如里老的设置等。但随着赋役制度的改革，里甲组织涣散，其政治统治的机能也逐渐衰退。特别是明中叶以后，农民起义时有发生，倭寇骚扰愈演愈烈，各种矛盾十分尖锐，社会动荡不安。于是，

---

① 〔明〕海瑞：《海瑞集》上册《淳安知县时期·保甲告示》，中华书局1962年版，第182页。

以"弭盗安民"为主要目的的保甲组织，又在各地兴起。先是，王守仁在江西行十家牌法。其后，各地多有仿效。嘉靖四十四年（1565年）十二月，巡按贵州御史郜光先条议地方事宜，其中言："宜令土司酋长所部境界，略仿中土保甲之法，互相觉察，如遇盗贼窃发，责其捕获解官，如有容纵等情，究治。"①可以看出，当时已向少数民族地区推行保甲之法。从明代后期的乡村统治机构来说，不少地区多是保甲组织与里甲组织并行的情况。

就福建地区而言，明中叶以后，农民起义不断，倭寇频至肆掠，动乱频仍。以泉州地区为例，"正统十四年，沙县寇邓茂七作乱，分其党掠泉州，烧永春县，攻陷德化县城"，"弘治五年，漳平盗温文进寇安溪，分掠永春、德化"，"正德元年，广东盗始入闽……遂入安溪、永春、德化"；嘉靖三十九年（1560年），"倭寇倡乱，剽掠永春"，嘉靖四十二年（1563年），"倭寇犯德化""年来倭寇匪茹，六邑咸受其毒"②。因此，最迟到嘉靖时期，福建地区的乡村已实行了保甲之法。这从嘉靖三十九年（1560）五月巡抚福建右佥都御史刘焘条上兵粮战守四议中即可看出："其议守，谓海岸之守即当责前营寨之兵，使进则出战，退即入守；其内地，则州县有民壮、机兵可练，卫所有军舍余丁可选，各乡村有保甲之法可行，如此则何守不固。"③在京都大学所藏明代文书中，有一件嘉靖末年福州府永福县的报府文册，其中载有："前件遵依严督本县巡捕官兵及地方保甲人等，昼夜用心巡防，遇有强窝盗贼，即便擒灭，毋贻民患。"这也是该地区已实行保甲之法的一个证明。

保甲之法一般是十户为一甲，十甲为一保。而京大文书编甲虽是十户为一甲，但甲之上却是以都（里）为单位，其中有的都多至二十余甲，这是否符合保甲之法呢？清人论保甲云，"保甲与里甲相似而实不同，里甲

---

① 《明世宗实录》卷553，嘉靖四十四年十二月癸未条。

② 乾隆《永春州志》卷15《祥异志·寇警》；民国《德化县志》卷17《艺文·记》。

③ 《明世宗实录》卷484，嘉靖三十九年五月庚寅条。

主于役，保甲主于卫"①，"盖保甲可经可权，可大可小……有前后如一辙者，曰不烦不扰而已；有彼此不相袭者，曰因地因时而已"②。"保甲之法宜审时度地变通而行之，但师其意可矣"③。里甲主于役，十年一周，因而其组织整齐划一；保甲主于卫，只论居止，按壮丁编甲，强调因地因时，因而其组织比较灵活，多有大同小异者。所以，京大编甲文书中的以都（里）为单位，多至十余甲的编甲形式与保甲之法并不矛盾。事实上，明代推行的保甲之法也不乏这方面的例子。如吕坤推行的"乡甲法"中就规定："在城在镇，以百家为率；孤村庄落，以一里为率"，"或不足二百家，或二百家有零者，在州县正官，各随地方街巷村落远近编派，难以拘泥，但不许越管遥制，不便挨查"④。再如于成龙推行的保甲法中，就有"村庄居民，一甲以至数十甲，若无统属，则呼应不灵，应设一保长，以统率各甲"⑤的条文。

当然，京大编甲文书也不是保甲之法的十家门牌。该文书有的册叶中钤有印记，从残留的九叠篆文中可辨认出为"永春"二字，当是"永春县印"；其中有一叶最后写有"右具"二字；文书上还批写一个较大的"省"字，字下有花押。另外，每都编甲的书写笔迹各不相同。从这些可以看出，其当是由都向县，再由县汇总向府乃至向省造报的文册。王守仁在《巡抚江西申谕十家牌法》中即规定，要将编定的保甲造册报县："十家编排既定，照式造册，一本留县，以备查考。"⑥海瑞的《保甲告示》篇中也

---

① 〔清〕徐栋辑：《保甲书》卷3《广存·戈涛：〈献县志保甲序〉》，载《续修四库全书》第859册，上海古籍出版社2002年版，第124页。

② 〔清〕徐栋辑：《保甲书》卷1《序·李炜序》，载《续修四库全书》第859册，第60页。

③ 〔清〕顾炎武著，黄汝成集释：《日知录集释》卷8《里甲》释文，载《续修四库全书》第1144册，第87页。

④ 〔明〕吕坤：《实政录》卷5《乡甲约·乡甲事宜》，载《去伪斋全集》，清嘉庆刻本。

⑤ 〔清〕于成龙：《于清端公政书》卷5《畿辅书》。

⑥ 〔明〕陈子龙辑：《明经世文编》卷132《王文成公文集三》，载《续修四库全书》第1656册，第687页。

有这类申令:"各户人丁年貌有册","有隐瞒一人不报官登册,里递总甲并所隐人员,编甲之后,有警不出救援,并保甲长不率 领救援者,各治重罪"①。于成龙的保甲法中亦规定:"各甲长将花名交付保长,保长将各甲合总报官,以凭稽查。"②由于京大编甲文书的开头缺佚,后又被重新装裱过,其具体名称已不详,但综合上述考证,京都大学所藏明代编甲文书,为嘉靖时期福建泉州府永春县的保甲文册,当是很清楚的。

下面,我们再来看一下梁氏所引有关钱粮文书形式的几幅照片。

这几幅照片是从京都大学所藏明代文书中一件造报的钱粮文册中拍摄下来的,只要我们看一下这件文书的序语,就不难明白它的性质。现将该文书开头部分的文字抄录如下:

> 泉〔州〕府德化县为□巡事□
>
> 本府信牌,蒙督屯带管分巡兴泉道佥事俞,案验前事,备行本府牌差健步张仲到县,仰将本县一应钱粮,查自嘉靖肆拾壹年起至今止,要见某年分某项原额若干;已完者起运应解钱粮,系何年月日差何人解纳某衙门真正印信批关;存留应支钱粮,系何年月日差何人解运某处仓库上纳,有无取获实收销照;已征未解者,现在何处收贮,何人收掌,因何不解;已解未获批收者,因何未获,有无违限花费;拖欠未完者,是否尽在小民拖欠,开坐花名,曾否拘并里粮人等完纳,限叁日以里,备造文册壹本,交与差来人役,赍赴本府查核,类造送查等因,蒙此遵将本县一应钱粮,查自嘉靖肆拾壹年起至今止,分别已未完解数目,逐一查明,造册施行。须至册者:
>
> 计开
>
> 嘉靖肆拾壹年
>
> 一件征收嘉靖肆拾壹年秋粮事
>
> ……

---

① 〔明〕海瑞:《海瑞集》上册《淳安知县时期·保甲告示》,中华书局1962年版,第182—183页。

② 〔清〕于成龙:《于清端公政书》卷5《畿辅书》。

其后内容便是德化县蒙府批文，开具嘉靖四十一年（1562年）至嘉靖四十五年（1566年）各项钱粮起运与存留的具体情况。末书"右具"二字。尾署"嘉靖肆拾伍年闰拾月初六日知县何谦　司吏吴应"，年月日处钤"德化县印"。册叶中亦批写有一个"省"字，字下有花押。此外，文册上还有下列批语："报米共壹千贰百肆拾壹石零，每石〔不〕知作何征价，或作伍钱叁分，〔总〕撒欠银；或作伍钱，总撒多〔银〕伍两玖钱壹分，合驳查登答。"梁氏所引钱粮文书形式的照片就是从该文册中的几幅册叶上拍摄下来的。显然，这是嘉靖四十五年德化县蒙府信牌备造送查的嘉靖四十一年至四十五年钱粮文册，而不是所谓"嘉靖四十五年的黄册原本"。

其实，"嘉靖四十五年的黄册原本"的说法也是不通的。黄册每十年一大造，只有大造之年才有黄册原本。查诸史籍，嘉靖四十一年（1562年）、隆庆六年（1572年）分别为大造之年，因此，在此期间的所谓"嘉靖四十五年的黄册原本"是根本不存在的。

当然，无论是永春县的保甲文册，还是德化县的钱粮文册，其中都有一些与黄册有关的术语和某些内容。黄册制度既然是有关明代赋役之法的一项基本制度，为赋役征调之本，那么，在一些公文和造册中出现与之有关的术语和某些内容，则毫不奇怪；而我们不能因此就将这类公文或册籍定为赋役黄册，这也是不言而喻的。

三、明代黄册底籍的发现

1982年，日本国立横滨大学教授鹤见尚弘先生来中国社会科学院历史研究所研修期间，曾向中国历史博物馆借阅了一本明代的鱼鳞图册。该鱼鳞图册部头较大，保存尚好。但被重新装裱过，制作了新的封面和封底，每叶都加了新的衬纸。鹤见先生在查阅该鱼鳞图册时发现，在其封面之后紧接着装订有如统计表似的10页左右红线格纸的残篇。其内容、形制、纸张质地都与后面的鱼鳞图册不同，其中甚至有"永乐十八年病故"之类的记载，并非鱼鳞图册前的统计表，完全是另外一种东西。这引起了鹤见先生的注意。其是否是与永乐年间的黄册有关之物？当是在重新装裱时，或是在那之前，因某种原因被错乱装订到鱼鳞册上的。随后，鹤见先生分别与历史研究所明史研究室的有关人员以及韦庆远先生专门座谈，交换了意见，但未有定论。

鹤见尚弘先生的发现也引起了笔者的注意。1983年，笔者在查阅历史研究所藏徽州契约文书档案时发现了几件文书，其记载格式与中国历史博物馆鱼鳞图册前装订残篇的格式基本相同，而其上则明确写有"永乐贰拾年黄册""宣德柒年黄册"等字样。随后，笔者与鹤见先生通信，认为历史研究所藏徽州契约文书档案中的这几件文书，与中国历史博物馆鱼鳞图册前装订的残篇都是赋役黄册类文书，但并非原件，而是抄件①。

历史研究所藏徽州契约文书中黄册抄底共有两件，均为散叶形式②。一件为"永乐元年李务本户及永乐拾年李景祥户黄册抄底"。单页皮纸，纵31厘米，横58厘米，墨迹行书。分为两部分。前部分所载为永乐元年（1403年）李务本承故父李舒户人丁事产，下列旧管、新收、开除三项。旧管项下开列事产田地及房屋具体数目；新收项下有人口、事产二目，其中事产项下先列新收（买到）田地总数，其次分列买入的各号田地数目、原卖主及田土等级；开除项下有人口、事产二目。后部分为永乐十年（1412年）李景祥承故兄李务本户人丁事产，下列新收、开除、实在三项。新收项下列人口一目，其下又分"正收""转收"名目；开除项下列人口、事产二目，其下亦有"正除""转除"名目；实在项下列人口、事产二目。另一件为"永乐贰拾年黄册李景祥户及宣德柒年李阿谢户黄册抄底"。单页皮纸，纵32厘米，横60.5厘米，墨迹行书。亦分为两部分。前部分为永乐二十年（1422年）黄册李景祥户人丁事产，下列旧管、新收、实在三项。旧管项下有人丁、事产二目；新收项下有事产一目，其下先列转收民

---

① 见鹤见尚弘：《鱼鳞图册探访》《关于明代永乐年间的户籍残篇》，均载同氏著《中国明清社会经济研究》，学苑出版社1989年版，第218页，第262—263页。

② 中国社会科学院历史研究所藏HZS3030004号，载王钰欣、周绍泉主编：《徽州千年契约文书》宋·元·明编卷1《永乐元年、十年、二十年，宣德七年祁门李舒户黄册抄底及田土清单》，花山文艺出版社1991年版，第54—56页。

田地总数，次列买到的田地数目；原卖主及田地等级；实在项下有事产一目，列有田地总数及田的数目和地的数目。后部分为宣德七年（1432年）黄册李阿谢户人丁事产，下列开除、实在两项。开除项下分人丁、事产二目，其下写有具体数目及事因；实在项下列事产一项。

上述两件文书的书写格式和所列项目几乎完全相同，只是第一件没有将其抄录的内容性质写明，而第二件中则明确写有"永乐贰拾年黄册"及"宣德柒年黄册"字样。又，第二件文书中永乐二十年黄册的旧管项内容，与第一件文书中永乐十年的实在项下内容相同，互相衔接，所以可以判明，两件文书的性质是一样的，所抄录的都是黄册内容。史籍记载亦可佐证，即永乐元年、永乐十年、永乐二十年、宣德七年确为历史上的黄册大造之年。根据本黄册抄底以及其他有关文书资料考证，两件文书中的户主名字虽不相同，但实为一户，即这两件黄册抄底所记载的内容，本是一户在四个大造之年的人丁事产情况。当然，这两件文书中所记载的每一大造年份的情况，并没有把黄册中的旧管、新收、开除、实在四个项目全部列出，有的列了三项，有的列了两项。在别的黄册底籍中也有这种情况。其没有抄出的项目，或是与上一个大造之年相比没有什么变化的项目，或可根据已抄出的项目能够计算出来。因此，仅据已抄出项目的资料，也能看出该户在各个不同大造之年的人丁事产所有及其变化情况。据这两份黄册抄底所载资料，笔者写了《明初地主制经济之一考察——兼叙明初的户帖与黄册制度》[①]一文，该文分为四个部分：（一）史料介绍，（二）史实考证，（三）内容分析，（四）关于明初的户帖与黄册制度。根据历史研究所藏徽州契约文书原件，笔者考证出这两件黄册抄底的地点为明初徽州府祁门县十西都。又根据史籍有关记载，指出现在史学界引用的所谓"赋役黄册"实物照片（即梁方仲先生引用的京大文书照片）不是黄册原本。

中国历史博物馆藏黄册抄底残篇，系由纵32.5厘米，横27厘米的10叶纸组成。前5叶为每叶19行的红格白绵纸，版心印有红双鱼尾；其余5

---

① 栾成显：《明初地主制经济之一考察——兼叙明初的户帖与黄册制度》，日本《东洋学报》1987年第68第1、2号。

叶为无界格的白绵纸；第6、9、10叶无文字，为空白纸。墨迹行书，间有草书。第1叶至第5叶按明代黄册形式，即所谓四柱式，记有人口、田土、房屋、动产等。第7叶有收藏者名字及印记，第8叶写有"计开"。从内容上看，第4叶应接在第1叶之后，系装订错乱所致。这两叶记载的是胡成祖一户的人丁事产情况。第2叶则记载了另一户黄福寿户的人丁事产情况。第3叶和第5叶所记前半部分缺佚，户主不明，仅为残篇。与历史研究所藏黄册抄底相比，二者记载的内容均为人丁事产，基本格式均为四柱式，记载项目亦有省略。所不同的是，中国历史博物馆藏件记载中，户主姓名之下还记有所属都图和户籍，事产田土之下除亩数外，还有税粮额。这与史籍中所载的黄册形式更为接近。1988年，鹤见先生撰写了《关于明代永乐年间的户籍残篇——中国历史博物馆藏徽州文书》①一文，对中国历史博物馆藏黄册抄底残篇作了全面的介绍、考证与分析。根据该文考证，中国历史博物馆所藏的那本明代鱼鳞册，乃是万历九年（1581年）丈量歙县十六都商字号鱼鳞册；而装订在该鱼鳞册前的户籍残篇则是与永乐二十年（1422年）攒造的徽州府歙县十七都五图赋役黄册相关之物。作者还考察了该户籍残篇上记载的人口、田亩等项，特别是对有关税额作了细致的分析。最后指出，从其内容与形式上看，该户籍残篇当是因某种需要从里册甚至草册上抄录下来的。

1989年10月，笔者在安徽省博物馆查阅徽州文书档案时，发现该馆所录有关鱼鳞图册的目录中，有一号写为"万历二十七都五图契约底册四本"②，借出一看，实为明代黄册底籍抄本。

第一册，纵28.4厘米，横26厘米，厚约1.5厘米。连皮计124叶，248面。正文计122叶，244面（首叶第一面为空白）。封面为牛皮纸，墨迹题"万历拾年大造贰拾柒都五图黄册底"。正文均为皮纸墨迹抄本，载第一甲至第九甲各户人丁事产，第九甲残缺，第十甲全佚。

第二册，纵28.4厘米，横26厘米，厚约2厘米。连皮计137叶，274

① 该文原载日文版《榎博士颂寿纪念东洋史论丛》，汲古书院1988年版。

② 安徽省博物馆藏2：24527号。

面。正文计132叶，264面（首叶第一面为空白）。封面为牛皮纸，墨迹题"万历贰拾年大造贰拾柒都第五图黄册底"。正文均为皮纸墨迹抄本，载第一甲至第十甲各户人丁事产，保存完整。

第三册，纵28.2厘米，横26厘米，厚约2厘米。连皮计154叶，308面。正文计148叶，296面（首叶第一面为空白）。封面为牛皮纸，墨迹题"万历叁拾年大造贰拾柒都五图黄册底"。正文均为皮纸墨迹抄本，载第一甲至第十甲各户人丁事产，保存基本完好。

第四册，纵28.2厘米，横26厘米，厚约2厘米。连皮计184叶，368面。正文计179叶，358面。封面为牛皮纸，墨迹题"万历肆拾年壬子大造贰拾柒都伍图册底"。正文均为皮纸墨迹抄本，载第一甲至第十甲各户人丁事产，第三甲缺一户，第六甲开头缺佚。

关于这四册黄册底籍中所载内容，今以第一册《万历拾年大造贰拾柒都五图黄册底》为例，将其开头及所载第一户各项内容按原格式摘要抄录如下：

  万历拾年大造伍图黄册底籍

  第一甲排年   上户

  一户 王 茂 二十七都五图 军户

  旧管

   人丁 男妇六十七口 男子五十五口 妇女一十二口

   官民田地山塘 四项一十一亩一厘三毫九丝

    官田地 四亩八分

     田 八分

     地 四亩

    民庄田地山塘 四项六亩二分一厘三毫九丝

     田 二项三十二亩八分六厘

     地 七十七亩三分九厘二毫二丝

     山 九十七亩五分一厘四毫

塘　四亩四分四厘七毫七丝

民瓦房　六间

新收

人口　正收男妇二十一口　成丁三口　不成丁一十六口

妇女大二口

今奉清丈

民田地山塘　一顷九十七亩二分二厘五毫三丝

正收丈收升科田山　八十二亩九分二厘九毫

田　六十三亩八分六八

山　一十九亩一分二厘二毫二丝

转收民田地山塘　一顷一十四亩二分九厘六毫三丝

田　八十八亩四分三厘六毫

买本图内田

四分一厘　再叉石壁头　四年买本　王初户

一亩三分八厘三毫　李村洪家充　四年买本　陈章户

（以下均为买各户田地山塘细目，格式相同，从略）

开除

人口　正除男妇一十九口　成丁一十五口　不成丁二口

妇女大二口

官民田地山塘　六十一亩三分二厘三毫七丝

正除奉例丈除官田地塘　一十亩一分九厘四毫七丝

田　一亩

地　八亩三分九厘六毫

塘　七分九厘八毫七丝

转除民田地山塘　五十一亩一分二厘九毫

田　三十七亩一分九厘一毫

卖与本图人户田

六亩一分七厘　学田干等处　四年卖与朱洪户

七分九厘四毫　长风树　　　四年卖与程相户

（以下均为卖与各户田地山塘细目，格式相同，从略）

实在

人口　六十九口　男子五十七口　妇女大一十二口

官民田地山塘　五项四十六亩九分一厘五毫五丝

田　三项四十七亩七分一厘一毫八丝

地　七十六亩九厘三毫五丝

山　一顷一十九亩五分一厘二毫二丝

塘　三亩五分九厘九毫

民瓦房六间

万历十六年奉上司明文复查改造实征册

实征

官民田地山塘　五项四十七亩四厘六毫

田　三项四十七亩六分一厘一毫

地　七十六亩一分四厘二毫

山　一顷二十亩一分二厘

塘　三亩五分九厘

很明显，这里所载与明代史籍中关于黄册内容与格式的记载是完全相同的。在第三册和第四册的正文开头，亦分别题有"二十七都五图万历三十年黄册底籍""万历四十年壬子岁大造五图黄册底籍"字样；此外，第四册第九甲开头还有下列记载："一户王叙，系直隶徽州府休宁县里仁乡二十七都第五图，匠籍，充当万历四十九年分里长。"所以，这四册文书分别为万历十年（1582年）、万历二十年（1592年）、万历三十年（1602年）、万历四十年（1612年）南直隶徽州府休宁县里仁乡二十七都五图的黄册底籍，是很清楚的。但其抄录成册的时间，尚须作进一步的考证。其中第一册《万历十年大造二十七都五图黄册底籍》中，大多数户的实在项后还有"复查改造实征"一项，其中有的户下则明确记有"万历十六年奉上司明文复查改造实征册"等文字。从书写行款和字体来看，复查实征一项是与前面的内容一体抄写的，并非后来添加的。因此，可以看出该册抄录成册的时间当在万历十六年（1588年）以后。又，在该册抄写的字体中，数处将"玄"字写成"玄"字，"铉"字写成"铉"字，均为讳笔，明代无此忌讳；而清康熙二十四年（1685年）以后，黄册的攒造基本停止，所以可初步判断该册抄录的时间是在清初。其余三册，从书写的字体和册本的行款形制来看，各册均不相同。第二册字迹潦草，记载简略；第三册、第四册的记载十分详细，字迹也很工整，但字体亦各不相同，可看出是在不同时间分别抄成的。特别是其中均未发现"玄"字讳笔的写法，似为明末或清顺治时抄本。

关于黄册底籍，洪武时已有此类提法，见于《御制大诰》："置造上、中、下三等黄册。朝觐之时，明白开谕，毋得扰动乡村，止将黄册底册，就于各府州县，官备纸劄，于底册内挑选上、中、下三等，以凭差役，庶不靠损小民。"[1]这里所说的"底册"，显然是指在州县的存留册，那么里中是否也有存留册呢？明代著录黄册的各史籍中无明确记载，但《后湖志》中多处载有大造黄册时，各里是先造有草册的。例如，正德五年（1510年）九月户部为大造黄册事的复题中说："各该掌印提调官员，各要用心严督里书人等，预先照旧册开除、新收，取各户亲供扣算明白，先算草册，查对无差，用洁白坚厚纸劄，方造正册。"[2]至万历时，在大造前仍有此类晓谕。而清人对各里存有草册的记载是很明确的："明朝旧制，人生十六岁则成丁出幼，编名黄册，入籍当差，而有人丁徭里之征。其册十年一造……每图民册解京、解府、解县，并自存草册，共四本。而京册尤为郑重，造完，解南京后湖收藏，以防火也。"[3]梁方仲以及清水泰次、鹤见尚弘等先生也推测里中应有底册存在。否则，对黄册的再次攒造及赋役

---

① 〔明〕朱元璋：《御制大诰·造册科敛第五十四》，载《续修四库全书》第862册，上海古籍出版社2002年版，第258页。

② 〔明〕赵官等：《后湖志》卷7《事例四》。

③ 康熙《无锡县志》卷27《户口》。

的征调等会带来种种不便。黄册底籍一语，正史之中虽少记载，但在徽州文书及有关志书中则可见到这一说法。例如，《弘治元年祁门吴仕昌立〈竹字阄书〉》中载："洪武二十四年黄册一本，竹勾收，彦材、彦洪、吴志善三户底籍。"①《嘉靖四十五年歙县吴膳茔经理总簿》②中亦载：

> 查存册簿契凭目录于后　　有　者（下残）
> 军匠民册二本
> 黄册底籍　洪武四年　洪武十四年　洪武二十四年一本
> 　　　　　永乐元年一本　永乐十年三本　永乐二十年二本
> 　　　　　宣德七年二本又一付　正统七年二［本］……
> 清册　　赖字号　及字号　万字号　……
> 本户底籍一样三本　……

又，《歙西溪南吴氏先茔志》所收崇祯时撰写的《重修先茔志凡例》中说："今增续者，查元明丈量清册，黄册底籍，清丈新册字号、步亩、弓口、见业、分装、四至，及原谱志诸文契书，族中各宅家藏遗墨，有实据者，方敢收入，不敢杜撰一字。"③以上文书及志书中所言"清册"，即指当时图保之中保存的鱼鳞清册。从上述引文中可以看出，黄册底籍均是与鱼鳞清册并提的。所以，黄册底籍与鱼鳞清册一样，乃是当时里甲之中普遍保存的一种黄册底册。

四、明代黄册底籍的研究价值

明中叶以后，黄册制度败坏废弛的倾向日益严重，或变乱版籍，脱漏户口；或欺隐田粮，影射差役，奸弊丛生。"如户籍中间，有将军户改作

---

① 王钰欣、周绍泉主编：《徽州千年契约文书》宋·元·明编卷5《弘治元年祁门吴仕昌立〈竹字阄书〉》，第174页。

② 原件藏台湾图书馆。

③《歙西溪南吴氏先茔志·重修先茔志凡例》，日本东洋文库藏清道光补刊本。

民、灶等籍者，有将民户捏作军、匠等籍者，以致户籍错乱，无凭查理；如田粮中间，有开多收少者，有有收无除者，有洒派各户者，有产去税存者，以致朦胧飞走，无凭查算。奸弊多端，难以枚举。"①到明代后期，黄册多成具文，至有"伪册"之称。因此，对明中期以后的黄册必须采取十分谨慎的态度。

但即使是明代后期的黄册，也不能一概加以否定，尚须作具体分析。从不少地方志和其他史籍的记载中可以看出，这一时期的黄册在一些地方某种程度上还发挥着它的作用，黄册制度并未被完全废止。或仍按黄册征收税粮，如前引福建泉州府永春县万历初年的例子；或照依黄册金派差役，如《海瑞集》中《金大户申文》中所说的事例②。在黄册的攒造方面，既有百般作弊者，也仍有依式攒造者，总的情况是问题日趋严重，但遵违莫一。

那么，被保存下来的徽州府休宁县万历时期的这几本黄册底籍情况又如何呢？

首先，让我们来看一下万历十年（1582年）大造的二十七都五图黄册底籍。在这本册籍中，每户新收项下所载田土面积之前都写有"今奉清丈"四字，其下还有"正收丈收"一目。显然，这本黄册的攒造，是与万历时期张居正实行的土地清丈密切相关的。

土地清丈是张居正赋役改革的基础，因此张居正于万历九年（1581年）至万历十年（1582年）在全国范围内曾大力加以推行。他动用朝廷力量，制定条例，屡下诏旨，克期完成。这一清丈除某些地方草率从事、弄虚作假外，多数地区还是认真执行的，因此取得了很大成效。张居正的土地清丈，不但为其赋役制度的改革奠定了基础，同时也为鱼鳞图册的再次编造和赋役黄册的攒造创造了很好的条件。

休宁县的土地清丈又如何呢？万历八年（1580年），合肥令曾乾亨调知休宁。第二年，清丈令下，他先是结合休宁县的情况制定了具体章程；

①〔明〕赵官等：《后湖志》卷5《事例二》。

②《海瑞集》上册《淳安知县时期·金大户申文》。

继而慎重都正、图正人选，并严督之；而他自己则是躬行周视，不惮劳苦，历时三个半月，清丈事成。对此，万历《休宁县志》中有专门记述："岁辛巳（万历九年）下诏，诏有司经野制赋，严如期。令君（曾乾亨）亟请缓之，开国之籍未去也。所部申令日至，后期者坐不共。庶司皇皇，宇内骚动。令君则曰，是在法，皇皇何为。乃博讨而深求，周诹而独断。既逾月而始定章程，列八议上上官，条二十事示境内。则又曰，法具矣，是在人。邑三百有十里，里为图，图有正，则以驯谨者一人职之。小事从隅都质成，大事专达。郭以内合十里而各为隅，隅有四。其外合三百里而各为都，都三十有三。隅正治隅，都正治都。小事则稽于众而决其成，大事专达，然必择可以使，务得端靖长厚者一人职之。如是而令之三，申之五，有众咸作。然后为期日，并履亩而赴工。日有稽，夕有报，旬有会，月有要，具告几终。令君躬行周视，路冕弗具，车徒弗烦，千里裹粮，箪食壶浆弗敢进。于是而绳不法，饬不虔，戮不用命。比税驾，以次报成。盖经始于岁八月下旬，迄岁十有一月而毕事。"①该志《名宦》中亦有概略记载："括地令下，单车周行四境，定则壤，称均平。已值大造，清黄册，大加厘正，夙弊一清。"②不难看出，土地清丈在休宁县是认真执行了的，而随后攒造的黄册也是与以前大不相同。所以，这种利用土地清丈成果而制作的黄册是值得注意的，应该研究而加以利用的。

难得的是，与黄册底籍一起，还有一本《万历九年清丈二十七都五图归户亲供册》抄本③也同时被保存下来，成为验证万历十年（1582年）该图黄册底籍的一份十分珍贵的资料。

其次，在万历十年（1582年）二十七都五图的黄册底籍中，各户之下还附有一项"万历十六年复查改造实征"的内容，即万历十六年（1588年）该图实征册的内容。所谓实征册，即地方官吏在实际征税编徭时使用的一种赋役文册。如果黄册是按照实际情况攒造的，这二者应当是一致的，赋役黄册

---

① 万历《休宁县志》卷7《艺文志·记述》。
② 康熙《休宁县志》卷4《名宦》。
③ 安徽省博物馆藏2：24582号。

所载人丁事产即是实征文册的基本依据。然而，即使是按照实际情况攒造的黄册，也存在着其本身不可克服的缺陷。黄册制度虽然规定每十年一大造，但仍不能赶上现实社会生活中人口和事产的变化情况。特别是明中叶以后，户口流动迅速，常有变动；土地买卖频繁，不时推收，十年一造的黄册制度就更难于反映这种迅速变化的社会客观情况。再加上人为作弊，于是，黄册制度的衰败与实征文册的出现就是不可避免的了。实征文册的特点是比较灵活，钱粮有亏空，征收有变动，可随时清查编造，无须十年一大造；形式简明，内容实际，比较真实有用。但与黄册相比，明代后期的实征文册情况又不尽相同。在肆意作弊、一味抄誊旧册、黄册已成伪册，或黄册造后又混乱推收的地方，其实征文册与所解黄册大不相同；而在黄册的攒造尚比较认真的地方，其实征文册与所解黄册的差别是不大的，所征赋额仍依所载为基本依据，册内项目亦与黄册项目大体相同。如历史研究所现藏一本《万历至天启休宁汪氏实征册》①即是如此。所以，实征文册所载内容又可成为验证该地区黄册真伪与可信程度的重要资料。

因篇幅所限，以下仅选万历十年（1582年）二十七都五图黄册底籍中实在项下所载田地山塘总数较多者10户，分别与各户万历九年（1581年）清丈归户亲供册中所载田地山塘总数，以及万历十六年（1588年）实征所载田地山塘总数作一比较，见表1所示：

表1　不同文书中有关二十七都五图田地山塘总数的记载

单位：亩

户名	万历九年清丈归户册	万历十年黄册底籍	万历十六年实征
王茂	547.3405	546.9155	547.046
朱清	305.6265	305.0825	304.6927
朱洪	203.6334	203.6334	204.057
陈章	176.008	179.644	179.28
王齐兴	109.582	108.693	107.78
金清	96.5208	96.8265	96.807

① 中国社会科学院历史研究所藏215140000011号。

续　表

户名	万历九年清丈归户册	万历十年黄册底籍	万历十六年实征
陈沧	86.469	86.469	87.086
王时	68.242	68.445	68.919
程大宾	52.136	52.136	53.3505
朱瑾	49.592	49.592	49.489
总计	1695.1502	1697.4369	1698.5072

通过这一比较可以看出，万历十年黄册底籍中实在项下所载各户田地山塘总数，与万历九年清丈归户册中所载田地山塘总数相比，其中有3户略有增加，3户略有减少，其余4户完全相同；增加与减少的数量都很小，总计数字相比，10户共增加2.2867亩，仅占0.13%。而万历十六年实征与万历十年黄册底籍相比，增加者6户，减少者4户，10户总计增加仅1.0703亩，占0.06%。造成三者之间差别的具体原因，现在已难于了解，但这种数量很小的差别，很难说明它是由于攒造黄册时故意作弊、弄虚作假造成的。总的看来，三者基本一致，可以证明万历十年黄册底籍中所载田地山塘数字是可信的。

再次，如前文所述，现在被保存下来的黄册底籍共有四册，分别为万历十年、二十年、三十年、四十年这四个连续大造之年的黄册底籍，因此，这四册之间也可以加以对比，互相鉴别。据初步对比表明，在事产方面，四册所载各户田地山塘总数每次大造都不相同，并非抄誊旧册。

最后，与这四册黄册底籍一起被保存下来的还有一册《二十七都五图三甲朱学源户册底》①，该册本是万历四十年（1612年）、天启四年（1624年）、崇祯六年（1633年）、崇祯十六年（1643年）、崇祯十七年（1644年）"清理朱学源户下各人户归户册籍"。朱学源户，系二十七都五图三甲里长，为一大户，朱学源为其户首，其下实分为若干独立的子户。该册籍即是将朱学源户的通户税粮，按田亩分摊于其下各子户的一种税粮归户册，实为一种大户税粮落实到各子户的归户实征册，带有私家文书性质，可信

①　安徽省博物馆藏2：24529号。

性较高。该册所载万历四十年清理朱学源户通户实在事产为"民田地山塘河五顷贰亩五分零一毫八丝六忽",这与万历四十年黄册底籍上所载该户实在事产数字完全相同。由此可证明,该图万历四十年大造黄册仍是当时各户实征税粮的依据,并非伪册。

以上仅就这四册黄册底籍中所载事产方面的情况,作了一些简略分析。从其人丁方面的记载来看,明代黄册中存在的一些弊病则反映得十分明显。其中万历二十年(1592年)黄册底籍中人口方面的登载极为简略,只记人口几口,姓名、年龄等均不载。万历十年(1582年)、万历三十年(1602年)、万历四十年(1612年)的黄册底籍中,每甲末尾几户的人口年龄多在百岁甚至二百岁以上,这类人户下多注有"绝军""民绝户",并且事产全无。这实际上都是一些名存实亡的绝户,而每次大造仍照旧开报。造成这种弊病的原因是,"此等绝户,彼处官司惮于申豁,以故册中不敢开除,节年造报,徒淆耳目,无补实数","缘各该有司恐失旧额,故凡绝户,只于实征册内开除,而黄册则仍存户籍"①。对此,万历十一年(1583年)南京管理黄册官员条议上奏,经圣裁,"今次解册,但有田产已尽而户籍虚存者,悉听该科驳行彼处官司,逐一查核,除军匠二籍仍存原户,以备考察,一切民户果系故绝,明白填注,俟下轮黄册,即作开除"②。但从现存的万历三十年和万历四十年黄册底籍的记载来看,其民绝户照旧登记在册,积弊仍存。此外,不少户的人丁总数,多年一直不变,隐漏丁口之弊亦十分明显。

总之,通过以上几个方面的介绍与分析,可以了解这几册黄册底籍在事产方面的记载,即有关田亩税粮的记载十分详备,比较可信;而有关人丁方面的记载,则多有省略,弊病明显。这也反映了明代后期黄册的一种通病。海瑞说:"黄册田从实报,丁多隐匿,多是合众人之田注于户首一人之下。"③不过,只要采取实事求是、谨慎分析的态度,对其中所载资料

---

① 〔明〕赵官等:《后湖志》卷10《事例七》。

② 〔明〕赵官等:《后湖志》卷10《事例七》。

③ 〔明〕海瑞:《金大户申文》,《海瑞集》上册,中华书局1962年版,第163页。

完全是可以加以研究利用的。如今，遗留下来的明清契约文书档案虽为数颇多，但像黄册底籍这类的有关一个图的比较完整而又详细的土地与人口资料，却是极少，因而是十分珍贵的，其对于明清社会经济史的研究具有多方面的价值。

第一，对于黄册制度本身的研究来说，这几册黄册底籍无疑是十分难得的实物资料。被保有下来的黄册底籍虽为抄本，但其登载的内容与格式仍可反映黄册原本的面貌。这对黄册制度的研究来说是不可缺少的。由于迄今为止对于黄册制度的研究，几乎全是依据文献资料来进行的，没有见到实物，对黄册制度的有关叙述不免有所遗漏。例如，从黄册底籍中可以看出，四柱式中的新收项下还列有"正收""转收"，开除项下还列有"正除""转除"等细目。所谓"正收""正除"就是绝对的增加和减少，"转收""转除"就是相对的增加和减少，即对某一户来说是增加和减少，但对全国来说并不增减。这说明，明代黄册制度中规定的登载项目已达到十分详备的程度，这方面在中国会计制度的发展史上亦占有十分重要的位置。对此，历来有关黄册制度的研究中均未提及。即使是这几册黄册底籍中存在的一些弊端，亦可作为明代黄册制度中的弊病实例加以剖析。此外，任何一种制度，其在实践中的执行情况与其条文上的规定总是有所差异的。因此，我们不但要研究与某种制度有关的条文规定记载，还要考察其实际执行的情况。而黄册底籍即是考察黄册制度在实践中执行情况的重要资料。总之，从这几册黄册底籍实物中会发现许多文献记载上没有的东西，其对于黄册制度的研究定会有很大裨益。

第二，由于里甲制度的组织形式是编制在赋役黄册之中，因而黄册底籍这类册籍自然也是研究里甲制度的重要资料。例如，关于里甲组织中甲首户的概念范围问题，即每甲中只有一户是甲首户，还是10户正管户都是甲首户的问题，有关史籍的记载并不一致，当今学者的看法也不相同。而黄册底籍中的记载是，所有的正管户都是甲首户，这是十分明确的。对于里甲制的组织形式，构成里甲组织的人户特点与阶级结构等研究，黄册底籍的记载则提供了一个最为完整而又典型的实例。

第三，在其所载资料，尤其是土地方面的资料可以利用这一前提之下，这几册黄册底籍的研究价值就必定要超出黄册制度和里甲制度本身的范围，其对于明代土地制度的研究，诸如土地占有、土地买卖等研究，也是一份难得的宝贵资料。

关于土地占有方面的研究，鱼鳞图册的记载也是一个重要资料来源。但鱼鳞图册的记载是以田土为中心，并非以人户为中心，每册鱼鳞图册登载的土地情况只限于一个保，或一个图的范围。而各户的土地占有情况，特别是占有土地较多的人户，并不只限于在本图占有土地，常常是跨图、跨都，甚至跨县占有土地，"诸色之田散漫参错，尤难检计"①，因此，仅据一个保或一个图的鱼鳞图册来统计各户的土地占有情况，是不完全的。只有通过一个都、一个县，乃至一个省的同时期的完整鱼鳞图册资料的统计，才能得出各户土地占有的完整资料，而这在今天可以说是不可能的。因为现在保存下来的数量很少的明代鱼鳞图册，或所属时间不同，或所在地点各异，零散而不完整，少数保存完好的鱼鳞图册，也只能作出关于一个保或一个图的不完全的土地占有统计。而黄册的攒造是以人户为中心，其"实在"项下登载的田土资料，即该户在大造之年所占有的全部土地数字。有了一个图各户占有土地量的完整数字，即可对该图各阶层的土地占有情况进行统计，进而可对农村中的阶级结构作出分析。

在土地买卖方面，现存的明清契约文书档案中有数量颇为可观的土地买卖散契，但这些买卖契约十分零散，绝大多数契约之间的买主、卖主，以及所属时间与地点等都各不相同，互相没有关系，只能进行抽样式的推算，很难作出归户性的统计。而黄册底籍中"新收"与"开除"部分所载，即汇集了各户田土买卖方面的资料，不但可以看出10年之中各户田土买卖总量，而且能计算出一个图的田土买卖总量及其所占比例。此外，由于这几册底籍所载是连续四个大造之年的有关资料，从中还可看出土地占有和土地买卖的发展变化情况。

---

① 〔宋〕朱熹：《晦庵先生朱文公文集》卷19《条奏经界状》。

第四，乡村里甲是明朝封建统治的最基层单位，每一里甲即是构成封建统治结构的一个基本细胞，而黄册所载人丁事产实际上是里甲基本情况之记录。故封建统治者认为掌握了它便是掌握了国家的根本。因此，通过对黄册底籍所载资料的研究，亦可对里甲，即构成封建统治结构的基本细胞加以解剖，从而对阐明封建国家的统治体制乃至社会构造具有重要意义。

当然，被保存下来的黄册底籍抄本还具有很高的文物价值，这里不再叙述。

最后，谨向为本文写作提供档案资料的安徽省博物馆保管部的诸位同志、日本京都大学文学部竺沙雅章教授以及该部东洋史研究室的各位先生，表示衷心感谢！

【附录】

按，梁方仲《明代黄册考》一文附有八幅图，分为按户编甲形式和钱粮文书形式两部分，这里每部分各选两幅图录其文字如下，以资对照参考。

图一文字

  一户姚希舜军籍系本都里班姚文兴户丁本县儒学生员

  一户姚崇文军籍系本都里班姚文兴户丁系本县儒学生员

  一户罗瑞吉民籍系本县捌都里班林鸢甲首成丁壹丁耕田

  一户黄景舜军籍系本都里班黄祯甲首成丁壹丁耕田

  一户柯元举民籍系本县捌都里班潘定乡招住耕田成丁壹丁当

      原籍差役

  一户柯乔栢民籍系本都里班刘祥甲首成丁壹丁耕田

  一户陈居胜军籍系本都里班郑甫甲首成丁壹丁耕田

  一户柯乔善军籍系本都里班刘祥甲首成丁壹丁耕田

  一户洪国贤军籍系本都里班洪敦甲首成丁壹丁耕田

  一户洪国舜军籍系本都里班洪敦户丁成丁壹丁耕田

  第陆甲章内村

  一户刘仕俊民籍系本都里班刘祥甲首成丁壹丁耕田

一户刘祥修民籍系本都里班刘祥户丁成丁壹丁耕田

图二文字

一户王文一军籍系本都里班黄祯甲首成丁壹丁耕田

一户刘仕制民籍系本都里班刘祥户丁成丁壹丁耕田

一户刘仕本民籍系本都里班刘祥户丁成丁壹丁耕田

一户刘鸿育民籍系本都里班刘祥户丁成丁壹丁耕田

一户刘鸿肖民籍系本都里班刘祥户丁成丁壹丁耕田

一户颜雅爵军籍系本都里班吴德甲首成丁壹丁耕田

一户颜雅德军籍系本都里班吴德甲首成丁壹丁耕田

一户郑克嘉民籍系本都里班郑甫甲首成丁壹丁耕田

第玖甲埔尾村

一户郑世全民籍系本县捌都里班潘亨甲首成丁贰丁耕田

一户马玉璘系漳州人本县捌都里班潘君绎招住耕田成丁壹丁

　　当原籍差役

一户赖永文民籍系本都里班黄祯甲首成丁壹丁耕田

一户颜元成民籍系本都里班黄祯甲首成丁壹丁耕田

图六文字

郑梅魁刘万郑旺林永赖旺留旺张□

等拖欠

解司备用银壹百叁拾捌两捌钱玖分贰毫伍忽伍微尽

数拨补南安晋江县折价仓粮不敷之数

已完于嘉靖肆拾肆等年叁等月初捌等日各另批

差里长凌继郑邦敬解府纳获批回在卷

料钞每丁石派银捌分叁厘柒丝陆忽陆微壹纤嘉靖

肆拾贰年分奉文改派每丁石派银伍分共

银叁百玖拾伍两贰钱壹分伍厘壹丝贰

忽伍微

已完于嘉靖肆拾肆等年拾等月贰拾肆等日

批差解户林兴旺解府纳获批回在卷

嘉靖肆拾叁年

一件征收嘉靖肆拾叁年秋粮事

原派

起运

图七文字

斗陆升□合贰勺查得本仓原派本色米

内拨出肆拾叁石贰斗陆升玖合贰勺改

入儒学仓上纳凑给师生俸粮外本仓实

该米壹拾壹石陆斗伍升壹合陆勺贰抄

伍撮系里班郑纯颜瑚叶清陈福王德进拖欠

折价银伍拾壹两柒钱伍分肆厘捌毫叁丝柒忽伍微系

里班赖祥陈德赋丘养鳞拖欠

儒学仓本色米贰百柒拾玖石伍斗叁升捌勺蒙

督粮道案验据本府申报本县儒学仓

师生俸粮支给不敷岁支尚少米肆拾叁石

贰斗陆升玖合贰勺查将原派本县际留

仓本色米拨出肆拾叁石贰斗陆升玖合

贰勺改入儒学仓上纳凑给支用共米叁

百贰拾贰石捌斗

已完米贰百柒石陆斗壹升壹合柒勺柒抄

未完米壹百壹拾伍石壹斗捌升捌合贰勺叁抄

原载《文史》第 38 辑，中华书局 1994 年版；《新华文摘》1994 年第 8 期转载，有改动

明代里甲编制原则与图保划分

关于明代里甲的编制原则问题，中外学界的看法颇不一致。日本学者对这一问题曾作过较为深入的探讨，但其分歧很大。或认为明代里甲是以人户为单位而编成的，或认为其是在自然村的基础上编成的。明代的里甲究竟是怎样编成的？它的编制原则是什么？这并非只是关于里甲制的一个形式问题，而是有关明代赋役制度的一个基本问题。

一、明初制定赋役政策的基本思想

阐述明代里甲的编制原则，应从明初制定赋役政策的基本思想谈起。

洪武十五年（1382年）十一月，朱元璋命户部榜谕两浙江西之民。他说："为吾民者当知其分，田赋、力役出以供上者，乃其分也。能安其分，则保父母妻子，家昌身裕。斯为忠孝仁义之民，刑罚何由而及哉！近来两浙江西之民，多好争讼，不遵法度。有田而不输租，有丁而不应役，累其身以及有司，其愚亦甚矣……宜速改过从善，为吾良民。苟或不悛，不但国法不容，天道亦不容矣。"①即，朱元璋认为，田赋、力役出以供上者，乃是作为大明帝国臣民的本分，是天经地义的事。洪武十七年（1384年）朱元璋又说："民有田则有租，有身则有役，历代相承，皆循其旧。"②可

---

① 《明太祖实录》卷150，洪武十五年十一月丁卯条。
② 《明太祖实录》卷165，洪武十七年九月己未条。

以说，"民有田则有租，有身则有役"，是明朝开国之初制定赋役政策的基本原则。

也正如朱元璋所说，有田则有租，有身则有役这一原则，乃是历代相承，皆循其旧。长达数千年之久的中国封建社会，可以说从一开始，封建地主阶级及其思想家们就确定了这样一条原则。孟子说："有布缕之征，粟米之征，力役之征。"①这三项之征，后来遂分别演变成了租（粟米之征）、庸（力役之征）、调（布缕之征）。故马端临在总结历代赋役制度时作了如下概括："有田则有租，有家则有调，有身则有庸。"②

这一历代相承的赋役制度原则，若从其特点来说，则是赋（租）自为赋，役自为役，赋出于田，役出于丁；其中心在于以人户为主，以人为本。三国时建安七子之一徐干，在其著名的《中论》中有如下一段论述：

> 治平在庶功兴，庶功兴在事役均，事役均在民数周，民数周为国之本也。故先王周知其万民众寡之数，乃分九职焉……故民数者，庶事之所自出也，莫不取正焉，以分田里，以令贡赋，以造器用，以制禄食，以起田役，以作军旅，国以之建典，家以之立度，五礼用修，九刑用措者，其惟审民数乎？③

在中国古代，控制土地与人民，虽然对于统治者来说一直都是重要的，但二者相比，控制人是第一位的，有人此有土，有土此有财，有人才能有一切。历代统治者都深深懂得这一点，因而其所制定的赋役政策，则以人为主，以田从人，直到明初，依然如此。丘浚在《大学衍义补》中引用徐干的上述论说之后说："臣按，今制每十年一次大造黄籍，民年十五为成丁，十四以

---

① 《孟子注疏》卷14下《尽心章句下》，载《十三经注疏》，中华书局1980年版，第6045页。

② 〔元〕马端临：《文献通考》卷1《田赋考三·历代田赋之制》，中华书局2010年版，第60页。

③ 〔魏〕徐干：《中论》，载俞绍初辑校：《建安七子集·附录》，中华书局1989年版，第326页。

下为不成丁，盖得此意。"①（按，明代实际通行的规定是十六为成丁，十五以下为不成丁）而洪懋德在《丁粮或问》中的阐述则更为清楚：

> 或问于芗泉逸老曰："国家取民之制，既赋其粮，又赋其丁，何也？"逸老曰："王天下者，天下人民之主也。故书曰'元后作民父母'，传曰'有人此有土，有土此有财'，皆以人民为主也。井田之制，一夫百亩，以一夫为率，而授百亩之赋，田从夫，非夫从田也。故其地或不易，或一易，或再易，或上，或中，或下，多者至三百亩，而皆但征其一夫之赋。夫者，今之所谓丁也。故古者之取民，一取之丁以为准。唐之租庸调犹是也。自杨炎变制，而乃有丁外之粮，民始转徙，而田始荒菜。本朝歧丁粮而二之，既以粮赋天下之田，而必以丁定赋役之则，犹存古意于什一焉。丁者，以一代之民人，养一代之君上，古今之通义也……国初之制，以人丁之多少而制为里甲，粮因从之。于是而有版籍之丁，则系以口分世业之田。田有定而丁有登降，田虽易主而丁不能改其籍。"②

应指出的是，唐代杨炎实行两税法以后，赋役征调内容一般虽分为人丁与事产两大项，但并未改变以人丁为主的赋役政策，力役之征仍占重要地位。而所谓力役之征，实质上是封建徭役的无偿征发，封建统治者对其控制下编户齐民的直接人身奴役。洪懋德所说"以一代之民人，养一代之君上，古今之通义也"，与朱元璋"田赋、力役出以供上者，乃其分也"的说法，是完全一致的。所谓"义"与"分"，正表明这种徭役征发是无偿的，表明了它的强制性和随意性。很明显，明初的赋役政策，依然是在这种以人丁为主，认为对人身的奴役是天经地义的思想指导之下而制定的。

---

① 〔明〕丘濬：《大学衍义补》卷13《固邦本·蕃民之生》，载《文渊阁四库全书》第712册，上海古籍出版社1989年版，第193页。

② 〔明〕洪懋德：《丁粮或问》，载《中国历代食货典》卷152《赋役部·艺文五》，江苏广陵古籍刻印社1989年版，第749页。

二、明代里甲编制原则

关于明代黄册里甲的编制原则，许多明朝史籍中的有关记述是很清楚的，以上所引史料中已有叙及，以下再引用几则。《明太祖实录》载：

> （洪武）十四年正月。是月，命天下郡县编赋役黄册。其法以一百一十户为里，一里之中，推丁粮多者十人为之长，余百户为十甲，甲凡十人，岁役里长一人，甲首十人，管摄一里之事。城中曰坊，近城曰厢，乡都曰里。凡十年一周。先后则各以丁数多寡为次。每里编为一册，册之首总为一图。其里中鳏寡孤独不任役者，则带管于百一十户之外，而列于图后，名曰畸零。①

又，关于洪武十四年（1381年）朱元璋在全国正式推行黄册里甲制度的缘起，《明史》范敏传中有如下记载：

> 范敏，阌乡人。洪武八年举秀才，擢户部郎中。十三年授试尚书……帝以徭役不均，命编造黄册。敏议百一十户为里，丁多者十人为里长，鸠一里之事以供岁役，十年一周，余百户为十甲。后遂仍其制不废。"②

以上史籍所载表明，洪武十四年在全国正式推行黄册制度的直接原因，即是徭役不均，或者说均平徭役是编制黄册里甲的主要目的。那么，为均平徭役而编制的黄册里甲中有哪些新的举措呢？

在此之前，江南一些地区已出现所谓小黄册之法。其编制的基本方法

---

① 《明太祖实录》卷135，洪武十四年正月条。
② 〔清〕张廷玉等：《明史》卷138《杨思义附范敏传》，中华书局1974年版，第3966页。

是，每里一百户，设一户里长，十户甲首①。其虽亦是分为十甲，轮流应役，但由于每百户中只设一户里长，十户甲首，因而其每年在里长与甲首的编排上无法实现均平。而洪武十四年黄册里甲编制的基本方法则是，以一百一十户为里，每里设十户里长，百户甲首，每一里长统十户甲首，分为十甲，轮流应役。这样，从人户的编排上说，至少在形式上是均平的。所以可以明了，洪武十四年推行的黄册里甲，主要是在人户编排上做了改革；以均平徭役为主要目的而编制的黄册里甲，很明显是以人户为中心的。其根本原因，如上所述，无偿的徭役征发，直接的人身奴役，在赋役制度中仍占有十分重要的地位，以征发徭役为主要目的而设置的黄册里甲，是不能不以人户为中心的。

所谓以人户为中心，其实质就是以丁为主。明初编制黄册里甲是十分重视丁的，赋役皆以丁而定。史载："洪武十四年，诏天下府州县编赋役黄册，以一百一十户为里，推丁多者十人为长，余百户为十甲……凡十年一周，先后则各以丁数多寡为次。"②《天下郡国利病书》载："国初编审黄册，以人户为主。凡一百一十户为一里。里长之就役，以丁数多寡为次。是赋役皆以丁而定，丁之查核安得不明也。后渐参验田粮多寡，不专论丁。"③当然明初编造的黄册中亦登载田粮，但若就人丁与田粮的关系而论，乃是人丁为主，粮因从之，二者可以说是一种主从关系。前引洪懋德《丁粮或问》中即说："国初之制，以人丁之多少而制为里甲，粮因从之。于是而有版籍之丁，则系以口分世业之田。田有定而丁有登降，田虽易主而丁不能改其籍。"④

从遗存至今的有关一个图的黄册文书来看，其虽属明代后期，但亦可看出，黄册里甲的编制仍是以人户为中心的。如安徽省博物馆藏，万历十

---

① 《永乐大典》卷2277《湖州府三·吴兴续志》。按，《永乐大典》转引《吴兴续志》所载小黄册之法，各县里甲编制不尽相同，但多数县为每一百户，设里长一名，甲首一十名，画为一图。

② 正德《大明会典》卷21《户部六·户口二·攒造黄册》。

③ 〔清〕顾炎武：《天下郡国利病书》原编第二十二册《浙江下·嘉兴县志》。

④ 安徽省博物馆藏2：24527号。

年（1582年）至万历四十年（1612年）大造徽州府休宁县二十七都五图黄册底籍，共四册，每册所载均以人户为中心。每图正管一百一十户，分为十甲，每甲设一户里长户，属十户甲首户。其各甲里长与甲首在十年之中的应役年份，册籍之中亦均明确标出。如《万历十年大造二十七都五图黄册底籍》中载："第五甲排年，中户，一户陈章，民［户］，充当万历十五年里长"，"甲首一户朱胜付，民下户，充万历十五年甲首"，等等。每甲最后又附带管畸零户若干。每户所载，开头记其在里甲中的职役（里长或甲首等）、户等（上户、中户或下户）、姓名、所属都图、户籍（军籍、民籍或匠籍等），然后分"旧管""新收""开除""实在"四大项，即四柱式进行记载。四柱式中每一项的记载又分为人丁和事产两大部分。首载人丁，其下记有男妇总计多少口，其下分男子多少口，妇女多少口。男子又分成丁多少口，不成丁多少口，等等。次登事产，其下载本户所有的田、地、山、塘数目及其税粮，以及房屋、车、船、孳畜（牲畜）等。总之，遗存的黄册底籍等实物，与上述文献中的记载是一致的，证实了明代黄册的里甲编制是以人户为中心的。

三、里甲编制与图保划分

正因为明代黄册是以人户为中心而攒造的，所以这种以特定户数为原则而编制的黄册里甲，与宋元以来实行的乡村都保制并不一致，二者是有区别的。嘉靖《太平县志》载："国朝洪武中遣官疆理天下，乃去保立都图，特税粮上中下则，仍依各乡之旧。"[①]浙江太平县虽然是去保立都图，但实际上，明初在江南其他许多地区，在建置以人户为主的黄册里甲的同时，又不得不保留鱼鳞图册制度所必须实行的以经界地域为主的都保制，因而形成了明代不少地方乡村基层建置十分复杂的局面。

人们在探究明代乡村基层建置时，经常会遇到这样的问题，不少地方

---

① 嘉靖《太平县志》卷2《地舆志下·乡都》。

在都之下既有图的建置，又有保的建置。那么，都图与都保到底是怎样一种关系呢？其历史演变情况又如何呢？

如众所知，关于都保制，北宋神宗时实行保甲法，其制以十户为一保，五十户为一大保，五百户为一都保，后改为五户为一保，二十五户为一大保，二百五十户为一都保，分别设保长、大保长、都保正和副保正。实为当时的乡兵组织与乡村基层行政区划。其后或改里为乡、都两级，或都、里并行，或仍维持乡、里之制，各地不一。其中，不少地区的乡、都区划，一直延续到后代。

那么，明代一些地方的都保区划，与宋元时期的都保制是一种什么关系呢？这种都保，与黄册里甲所建立的都图又是否完全相同呢？有的学者认为："都、保为保甲制的两级单位，与都、图同义。不论民间契约，还是历史文献，保与图都可以通用。"[1]

其实，明代各地乡村基层建置并不统一，称呼也多种多样。南北方区别很大；即使在南方，各地也不尽相同。明代一些地方的都保区划，与宋元时期的都保制在形式上虽有某种继承关系，但其内涵并不相同，已不是保甲制的两级单位。明代的都保区划与保甲制，虽都使用同一个"保"字，却是完全不同的两种概念。而明代黄册里甲建立的都图（图即里），更与都保有别；明初开始直至明代后期，在江南不少地方同时存在的都图与都保，乃是两种不同的地方建置。图与保，二者既有某种交叉，又各自成为系统，区别十分明显。嘉靖《浦江志略·疆域志》载：

> 大明洪武十有四年，定图籍，隶于隅都。民以一百一十户为一图，共图一百六十有六，每图设里长一人，十年一役……
>
> 都分十保。县共三十都，每都设都长一人。每都各分十保，设保长一人，专管田地山塘古今流水、类姓等项印信文册，防民争夺……

其下又载：

---

[1] 张传玺：《中国历代契约会编考释》（下），北京大学出版社1995年版，第713页。

> 浦江地袤百里，以县统乡，以乡统都，以都统图，如身使臂，臂
> 使指，势联属而民用一矣。不但是也，保分矣，而经界之法不紊；区
> 画矣，而税粮之责有归。分画之详，维持之密，即古者井邑丘甸之遗
> 制也。①

这里十分明确地告诉我们，明代浦江县于洪武十四年建立黄册里甲以
后，在都以下实际上有两种建置系统，一为都图，以人户划分为主，属黄
册里甲系统；一为都保，以地域划分为主，属鱼鳞图册系统。兹据该志所
载资料，将洪武时期浦江县都图与都保划分情况列表如下（表1）。

表1　洪武浦江县都图与都保建置情况

都名	一都	二都	三都	四都	五都	六都	七都	八都	九都	十都
图数	9	7	4	4	4	5	4	4	4	4
保数	10	10	10	10	10	10	10	10	10	10
都名	十一都	十二都	十三都	十四都	十五都	十六都	十七都	十八都	十九都	二十都
图数	5	3	9	7	9	12	8	8	5	6
保数	10	10	10	10	10	10	10	10	10	10
都名	二十一都	二十二都	二十三都	二十四都	二十五都	二十六都	二十七都	二十八都	二十九都	三十都
图数	4	7	4	5	5	8	2	3	2	1
保数	10	10	10	10	10	10	10	10	10	10

通过表1可以看出，洪武时浦江县各都之下虽均分为十个保，但其所
置图数却各不相同，少者仅为一个图，多者达十二个图。这显然是因为保
是以地域为界，而图是以人户划分，即二者的划分标准不同所致。

徽州地区的情况亦多如此。关于明代该地都图与都保划分情况，有关
方志中虽无明确记载，但从遗存至今的徽州文书中却可看出，如在徽州府
歙县、休宁县、祁门县等，明代各都之下亦有都图与都保两种不同的建
置，各都之下一般多分十保，系鱼鳞图册的经界区划；而都之下所属各图
却为数不等，乃是以人户为主的黄册里甲编制。以休宁县十二都为例，通

---

① 嘉靖《浦江志略》卷1《疆域志·乡井》。

过遗存的土地买卖文契可知，该都在万历清丈以前，下分十保，其一至十保所属鱼鳞字号分为黎、首、臣、伏、戎、羌、遐、迩、壹、体等十个字号①。而十二都之下图的建置却只有三个图，后缺第二图，仅为一图和三图②。图与保的建置并不相同。

又如该县十都，中国国家图书馆藏有《明洪武十九年十都六保罪字保簿》一册③，即属休宁县十都六保洪武时期丈量的鱼鳞册。由此可知，明初该县十都六保经理为"罪"字号。簿中还载有如下文字："六保罪字保长，前半是汪克进造，后半是汪士良造。"正可以与前引《浦江志略》中当时保长是专管土地经理的说法相印证。又从遗存的土地买卖文契中可知，十都四保的经理字号为"民"字④。如众所知，宋元以来的土地经理字号均以《千字文》为序。所以，若再联系《千字文》中的原文顺序（……推位让国，有虞陶唐，吊民伐罪，周发殷汤，坐朝问道，垂拱平章，爱育黎首，臣伏戎羌……），以及上述十二都的土地经理字号，即可推知，明初休宁县十都、十一都之下亦均分为十个保。而其图的建置却是，十都，三个图（后缺一图，仅有二图和三图）；十一都，七个图（后缺二、四、五、六、七图，仅有一图和三图）⑤。图与保的建置亦不相同。

明代休宁县共有三十三个都。从遗存的土地买卖文契中可知，明初休宁县三十三都八保的土地经理字号为"尊"字号⑥。而尊字在《千字文》原文中是第三百二十七个字，由此亦可推知，明初休宁县各都之下保的建置，除个别都有出入外，绝大多数都之下均是分为十保的，三十三个都共

---

① 参阅拙文：《弘治九年抄录鱼鳞归户号簿考》，载《明史研究》第1辑，黄山书社1991年版。

② 万历《休宁县志》卷1《舆地志·方域》。

③ 中国国家图书馆善本部藏16828号。

④ 《天顺六年休宁县杨元观卖田赤契》，载《明清徽州社会经济资料丛编》第一集，中国社会科学出版社1988年版，第46页。

⑤ 万历《休宁县志》卷1《舆地志·方域》。

⑥ 《成化八年休宁江源卖山赤契》，载《明清徽州社会经济资料丛编》第二辑，第449页。

有三百二十余保。而洪武十四年该县"编户二百四十七里"①。图与保的建置之不同，十分明显。

再如祁门县，从现存的土地买卖文契中可知，其九都、十一都各有十个土地经理字号，均分十保。其十都原亦分为十保，因明初析为十东都与十西都，则十东都领上五保，十西都领下五保②。又据土地买卖文契载，明初祁门县五都五保为"水"字③，六都六保为"夜"字④，八都四保为"龙"字⑤，十二都三保为"章"字⑥，十三都一保为"羌"字⑦，再参考《千字文》所载原文顺序，即可得知，该县五都、六都、七都、八都以及十二都等各都之下亦均分为十个保。而这些都的图的建置却与保的建置大不相同⑧。有关这些都的图与保的建置情况请看表2。

表2　明初祁门县五至十二都都图与都保建置情况

都名	五都	六都	七都	八都	九都	十东都	十西都	十一都	十二都
图数	1	2	2	2	2	2	1	2	3
保数	10	10	10	10	10	5	5	10	10

让我们再来看一下有关明代里甲编制的其他一些论述。

吕坤在其《实政录》中指出："有人户之里，有地土之里。人户之里，所谓以籍为定，某里某甲之人也。地土之里，所谓画野分郊，某里某甲之

---

① 万历《休宁县志》卷1《舆地志·方域》。

② 参阅拙文：《徽州府祁门县龙凤经理鱼鳞册考》，《中国史研究》1994年第2期。

③ 《弘治八年祁门方宪卖田赤契》，载《明清徽州社会经济资料丛编》第二辑，第43页。

④ 《弘治十五年祁门僧人元亨卖山赤契》，载《明清徽州社会经济资料丛编》第二辑，第478页。

⑤ 《万历二年祁门程寿卖山赤契》，载《明清徽州社会经济资料丛编》第二辑，第513页。

⑥ 《正统十三年祁门章克余卖山赤契》，载《明清徽州社会经济资料丛编》第二辑，第440页。

⑦ 《景泰七年祁门章思锶卖山赤契》，载《明清徽州社会经济资料丛编》第二辑，第442页。

⑧ 万历《祁门志》卷4《乡市》。

地也。盖古者人里居，田井授，故人地合而为一。今也地在此，居在彼，故人地分而为二。契书所写卖主之里甲，地里甲也；买主之里甲，人里甲也。此处不可不辨。"①这里所言人户之里与地土之里，在某种意义上则可与江南不少地区实行的都图制与都保制相印证，人户之里与地土之里并不统一，二者是有区别的。

天启《海盐县图经》载："按里长以人户编金，不取齐于田粮，自是祖宗定制。盖缘黄册各户下明注田粮多寡，役轻重照之差拨，政无患不均也。"②即按人户编金，以田从人，乃是明代里甲编制的定制。

崇祯《嘉兴县志》载："窃照嘉兴府秀水、嘉善二县，皆自嘉兴县一县分出，盖宣德四年事也。彼时原以户籍分田地，故嘉、秀田地有坐落嘉善界内，即嘉善县田地亦有坐落嘉、秀界内者。又如海盐分出平湖，崇德分出桐乡，各有错壤，二百年来非一日矣。"③明代嘉兴、秀水、嘉善等地有名的错壤嵌田问题，其根本原因，乃是由于当初分县时是"以户籍分田地"，即以人户为主编制里甲，加之后来的土地买卖而造成的。

万历《余姚县志》载："隅都之制，定于洪武二十四年，为里凡三百又二。见《大明一统志》。及观旧乘所称初今里数，又与载在令甲者不同。则虽名为里，实以编户，而非制地也。户有盈耗，故里有损益。"④所谓"虽名为里，实以编户，而非制地"，正道出了明代里甲编制的根本原则。

林希元在《与俞太守请赈书二》中说："同安五十图，一图十里长，各带十甲，该人一百一十户……又，赈济只照都图里长甲首，不问寄庄客户。不知里长所辖甲首各散处外都，近者五六十里，远者一二日程。"⑤叶春及在《石洞集》中亦说："我朝黄册，里一图焉，亦图其户耳。盖人绣错而居，图于东而移于西；田地则星分棋置，千古不易。故人不可以图

---

① 〔明〕吕坤：《实政录》卷4《治民之道·改复过割》。

② 天启《海盐县图经》卷6《食货篇二下·役法》。

③ 崇祯《嘉兴县志》卷9《食货志·土田》。

④ 万历《余姚县志》卷1《舆地志·隅都》。

⑤ 〔明〕林希元：《林次崖先生文集》卷6《书·与俞太守请赈书二》，载《四库全书存目丛书》集部第75册，齐鲁书社1997年版，第548页。

拘，而田则可以图得也。惟以田而系人，不以人而系田，是以增损出入莫
可踪迹……今彼此殊方，田宅异所，一里之人，目不相识，一甲之田，足
不相蹑，欺隐之罪，里长虽同，未尝实以责之，是以弊如牛毛，难数之
矣。黄册固尝随里通计封内田地，第有数而无图。"①叶春及在这里亦言，
由于黄册里甲是"图其户"，"以田而系人，不以人而系田"，则人虽同里
而互不相识，田虽有数而不落实，遂造成了许多无法克服的弊病，因而他
提出了"既图里甲，复图田地"的主张。

《天下郡国利病书》引《镇江府志》所载："国初承兵乱之后，所在萧
条。人聚者，地始辟；人稀者，地亦荒。地无主，则丘墟；邑无人，则空
城。故州县不得不计户以定里。如江南华亭，大县也，计八百里；四川遂
宁，亦大县也，才十四里，皆非其疆界之实数也。邑既计户以定里，故册
亦以田而系户。"②这里说得很清楚，计户定里乃是明代各地编制里甲的一
个普遍原则。当然，按户编里的实施，并不仅仅是因为明初兵乱、人烟稀
少所致，如上所述，其还有更深层次的原因。

四、里甲编制与自然村

都图里甲与自然村的关系又如何呢？让我们仍以徽州府休宁县为例，
看一下《休宁县都图地名字号便览》③中的有关记载。该书原题"海阳都
谱"，清初抄本。其所载为明末清初休宁县各都图的建置，所属鱼鳞字号
与地名（即自然村落），以及明末至清初的演变情况。从该书所载可知，
万历清丈以后，休宁县各图所属只有一个鱼鳞字号，即黄册的里甲编制与
鱼鳞图册的字号划分已趋于一致。这表明该县自明初以来，不同于黄册里
甲编制的鱼鳞图册都保区划已被废除。从其各图所属地名来看，绝大多数

---

① 〔明〕叶春及：《石洞集》卷2《应诏书四·安民生》，载《文渊阁四库全书》
第1286册，第264—265页。

② 〔清〕顾炎武：《天下郡国利病书》原编第七册《常镇·镇江府志》。

③ 中国社会科学院历史研究所藏：史980/7727号。

图皆属有两个以上的自然村，特别是其中又有同一自然村落分属几个图的，这种情况亦不少。兹以该书所载十六都为例，摘引如下：

> 十六都共十三图，缺六、七、八、九、十图。
>
> 一图：牛坑、坑口、大路上、长干塝、前山、率口。
>
> 二图：牛坑、阜上、溪东、长干塝、前山。
>
> 三图：率口、沙淡上、后底田。
>
> 四图：率口、前坑口、长干塝。
>
> 五图：草市、湖容、洪天塘。
>
> 十一图：率口、井坞。
>
> 十二图：草市、率口。
>
> 十三图：下草市、师姑潭、屯溪。

清初十六都各图的建置情况与明万历时期相同，没有变动。通过这里所载可以看出，该都各图所属自然村均在两个以上，其中所属自然村多者如一图为六个，二图为五个。而又多有同一自然村分属几个图的情况，如牛坑、前山、草市均分属两个图，长干塝分属三个图，率口则分属五个图。既然里图是以一定人户为标准而编制的，一旦拘定数目，必定分析割补，或数村并为一图，或一村分属几图，这是在所难免的。

再看一下长江三角洲一带的情况。在长江三角洲水乡一带，明代及清初里图之下多有所谓圩的设置，亦称圩甲。那么，圩甲与里甲的关系又是怎么一回事呢？

按嘉靖《太仓州志》载，所谓圩，乃是"一方之田，不论多寡，周回有沟，沟有堤防者，则谓之圩"[1]。嘉靖《海宁县志》亦载："本县十二等四都，地势洼下，古有圩岸，以备水患。田内水溢，则车出注河；水竭，则开沟引溉，水旱皆有利。"[2]即，圩本是一种水利设施，为田土分布的一种自然形态，因而圩的面积大小不等。而这些地方的黄册里甲组织亦无例

---

① 嘉靖《太仓州志》卷5《乡都》。

② 嘉靖《海宁县志》卷1《地理志·田圩》。

外，仍是按一定人户为标准而编制的，上述同一《太仓州志》即载：

> 按今定户籍之制，必画十甲为一图。图置一里长，差科出焉，其法循编排之格，以周年为限。又合数图为一都，都大者则分上、下区，区置一粮长，租税责焉，其法简（佥）富殷之家，而不限以年。里长者凡有司无远近设之，惟粮长则置于赋多之地。

也正是因为里甲是按一定人户为标准而编制的，"必画十甲为一图"，所以，在这些地方图之下所属圩的数量则很不相同，有一图下属一圩者，又有一图之下属有三四圩、五六圩，甚至十几圩、二十几圩者。仅以《太仓州志》所载为例，其卷5《乡都》项下，详细载有各图所属田圩字号。例如："中乡，旧山惠安乡分置，管都二。东一都，五里，四十圩。十五图，九圩：景、果、可、帝……十六图，十七圩：糜、衣、岁、芥……十七图，八圩：西恶、东恶、东贤、西贤……十八图，四圩：因、坐、恃、能；十九图，二圩：皇、鳞。"兹将该州之下各图所属圩数相同者分类加以统计，如表3所示：

表3　太仓州各图所属圩数情况统计

每图圩数	1	2	3	4	5	6	7	8	9	10	11
类计图数	35	52	36	25	23	22	14	14	13	5	4
每图圩数	12	13	14	15	16	17	18	19	22	26	
类计图数	2	6	6	3	2	3	1	1	1	2	

据嘉靖《太仓州志·乡都》所载，明代太仓州的建置共分为5乡、29都、277里（图），图之下共有1499个圩，平均每图约5.4圩。但实际上正如表3所示，各图所属圩数很不相同。现存《太仓州志》卷5《乡都》部分略有残缺，表3是根据该志所载270个图的资料而统计的。从表中可以看出，其各图所属圩数，有一图一圩者，类计有三十五个图；又有一图二圩、三圩、四圩、五圩者，直至十九圩、二十二圩等，最多者有两个图均有二十六个圩。总之，其各个圩之下所属图数多不相同。其根本原因，就是明代的黄册里甲组织乃是以人户为主，每图之下必分十甲；而圩本属田

土的自然分布形态，面积大小不等，其所属人户多少自然不同，故黄册里甲编制各图所领圩数多少亦多不相同。又，以经理土地为中心而攒造的鱼鳞图册，在这些地区即以圩为单位进行编造，故称某某圩鱼鳞册。遗存至今的苏州地区的一些鱼鳞图册，即多称某某圩鱼鳞清册。如，南京图书馆藏《康熙十五年分奉旨丈量销圩鱼鳞清册》，日本东京大学东洋文化研究所藏《康熙十五年丈量长洲县诸田圩字号鱼鳞清册》等①。所以，尽管圩与黄册里甲亦有某种关系，然而，它只是里图之下所属的一种地域划分，圩甲之甲与里甲之甲二者并不相同，从根本上说，其乃是属于以地域区划为主的鱼鳞图册系统，这是十分明确的。

以上，只是就里甲编制的基本原则所进行的一些考察。而当其实施之时，不多不少，完全按一百一十户为标准而编制里甲，显然是行不通的。在以人户为主的原则之下，必然还要照顾到其他一些因素，诸如贫富差别、地缘关系等。所以，明朝在确定以人户为主编制里甲这一基本原则的同时，而又不得不颁行一些补充性的措施。

措施之一，允许各里甲在一百一十户正管户之外，有带管畸零人户的存在。洪武十四年（1381年），首次在全国推行黄册制度时即规定："鳏寡孤独不任役者，则带管于百一十户之外，而列于图后，名曰畸零。"②洪武二十四年（1391年），奏准攒造黄册格式时又规定："凡编排里长，务不出本都。且如一都有六百户，将五百五十户编为五里，剩下五十户，分派本都附各里长名下，带管当差。"③里甲之中编排的这种带管畸零户，特别是带管户，其目的之一，是把以一百一十户为标准编制里甲的原则，限制在一定的地理范围之内。由此看来，里甲编制虽以人户为主，但在某种程度上又是与人户聚居的自然村落相结合的，二者具有一定的统一性。

措施之二，在里甲人户中划分户等。《明实录》载，洪武十七年

---

① 参阅鹤见尚弘：《中国明清社会经济研究》，学苑出版社1989年版；《关于南京图书馆藏康熙十五年丈量一种长洲县鱼鳞图册》，纪念东方学会创立四十周年《东方学论集》，1987年。

② 正德《大明会典》卷21《户部六·户口二·攒造黄册》。

③ 正德《大明会典》卷21《户部六·户口二·攒造黄册》。

（1384年），"上谕户部臣曰：'今天下郡县民户，以百一十户为里，里有长。然一里之内，贫富异等。牧民之官，苟非其人，则赋役不均，而贫弱者受害。尔户部其以朕意谕各府州县官，凡赋役必验民之丁粮多寡，产业厚薄，以均其力。'"①洪武十八年（1385年）《御制大诰》中又重申："置造上、中、下三等黄册。朝觐之时，明白开谕，毋得扰动乡村，止将黄册底册，就于各府州县，官备纸劄，于底册内挑选上、中、下三等，以凭差役，庶不靠损小民。"②在以人户为主而编制的里甲中，如若忽略贫富差别这一因素，就必然造成赋役不均，小民受害，里甲也难以维持下去。黄册里甲中户等制的划分，正是基于"一里之中，贫富异等"这样一种现实，而必须实施的一项举措。

以人户为中心的黄册里甲编制，其本质是中国几千年封建徭役制度的继续。这种以人身奴役为主的封建徭役制度，已与当时社会经济的发展越来越不相适应。随着土地私有的发展，土地买卖的频繁发生，以及工商业的发展繁荣与人口流动的加速，至明代后期黄册里甲编制多已被打乱。而随着明王朝的覆灭，黄册制度即迅速瓦解。清初里甲组织仍存在，至乾隆时由于编审制已经废除，里甲制终于被保甲组织彻底取代。

原载《史学集刊》1997年第4期，人大复印报刊资料《明清史》1998年第1期全文转载，有改动

---

① 《明太祖实录》卷163，洪武十七年七月乙卯条。

② 〔明〕朱元璋：《御制大诰·造册科敛第五十四》，载《续修四库全书》第862册，上海古籍出版社2002年版，第258页。

明代黄册人口登载事项考略

一、问题的提起

人口史研究，作为经济史、社会史研究的一个重要领域，历来受到学者的重视。近年来，有关中国人口史研究的论著发表颇多。其中在对明代人口尤其是明初人口的估计上，分歧很大，争论引人注目。1988年，王其榘先生发表了《明初全国人口考》[①]一文，该文通过对《明实录》以及有关明代黄册的某些文献记载资料的考察，得出"明初人口在一亿以上"的结论。其基本论点是，明代黄册所记载的人口数字不包括妇女在内。文章最后还介绍了范文澜主编的《中国通史简编》第三编的作者叶蠖生、金灿然、唐国庆等同志的观点："洪武二十四年，全国郡县赋役黄册成，计户10684435，丁56774561。朱元璋造黄册，本意在查明供赋役的男丁数目，女口也许不在册内。"[②]王文还特别指出，范文澜同志在1950年又重新提出："明初（人口），约1.1亿（男丁5600余万，加上同数妇女，总数在1.1亿以上）。"并希望学界重视这一观点。

1990年，王育民先生发表了《〈明初全国人口考〉质疑》[③]一文，论

---

① 王其榘《明初全国人口考》，《历史研究》1988年第1期。
② 范文澜：《中国通史简编》第三编，上海三联书店1949年版，第540页。
③ 王育民：《〈明初全国人口考〉质疑》，《历史研究》1990年第3期。

述了明代户籍制度并非"女口不预"，分析了明代方志中有关明代户口记载的种种形式，指出方志中记载的口是含妇女在内的，并对王其榘先生提出的各个论点一一作了辨析，从而否定了明代黄册所载人口数字不包括妇女在内的说法。同年，葛剑雄先生又发表了《明初全国户口总数并非"丁"数——与王其榘先生商榷》[①]，以明初全国户口总数问题为论述中心，征引了为数颇多的明代方志中有关人口的记载与数字，附以统计表格，亦全面批驳了《明初全国人口考》的各个论据，否定了所谓明代黄册所载人口不包括妇女之说。

从总体上说，后两篇论文，即认为明代黄册所载人口亦包括妇女之说，论据较为充分，是有说服力的。不过，主张该说的论者在文中虽亦提及有关的文书档案，但仍主要是依据文献资料得出结论，即通过方志等文献记载，来论证黄册所载人口数字内容的。人们不禁要问，从黄册这一文书档案本身来看，其所载人口事项到底有哪些呢？其所载内容到底是怎样的呢？无疑，根据黄册文书档案本身记载的内容所得出的结论，更有说服力。所以，关于明代黄册所载人口数字是否包括妇女在内这一问题，还有必要通过黄册文书档案本身作进一步考察。

二、关于户帖与黄册的性质

在论述黄册文书档案本身关于明代户口的记载情况之前，应先对明代户帖与黄册的性质作一点考察。

如上所述，持明代黄册所载人口不包括妇女说者认为，"朱元璋造黄册，本意在查明供赋役的男丁数目"，"编造黄册的主要目的是征派赋役"。不错，征派赋役是编造黄册的主要目的，故明代黄册又称赋役黄册。但黄册的编造还不仅仅限于赋役的征派。就黄册制度的性质而言，它既是有关明代赋役之法的基本制度，亦是有明一代实行的户籍制度。在中国古代，

---

① 葛剑雄：《明初全国户口总数并非"丁"数——与王其榘先生商榷》，《中国历史地理论丛》1990 年第 4 期。

以人身为直接奴役对象的无偿徭役，在赋役制度中占有重要的地位，其愈古愈为明显。因此，户籍制度与赋役制度之间的关系历来十分密切，二者常常合而为一。但它们之间显然并不是没有区别的。中国古代很早就建立有独立的户籍制度，《周礼》所载"司民掌登万民之数，自生齿以上皆书于版……及三年大比，以万民之数诏司寇，司寇及孟冬祀司民之日，献其数于王，王拜受之，登于天府"①，即是证明。由于掌握人口为"王业之根本"，"自生齿以上皆书于版"这种户籍制度，遂受到历代王朝的重视，而且常常放在建邦立业的首要位置。朱元璋创立的明王朝亦是如此。

朱元璋早在建国之前，就曾实行"给民户由"制度。"太祖亲征城池，给民户由，俱自花押。后追之。"②建国之初，于洪武二年（1369年）即令："凡军、民、医、匠、阴阳诸色户，许各以原报抄籍为定，不许妄行变乱。违者治罪，仍从原籍。"③所谓"原报抄籍"，是据元朝旧有的册籍而抄报的各色户籍；而由此亦可看出，这一措施实际上在洪武二年以前就实行了。其他史籍的有关记载亦可证明这一点，如洪武元年（1368年）十月《克复北平诏》中即说："户口版籍……已令总兵官收拾，其或迷失散在军民之间者，许赴官司送纳。"④显然，朱元璋在各地占据城池、建立政权的同时，即建邦立业伊始，就已十分注意户籍的管理。但当时仍是抄报原籍，尚处于利用元朝旧有版籍的阶段。

洪武三年（1370年），朱元璋颁布命令，在全国调查户口，正式推行户帖制度："三年十一月辛亥，核民数，给以户帖。先是，上谕中书省臣曰：'民，国之本。古者司民岁终献民数于王，王拜受而藏诸天府，是民数有国之重事也。今天下已定，而民数未核实。其命户部籍天下户口，每

---

① 《周礼注疏》卷35《秋官司寇·司民》，载《十三经注疏》，中华书局1980年版，第878页。

② 〔明〕刘辰：《国初事迹》，载《四库全书存目丛书》史部第46册，齐鲁书社1996年版，第12页。

③ 《大明令》卷1《户令》，载《续修四库全书》第788册，第7页。

④ 《皇明诏令》卷1《克复北平诏》，载《四库全书存目丛书》史部第58册，第22页。

户给以户帖.’于是户部制户籍、户帖，各书其户之乡贯、丁口、名岁。合籍与帖，以字号编为勘合，识以部印。籍藏于部，帖给之民。仍令有司岁计其户口之登耗，类为籍册以进。著为令。"①户帖登载的内容，除了每户的人口状况以外，还有其事产情况。可以看出，征派赋役固然是推行户帖制度的目的之一，但总的来看，户帖的登载是详于户口而略于事产。不可否认，它首先是朱元璋所建立的一种户籍制度。《明实录》又载，洪武三年（1370年）二月癸酉，"上命中书省臣，凡行郊祀礼，以天下户口、钱粮之籍陈于台下，祭毕，收入内府藏之"②。再联系到前引实录中所述"仍令有司岁计其户口之登耗，类为籍册以进。著为令"等等，则不难看出，朱元璋在明初建立有独立的户籍制度，它的基本思想，正是基于《周礼》中所述自生齿以上皆书于版、献民数于王这种理念的。

至洪武十四年（1381年），朱元璋又在全国建立了黄册制度。《明史》范敏传载："范敏，闽乡人。洪武八年举秀才，擢户部郎中。十三年授试尚书……帝以徭役不均，命编造黄册。敏议百一十户为里，丁多者十人为里长，鸠一里之事以供岁役，十年一周，余百户为十甲。后遂仍其制不废。"③应该说，黄册的编造主要是为了征调赋役。而在明初，徭役的征派在赋役制度中仍占有很大的比重。然而，若没有完善的户籍制度，没有对人户的管理与控制，徭役的征派则难以实现。为达到对人户的有效管理与控制，它必须建立在完善的户籍制度的基础之上。黄册是在户帖的基础上编造的。如果我们将黄册与户帖加以对比，则可以看出，在户籍制度方面，黄册完全继承了户帖的一套做法。黄册正是户帖的继承与发展。所以，明代黄册作为封建统治者所制定的一种较为成熟的赋役制度，同时亦不失户籍制度之属性。关于这一点，黄册本身的内容所载即十分明了，而明人的有关阐述亦很清楚。兹仅举几例：

---

① 《明太祖实录》卷58，洪武三年十一月辛亥条。

② 《明太祖实录》卷49，洪武三年二月癸酉条。

③ 〔清〕张廷玉等：《明史》卷138《杨思义附范敏传》，中华书局1974年版，第3966页。

今制黄册所载，人丁、事产二者其经也；旧管、新收、开除、实在四者其纬也。事产著田赋轻重之数，源流于《禹贡》九州厥田九等、厥赋亦九等之法也；人丁著户口登耗之数，权舆于《周礼》三岁大比、献万民之数于王之意也。①

谨按黄册所载，至为浩繁，其大要则天下之人丁、事产而已。人丁即前代之户口，事产即前代之田赋……而今之人丁事产，则详备其数，而别为二条焉。盖见千古者其辞略，故合而为一；行乎今者其事悉，故分而为二，理固然也。②

所谓版者，即前代之黄籍，今世之黄册也……民以此定其籍贯，官按此以为科差……版籍既定，户口之或多或寡，物力之或有或无，披阅之顷，一目可尽。官府遇有科差，按籍而注之，无不当而均矣。③

国朝洪武十四年始造黄册，定军民匠籍，凡十载乃更造。凡户口、田赋悉从其制。④

周礼司民掌登万民之数，自生齿以上皆书于版，异其男女，重邦本也。国家十岁一献计，即此意。⑤

总之，黄册制度既是赋役制度，同时亦为户籍制度。当然，黄册作为户籍制度有关明代户口的记载，在各个时期并不相同，其变化情况后文将有所叙及。

---

① 〔明〕赵官等：《后湖志》卷首《序》。
② 〔明〕赵官等：《后湖志》卷1《事迹一·民数考略》。
③ 〔明〕丘浚：《大学衍义补》卷31《制国用·傅算之籍》，载《文渊阁四库全书》第712册，上海古籍出版社1989年版，第401页。
④ 嘉靖《邓州志》卷10《赋役志·户口》。
⑤ 嘉靖《六合县志》卷2《人事志·户口》。

三、户帖所载人口项目

户帖作为黄册制度的前身，是朱元璋在明朝开国之初所正式推行的户籍制度。但因其实行的时间较短，所以到明代中后期，关于户帖的实物已是"人罕得见矣"①。于是，为备后世查考，在明代后期的不少文献记载中，都抄录有户帖的格式与文字，如李诩《戒斋老人漫笔》②、盛枫《嘉禾征献录》③、谈迁《枣林杂俎》④、许元溥《吴乘窃笔》⑤以及崇祯《嘉兴县志》⑥等。其中，《嘉禾征献录》和《枣林杂俎》所录户帖，人丁、事产的记载颇为详备，摘引如下。

《嘉禾征献录》所录《洪武四年嘉兴府嘉兴县杨寿六户帖》：

> 附洪武颁给户帖一道
>
> 洪武三年十一月二十六日钦奉圣旨……
>
> 一户杨寿六，嘉兴府嘉兴县思贤乡三十三都上保必暑字圩，匠籍。
>
> 　　计家八口。
>
> 　　男子四口。成丁二口：本身，年六十岁，女夫卜官三，年三十一岁；
>
> 　　　　　　不成丁二口：甥男阿寿，年六岁，甥男阿孙，年三岁。
>
> 　　妇女四口。妻母黄二娘，年七十五岁；妻唐二娘，年五十岁；

① 《后湖志》卷1《事迹一·民数考略》

② 〔明〕李诩《戒庵老人漫笔》卷1《半印勘合户帖》，中华书局1982年版，第34页。

③ 〔明〕盛枫：《嘉禾征献录》卷32《卜大同附卜二南传》，载《四库全书存目丛书》史部第125册，第523页。

④ 〔明〕谈迁：《枣林杂俎》智集《典逸·户帖式》，中华书局2006年版，第5页。

⑤ 〔明〕许元溥：《吴乘窃笔·洪武安民帖》，载《丛书集成初编》第3156册。

⑥ 崇祯《嘉兴县志》卷9《食货志·户口》。

女杨一娘，年二十二岁；甥女孙奴，年二岁。

事产　　屋二间二舍。船一只。田地自己一十五亩一分五厘六毫。

右户帖付杨寿六收执。准此。

洪武四年　　月　　日　　杭字八百号

《枣林杂俎》所录《开封府钧州密县傅本户帖》：

（前略）

一户傅本，七口，开封府钧州密县民。洪武三年入籍，原系包信县人民。

男子三口。成丁二口：本身五十二岁，男丑儿二十岁；

不成丁一口：次男小棒槌一岁。

妇女四口。大二口：妻四十二岁，男妇二十三岁；

小二口：女荆双十三岁，次女昭德九岁。

事产　　瓦房三间。南北山地二顷。

右户帖付傅本收执。准此。

难得的是，关于明初户帖的实物，尚有数件遗留至今。仅据笔者的调查，这些户帖有：《洪武四年徽州府祁门县汪寄佛户帖》[①]，中国社会科学院历史研究所藏；《洪武四年徽州府祁门县谢允宪户帖》[②]，原藏中国人民大学历史档案系，现藏中国第一历史档案馆；《洪武四年徽州府祁门县江寿户帖》[③]，中国历史博物馆藏。此外，据韦庆远先生《明代黄册制度》一书第19页注一所载，历史研究所还有一件《谢允护户帖》，该户帖现已

---

① 中国社会科学院历史研究所藏HZS3010003号，载《徽州千年契约文书》宋·元·明编卷1，第25页。又，拙文《明初地主制经济之一考察——兼叙明初的户帖与黄册制度》（载日本《东洋学报》1987年第68卷第1、2号）亦对该文书作了介绍与考证。

② 韦庆远：《明代黄册制度》，中华书局1961年版，第18—19页。

③ 赵金敏：《馆藏明代户帖、清册供单和黄册残稿》，《中国历史文物》1985年第7期。

下落不明。历史研究所还藏有一件《洪武十二年徽州府祁门县叶诏寿户帖》，为一残件。又，北京图书馆亦藏有洪武四年（1371年）户帖一件，目前尚不能公开阅览。其中，历史研究所和中国历史博物馆藏户帖被引用较少，兹录其人丁事产部分原文如下。

历史研究所藏《洪武四年徽州府祁门县汪寄佛户帖》：

（前略）

一户汪寄佛，徽州府祁门县十西都住民，应当民差。

计家五口。

男子三口。成丁二口：本身，年三十六岁；兄满，年四十岁；

不成丁一口：男祖寿，年四岁。

妇女二口。妻阿李，年三十三岁；嫂阿王，年三十三岁。

事产

田地无。房屋瓦房三间。孳畜无。

右户帖付汪寄佛收执。准此。

中国历史博物馆藏《洪武四年徽州府祁门县江寿户帖》：

（前略）

一户江寿，系徽州府祁门县十西都七保住民，见当民差。

计家三口。

男子二口。成丁一口：本身，年四十四岁；

不成丁一口：男再来，年五岁。

妇女一口。妻阿潘，年四十四岁。

事产　　草屋一间。

右户帖付江寿户收执。准此。

通过以上征引的户帖所载内容可以看出，其所录人口项目，因各户人口的多少不同，每户登录的繁简情况亦略有所异。但总的来看，户帖所载人口项目十分详备，不但分为男子、妇女，而且其下又各设细目。这些项目大体有三类，第一类为各户人口总计项，即"计家"多少口；第二类为"男子"人口项，先计总数，其下分为"成丁"与"不成丁"；第三类为"妇女"人口项，亦先计总数，其下则分"大口"与"小口"。明代规定男子十六至六十岁为成丁，其余为不成丁。妇女大口系指成年女子，小口指未成年女孩。

此外，引人注目的是，户帖所载又有事产一大项，其下分田地、房屋、车船、孳畜等。对此，一般关于户帖的文献记载多未提及。而这些事产项目亦正是黄册所设事项，这一点也恰恰证实了黄册与户帖二者之间的承继关系。

四、黄册登载人口事项

黄册制度是有明一代广泛实行了的、与明王朝相始终的一项基本的社会经济制度。黄册自洪武十四年（1381年）起正式编造，至崇祯十五年（1642年），共攒造了27次。当时，每次大造，各地方送南京户部转后湖收贮的黄册达6万余本，至明末，南京后湖收贮黄册的库房近千间，所贮历代黄册已在200万本以上，可谓至为浩繁矣。然而，由于朝代变迁、几经战乱等原因，至今遗留下来的有关黄册的文书档案却为数极少。可贵的是，近年来在整理和研究明清徽州文书档案的过程中，发现了一些有关黄册的文书档案，为明代黄册的研究提供了极为珍贵的原始资料。无疑，这些黄册文书档案亦是研究明代人口问题的第一手资料。

关于遗存的明初的黄册文书，迄今发现有《永乐至宣德徽州府祁门县李务本户黄册底抄》①（中国社会科学院历史研究所藏）、《永乐徽州府歙县胡成祖等户黄册底抄残件》②（中国历史博物馆藏）等。这两件黄册文

---

① 王钰欣、周绍泉主编：《徽州千年契约文书》宋·元·明编卷1，第54—56页。又，拙文《明初地主制经济之一考察——兼叙明初的户帖与黄册制度》（载日本《东洋学报》1987年第68卷第1、2号）亦对该文书作了介绍与考证。

② 参阅〔日〕鹤见尚弘：《关于明代永乐年间的户籍残篇——中国历史博物馆藏徽州文书》，载《中国明清社会经济研究》，学苑出版社1989年版。

书并非原本，均为抄件。前者所载，为李务本一户永乐元年（1403年）、十年（1412年）、二十年（1422年）、宣德七年（1432年）四个黄册大造之年的人丁和事产；后者所录，为胡成祖、黄福寿两户永乐二十年大造的人丁和事产（残件）。按明代黄册的登载格式，每户均分旧管、新收、开除、实在四大项，即所谓四柱式进行登载，每项之下均载人丁、事产内容。兹以《永乐至宣德徽州府祁门县李务本户黄册底抄》中永乐十年黄册为例，将其所载部分文字抄录如下：

　　永乐十年
　一户李景祥承故兄李务本户
　新收
　　人口四口
　　　　正收妇女小二口　　姐贞奴永乐四年生
　　　　　　　　　　　　　姐贞常永乐六年生
　　　　转收男子二口
　　　　　　成丁一口义父胡为善系招赘到十四都一图胡宗生兄
　　　　　　不成丁一口本身景祥系摘到本图李胜舟男
　　开除
　　　人口正除男子成丁二口
　　　　　义父胡为善永乐九年病故
　　　　　兄务本永乐十年病故
　　　事产
　　　　　转除民田三十七亩七分六厘九毫
　　　　　（以下从略）
　　实在
　　　人口四口
　　　　　男子不成丁一口　　本身年二岁
　　　　　妇女三口

大一口　　　母谢氏年三十九岁

小二口　　　姐贞奴年七岁

　　　　　　贞常年五岁

事产无

需要说明的是，该文书为一抄件，各大造年分所录事项并不完全，对黄册上正式登载的项目各有不同的省略，如永乐十年黄册的"旧管"项即被省略，而在永乐二十年黄册中则有"旧管"一项，其下载有"人丁计家男妇四口，男子一口，妇女三口"等文字。总体来看，从该文书所载仍可了解到明初黄册登载的人口事项。其项目有：人口总计，即"人丁计家男妇"多少口；"男子"人口，先列总数，其下分"成丁"和"不成丁"；"妇女"人口，亦先列总数，其下分"大口"和"小口"。中国历史博物馆藏《永乐徽州府歙县胡成祖等户黄册底抄残件》所载人口事项，大体与此相同，其中亦分"男子"和"妇女"，而在妇女项下则载有"妇女大"多少口，说明妇女人口项下也是分大、小口入籍的。

关于遗存的明中叶的黄册文书，迄今发现有《成化嘉兴府嘉兴县清册供单残件》，该文书系"来自宋刻明印岳珂《桯史》（藏北京大学图书馆）一书的纸背"，为孔繁敏先生所发现[1]。该文书所载，系嘉兴府嘉兴县不同都里的成化十八年（1482年）大造清册供单残稿。清册供单，即大造黄册之际，里甲各人户亲自将本户人丁事产依式开写的报单，其格式与黄册所载相同，为攒造黄册的最初底稿。以下是该供单所载有关人丁部分举例。

《桯史》目录页二B面纸背：

一户王阿寿今男阿昌　　民籍

旧管

　　人丁计家男妇五口

　　男子三口

---

[1] 参阅孔繁敏：《明代赋役供单与黄册残件辑考》（上），《文献》1992年第4期。本文所引该文书原文系转引自孔文。

　　　　妇女二口

　　事产（从略）

　　《程史》卷十五页十五 B 面纸背：

　　（前缺）

　　开除人口正除妇女大二口

　　　　母徐一娘于成化十一年九月内故

　　　　妻王官奴于成化十四年八月内故

　　实在

　　　　人口男妇三口

　　　　　男子成丁二口本身年五十岁

　　　　　　孙男儿□官年（下缺）

　　　　　妇女大一口孙男妇年三十岁

　　事产（从略）

　　综观这些清册供单，其所载人口事项与明初徽州黄册底抄所载基本相同，有人口总计，亦称"人丁计家男妇"，由此可见，当时"人丁"一语是包括男女在内的。又有"男子""妇女"，男子项下分"成丁"与"不成丁"，但妇女项下只载"大口"，"小口"均省略不载，这是与明初黄册登载所不同者。

　　近年来，在日益受到人们重视的徽州契约文书中，发现了一批对研究明清社会经济史价值极高的文书档案资料。其中，安徽省博物馆藏万历徽州府休宁县二十七都五图黄册底籍系列文书，尤为引人注目。该文书为清初抄本，共四册，载万历十年（1582年）、二十年（1592年）、三十年（1602年）、四十年（1612年）连续四个大造之年二十七都五图各户的人丁事产内容，为迄今发现唯一有关一个图的较为完整的黄册文书档案资料①。

――――――――――

　　① 安徽省博物馆藏2：24527号。参阅拙文：《明代黄册底籍的发现及其研究价值》，载《文史》第38辑，中华书局1994年版。

兹以《万历四十年大造二十七都五图黄册底籍》中一户所载内容为例，录其有关人丁部分的文字如下：

正管第九甲
一户王叙系直隶徽州府休宁县里仁乡二十七都第五图　匠籍
　　　　充当万历四十九年分里长
旧管
　　　人丁计家男妇三十三口
　　　　男子二十口
　　　　妇女十三口
　　事产（从略）
新收
　　人口正收男子六口
　　　　成丁一口　　弟正茂在外生长今回入籍当差
　　　　不成丁五口　侄义〔万历〕三十五年生
　　　　　　　　　侄道　三十六年生
　　　　　　　　　侄余成　三十七年生
　　　　　　　　　侄余禄　三十八年生
　　　　　　　　　侄岩得　三十九年生
　　事产（从略）
开除
　　人口正除男不成丁五口
　　　　　　侄　三十四年故　　　侄得　　三十六年故
　　　　　　侄孙玄　三十六年故　侄孙应　三十八年故
　　　　　　侄孙元　三十七年故
　　事产（从略）
实在
　　人口三十四口
　　　　成丁十三口　侄孙悯　三十六（岁）　孙德　　二十五

	侄慢　　四十六	男顺得　十七	
	侄孙儒　三十五	侄孙方　三十三	
	孙国珍　二十五	侄绍宗　十八	
	孙云相　二十	侄余宾　十六	
	侄镇　　十九	弟正茂　十七	

（按，原文少一口）

不成丁八口	本身　　七十三	兄初　　八十七	
	侄时　　十三	侄义　　六	
	侄道　　六	侄余成　六	
	侄余禄　三	侄岩得　二	
妇女十三口	妻吴氏　　七十五	弟妇吴氏　五十二	
	弟妇吴氏　六十六	弟妇金氏　四十八	
	弟妇金氏　六十六	弟妇吴氏　四十五	
	弟妇朱氏　六十三	弟妇汪氏　四十三	
	弟妇汪氏　五十五	侄媳陈氏　四十	
	弟妇陈氏　五十	侄媳余氏　四十	
	侄媳汪氏　五十		

事产（从略）

　　如上所示，在万历十年、二十年、三十年、四十年二十七都五图的黄册底籍中，其旧管、新收、开除、实在各大项内都载有各户的人口事项。旧管项下所载各户的人口情况，实为上一个大造之年，即前十年的人丁情况，但其下只有"人丁计家男妇"多少口，"男子"多少口，"妇女"多少口，较为简略。新收项下所载人口事项，即在该大造十年之内各户新增加的人口，其中包括新出生的人口，本户男子新娶的妇女，还有在外生长今回入籍当差者，以及来入籍者，或先年出继今收入籍当差者，等等。开除项下所载人口内容，即在该大造十年之内各户死亡的人口，等等。实在项下所载人口事项，即在该大造之年的实在人口情况，包括"人丁"（即人口）总数，"男子"多少口，"成丁"多少口，"不成丁"多少口，"妇女大"多少口。新收、开除、实在各项之下除载总数外，还详细列出各人的姓名及其生年（新收项下）、亡年（开除项下）、年龄（实在项下）等。所有各项之下，男子均分为成丁（十六至六十岁）与不成丁，分别登载。而在这四个大造之年的黄册底籍中，各户所载人口事项均包括妇女在内。但值得注意的是，其只登妇女大口事项，妇女小口均不登载。这与上述明中叶的黄册登载情况相同。

又据笔者查阅，中国国家图书馆藏《万历二十年严州府遂安县十都上一图五甲黄册残件》①，中国国家博物馆藏《天启二年徽州府休宁县二十四都一图五甲黄册草册》②《崇祯五年徽州府休宁县十八都九图黄册残篇》③《崇祯十五年徽州府休宁县二十五都三图二甲黄册底籍》④等黄册文书档案中，其人口登载事项与上述二十七都五图黄册底籍所载相同，各户所载人口亦均包括妇女在内，而妇女小口皆不登载。因篇幅所限，这里不再征引原文。总之，从遗存至今的明初至明末的黄册文书档案来看，其所载人口事项均包括妇女在内，确凿无疑。

如前所述，持明代黄册所载人口包括妇女说者，通过方志等文献记载，对这一观点亦作了论证。但对明代不同时期黄册所载妇女的具体情况，却没有作进一步考察。而现今遗存的明初至明末的黄册文书档案，既确凿无疑地证实了明代黄册所载人口事项均包括妇女在内，同时也向我们揭示了明代不同时期黄册所载妇女的一些具体情况，即，自明中叶以后，黄册所载女口一般不包括妇女小口在内。当然，由于遗存至今的黄册文书档案毕竟有限，此种情况尚需结合方志等文献记载作进一步考证。

---

① 中国国家图书馆藏14237号。

② 中国国家博物馆藏1197号。

③ 中国国家博物馆藏1202号。

④ 中国国家博物馆藏1203号。

五、明中叶以后黄册人口登载的复杂情况

明代方志所载"户口之数据黄册也"[①]，这一点已无须多加论证。因此，反过来通过明代方志所载人口数字，亦可看出明代黄册登载的某些情况。有为数颇多的明代地方志，在其所载人口总数之下，"异其男女"，明确地分别载有男女人口数字，这当然是明代黄册所载亦包括妇女在内的重要佐证。而如果我们再进一步审视一下这些数字，就会发现，其中又有相当多的方志所载同期男女人口数字，数额多少相差十分明显，请看表1：

表1　明代部分地方志所载同期男女人口数字

地区	府县	时间	男子口数	妇女口数	资料出处
京师	永平府	弘治	151679	91675	弘治《永平府志》卷2
京师	威县	成化	9696	3155	嘉靖《威县志》卷4
京师	内黄县	弘治十五年	22867	16264	嘉靖《内黄县志》卷2
京师	蠡县	嘉靖	31832	17504	嘉靖《蠡县志》卷3
南直隶	长洲县	隆庆五年	221255	72861	隆庆《长洲县志》卷7
南直隶	高淳县	弘治十五年	46218	21245	嘉靖《高淳县志》卷1
南直隶	句容县	天顺	128569	84067	弘治《句容县志》卷3
南直隶	徽州府	天顺六年	336295	174122	弘治《徽州府志》卷2
南直隶	铜陵县	嘉靖四十二年	14893	5769	嘉靖《铜陵县志》卷4
南直隶	建平县	嘉靖元年	65814	20884	嘉靖《建平县志》卷2
南直隶	宿州	嘉靖	76084	46241	嘉靖《宿州志》卷2
浙江	会稽县	隆庆六年	40613	21391	万历《会稽县志》卷5
浙江	新昌县	万历六年	8507	4516	万历《新昌县志》卷6
江西	丰城县	正德七年	99472	23640	嘉靖《丰城县志》卷4
湖广	汉阳府	正德七年	4035	2717	嘉靖《汉阳府志》卷5
湖广	光化县	正德七年	10235	4865	正德《光化县志》卷1
河南	沈丘县	嘉靖元年	3350	1943	嘉靖《沈丘县志》
河南	尉氏县	成化十八年	27985	14676	嘉靖《尉氏县志》卷1
河南	夏邑县	嘉靖二十六年	15591	6901	嘉靖《夏邑县志》卷3

① 嘉靖《钦州志》卷3《食货·民数》。

通过表1可以看出，这些方志中所载妇女口数要比同期男子口数少得多，数额相差甚大，其中多数地方的妇女口数仅为男子口数的一半左右。众所周知，按人口出生率的自然规律来说，一般男女性别口数虽不会完全相同，但其数量差额绝不会如此之大。这显然是由于人为的原因造成的。此种现象正可以与上述黄册文书档案中所显示的不登妇女小口的情况相互印证。即，明代方志中登载的男女人口数额相差之悬殊，正反映了攒造黄册时不登妇女小口的事实。又从表1可以看出，有此种情况的地区相当广泛。而表中所列亦仅为其中的一部分地区，所以可以明了，明代黄册中不登妇女小口的情况并非个别现象，而是相当普遍的。那么，这种情况在明代大致又是从何时开始的呢？

从一部分载有明朝各个时期人口数字的明代方志来看，其中洪武、永乐时期，即在明初，女口与男口的数额相差很小，有的地方甚至是女口多于男口；而有的地方早在宣德以后，有的地方则从天顺之后，总的说来至迟从明中叶开始，就可以看出其所登载的女口数额越来越明显地少于男口数额。例如，嘉靖《六合县志》载，洪武二十四年（1391年）的口数为"男6941、女7154"，永乐十年（1412年）的口数为"男7389、女7094"，可以看出，洪武时是女口多于男口，而永乐时男女口数相差无几。接着该志所载天顺六年（1462年）的口数为"男11892、女6161"，至嘉靖三十一年（1552年）口数则为"男27283、女8636"，即女口已大大少于男口了①。又如嘉靖《汉阳府志》载，"永乐十年黄册……〔口〕男15322、女17096"，"嘉靖十一年黄册……〔口〕男19486、女12505"，亦是永乐时女口多于男口，而嘉靖时女口又大大少于男口②。嘉靖《沔阳志》载沔阳州洪武二十四年（1391年）口数为"男23109、女24301"，永乐元年（1403年）口数为"男23320、女23552"，而从宣德以后，所载女口逐渐减少，至嘉靖元年（1522年）口数已是"男25340、女13876"③。在北方也有此

---

① 嘉靖《六合县志》卷2《人事志·户口》。
② 嘉靖《汉阳府志》卷5《食货志》。
③ 嘉靖《沔阳志》卷9《食货》。

类例子。嘉靖《曲沃县志》载，洪武时口数为"男62100、女60142"，嘉靖二十七年（1548年）口数为"男90663、女38420"①，等等。

类似的例子还有不少。从这些例子不难看出，洪武、永乐时期各地黄册中所登男女口数相差很少，说明当时妇女小口是登记在内的。这也表明明初洪武、永乐时黄册所载户口数是接近实际的。明人叶春及说："洪武诏天下，户置帖，书其乡贯、丁口、名岁，编给于民，其籍藏部。故册式以丁数多寡为次，人弗敢欺，法至重也。嗣而递减，将去其半，盖户帖少存，法网疏矣。"②"国初法严，隐丁，自令以下罪有差。今胥为政，故隐者多。"③嘉靖《昆山县志》亦云："国初法令严密，不敢有漏籍者耳。"④但此种情况持续的时间并不长，至迟在进入明中叶以后，即明显可看出妇女登载的口数已大大少于男子的口数了。这说明，明代黄册不登妇女小口的情况是由来已久。

当然，明中叶以后黄册不登妇女小口的情况也不是绝对的。从现今遗存的方志来看，有的州县在明中叶以后仍登载妇女小口。如正德《临漳县志》载，弘治十五年（1502年）该县的人口数为"男子35118口，男子成丁16813口，不成丁18308口；妇女21906口，妇女大17913口，小3993口"⑤。从笔者查阅的数百种明代方志来看，明代中期以后登载妇女小口的情况毕竟是少数。又，即使登载，多数场合其所载人数也是极少的。如嘉靖《福宁州志》载嘉靖十一年（1532年）该州户口数，"口18365，男子11245，成丁9924，不成丁1321；妇女7120，大口7070，小口50"⑥。又如嘉靖《真阳县志》载该县嘉靖时户口数，"男子8929口，成丁6593口，

---

① 嘉靖《曲沃县志》卷1《贡赋志·户口》。

② 〔明〕叶春及：《石洞集》卷4《惠安政书三·版籍考》，载《文渊阁四库全书》第1286册，上海古籍出版社1989年版，第304页。

③ 〔明〕叶春及：《石洞集》卷11《志论四·肇庆府·户口论》，载《文渊阁四库全书》第1286册，第603页。

④ 嘉靖《昆山县志》卷1《户口》。

⑤ 正德《临漳县志》卷3《食货·户口》。

⑥ 嘉靖《福宁州志》卷3《户口》。

不成丁 2336 口；妇女 4950 口，大 4926 口，小 24 口"①。《宛署杂记》中所载万历时宛平县的人口数字也是此种情况："人口男妇共 81728 口，男子 51213 口，成丁 38049 口，不成丁 13164 口；妇女 30515 口，大 29998 口，小 517 口。"②对此种现象，明代的有关文献记载解释说："胥云：不登小口，自昔已然；及上户，千乃一二。"③

关于明中叶以后人口登载的混乱情况，还有一点要提及的是，在明末少数地方的户口统计中确实出现了只计丁的事例。如万历《儋州志》载万历十一年（1583 年）该州户口数，"户 4136……口 16463，男子成丁 15982，不成丁 481"④。这里所载口数，即为男子成丁与不成丁数字之和。又，万历《新修南昌府志》中谈及户口时说："按隆庆六年后，户几三十万，口几九十万，此著成丁者耳。"⑤可以明确的是，只是在少数地方出现了这种情况，并且多是在一条鞭法实行之后。

王育民先生在《〈明初全国人口考〉质疑》一文中，对明末《实录》中有三条在人口数字之后记有"半"字这一点作了如下解释："明代晚期《实录》中的三条人口数字之后的'半'字，或为半里之意。"即认为其'半'字为里甲制度中的半个里分。这一解释恐怕难以说得通。结合上述明末在实行一条鞭法之后所出现的少数地方的户口统计中只记丁的现象，笔者认为，明末《实录》中三条人口数字之后的"半"字，即半丁之意。这里的丁乃是一条鞭法实行之后所编之丁，实质上它已不是人口统计单位，而是一种赋役核算单位，所谓"半丁"即"五分丁"。当时不但有"五分丁"，还有"二分丁""三分丁"等。由于明末户籍制度的混乱，各地户口统计标准不一，或只记男子及妇女大口，而不记妇女小口，或男子

① 嘉靖《真阳县志》卷6《田赋志·户口》。

② 〔明〕沈榜：《宛署杂记》卷6《山字·人丁》，北京古籍出版社1980年版，第47页。

③ 〔明〕叶春及：《石洞集》卷10《志论一·顺德县·户口论》，载《文渊阁四库全书》第1286册，第573页。

④ 万历《儋州志》天集《食货志·户口》。

⑤ 万历《新修南昌府志》卷7《典制类·户口》。

妇女大小口并记，或只记一条鞭法中所编的丁数，等等。明末《实录》中所载人口数字，是混合当时各地不同标准的人口统计的产物，故而出现"半"口的记载。显然，我们也并不能以此证明当时《实录》中所记载的人口数字全部为赋役制度中所编的丁数。这种现象只是表明了明末户籍制度的混乱而已。

总之，尽管明中叶以后的户籍制度在其实行之中出现了上述种种复杂情况，但从大多数地区来看，黄册上登载的人口数字仍是包括妇女在内的。若论及其原因，从赋税制度方面来说，亦不无缘由。明代从洪武年间开始实行户口盐钞制度，官给民支盐，民输粟于官，"计口支盐，计盐征米"①。永乐二年（1404年），"大口令月食盐一斤，纳钞一贯；小口月食盐半斤，纳钞五百文"②。弘治时又改钞纳银，仍名钞。后不给盐，而按户口纳钞如故。明代黄册中多一直登录女口，亦与户口盐钞制度相关。"夫男丁算赋，幼待十年而登；女大小口，盖为给盐。自盐弗口给，而钞纳如故。"③"女大小口徒给盐，盐不口给而必登之，法如是耳。"④

以上主要就明代黄册的人口登载事项这一问题作了一些探讨。尽管从总体上看，明代黄册的人口登载事项一直是包括妇女在内的，但这绝不等于说，明代中叶以后黄册上登载的人口数字是属实的、可信的。自明中叶以后黄册制度开始衰败，黄册之中关于人口方面记载的弊病尤为突出。对此，明朝人的有关论述颇多。可以说，至明代后期，黄册上记载的人口数字，与当时社会实际存在的人口数字相差甚远。特别是一些像《实录》之类的大范围的人口统计，更是如此。前引万历《新修南昌府志》的作者在评估该府当时的人口总数时说："按隆庆六年后，户几三十万，口几九十万，此著成丁者耳。其未成丁及老病男女，奚啻百万，而每户未报者，总

---

① 万历《吉安府志》卷13《户赋志》。
② 《明太宗实录》卷33，永乐二年七月庚寅条。
③ 〔明〕叶春及：《石洞集》卷4《惠安政书三·版籍考》，载《文渊阁四库全书》第1286册，第304页。
④ 〔明〕叶春及：《石洞集》卷10《志论一·顺德县·户口论》，载《文渊阁四库全书》第1286册，第573页。

亦不下数十万，流民移户尚不在此数，是几二百余万口也。"①即，在册的人口数字与实际存在的人口数字，二者相差一倍以上。当然，这里所言南昌府册籍登载的人口数字仅为成丁者，如上所述，此种情况在当时尚不是多数。但即使那些登有女口的黄册，其所载人口数字也是与当时实际存在的人口数字相去甚远。这是我们在利用这些数字时所必须注意的。

原载《历史研究》1998年第2期，人大复印报刊资料《明清史》1998年第6期全文转载，有改动

---

① 万历《新修南昌府志》卷7《典制类·户口》。

论明代甲首户

黄册里甲制度，为有明一代基本的户籍与赋役制度。按明代黄册里甲制度规定，每里正管一百一十户，其中设有里长户和甲首户。关于里长户，每里金丁粮多者十户充当，对此，文献记载十分明确，无须多加论证；而关于甲首户，即在明代黄册的里甲编制中，每里设有多少甲首户呢？或云只有十户甲首，或云有百户甲首；或认为甲首即一甲的首领，或认为甲首乃是一种职役。不惟学者说法纷纭，史书记载亦有歧义。它又不仅仅是关于甲首户的户数问题，实质上也是有关如何理解明代的甲首户乃至黄册里甲制度的一个基本问题。

一、分歧由来

明代甲首户数说法的不同，缘起于史书记载之歧异。

在正史之中，关于明代黄册每里甲首户数的记载，影响较大的，首推清修《明史》，其在叙及明代黄册制度时说："洪武十四年诏天下编赋役黄册，以一百十户为一里，推丁粮多者十户为长，余百户为十甲，甲凡十人。岁役里长一人，甲首一人，董一里一甲之事。"①这里并未明确记载黄册每里甲首共有多少人，而对"岁役里长一人，甲首一人，董一里一甲之

---

① 〔清〕张廷玉等：《明史》卷77《食货一·户口》，中华书局1974年版，第1878页。

事"这段记载，或有不同理解。该记载明确说岁役甲首一人，董一甲之事，若认为其一里十甲之中，每年各甲都有一名甲首轮流当差，董一甲之事，即是每里岁役十名甲首，若十年一周，由此似乎亦可推算出每里设有百户甲首。但明中叶以前，黄册里甲制度通行的做法是按甲轮差，即每里分为十甲，岁轮一甲应役，十年一周。因此，按"岁役里长一人，甲首一人"这一说法推算，每里所设甲首总共只有十人。联系整个明代黄册里甲制度，对《明史》的这段记载，只能作后者理解。其次，是《大明律》中"禁革主保里长"条的记载："凡各处人民，每一百户内，议设里长一名，甲首一十名，轮年应役，催办钱粮，勾摄公事。若有妄称主保、小里长、保长、主首等项名色，生事扰民者，杖一百，迁徙。"①这里所说"轮年应役"，也不是指每年轮一名里长、十名甲首去充役，因为若如此，每里即当是一百一十户，与其所云"一百户"显然不符。所以《大明律》中"每一百户内，议设里长一名，甲首一十名"这一记载也十分明确，即是说每里的设置共有一名里长，十名甲首。但另一方面，明代其他正史、文集、方志等诸多史籍，关于明代的甲首户数均明确记载：每里有1百户甲首。详见后文。

所以，关于明代甲首户数，史籍之中存在两种不同的记载，一为每里十甲首说，一为每里百甲首说。对此，我国学者多持前一种说法。例如，著名中国经济史专家梁方仲先生，在其有关明代社会经济史的多篇论著中均认为，明代里甲每里只有十户甲首。梁氏所著《明代粮长制度》一书中说："每里之中，推丁多粮多的十户为里长。其余一百户分为十甲，每甲十户。每甲有'首领'一人，名曰甲首。"②梁氏亦注意到明代其他史籍中

---

① 《大明律》卷4《户律·户役》，载《续修四库全书》第862册，上海古籍出版社2002年版，第450页。

② 梁方仲：《明代粮长制度》，上海人民出版社1957年版，第86页。此外，梁氏在其所著《一条鞭法》《释一条鞭法》《明代黄册考》《明代一条鞭法的论战》《论明代里甲法和均徭法的关系》等论文中均持同一说法。在《论明代里甲法和均徭法的关系》一文中，又有"甲首的人数问题"一节，专门论述了该问题。详见《梁方仲经济史论文集》，中华书局1989年版，第39、230、273、304、580—584页。

多有每里甲首为百户的记载，但提出，应把甲首与一般人户区别开来，而作为一甲的"首领"来理解，故从前说，即认为每甲只有一户甲首，每里共有十户甲首。至今我国学者在有关明史的多种论著中仍从此说①。

日本学者据《明实录》等的有关记载，多持每里有百户甲首的观点。例如，松本善海氏认为，无论里长，还是甲首，均为一种职役，"每百一十户编为一里，其中丁粮多者十户金充里长户，依次岁轮一人充当里长，十年一周。该年者曰现年里长，其他九人曰排年里长。余百户分为十甲，其中有十人亦为现年甲首，其余九十人为排年甲首，仍十年一周"②。其后，日本学者在有关明代里甲制的论著中多从此说。但日本学者在有关明代里甲制的论著中，一般只是提及每里有百户甲首，并未就这一问题作专门论述。

二、明代文献所载甲首户数

实际上，文献中关于每里只有十户甲首的说法，主要见于前引清修《明史》的有关记载，在明朝当代文献中，仅有明初《大明律》等少数文献，载每里只有十户甲首。而对每里有百户甲首这一说法，在明代的正史、文集、方志等诸多史籍中，却有大量记载。先看一下《明实录》的有关记载：

> （洪武十四年正月）是月，命天下郡县编赋役黄册。其法以一百一十户为里。一里之中，推丁粮多者十人为之长，余百户为十甲，甲凡十人。岁役里长一人，甲首十人，管摄一里之事。城中曰坊，近城曰厢，乡都曰里。凡十年一周，先后则各以丁粮多寡为次。每里编为一册，册之首总为一图。其里中鳏寡孤独不任役者，则带管于百一十

① 唐文基先生认为每里有百户轮充甲首。参阅唐文基：《明代赋役制度史》，中国社会科学出版社1991年版，第40页。

② ［日］和田清编著：《中国地方自治发达史》第四章《明代》，汲古书院1939年初版，1975年据初版影印发行，第99页。该书"自序"载第四章为松本善海所撰。

户之外，而列于图后，名曰畸零。①

无须赘言，从这里"岁役里长一人，甲首十人"，以及"十年一周"等记载中，可明确看出，其每里之中设有百户甲首。而洪武十四年（1381年）正月，正是明朝首次向全国推行黄册制度的时间，无疑《明实录》的这一记载应使我们倍加注意。对《明实录》中的"岁役甲首十人"这一记载，梁方仲先生解释说："《明史·食货志》所说每年只役甲首一名，当就明初户籍编制中的里甲体系而言。随着时间的推移，多数的地方都把值年的十户唤作甲首，《明实录》说的'岁役甲首十人'也就是从俗的称谓。"②如众所知，《明太祖实录》虽经三次纂修，但最后成书时间亦在永乐年间，仍属明初时期③。因此，把上述《明太祖实录》中的"岁役甲首十人"这一记载，解释为"随着时间的推移"而出现的"从俗的称谓"，恐怕很难说得通。

《明实录》中还有关于甲首户的同类记载，例如：

> （天顺元年八月）四川重庆府永川县民邓锳奏……洪武年间，每里百一十家内，以丁粮多者十家，逐年轮充里长，其余轮充十年甲首。遇有朝廷科征，里长自出十之三，十甲共出十之七，所以民有一年之劳，而有九年之逸。近年但遇科征，里长一钱无费，而遍取于一里百家之中。其间归于官者十一，而入于私者十九。是以里长日致富盛，甲首日益贫难。乞行有司禁革。④

这一记载告诉我们，明代的里甲制，是以一百一十户为一里，其中丁粮多者十家轮充里长，"其余轮充十年甲首"，即其余百户皆轮充甲首，一里之

---

① 《明太祖实录》卷135，洪武十四年正月条。

② 《论明代里甲法和均徭法的关系》，《学术研究》1963年第4、5期；收载于《梁方仲经济史论文集》，中华书局1989年版，第583—584页。

③ 《明史》卷97《艺文二》。参阅吴晗：《记〈明实录〉》，载《吴晗史学论著选集》卷2，人民出版社1986年版，第296—373页。

④ 《明英宗天顺实录》卷281，天顺元年八月丁酉条。

中有百户甲首乃不言而喻。而从其后所说"里长自出十之三，十甲共出十之七"之中，亦可推算出每里为百户甲首，因为若是每里只有十户甲首，甲首户数与里长户数相同，在制度上又怎能做出每里里长出十分之三，甲首出十分之七这样的规定呢？该奏议虽是县民所上，但"事下户部""上命行其说于天下"，被朝廷采纳，奏议中所言皆为当时通行的制度，亦无疑问。

再看《明实录》中其他有关记载。

> （弘治十三年正月）巡按福建监察御史胡华言六事……一、编里甲。……乞通行两直隶并各布政司，今后轮当造册之年，令有司预先逐户查审，供结某户田粮新收开除数目，各图甲首某里足备，某里缺少。如一里长以十甲首为则，十里长以一百户为率，户有贫难，以殷实者佥替；甲有缺少，以分析者补凑。使彼此不至多少，则贫富适均，而差遣平矣。[①]

> （嘉靖三十九年十月）户部尚书高耀等议上大造黄册事宜……一、一里中，里长十人，各管甲首十户，带管几人，该役之年，并力从事。此旧制也。[②]

明代专门记载黄册事迹的《后湖志》中，亦有关于甲首百户的记载，"正德六年二月二十一日户部题准为赋役黄册事"中说：

> 一、排年里长仍照弘治十五年册内应当，不许挪移。设有消乏，许于一百甲首户推选丁粮多者补充……[③]

"嘉靖七年闰十月南京户科给事中赵永淳题准为重版图以固国本事"中说：

---

① 《明孝宗实录》卷158，弘治十三年正月己卯条。
② 《明世宗实录》卷489，嘉靖三十九年十月戊戌条。
③ 〔明〕赵官等：《后湖志》卷8《事例五》。

臣又查得各处解到赋役黄册中间，多不依式顺甲编造，俱紊乱穿甲攒造，假如里长赵甲下甲首钱乙等十名，即该顺次编附于里长赵甲之下，方可易于检阅查对……①

章潢《图书编》载：

国朝洪武十四年创编赋役黄册，以一百一十户为一图，选其粮多者十户为里长，余百户为甲首。十年轮役，催办钱粮，追摄公事。②

杨芳《赋役》论中说：

国初之制，百十户为里，丁粮多者为长，每〔里〕户十，甲首户百，即周人比长闾胥之职也。③

以上正史等史书中，关于每里之中设有百户甲首的记载，均十分明确，无须多加诠释。而在明代的方志中，有关每里设百户甲首的记载，更是不可枚举。仅举几例如下。南直隶《丹徒县志》载正德十五年（1520年）该县里甲职役：“坊长二十二名，里长二百二十六名，甲首每里百名。”④南直隶《六合县志》载：“县一十九里，里统十甲。凡甲，为里长一，甲首十；凡里，为里长十，甲首百。历十年轮役一次，里长十有九人，甲首百有九十人。”⑤江西《南康县志》载：“我国家立法，以百有十户为一里，同一格眼谓之一图。推丁粮多者为长，在城曰坊长，在外曰厢长，在乡曰里长。每图长有十，甲首户有百。又分为十甲，每一甲则一长管摄甲首十户。”⑥江西《瑞金县志》载：“国朝以一百十户编为一图，选

① 〔明〕赵官等：《后湖志》卷10《事例七》。

② 〔明〕章潢：《图书编》卷90《江西差役事宜》，载《文渊阁四库全书》第971册，上海古籍出版社1989年版，第731页。

③ 〔明〕杨芳：《赋役》，载《中国历代食货典》卷152《赋役部·艺文五》，江苏广陵古籍刻印社1989年版，第749页。

④ 万历《丹徒县志》卷2《田赋·户口》。

⑤ 嘉靖《六合县志》卷2《人事志·徭役》。

⑥ 嘉靖《南康县志》卷2《里籍》。

其丁粮多者十户为里长，其余皆为甲首。十年而轮役一次，专以催办钱粮，追摄公事。"①湖南《常德府志》载："今制，坊里长一，俱辖甲首十，照年赴官，催征钱粮，勾摄公事，解送军匠等务，此为正役也。"②广东《肇庆府志》载："里甲为正役。国朝之制，一百一十户为里，里为一册，册为一图。丁粮多者为长，其户十，甲首户百。鳏寡孤独不任役者带管于一百一十户之外，列于图后，谓之畸零。"③河南《灵宝县志》载："制额里十长，长有十甲首，计户一百有一十。或有余户为畸零，不算焉。"④山东《青州府志》载："每十年一役者，里长原额一万六千八百七十名，甲首一十六万八千七百。各州县有差。"⑤北直隶《东安县志》载："国制，每甲十里，每甲里长一户，甲首十户。又有畸零户，此十户之外附余者。"⑥

同样，上述南北各地方志中有关明代每里设百户甲首的记载，也很清楚，无须多加解释。总之，明朝的当代文献，从正史到方志绝大多数史籍都明确记载：每里有百户甲首。对此，必须予以注意。

三、黄册文书所登里甲编制

明代里甲组织是在攒造黄册的过程中建立的，而黄册制度又是在里甲组织的基础上运行的，二者关系密不可分。因此，黄册文书中所登录的里甲编制，无疑是了解明代里甲组织的第一手档案资料。从遗存的黄册文书档案来看，明代的里甲编制亦是每里为百户甲首之制。

安徽省博物馆藏万历徽州府休宁县二十七都五图黄册底籍抄本⑦，共

---

① 嘉靖《瑞金县志》卷1《地舆类·徭役》。
② 嘉靖《常德府志》卷7《食货志·徭役》。
③ 崇祯《肇庆府志》卷13《赋役志·役》。
④ 嘉靖《灵宝县志》卷上《地理一·里甲》。
⑤ 嘉靖《青州府志》卷7《地理志·户口》。
⑥ 天启《东安县志》卷2《补遗·户口》。
⑦ 安徽省博物馆藏2：24527号。

四册，保存了该图万历十年（1582年）、二十年（1592年）、三十年（1602
年）、四十年（1612年）四个连续大造之年的黄册文书资料，十分珍贵①。
该黄册文书既详细地记录了各户的人口和土地情况，也完整地登载了该图
当时的里甲编制状况。

二十七都五图的这四册黄册底籍，均以人户为中心进行登载。而对各人
户，在以四柱式分别登载其人丁事产之前，首先登载的是有关该户本身基本
情况的几个事项。如《万历十年大造二十七都五图黄册底籍》中所载：

　　　第一甲排年　　　　　上户
　　　　一户王茂　　　　二十七都五图　　　军户　　　　　　……
　　　第二甲排年　　　　　中户
　　　　一户朱洪　　　　民户　　　万历拾贰年里长　　　　……
　　　第三甲排年　　　　　上户
　　　　一户朱清　　　　充当万历十三年里长　　　　　　　……
　　　第四甲排年　　　　　下户
　　　　一户王时　　　　充当万历十四年里长　　　　　　　……
　　　第五甲排年　　　　　中户
　　　　一户陈章　　　　民［户］　　充当万历十五年里长　……

各甲排年之下，即依次载有其所领各户甲首情况，如《万历三十年大
造二十七都五图黄册底籍》中所载：

　　　第四甲排年
　　　　一户王正芳　　匠［户］……
　　　甲首第一户　　　　　　　　　　甲首第六户
　　　　一户王福寿　民　　……　　　一户倪四保　民　　……
　　　甲首第二户　　　　　　　　　　甲首第七户

---

① 参阅拙文：《明代黄册底籍的发现及其研究价值》，载《文史》第38辑，中华书
局1994年版。

一户朱大兴　民　………	一户程友仪　匠　………
甲首第三户	甲首第八户
一户朱文魁　民　………	一户朱文节　伯象　军……
甲首第四户	甲首第九户
一户王美　民　………	一户王英　民　………
甲首第五户	甲首第十户
一户朱大斌　父景和　民……	一户吴琯　民　………

应指出的是，在现存的二十七都五图的四册黄册底籍中，各户登载的这些基本项目不尽相同，其中各有不同的省略，但综合起来，仍可看出明代黄册制度规定的登载人户基本情况的各个项目。这些项目是：

（1）编次格眼。即按每里一百一十户，分为十甲，轮流应役这一编制原则，编定各户在里甲中的职役及其应役时间顺次。如上引二十七都五图黄册底籍中所载，"第几甲排年"为某某户，某户"充某某年里长"；第几甲"甲首第几户"为某户，某户"充某某年甲首"；等等。这在每次大造时都要按里甲编制的要求预先编定排好，明载黄册之上。这是明代黄册上各户之前首先登载的一个项目，称为"编次格眼"①。史载："里甲之制。洪武十四年始诏天下编赋役黄册，以一百一十户为一里，同一格眼谓之一图。推丁粮多者一人为长，在城曰坊长，在乡曰里长。余一百人分十甲，每一甲则一长，管摄甲首十户。丁粮绝少及鳏寡孤独不任役者，附于格眼外，谓之畸零户。"②

在二十七都五图的四册黄册底籍中，排在各甲甲首户之后的一些户名，其上则标有"带管"字样；此外，还载有一些"绝户""立户"等。

（2）户等。即分上户、中户、下户三等人户。

（3）户长姓名及其承继情况。如万历三十年册中第二甲朱祐生户下载："甲首第十户，一户朱祐生，承义父汪护，民〔户〕"。

---

① 〔明〕赵官等：《后湖志》卷5《事例二》。

② 嘉靖《香山县志》卷2《民物志·徭役》。

（4）乡贯都图。二十七都五图的四册黄册底籍中，大多数户下的乡贯均省略不载，但亦有少数户下开写了乡贯都图。如前引万历十年册中第一甲排年王茂户下，即载有"二十七都五图军户"，又如万历四十年册中第九甲排年王叙户下亦载：

正管第九甲

一户王叙　系直隶徽州府休宁县里仁乡二十七都第五图　匠籍

充当万历四十九年分里长

（5）户籍。各户所属户籍分为军籍、民籍、匠籍、灶籍等。其细目有很多种，黄册上一般只登这些大的类别。

如前所述，明代的里甲制度是在大造黄册的过程中建立起来的。载于黄册之上反映各户基本情况的编次格眼等项目，正是该图里甲编制的一个写照。据《万历三十年二十七都五图黄册》底籍所载资料，该图的里甲编制情况即如表1所示：

表1　万历三十年（1602年）二十七都五图里甲编制情况

单位：户

甲别	户别						户等			户籍		
	里长	甲首	带管	绝户	立户	合计	上	中	下	军	民	匠
一甲	1	13	0	4	0	18	1	1	12	2	11	1
二甲	1	10	4	4	8	27	0	1	22	0	23	0
三甲	1	11	2	4	0	18	1	0	12	5	13	1
四甲	1	10	4	4	0	27	0	0	15	1	12	1
五甲	1	10	0	7	0	18	0	1	10	0	10	2
六甲	1	10	7	4	0	23	0	1	18	0	18	1
七甲	1	11	2	5	0	19	0	1	13	2	12	1
八甲	1	10	4	4	0	17	0	1	12	1	12	1
九甲	1	7	5	5	0	18	0	0	13	0	11	2
十甲	1	10	6	3	2	22	0	1	18	3	16	0
总计	10	102	33	44	10	199	2	7	146	9	138	8

据《万历三十年大造二十七都五图黄册底籍》所载，二十七都五图全图共有199户，除去44户绝户，实在155户。全图分为10甲。每甲有1户里长户。甲首户的情况是，有6个甲的甲首户均为10户，有3个甲的甲首户超过10户，有1个甲的甲首户不足10户，全图共有甲首户102户。可以看出，其基本上仍是按每里正管110户，分为10甲，每甲1户里长户、10户甲首户这一里甲编制原则组成的。册中的登载顺序是从第一甲到第十甲依次登载。每甲所载次序是，先里长户，"第几甲排年"某某；次甲首户，"甲首第一户"某某，"甲首第二户"某某，等等；再次，附于甲首户之后又有带管畸零户；最后则是所谓"绝户"。各甲所附带管畸零户和绝户均为数不等。此外，在该大造之年如有告明官府新立户者，则附于该甲末尾。

按明代黄册制度规定，每里推丁粮多者10户为长。从二十七都五图黄册底籍中所载来看，这一点十分明显。万历三十年册中该图的10户里长户，其中除一两户外，其余均为该图丁粮最多者。

关于甲首户，在《万历三十年二十七都五图黄册底籍》中，均明确标出，分隶于各里长之下。全图共有甲首102户。各甲甲首户数已有不同。从洪武十四年（1381年）到万历三十年（1602年），已有200余年，在黄册制度实行了200余年之后，《万历三十年二十七都五图黄册底籍》中各甲甲首户数有所不同，并不奇怪。但其中多数甲的甲首户均为10户，仍可看出每一里长管10户甲首这一明代里甲定制。

各甲在甲首户之后，又附有一些带管或畸零户。每甲所附带管畸零人户不等，全图共有33户。黄册里甲编制中的带管畸零户，是与110户正管户相对而言的，即属各里（图）110户正管户以外的一些剩余户。实际上，不仅带管户，就是畸零户，也不免于服徭役。就纳粮当差这一点来说，其与正管户并无区别。特别值得注意的是，他们在里甲中的身份次序亦有所变动，其中丁粮多者在以后的大造中多有被编充甲首者。例如，万历十年册七甲第十二户载"带管一户潘希远"，至万历二十年册即被编充甲首，万历三十年册载"甲首第六户：一户潘希远"。又如，万历十年册八甲第十一户载"带管一户陈仕",至万历三十年册中即被编充甲首,"甲首第十户:一户程延隆,承陈仕"。又如万历二十年册二甲第十二户载"一户汪护,带留〔管〕民户",至万历三十年册中亦被编充甲首,"甲首第十户:一户朱祐生,承义父汪护",等等。

四、明代里甲制中一甲之长

持每里十甲首说者,对明代的甲首多作这样的解释:"每甲十户,每十户之内,各有长一人,名曰'甲首'。"[①]"十户中推一户为首领,名曰甲首。"[②]或"作为封建统治基层组织的负责人"[③]来理解。总之,是把明代的甲首作为一甲之"首",或一甲之"长"来理解的。在明代实行的里甲制中,每里各甲之中是否有"首"或"长"呢?当然有的,但其并不是由甲首来担当,这个首或长,即各甲的排年里长。在有关明代里甲制的各种记载之中,对这一点都讲得很清楚。如丘浚《大学衍义补》所论《治国平天下之要·固邦本》中,专有"择民之长"一节,其论及明朝时则说:

> 我朝稽古定制,于天下州县每百一十户为一里,十户为甲。每甲有长,在城谓之坊长,或谓之厢长;在外谓之里长,或谓之社长、保长。十年而一役之,役周而更造其籍。[④]

丘浚在同书中又说:

> 今制,每一里百户,立十长,长辖十户,轮年应役,十年而周。当年者谓之见役,轮当者谓之排年。凡其一里之中,一年之内所有追

---

① 梁方仲:《一条鞭法》,载《梁方仲经济史论文集》,中华书局1989年版,第39页。

② 梁方仲:《明代一条鞭法的论战》,载《梁方仲经济史论文集》,第304页。

③ 李晓路:《明代里甲制研究》,《华东师范大学学报》1983年第1期。

④ 〔明〕丘浚:《大学衍义补》卷18《固邦本·择民之长》,载《文渊阁四库全书》第712册,第258页。

征钱粮，勾摄公事，与夫祭祀鬼神，接应宾旅，官府有所征求，民间有所争斗，皆在见役者，所司惟清理军匠，质证争讼，根捕逃亡，挨究事由，则通用排年里长焉。[1]

嘉靖《惠州府志》载："每图分为十甲，每一长统甲首十，轮年应役，十年而周。"[2]嘉靖《香山县志》载："在城曰坊长，在乡曰里长，余一百人分十甲，每一甲则一长管摄甲首十户。"[3]嘉靖《增城县志》载："在城为坊，坊有坊长，长各有甲，甲各十户。在乡为都，都有里长，长各有甲，甲各十户，以相统辖。"[4]崇祯《肇庆府志》载："图分十甲，一长统甲首十，轮年应役，十年而周。"[5]万历《淄川县志》载："国初，以一长摄十户为甲，十甲为一里。"[6]崇祯《蠡县志》载："洪惟祖宗之制，十家为甲，十甲为里，里置十长，分统百家。"[7]嘉靖《龙溪县志》载："今制，每里置里长十，甲首百；每里长一，管甲首十。照依编定年分，赴官催征钱粮，勾摄公事，解送军匠等役，是为正役。"[8]以上这些记载，不但都明言明代里甲制中各甲之长即各排年里长，而且从其所用"统""辖""管""摄"等词语中，亦可看出各甲里长与十甲首之间的统辖关系。

五、明代里甲制中身份序列

梁方仲先生说："我认为甲首这一称谓，本来起源于户籍的编制，即里有长，甲有首。在明初'事简里均'的情况下，值年应役那一甲的甲

---

① 〔明〕丘浚：《大学衍义补》卷31《制国用·傅算之籍》，载《文渊阁四库全书》第712册，第403页。

② 嘉靖《惠州府志》卷5《户口志》。

③ 嘉靖《香山县志》卷2《民物志第二·徭役》。

④ 嘉靖《增城县志》卷2《地理志·坊都类》。

⑤ 崇祯《肇庆府志》卷13《赋役志·役》。

⑥ 万历《淄川县志》卷13《里甲》。

⑦ 崇祯《蠡县志》卷1《方舆志·乡社》。

⑧ 嘉靖《龙溪县志》卷4《田赋》。

首，便协助里长率领该甲其他九户来完成整个里的支应。"①即，按每里十甲首之说，明代的里甲制，在各甲十一户之中，除一户里长户、一户甲首户之外，还有九户不是甲首的人户，这九户当然也不是带管畸零户了，即是说，在甲首户与带管畸零户之间又有"一般人户"这样一个阶层。若如此，则明代里甲制中的人户身份便依次是里长、甲首、一般人户、带管、畸零。显然，这与明代里甲制所定的身份序列并不相符。明代里甲制中的身份序列是里长、甲首、带管、畸零，并无"一般人户"这样一个阶层。明代朝廷多次颁布的关于攒造黄册的诏敕中均可证明这一点。

梁氏又说："把甲首和一般人户（亦称'甲户'）分开，是有相当理由的。这点从《大明会典》卷二十'户部'七'户口'二'黄册'所载洪武二十四年奏准关于'攒造黄册格式'的规定中便可以看得出来：'有司先将一户定式，誊刻印板，给予坊长、厢长、里长，并各甲首。令人户自将本户人丁事产，依式开写，付该管甲首。其甲首，将本户并十户造到文册，送各该坊、厢、里长。坊、厢、里长各将甲首所造文册，攒造一处，送赴本县……'"②不错，在这一段文字中，似乎是将甲首与一般人户区别开来。但是，如果我们通读一下洪武二十四年（1391年）奏准攒造黄册格式这一规定全文，又不能忽视同一规定中的下列条文：

> 其畸零人户，许将年老残疾，并幼小十岁以下，及寡妇外郡寄庄人户编排。若十岁以上者，编入正管，且如编在先次十岁者，今已该二十岁。其十岁以上者，各将年分远近编排，候长，一体充当甲首。

无疑，这正是有关编排里甲人户职役身份规定的一段文字。按这一规定，什么样的人户才能编入畸零呢？只许将年老残疾，并幼小十岁以下，以及寡妇外郡寄庄人户才可作为畸零编排。而除此之外，即使是未成丁者，凡

---

① 梁方仲：《论明代里甲法与均徭法的关系》，载《梁方仲经济史论文集》，中华书局1989年版，第583页。

② 梁方仲：《论明代里甲法与均徭法的关系》，载《梁方仲经济史论文集》，第581页。

十岁以上，俱要编入正管，"候长，一体充当甲首"。由此不难看出，明代里甲体制中，在畸零户与甲首户之间，并没有一个既不是畸零户，也不是甲首户的所谓"一般人户"（或"甲户"）这样一个阶层。如果存在这样一个阶层，即每甲只有一户甲首，怎么能规定，凡十岁以上的人丁，俱要编入正管，"候长，一体充当甲首"呢？

又，在梁氏所引洪武二十四年（1391年）奏准关于"攒造黄册格式"的这段文字中，的确有"该管甲首"和"人户"这样不同的文字，同样，通读一下全文，亦可看出"人户"一词并不是固定指哪一个阶层，而是泛指的，如同一规定中所说"邻图人户""上中下三等人户""畸零人户""全种官田人户"等。所以，"人户"二字当然亦可指甲首人户。而对"该管甲首"的提法自然要注意。不过，应问一句，为什么在甲首前面又特别加上了"该管"二字呢？其是否是与一般甲首相对而言的呢？当然，这一段文字的表述确有含混不清之处，以至于可作出不同的理解。正因为如此，在其后明朝廷颁布的关于攒造黄册的诏令中，对此即有所改动。如弘治三年（1490年）"十一月南京吏科给事中邵诚等奏准为黄册事"中载：

> 各处亲民衙门，照依旧制，不许团局造册，止令人户，自将本家人丁事产，依式开供，付与该管里长，将本户并甲首共一十一户丁产亲供，付与见役里长。见役里长却〔即〕将十年里甲亲供丁产共一百一十户，攒做一处，定作册本，送与本管衙门。[①]

又如，"正德六年二月二十一日户部题准为赋役黄册事"中载：

> 各州县黄册，照依旧制，不许团局攒造，止将一户定式，刻印给发坊、厢、里、保，着令人户自将本家人丁事产，依式开供，付与该管里长，其里长将本户并甲首共一十一户丁产亲供，付与正德七年见役里长。其见役里长即将十里长亲供丁产共一百一十户，攒做一处，

---

① 〔明〕赵官等：《后湖志》卷5《事例二》。

定作册本，送与本管提调官。①

此外，《明世宗实录》嘉靖三十九年（1560年）所载户部尚书高耀等议上大造黄册事宜中，亦有与此大体相同的文字内容②，不再赘述。

如果我们将弘治三年（1490年）和正德六年（1511年）的这两段引文，与洪武二十四年（1391年）的有关文字作一对照，则可看出，其中的"该管甲首"，已均作"该管里长"了，所以，洪武二十四年奏准攒造黄册格式中的"该管甲首"一语，当作该管里长来理解。而特别值得注意的是，在正德六年户部题准为赋役黄册事的这一段文字中，亦有"人户"二字，但接着则有"其里长将本户并甲首共一十一户"的说法；此外，该题本中后面还有若排年里长"设有消乏，许于一百甲首户推选丁粮多者补充"等规定，明言每里有一百甲首，其"人户"二字即指甲首，乃属无疑。所以，将洪武二十四年奏准攒造黄册格式中的有关文字，作为区分"甲首"与"一般人户"的根据，从而证明每甲只有一户甲首，一里共有十户甲首之说，则难以令人信服。

关于明代里甲制中所定的人户身份序列，嘉靖《海宁县志》中所载十分明确：

> 国朝定制，凡府县都里，每十年一造赋役黄册，分豁上、中、下人户三等。三等人户内，不拣军、民、灶、匠等籍，但一百一十户定为一里。内十名为里长，一百名为甲首；每里长一名，领甲首十名。其外又有一等下户，编作带管。又下为畸零，分派于十里长下。排定十年里甲，一（依）次轮当。③

即，里长之下为甲首，甲首之下为带管，带管之下为畸零，这就是明代里甲制中所定的人户身份序列。前引黄册文书中的记载也证明了这一点。

---

① 〔明〕赵官等：《后湖志》卷8《事例五》。
② 《明世宗实录》卷489，嘉靖三十九年十月戊戌条。
③ 嘉靖《海宁县志》卷2《田赋志·徭役》。

六、甲首本是一种职役

嘉靖《惠州府志》载："正役曰坊长，曰厢长，曰里长，曰甲首。"①
丘浚《大学衍义补》说："惟今差役之法，有所谓里长、甲首、老人者，
即宋里正、户长、耆长也。"②叶春及《石洞集》云："力役出于力也，故
身有役，为里正，为乡老，为甲首，为户丁，以追征，以勾摄，以供办正
役也。"③甲首这一职役，主要是协助里长，完成里甲正役的各项差使，实
为明代里甲职役系列中之最低级者。明代的里甲之役，一般是由"里长主
之，甲首佐之"④，每年"役里长一人，甲首十人协办"⑤。嘉靖《沈丘县
志》载："正役。里长，每里岁役一名，催办钱粮，勾摄公事。甲首，每
里岁役十户，计丁力同里长买办走递马匹，出备日生公用。"⑥

充当甲首户的标准是什么呢？洪武十四年（1381年）编赋役黄册的诏
令中说："鳏寡孤独不任役者，则带管于百一十户之外，而列于图后，名
曰畸零。"⑦洪武二十四年（1391年）奏准攒造黄册格式中又说："其畸零
人户，许将年老残疾，并幼小十岁以下，及寡妇外郡寄庄人户编排。若十
岁以上者，编入正管……候长，一体充当甲首。"⑧从这些规定中，可以看
出明王朝所划分的充当甲首户的范围是很广泛的，即除了鳏寡孤独等不任

① 嘉靖《惠州府志》卷5《户口》。
② 〔明〕丘浚：《大学衍义补》卷31《制国用·傅算之籍》，载《文渊阁四库全
书》第712册，第407页。
③ 〔明〕叶春及：《石洞集》卷3《惠安政书二·图籍问》，载《文渊阁四库全书》
第1286册，第285页。按，这里所说户丁，即各大户之下所属子户，这些子户多已析
产分居，经济上各自独立，但并未正式分户，仍在原大户户头之下，故称某某户户丁。
此种情况明代后期已相当普遍。户丁在里甲中的身份与甲首相同。
④ 嘉靖《建宁县志》卷3《田赋志·里甲》。
⑤ 嘉靖《江阴县志》卷5《食货纪·徭役》。
⑥ 嘉靖《沈丘县志·役法》。
⑦ 正德《大明会典》卷21《户部六·户口二·攒造黄册》。
⑧ 正德《大明会典》卷21《户部六·户口二·攒造黄册》。

役者，凡有一定丁产而必须服役纳赋者，都要被编为甲首户。在明初，又尤其强调人丁方面，凡成丁者均编为甲首，以便轮流应役。当然，各地情况不同，其编排甲首的标准亦有差异。如《武进县志》载："国朝役法，以编民一十一户为一甲。每甲推择丁田多者一人为长，是为田甲。甲领中产十户为甲首；其丁产不任役者，带管甲后，是为畸零。十甲为一里，每年轮一田甲应役，谓之里长，管摄十甲，催办钱粮，勾摄公务。"①这里言甲首为中产户，即具备一定丁产有能力服役纳税者。

让我们再看一下明王朝的有关规定，正德六年（1511年）户部题准为赋役黄册事中说：

> 各该州县先年造册官吏、里书人等，多有通同人户作弊，有将十岁以上幼男及分析丁多人户，俱作带管畸零，不肯另编图册，要将里分减少，窥免科差。今次造册，务要每里止许一百一十户，人丁果系十岁以下，或有年老残疾、单丁、寡妇及外郡寄庄纳粮当差人民，许作带管畸零，其十岁以上男子，并一应分析等项人口，俱要编入正图。且如十岁者，编作正图第十甲，至弘治十七年应当甲首，已该二十岁。其余十一岁以下者，亦要照依年分远近编排，轮当甲首。敢有故违，治以重罪。②

该题本中关于文武官员遗下家人等则规定："许将丁产尽数报官，编入正图甲首，纳粮当差。"关于庵观寺院又规定："有田粮者，编入黄册，同里甲纳粮当差，务要开写某寺院庵观某僧或某道，应当某年里长甲首；无粮者编入带管畸零。违者治罪。"③

从明王朝的这些正式规定中，则可明确看出，里甲制中甲首户的编排原则是，除优免者外，各种人户之下的人丁，包括新分析人户的人丁，以

---

① 〔清〕顾炎武：《天下郡国利病书》原编第七册《常镇》，引《武进县志·里徭》。

② 〔明〕赵官等：《后湖志》卷8《事例五》。

③ 〔明〕赵官等：《后湖志》卷8《事例五》。

及凡有田粮者，都要编入正图，充当甲首，纳粮当差。其男子乃至未成丁者，"亦要照依年分远近编排，轮当甲首"。嘉靖《获鹿县志》载：

> 鹿之编户，国初止一十四里，具见《一统志》及《大明官制》，后增至一十八里。夫增广里社①，人皆谓户口土物之盛，亦有不尽然者。且一甲十户，户人有内不和而愿分割，另当甲首者；有远乡附籍，或寄庄婿户，不肯入甲，初时俱开作畸零者。夫甲首积多，久当并聚为里分矣；畸零积〔多〕，久当分列为甲首矣。大造之年，奉例查编，则〔增〕加里分。今十八社，有十老社，中五社，小三社。究其物力，中五不及十老之二，三小不及中五之一，不免分为三则，通融派差，犹夫十四里也。故曰增广里社，未必皆户口物力之盛。②

这一段记载表明，明代里甲中的身分序列是，畸零户之上即为甲首户，甲中十户又均系甲首户。按照明王朝的规定，甲首人户析产分户后，应另当甲首；而畸零人户积多，则从其中分出甲首。因此，该县的新编里分，即由这些新分出的甲首编成，而由于甲首户的丁产物力毕竟有限，故新编里社的物力大不抵老里社。

其实，里甲中的身分序列，乃是一种职役系列，与户籍并无关系。而甲首这一称谓，亦非起源于户籍的编制。其乃是一种乡役名称，本由宋代的"税长""催头""催税甲头"等演变而来。甲首之称至迟可追溯到南宋时期实行的催科之法。南宋胡太初所著《昼帘绪论》中说：

> 有身斯有役，而民之畏役甚于畏死。盖百年治生，坏于一年之充役。而其患之大者在于催科，始则用财嘱托，期于脱免；中则逃亡死绝，被抑填陪；终则箠楚禁锢，连年莫脱，其势不至于倾家荡产、鬻妻卖子不止也……今既行绍兴甲首之法，可免税长、催头之责，则应

---

① 按，明代北方里甲多是在村社的基础上编成的，故其里甲又习称里社。
② 嘉靖《获鹿县志》卷2《地理·乡社》。

役者不过辑保伍、应期会而已，而民亦不至甚惮而巧计以求免也。[①]

同书"催科篇"中又说：

> 今之作县者，莫不以催科为先务。而其弊有不胜言者，最是乡胥走弄，簿籍漫漶，不惟驱督不登，县受郡之责；抑亦逼抑过甚，民受官之害。迩者廷绅奏请，以十户为一甲，一甲之中，择管额多者为首，承帖拘催，自浙而江，往往行之已遍。[②]

即，宋代基层催科，原本责诸户长、催头等，至南宋绍兴时，则出现了所谓"甲首之法"，其法即"以十户为一甲，一甲之中，择管额多者为首，承帖拘催"。所谓"一甲之中，择管额多者为首"，当是甲首一语的来源。可以看出，当时一甲十户之中只有一户为甲首，其自然不无一甲之首这种意义。但这一甲之首的意义，乃指其所管税额多而言，本源于赋役催科制度，并非起源于户籍的编制，这一点十分明确。所以，甲首从一开始就是赋役制度方面的一种职役。

至明代，黄册里甲中的甲首也是一种职役称谓，或称"正管甲首"，即属于服正役的一百一十户之内的人户，为明代里甲职役系列中之一种，这方面并无大的变化。但如上所述，明代所设甲首户数已与以前不同，每里实设有百户甲首。明代一里正管一百一十户中，十里长之外，其余百户皆轮充甲首，从而甲首户也失去了一甲之首这种意义。这是明代出现的新的变化。《明实录》载："洪武年间，每里百一十家内，以丁粮多者十家，逐年轮充里长，其余轮充十年甲首。"[③]永乐《乐清县志》亦载："每隅都以一百一十户为图，编成十甲，内选十户丁田多者充里长，其余人户，每

---

① 〔宋〕胡太初：《昼帘绪论·差役篇第十》，载《文渊阁四库全书》第602册，第719—720页。

② 〔宋〕胡太初：《昼帘绪论·催科篇第八》，载《文渊阁四库全书》第602册，第716页。

③ 《明英宗天顺实录》卷281，天顺元年八月丁酉条。

一十户为一甲，轮流充当甲首。"①而嘉靖《增城县志》中的记载最为详明：

> 役民之制，以黄册为定。每里统十甲百户，每甲十户，里有里长。在城居者为坊，坊有坊长，各辖人户十。凡人户皆为甲首，十年轮当，终而复始。里长当年，谓之见（现）役，其本图里公务，一应粮料违犯，勾摄督催，俱责之见役里长。其余年止征纳税粮，谓之排年。甲首当年，则于十户内论丁粮多寡，分派日生出应，邑中公用科敛，皆甲首出钱供办。俱以日生为率，不计财力，听其所占之日，强富或得其简，贫弱或处其繁，供办不匀。且常拘农民在官，有妨耕业。②

明代里甲中之所以将凡应纳粮当差者皆编为甲首，之所以每里设一百户甲首，从根本上说，乃是与明代里甲体制的特点，即十甲轮差制密切相关。

原来，明朝于洪武十四年（1381年）在全国正式推行黄册制度之前，江南一些地区曾于洪武初年实行过小黄册之法，其制基本上是每百户为一里，每里设一户里长，十户甲首③。究其源流，如上所述，可追溯到南宋的绍兴甲首之法。而洪武初年乡村里的建置，亦是规定每百户为一里。洪武三年（1370年）敕纂成书的《大明集礼》载："故天下之广，兆民之众，必立君以主之，君总其大；又设官分职于府州县，以各长之；各府州县又于每一百户内，设一里长，以统领之；上下之职，纲纪不紊，此治人之法如此。"④这种百户为里之制，乃是承袭唐制。《旧唐书》载："武德七年，始定律令……百户为里，五里为乡。四家为邻，五家为保。"⑤至于《大明律》中"禁革主保里长"条"凡各处人民，每一百户内，议设里长一名，甲首一十名"这一记载，即是明初实行的里甲体制的反映。从其每里"百户"以及"主保""主首"等这些记载即可得知，该条文所反映的乃是明

---

① 永乐《乐清县志》卷3《坊郭乡镇》。
② 嘉靖《增城县志》卷9《政事志·民庸类》。
③ 参阅《永乐大典》卷2277《湖洲府三·田赋·役法》引《吴兴续志》。
④ 《大明集礼》卷15《吉礼·祭乡厉文》。
⑤ 〔后晋〕刘昫等：《旧唐书》卷48《食货上》，中华书局1975年版，第2089页。

初，即洪武初年百户为里的乡村建置与小黄册之法下的里甲情况。因为《大明律》早在洪武七年（1374年）就已成文，故其保留有反映明初情况的条文并不奇怪。所以，它也不能作为明代黄册里甲每里十甲首说的一个根据。

明初所实行的百户为里，每里设一户里长，十户甲首这种体制，其最大问题是，当十甲轮差之际，无法做到均平。因而，洪武十四年（1381年）在全国正式推行黄册制度时，则与以前不同，建立了一种新的里甲体制。《明史》范敏传载："帝以徭役不均，命编造黄册。敏议百一十户为里，丁多者十人为里长，鸠一里之事以供岁役，十年一周，余百户为十甲，后遂仍其制不废。"①可以看出，洪武十四年在全国正式推行的黄册里甲制度，主要是为了解决徭役不均。为解决徭役不均，每里由原来的一百户增为一百一十户，里长由原来的一户增为十户，而其甲首亦随之由原来的十户增为一百户；分为十甲，每甲十一户，一里长户辖十甲首户，按黄册之上编定的年分，每年由一里长户带领本甲十甲首户充当现役，挨甲轮差，十年而周。这样，至少在形式上可做到徭役编排的均平。每里一百一十户，十里长户，一百甲首户，编定十甲轮差，这就是明代于洪武十四年之后所实行的黄册里甲制度的最基本的特点。

总之，甲首本是一种职役。明代的甲首已与宋代的甲首有所不同。明朝是把一切有能力纳税赋役的人户，都编为甲首，明代黄册里甲中的甲首，实质上即明王朝封建国家统治下的编户齐民。明代的甲首不当作一甲"首领"来理解，其每里的甲首户数，亦应以《明实录》等明代绝大多数史籍以及黄册原文书所载为准，即每里实设百户甲首，清修《明史》的说法是不确切的。

原载《中国史研究》1999年第1期，人大复印报刊资料《明清史》1999年第3期全文转载，有改动

---

① 〔清〕张廷玉等：《明史》卷138《杨思义附范敏传》，中华书局1974年版，第3966页。

明代户丁考释

户丁是中国古代社会的一个常用词语。至中国封建社会后期，随着社会经济的发展变化，它又增添了新的含义。有关户丁的考释，以往的研究并未叙及。本文拟以遗存的明代文书档案为主，结合文献记载，对明代户丁的含义，特别是其社会经济方面的含义，试作一考察。

一、户丁的一般含义

户丁一语，明代以前一般指一户之下的成丁男子。《元史·世祖本纪》中统三年（1262年）三月载："己未，括木速蛮、畏吾儿、也里可温、答失蛮等户丁为兵。庚申，括北京鹰房等户丁为兵，蠲其赋，令赵炳将之。"①《元史·食货志》亦载："（中统）十七年，遂命户部大定诸例：全科户丁税，每丁粟三石，驱丁粟一石，地税每亩粟三升。减半科户丁税，每丁粟一石。"②这里所言户丁，又有与驱丁相对之意，户丁指一般民户之下的丁男，驱丁则指驱口即奴婢户下之丁。明代户籍与赋役的基本册籍黄册所载内容，分为人丁与事产两大项。人丁一词含义较广，包括男女人口。其中男称丁，男子十六至六十岁为成丁，其余为不成丁；女称口，成年妇女为大口，不成年妇女为小口。从遗存的其他明代文书来看，男丁

---

① 〔明〕宋濂等：《元史》卷5《世祖本纪二》，中华书局1976年版，第83页。

② 〔明〕宋濂等：《元史》卷93《食货一》，第2358页。

亦有以口计的情况。明后期一条鞭法的赋役文书中多载有"成丁"几"口"的文字。在明代的政书和文献记载之中，对成丁男子，一般多简称丁，或成丁、丁男等。有关户丁的提法并不为多，其含义一般仍多指一户之下的成丁男子。例如，《明英宗实录》载宣德十年（1435年）九月事：

> （庚午）免德胜关富户原籍户丁徭役。时耆民翟原奏，本关富户王礼保等一千四百五十七户，俱系各布政司府州县取来填实京师，岁久贫乏，乞免原籍户下徭役供给。奏下行在户部，议免二丁。从之。①

正德《大明会典》载：

> （正统）七年，令天文生、阴阳生俱免差役一丁。陕西土军、土民余丁，若户丁有在边操备者，亦免杂泛差役。②

> 天顺八年，令在营官军户丁舍余不许附近寄籍，如原籍丁尽，许摘丁发回。③

《明世宗实录》七年二月载：

> 己未，户部条上大学士杨一清所题屯政事宜……一、补屯丁。今军伍消乏，屯丁甚寡，宜下清军官将逃故军士清解，其有户丁愿随伍者，听。④

《明世宗实录》三十九年十月载：

> （戊戌）户部尚书高耀等议上大造黄册事宜……一、攒造黄册之人，旧以里长户丁奸民充之，习为飞诡隐漏诸弊。今后许十里长于小

---

① 《明英宗实录》卷9，宣德十年九月庚午条。
② 正德《大明会典》卷22《户部七·户口三·优免差役》。
③ 正德《大明会典》卷20《户部五·户口一·丁口》。
④ 《明世宗实录》卷85，嘉靖七年二月己未条。

民户内保举有身家通书算者应用。[①]

很明显，这些文献中所述户丁，均为一户之下的成丁男子，并且是指丁男个人而言的。这一点无须多加考释。

二、徽州文书中所载户丁

然而，明代户丁一语的含义又不止于此。从遗存的明代契约文书所载来看，户丁并非仅仅指丁男个人，亦指一户，确切地说，乃是指正式载于官府册籍户头之下的子户而言的。相当多种类的文书所载均可证明。

嘉靖三十一年（1552年）徽州府休宁县郑广税契尾载：

> 直隶徽州府休宁县为陈愚见筹边饷以少裨安攘大计事，奉府帖奉户部札付前事，内开一应置买田产之家，照契书银两多寡，随宜坐以税银，亦要陆续解京，以备边用。仍造税粮青册，明开过割人户田亩粮税各数目，随黄册同解赴司查兑，仍行严法稽查，不许花销浪费，中间买田产人户，如产业已经过割，而无税银贮库，即系官吏侵费，定行从重参究治罪，奉此。又奉抚、按察院札，案仰今后买业人户，该纳税银，照依定议，每价壹两，追收税银叁分贮库，年终解府类解，但有人民收买产业者，不行报税，依律合追价银一半入官等因，奉此。除依奉遵行外，今据本县五都五图户头郑才旺户丁郑广，于嘉靖　　年　　月买到本都　　图户头郑承户丁郑社长户内，用价银壹两捌钱，该税银伍分四厘，今给天字八百七十九号契尾，粘连印发。须至出给者。
>
> 　　右给付买主郑广收执。准此。
>
> 　　嘉靖三十一年四月初八日给。

---

① 《明世宗实录》卷489，嘉靖三十九年十月戊戌条。

县（押）（钤数方"休宁县印"）①

该契尾所载表明，郑广为郑才旺户头之下的户丁，郑社长为郑承户头之下的户丁，郑广购买了郑社长的土地，二者虽都称户丁，但并非代表个人。从该契尾前部分所载文字不难看出，其所录事宜是户与户之间发生的交易，他们都是作为"置买田产之家""买田产人户"或"买业人户"而登录于契尾之上的。契尾系明清时代业户置买土地之际赴官府纳税的凭证，皆由官府印制。该契尾的大部分文字系雕版印刷，只有少数文字为墨迹填写。其中"户头""户丁"等字皆系印刷字体。户丁作为户的代表，出现在当时官府印刷的大量使用的文书之中，正说明了它具有相当的普遍性。

同类文书嘉靖三十一年休宁吕文曜税契尾载：

（前略）今据本县一都七图户头吕文曜户丁（空白），于嘉靖
年　　月买到一都四图户头张廷永户丁张积户内，用价银十五两五
钱，该税银四钱六分五厘，今给宙字一千六百十二号契尾，粘连印
发。须至出给者。
　　右给付买主吕文曜收执。准此。
　　嘉靖三十一年四月二十一日给。
　　县（押）②

前引郑广税契尾所载是户丁与户丁之间发生的交易，而该契尾所载，则是户头吕文曜与户丁张积之间的田土买卖，在这里户丁与户头也都是作为户与户之间而发生交易的。《隆庆六年刘澳沐推单》所载亦是如此：

二十五都四图今将本图田产开除于后，一户刘仲兴户丁澳沐，今

---

① 王钰欣、周绍泉主编：《徽州千年契约文书》宋·元·明编卷2《嘉靖三十一年休宁郑广买田税契凭证》，花山文艺出版社1991年版，第185页。
② 王钰欣、周绍泉主编：《徽州千年契约文书》宋·元·明编卷2《嘉靖三十一年休宁吕文曜买产税契凭证》，第188页。

将除民山　　厘　　毫，土名社公山。（空白）今已推入二十七都一图游景荣户下为业。

　　隆庆六年又二月十一日　里长吴世重□□附。[①]

　　该推单所载，是户丁刘澳沐在出卖田土之后，正式将其田产从本图户下开除，同时推入买主所在图户下。这也是户丁与其他户之间发生的交易，一桩作为户与户之间的田土买卖交易及其推收活动。

　　再从万历清丈之际印发的、核实各块田土业主的"归户票"所载来看，亦可明了户丁的性质。如《万历十年汪保分亩归户票》：

分 亩 归 户 票

　　贰拾肆都贰图奉本县明示，丈过田地山塘，每号照丈积步，依则清查分亩，给发小票，业人亲领，前付该图，亲供归户。仍执凭票。

　　计开

　　丈过土名所坞，恭字一千三百五十五号，计积一百叁拾贰步叁分壹厘五毫，下则田税五分零玖毫，系本都一图九甲汪保户，见业户丁（空白）。

　　执此票证。

　　万历拾年七月二十三日　　公正　洪良法　　票[②]

　　该归户票给发的汪保户不系户丁，但票上却印有"见业户丁"一项。而《万历十年吴玄湘等归户票》中"户丁"项下即登有业户姓名：

五 字 号 归 户 票

　　贰拾叁都玖图奉本县明示，丈过田地山塘，每号照丈积步，依则清查分亩，给发小票，业人亲领，付该图亲供归户。执此凭证。

---

① 王钰欣、周绍泉主编：《徽州千年契约文书》宋·元·明编卷2《隆庆六年刘澳沐推单》，第484页。

② 王钰欣、周绍泉主编：《徽州千年契约文书》宋·元·明编卷3《万历十年汪保分亩归户票》，第100页。

计开

丈过五字贰千伍百六号，土名影山下，应拟下则地玖拾四步六分四厘，该税贰分柒厘〇四丝。给付本都本图一甲吴大兴户丁玄湘、应泰存照。

万历拾年八月十五日　　　图正　吴继宁　　票①

万历丈量归户票中，在"户"之下多明确印有"户丁"或"见业户丁"一项，业主姓名或填在"户"处，或填在"户丁"处，说明户与户丁在作为独立的土地所有者一户这一点上，性质是相同的。而在《万历十年吴玄湘等归户票》户丁项下，又登录着两个名字，更证明户丁一项不是指单个男丁，而是一户。

此外，徽州文书遗存的明后期相当多的"割税票""收税票""收税会票""推收照会票"等，在"户"之下都印刷有"户丁"一项，并多填有姓名。例如，《万历十九年祁门冯志义割税票》载：

割　税　票

祁门县为黄册事，据　都　图　甲下户丁冯志义卖与西都　图甲　户户丁谢　该地三厘，已经纳税印契讫，合填印票，给付本人，付该图册书照票割税，推入本户造册当差。敢有刁难者，许呈禀重究。须至票者。

万历十九年八月二十五日　　　户

县（押）②

《崇祯十七年戴盛户收税票》载：

收　税　票

拾捌都拾壹图遵奉县主爷爷为攒造黄册事，据本图一甲一户戴盛

---

①　王钰欣、周绍泉主编：《徽州千年契约文书》宋·元·明编卷3《万历十年吴玄湘等归户票》，第108页。

②　王钰欣、周绍泉主编：《徽州千年契约文书》宋·元·明编卷3《万历十九年祁门冯志义割税票》，第247页。

户丁（空白），一首字八十二号，计田税壹亩正，土名湖田，系崇祯捌年三月买到十五都叁图十甲朱五常户丁廷模户下，麦贰升壹合四勺，米伍升叁合伍勺。

　　崇祯十七年三月十八日　　　　册里　戴　泰

　　　　　　　　　　　　　　　　书手　胡宗化

　　　　　　　　　　　　　　　　算手　戴　茂　票

契尾　　字　　号

（后批）十七年入国兆户转收回元贞户①

　　在种类和数量都相当多的标印有"户丁"文字的徽州契约文书中，尤其能够说明户丁性质的，是有关本户的户丁与户丁之间推收土地与钱粮的文书。如《天启元年吴大兴户地税推收照会票》载：

推　收　照　会　票

　　二十三都九图遵奉县主攒造黄册事，据本图［一］甲一户吴大兴户丁吴世顺，一收　都五字三千四百八十五号，土名李回丘，一则地税五厘正，于天启元年三月买到本都本图本甲本户丁吴元吉，麦（空缺）　　米（空缺）

　　天启元年八月二十二日　　　　册里　黄金扈

　　　　　　　　　　　　　　　　书　吴光达

　　　　　　　　　　　　　　　　算　邵　胡②

　　而《崇祯十年吴世顺本户推收票》中，通栏大字印刷的文书名称即称《本户推收票》，并明确标有"户丁一户"的字样，其文如下：

---

　　① 王钰欣、周绍泉主编：《徽州千年契约文书》宋·元·明编卷4《崇祯十七年戴盛户收税票》，第497页。

　　② 王钰欣、周绍泉主编：《徽州千年契约文书》宋·元·明编卷4《天启元年吴大兴户地税推收照会票》，第32页。

本户推收票

二十三都九图遵奉部、院事例，蒙县主爷佥点攒造黄册实征事，据图内：一、甲吴大兴户丁一户吴世顺，一收万字一千〇四十九号，土名赤山脚，一、则山税贰厘正，于十年五月买到本户吴世昆户丁瑞雄，麦（空缺）　米（空缺）

崇祯十年九月　　日　　册里　黄时化

书　吴　翔

算　胡同伦

验印契尾　　字　　号

契□银[①]

这两份文书告诉我们，在本户的户丁与户丁之间，与当时一般的户与户之间一样，也存在着土地买卖关系，并且亦需明白推收过割。这表明，户头之下的各个户丁在经济上是独立的，其相互发生的经济关系和需要在官方履行的手续，亦与一般户与户之间相同。此外，在攒造黄册推收过割之际，同一户下竟印刷有"本户推收票"，这既表明该户户丁众多，无疑也说明当时户丁户存在的普遍性。

总之，在遗存的徽州契约文书中，有颇多种类和数量的文书，在有关业户户主的项目之下，多列有"户丁"一项，且系印刷字体。这类文书大多属于土地清丈、土地买卖和税粮过割之类的文书。这类文书所载清楚表明，当时户头之下的户丁，是占有土地、有权买卖的土地所有者；户丁与其他户之间发生经济关系时，在作为一个独立的经济单位这一点上，与当时一般户的地位是相同的；户丁作为一个独立的经济单位，也得到官府的承认。户丁不只是指单丁个人，实作为户头之下的一个独立的经济单位即子户而存在的。

---

① 王钰欣、周绍泉主编：《徽州千年契约文书》宋·元·明编卷4《崇祯十年吴世顺本户推收票》，第426页。

三、福建保甲文册中所载户丁

那么，作为户头之下的子户而存在的户丁，是否是明代徽州一地独有的社会现象呢？并非如此。在保存至今的明《嘉靖泉州府永春县保甲文册》①中，"户丁"一语亦频频出现，并且户丁均是作为"一户"而载于该册之中的。

首先看一下《嘉靖泉州府永春县保甲文册》所载格式和具体内容，兹按原格式抄录其中两页文字如下（原文为竖写）：

第拾贰甲猿步村

一户林育胜民籍系本都里班李汉甲首成丁壹丁耕田

一户罗瑞贤民籍系本县捌都里班林鸾甲首成丁壹丁耕田

一户郑汝爱民籍系本都里班郑甫户丁成丁壹丁耕田

一户郑童仔民籍系本都里班郑甫户丁成丁壹丁耕田

一户王宗仰民籍系本都里班王琚户丁成丁壹丁耕田

一户周文六民籍系本都里班陈发甲首成丁壹丁耕田

一户陈德传军籍系本都里班郑甫甲首成丁壹丁耕田

一户陈仁用军籍系兴化卫屯军成丁壹丁耕田

一户林和忠军籍系兴化卫屯军成丁壹丁耕田

一户林和静军籍系兴化卫屯军成丁壹丁耕田

一户林椿军籍系兴化卫屯军成丁壹丁耕田

---

① 《嘉靖泉州府永春县保甲文册》，日本京都大学文学部藏，系该部所藏明代文书的一部分。梁方仲先生在《明代黄册考》（载《岭南学报》1950年第10卷第2期）一文中附有该文书部分照片，并认为它是明代"嘉靖四十五年福建泉州府德化县的黄册原本"，其中照片一被中外学者广泛引用。《中国大百科全书》又将其作为"明洪武赋役黄册"而采用（《中国大百科全书·中国历史Ⅰ·户籍》，1992年版）。其实，该文书并不是德化县的，而是永春县的；它也不是明代的黄册原本，实为保甲文册。参阅拙文《明代黄册底籍的发现及其研究价值》（《文史》第38辑，1994年版）、拙著《明代黄册研究》第三章《明代黄册原本考正》（中国社会科学出版1998年版）。

※　　　　　※　　　　　※

第贰拾壹甲

　　一户郭定秀军籍系本都里班郭赐户丁成丁壹丁耕田

　　一户郭定异军籍系里班郭赐户丁成丁壹丁耕田

　　一户郭尔逊军籍系里班郭赐户丁成丁壹丁耕田

　　一户郭定美军籍系里班郭赐户丁成丁壹丁耕田

　　一户林吴兴民籍系里班林荣养男成丁壹丁耕田

　　一户陈秉德民籍系里班苏汝洁甲首成丁壹丁耕田

　　一户邓贵和军籍系龙岩县万安里寓居本都成丁壹丁耕田

　　一户叶进昌系里班林洪招养男成丁壹丁耕田

　　一户陈秉富民籍系本都里班陈宁伯甲首成丁壹丁耕田

　　一户张饶亮民籍系本都里班郭赐甲首成丁壹丁耕田

《嘉靖泉州府永春县保甲文册》是该县将其编制的所属各地基层的保甲组织向上级官府呈报的一种册籍。这种保甲文册的基本特点是，第一，以人户居地为次进行编甲，凡是在当地居住的各类人户，不论其原编里甲如何，也不论"寓居""移住""招住""佣雇"，以及卫所屯军等，均按其实在居止编入甲内。因而以人户丁粮为准而编制的黄册里甲组织遂被打乱，绝大多数是一村编为一甲。第二，论丁编甲。编入甲内者均为成丁。第三，每户登载的内容不但有原籍、来历，还有其所从事的职业，如"耕田""教读""耕读""裁缝""开铺"等。第四，各户下没有税粮；外郡人虽正式编入甲内，但申明当原籍差役，编甲的目的不是纳粮当差。海瑞在任淳安知县时期（嘉靖三十七年至四十一年，即1558—1562年）颁行的"保甲告示"中说："察院近行保甲之法，止论居止人户，年至十五以上，尽行开报，为保为甲，不论原管都图册籍。盖原该管都图人户，今有迁徙，又有他方来此为工、为商、雇工、流寓之人。故又立为保甲之法，以讦奸细，联涣散，使尔等出入相友，急难相救，亦即古者井邻里邑比闾族党之意也。尔等可照发去式样，照依居止次序编甲。"①可以看出，《嘉靖泉州府永春县保甲文册》的编甲特点与当时通行的保甲之法原则颇为相符。

《嘉靖泉州府永春县保甲文册》所载，正反映了明代后期农村村落各种人户杂处混居的一种实际状况。该册所载各类人户有里长（该册中多称"里班"）户、甲首户、户丁户、卫所屯丁户、外县移居（包括招住、寓居）户、养男户等。其中户丁户与其他各类人户一样，均是作为一户载于册中的。表明户丁户是当时农村普遍存在的各种独立人户之一。而且，一些户丁户在一户之下登录有"成丁贰丁"，如"一户吴兴唯军籍系本都里班吴德户丁成丁贰丁耕田""一户林铎民籍系林观普户丁成丁贰丁耕田"等。这更说明，户丁户并非指单丁个人，而是指一户。

现存《嘉靖泉州府永春县保甲文册》为一残册，相当多甲中所载皆有不同程度的缺佚。以册中现存资料为据进行统计，其各类户别数量及所占比例如表1所示：

表1　《嘉靖泉州府永春县保甲文册》中各类户别统计

户别	里长户	甲首户	户丁户	屯丁户	养男户	移居户	其他户	总计
户数	21	433	291	13	9	115	8	890
比例	2.4%	48.7%	32.7%	1.5%	1.0%	12.9%	0.9%	100%

虽然这是一个不完全的统计，但从中亦可看出当时各类人户所占的大致比例。按该册统计，各类人户总计890户，其中里长户21户，占2.4%，这是由于里长户在当时农村中本来就是少数，又因该册中里长户缺佚尤多所致。甲首户最多，计433户，几占总户数的一半，这是由于黄册里甲编制中甲首户最多，每里110户中有100户甲首所致。而尤其值得注意的是，户丁户的数量也相当多，计291户，占总户数的32.7%，近三分之一。这充分说明了当时户丁户的存在绝非个别现象，而是相当普遍的。此外，外县移居户，包括招住户、寓居户，其数量也不少，达115户，占12.9%，

① 〔明〕海瑞：《海瑞集》上册《淳安知县时期·保甲告示》，中华书局1962年版，第182页。

说明当时农村人口相互流动的程度亦值得注意。

如果我们对该册所载户丁户的所属户头情况作进一步分析，还可发现，其中属于里长（里班）户下的，如"一户郑汝爱民籍系本都里班郑甫户丁成丁壹丁耕田""一户林俊七军籍系本都里长林元统户丁成丁壹丁耕田"等，这种情况占绝大多数，而属于甲首户下的只有极少数。在该册所载291户户丁户之中，属于里长户下的282户，属于甲首户下的仅有5户，有4户隶属情况不明。户丁户的户头绝大多数为里长户，这一事实对于我们了解其形成原因具有重要意义。如众所知，明洪武十四年（1381年）后所实行的黄册里甲制度，"其法以一百一十户为里。一里之中，推丁粮多者十人为之长"①，也就是说，里长户一般均系农村中丁粮众多的人户，即多为大户人家；而在甲首户中丁粮多者则是极少数。明代户丁户的形成，首先即与大户人家人口和土地众多有密切关系。这一点，从永春县保甲文册所载亦可看出。该册所载一个里长户下的户丁户数，一般都有4户、5户，或有7户、10户，甚至有10户以上者。如里长萧佛赐户下的户丁户共有14户，而里长郑廷魁户下的户丁户竟达16户之多。这些拥有众多户丁户的里长户，绝大多数是丁粮多的大户人家，乃无疑问。

在中国封建社会里，历来都存在着拥有众多人口和土地而又几世"共爨"（未分居），即累世同居共财的大家庭。这种大家庭，对其众多的人口和土地都采取集中统一的经营管理方式，而这在以分散的小农经济为基础的封建时代，是十分困难的。特别是由于其在家族内实行公有制，分配上搞平均主义，吃大锅饭，这在以私有制为主的封建时代，更大大地影响了生产的积极性。因此，自秦以后，这种累世不分居的大家庭，历朝历代毕竟是少数。而一般家庭，乃至大户，当人口众多之际，弟兄遂实行分居，其土地财产即按诸子均分制的原则而被分割，从而形成了许多经济上独立的新家庭，这是普遍现象。但由于官府的赋役政策，以及宗族势力的影响等原因，许多大户虽已析产，却未正式分户。所谓官府的赋役政策，如明

---

① 《明太祖实录》卷135，洪武十四年正月条。

王朝即规定，凡军户、匠户不许分户①；对一般民户，政策上虽许析产，但必须经官府批准，才算正式立户。这主要是为了保持现有人户的稳定性，以保证其赋役有稳定的来源。所谓宗族势力的影响，即作为宗族势力的一方，更是想尽一切办法来维护封建大家庭的稳定。对已经析分为若干个独立家庭、正式立户者，则实行聚族而居；对虽已析分而尚未正式立户者，多采取分爨同居，利用宗族的力量来尽量维系原有家庭的稳定。在这类家族中，往往还存在相当数量的尚未分析的众业、族产，以作为宗族势力维系家族成员不散的物质基础。总之，一方面，在以分散的小农经济为基础的中国封建社会里，析产分户已成为一种历史发展趋势；另一方面由于官府的赋役政策以及宗族势力的影响，致使许多大户析产而未正式分户，往往形成一个大户之下包含众多经济上独立的子户这种状况。所谓户丁，在一些场合之下，实际上是指这种大户之下析产而未正式分户的子户而言的。另外还应指出的是，《嘉靖泉州府永春县保甲文册》所录291户户丁之中，载明户头为军籍者149户，为民籍者137户。这说明，虽然明王朝所定军、匠不许分户的政策，对明代析产而未分户状况的形成影响很大，但这并不是根本原因。民户之中析产而未分户的现象亦相当普遍。故户丁户所指亦包括民户等在内，从而表明了明代户丁户存在的普遍性。

四、小结

综上所述，明代户丁一语的含义有以下几个方面：

第一，指一户之下的成丁男子。第二，指大户之下析产而未正式分户的子户而言。第三，从赋役制度方面说，户丁一语亦具有职役之意。叶春及说："力役出于力也。故身有役，为里正，为乡老，为甲首，为户丁，以追征，以勾摄，以供办正役也。"②显然，叶春及在这里是从职役的角度

---

① 正德《大明会典》卷21《户部六·户口二·攒造黄册》。

② 〔明〕叶春及：《石洞集》卷3《惠安政书二·图籍问》，载《文渊阁四库全书》第1286册，上海古籍出版社1989年版，第285页。

来谈里正、乡老、甲首和户丁的。当然，这里主要是说力役，但仍可看出，户丁也与里正、乡老、甲首等一样，亦是一种职役。

明代户丁亦指大户之下析产而未正式分户的子户而言这一点，在明代经济史、社会史等的研究中应予以注意。它表明，当时一个大户之下包含众多经济上各自独立的子户的现象，是相当普遍的。这对于了解当时的人户构成与经济形态，以及重新阐释传统的大土地所有制和地权分配概念，揭示在宗族外衣之下所掩盖的阶级关系，乃至理解中国封建社会的特点等，均有重要意义。

原载《中国史研究》2000年第2期，人大复印报刊资料《明清史》2000年第5期全文转载，有改动

明代人口统计与黄册制度的几个问题

随着中国人口史研究的展开，有关明代人口的研究亦十分活跃。相关论著发表颇为不少，提出的说法也多种多样。在这些研究与探索中，不乏真知灼见，大大推动了明代人口研究的深入和发展。但其中有些立论亦值得商榷。这里，谨就明代人口统计与黄册制度有关的几个问题略陈管见。

一、所谓"不亏原额"说

如何评价明代开国即洪武时期所记载的人口数字，是明代人口数值研究中首先关注的一个热点。由于朱元璋先后制定了户帖与黄册这样较为严密的户籍制度，其治国又推行严刑峻法，政令实施基本到位，因而多数学者认为，洪武时期所记载的人口数字，比较接近历史实际，可信度较高。但现存史籍中记载着洪武时期三个年份不同的人口数字，即：

《明实录》洪武十四年十二月载："是岁，计天下人户一千六十五万四千三百六十二，口五千九百八十七万三千三百五。"①

《明实录》洪武二十四年十二月载："天下郡县更造赋役黄册成。计人户一千六十八万四千四百三十五，口五千六百七十七万四千五百

---

① 《明太祖实录》卷140，洪武十四年十二月条。

六十一。"①

《诸司职掌》载，洪武二十六年"十二布政司并直隶府州人户总计一千六十五万二千八百七十户，人口总计六千五十四万五千八百二十一口"。②

对这三个年份所载人口数字的解释，则出现了种种说法。其中之一是所谓"不亏原额"说，引人注目。葛剑雄认为，三个年份的人口数字相比，洪武二十四年（1391年）的口数比洪武十四年（1381年）的口数有较大减少，而洪武二十六年（1393年）的口数又比洪武二十四年的口数有明显增加。"从洪武十四年至二十六年这12年间，明朝境内既没有大的自然灾害，也未发生什么战争和社会动乱，所以可以肯定这绝不是正常的人口增长，而是数字统计上的错误。""可能之一，是洪武二十四年第二次造黄册时登记重点的变化导致了户口统计数的下降。朝廷在为洪武二十四年编造黄册作准备时就已规定：'比照十四年原造黄册，如丁口有增减者即为收除，田地有买卖者即令过割，务在不亏原额。'由于特别强调了'不亏原额'，就使造册的实际过程中发生了微妙的变化。何炳棣指出：洪武二十四年的'法令规定以后编造黄册时重点应该是十岁以上的男子……'。而从登记的结果看，这种变化在二十四年的编造中已经出现。正因为各地只注意了'不亏原额'，所以对不涉及赋役份额的对象就会有所忽视，对这十年间新增加的'额'更不会全部列入登记，结果就出现了这个比十年前减少了5.18%的户口数。"③

其后，葛剑雄、曹树基在《对明代人口总数的新估计》一文中又以同样篇幅重申了这一观点④。

---

① 《明太祖实录》卷214，洪武二十四年十二月条。

② 《诸司职掌》户部《民科·州县·户口》，《皇明制书》卷3，载《续修四库全书》第788册，上海古籍出版社2002年版，第110页。

③ 葛剑雄：《中国人口发展史》，福建人民出版社1991年版，第230—232页。

④ 葛剑雄、曹树基：《对明代人口总数的新估计》，《中国史研究》1995年第1期。

王育民所著《中国人口史》亦持同样观点："二十三年户部奏重造黄册时，政府只要求'比照十四年原造黄册，如丁口有增减者即为收除，田地有买卖者，即令过割，务在不亏原额。'即不少于洪武十四年的赋役人丁数。"①

不难看出，"不亏原额"说的根据是史书上的一条记述，即《明实录》洪武二十三年（1390年）的有关记载，原文如下：

> （洪武二十三年八月）丙寅，户部奏重造黄册，以册式一本并合行事宜条例颁行所司。不许聚集团局科扰，止将定式颁与各户，将丁产依式开写，付该管甲首造成文册，凡一十一户，以付坊、厢、里长。坊、厢、里长以十甲所造册凡一百一十户，攒成一本，有余则附其后曰畸零户，送付本县。本县通计其数，比照十四年原造黄册，如丁口有增减者，即为收除；田地有买卖者，即令过割，务在不亏原额。②

原文中确有"务在不亏原额"的说法。文中所说洪武二十四年（1391年）重造黄册时，要求比照洪武十四年（1381年）原造黄册的内容有两项，一为丁口，一为田地。那么，其所说"务在不亏原额"，究竟应作何种解释呢？是否既包括丁口也包括田地呢？显然，上述"不亏原额"说是认为丁口亦包括在内的。然而，仔细阅读原文，这一理解是有问题的。

先看一下田地方面。所谓"田地有买卖者，即令过割"，系指十年之内，田地如有买卖，其所交易的田土面积与税额必须从卖者户下开除，同时将该田土面积与税额过与买方户下，双方务必过割清楚，在黄册上登记明白，这样才能使官府原已掌握的田土面积与税额不致亏减流失。这在洪武二十四年户部奏准重造黄册格式之中即有明确规定：

> 若官吏里甲通同人户隐瞒作弊，及将原报在官田地不行明白推收过割，一概影射，减除粮额者，一体处死。③

---

① 王育民：《中国人口史》，江苏人民出版社1995年版，第415页。

② 《明太祖实录》卷203，洪武二十三年八月丙寅条。

③ 正德《大明会典》卷20《户部五·户口二·攒造黄册》第一册，日本汲古书院1989年版，第255页。

正德时户部题准为赋役黄册事中亦言：

> 其死亡、充军等项户绝遗下田粮农桑，拨与本里丁多田少人户佃种征收，务要不失原额。①

万历时吕坤在叙及当时田土买卖推收之弊时亦说："乱版图，失原额，开影射之端，成飞跳之弊，岁去年来，粮亏地少。"②很明显，所谓原额，乃指"原报在官田地"及其"粮额"。"务在不亏原额"，是指田地买卖这一事项，则没有疑问。

再看"丁口有增减者，即为收除"这一事项。首先应该明确，这里所说"丁口"，即指人口或户口，并非仅指男子成丁或纳税人口而言，文献记载与遗存黄册文书均可证明。《诸司职掌》载：

> 户口
>
> 　丁口
>
> 　凡各处户口，每岁取勘明白，分豁旧管、新收、开除、实在总数，县报于州，州类总报之于府，府类总报之于布政司，布政司类总呈达本部，立案以凭稽考。③

《后湖志》所言更为明确：

> 今制黄册所载，人丁、事产二者其经也，旧管、新收、开除、实在四者其纬也。事产著田赋轻重之数，源流于《禹贡》九州厥田九等、厥赋亦九等之法也。人丁著户口登耗之数，权舆于《周礼》三岁大比，献万民之数于王之意也。④

谨按黄册所载，至为浩繁，其大要则天下之人丁、事产而已。人

---

① 〔明〕赵官等：《后湖志》卷8《事例五》。
② 〔明〕吕坤：《实政录》卷4《治民之道·改复过割》。
③ 《诸司职掌》户部《民科·州县·户口》，载《皇明制书》卷3，《续修四库全书》第788册，上海古籍出版社2002年版，第109页。
④ 〔明〕赵官等：《后湖志》卷首《序》。

丁即前代之户口，事产即前代之田赋。①

在遗存的黄册文书中，则是男称丁（分"成丁"与"不成丁"），女称口（分"大口"与"小口"），统称"丁口"或"人丁"，均指人口而言。如《嘉靖四十一年严州府遂安县十八都下一图六甲黄册原本》所载：

第陆甲

一户汪银原以故叔汪价为户系浙江严州府遂安县拾捌都下壹图民籍轮充嘉靖肆拾柒年分甲首

旧管

人丁计家男妇捌口

男子肆口

妇女肆口……

开除

人口正除男妇肆口……

新收

人口正收男妇叁口……

实在

人口男妇柒口

男子肆口

成丁三口　　　　本身年伍拾伍岁

弟汪铜年肆拾伍岁

男汪得年叁拾伍岁

不成丁一口　　　侄娜儿年贰岁

妇女叁口

大口壹口　　　　侄妇詹氏年贰拾岁

小口贰口　　　　侄女金凤年壹拾贰岁

侄女毛小年肆岁②

---

① 〔明〕赵官等：《后湖志》卷1《事迹一·民数考略》。

② 上海图书馆藏563792号，馆题作"浙江严州府遂安县人口税收册"。

其他遗存黄册文书所载亦均是如此。因此，所谓"丁口有增减者，即为收除"，则是指十年之内，人口若有增加，如新生或收继等，即登于新造黄册的新收项下，若有减少，如死亡或出继等，即登于开除项下。其中人口的自然出生与死亡为该项变动的主要内容。如果"务在不亏原额"的规定也包括丁口增减这一项内容，那就是要求丁口增减也要像土地买卖那样，维持原额不变，这就只有在十年之内新出生的人口数与死亡的人口数相等的情况下，或是出生的人口大于死亡的人口，才能做到这一点。要求十年之内的人口生多少就必须死多少，或出生人口必须大于死亡人口，未免有些荒唐。不能否认，实际造册时人口方面亦有照抄原额之弊。但在政策与法令规定的层面上，即使再昏庸的统治者，也不会做如此规定的。所以，"务在不亏原额"并不包括丁口增减这一事项，而只是指田地买卖而言的。这一点是很明确的。因此，在引用"比照十四年原造黄册，如丁口有增减者，即为收除；田地有买卖者，即令过割，务在不亏原额"这段史料时，在"如丁口有增减，即为收除"之后，当标点为分号[1]。而上述"不亏原额"说者，在引用这段史料时，其在"如丁口有增减，即为收除"之后，均标点为逗号，这显然是由于对史料原文的理解有误所致。

还可发现，在正德《大明会典》、万历《大明会典》、万历时王圻《续文献通考》[2]，以及天启本《后湖志》中均录有洪武二十四年奏准攒造黄册格式的详细文字，四者所载完全相同。兹引正德《大明会典》中的有关记载如下：

> （洪武）二十四年奏准攒造黄册格式……将册比照先次原造黄册查算，如人口有增，即为作数；其田地等项，买者从其增添，卖者准令过割，务不失原额。[3]

---

① 按，郭厚安编：《明实录经济资料选编》，中国社会科学出版社1989年版，第375页；李国祥等编：《明实录类纂·经济史料卷》，武汉出版社1993年版，第781页。二者在转录该史料时，亦均标点为分号。

② 〔明〕王圻：《续文献通考》卷20《户口考·册籍》。

③ 正德《大明会典》卷20《户部五·户口二·攒造黄册》。

这段文字所言与前引《明实录》中的有关记载，都是有关洪武二十四年攒造黄册之事，讲的是同一件事。从这段文字的记载中，更可清楚地看出，其所言"务不失原额"，是只指田地等项，而不包括人口在内。人口方面乃言，"如人口有增，即为作数"，很明显，这里的"作数"，只能作按实数登录解释，不能作"不亏原额"理解。

让我们再来看一下，在朝廷下达了包括"不亏原额"在内的一系列法规之后，洪武二十四年大造黄册有关人口登录的实际结果又怎样呢？据《明实录》所载资料，将洪武十四年（1381年）、洪武二十四年（1391年）这两个年份的户口总数及各布政司的户口数，列表如下（表1）：

表1　《明实录》所载洪武十四年、洪武二十四年户口统计

户口	户数			口数		
年份	洪武十四年	洪武二十四年	洪武二十四年比十四年	洪武十四年	洪武二十四年	洪武二十四年比十四年
总计	10654362	10684435	+30073	59873305	56774561	−3098744
直隶	1935046	1876638	−58408	10241002	10061873	−179129
浙江	2150412	2282404	+131992	10550238	8661640	−1888598
山西	596240	593065	−3175	4030454	4413437	+382983
陕西	285355	294503	+9148	2155001	2489805	+334804
河南	314785	330294	+15509	1891087	2106991	+215904
广西	210267	208040	−2227	1463139	1392248	−70891
山东	752365	720282	−32083	5196715	5672543	+475828
北平	338517	340523	+2006	1893403	1980895	+87492
四川	214900	232854	+17954	1464515	1567654	+103139
江西	1553924	1566613	+12689	8982481	8105610	−876871
湖广	785549	739478	−46071	4593070	4091905	−501165
广东	705633	607241	−98392	3171950	2581719	−590231
福建	811369	816830	+5461	3840250	3293444	−546806
云南	—	75690	+75690	—	354797	+354797

资料来源：洪武十四年数字据《明太祖实录》卷140，洪武十四年十二月条。洪武二十四年数字据《明太祖实录》卷214，洪武二十四年十二月条。

从表1可以看出，洪武二十四年与十四年相比，其总户数增加了3万

余户，但这是将洪武二十四年新增单位云南的7万余户统计在内的结果（洪武十四年该布政司尚未建置），若除去这一因素，其总户数实际上是减少了4万余户。就各布政司的情况来看，其中有7个布政司的户数有所增加，而有6个布政司的户数有所减少。在口数方面，洪武二十四年的总口数则比十四年减少了300余万，同样，若除去新增单位云南的35万多口，减少的口数还要更多。就各布政司的情况来看，其中有6个布政司的口数有所增加，而有7个布政司的口数有所减少，且减少的数额颇大。总之，无论从户数来说，还是从口数来说，洪武二十四年黄册比十四年黄册总数都有相当数量的减少。而各布政司的情况是或有增加，或有减少，变动幅度颇大。从总体上看，无论是户数还是口数都大大地亏了原额。这个历史事实说明了什么呢？它恰恰证明洪武二十四年造册时，在人口统计上并不存在所谓"不亏原额"之类的规定。然而，持所谓"不亏原额"说者却认为，"正因为各地只注意了'不亏原额'，所以对不涉及赋役份额的对象就会有所忽视，对这十年间新增加的'额'更不会全部列入登记，结果就出现了这个比十年前减少了5.18%的户口数。"（见前引文）在这里，很明显是把"不亏原额"的"额"，理解成了仅是"涉及赋役份额的对象"，即仅指男子成丁人口而言，而如上所述，原文中所说的"丁口"，本指"人口""户口"即全部人口而言，认为"丁口"仅指男子成丁人口，显然是不正确的。若将其理解为全部人口，那么按照"不亏原额"的解释就更说不通了：正因为有了"不亏原额"，最后才亏了原额。这一推断逻辑，实在令人费解，特别是在明初朱元璋以猛治国、实行严刑峻法的时代，竟有那么多的布政司都亏了原额，敢与朝廷对抗？而且事后亦不受到惩罚？

明初统治者创立黄册制度，规定每十年一大造，其本意就是为了能够反映人口与产业的不断变化情况，以达到均平赋役的目的。"十年之间，户口有消长，产业有推收，且沧海桑田，变更难凭，故必一大造黄册，以清赋役，乃均平之重点也。"①若规定每次造册都要遵照原额编造，岂不是

---

① 〔明〕赵官等：《后湖志》卷10《事例七》。

抄袭旧册，而失去了十年一大造黄册的本意？

当然，笔者绝不是认为在洪武二十四年的实际造册过程中，没有照抄原额之类的现象发生，也不是认为现存洪武二十四年的人口数字准确无误，没有疑问。洪武二十四年黄册比十四年黄册人口统计数字减少，自有其原因，诸如繁重的赋役负担造成的里甲编户大量逃亡等。但对其数字减少，显然不能用"不亏原额"之类的理由来解释。所谓明初人口统计中的"不亏原额"说，不过是对史料原文的一种误解，其实并不存在。

二、关于《诸司职掌》所载人口数字

如上所述，在洪武二十六年（1393年）成书的《诸司职掌》之中，亦载有当时全国及各布政司的人口统计数字。其与洪武二十四年黄册的人口统计相比，增长数额颇大，十分明显。而该书并未说明其人口统计数字的来源。因此，如何解释《诸司职掌》所载的人口数字，亦成为明初人口研究的问题之一。葛剑雄在其《中国人口发展史》中首次提出了这一问题①，这是值得研究者关注的。葛氏认为："尽管目前还找不到任何直接的记载，我们可以假定：在洪武二十四年的黄册登记数统计出来并上报后，因总数比十年前下降而引起朝廷的不满，但黄册不可能重修，于是由户部根据后湖贮存的上一次黄册和各地历年上报的增减数，计算出各地的户口数重新上报，这就是洪武二十六年统计数的来历。"②"这一数据只是根据文牍档案拼凑起来的，并不是各地普查的结果，所以在地方志中从未发现有洪武二十六年的统计数。""洪武二十六年的数字是为纠正二十四年数字的误差而炮制的，因此带有明显的倾向性和人工拼凑的痕迹。"③虽然作者也统计分析了某些地方史籍所载人口数字，以论证该说，但如其所言，文中并未

① 葛剑雄：《中国人口发展史》，福建人民出版社1991年版，第230—232页。

② 葛剑雄：《中国人口发展史》，第233页。

③ 葛剑雄、曹树基：《对明代人口总数的新估计》，《中国史研究》1995年第1期，第37、41页。

举出"任何直接记载",证据显然不足。

以"在地方志中从未发现有洪武二十六年的统计数"及"黄册不可能重修"为由,即认为其人口数字是"炮制"的,此说有悖于历史事实,难以成立。查诸史籍,在洪武二十四年奏准攒造黄册格式的法规中,载有下列条文:

> 又令各处布政司及直隶府州县并各土官衙门,所造黄册俱送户部,转送后湖收架。委监察御史二员,户科给事中一员,户部主事四员,监生一千二百名,以旧册比对清查,如有户口田粮埋没差错等项,造册径奏取旨。其官员、监生合用饮馔器皿等项并膳夫,俱于国子监取用,如不敷,于都税司并上元、江宁县等衙门支拨。纸劄于刑部、都察院关领,不敷之数并笔墨,于应天府支给官钱买办。查册房屋、册架、过湖船及桌凳什物,俱工部等衙门添拨夫匠修造。凡官员、监生、吏卒、人匠等,每五日一次过湖晾晒,司礼监、户部收掌锁钥,不许一应诸人往来。①

《后湖志》亦载:

> 大查职名。官职,洪武二十四年定制,每册完,奏委给事中一员,御史二员,主事四员,督同监生查对,事完一同复命……
>
> 监生,洪武二十四年定,取国子监监生一千二百名,以旧册比对新册奸弊。正统七年减取八百名,弘治六年奏准实取三百五十名。②

可以看出,洪武二十四年所定黄册清查条令,是作为整个明代黄册制度的清查条款而颁行的。此后,明代每次大造黄册即按这一规定进行清查,称之为黄册驳查制度。又,上述清查条令不仅对清查官员与监生,清查内容与程序,而且对清查所用物件及实施该条令的各有关事项,都做了十分详细的规定。该法令首先是针对洪武二十四年所造黄册而颁布的,其对洪武

---

① 正德《大明会典》卷20《户部五·户口二·攒造黄册》。

② 〔明〕赵官等:《后湖志》卷3《事迹三》。

二十四年黄册实际上进行了清查，这是可以肯定的。关于清查结果最后要求是"造册径奏取旨"，其后的记载可为之佐证：

> 正统十二年奏准，南京户部清查各处黄册，于国子监取监生四十名，本部委官一员提督，另誊查对，发各该司府州县，对款改造，差吏径送南京户部。仍类造改过总册一本，送部查考，差错官吏人等查提问罪。①

从这里所言"仍类造改过总册一本，送部查考"，则不难看出，此前的清查亦当如此。这就是说，在洪武二十四年黄册清查之后，户部当掌握其总结果的。而《诸司职掌》一书编成于洪武二十六年三月，史载：

> （洪武二十六年三月）庚午，《诸司职掌》成。先是，上以诸司职有崇卑，政有大小，无方册以著成法，恐后之莅官者，罔知职任政事施设之详，乃命吏部同翰林儒臣仿唐六典之制，自五府六部、都察院以下诸司，凡其设官分职之务，类编为书。至是始成，名曰《诸司职掌》。诏刊行颁布中外。②

所以，可知《诸司职掌》一书的编辑，离户部掌握洪武二十四年黄册清查结果的时间非常接近。因此，《诸司职掌》所载人口数字，很有可能是利用了清查后的洪武二十四年黄册的资料。若如此，恐怕就不能说其所载洪武二十六年人口数字，"只是根据文牍档案拼凑起来的"，是户部衙门"炮制"的。

那么，《诸司职掌》所载人口数字，必定会与洪武二十四年黄册的人口统计有某种关系吗？未必如此。我们还应注意到，就明代的人口统计来说，除了大造黄册之际的人口普查与统计之外，还有另外一个人口统计系统，这就是每年自地方逐级上报户口登耗的岁计系统。

这种岁计制度，在明开国之初朱元璋推行户帖制度时就已存在。史载：

---

① 正德《大明会典》卷20《户部五·户口二·攒造黄册》。
② 《明太祖实录》卷226，洪武二十六年三月庚午条。

（洪武三年十一月）辛亥，核民数，给以户帖。先是，上谕中书省臣曰："……今天下已定，而民数未核实。其命户部籍天下户口，每户给以户帖。"于是户部制户籍户帖，各书其户之乡贯、丁口、名、岁。合籍与帖，以字号编为勘合，识以部印，籍藏于部，帖给之民。仍令有司岁计其户口之登耗，类为籍册以进。著为令。①

可以看出，洪武初实行户帖制度时，户部既制户帖，又制户籍，"籍藏于部，帖给之民"，天下户籍乃由户部掌管。而"仍令有司岁计其户口之登耗，类为籍册以进。著为令"这一记载，则清楚地表明，由各级官府每年核实户口登耗、类为籍册上报的岁计制度，当时已经存在。

再看一下《诸司职掌》所载："户部。尚书、侍郎之职，掌天下户口、田粮政令。""郎中、员外郎、主事，各掌该部所属户口、田粮等项。"②即，掌管天下户口与田粮实为户部官员的本职。其后又载：

户口

　丁口

　凡各处户口，每岁取勘明白，分豁旧管、新收、开除、实在总数，县报于州，州类总报之于府，府类总报之于布政司，布政司类总呈达本部，立案以凭稽考。仍每十年本部具奏行移各布政司、府、州、县，攒造黄册，编排里甲，分豁上、中、下三等人户，遇有差役，以凭点差。若有逃移者，所在有司必须穷究所逃去处，移文勾取赴官，依律问罪，仍令复业。

　十二布政司并直隶府州人户总计一千六十五万二千八百七十户，人口总计六千五十四万五千八百二十一口。③

这即是《诸司职掌》中录有当时人口总数的原文记载。此外，洪武御史台

---

① 《明太祖实录》卷58，洪武三年十一月辛亥条。
② 《诸司职掌》户部，载《续修四库全书》第788册，第106页。
③ 《诸司职掌》户部《民科·州县·户口》，载《续修四库全书》第788册，第109—110页。

所上《宪纲》中亦有相关条款：

> 户口。仰本府州县，取勘所属籍定户口，分豁城市、乡都，旧
> 管、收除、实在数目开报。①

毋庸置言，以上这些记载均为当时朝廷发布的正式典令，而非一般记述。从中可明确看出，第一，与每十年大造黄册进行户口统计的同时，还存在一个每年查核、逐级上报的岁计制度。第二，这种户口岁计系统，从其制度规定来说，并非仅据文案重复报告，而是要求岁计"户口之登耗"，"每岁取勘明白"，逐级类总上报，最后呈达户部，"立案以凭稽考"。其当然亦具户口核查性质。所以，它与黄册的人口统计相比，实为另外一个不同的人口统计系统。而且，从《诸司职掌》有关款项的行文来看，这种岁计规定，乃是户部及地方各级官员的首要职掌，系官府及时掌握与控制人口的主要来源。

有关史籍的记载，亦可证明这种户口岁计制度是实行了的。现存《明实录》中载有岁计户口总数的共有137个年份，其中有20个年份属于黄册大造之年，117个年份为非黄册大造之年；又，从洪武三十五年（即建文四年，1402年）至正德十五年（1520年）连续119年，每年都载有岁计户口总数。那么不禁要问，《明实录》连续登载的这些非黄册大造之年的岁计户口总数是如何统计出来的？恐怕不能认为这些上百个数字都是户部从文牍档案中拼凑起来的，都是户部闭门炮制的，显然它是来自明代另一个户口统计系统，即作为户部及各级官府首要职掌的户口岁计制度实施的产物。

在《明实录》中，还可见到其他一些非黄册大造之年有关户口统计的记录，如：

> （宣德四年七月壬子）行在户部上户口登耗之数。上视朝退，因

---

① 《宪纲·巡历事例·府州县》，载《皇明制书》卷15，《续修四库全书》第788册，第564—565页。

语侍臣曰："隋文帝时户口繁殖，财赋充足，自汉以来，皆莫能及。议者以在当时必有良法，后世因其享国不永，故无取焉。此未必然……若隋文克勤政事，自奉俭薄，足致富庶，岂徒以其法哉……大抵人君恭俭，国家无事，则生齿日繁，生齿繁则财富自然充足。"①

宣德四年（1429年）并非黄册大造之年，离最近一次永乐二十年（1422年）大造已有7年之久，所以不难看出，这里所言"户部上户口登耗之数"，当是岁计户口之数。

总之，明代户口岁计制度的存在与实施，是可以肯定的。

如果我们将洪武十四年、二十四年黄册所载人口、田地总数，与二十六年《诸司职掌》所载人口、田地总数加以对比，再联系其后一些年份的人口、田地的统计记录，还可从中得到启发，详见表2：

表2　明代部分年份的人口、田地总数统计

年份	人口总数/口		田地总数/亩	资料来源
洪武十四年	59873305		366771549	《洪武实录》卷140
洪武二十四年	56774561		387474673	《洪武实录》卷214
洪武二十六年	60545821		849652300	《诸司职掌·户部》
宣德七年	50667805		424492880	《宣德实录》卷97
弘治十五年	A	61416375	429231075	《后湖志》卷2
	B	50908672	835748500	《弘治实录》卷194

如表2所示，在人口方面，洪武二十四年黄册的人口总数与洪武十四年黄册的人口总数相比，在10年时间里减少了300余万口（3098744口），而洪武二十六年《诸司职掌》所载人口总数与洪武二十四年黄册的人口总数相比，在一年多的时间里就多了370余万口（3771260口），增加的幅度颇大，遂使研究者对《诸司职掌》所载该人口数字产生了怀疑，这就是我们讨论的问题所在。如果再看一下田地方面，洪武二十四年黄册的田地总数与洪武十四年黄册的田地总数相比，在10年时间里增加了2000多万亩（20703124亩），而洪武二十六年《诸司职掌》所载田地总数竟达8亿多亩

---

① 《明宣宗实录》卷56，宣德四年七月壬子条。

（849652300亩），与洪武二十四年黄册的田地总数相比，在一年多的时间里就多了4亿多亩（462177627亩），增加一倍多，令人吃惊。显然，这不可能是对洪武二十四年黄册所载田地数字进行修补的结果，而只能是另外一个系统的统计数字。因此，有理由认为，其所载人口方面的统计数字亦当如此。即，洪武二十六年《诸司职掌》所载人口数字，也是一个与黄册不同的系统。这个系统就是从明朝开国伊始即存在的户口岁计系统。因而，其与洪武二十四年黄册人口数字相比出现了较大的不同。

稍微浏览一下其后的人口与田地的统计数字，亦可说明这一点。《明实录》中载有宣德七年（1432年）的人口和田地总数，该年为黄册大造之年，这是现存的洪武二十四年之后最近的黄册大造之年的田地有关资料。如表2所示，宣德七年的田地总数又回落到4亿多亩（424492880亩），从这一数字不难看出，它与洪武十四年、二十四年黄册相比虽有增加，但仍属同一系统；同时又显出，洪武二十六年《诸司职掌》8亿多亩的田地统计只能是不同于黄册的另外一个统计系统。再看一下弘治十五年（1502年）的有关统计，该年为黄册大造之年，正德《大明会典》及《后湖志》中都载有该年全国人口与田地的统计数字（见表2中A组数字），《后湖志》还声称其本是"据本湖奏缴之数"[1]，即可确定它是黄册大造的统计数字。而同年《弘治实录》中亦载有全国人口与田地的统计数字（见表2中B组数字），两组数字相比，无论是人口还是田地，都有明显的不同，差额巨大。人口方面，黄册统计比《弘治实录》所载多出1000多万口（10507703口），特别是田地方面差额更大，《弘治实录》中又出现了8亿多亩的数字，比黄册多出近一倍。在同一年份里出现两组完全不同的统计数字，更证明了当时确实存在两种不同的人口与田地统计系统。

统计系统不同，其统计对象亦可能不尽相同。关于《诸司职掌》所载8亿多亩土地数字，多年来中外学者已经作了相当深入的研究，一种观点认为，其与黄册所载田土数字差额巨大，主要是统计对象的不同，黄册所

---

① 〔明〕赵官等：《后湖志》卷首《凡例》。

载仅为户部所辖直隶及十三布政司官民成熟纳粮田土，而《诸司职掌》土地数字则属通计性质，包括天下荒熟及军屯田土等在内①。同样，黄册大造的户口统计，乃是以民黄册为基础的统计，虽然一般军户也包括在内，但不含卫所屯军，这是明确的；而《诸司职掌》的统计，则有可能是通计天下户口。若如此，二者产生了较大差额也就不足为奇了，因为明初官军系统人口的数额是相当大的。永乐二年（1404年）实录载：

> （八月庚寅）都察院左都御史陈瑛言：“岁比钞法不通，皆缘朝廷出钞太多，收敛无法，以致物重钞轻，今莫若暂行户口食盐之法。以天下通计，人民不下一千万户，军官不下二百万家，若是大口月食盐二斤，纳钞二贯，小口一斤，纳钞一贯，约以一户五口，季可收五千余万锭，行之数月，钞必可重。”上命户部会群臣议，皆以为便。但大口令月食盐一斤，纳钞一贯，小口月食盐半斤，纳钞五百文，可以行久。复奏，上从之。②

总之，就洪武二十六年《诸司职掌》所载人口数字的来源而言，虽然目前尚未找到直接记载，但从以上对相关史实的揭示与分析来看，其本属于与黄册不同的另外一种人口统计系统，即户口岁计系统，这种可能性更大。

对这种户口岁计系统的价值评判，则另当别论。现存有关明代户口岁计的史料很少，给探索该制度的实施带来很大困难。其无疑亦存在种种弊病，但也要作具体分析。由朱元璋亲自下令编纂制定、作为明代官府准则的《诸司职掌》，在有明一代的典章制度中，占有十分重要的地位。其所载洪武时期的人口与田地总数，被以后的《大明会典》《明史》等官修史书多次引用，视为“定数”③。在没有确凿证据的情况下，不应轻易否定它。

---

① 参阅顾诚：《明前期耕地数新探》，《中国社会科学》1986年第4期；田培栋：《明初耕地数额考察》，《历史研究》1998年第5期。

② 《明太宗实录》卷33，永乐二年八月庚寅条。

③ 〔明〕赵官等：《后湖志》卷首《凡例》。

三、明代人口统计失实的根本原因

关于明中叶以后户口统计的失实，早已见诸明朝当代许多史籍的记载之中①。近代以来，对明清官方记载的人口统计数字，虽然一直有人仍在毫无分析批判地加以引用，但越来越多的研究者对其提出了质疑。20世纪初，我国著名史家吕思勉先生在论及明清户籍人口时即说："可知清代之编审，与清查人口，了无干涉矣。增丁即是增税，减税只须减丁。朝廷苟无意增税，丁数自可无庸增加。"②已经论及人丁与赋税的关系。何炳棣先生所著《明初以降人口及其相关问题：1368—1953》③，通过对"明代人口数据实质"的分析，指出了"丁的实质"，提出了"纳税单位"的概念，这一概括颇有道理。然其具体论述之中，仍有值得商榷之处，当作进一步探讨。

何氏举出明代人口数据失实的原因有：地主豪绅庇护形成隐漏户，官员营私舞弊，并户，变乱户籍，以及"由于军籍归兵部掌管，不入于黄册"等④。这些原因都是十分明显的。他又认为，洪武二十四年（1391年）黄册编制重点的转移，则是造成明代人口数据失实的重要因素。何氏说："洪武二十四年以前太祖之所以坚持持续登记全部人口，是他切望能均分劳役。但在以黄册和鱼鳞图册为基础的有效的赋役体系精心建立起来之后，他就致力于维持这种体系。因此洪武二十四年的法令重点在尽可能地避免里甲制的变动，因为一旦十年轮流当差派定以后，任何剧烈的变动都

① 参阅王毓铨：《明朝人论明朝户口》，载《王毓铨史论集》卷3，中华书局2005年版，第853—873页。

② 吕思勉：《中国制度史》，上海教育出版社1985年版，第523页。

③ 何炳棣著，葛剑雄译：《明初以降人口及其相关问题：1368—1953》，生活·读书·新知三联书店2000年版。

④ 何炳棣著，葛剑雄译：《明初以降人口及其相关问题：1368—1953》，第12—20页。其中"军籍归兵部掌管，不入于黄册"之说，并不确切。实际上，在里甲所造一般民黄册中，包含军、民、匠、灶等各种户籍的人户在内，只是卫所官军不在其中，另有册籍。请参阅拙著《明代黄册研究》第2章"册籍种类。"

会引起里甲制的混乱。""洪武二十四年（1391）的法令是引起户口登记系统发生最重要变更的另一个因素。法令规定以后编造黄册时重点应该是十岁以上的男子，名单上十岁以上的男孩必须以年龄为序登记，以便他们在年满十六岁时能够及时编入充役名单。尽管洪武二十四年的条例并未明确提到女子及不满十岁的儿童可以不作登记，但却规定年老残疾、幼小十岁以下及寡妇、外郡寄庄人户可以入畸零户……这一规定必然给地方官和户口登记方法留下了相当大的余地。因为它只要求人口中的有意义部分——纳税人口——能够载入十年一度编造的黄册即可。"①其基本观点是：洪武十四年（1381年）所造黄册朱元璋坚持登记全部人口，而至洪武二十四年（1391年）再造黄册时，法令规定的重点发生了转移，只要求能将纳税人口载入黄册即可。法令规定重点的转移，是造成明代人口数据失实的一个重要因素。前述所谓"不亏原额"论者，亦称源自此说。

如果我们考察一下朱元璋于洪武时期创立黄册制度的实际过程，何氏所谓重点转移说是难以成立的。

首先看一下洪武十四年所造黄册。遗存至今的有关朱元璋于洪武十四年创建黄册制度的史料十分有限，记载颇为简略。最主要的就是《明实录》中的记载：

> （洪武十四年）正月，命天下郡县编赋役黄册。其法以一百一十户为里。一里之中，推丁粮多者十人为之长。余百户为十甲，甲凡十人。岁役里长一人，甲首十人，管摄一里之事。城中曰坊，近城曰厢，乡都曰里。凡十年一周，先后则各以丁粮多寡为次。每里编为一册，册之首总为一图。其里中鳏寡孤独不任役者，则带管于百一十户之外，而列于图后，名曰畸零。册成，为四本，一以进户部。其三则布政司、府、县各留其一焉。②

其后各种史籍所引都是根据这一记载。这里所叙，主要为黄册里甲如何编

---

① 何炳棣：《明初以降人口及其相关问题：1368—1953》，第12、13页。
② 《明太祖实录》卷135，洪武十四年正月条。

制、册本攒造进呈等方面的内容，而对人口如何登记，并未具体言及。那么，洪武十四年黄册编造的实际情况又是怎样的呢？《明实录》载：

> （洪武十五年）四月丙午，户部奏："天下郡县所进赋役黄册，丁粮之数，类多错误，请逮问之。"上曰："里胥或不谙书算，致有错误耳。若罪之，则当逮者众。且以郡县之广，人民赋税之繁，其间岂无误者。令官为给钞市纸笔再造以进，复有错误，然后罪之。①

此外，洪武十八年（1385年）颁布的《大诰》中还有一条关于攒造黄册的记录：

> 至造上、中、下三等黄册，朝觐之时，明白开谕：毋得扰动乡村，止将黄册底册，就于各府州县，官备纸劄，于底册内挑选上、中、下三等，以凭差役，庶不靠损小民。所谕甚明。及其归也，仍前着落乡村，巧立名色，团局置造，科敛害民，此等官吏，果可容乎！②

可见，洪武十四年及其以后黄册的编造情况并不理想，不断出现问题，或"丁粮之数，类多错误"，或"巧立名色，团局置造，科敛害民"，等等。很难说这些史料就是所谓坚持登记全部人口的证据。把洪武二十四年（1391年）之前的黄册说成是坚持登记全部人口的标准册籍，其根据又在哪里呢？然而，正如朱元璋所言，制度创建之初出现问题在所难免。既然黄册编制涉及郡县广大，人民赋税繁杂，牵涉阶层广泛，这样一个有关整个明帝国的复杂的户籍与赋役体系，怎么可能在其创建时下达一个诏令就臻至完备了呢？正因为如此，至洪武二十四年再造之际，户部在总结了前十年的经验教训之后，才"奏准攒造黄册格式"，颁布了黄册攒造的一系列具体规定，有明一代的户籍与赋役之法才有了基本定式。从洪武十四

---

① 《明太祖实录》卷144，洪武十五年四月丙午条。
② 朱元璋：《御制大诰·造册科敛第五十四》，载《续修四库全书》第862册，第258页。

年诏天下郡县编造黄册，到洪武二十四年奏准攒造黄册格式，与其说其间出现了所谓法令规定重点的转移，莫如说这是明代黄册制度从草创到基本定式所必然经历的一个阶段。

关于洪武二十四年黄册攒造格式的各项规定，《明实录》中的记载虽较简略，但在正德及万历《大明会典》《后湖志》等史籍中，都有较为详细的记录。这些规定堪称全面具体，颇为详备，特别是在如何实施黄册攒造方面，颁布了许多具体条例。其与洪武十四年黄册诏令相比，在政策上仍是一脉相承，具有连续性，虽多有发展完善，但难称重点转移。何氏特别言及十岁以上男子编入正管及畸零户问题，认为这表明了洪武二十四年册登记人口重点的转移，乃至是"只要求人口中的有意义部分——纳税人口——能够载入十年一度编造的黄册即可"。然而，仔细阅读洪武二十四年的黄册条例却看不出这一点来。条例有关原文如下：

> 其畸零人户，许将年老残疾、并幼小十岁以下及寡妇、外郡寄庄人户编排。若十岁以上者，编入正管，且如编在先次十岁者，今已该二十岁。其十岁以上者，各将年分远近编排，候长，一体充当甲首。①

首先应该明确，这是有关畸零户编排的一款条文。因为在黄册的正管户中，其十六岁以下男子本来都是随该户登记在册的，待其年长成丁之后遂即变成服役当差的丁口，即本来都是编在正管户内的，并不存在所谓"若十岁以上者，编入正管"的问题。按明代黄册制度，里甲之中设有正管户、带管户、畸零户等不同类型的户，这主要是从职役负担区分上来划分的。所谓畸零户，是与正管户相对的。一般而言，正管户为纳赋应役人户，而畸零户为不任役者。若人户只有十至十五岁的男子，其本为不成丁人口，亦属不任役者，当编入畸零户，但规定必须编入正管，不得入畸零，以防止其后逃避差役。这一规定体现了一切当差应役的人口，包括可

---

① 正德《大明会典》卷21《户部六·户口二·攒造黄册》。

能当差应役者，都必须编入黄册里甲的正管户以备应役之原则。它说明了什么问题呢？它是说明了对畸零户等非纳税人户可以不管，而"只要求人口中的有意义部分——纳税人口——能够载入十年一度编造的黄册即可"吗？恰恰相反，它是要求在编制黄册时必须同时关注那些非纳税人户，对其中可能当差应役者，不准漏掉。这充分显示了明代黄册里甲编制的网罗性与严密性。虽然洪武二十四年以前尚不见此类规定，但朱元璋在洪武十四年黄册创立之后随即一再申明：田赋、力役出以供上，乃是大明王朝臣民的本分；民有田则有租，有身则有役。上述规定与这一制定赋役政策的基本思想完全一致，一脉相承。又，畸零户与正管户虽有应役与否之分，但也不是绝对的，二者又有互补关系。洪武二十四年黄册条例中即有下列规定："图内有事故户绝者，于畸零内补辏。"①所以，畸零户本是作为正管户的预备役而编排的，并非规定其可以不编入黄册，而只编纳税人口。明代黄册里甲编制设有带管户、畸零户，其本意并不是要将这类人户排除在外，完全相反，它是为包罗各类臣民而精心设立的一种统治制度②，是要把帝国统治下编户齐民统统组织到赋役系统中去。

如前所述，洪武二十四年黄册条例关于人口登记的规定是"如人口有增，即为作数"。又令御史、给事中等官员及大批监生"以旧册比对清查，如有户口、田粮埋没差错等项，造册径奏取旨"③。请注意，关于清查对象这里讲的是"户口"，而不只是纳税人口。其所要求的是登载编户齐民的全部人口，乃无疑问。此外，还规定全种官田人户、招抚外郡流民、文武官员遗下家人以及庵观寺院僧道等，亦必须登入册籍。这些规定十分明确地表明，普天之下一切应向官府服役纳税的人户及其丁口都要编入黄册里甲之中，纳粮当差。所谓只以部分人口为重点编排对象，绝非朱元璋的本意。对于朱元璋来说，又何尝不想把天下所有臣民都编入新建立的赋役

---

① 正德《大明会典》卷21《户部六·户口二·攒造黄册》。

② 参阅［日］鹤见尚弘：《关于明代的畸零户》，《东洋学报》1964年第47卷第3号。

③ 正德《大明会典》卷21《户部六·户口二·攒造黄册》。

系统中去呢？洪武二十四年黄册条例，正是遵照这样的旨意而对黄册制度加以完备的。如果说洪武二十四年黄册与此前相比有什么变化的话，那就是在原有的基础上法令更加完善，制度更加详备，对朱元璋旨意的贯彻更加彻底。所谓法令规定重点转移之说，难以成立。

当然，明代户口统计的失实与黄册制度有极为密切的关系。从根本上说，黄册户口统计失实，乃在于其制度本身的构建上。明代黄册从洪武十四年创建伊始，就是户籍与赋役合而为一的一种制度。赋役征调以人口统计为基础，人口统计又以赋役征调为目的。这种户籍与赋役合而为一的制度结构，必然造成人口统计失实。这是一个结构性问题。为逃避繁重的赋役，则千方百计地隐瞒丁口，百般作弊，少报、漏报人丁成为一种普遍现象。只要是户籍与赋役合在一起，其户口统计必然走上失实之路。

且不说妇女少报，小口不登，明中后期已成为普遍现象，即使男子人丁，也就是所谓"纳税人口"，明中叶以后，其漏报瞒报，统计不实之弊亦层出不穷。《明孝宗实录》载：

> （弘治十八年二月）戊辰，上早朝毕，召户、兵、工三部臣于奉天门，面谕之曰："古今生齿渐繁，而民间户口及军伍匠役，日就耗损。此皆官司不能抚恤，暨清理无方，以致逃亡流移，脱漏埋没，其弊非一。尔该部又不能悉心究治，因仍苟且，徒事虚文，可谓慢事矣！宜各从长议处以闻。①

这里所说逃亡流移，显然是指黄册里甲之中的下户贫民，在赋役的重压之下破家荡产，只有走上逃亡之路。而所谓脱漏埋没，当多是富家大户，为躲避差徭而巧计隐瞒人丁，或仗其势，根本不报丁口实数。万历《福州府志》载：

> 豪宗巨家，或有余人，或数十人，县官庸调曾不得征其寸帛，役其一夫；田夫野人，生子黄口以上，即籍于官，吏索丁钱，急于

---

① 《明孝宗实录》卷221，弘治十八年二月戊辰条。

（如）星火。此所以贫者益贫，而富者益富也……为今之计，欲使户无匿丁，则莫若凡讼于官者，必稽其版；凡适四方者，必验其缡，则户口可核。户口可核，则赋役可均，不惟足国裕财，驱民于农，亦无便于此者矣。[①]

因人丁与赋役连在一起，为躲避繁重的赋役，即使人丁作为统计的重点，人们也在设法隐匿丁口。然多是富家大室才有这种势力与能力。而富家大室人口众多，田连阡陌，他们本是黄册里甲正管户的主体，其户口隐漏结果，遂造成了黄册上的应役之丁，即所谓纳税人口缺失很大。对此，是很难用上述所谓重点转移说来加以解释的。至清代前期，黄册制度已废，实行编审制度，以编审人丁为户口统计的基础，其户籍与赋役仍连在一起，结果人口统计问题更大。只是到了康熙五十一年（1712年）颁布"滋生人丁，永不加赋"政令，以及乾隆五年（1740年）改用保甲烟户册统计户口之后，即户口统计与赋役制度脱离之后，人口统计数字才开始接近历史实际。

明代人口统计数字的失实，除了制度结构与政策实施等主观方面的原因之外，社会经济的发展变迁实为其客观方面的根本原因。

明代中后期，社会经济的发展变化已显现出这样一种历史趋势：在社会经济的发展中，人口与土地相比，前者开始退居次要地位。在古代社会，由于生产力水平低下，社会经济的发展主要依靠人的体力劳动，"有人此有土，有土此有财"，即是先秦儒家的经典性概括。对于统治者来说，掌握人口最为重要，国家机器的运行靠的是徭役经济。明代黄册制度，本质上就是中国几千年来实行的徭役制度的继续。然而，随着社会生产力的提高，商品经济的发展，人的单纯体力劳动开始退居次要地位，徭役制度走到了它的历史尽头，而土地资财所发挥的作用越来越大。于是，对于统治者来说，掌握人口已变得不那么重要了，靠土地钱粮等税收已能满足需求和享受。久而久之，"上但期于足用，不必计于隐口与否；下虽受重役

---

① 万历《福州府志》卷7《食货》。

之名，而实分输于数丁，上下固两得之矣"①。隐匿丁口，倚重田亩，已成为上下认可的社会发展趋势。这一点，在明代江南地区表现得十分明显。《天下郡国利病书》载：

> 户口已载之黄册矣。此外复有审编丁则者，以江北税役比江南不同。江南田地肥饶，诸凡差徭，全自田粮起派，而但以丁银助之。其丁止据黄册官丁，或十而朋一，未可知也。江北田稍瘠薄，惟论丁起差，间有以田粮协带者，而丁常居三分之二。其起差重，故其编丁不得不多；其派丁多，故其审户不得不密。②

天启《海盐县图经》载：

> 户口隐漏为当今宇内通弊，不独东南然也。乃东南隐漏所由独多者，又自有说。国初编审黄册，以人户为主，凡一百一十户为一里，里长之就役，以丁数多寡为次。是赋役皆以丁而定，丁之查核，安得不明也！后渐参验田粮多寡，不专论丁。而东南开垦益多，地利愈广，其势不得不觭（倚）重田亩，以佥派里役。于是黄册之编审，皆以田若干为一里，不复以户为里。人丁之附田以见者，尽花分诡寄之人所捏造，而非真名，滋生者不入册，乌有者终游移，至田去名存，无人顶认，而籍滋脱漏之奸，民增赔赈之累矣。此江北之以丁定差者，今尚有真户籍，江南之以田定差者，今概无实口数。弊所为独甚也。③

《客座赘语》载：

> 总之，今日赋税之法，密于田土而疏于户口，故土无不科之税，而册多不占之丁。是以租税不亏而庸调不足。生齿日繁，游手日众，

---

① 万历《福宁州志》卷7《食货志·户口》。
② 〔清〕顾炎武：《天下郡国利病书》原编第九册，《凤宁徽》引《泗州志·编审丁则》。
③ 天启《海盐县图经》卷5《食货篇·户口》。

欲一一清之，固有未易言者矣！ [1]

天启《海盐县图经》所载十分典型，论述颇为深刻。它揭示了赋役黄册编审由明初以人户为主，以丁而定，到后来发展为以田编里，以田定差这样一个变迁历程。其原因则在于"开垦益多，地利愈广，其势不得不倚重田亩，以金派里役"。结果必然造成户口隐漏，人丁失实，而成为宇内通弊。商品经济的发展，还使赋役纳银化成为可能。一系列赋役改革最后发展成为赋役官解，丁差折银，归于一条鞭法。于是，不少地方的人丁变成了纳税单位，根本失去了人口统计的意义。因社会经济的发展变迁，使赋役之征密于田土而疏于户口，乃是明代人口统计失实的一个根本原因。

就明代人口数据的实质来说，必须看到，在经过明初之后，人口统计数字逐渐失实，而在明后期的人口统计中，又出现了由人头变成纳税单位的新趋势。然而，明代人口统计的失实及由人头到变成纳税单位，一则是渐进的演变过程，对这种变化，以某一年或某一个帝王来界定恐怕是不恰当的，从总体上看，这个历程乃是与社会经济的发展变迁及赋役制度的改革联系在一起的。二则即使到明代后期，其统计数据也是相当复杂的，其中既有人丁附田，人头变成纳税单位者，又有以丁定差，按人头统计口数者；既有妇女少报、小口不登，以男丁统计为主者，又有仍统计妇女大小口者；等等。实际上，明后期官方的人口统计数字，不过是混合各种类型人口统计的产物，尚不能一概称之为纳税单位。

原载《明史研究论丛》第7辑，紫禁城出版社2007年版，有改动

---

[1] 〔明〕顾起元：《客座赘语》卷2《户口》，载《续修四库全书》第1260册，第113页。

赋役黄册与明代等级身份

明代黄册里甲制度正式建立于洪武十四年（1381年），其功能是多方面的。黄册制度既是明代的赋役之法，也是明代的户籍制度。但就其首要的最基本的功能来说，还是在赋役征调这一方面。所以明代黄册又称赋役黄册。明代赋役黄册详载人口和土地，即中国历代所谓版籍者也，民以此定其籍贯，官按此以为科差。它与鱼鳞图册一起，成为明代社会经济方面重要的基本制度。

一、明代黄册文书概要

黄册制度曾在明代广泛实行，并与明王朝相始终。从洪武十四年（1381年）起开始攒造黄册，以后每十年一大造①，至崇祯十五年（1642年），共攒造了27次。在明王朝统治所及的范围内，包括部分少数民族地区，几乎都按制攒造了黄册。据《后湖志》载，每次大造各地送南京户部转后湖收贮的黄册多达6万余本，至明末，南京后湖收贮黄册的库房近千间，所贮历代黄册在200万本以上②。这就是说，黄册文书在明代当时是大

---

① 明代黄册制度规定每十年一大造，整个明代多是按此定制攒造的。其中只有两次例外，一次是在永乐元年（1403年），与上届大造（洪武二十四年，1391年）相隔12年；另一次是在永乐十年（1412年），与上届大造（永乐元年）相隔9年。

② 〔明〕赵官等：《后湖志》卷10《事例七》。

量存在的。然而，由于改朝换代和战乱频仍等原因，遗留下来的黄册文书却是很少，存于当时官府的黄册原本至今尚未被发现。现在遗存的明代黄册文书，多是在乡里保存的黄册底籍、草册及抄底等。20世纪80年代之前，学者对明代黄册的研究几乎全是依据一般的文献记载而进行的，80年代以来，中外学者在研究这一课题时开始关注文书档案资料，其间所发现的明代黄册文书主要有：

《永乐至宣德徽州府祁门县李务本户黄册抄底》，中国社会科学院历史研究所藏；《永乐徽州府歙县胡成祖等户黄册抄底残件》，中国国家博物馆藏；《成化嘉兴府嘉兴县清册供单残件》，北京大学图书馆藏；《嘉靖四十一年严州府遂安县十八都下一图黄册残本》，上海图书馆藏；《万历十年至四十年徽州府休宁县二十七都五图黄册底籍》，安徽省博物馆藏；《万历二十年严州府遂安县十都上一图五甲黄册残件》，中国国家图书馆藏；《天启二年徽州府休宁县二十四都一图五甲黄册草册》，中国国家博物馆藏；《崇祯五年徽州府休宁县十八都九图黄册残篇》，中国国家博物馆藏；《崇祯十五年徽州府休宁县二十五都三图二甲黄册底籍》，中国国家博物馆藏；《崇祯十四年祁门洪公寿户清册供单》，中国社会科学院历史研究所藏；等等①。

黄册文书是研究明代黄册的第一手资料。它不仅为明代社会经济史的研究提供了珍贵资料，对于明代黄册本身的研究更是不可或缺。黄册文书的发现，突破了以往仅依据文献记载研究明代黄册的局限，厘清了有关黄

---

① 参阅拙文：《明代黄册底籍的发现及其研究价值》，载《文史》第38辑，中华书局1994年版；拙著：《明代黄册研究》，中国社会科学出版社1998年版，第46—91页；孔繁敏：《明代赋役供单与黄册残件辑考》（上），《文献》1992年第4期；赵金敏：《明代黄册的发现与考略》，《中国历史博物馆馆刊》1996年第1期；［日］鹤见尚弘：《关于明代永乐年间的户籍残篇——中国历史博物馆藏徽州文书》，载《中国明清社会经济研究》，学苑出版社1989年版；［日］岩井茂树：《〈嘉靖四十一年浙江严州府遂安县十八都下一图赋役黄册残本〉考》，载《中国明清地方档案研究》（研究成果报告书），2000年。

册制度的一些基本问题，而使明代黄册的研究进入一个新的阶段①。黄册
文书的发现，向我们展示了所谓明代黄册到底是什么样子，其所载格式和
具体内容又是怎样的，其中有的则是文献之中根本没有记载的内容。兹以
《万历十年至四十年徽州府休宁县二十七都五图黄册底籍》所载为例，摘
录其格式与内容如下：

　　　万历拾年大造伍图黄册底籍
　　　第一甲排年　　　上户
　　　一户　王　茂　　二十七都五图　军户
　　　旧管
　　　　　人丁　男妇六十七口　男子五十五口　妇女一十二口
　　　　　官民田地山塘　四顷一十一亩一厘三毫九丝
　　　　　　官田地　四亩八分
　　　　　　　田　八分
　　　　　　　地　四亩
　　　　　民庄田地山塘　四顷六亩二分一厘三毫九丝
　　　　　　田　二顷三十二亩八分六厘
　　　　　　地　七十七亩三分九厘二毫二丝
　　　　　　山　九十七亩五分一厘四毫
　　　　　　塘　四亩四分四厘七毫七丝
　　　　　民瓦房　六间
　　　新收
　　　　　人口　正收男妇二十一口　成丁三口　不成丁一十六口
　　　　　　　　　　　　　　　　　妇女大二口
　　　　今奉清丈
　　　　　民田地山塘　一顷九十七亩二分二厘五毫三丝
　　　　　　正收丈收升科田山　八十二亩九分二厘九毫

　　① 参阅吴承明先生为拙著《明代黄册研究》所写《序》，以及拙著《明代黄册研究》，中国社会科学出版社1998年版，第1—4，106—132，293—346页。

田　　六十三亩八分六八

山　　一十九亩一分二厘二毫二丝

转收民田地山塘　一顷一十四亩二分九厘六毫三丝

田　　八十八亩四分三厘六毫

买本图内田

四分一厘　　　　　再叉石壁头　四年买本　王初户

一亩三分八厘三毫　李村洪家充　四年买本　陈章户

（以下均为买各户田地山塘细目，格式相同，从略）

开除

人口　正除男妇一十九口　成丁一十五口　不成丁二口

妇女大二口

官民田地山塘　六十一亩三分二厘三毫七丝

正除奉例丈除官田地塘　一十亩一分九厘四毫七丝

田　　一亩

地　　八亩三分九厘六毫

塘　　七分九厘八毫七丝

转除民田地山塘　五十一亩一分二厘九毫

田　　三十七亩一分九厘一毫

卖与本图人户田

六亩一分七厘　学田干等处　四年卖与朱洪户

七分九厘四毫　长风树　　　四年卖与程相户

（以下均为卖与各户田地山塘细目，格式相同，从略）

实在

人口　六十九口　男子五十七口　妇女大一十二口

官民田地山塘　五顷四十六亩九分一厘五毫五丝

田　　三顷四十七亩七分一厘一毫八丝

地　　七十六亩九厘三毫五丝

山　　一顷一十九亩五分一厘二毫二丝

塘　三亩五分九厘九毫

民瓦房六间

万历十六年奉上司明文复查改造实征册

实征

官民田地山塘　五项四十七亩四厘六毫

田　三项四十七亩六分一厘一毫

地　七十六亩一分四厘二毫

山　一项二十亩一分二厘

塘　三亩五分九厘

通过以上文书所示，结合其他文书记载，可知明代黄册的编制原则与文书登载的主要内容如下：

黄册以户为单位攒造，大的类别分为正管户和畸零户（又称带管），家有资产应役者为正管，鳏寡孤独不应役者为畸零。每正管一百一十户编为一图，附带管畸零户不等。其中正管里长户十户，甲首户一百户，分编十甲，每一里长辖十甲首编为一甲，分十年轮流应役。先后以丁粮多寡为序，带管畸零附于图后。册首总为一图，登载该图田土和税粮总数，以及里长、甲首十年应役顺序的编次格眼。每户首载户长姓名、所属都图乡贯、户籍（军、民、匠、灶等）、户等（上、中、下）及应役年份。其下分为人丁和事产两大部分，列旧管、新收、开除、实在四大项目分别登载，俗称"四柱式"。人丁部分登其丁口，如男子成丁、不成丁，妇女大、小口等；事产部分载其田地、税粮与田土买卖推收事项，以及房屋、孳畜、车船。黄册每十年一大造，今日之旧管即前造之实在。

已发现的黄册文书所载，与各种文献关于明代黄册的记述基本一致，可相互印证。但黄册文书之中又有文献均未记载的事项，如在"新收"和"开除"项下，分别立有"正收""转收"和"正除""转除"等项目。所谓"正收""正除"，即是绝对的增加或减少，如出生人口，或垦荒升科田土等登入黄册，即为正收，而死亡人口，或田地被水冲垮，即为正除；

"转收""转除"即是相对的增加或减少，如新娶的媳妇，或购买的田地，即为转收，而女儿嫁出，或卖出田地，即为转除。很明显，这种"正收""转收"和"正除""转除"等项目的设立，对于黄册之中各种分类数据的统计十分便捷。

二、赋役黄册反映的帝王理念

明代黄册的表现形式为一种按制攒造的官府册籍，但从其内涵来说，则体现了一种社会经济制度，同时，它也在很大程度上反映了明代的等级身份。

黄册之中每户首著户籍，登载户等、姓名，以及所编里甲、应役年份与具体职役等。如中国国家图书馆藏《万历二十年严州府遂安县十都上一图五甲黄册残件》所载[1]：

> 第五甲
> 中户 一户余栓 系遂安县拾都上一图 民籍 轮充万历二十五年分里长

同册又载：

> 第五甲
> 正管 一户余尚些 系遂安县拾都上一图 民籍 轮充万历二十五年分甲首

再如安徽省博物馆藏《万历四十年徽州府休宁县二十七都五图黄册底籍》载[2]：

> 正管第九甲

---

① 中国国家图书馆善本部藏14327号。
② 安徽省博物馆藏2：24527号。

一户王叙　系直隶徽州府休宁县里仁乡二十七都第五图　匠籍
充当万历四十九年分里长

以上遗存黄册文书中所载"民籍""匠籍"等，即是当时各户之户籍。必须指出的是，黄册所载"户籍"与现代所谓"户籍"，二者涵义大不相同。现代户籍，主要表示其户口所在地，而黄册中的户籍，既不是表示人户的贯址，也不是表示人户所从事的职业，而是指人户著于官府册籍上的应役种类，其大的类别有军户、民户、匠户、灶户（盐户）等。就其划分原则来说，与人户所从事的各种职业不无关系，但最终是以明王朝的需要为准，是由官府佥定的，实质上是一种配户当差制[①]。"籍"与差役紧密相连，籍乃是指官府所佥定的赋役册籍。黄册上所著各种户籍，并非职业之不同，实为役种的划分。黄册户籍乃是人户当差服役的首要根据。

这里需要谈一下所谓商籍问题。

如众所知，以职业区分而言，中国古代很早就有所谓"士农工商"之说。商业和商人这一阶层，在中国古代社会一直是存在的。宋代以后，特别是明清时期工商业的发展与从商人数之众尤为突出。经商系当时社会的一个重要职业，商人已成为社会中一大群体。而在明初制定的黄册这一官府册籍之中，从大的类别来说，虽有军户、民户、匠户、灶户这四大户籍，其细分起来，又有米户、园户、囤户、菜户、渔户、马户、窑户、酒户、裁缝户、船户、蛋户、站户、僧户、道户、陵户、坛户、女户、丐户等，计80种以上，但是，不仅军、民、匠、灶这四大要籍中没有商籍的位置，就是其他各种户籍之中也不见商籍名称。这是因为，赋役黄册的户籍编制，并非以职业来划分，而是与差役紧密相连。具体来说，一是由于明初自然经济仍占相当大的比重，租赋税粮均以实物为主，各种贡赋也都是上缴实物，而官府征派的种种徭役也以力役为主，因此，从封建王朝的赋役经济需求来说，其对商品交换的要求并不为大。二是因为以皇帝为代表的王朝统治者仍在推行"崇本抑末"的政策，对商业活动极力压制，对商

---

① 参阅王毓铨：《明朝的配户当差制》，《中国史研究》1991年第1期。

人进行种种限制，称其为"逐末之人"而加以歧视。倘若在正式的官府册籍中为商人立有专门户籍，岂不是对"逐末之人"的承认与鼓励？所以，赋役黄册之中没立商籍是自有其原因的。当然，商人无专籍，但封建义务是一定要承当的。他们多是分别归于军、民、匠、灶等各种户籍，而承当相应的赋役。"日中为市之辈，未必非耕田凿井之家；荷戈负耒之夫，未必非行商坐贾之类。岁粮方办，而里长频催；均徭未完，而驿传接踵。供军贴匠，岁无宁日"①，即是这种情况的写照。而定居于大城市之中的商人，则"以其所业所货注之籍"，称为"铺行""铺户"。史载：

> 铺行之起，不知所始。盖铺居之民，各行不同，因以名之。国初悉城内外居民，因其里巷多少，编为排甲，而以其所业所货注之籍。遇各衙门有大典礼，则按籍给值役使，而互易之，其名曰行户。②

至于其他一些散居商人也是不能逃避徭役的。《明实录》载：

> 洪武五年二月辛巳，户部奏："苏、湖等府渔人、商人舟居不应徭役者，凡一万三千九百九十户，宜令充漕运夫。"上命有田者仍令应役，无田者充运夫。③

黄册之中不立商籍，凸显其户籍性质并非职业之不同，实为役种的划分。

那么，赋役黄册是根据怎样的理念而制定的呢？

明朝的开国皇帝、明代黄册的制定者朱元璋曾说："为吾民者当知其分，田赋、力役出以供上者，乃其分也。"④即朱元璋认为，田赋、力役出以供上者，乃是大明王朝臣民的本分，是天经地义的事。他又说："民有田则有租，有身则有役，历代相承，皆循其旧。"⑤可以说，"有田则有租，

---

① 〔明〕沈榜：《宛署杂记》卷13《铺行》，北京古籍出版社1980年版，第106页。

② 〔明〕沈榜：《宛署杂记》卷13《铺行》，第103页。

③ 《明太祖实录》卷72，洪武五年二月辛巳条。

④ 《明太祖实录》卷150，洪武十五年十一月丁卯条。

⑤ 《明太祖实录》卷165，洪武十七年九月己未条。

有身则有役"，这就是朱元璋制定赋役制度的基本思想。而当时的臣民们也是这样认为的："夫为王之民，执王之役，分也。"① "夫莫非王臣，天地之大分也；以籍为定，国家之永制也。今闾阎之民，有一不服庸调者乎？"② "以一代之民人，养一代之君上，古今之通义也。"③

正是基于普天之下莫非王臣、田赋力役出以供上乃是臣民的本分这种思想，所以黄册制度一再强调，"人户以籍为定"，即除皇室、藩王及少数功臣外，天下所有臣民都必须收籍当差，其中包括在职和退职官员。"正统十三年奏准，天下诸司衙门老疾致仕事故等项官员，离原籍千里之外、不能还乡者，许各所在官司行原籍官司照勘，原系军民匠籍，照旧收附。"④

明初赋役大体可分为里甲正役和杂泛差役两大类。所谓里甲正役，指的是向中央王朝缴纳并运送的正供，或称"惟正之供"，即皇粮也。《宛署杂记》载：

> 赋分二等：曰正赋，即起运存留正供，每年候府奉部劄，酌岁所急，多寡微有差；曰徭赋，即各衙门人役杂费，奉文例于地亩征派。⑤

隆庆《潮阳县志》载：

> 里立有长，以管图内人民应办粮草，示惟正之供也。⑥

---

① 〔明〕宋一韩：《牧政日弛振刷宜亟敬陈一得以裨国计疏》，载《明经世文编》卷467，《续修四库全书》第1662册，上海古籍出版社2002年版，第280页。

② 〔明〕章潢：《图书编》卷117，《军籍抽余丁议》，载《文渊阁四库全书》第972册，上海古籍出版社1989年版，第554页。

③ 〔明〕洪懋德：《丁粮或问》，《中国历代食货典》卷152《赋役部·艺文五》，江苏广陵古籍刻印社1989年版，第749页。

④ 万历《大明会典》卷19《户部六·户口一·附籍人户》。

⑤ 〔明〕沈榜：《宛署杂记》卷6《徭赋》，第49—50页。

⑥ 隆庆《潮阳县志》卷6《舆地志·乡都》。

按明代法律，在收入黄册纳粮当差的人户中，如官僚、监生、生员，以及一些专职性役户军户、灶户等，可不同程度地享有赋役优免的规定。但所有享受优免的人户，包括朝廷大臣之家，都不免里甲正役，只免杂泛差役。因为里甲正役是属于田赋力役出以供上者，乃是"惟正之供"。如"正统元年，令在京文武官员之家，除里甲正役外，其余一应杂泛差役俱免"①。所以，其他人户就更不用说了。乃至史书上载有明初国子监的监生请假回家应充里甲正役的事例，洪武"二十七年十一月甲申，监生张振奏言，户本里长，无丁，乞归应役。上从之，令役毕复监"②。永乐"十年八月丙寅，监生饶观户充里长，别无人丁，援张振事例以请，皇太子从之"③。明朝大臣吕坤说："优免差役之法，免杂泛不免正办。十排轮转，空年谓之催科里甲，见（现）年谓之正办里甲，养十年之财，供一岁之用，役称苦累，地须均多。曾见累朝有优免正办里甲之旨乎？坤三甲见年也，逢庚应役……"④至于一般军户、匠户、灶户等，除其因充各自的专门职役，而优免部分杂役外，里甲正役则一概不能免除。在遗存的黄册底籍之类文书中，多有军户、匠户充当里长或甲首的记录，更可证明这一点。不免正役，只免杂差，这正体现了天下所有臣民都必须收籍当差、为皇帝效力的原则。

为保障天下臣民都收籍当差，明初颁布了一系列法令。"凡立户收籍，洪武二年，令凡各处漏口脱户之人，许赴所在官司出首，与免本罪，收籍当差。""三年，令户部榜谕天下军民，凡有未占籍而不应役者，许自首，军发卫所，民归有司，匠隶工部。"⑤而《大明律》中更是强调："人户以

---

① 正德《大明会典》卷22《户部七·户口三·优免差役》。

② 〔明〕黄佐：《南雍志》卷1《事纪一》，载《续修四库全书》第749册，第95页。

③ 〔明〕黄佐：《南雍志》卷2《事纪二》，载《续修四库全书》第749册，第114页。

④ 〔明〕吕坤：《去伪斋文集》卷5《书启·答通学诸友论优免》，清康熙增刻本。

⑤ 万历《大明会典》卷19《户部六·户口一》。

籍为定。凡军、民、驿、灶、医、卜、工、乐诸色人户，并以籍为定。"①

通过一系列法规和措施的实行，明初建立了严密的黄册里甲制度。在明代黄册正式编造之前，宋元时期江南很多地区亦有里甲组织，其编制是每百户为一里，选里长一人、甲首十人。明代黄册的编制有所不同，乃是以一百一十户为里。一里之中，推丁粮多者十人为之长，其余百户为甲首，分为十甲，每甲一里长辖十甲首，分十年轮流应役。明代黄册的编制突出了轮流应役，这是一个进步。但与以往的里甲相比，其组织更加严密了。从黄册的登载内容来说，则是将人丁与事产分为两大部分，而每一部分登载，都比历代赋役册籍更为周密详细，《后湖志》说：

> 谨按黄册所载至为浩繁，其大要则天下之人丁事产而已。人丁即前代之户口，事产即前代之田赋……而今之人丁事产则详备其数而别为两条焉，盖见千古者其辞略，故合而为一行乎；今者其事悉，故分而为二，理固然也。②

又，在明王朝统治所及的范围内，包括部分少数民族地区，几乎都按制攒造了黄册。总之，赋役黄册可谓登载详细，组织严密，广泛实施，实为中国古代赋役制度发展的一个高峰。这一点，也是与中国古代皇权专制至明代发展到空前高度相一致的。赋役黄册反映了天下之人都是皇帝臣民这样一种身份。

三、赋役黄册反映的等级差别

尽管普天之下的人都是皇帝的臣民，但其各自的身份并不相同，差别很大。从黄册制度有关差役优免的各种规定中，即可以看出其应役臣民的等级差别，大致有以下三个身份等级。

第一，官绅等级。即能够享受优免的在职官员，包括一些吏员，以及

---

① 《大明律》卷4《户律一·户役》，载《续修四库全书》第862册，第444页。
② 〔明〕赵官等：《后湖志》卷1《事迹二·民数考略》。

监生、举人、生员和退职乡绅等。洪武十年（1377年）朱元璋下诏令说：

> 食禄之家与庶民贵贱有等，趋事执役以奉上者，庶民之事；若贤人
> 君子，既贵其身而复役其家，则君子野人无所分别，非劝士待贤之道。
> 自今百司见任官员之家，有田土者，输租税外，悉免其徭役。著为令。①

洪武七年（1374年）"令官员亡故者，免其家徭役三年"②。以上所言徭役
均指杂泛差役。洪武十二年（1379年）又规定："自今内外官致仕还乡者
复其家终身无作为。"③洪武十三年（1380年）"令六部、都察院、应天府
并两县判禄司、仪礼司、行人司随朝官员，除本户合纳税粮外，其余一应
杂泛差役尽免。又各处功臣之家，户有田土，除合纳粮草夫役，其余粮
长、里长、水马驿夫尽免。"④嘉靖二十四年（1545年）更扩大优免范围，
议定如下则例：京官一品免粮三十石，人丁三十丁。二品免粮二十四石，
人丁二十四丁。以下每降一品，免粮额减二石，人丁减二丁。降至九品免
粮六石，人丁六丁。内官内使亦如之。外官各减一半。教官、监生、举
人、生员各免粮二石，人丁二丁。杂职省祭官、承差、知印、吏典各免粮
一石，人丁一丁。以礼致仕者免十分之七。闲住者免一半⑤。品级不同，
所得优免数额各异。官员的品级也显示了其不同身份。

如上所述，在当时有关赋役优免事例中，还有一些对专职役户如军
户、匠户、灶户等加以某些优免的规定。其原因是，这类役户既要完成其
专职差役，如军户要向卫所起解军丁，匠户要到京城造作，灶户要到盐场
应役等，此外，又都要负担里甲正役，二者同在一身，不堪重负，而不得

---

① 《明太祖实录》卷111，洪武十年二月丁卯条。

② 万历《大明会典》卷20《户部七·户口二·赋役》，载《续修四库全书》第789
册，第344页。

③ 《明太祖实录》卷126，洪武十二年八月辛巳条。

④ 万历《大明会典》卷20《户部七·户口二·赋役》，载《续修四库全书》第789
册，第344页。

⑤ 万历《大明会典》卷20《户部七·户口二·赋役》，载《续修四库全书》第789
册，第345页。

不减免某些粮差，以保证其专职差役的完成。其与官绅因为享有特权而得到优免的性质是不同的，反映了不同的身份地位。

第二，凡人等级。亦称庶民等级，即广大的不享受优免的各色应役人户。如民户、军户、匠户、灶户、窑户、酒户、菜户、果户、园户、铺户、站户、陵户等，计有数十种之多。这些人户在黄册之中又被分别划分为上户、中户、下户等不同的户等，以担负不同的差役。《诸司职掌》载：

> 每十年本部具奏，行移各布政司、府、州、县，攒造黄册，编排里甲，分豁上、中、下三等人户，遇有差役，以凭点差。若有逃移者，所在有司必须穷究所逃去处，移文勾取赴官，依律问罪，仍令复业。[①]

关于上、中、下户等的划分，因各地情况不同而有所差别。在四川，大致拥有"三丁以上，田粮十石以上，或虽止一二丁，田种不多，而别有生理，衣食丰裕，以仆马出入者"即为上户；"有三丁以上，田种五石上下，父子躬耕足食，及虽止有一二丁，田种不多，颇有生理，足够衣食者"即为中户；"有一二丁，田种不多，力耕衣食不缺，辛苦度日，或虽止单丁，勤于生理，亦够衣食者"即为下户[②]。从遗存的黄册文书来看，上户、中户在一里之中均占少数，多为里长户，而下户占绝大多数，多属甲首户。黄册里甲的编制是，每十户里长加上百户甲首编为一里，称为"正管"，均属应役人户。此外，每里还有一些鳏寡孤独，"贫门单丁，或病弱不堪生理，或佣工借贷于人者"[③]，一般被划为下下户，附于册后，称为"带管畸零"，属于不任役者。可以看出，户等是按经济实力划分的。其中又体现了地主、自耕农或佃农等这样不同身份。

第三，贱民等级。即奴婢、佃仆等不被编入黄册的人户。佃仆虽与奴

---

① 《诸司职掌》户部《民科·州县·户口》，载《续修四库全书》第788册，第109—110页。

② 〔明〕胡世宁：《为定籍册以均赋役疏》，载《明经世文编》卷134，《续修四库全书》第1657册，第18页。

③ 〔明〕胡世宁：《为定籍册以均赋役疏》，载《明经世文编》卷134，《续修四库全书》第1657册，第18页。

婢有别，但由于其与家主有较严格的隶属关系，而一直被视为家主的奴仆，当成贱民，"遂不得自齿于齐民"①，被排除在国家编户齐民之外，不登于官府户籍。佃仆户的由来是，其先世多为富贵之家服役，有的虽配与妻室，但仍为之仆。"当时豢养恩深，名分自不可紊。迨其后有主念辛勤而听其自为家者，有主渐破落而听其各自谋生者，一传数传之后，各已另居其居，自食其力……然而主家子孙，凡有婚丧之事，必令执役，稍不遂意，则加捶楚。甚至地产丁粮，必寄居主户完纳。子孙读书，不许与考应试。自明迄今相沿数百年，主家族众呼为世仆，闾里乡党目为细民。若辈只得忍气吞声，居于贱列。"②这里所说佃仆之家"地产丁粮，必寄居主户完纳"，就是由于佃仆户不入公籍，不被编入黄册的缘故。"民只知供正赋，其应公家者，皆故家子弟，非有包头雇役及细民窜入版图者。"③所谓"版图"，即指赋役黄册一类公籍。关于佃仆"地产丁粮，必寄居主户完纳"之事，在遗存的徽州文书中即可得到证实。如明崇祯至清咸丰休宁朱姓置产簿④中所录《嘉庆二十二年休宁顾道元卖田契》载：

> 立杜卖租契人顾道元，今因缺用，自愿将父勾分田一号，土名干甫坦，系咸字九百二十四、五、六号，计税一亩七分整，计田丘，计硬租十五砠。今央中出卖与家主朱　　名下为业。三面言定，时值价九五平足兑银　　两整。其银契当日两相交明，其田即听家主管业收租。道元交本田谷十五砠，不得短少。未卖之先，并无重复不明等情，如有，自行理直，不涉家主之事。其税原在家主户内，任从扒纳。恐口无凭，立此杜卖租契存照。
>
> 并来脚契税票付执，永远存照。

---

① 中国第一历史档案馆藏《军机处录付奏折》，乾隆朝0285—053号。

② 安徽省图书馆藏2：43651号，《乾隆三十年汪胡互控案·雍正五年八月二十三日徽州知府沈一葵呈布政使司详文》。

③ 康熙《祁门县志》卷5《舆地志·风俗》。

④ 原件藏中国社会科学院经济研究所。参阅章有义：《清代鸦片战争前徽州土地制度》，载《明清徽州土地关系研究》，中国社会科学出版社1984年版，第96页。

内加朱家一个押。

嘉庆廿二年十一月　　　日立杜卖田租契人　　顾道元（押）

　　　　见中　亲弟　　　　　　来元（押）

这一土地买卖文契的卖主顾道元，称买主朱某为其家主，可知顾道元乃为朱家佃仆。所卖土地原系祖遗地产，表明他有自己的土地由来已久。但其土地赋税却是"在家主户内"，证明了佃仆之"地产丁粮，必寄居主户完纳"这一说法。

奴婢、佃仆即使积有土地资产，自立门户，亦不得编入黄册，凸显出贱民与编户齐民的身份差别。

四、赋役黄册反映的世袭制度

赋役黄册配户当差制的基本特征是，人户皆以籍为定，役皆永充。即一旦被定为某种户籍，则世代相承，永当此役，不可改变，并以法律形式被固定下来。"若诈冒脱免，避重就轻者，杖八十。其官司妄准脱免，及变乱版籍者，罪同。"①所谓人户以籍为定，有两重含义。一是所定户籍不准变乱，不准避重就轻。如军籍、匠籍若变为民籍，即是变乱户籍，皆属违法。二是役皆永充，世代相承，不许变动。"凡军、匠、灶户，役皆永充。"②其实，其他各色人户的户籍，亦均以洪武黄册所载为准，不许更改，也是一种永充性质。"洪武旧本，由（犹）木之根、水之源也。木有千条万干，总出一根；水有千支万派，总出一源；人有千门万户，总出于军、民、匠、灶之一籍。惟据旧籍以查驳，庶欺隐者、改窜者始不能逃。"③"田有定［额］而丁有登降，田虽易主而丁不能改其籍。"④隆庆

---

① 《大明律》卷4《户律一·户役》，载《续修四库全书》第862册，第444页。

② 《明史》卷78《食货二·赋役》，中华书局1974年版，第1906页。

③ 〔明〕赵官等：《后湖志》卷10《事例七》。

④ 〔明〕洪懋德：《丁粮或问》，载《中国历代食货典》卷152《赋役部·艺文五》，江苏广陵古籍刻印社1989年版，第749页。

《仪真县志·户口考》载："有渔户,有船户,俱祖充,隶应天府六合河泊所。岁办采打,赀贡鲜及麻铁翎鳔油料。仍当里甲正差。"[1]这里所言"俱祖充",是说这些渔户、船户由来,本是因其祖先最初在编制黄册时被佥充,而一直承袭下来没有改变。

《明史》载："户有军籍,必仕至兵部尚书始得除。"[2]当然,实际情况未必如此绝对。在明朝270余年的历史中,亦可见到一些诸如军籍改为民籍的事例,然而稍作考察则不难发现,其或因为官至尚书,或由于皇帝开恩,或因与皇族联姻等,多属特殊情况,这些事例并不能说明不存在"役皆永充"的原则。

此外还规定,军籍、匠籍皆不许分户,《大明会典》载:

> 景泰二年奏准,凡各图人户,有父母俱亡而兄弟多年各爨者;有父母存而兄弟近年各爨者;有先因子幼而招婿,今子长成而婿归宗另爨者;有先无子而乞养异姓子承继,今有亲子而乞养子归宗另爨者;俱准另籍当差。其兄弟各爨者,查照各人户内,如果别无军、匠等项役占规避窒碍,自愿分户者,听;如人丁数少,及有军、匠等项役占窒碍,仍照旧不许分居。[3]

军籍、匠籍皆不许分户,主要是防止因分丁析户而规避差徭,以保障其专门役职的完成。

又规定,黄册之中军籍丁尽户绝者,不准开除,以备查驳。"天下之根本莫重于黄册,而黄册内所重者,莫甚于户籍,尤莫甚于军籍。凡军籍丁尽户绝者,不许开除。见(现)有人丁者,不许析户。"[4]现存《万历三十年徽州府休宁县二十七都五图黄册底籍》文书中,最后即载有三十六户军绝户,如册中第一甲最后一户:

---

① 隆庆《仪真县志》卷6《户口考》。
② 《明史》卷92《兵志四》,第2258页。
③ 正德《大明会典》卷21《户部六·户口二·攒造黄册》。
④ 〔明〕赵官等:《后湖志》卷9《事例六》。

　　一户朱张寿　　绝军

　　　人口男不成丁二口　　本身二百卅五　　侄千里二百一十五

　　　民瓦房一间

这些绝军人丁的年龄多在百岁乃至二百岁以上，实系名存实亡。但每次大造仍照旧开报，主要怕其子孙更改户籍，以备查考。

　　以上实行的人户以籍为定、役皆永充等各种规定，可明显看出赋役黄册实为一种世袭制度。

五、黄册制度的衰亡与人身束缚的松解

　　明代黄册里甲编制的基本原则是，每里一百一十户，分为十甲，轮流应役。从表面上看，它是为了解决赋役不均的问题。但其实质，是把大明王朝统治下的人民都无一例外地组织到黄册里甲之中，都必须无偿地为统治者服徭役。它本是一种人身奴役制度。在均平赋役的背后，是事实上人们身份的极大的不平等。这种以人身奴役为对象的落后的徭役制度，乃是建立在劳动生产力的不发达、劳动方式本身的原始性基础之上的。因为在劳动生产力尚不发达的阶段，在社会生产等各种活动中，人的单纯体力劳动均占首要位置，最为重要。于是，人身奴役即成为统治者剥削人民的主要方式。但是，中国古代至宋代以后，社会经济已经发生了很大变化。特别是到了明代，社会经济的发展变化与以人身奴役为特征的徭役制之间的矛盾，愈加突出。黄册里甲采取十甲轮流应役制，须把人户牢固地束缚在土地上，须以里甲间人户经济实力的均衡和稳定为前提。而明代土地私有发展扩大，土地买卖更加频繁，沧海桑田，变化无常，人户的消长与贫富处于经常的变动之中，里甲编制均衡被打破不可避免。特别是工商业的发展，更为人口的流动提供了客观条件，并使赋役的纳银化成为可能。尽管黄册实行的是世袭制，具有一种凝固性，但在当时社会经济发展变化的冲击下，黄册制度的衰败与赋役制度的改革，以及随之发生的人们身份等级

的变化，已是历史的必然。

这里，还要再谈一下商籍问题。如前所述，在黄册所立各种户籍之中本没有商籍。然而，明代后期又出现了所谓"商籍"。至迟于万历十三年（1585年），在两淮即正式设立了"商籍"。万历二十八年（1600年），两浙亦设立了"商籍"①。不过，这种商籍是有特定含义的。它是专为某些盐商及其子弟在经营地所设的一种学额和考试资格。这种商籍的含义与限制是，其占籍的身份限于盐商及其子弟；且仅限居于本籍之外者，甚至不包括同省不同地者；商籍获得者有在当地参加科举考试的资格；并在当地府、州、县学中另占有为之特设的学额②。简单地说，它只是某些大盐商及其子弟获得的一种科举考试特权。原来，中国古代的科举考试一向重视应试者的出身与身份，规定只有编户齐民，即在官府的公籍上载有正式户籍者，才有资格参加科举考试；同时又有地域性限制，考生必须在其户籍所在地即"原籍"应试。《宋史·选举志》载：

> 凡命士应举，谓之锁厅试。所属先以名闻，得旨而后解。既集，什伍相保，不许有大逆人缌麻以上亲，及诸不孝、不悌、隐匿工商异类、僧道归俗之徒。家状并试卷之首，署年及举数、场第、乡贯，不得增损移易，以仲冬收纳，月终而毕。③

即，商人在科场中被视为"异类"，其不得参加科举考试由来已久。明制"试卷之首，书三代姓名及其籍贯年甲，所习本经，所司印记"④。凡逃籍、漏籍、冒籍、跨籍者均被视为违法而要受到严厉查处。这样，明代黄册从其功能来说，除了赋役征调之外，还有区别人们社会身份与控制臣民的作用。然而，明中叶以后，工商业发展迅速，人口流动频繁，建立在自然经济基础之上的黄册制度受到了极大的冲击，统治者对工商业依赖的程

---

① 参阅〔日〕藤井宏：《新安商人的研究》（四），《东洋学报》1954年第36卷第4号。

② 参阅许敏：《明代商人户籍问题初探》，《中国史研究》1998年第3期。

③〔元〕脱脱等：《宋史》卷155《选举一》，中华书局1985年版，第3605页。

④〔清〕张廷玉等：《明史》卷70《选举二》，中华书局1974年版，第1694页。

度也大大增加了，于是其对人民的控制亦在某些方面有所松解。此即是明代后期商籍出现的大背景。尽管明代商籍实行的范围仍很有限，仅限于两淮和两浙的一些大盐商，其较广泛实行，则是清代的事了①，尽管明代后期出现的仅作为科举考试资格的商籍，仍与黄册之中的役籍有很大的不同，但它的出现，使商人从科举考试中的"异类"变为得到官府的正式承认，这不能不说是人们社会身份的重要变迁，是一种明显的社会进步。

至于明代的赋役改革，从明初宣德年间周忱的赋税改革就开始了。其后经过正统时创立的均徭法，明中叶以后出现的均平银，明后期实行的十段法、一条鞭法等一系列改革，以及各地实施的均田均粮运动，可以说，赋役改革贯穿了有明一代。这一改革，其后又延至清代前期，直至雍正时的摊丁入亩才最后完成。在明清赋役改革潮流的冲击之下，随着明朝的灭亡，黄册制度也退出了历史舞台。黄册制度的衰亡，正说明了实行了几千年之久的人身奴役制度，由于社会经济的发展变化，再也无法维持下去，从而标志了中国古代徭役制的结束。黄册制度是中国几千年徭役制的继续，同时也是它的终结。黄册制度的衰亡使广大人民摆脱了徭役制的枷锁，从而使人身束缚有所松解，封建时代严格的身份等级亦随之变化。可以说，这是中国传统社会开始向近代转变的历史进程中，在社会经济制度方面最初迈出的十分重要的一步，具有深远的历史意义。

原载《中国社会科学院研究生院学报》2007年第1期，人大复印报刊资料《明清史》2007年第4期全文转载，《文史知识》2007年第7期全文转载，有改动

---

① 参阅许敏：《试论清代前期铺商户籍问题——兼论清代"商籍"》，《中国史研究》2000年第3期。

徽商研究

明末典业徽商一例

——《崇祯二年休宁程虚宇立分书》研究

关于徽商事迹的史料，见于文献记载之中，颇为不少；而遗存至今的有关徽商活动的文书档案，尚不多见。中国社会科学院历史研究所收藏的徽州文书中，有一册《崇祯二年休宁程虚宇立分书》①（简称《程氏分书》），该册纵30.5厘米，横27厘米，正文计118页。封面无题字。册首、册尾均钤"率东程公燮印"；各页之间钤有骑缝印，印文为"孟仲季合同关书"。墨迹抄本。该文书保存完整，内容丰富。从其所载即可看出，文书主人系经商世家，所积典业资本达数万两以上。所以，它亦为有关徽商方面的研究提供了一份珍贵的档案资料。本文即以该文书为中心，结合其他有关记载，试对明末典业徽商作一个案分析考察，并就教于诸位学者。

一、《程氏分书》内容

《程氏分书》所载分为以下几个部分：（一）自叙，（二）先世坟茔，（三）各房分授产业，（四）众存产业，（五）后记，（六）跋语。兹依序将其各部分所载内容介绍如下。

---

① 中国社会科学院历史研究所藏徽州文书 HZB3170003 号，载王钰欣、周绍泉主编：《徽州千年契约文书》宋·元·明编卷8，花山文艺出版社1991年版，第277—396页。

（一）自叙

《程氏分书》开头为其主人程虚宇所写自叙。

全文约1500字。首题"自叙"二字。先叙其先世迁居由来，其次着重叙述其祖父里山公、父亲松墩公以来家业之兴衰。其中说：隆庆二年（1568年）以后，伯父"同先君贾游，诸弟俱幼，家政属予一人。予相其便宜，勉力赞襄，俾伯父及先君得以从容治贾，而免内顾之忧，以致家业兴隆、所积充裕者，良有自也"。接着又述其本人生平及操持家务之艰辛，在详述其所承祖续置产业之后说："今将各房历年所附本利，逐一算明，批还完足外，余安庆、九江、广济、黄州、湖广七典，每各分授本银壹万两；其基址屋宇、田地山塘，各项品搭，三股均分，请凭亲族，眼同写立孟仲季分书三册一样，各执一册；其外存资本产业物件，以备吾用，日后所有剩余，以作三分常贮。"

据自叙中所载可知，程虚宇共有三子，"长曰性善，次曰性道，三曰性灵"，但立此分书时，其长子、次子都已去世，长子有遗孙五人，次子有遗孙四人。按诸子均分制的原则，此种情况仍按三股均分。自叙末尾有"崇祯二年己巳岁闰四月初十日立分书父程虚宇（押）"，"男性灵（押）"，"孙自明、征明"等九人署名画押，以及见人、代书等的署名画押。

（二）先世坟茔

自程虚宇的十世祖"静翁公"起，至其夫人"汪氏孺人"止共十世，分别载各先祖的号、名、字、葬地，以及各孺人姓氏、葬地。

（三）各房分授产业

作为该分书的主要内容，各房所分授的产业有以下各项。

（1）基址屋宇（即屋基地）。按孟、仲、季三房，分别一笔一笔开载其鱼鳞字号、土名、等则、亩步。

（2）典铺本利银两及铺基。按孟、仲、季三房分别开载。每房所载分两部分。第一部分为各房原有的历年各笔附本银两及其利银（即各房历年在典铺所存梯己银）。第二部分为"实授本银并铺基"，其下有"分授本银"，即此次各房分授的银两（每房分授均为一万两）；"还附本利银"，即第一部分各房原有的梯己银（各房数字不等）；"找贴银"（仲房无此项）；其后为各房所属典铺的坐落地址、名称及其"典本在银"数字；最后为通共银两总数。

（3）田租。按孟、仲、季三房，分别一笔一笔开载其所属鱼鳞字号、土名、田则、亩步、租谷数量、佃人姓名等。

（4）园地。按孟、仲、季三房，分别一笔一笔开载，具体项目同上。

（5）山场。按孟、仲、季三房，分别一笔一笔开载其所属鱼鳞字号、土名、税亩数。

（6）金银器皿。按孟、仲、季三房，分别开载所分授的器皿名称、件数、重量。

（7）器用什物。按孟、仲、季三房，分别开载所分授的器皿名称、件数。

据《程氏分书》所载资料，将其孟、仲、季三房分授的各项产业统计如下（表1）[①]:

表1 程氏孟仲季三房分授各项产业统计

房分	屋基地/亩	典铺本银/两	田租		园地		山场	金银器
			税亩/亩	租/秤	税亩/亩	租/石	税亩/亩	重量/两
孟房	11.9704	39275.22	42.4204	316.08	12.0066	7.955	7.2011	251.58
仲房	15.5438	26102.364	35.675	272.8	16.3868	11.005	9.9182	251.55

① 关于基址屋宇、田、地的土地面积，《程氏分书》中多数场合只载各类田土等则和亩步，如上地多少步，下地多少步，上田多少步，中田多少步，等等。为统计方便，表1中各项田土的税亩面积，是据该分书中所载等则和亩步，按万历九年（1581年）休宁县所定税亩等则（参见万历《休宁县志》卷3《食货志·公赋》）加以换算之后，再进行统计的。又，租谷零头均按25斤1秤统计的。

房分	屋基地/亩	典铺本银/两	田租		园地		山场	金银器
			税亩/亩	租/秤	税亩/亩	租/石	税亩/亩	重量/两
季房	7.9959	16812.691	36.7917	265.22	23.8697	11.394	40.2045	251.3
总计	35.5101	82190.275	114.8871	854.1	52.2631	30.354	57.3238	754.43

（四）众存产业

即"众存家庙田地山塘"，亦一笔一笔开列其鱼鳞字号、土名、田土类别、等则、亩步、租谷数量、佃人姓名等。计存田10.9547亩（税亩，下同），地6.2148亩，山0.12亩；计租谷136.216秤，又4.4476石12斤。

（五）后记

仍为程虚宇所写。开头说："生平心事，前序虽已备述，而予衷犹有未尽者，兹更为尔等谆复之。"主要说明其承祖所受各项资产之由来，以及分析后应遵嘱事宜。末署"崇祯己巳岁孟夏月率东程公燮再述"。

（六）跋语

清嘉庆六年（1801年）"七世孙世绅恩五志"。言"此簿遗失多年"，于嘉庆六年被重新发现，"公亲笔手书，后世罕见"；又慨叹人世沧桑，气运莫测，等等。

以上即是《程氏分书》的主要内容。其中最引人注目的，是该家庭拥有的巨额典当资本。如表1统计所示，其在分析前达白银8万余两，分析后各家亦均在万两以上，这在当时自然是个不小的数额。那么，率东程氏是怎样一个宗族呢？又具有一种什么样的商业活动背景呢？

二、率东程氏宗族及其经商事迹

关于率东程氏的由来，程虚宇在该分书的"自叙"中说："明初我祖静翁公，偕子任叟公安居率东，今名由溪，恢扩基业，资产赋税，郡邑颇称饶裕。"可知该族是在明初迁居率东的。率东即由溪（清代称牛坑，今称尤溪），位于屯溪之东新安江（率水即其上游之一）东岸，明代属休宁县黎阳东乡十六都一图[①]。此外，又有休宁《率东程氏家谱》（隆庆间刻本）遗存至今[②]，从中则可比较详细地得知该家族的具体情况。

程氏为新安巨姓，其子孙遍及徽之六邑。然上追其祖，皆以篁墩程氏为其始。篁墩位于歙南，东晋时程元谭为新安太守，其后遂居篁墩，是为江南程氏始祖。率东程氏亦从篁墩程氏分迁而来。《率东程氏家谱》即以篁墩程氏之显公为其一世祖。宋庆历间，显公三世孙赵公因水啮基址而徙居休宁草市（与歙县篁墩邻近，跟率东同在一图）。元至顺间，程道（九世）因家近驿道，为避兵乱而徙居率东。从明初第十世程观保以后，这支程氏便一直定居率东，遂称率东程氏，至明末程虚宇这一代已是第十九世了。现据休宁《率东程氏家谱》及《程氏分书》所载资料，将与程虚宇有关的率东程氏谱系简要整理如下（图1）：

---

① 万历《休宁县志》卷1《隅都》。
② 休宁《率东程氏家谱》，明隆庆刊本，中国社会科学院历史研究所藏。

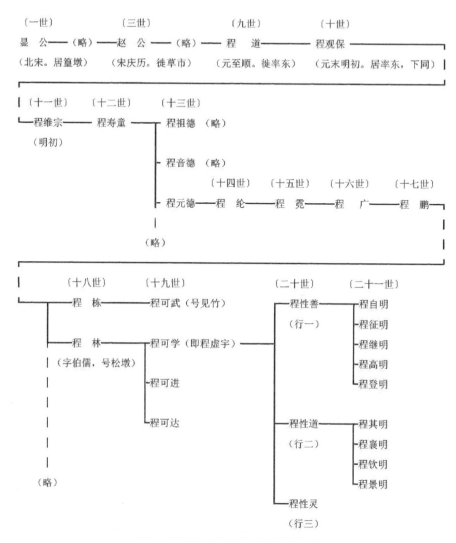

图1 与程虚宇有关的率东程氏谱系

程虚宇在分书"自叙"中所说的"明初我祖静翁公",即该谱系中第十世程观保,又名程仁,字国英,号静翁。关于其生平事迹,元末明初著名理学家、邑人朱升写有《程国英墓表》,其中说:"国英幼不好弄,长而知向学。既冠,慕古人为壮游,游商迤至滕、薛。薛城有任仲丞某者,致政里居，国英事之数年，道德之懿，文章之粹，日有所得。"①朱升还曾为其在迁居率东之后所建新楼题写了《方山楼记》②。程国英的事迹又登载于郡志："程仁，字国英，休宁率东人，生元末。少慕学，尝游滕、薛，薛有任中丞者，致政家居，仁事之数年始归。县尹唐子华极爱之，辟使佐治。仁所交朱风（枫）林、赵东山、郑师山，皆一时宿儒。国初驸马王克恭镇徽，尤礼遇之，郡县以贤才举，病不能行，卒□。"③故国英被视为率东程氏的肇基者。

其墓表之中又载："国英有田一顷，家余资不一金，仅效小用于邑之事。"④可知程国英虽名重一时，但当时其家资还谈不上丰裕。然而，至其子程维宗（十一世）时却家业暴发，"营构之宏，资产之拓，十倍于旧，而博施广济，一方赖之"⑤，《率东程氏家谱》本传详载其事：

> 宗一公讳维宗，字明德，号仁叟。天资刚迈，早有大志，潜心于学……既而遭时革运，无复荣念，从事商贾。货利之获，多出望外，以一获十者常有之，若有神助，不知所以然者。由是家业大兴。旧居毁于火，乃谋创造于溪南江氏之故基，亦既成矣。县宰杜公引喻切规，勿离祖宅，公感其言，复回旧址，重新建造，壮观宏敞，数倍于前。厅堂、门庑、馆阁、池亭、仓廪、府库日用之常，无不备具。增置休歙田产四千余亩，佃仆三百七十余家。有庄五所：其曰"宅积庄"，则供伏腊；曰"高远庄"，则输二税；其洋湖，名曰"知报庄"，以备军役之用，至今犹遵守焉；其藏干，名曰"嘉礼庄"，以备婚嫁；其杭坑，名曰"尚义庄"，以备凶年。其各庄什器、仓廪、石坦、垣

---

① 〔明〕朱升：《朱枫林集》卷8《墓铭·程国英墓表》，载《四库全书存目丛书》集部第24册，齐鲁书社1997年版，第356页。

② 〔明〕朱升：《朱枫林集》卷6《记·方山楼记》，载《四库全书存目丛书》集部第24册，第341—342页。

③ 弘治《徽州府志》卷9《隐逸》。

④ 〔明〕朱升：《朱枫林集》卷8《墓铭·程国英墓表》，载《四库全书存目丛书》集部第24册，第357页。

⑤ 休宁《率东程氏家谱》卷11《慎斋程处士夫妇合葬墓志铭》。

塘，无不制度适宜。又于屯溪造店房四所，共屋四十七间，居商贾之货。故税粮冠于一县，麦二百二十八石六斗四升五合九勺，米三百五十五石六升六合五勺，是以徭役之重者皆公任之。①

由于其税粮冠于一县，洪武十八年（1385年）遂被选为粮长。为充粮长之役，"前后耗资以白金计者不下三千余两，然亦未尝匮乏"②。关于其子孙，亦可见到充当粮长的事迹，如其子程寿童（十二世），"自充粮长，屡觐清光，亲聆圣谕"③，其孙程元德（十三世）"以粮长之役至京进纳秋粮"④，等等。

从有田一顷到田产四千余亩，从家资不足一金到数千两以上，从充区区里役到当赫赫大粮长，在短时间内，率东程氏一跃而成为一方赖之的大户。正如其家谱中所云，这显然是由于"从事商贾"，取得了"以一获十"的暴利所致。由经商而获得巨额利润，乃是率东程氏家业大兴的根本原因。或者说，商业活动为其发家致富的一个决定性因素。家谱中的有关记载还表明，率东程氏在明初发家之后，商业活动仍在其经济生活中占有举足轻重的地位。家谱中一般对商业之类的活动并不作专门的记述，只是偶有披露而已。尽管如此，从有关的记述中不难看出，在整个明代，可以说商业活动始终是率东程氏家族经济生活的重要组成部分。兹举例如下：

程宪（十六世，彦武房，天顺至嘉靖时人），"既长，受读经书，能通训诂，修父业商于淮浙间，贸迁有道，虽老，于商者莫之及也。以故资雄于乡，为邑望族"。⑤

程莹（十六世，彦武房，成化至嘉靖时人），"从事乎商，寓湖州之双林市……操纵综理之周，出纳平准之宜，井井有条而不紊，不舞

---

① 休宁《率东程氏家谱》卷3，[十一世] 宗一公。
② 休宁《率东程氏家谱》卷3，[十一世] 宗一公。
③ 休宁《率东程氏家谱》卷3，[十一世] 宗一公。
④ 休宁《率东程氏家谱》卷3，[十一世] 宗一公。
⑤ 休宁《率东程氏家谱》卷4《克己处士墓志铭》。

智以笼人，不专利以取怨，人皆服公之材干，公平用能，丰殖货利，而业益裕焉"。①

程悦（十六世，彦广房，成化至正德时人），"兄弟四人而行居叔，年十四即能以才识佐父为贸迁筹"。"吴孺人者，休宁由溪程君悦配也……即篚管井灶，咸秩秩有条也，以是程君无内顾，得商游江淮间。正德戊寅程君卒于旅"。

程锁（悦子。弘治至嘉靖间人），"于是承志，服贾起家，累巨万"。②

程镐（十七世，彦武房，成化至嘉靖时人），"早岁挟资游海昌，因时盈缩，相物低昂，无何篚筥充溢，校其先世，遂至倍蓰"。③

程镶（十七世，彦武房，弘治至隆庆时人），"商游吴越，吴越之人喜其忠信，遝迹归心。夙夜懋迁，遂获奇赢。置田拓址，雄于一乡矣"。④

再从《程氏分书》所载资料来看，程虚宇本人虽多在家主持庶务，未遑经理商事，而正是由于他佐治家业，其伯父、父亲、族兄以及诸弟等才得以长年在外，"从容治贾"，致使"家业兴隆，所积充裕"。

程虚宇本家所拥有的巨额典当资本，已足以证明经商治贾在其家庭经济中所占的重要地位；而从其典当铺址的分布情况，也不难看出其商业活动范围之广。这些典铺的所在地址有：安庆绣衣坊铺，安庆枞阳门铺，安庆府巷口铺（以上安徽），黄州府前铺，广济孝义坊铺，楚省察院坡铺（以上湖北），九江府前铺（江西），河西铺（本村）。如果联系到上述家谱中所载史实，其他房门的人还经商于"江淮"或"吴越"之间等。可以

---

① 休宁《率东程氏家谱》卷4《明故处士程公行状》。
② 休宁《率东程氏家谱》卷11《桂坡程隐君小传》《程母吴孺人传》。
③ 休宁《率东程氏家谱》卷4《明故德斋程翁孺人吴氏行状》。
④ 休宁《率东程氏家谱》卷4《明故处士公辅程公行状》。

说，当时率东程氏宗族的经商活动是遍及大江南北的。

还应指出的是，程虚宇本家所拥有的典当资本，仅仅是当时率东程氏据有的商业资本的一部分而已。这从《程氏分书》的"自叙"和"后记"的叙述之中即可看出。程虚宇在分书的"后记"中说："己丑（万历十七年，1589年），予年三旬有七，父将母亲奁仪及外祖所惠资物生息等件，总计谅批本利与胞弟各授银肆千两；祖父历年所与银物、岳翁所附本银及嫁次妹所用金银饰等件，共谅批本利银壹千两，两项俱坐楚省察院坡铺生息。丙申（万历二十四年，1596年），予年四旬有四，众各分析，得受父分资本银五千两，坐黄州府前铺生息。"即，其典业资本的来源有两部分，一是分别由其祖父、父亲、母亲、外祖父、岳翁等所给予的，属承祖批受性质；二是与诸弟析分家产所得。众所周知，中国封建社会里析分家产时，实行的是诸子均分制。这即是说，程虚宇周围的亲族，亦当拥有与其大体相同规模的典业资本。事实上，程虚宇本家资本所在的各个典铺，亦都是与其诸弟或族兄合伙经营的。据其家谱所载（见表1），程虚宇有亲弟二人（即程可进、程可达。程虚宇在分书的"自叙"和"后记"中多次提及"诸弟"），族兄一人（即伯父之子程可武。程虚宇在分书的"自叙"和"后记"中亦言及"族兄见竹"）。因此，从程虚宇本家就拥有典业资本8万余两这一数字来看，当时程虚宇及其亲族所据有的典业资本合起来至少在几十万两。而至明末，率东程氏宗族已是门派繁多，像虚宇这样的子户家庭不下几十个，且如上所载，他们多在各地经商治贾，"获奇赢"，"累巨万"。所以，明末就整个率东程氏而言，其当属于藏镪百万的富商大贾。这一推断，是有确凿根据的。

三、关于徽商的几个问题

以下，结合《程氏分书》及其家谱所载资料，试就有关徽商的几个问题谈点粗浅看法。

（一）关于徽商身份

程氏家谱中关于率东程氏的始迁之祖程道有如下记载："贵四公，讳道，字均瑞，性刚果，乡闾之所畏惮，御家亦严，增置产业，振作家声。既而元纲解纽，兵火相寻，草市祖宅邻于通衢，弗能安也。乃徙率东由坑之庄而居焉。先是公充里长，兵兴之时供馈粮草……"①由此可见，程氏在元末始迁率东之时，虽谈不上是资产雄厚的大户，但也不是一般下层贫苦农民，而是具有一定产业的里长户。

如前所引资料，迨及明初，至其孙程维宗时，因经商而获取暴利，使家业大兴，增殖田产四千余亩，税粮冠于一县，本人及其子孙皆充粮长，而成为全县最大的地主。应指出的是，徽州地区山多田少，地狭人稠，明清时代，人均耕地仅为数亩，一般地主的土地占有量亦只有几百亩，占有千亩以上的大地主在宋元以后已很少见。前引资料中还有这样一段记载："其洋湖，名曰'知报庄'，以备军役之用，至今犹遵守焉。"即其有一处田庄是专供军役之用的。类似的情况还见于同郡祁门县六都善和里程氏的《窦山公家议》之中，善和里程氏在明初被定为军户以后，其仁山公因念"军役繁重"，遂规定："将存留未分田租若干存积以备军装，并所积续置田产，日后二房子孙俱不许分析变卖。"②此后这部分田产便以族产的形式被保存下来，专供军役之用。由此可知，率东程氏在明代亦为一军户。族谱之中也有这方面的佐证，如程寿童（十二世），"又充千夫长，运粮入北，人以为难，公则坦然由之，不以介意"③。而军户、匠户，按明王朝

---

① 休宁《率东程氏家谱》卷1，［九世］贵四公。

② 《窦山公家议》附录《东西军业议》，《窦山公家议校注》，黄山书社1993年版，第127页。

③ 休宁《率东程氏家谱》卷3，［十二世］耆一公。明人尹耕《塞语》云："夫置卫以卫民也。卫必资兵，于是有旗甲，有伍队，有司营，群万千百人而恒役之，是曰军。兵必隶帅，于是有百夫长，千夫长，万夫长，联万千百人而恒主之，是曰军官。"可知千夫长即千户长。

的法律规定，"皆不许分户"①。因此，率东程氏在明代的官府册籍上当以一户的形式登记在册。然而，在中国封建社会里，由于人口众多和难于经营管理等社会经济方面的根本原因，即使大户，多数人家的家产也不得不进行分析，而形成一个大户之下包含众多子户的情况。此种情况在明代的军户、匠户之中尤为普遍。这种大户，就其本身的经济结构来说，乃是在诸子均分制的原则之下，形成了经济上各自独立的众多的子户；在此基础之上，同时存在多层次、多分支的宗族所有制②。有关率东程氏的记载也证实了这种情况。当初，程维宗"闻浦江郑氏义居之美，常效其家规，立为条例，休宁知县三山陈绶作记，已镌之石，将欲行之，后以势异事殊，未厥终志"③。其孙程祖德"兄弟七人，贵德早世，公念手足，家产与弟均分"④。又，明中叶程莹（十六世）亦说"吾见吾门子稍长即分爨"⑤，等等。所以，率东程氏在明代乃是一个析产而未正式分户，其下包含众多子户的一个大户。

率东程氏作为一个大地主的身份，在整个明代都未改变。其在外经商，累获巨万者，多回乡拓田置产，投资土地。如程镶（十七世）商游吴越，"夙夜懋迁，遂获奇赢，置田拓址，雄于一乡"（见前引资料）。亦有专门在家经营者，如程滕（十六世，彦祥房，弘治至隆庆时人），"生平不事商业，然才干优长，生殖有道，环百里内人多取给于公……迨其晚年，所入益赢，富甲于乡"⑥。据《程氏分书》所载资料统计，明末程虚宇本家拥有的土地（包括存众部分）共计为277.2736亩，这只是当时一般地主的土地占有量，但是若按家谱记载，明末率东程氏象程虚宇这样的子户已有几十个之多，所以当时率东程氏仍是一个占有数千亩以上土地的大地主。

---

① 正德《大明会典》卷21《户部六·户口二·攒造黄册》。
② 参阅拙文：《明清庶民地主经济形态剖析》，《中国社会科学》1996年第4期。
③ 休宁《率东程氏重修家谱》卷3，[十一世]宗一公。
④ 休宁《率东程氏家谱》卷3，[十三世]珹一公。
⑤ 休宁《率东程氏家谱》卷4，[十六世]莹公。
⑥ 休宁《率东程氏家谱》卷9《明故淑洲程公行状》。

明代率东程氏在科举出仕方面的事迹虽不显赫，但亦并非与官场无缘。前文提及的程国英（十世），在元末即被休宁县令"力举为书佐，且以诘捕事专责之"①。程祖德（十三世）"永乐二十年以人才赴京，除唐山二尹，为政以德，民咸感之，上司旌异，保升经历"②。至明中叶，程良锡（十七世，彦广房）"中应天武举三次，授宣州卫指挥佥事，有军功（嘉靖时平倭有功），例该世袭，升中军把总"③。

总之，明代率东程氏既是藏镪百万的富商大贾，同时亦是富甲一方的大地主，并曾跻身于官场。所以就其身份来说，乃是商人、地主、官僚集于一身，当更为合适。

若谈及整个徽商身份，当然比较复杂。对此，应首先读一下万历《休宁县志》中的一段议论：

> 概邑中土不给食，大都以货殖为恒产，商贾之最大者举醯，次则权母之轻重而修息之，千百中不一二焉。其他籍怀轻资，遍游都会，因地有无，以通贸易，视时丰歉，以计屈伸，诡而海岛，罙而沙漠，足迹几半寓内。近者岁一视家，远者不能以三四岁计矣。夫捐家室，冒风波，濒死幸生，求哺嗷嗷之数口。逮身车有算，关市迭征，所息半输之道路，归慰待哺，宁有几何？则蜗涎之为中枯尔。列肆市廛，若稍称逸，自百货俱榷，直日重而息日微。兼邑当孔道，诸邑供亿，时时倚办，奉公之直，十不逾半，而与隶上下而渔猎之，则市廛重困矣。④

这里告诉我们，徽商之中既有贩盐开典、四海称雄的富商大贾，又有资本轻微、艰苦经营的小商小贩。前者是极少数，后者是大多数。二者显然不可相提并论。那些身怀轻资，为谋生而外出经商的小商小贩，多来自

---

① 休宁《率东程氏家谱》卷2，[十世]保一公。
② 休宁《率东程氏家谱》卷3，[十三世]珹一公。
③ 休宁《率东程氏家谱》卷11，合字边彦广房[十七世]良赐谱系注。
④ 万历《休宁县志》卷1《舆地志·风俗》。

下层贫苦小民。当然，其中亦有少数人因经商致富而发达起来。但大多数人由于资本有限，经营艰难，加上封建国家与各地官府上上下下日益加重的盘剥，虽长年在外经商，但仍所获无几。而其中不少人，因本小利微，经营惨淡，家中数口，嗷嗷待哺，最后又回到农民阶层中来。他们仍未摆脱贫苦小民的命运。

那么，徽商中那些富商大贾又如何呢？他们本来多出身于地主或官僚阶层，而在经商致富以后，其中多数人或回乡购买土地，弃商归隐；或通过科举考试，跻身于官场。就他们的身份而言，或是商人兼地主，或是地主兼商人，或是商人、地主、官僚三者兼而有之。就整个富商大贾的身份来说，多是商人、地主、官僚三位一体。

(二)关于徽商的经营行业

前引率东程氏明初经商的事迹中说："又于屯溪造店房四所，共屋四十七间，居商贾之货。"可见当时主要是从事懋迁货物一类的行业。但明中期以后，率东程氏在商业方面已转向经营典当业为主了。

如程珽（十七世，彦广房，弘治至嘉靖时人），经商于浙之乌程、平湖一带，多开典肆，一日"又与诸客饮，或报倭奴焚质库且尽，一座惊愕，公从客问，伤人以否，恬不为动，人服其量。公虽擅雄资，然蹈道守礼，不为侈靡"[①]。又如程锁（十七世，彦广房，弘治至嘉靖时人），"长公（程锁）中年客溧水，其俗春出母钱贷下户，秋倍收子钱。长公居息市中，终岁不过什一，细民称便，争赴长公……（至嘉靖二十二年，1543年前后）长公乃部署门下客，分地而居息吴越间。当是时，长公已累数万金矣"[②]。而《程氏分书》中所载，程虚宇及其周围亲族在明末均从事典当业。

诸多史籍所载表明，明中叶以后，典当业已成为徽州富商大贾经营的重要行业。其中尤以休宁人称能，率东程氏只是其中之一而已。"典商大

---

① 休宁《率东程氏家谱》卷11《兰谷程公行状》。
② 休宁《率东程氏家谱》卷11《明故礼官松溪程长公墓表》。

都休宁人……治典者亦惟休称能。凡典肆无不有休宁人者，以业专易精也。"①当时，徽州的富商大贾所设质库典肆，几遍郡国之中，大江上下，南北各地，多有徽州巨贾开设的典铺。由于徽商资本雄厚，又治典有方，土著之人已不必说，其他商帮也不能与之竞争。金陵"当铺总有五百家，福建铺本少，取利三分四分，徽州铺本大，取利仅一分二分三分，均之有益于贫民。人情最不喜福建，亦无可奈何也"②。有关徽商的文献记载多云"商贾之最大者举鹾，次则权母之轻重而修息之"（见前引《休宁县志》），"邑中商业以盐典茶木为最著"③，等等，即典当业乃为徽商所经营的仅次于盐业的第二大行业。

典当业之所以成为徽州富商大贾经营的重要行业，显然与该行业的高额利润密切相关。它与徽州富商大贾经营的另一大行业盐业一样，"致富较易，故多以此起家"④。明代中央政府虽规定"凡私放钱债及典当财物，每月取利并不得过三分"⑤，但实际上当时并没有统一的利息率，放债者随意加息，多是倍取民息，甚至数倍取利，利上加利，且巧立种种名目，进行额外勒索。出典者只要投入一定资本，不数年即大发起来。《程氏分书》所载情况即说明了这一点。由于该分书所载资料有限，不能看出其所属典铺的利息率，但因开当治典而获得了高额利润则是十分明显的。兹将《程氏分书》中各房分授银两细目列表如下（表2）。

① 许承尧撰，李明回等校点：《歙事闲谭》卷18《歙风俗礼教考》，黄山书社2001年版，第604页。

② 〔明〕周晖：《金陵琐事剩录》卷3，转引自谢国桢辑：《明代社会经济史料选编》（中册），福建人民出版社1980年版，第200页。

③ 民国《歙县志》卷1《舆地志·风土》。

④ 民国《歙县志》卷1《舆地志·风土》。

⑤ 《大明律》卷9《户律六·钱债违禁取利》，载《续修四库全书》第863册，第81页。

表2　《程氏分书》载各房分授银两细目

单位：两

细目		孟房	仲房	季房
还附本利银	本银	2649.300	2000.000	648.340
	利银	25035.920	14102.364	5164.351
	合计	27685.220	16102.364	5812.691
分授银		10000.000	10000.000	10000.000
找贴银		1590.000		1000.000
总计		39275.220	26102.364	16812.691

《程氏分书》中所谓"还附本利银"，是指各房历年积攒的梯己银，诸如"送日子银""大婚递手银"等，放在各典铺生息，这次分析之际，将其本利算明一起还给各房。"分授银"，即程虚宇作为父亲分授给各房的资本银两，各房均为一万两。"找贴银"，即因代管家务等所得额外贴补银两。从"还附本利银"一项来看，如孟房所存本银共为2649.3两，这些本银是自万历二十一年（1593年）至天启六年（1626年）陆续存入的，其中在天启元年（1621年）至六年（1626年）期间存入1372.912两，占半数以上，存放年限并不长；而其所得利银共为25035.92两，几乎是本银的十倍。又据程虚宇在分书的后记中说，其"所受资本笔墨历历可据，未尝于额外多得"，历年承祖分受等所得各项资本共有六笔，计为12045.58两，这些资本是在万历十七年（1589年）至天启元年（1621年）承受的。其存放典铺以后所得利银，分书中并未载明，只是在这次分析时从各典中共取出3万两分授各房，此外，分书中关于存众银两亦未言明，所以其所得利银无疑在3万两以上。若仅按分书所载统计，所有各项本银计为17343.44两，至崇祯二年（1629年）各项本利银共计为82190.275两，从事典当业而获得的高额利润是很明显的。

典当业在徽商大贾的经营中占有重要地位，还有其更深刻的社会经济根源。包括典当业在内的高利贷资本，本是产生于前资本主义时代的一种古老资本形态，它与商人资本是一对孪生兄弟。在中国的封建社会里，高利贷资本早就存在，并有相当发展。作为封建社会的剥削者，它常与地主、商人相提并论。高利贷资本的剥削对象十分广泛，但其主要剥削对象无疑是广大下层的劳苦群众。封建社会里的小生产者本来势单力薄，又处于地主、封建国家的双重压榨之下，再加上天灾人祸等，常常濒临破产境地，出现再生产危机。高利贷资本正是乘人之危，介于其间，对苦苦挣扎的贫困小民进行再榨取。当时人们对高利贷即颇多微词："江南放债一事，滋豪右兼并之权，重贫民抑勒之气，颇为弊孔。然亦有不可废者，何则？富者贫之母，贫者一旦有缓急，必资于富，而富者以岁月取赢，要在有司者处之得其道耳。"① "弘治间，江阴汤沐知石门时，徽人至邑货殖，倍取民息，捕之皆散去，阖境称快。徽人挟丹圭之术，析秋毫之利，使人甘其饵而不知。日以朘，月以削，客日益富，土著者日益贫。岂惟石门一邑而已，盖所至皆然也……徽人所为货殖者，典铺也，土著之人既贫甚矣，无典铺则称贷之路穷，而沟壑之患，不在异日而在目前。孰与彼之取什一二之息者，犹有所济，而不至大困乎？"②明中叶以后，商品货币经济进一步发展，社会各阶层对货币的需求量大大增加。而商品货币经济的发展，又加速了两极分化，"富者百人而一，贫者十人而九"，"富者愈富，贫者愈贫"③，更为高利贷资本的迅速扩展提供了可乘之机。徽州富商大贾所经营的典当业就是在这种历史条件下发展起来的。"吾邑（平湖县）游惰日众，有田宅者鬻田宅，无田宅者典衣质器，以谋薪粒……而新安富人，挟资权子母，盘踞其中，至数十家，世家巨室，半为所占……田是典利三分，视京师及他郡邑为独重。商横民凋，湖人之髓，其足供徽人之嗜吸耶？"④马克思在论述高利贷的本质时说："高利贷在生产资料分散的地方，把货币财产集中起来。高利贷不改变生产方式，而是像寄生虫那样紧紧地

---

① 〔明〕陆深：《俨山外集·河汾燕闲录》，载《文渊阁四库全书》第885册，上海古籍出版社1989年版，第32页。

② 〔清〕焦袁熹：《此木轩杂著》卷8《货殖》，载《续修四库全书》第1136册，第569页。

③ 万历《歙志》考卷5《风土》。

④ 康熙《平湖县志》卷4《风俗》。

吸在它身上，使它虚弱不堪。高利贷吮吸着它的脂膏，使它精疲力竭，并迫使再生产在每况愈下的条件下进行。"典当业成为徽州大贾经营的主要行业之一，它说明了徽州富商大贾的浓厚的封建性寄生本质；而典商在社会经济发展中，其"不可废者"的接济作用等，亦应加以探讨。

(三)关于徽商资本的存续方式

就商业本身的组织形式和经营方式来说，徽商当然是自有一套的。但如前所述，由于徽商的身份很少是单一的，大商人多兼地主或官僚，小商小贩亦兼农民或手工业者等，所以就其资本的所有形式来说，最后则常常归属为某一家庭所有，或者说，乃是作为家庭经济的一部分而存在的。即便是富商大贾拥有的巨额商业资本也是如此。于是，这些商业资本在遗传继承时，也按中国封建社会所特有的一般家产的传授方式进行，即实行诸子均分制。

《程氏分书》所反映的情况也正是如此。在分书中，程虚宇拥有的典当资本及各铺基，与基址屋宇、田地山塘等一样，只是作为其家产的一部分而登记在册的。而当分析家产之际，如前所述，这些典当资本和各铺基址，亦按诸子均分制的原则同时被分割。又，程虚宇在分书的后记中说："丙申（万历二十四年，1596年），予年四旬有四，众各分析，得受父分资本银五千两，坐黄州府前铺生息。"由此看来，在立此分书之前，其典当资本和各铺基就已被分析过。后记中还说："兹所分产业，承祖父有先世阄书合同为据。"这即说明，程氏的典业资本与其他资产一样，按诸子均分制的原则，处于不断地被分割之中。而至今遗留下来的有关经商的不少分书中，亦大致载有与《程氏分书》相同的情况，证明徽商资本按诸子均分制的原则不断进行分析的现象是相当普遍的。

资本在不断地积累，同时也处在不断地被分割之中。这无疑极不利于资本的扩大，不利于商业的发展。

(四)关于所谓儒商

所谓儒商，即"贾而好儒"，治贾多兼儒业，亦贾亦儒，为徽商的一大特点。这里的儒业，主要指习举子业，通过科举考试，走读书做官的道路。而从《程氏分书》及其家谱的有关记载来看，率东程氏亦属儒商之列。明初，以经商起家、使率东程氏家业大兴的程维宗，其开始走的即是"业儒"之路："早有大志，潜心于学，年才十九，常（尝）一赴乡试，不捷而归。由是发愤，请业于郑师山、赵东山二先生之门。既而遭时革运，无复荣念，从事商贾。"①程谅（十六世，彦广房，成化至正德时人）"有大志好学，商游闽浙，交接士夫，多以诗文赠之，正欲小就功名，遽意金陵病归"②。程莹（十六世）"从事乎商，寓湖州之双林市，凡浙之名流达士，骚人墨客，皆内交往来……长子钧，命业儒，附籍于浙，补乌程邑学弟子"③。程镶（十七世）商游吴越，晚年"日呼厥子若孙语之曰：吾少业儒，有志未就，弃而为贾，籍籍有声，汝曹当明经修行，以善继述"④。又如程天锡（十七世），"嘉靖甲午春，邑试列上等，以他故弗克。游于泮，乃挈重资贾语溪，昼则与市人昂卑货殖，夜则焚膏翻书弗倦"⑤，等等。《程氏分书》的主人程虚宇最初也是从事儒业，分书"自叙"云："初，先君命予习儒，朝夕肆业，惟日孜孜，以期上进。迨隆庆壬申，家事纷纭，不获已援例南雍。"后又曾命其"仲男习博士家业"。至其晚年仍念念不忘儒业，在分书"后记"中规定："以后孙枝，有志习学举业者，得游泮之日，将众存之资贴备银壹百两，以助灯窗供给之资。"

从这些记载不难看出，率东程氏家族的人在一开始多先从事儒业，其后因种种原因，业儒不成，才弃而为贾的。而在治贾的同时，仍不忘儒业，或在商游之际，十分注意交接各处文人名士；或命其家中子弟业儒，走读书出仕的道路。亦有在经商致富之后，晚年又弃贾归隐，转向儒业的。如前文提及的程锁，其在嘉靖时经商累巨万，"季年释贾归隐，拓近地为菟裘，上奉母欢，下授诸子业。暇日，乃召宾客称诗书……迄今遗风

① 休宁《率东程氏重修家谱》卷3，[十一世]宗一公。
② 休宁《率东程氏重修家谱》卷11，[十六世]谅公。
③ 休宁《率东程氏重修家谱》卷4《明故处士程公行状》。
④ 休宁《率东程氏重修家谱》卷4《明故处士公辅程公行状》。
⑤ 休宁《率东程氏重修家谱》卷11《明威将军程天宠甫小传》。

具在，不亦翩翩乎儒哉"①。以上，像率东程氏这些有关儒商方面的事例，在整个徽商，特别是富商大贾之中可以找到很多，乃是相当普遍的。

那么，又如何解释成为徽商一大特点的所谓儒商这种历史现象呢？

明末著名将领、文人、徽籍人汪道昆，在为率东程氏家族程锁所撰的墓表中说："余惟乡俗不儒则贾，卑议率左贾而右儒，与其为贾儒，宁为儒贾。贾儒则狸德也，以儒饰贾，不亦蝉脱乎哉。长公（程锁）是已。"②这一段话对我们理解儒商或许会有所启发。

众所周知，徽州地区的自然条件是山多田少，不仅一般贫民难以谋生，地主大户在农业方面的发展亦受到很大限制。很早以来，徽州人即不得不谋求向外发展，寻找出路。而自唐宋以后，在向外发展方面，徽州地区可以说出现了两大潮流，一是科举仕进（即所谓儒业），二是外出经商。关于后者，学界已有不少研究，颇受瞩目。而对前者，目前研究尚少。实际上，唐宋以后，徽州地区读书风气之盛，文化教育之发达，通过科举考试取得官位人数之多、职位之显要，乃是其他地区很少能与之相比的，也是值得大书一笔的。至明清时代，徽人向外发展或业儒，或服贾，可以说达到了高潮。这就是汪道昆所说的"不儒则贾"。

那么，在当时徽州人的心目中，业儒与服贾这两种发展道路，又各自占有怎样的位置呢？

一般来说，徽州人很重视经商，但更重视业儒。这是因为，经商只能取得财富，而一旦通过科举考试获得了官位，不仅同样能发家致富，而且其取得的政治地位和特权，对家族、后代带来的巨大影响，乃是经商根本无法得到的。特别是徽州的世家大族多从北方迁来，其先世本为官宦之家，迁徽以后绝不甘心从此默默无闻，崇文重教一直为其传统。而南宋以后，作为朱子阙里的徽州，程朱理学的影响更是无所不至。在一个世家大

① 〔明〕汪道昆：《太函集》卷61《明处士休宁程长公墓表》，载《续修四库全书》第1347册，第479—480页。

② 〔明〕汪道昆：《太函集》卷61《明处士休宁程长公墓表》，载《续修四库全书》第1347册，第479页。

族为主体、程朱理学占统治地位的地方，很难想象其不是把科举仕进放在首位的。所以徽州人，特别那些世家大族，总是把儒业放在第一位。在向外发展时，他们首先选择的是科举仕进之路，多是在科举失败之后转而经商的。即使经商，亦不忘儒业，多亦贾亦儒。而在经商致富以后，又多弃贾业儒。这就是汪道昆所说的"左贾而右儒"，也正是儒商形成的历史背景。从根本上说，所谓儒商，正表明徽商在处理业儒与服贾的关系上，仍未摆脱耕读为本、商贾为末的传统的封建结构和观念的束缚。

作为中国封建社会后期称雄于商界长达几个世纪的徽商，自有它的历史地位，对此是应充分加以肯定的。但是，各方面的许多事例都表明，这是一个封建性很浓的商帮。它的发展和繁荣，多未超出封建制度的范围。不然，又如何解释随着封建社会的衰落，煊赫多时的徽商也同时式微了呢？在清嘉庆六年（1801年）写的《程氏分书》的跋语中，程虚宇的子孙曾慨叹说："于内所载财货，固久无存……何历世未久，后世式微何至于斯，岂人事之未修耶？抑气运使然耶？"既非人事之未修，亦非气运之使然，恐怕这只能用徽商所固有的浓厚的封建性来解释吧。

原载《徽州社会科学》1996年第3期，有改动

经济与文化互动
——徽商兴衰的一个重要启示

明代人谢肇淛在《五杂组》中说：

> 富室之称雄者，江南则推新安，江北则推山右。新安大贾，鱼盐
> 为业，藏镪有至百万者，其他二三十万则中贾耳。

谢肇淛是明代后期隆庆至天启时期福建长乐人，明万历二十年（1592年）考中进士，其后一直在中央及各地为官，对各地的地理形势、经济文化、风土人情都十分了解。其所著《五杂组》，是一部记载明代政治文化、社会生活的书。这段话里所讲的"新安"即指徽州，徽州别称新安。"山右"指的是山西商人。"鱼盐"是一个复意偏词，实际指的是盐。"镪"就是古代的钱，成串的钱叫作镪。"藏镪有至百万者"讲的是徽商实力的雄厚。谢肇淛说得很明确，当时在全国称雄的有两支商旅，一支是新安大贾，就是徽商；一支是山右，就是山西商人。

徽商，即徽州商帮，是指以乡族关系为纽带而结合起来的商人群体，为明清时期活跃于全国商界的一支劲旅。它的足迹几遍宇内，从偏远的沙漠到神秘的海岛，乃至于海外，其地无所不至，其货无所不居；它资本雄厚，积累了巨万财富，藏镪百万、千万；它从明中叶兴起，嘉靖、万历时达到繁盛，至清代又有一个大的发展，称雄于全国商界达数百年之久。徽商的活动不仅对徽州本土，对当时全国的经济、文化等都发挥着相当重要

的作用与影响。但近代以后，这个长期执商界牛耳的商帮却迅速衰落了。徽商兴起的原因是什么？其成功的因素有哪些？它又是怎样衰落的？这都是需要探讨的话题。

一、富有特色的徽州文化在徽商崛起的过程中起了重要作用

徽商兴起与成功的原因是多方面的。总体来说有以下三个方面：地理因素，时代因素，人的因素。

（一）地理因素

地少人多的矛盾形成了巨大的生存压力。

徽州位于皖南山区，地处万山之中。这里山清水秀，地貌奇特，风景绝佳。在今天看来，它是发展旅游经济的好地方。但在古代，在以农耕文明为主的时代，这里的条件就另当别论了。在以农耕文明为主的时代，耕地是最宝贵的资源，而这里崇山峻岭多，可耕田地少，素称"七山一水一分田，一分道路和庄园"。宋代罗愿《新安志》中记载："大山之所落，深谷之所穷，民之田其间者，层累而上，指十数级不能为一亩。"这句话是说当地人开垦田地是非常不容易的。让我们看一下明代鱼鳞图册中绘制的徽州田土形状。鱼鳞图册是宋代以后官府管理土地的册籍，里面记载有业户、田土面积、东西南北四至等。图册上还画有田地的图形，状若鱼鳞，所以叫作鱼鳞图册。鱼鳞图册所绘徽州耕地，一级一级"层累而上"，非常形象，这与罗愿的记载完全一致。其中一号田地只有五分五厘多，而分成了十二级地块，另一号田地才二分二厘，则分成了十五级地块，可以说老百姓真是在石头缝里种庄稼！

下面再看看这个地方的土壤和气候。史书上记载："其地险狭而不夷，其土骍刚而不化。""不夷"，就是不平。"骍刚"是什么意思呢？骍是枣红色，骍刚是指南方一带红土壤，质地很硬。关于徽州的气候，史书上记载："十日不雨，则仰天而呼，一遇雨泽，山水暴出，则粪坏（坯）与禾

荡然一空。"（均见罗愿《新安志》）

以上这些自然地理条件，在农耕文明占主导地位的时代，无疑是一种劣势。

徽州本是山越人居住之地。东汉以后，中原士民为避战乱不断迁入，人口大增。至宋代已是"人烟辏集，无异京华"。明清时代徽州地区的人口密度远远高于一般州县。

总之，地狭人稠，而不得不行贾四方。"天下之民寄命于农，徽民寄命于商。"徽州人出去经商乃是为生计所迫。

另一方面，从地理位置来看，它又为徽人经商提供了有利条件。

徽州位于安徽、江西、浙江三省交界之地。它地处皖南，北靠长江，南通赣粤，上溯湖广，下近苏杭。虽然被万山包围，比较封闭，但由于徽州距杭州、南京等江南中心地区很近，有多条水路、陆路相通，所以与各方面联系十分密切。

南宋时徽州就被称为"三辅重地"。明代实行两京制度，即有两个首都。最初朱元璋建都南京，永乐皇帝称帝以后又设北京为首都，南京依然保留首都的地位。凡京师所在的省份就称为直省，因此明代有一个南直隶，还有一个北直隶。徽州离南京很近，明代徽州一直属于南直隶。清初徽州属以南京为省会的江南省，康熙分省后归安徽省，但安徽布政使司仍驻南京，直至乾隆二十五年（1760年）才移驻安庆。安徽就是安庆和徽州的合称。

宋元以后的徽州地区，虽不像杭州、苏州那样，位于江南经济文化发展的最核心地带，却是处在当时全国最为发达的江南经济文化圈之内的。在宋代以后、近代以前这段历史时期内，徽州的区位可谓地理适中，位居要冲。这对于促进徽州经济发展、文化繁荣、向外扩展无疑是有利条件。

（二）时代因素

中国古代特别是封建时代的商品生产，相对而言较为发达。中国古代的商品经济与商业发展有三个高峰时期：第一次在春秋战国，第二次在唐宋，第三次即明清时期。徽商的兴起，正值中国古代商品经济发展的第三个高峰时期。

明清时期的商品经济发展与商业繁荣出现了新的特点，发生了令人瞩目的重大变化。明清之前，许多商业经营形式虽已经出现，并逐渐形成了各级市场：墟集市场、城市市场和区域市场。所谓墟集市场，指的是村镇地方上的小型集贸市场；城市市场指的是像宋代汴京、临安一类的消费性城市的市场；区域市场是大体在省区范围内形成的市场，如岭南市场、淮北市场等。但这些市场在很大程度上都受到地域的限制。明中叶以后商品经济发展的显著特点是，主要民生用品如粮食、棉花、棉布及丝织品等商品化程度增大；长距离贩运贸易发展；商路增辟和新兴商业城镇增加；大商业资本兴起；等等。总括起来即是全国性市场的形成。所谓全国性市场，即超出了区域市场的范围，突破了地域性的限制。关于明中叶以来全国性市场的形成，著名经济史学家吴承明先生有精辟论述。明清时代商品经济的发展与全国性市场的形成，为徽商的兴起提供了广阔的舞台，从而成为徽商崛起的必要条件。

(三)人的因素

地理环境也好，商品与市场也好，固然都是重要因素，但它们皆属客观条件。历史是人创造的。人在创造历史时固然要受到客观条件的制约，但人是历史的主体。当解释人类历史各种现象时，不能只讲客观条件，而忽视人这个主体。谈到徽商兴起与成功的原因，我们不能不从徽州与徽商本身方面进行探索。

从经济学的角度分析，商业活动的基本要素大致有以下三个方面：一是商品和市场，二是资本即交易资金，三是人力资本即商人本身。人们往往重视商品和市场，重视资金，而对人力资本有所忽视。其实，由文化因素所形成的人力资本在商业活动中至关重要，往往决定其成功与失败。尽管商品生产和市场十分发达，尽管交易资金颇为雄厚，但没有高素质的人力资本，商业活动亦难成功。即使商品和市场尚待开发，即使交易资金不足，有了高素质的人力资本，仍可打开局面。

商业活动的成功必须以一定的文化知识和文化素质为基础。这里有两个层面，一是文化知识，二是文化素养。先谈文化知识方面。经商必须掌握一定的文化知识，需要识字、会打算盘等。中国古代发明的珠算，可以说是那个时代的计算器、计算机。由于徽州教育的发达和普及，一般的徽州人都掌握了一定的文化知识，尤其是对于与商业有关的各种知识和技能的掌握更为突出。正是在这一基础之上，明代后期在徽州产生了中国科技史上一位有名的人物，这就是数学家、大珠算家程大位。

程大位（1533—1606年），徽州休宁率口（屯溪）人。出身于徽商家庭，少习儒业，酷爱数学。青年外出经商，游历各地，求学访师，并广泛搜集数学著作。中年回到故乡，进行全面系统的研究，用毕生的精力，写出了珠算方面的集大成之作《算法统宗》。该书问世以后，风行海内外，迅速传到朝鲜、日本和东南亚，影响巨大而长远。所以说，徽州人对经商所需要的文化知识的掌握是很突出的。

那么，在文化素质方面，徽州文化对徽州商人的影响又如何呢？徽商的素质到底是怎样的呢？它有哪些突出的特点呢？为了解这些问题，我们需要对徽州历史的发展变迁，对徽州文化的形成，稍作一番考察。

这里先简单介绍一下徽州的历史沿革。西周以前，该地属《禹贡》所说的扬州之域。春秋战国时属于吴越。秦置黟、歙二县，属会稽郡。黄山在其境内，古称"黟山"（黟，黑色）。传说轩辕黄帝曾在此修身炼丹，后得道升天，唐玄宗李隆基信此，于唐天宝六年（747年）下诏改黟山为黄山。该地三国时称新都郡，晋更名为新安郡。所以，后世又称徽州为新都、新安。隋唐时新安郡改为歙州。宋徽宗宣和三年（1121年）改歙州为徽州，直至明清时代。1987年改徽州为今黄山市。

翻开徽州的历史篇章不难发现，它有着非同一般的发展历程，徽州文化的形成有其特殊的背景。就徽州历史上的文化发展阶段来说，大致可分为三个阶段：一是先秦时期，二是秦至唐代，三是宋至明清。

先秦时期，徽州地区主要为越人居地，从文化上说属于南方山越文化类型。这是第一阶段。第二阶段从秦开始，秦统一之后，置黟、歙二县，该地区正式置于中央政权管辖之下。从秦汉至隋唐，徽州历史上出现了一个文化融合与转型时代，即山越文化与中原文化交融，进而中原文化确立统治地位的时代。在这个时期，由于朝廷设官治理，促进了山越文化与中原文化的融合；东汉以后则发生了北方人民为避战乱而多次南迁的大规模移民活动。在中国历史上，每逢朝代更替之际，在北方几乎都要发生长时间的大规模的战争和动乱。例如，从汉至宋代，就有西汉末年的王莽之乱、东汉末年的黄巾起义、西晋末年的永嘉之乱、唐末的黄巢起义，以及随后的五代之乱，其后还有北宋末年和南宋末年的北方之乱。这些战争和动乱，不仅使一般百姓流离失所，就是对世家大族也常常带来毁灭性的打击。为躲避战争和动乱，达官贵人、世家大族纷纷南迁。于是在选择新的居址时，不能不把地理环境安全放在第一位。而徽州地处万山之中，历来兵燹较少，且山清水秀，环境优美，正具备了躲避战争和动乱、选择新居的最理想条件。所以，从汉至唐，就有大批的北方人民，包括众多的世家大族迁到了徽州。

《新安名族志》是明代嘉靖年间，经由多人之手、广泛搜集资料、历时多年而修纂的一部郡志。该志所列新安大族即徽州世家大族共80余姓，其中可以确认是从外地迁入徽州的就有60多个。

世家大族迁入徽州以后，各姓宗族繁荣发展，徽州遂成为宗族制度特别发达的一个典型地区。现在中国国家图书馆善本部所藏善本族谱之中，徽州的善本族谱占了一半左右。

世家大族在迁入徽州之后，一般都是聚族而居，严格维系原有的宗族组织不变，又特别注重保持自己的文化传承，这就把中原文化带到了徽州，使之直接继承了中原的先进文明，当然中原文化也受到原有山越文化的影响，而出现了一个文化融合的时代。在此之前，山越文化崇尚武劲刚烈之风，史书记载其地多以武力保捍乡土著称。而在中原大批移民迁入之后，这里的文化风尚则发生了显著变化。

同时，这一时期，既有中原文化取代山越文化之势，中原文化最后占据了主导地位；又有两种文化相互融合的趋向，尚气好胜、刚而喜斗等山越文化的风尚一直存在。南宋朱熹在谈到徽州风俗时说："刚而喜斗，然而君子则务以其刚为高行奇节，而尤以不义为羞。故其俗难以力服，而易以理胜。"（朱熹《新安道院记》）

总之，秦汉至隋唐这一阶段的文化融合，对徽州的发展至关重要。它形成了富有特色的一种新的文化。它使徽州人具备了较高的文化素质，使其后的徽州能在一个高起点上异军突起。

那么，徽州文化史上的第三个时代又是从什么时候开始的呢？请看罗愿《新安志》的记载："黄巢之乱，中原衣冠避地保于此。后或去或留，俗益向文雅。宋兴，则名臣辈出。"这一记载文字不多，只有短短几句话，但颇为重要。它告诉我们：第一，徽州历史上的文化融合，大致是到唐末五代时完成的；第二，从宋代开始，徽州就进入了其文化史上的第三个时代，即政治、经济和文化全面发展的新时代。其标志就是"宋兴，则名臣辈出"。据日本学者斯波义信的统计，徽州地区在北宋出了197名进士，南宋出了427名进士，整个宋代共出了624名进士。（斯波义信《宋代江南经济史研究》）这说明，徽州的发展，首先是在以文化为底蕴的政治上的崛起，这是值得我们注意的。

影响徽州文化形成的另一大因素，就是山区的地理环境。如前所述，徽州介于万山之中，山多地少。在农耕文明占主导地位的时代，这无疑是一种劣势。史书记载，与其他地区相比，这里农民所付出的要超过一倍，而其所入不当其半。（顾炎武《天下郡国利病书》）从生产劳作来说，徽人所处的自然环境毋宁说是艰苦的，甚至是恶劣的。然而，正是在与恶劣环境的长期斗争中徽州人得到了锤炼，更具有一种艰苦奋斗的精神。

总之，大规模移民活动促成的文化融合，以及独特的山区地理环境，造就了具有特色的徽州文化，形成了十分突出的文化风尚。

第一，崇文重教的儒家传统。东汉以后从中原不断迁入的世家大族成为徽州居民的主体。世家大族特别重视教育，遂形成了崇文重教的儒家传统。宋代以后，徽州乃为程朱阙里，号称"东南邹鲁"。邹是孟子的家乡，鲁是孔子的故里。东南邹鲁表明徽州是当时文化教育最为发达的地区之一。史书上记载:"十户之村,不废诵读","远山深谷,民居之处,莫不有学有师"。(赵汸《商山书院学田记》)这表明了当时徽州教育的普及程度。教育的内容是什么呢?"其学所本,则一以郡先师子朱子为归。"以朱熹为代表的儒家思想文化对徽州产生了巨大而深远的影响。

南宋诗人范成大曾经到过徽州,还在徽州写了很多诗篇。其中有诗句说:"斯民邹鲁更丰年,雅道凄凉见此贤。万陇登禾新霁色,千村鸣柝旧寒烟。"一般来说,所谓"东南邹鲁",主要是指徽州本为程朱阙里(二程、朱子的故乡),儒家教育最为发达,科举考试被录取的非常之多。但从范成大的诗句来看,其主要是对平民百姓的赞誉。这就是说,徽州地区不仅中进士的人数多,一般百姓也多有儒者风度。

第二,开拓进取的移民风尚。徽州是个移民社会。早期是北方众多士民迁入徽州,至明清时代,徽州人又大量外出,遍及各地。《新安名族志》上记载徽州人发家致富有三种途径:"勤俭起家""科甲起家""商游起家"。勤俭起家,主要指以农耕为主,靠积累经营土地而发家致富;科甲起家,即读书仕进,通过科举考试获取功名而兴家立业;商游起家,就是走出徽州到各地从事商业活动,靠经商积累资财而发家致富。宋代以后,徽州社会出现了两大发展潮流:一是科举仕进,二是外出经商。

"前世不修,生在徽州,十三十四,往外一丢。"这是徽州地区很流行的一句谚语。什么意思呢?一般老百姓家里的小孩长到十三四岁的时候,就要把他们丢到外面去经商。在封建时代,人们特别怀土重迁,老死不出家门。即使条件再艰苦,也不愿外出求生。明人李乐《见闻杂记》中记载了这样一个故事:明代后期大官僚董份的祖先特别勤俭节约,从不出家门,连州府也不认识。一次,他来到了湖州府城门前,便问道:"这是谁家的大门怎么这么高大?"湖州属太湖的平原地区,人们尚且如此。所以徽州人能够做到"十三十四,往外一丢"出去做生意,这是很不容易的。

第三,吃苦耐劳的徽骆驼精神。所谓徽骆驼精神,是对徽州人所具有的吃苦耐劳、艰苦奋斗品质的概括。罗愿在《新安志》里关于徽州人的品质说了这么几句话："勤于山伐，能寒暑，恶衣食。"顾炎武在《肇域志》中讲："新都勤俭甲天下，故富亦甲天下。"说商人娶了媳妇后，一般在家里待几个月之后马上就去外面经商了，有的甚至十几年不回来，乃至于有父子在外地相遇而互不认识的。还讲到，徽州人进京赶考，穿着短裤，露着小腿。古代人的身体是不能露出来的。但是，为了节约，就穿短裤，露小腿，光脚穿草鞋，自带一把伞，奔走在千里迢迢赴京赶考的路上。上前一问，原来都是家有千金万金的富家子弟，这样就是为了省些路费。徽骆驼精神成为徽州人吃苦耐劳、艰苦奋斗品质的象征。1953年，胡适为绩溪旅台同乡会题词："努力做徽骆驼！"

还有像"好胜不屈的刚强气质""乡族为先的团队精神"等，这里不再一一列举。

以上这些文化现象在其他地方也可以找到，但是，徽州人在这些方面的表现更为突出。教育普及程度高，培养了从事经商活动所必须具备的基础知识；儒家思想文化的熏陶，吃苦耐劳精神的养成，则使徽州人具备了较高的文化素质。

终明之世，流民为一大社会问题。流民之中，四处乞讨者有之，为人帮工者有之，甚者或沦为奴仆。而徽人外出，或科举出仕，或四处经商，并取得了巨大的成功。这显然是由于徽人身上具有较高的文化素质所致。

上述文化因素所形成的人力资本，即徽商本身所具有的素质，无疑是一种优势，它使徽商在经营活动中更胜一筹。由富有特色的徽州文化所形成的具有优势的人力资本，是徽商兴起和成功的一个重要原因，在徽商崛起的过程中起了重要作用。

二、徽商的成功铸就了徽州文化的辉煌，促进了社会变迁

徽商成功的历史标志是：

（1）对全国性市场的开拓。在经济领域中，我们首先要注意的是生产，生产力是基础。但是我们也不能忽视交换。从某种意义上说，生产和

交换是一部马车的两个轮子，二者是一种辩证的、互相促进的关系。过去经济史学界长期讨论资本主义萌芽问题，改革开放以后对这个问题做了反思，出现了很多说法。我们在考察中国古代向近代转变时，资本主义萌芽的讨论范围就有点窄了，人们把目光集中在生产力、生产关系上，而对商品、市场、贸易没有给予相应的关注，因此，资本主义萌芽的讨论就进行不下去了。

在中国古代向近现代转变的时候，生产是重要的，其表现出来的特点首先是明中叶开始的商品经济的发展；与此同时，商品交换领域也发生了令人瞩目的新变化，这就是全国性市场的形成，我们不能不加以关注。全国性市场的形成，成为明清经济发展与社会变迁的一个主要标志。而徽商对当时市场的形成和开拓则做出了很大贡献，其突出的表现是对商路的开辟，如长江航路、大运河、沿赣江南下过大庾岭到两广商道；促使新商业城镇的形成，有"无徽不成镇"的说法。全国性市场的形成和以徽商、晋商为首的商业活动，是一个互动关系。

（2）对某些行业的垄断性经营，如盐业、典当业等。在清代，"两淮八总商，邑人恒占其四"（民国《歙县志》）。"总商"，指盐商的领袖人物，"邑"指歙县。这句话是说淮北盐场的领袖中，八个人里有四个是歙县人。

（3）大商业资本的形成。大商业资本的形成是传统社会向近代社会转变的条件之一。出现合伙制经营资本形式。

（4）拥有各商帮之首的地位。当时全国十大商帮是徽州商帮、山西商帮、陕西商帮、宁波商帮、山东商帮、广东商帮、福建商帮、洞庭商帮、江右商帮、龙游商帮。徽商、晋商位于明清全国十大商帮之首。

（5）出现了"商何负于农""良贾何负闳儒"（汪道昆《太函集》）的文化自觉。

徽商是在徽州特殊的经济文化背景下发展起来的，而徽商在经济上的成功反过来又在各方面影响着徽州的文化发展，从而造就了明清时代徽州文化的繁荣昌盛。没有经济的繁荣，就不可能有文化的昌盛。故有徽商是徽州文化的酵母之称。

徽商以其雄厚的经济实力为徽州培养造就了大批人才，包括一批出类拔萃的文化人才。

下面讲一个王世贞游黄山，率三吴两浙艺人来徽州显耀的故事。王世贞和汪道昆都是明代后期的文坛领袖，王世贞是江苏太仓人，汪道昆是徽州歙县人。二人又皆文武双全，都当过兵部侍郎，号称文坛两司马。有一次王世贞游黄山，带了三吴两浙随从者百余人，这些人都各擅一技，当时很少有人能与之相比。王世贞想到徽州炫耀一番。汪道昆听说后，以黄山主人自居，把歙县的人才召集在一起，让他们每个人陪一两个客人，画家对画家，书法家对书法家，乃至琴奕、篆刻、堪舆、星相、投壶、蹴鞠、剑槊、鼓吹等，无一不备，仅歙县之人即可与之应对，不用外求。而比艺论道之际，则难分高下，甚或有宾屈于主者。最后王世贞大加赞赏，高兴而去（张潮《歙问·小引》）。这个故事说明了什么呢？仅仅歙县一个县的人才，就可以和三吴两浙的人才不分伯仲，徽州真可谓人才济济！

关于徽商对文人学者的培养和支持，还可以再举一个例子。朴学兴起于清乾隆时期，后来发展为乾嘉学派。所谓朴学就是朴实之学。乾嘉学派里的徽派朴学占有举足轻重的地位，带有开创性。其最著名的学者是江永、戴震。不过，这两个人最初却是穷困潦倒，学术地位也很低，文献上记载说属于"末流"。再加上二人性格孤僻，所以常为"乡俗所怪"。唯有歙县西溪商人汪泰安礼待他们，把他们请到家中，"饮食器具，惟其所欲"，而且花千金置买图书，并且招纳其他好学之士，日夜诵习，研讨其中，"久者十数年，近者七八年、四五年，业成散去"（汪中《述学·别录》）。随后乾嘉学派兴起。这一段经历与活动，对徽派朴学的形成至关重要。由此可见，徽商与清代徽派朴学的形成有极为密切的关系，或者说，徽商对清代乾嘉学派的培养和支持非常有力。

徽商取得的财富成为徽州文化昌盛的物质基础。徽商对教育科举、文化艺术、建筑园林、公益事业等投入了大量财富，从而铸就了明清时代徽州文化的辉煌。

明清时代的徽州文化光辉灿烂，万紫千红。如徽州教育、新安理学、徽派朴学、徽州刻书、新安画派、徽派篆刻、徽州版画、徽州三雕、徽派建筑、徽州园林、新安医学，以及自然科学、数学、徽剧、徽菜等，几乎在各个文化领域都取得了辉煌成就，其水平之高，贡献之大，世所公认。它们既有地方文化之特色，同时也是当时主流文化的一个代表。以上所列举的并非一般文字叙述，其多数已成为在中国文化史上占有一席之地的专有名词。

徽商的成功铸就了徽州文化的辉煌，彰显了经济是文化发展繁荣的基础这个真理。

还应看到，以徽商为代表的商品经济的发展对当时社会变迁的促进作用。如众所知，徽州宗族势力极为强大，最重宗法，是保留传统最多的一个地方。在这里，程朱理学被视为正统，备受推崇，家喻户晓，上下皆遵。然而，就在这样一个以正统闻名、最为传统的地方，由于明中叶以后商品经济的发展而受到了极大的冲击。明后期的徽州，已成为当时社会激烈震荡与变迁的典型地区之一。侯外庐先生在其所写的《中国思想通史》近代部分首先举出的就是徽州的例子，侯老用万历所修徽州《歙志》中的记载作为一个典型，来说明当时的社会变迁。由于商品经济的发展所带来的巨大变化，才使数千年自然经济占统治地位的传统社会受到前所未有的冲击，它使我们看到了中国由传统社会向近现代社会转变的最初曙光。这是很有积极意义的。经济的发展促进了社会的变迁，这是一个明证。

三、徽商衰落的原因

实力雄厚的徽商为什么没有进一步向前发展而实现向近代工商业的转变呢？又应如何解释徽商衰落的原因呢？

（一）徽商衰落的外在原因分析

徽商衰落的原因是多方面的。清政府经济政策的转变，咸丰兵燹的打击，近代市场经济的冲击，外国资本主义势力的入侵，以及随之而出现的市场与商品的变化等，都是徽商衰落的重要原因。不难看出，这些原因都是由于清中期以后国内外形势发生了巨大变化所致，都是客观原因。当时所有的人都要面临这个巨变。但为什么有的商人，如广东商人、江浙商人在很大程度上能够适应这个变革而后来居上，徽商却败退下来了呢？

有的观点认为，徽商衰落的原因是"直接影响市场与商品的地理环境起了更大的、更带决定性的作用"。地理环境对徽商衰落的影响是存在的，但把它说成是决定性原因，恐怕值得商榷。以地理环境而言，徽州的地理位置对于长江三角洲来说，既然在明代徽商兴起时它是一种优势，为什么到了近代就成为一种劣势了呢？随着时代的前进、道路的开通、交通工具的进步，地理环境的影响不是越来越大，而是越来越小。同样，地理环境对市场与商品的影响，也是如此。当徽商兴盛之际，其所经营的商品已主要不是来自徽州本土，经营活动更几遍宇内，其市场是全国性的，地理环境对市场与商品的影响已经是次要的了。而到了近代，这种影响应该说更小了。很明显，地理环境，乃至市场与商品，都不能说是徽商衰落的决定性因素。

徽商没能实现向近代工商业的转变，也不是因为资本不足。徽商在其兴盛的几百年里所积累的资金是惊人的。徽商已是当时大商业资本的一个代表。

明嘉靖时，严嵩、严世藩父子利用手中的权力大肆搜刮天下钱财，家中拥有的银两已达百万之巨。有一次，严世藩与他的朋友评论天下的富室，结果有17家被视为首富之列，他们的家财都超过了50万两银。其中10家的身份属于宗室、官僚、太监、锦衣卫头子、土司及地主等，这些人主要是通过掠夺方式聚敛财富的，而其余7家则有"山西三姓、徽州二姓"及无锡两家，均为富商大贾。即，徽州大贾拥有的白银已是富比王侯（王世贞《弇州史料后集》）。这是明代嘉靖时的情况，其后的发展更为惊人。那么，这一说法是否可靠呢？遗存的徽州文书档案证明，文献记载的明清时代的徽商藏镪百万、千万，并非虚语。中国社会科学院历史研究所藏明末休宁率口程氏分家阄书即可证实这一说法。又，根据南京大学历史系资料室藏《道光十九年笃字阄书》所载可知，黟县西递胡学梓拥有典业资本达30多万两。徽商是以资本雄厚而闻名的。大徽商积累的资本富可敌国。百万两白银今天来说也是一个不小的数目。当时徽商拥有的资本在世界范围内亦名列前茅。多数徽商没能实现向近代工商业的转变，并不是因为资本不足。

下面我们来考察一下徽商资本的主要去向。明代宋应星在《盐政议》（《天工开物》）中说道：

> 商之有本者，大抵属秦、晋与徽郡三方之人。万历盛时，资本在广陵（扬州）者不啻三千万两，每年子息可生九百万两。只以百万输帑（国库），而以三百万充无端妄费，公私具足，波及僧、道、丐、佣、桥梁、楼宇。尚余五百万，各商肥家润身，使之不尽，而用之不竭，至今可想见其盛也。

可见，徽商资本的主要投资方向，并不是工商业的再生产，而是购置地产、建造楼宇、奢靡性的消费以及报效宗族等，即主要用于所谓"肥家润身"上面。这与资本家把赚到的钱总是投入再生产方面形成了鲜明的对比。文化观念的不同为其背后存在的重要原因。

(二)徽商衰落的内在原因分析

徽商的产生、发展、鼎盛与衰落，既是经济现象，同时也是一个重要的文化现象，必须从文化方面来分析徽商衰落的内在原因。

由传统商业向近代工商业的转变，并非经营方式上的简单改良，而是体制上的根本变革。这种体制上变革，本是一个复杂的系统工程，既要有客观的环境基础，也要有合格的人力资本；既要有资金等物质条件，又要有文化观念上的准备，而文化观念上的转变往往是首要的。文化本是体制之母。正是在这一点上，徽商存在着致命的弱点。

就徽商的身份而言，一些大徽商并不是纯粹的商人，他们或是商人兼地主，或是商人兼官僚，或是商人、地主、官僚三位一体。徽商这个群体，其与封建势力非但不存在根本性矛盾，反而需要紧紧依附于封建机体之上。一方面是当时大商业资本的一个代表，另一方面又是一个封建性很浓的商帮，这就是徽商所扮演历史角色的两重性。

　　下面看一下徽人从商的根本理念。徽商以"儒商"著称，"贾而好儒"，"亦贾亦儒"。这里所谓"儒"，主要是指儒业，即通过科举考试，发迹官场，光宗耀祖，走儒家读书做官之路。徽商在处理贾和儒的关系上又是怎样做的呢？对此，汪道昆有精辟的论述：

> 夫贾为厚利，儒为名高。夫人毕事儒不效，则弛儒而张贾；既则身飨其利矣，及为子孙计，宁弛贾而张儒。（汪道昆《太函集》）

这里非常清楚地道出：第一，徽人首先选择的是儒业，走读书做官之路，其多是在"毕事儒不效"之后才从商的。即徽商是把儒放在第一位的，"率左贾右儒"。第二，从根本上说，徽人从商不过是作为一时性的举措而已。从商不是目的，而是一种手段。这是大多数徽州人在处理儒贾关系时普遍坚持的理念和实际走过的道路。这种观念对徽商经营与事业发展所起的作用，无疑是带有根本性的。

　　徽商头脑中的这种观念，当然是与徽州人长期以来深受朱子思想的教育和影响有密切关系，同时也是由于具有千百年历史的儒家思想文化之传统力量十分强大所致。在明代，政府的法令规定：

> 农家许着细纱绢布，商贾之家，止许着绢布；如农民之家，但有一人为商贾者，亦不许着细纱。（田艺蘅《留青日札》卷22《我朝服饰》）

> 商贩、仆役、倡优、下贱不许服用貂裘。（《明史》卷67）

> 商贾、技艺家器皿不许用银。（《明史》卷68）

当然应该认识到，明清时代已经有人主张"四民异业而同道"，提出了

"工商皆本"的思想，商人本身已把经商当成了本业，表现出一种进步精神。但是应该说，商人的认识是落后于其实际行动的，明末清初的启蒙思潮仍尚不足以动摇千百年来所形成的传统观念。四民之中仕居首位、商属末流这种等级划分，即儒家思想文化传统观念的影响可以说是根深蒂固。习举子业，走读书做官之路，为当时社会上大多数人的第一选择，而商人社会地位低下，受到轻视仍是一个普遍性的问题。即使一些思想进步的人也未能完全摆脱这种影响。

提到徽州或者黄山风景，人们常常引用汤显祖的一首诗："欲识金银气，多从黄白游。一生痴绝处，无梦到徽州。"汤显祖的这首诗大约是在他50岁前后写的。这时他已辞官，穷困潦倒至极。在这首诗前有一小序说："吴序怜予乏绝，劝为黄山、白岳之游，不果。"事实很清楚，这首诗的原意要表现的是对权贵的不屈服，同时也透露出他对商人和金钱的鄙视，而根本不是赞美黄山的，也不是称誉徽州的。

汤显祖作为明末清初启蒙时代的一个大戏曲家，被喻为东方的莎士比亚。但是从这首诗中所透露出来的对商人和金钱的鄙视，倒是值得我们深思。儒家那种轻视商人的传统在当时人们的头脑里仍然是根深蒂固的。所以，在徽商的头脑里总是不忘"弛贾张儒"就不足为奇了。

如上所述，儒家思想文化在徽商兴起的过程中起了重要的作用。但亦应看到，在儒家思想文化中，又存在十分保守的一面。其世界观是向后看，而不是向前看。儒家认为，人类最理想的社会是唐尧禹舜，言必称三代。一切进步的东西都是古已有之。就连18世纪走在中国前列的大思想家徽人戴震，也没能完全摆脱这种局限，他最后也是主张"西学东源"说的。至于一般的徽商就更不用说了。

儒家的这种保守思想严重地阻碍人们接受新事物，是体制转变的首要障碍。在中国和世界形势都发生巨变的时代，在由传统向近现代转型的这样一个时代，满脑子儒家教条的徽商怎能看清当时的形势，又怎能认清自己的前进方向呢？

古代徽州的发展，交织着不同文化的融合，人与自然的磨合，以及经济与文化的互动。它向我们展示了一个地区在怎样不利的条件下发展崛起，最后达到辉煌的光辉历程。这里，既显示了经济的基础作用，也彰显了文化的力量。

经济立国，文化兴邦。无论是历史实际，还是现实社会，经济与文化二者都不能截然分开。经济本以文化为底蕴，文化又以经济为基础。徽商经济上的成功铸就了徽州文化的辉煌，经济对文化发展的作用不言自明。而从某种意义上又可以说，徽商是成也儒家文化，败也儒家文化，文化在徽商兴衰的过程中也起了重要作用。经济与文化互动，不能不说是徽商兴衰的一个重要启示。

原载《安徽师范大学学报》（人文社会科学版）2005年第4期；曾为2007年中央和国家机关工委、文化部、中国社会科学院联合主办的"部级领导干部历史文化讲座"的演讲稿之一，对原稿有较大扩充，载《部级领导干部历史文化讲座.2007》，北京图书馆出版社，2008年版，有改动

论徽商的开拓创新精神

在明清社会经济发展的时代潮流中，徽州商人强势崛起，成为当时社会变迁的一支重要力量，并获得了巨大成功。明清时代的徽商，积累了巨额资产，至有藏镪百万、千万者。不仅如此，在徽商身上也凝聚了宝贵的精神财富，诸如贾而好儒的士人气质、积极有为的进取意识、吃苦耐劳的徽骆驼精神等。其中徽商所体现的开拓创新精神尤其值得关注，极具当代价值。徽商的开拓创新精神不只体现在某一方面，而是表现在诸多领域；不只属于某一层面，而是展现了时代风采。

一、冲破地域限制，开拓了全国性市场

徽州地处皖南山区，被万山包围，总的看来是比较封闭的。在以农耕为主的时代，即使在平原地区，人们亦多死守乡里，老死不相往来。安土重迁的观念是普遍的、根深蒂固的。但徽州人能够做到"十三四岁，往外一丢"，大规模地走了出去，外出经商，且形成了风气，是很不简单的。这固然是由于徽州本土人多地少，而不得不外出谋生，但中华大地上像徽州这样封闭的山区为数很多，并不是所有山区的人都能做出这样的选择。应该说，外出经商，更体现了徽州人的开放意识与开拓进取精神。徽州人首先是冲破了狭隘的山区本土限制，走出乡里，在徽州以外的地方去经营创业。

明清时代徽商在各地经营，不只是一种谋生行为，客观上成就了一番大事业。这就是促进了明清时期全国性市场的形成。具体来说，主要表现在四个方面。

1.商路开辟

如众所知，明代后期出现了一批专门介绍全国各地交通道路的日用类书，其中徽州商人所著《一统路程图记》①、《新镌士商要览》②、《士商类要》③等最为有名。这些类书虽称"路程图记"，或多冠以"士商"之名，但与以往仅记载水马驿路与驿站的官书有明显不同，也与某些官员所著"奉使行程录"等区别甚大。其在详记道里路程的同时，还对各地土俗之淳漓、山河之险易、货物之特产、盗贼之有无，以及行商必备等各项事宜，都特别加以记载。不难看出，这些类书主要为人们外出经商所用之书，各书中所记交通路线，即是当时商人外出经商贸易的商路。

以徽商黄汴著《一统路程图记》为例，该书共八卷，其凡例云："一卷、二卷二京至十三省；三卷二京、各省至所属府；四卷各边路，东起开原卫西止嘉峪关；五卷、六卷江北水陆；七卷、八卷江南水陆。"④其中记有：

> 两京至十三省布政司路17条；
>
> 两京至所属府路11条；
>
> 山西、江西、湖广、云南、四川、陕西、广东、广西、浙江、福建、贵州、河南、山东十三布政司至所属府路共53条；
>
> 北京至各边与东起开原西迄嘉峪关各边路11条；
>
> 江北水陆干线47条；

① 〔明〕黄汴：《一统路程图记》，上海图书馆藏隆庆四年刻本，载《四库全书存目丛书》史部第166册，齐鲁书社1996年版，第481—562页。
② 〔明〕憺漪子：《新镌士商要览》，上海图书馆藏天启六年（1626年）刻本。
③ 〔明〕程春宇：《士商类要》，中国国家图书馆藏天启六年（1626年）刻本。
④ 〔明〕黄汴：《一统路程图记·凡例》，载《四库全书存目丛书》史部第166册，第482页。

江南水陆干线76条。

书中全部水陆交通干线计215条①。其中两京至十三省，以及二京、各省至所属府道路，多属原来驿路；而各边路及江北、江南水陆，则多为当时就开辟的商路。这类商书所列路程，或以两京为中心，或以徽州为起点，而涵盖华夏，"九州地域在指掌间矣"②。这些商路东西相连，南北贯穿，纵横交错，回环往复，组成了一幅密集交织的全国性商业交通网络。这种全国性商业交通网络的出现，无疑是明中叶以后全国性市场形成的重要基础与标志。其与明中叶以后工商业的繁荣发展当然密不可分，但它更是众多商人长年累月在频繁经商活动中开辟出来的。徽商以长途贩运著称。明清时代，在全国各地的商路上，到处都可见到徽商的身影。当时徽商经营范围极广，"诡而海岛，罕而沙漠，足迹几半禹（宇）内"③；万历《歙志》载，"山陬海埂，孤村僻壤，亦不无吾邑之人"，"其地无所不至"④。然而，在当时的历史条件下，商路的开辟绝非一帆风顺。请看当时记载的全国各地商旅险阻之实情：

> 巴蜀山川险阻，更防出没之苗蛮；山东陆路平夷，犹慎凶强之响马；山西、陕西崎岖之路，辽东、口外凶险之方；黄河有溜洪之险，闽广有峻岭之艰，两广有食盅之毒，又兼瘴气之灾；陆路有吊白之徒，船中多暗谋之故；浙路上江西亦多辛苦，中原到云贵多少颠危；长江有风波盗贼之忧，湖泊有风水渔船之患；川河愁水势涌来，又恐不常之变；闸河怕官军之阻，更兼走溜之忧。矿贼当方有之，盐徒各

---

① 韩大成：《明代徽商在交通与商业史上的重要贡献》，《史学月刊》1988年第4期。

② 〔明〕黄汴：《一统路程图记·序》，载《四库全书存目丛书》史部第166册，第481页。

③ 万历《休宁县志》卷1《舆地志·风俗》。

④ 万历《歙志》卷10《货殖》。

处难静。荆州到四川，生而拼死；胶州收六套，死里逃生。[①]

高山之扼，险滩之阻，盗棍抢劫，牙侩欺诈，关卡勒索，乃至虎豹之袭、瘟疫之染等，种种艰险，难以尽述，甚者要付出生命的代价。徽州商人则以前所未有的魄力，背井离乡，走向四方，或在外太久，父子相见而不识；或难归故里，客死他乡。在开辟全国性市场的道路上，徽商付出巨大，展现了可贵的开拓精神。

2.商品经营

明清时代随着商品经济的发展，许多工农业产品，从以自给自足为主走向以交换为目的的商品生产，商品化种类与程度大为增加。徽商经营范围很广，"其货无所不居"[②]，涉足众多行业。除了经营官府垄断的食盐之外，还经营茶业、木材、粮食、棉布、丝绸、瓷器、文房四宝等，其中以盐、典、茶、木最为著名。徽商"因地有无以通贸易，视时丰歉以计屈伸"[③]，在多种行业里的累世经营，开发和扩大了商业交换的品种，并使其形成规模，大大提高了其商品化程度。与此同时，商人的活动反过来也极大地推动着各行业的商品生产。以木材为例，明中叶以后，随着社会经济的发展，各地木材需求大增，徽商则克服无数艰险，远赴湖广、贵州、四川等地，将那里蕴藏的丰富木材资源开发出来，贩运到长江中下游和北方一带。其投入资金巨大，雇佣人员众多，贩运规模十分可观。明代中后期木材业生产交换的繁荣发展，徽商功不可没。

3.商镇建设

明清时期随着商品经济的发展，市镇勃兴，出现了一个发展高潮。据不完全统计，明代嘉靖万历时期，仅苏州、松江、杭州、嘉兴、湖州、江宁、常州、镇江等府，具有一定规模的市镇约300个，至清乾隆时期更是

---

① 〔明〕余象斗：《新刻天下四民便览三台万用正宗》卷21《商旅门》，日本东京大学东洋文化研究所藏明万历刻本。

② 万历《歙志》传卷10《货殖》。

③ 万历《休宁县志》卷1《舆地志·风俗》。

达到500个以上①。马克思说:"商业依赖于城市的发展,而城市的发展也要以商业为条件。"②史志云:"贸易之所曰市,市之至大者曰镇"③,"商贾所集谓之镇"④,"商贾贸易之所为市;远商兴贩所集,车舆辐辏,为水陆要冲,或设官将防禁焉,或设关口以征税焉,为镇"⑤。即,这些市镇的绝大部分是随商品贸易和商人活动而发展起来的。可以说,江南市镇的大量兴起和迅速发展,根本上是由商业发展和商人活动所促成的。其中,徽州商人所起的重要作用尤为明显,至有"无徽不成镇"的谚语。在明清江南许多著名的市镇中,如南翔、塘栖、吴淞、周浦、王江泾、濮院、周庄、盛泽、双林等,有关徽商活动的记载,史不绝书。徽商不仅在这些市镇上频繁从事经贸活动,而且投入巨额资金,建楼堂、筑桥梁、修道路、造园林、修会馆、兴书院,进行各种市政建设。明中后期雨后春笋般兴起的商镇,既是各种商品货物的集散地,也是各个行业的商贸中心。商镇实为构成全国性市场网络的各个节点。

4.大商业资本积累

徽商善于经营,在频繁的贸易中积累了巨额资本。明人谢肇淛说:"富室之称雄者,江南则推新安,江北则推山右。新安大贾,鱼盐为业,藏镪有至百万者,其他二三十万则中贾耳。"⑥宋应星说:"商之有本者,大抵属秦、晋与徽郡三方之人。万历盛时,资本在广陵者不啻三千万两,每年子息可生九百万两。只以百万输帑,而以三百万充无端妄费,公私具足。"⑦这虽是就扬州的陕西、山西与徽州盐商资本总体而言,但亦可佐证

① 范金民:《明清地域商人与江南市镇经济》,《中国社会经济史研究》2003年第4期。

② 马克思:《资本论》卷3,载《马克思恩格斯全集》卷46,人民出版社2003年版,第370页。

③ 康熙《嘉定县志》卷1《疆域·市镇》。

④ 正德《姑苏志》卷18《乡都》。

⑤ 乾隆《澄海县志》卷2《埠市》。

⑥ 〔明〕谢肇淛:《五杂组》卷4《地部二》,载《续修四库全书》第1130册,上海古籍出版社2002年版,第412页。

⑦ 〔明〕宋应星:《野议·盐政议》,崇祯刻本,上海人民出版社1976年版。

谢肇淛所言徽商资本雄厚之说。至清代，徽商资本进一步发展，有达千万两白银者。李澄在《淮鹾备要》中说："闻父老言，数十年前淮商资本之充实者，以千万计，其次亦以百万计。"[①]淮盐大贾"向来商力充裕，办运者百数十家，有挟资至千万者，最少亦一二百万"[②]。大商业资本是远距离贩运和大规模经营的前提条件，是明清商品经济发展的一个重要标志。大商业资本的兴起，说明了明清市场规模的扩大。

总之，徽商在商路开辟、商品经营、商镇建设以及大商业资本积累等诸多领域中都有突出表现，贡献卓著。如果我们把徽商的非凡业绩放到明清社会经济发展变迁的历史潮流中来进行考察，其意义更显重要。

在中国古代，相对而言，商品经济有相当程度的发展，许多商业经营形式已经出现。就商品市场而言，宋元时期已逐渐形成了各级市场：墟集市场、城市市场和区域市场。所谓墟集市场，指的是村镇地方上的小型集贸市场；城市市场，指的是像宋代汴京、临安一类的消费性城市市场；区域市场，是大体在省区范围内形成的市场，如岭南市场、淮北市场等。但这些市场在很大程度上仍然受到地域的限制。从明代中叶开始，中国封建时代的社会经济发展出现了令人瞩目的重大变化。其显著特点是：主要民生用品（如粮食、棉花、棉布及丝织品等）商品化程度增大；长距离贩运贸易发展；商路增辟和新兴商业城镇增加；大商业资本兴起；等等。总括起来即是全国性市场的形成。在这一社会经济发展的历史性变动中，一方面，商品生产的发展和全国性市场的形成，为人们外出经商提供了前所未有的机遇；另一方面，商人集团的兴起及其商业活动，也有力地促进了商品经济的繁荣和全国性市场的形成。也就是说，明中叶以后商品生产的发展和全国性市场的形成，与商人集团的兴起，二者本是一个互动过程，并非商品生产和全国性市场已经形成了，然后才有商人集团的兴起。很明显，徽商等商人集团，乃是商路开辟、长距离贩运贸易发展和商业城镇兴起的主力军。在明清商业繁荣与全国性市场的形成中，以徽商、晋商为代

① 〔清〕李澄：《淮鹾备要》卷7，道光三年（1823年）刻本。

② 〔清〕王赠芳：《谨陈补救淮盐积弊疏》，盛康《皇朝经世文续编》卷51。

表的商人集团贡献尤大，他们不只是参与者，更是开创者。

二、推出多种经营方式，开创了新的商业模式

就徽商的经营行业而言，人们首先会提到徽州盐商。盐业是徽商经营的一大主业。不过，除盐业外，徽商还经营典当、茶叶、木材、粮食、绸布，以及从事海上贸易等多种行业的商业活动，其中典当业也是徽商经营的一大主业。盐业是一种由官府控制的垄断性行业，难以有多大创新。而在徽商经营的其他行业中，则是形式多样，机动灵活，颇有创新。与前代相比，在经营方式方面，徽商有很大发展。通过长时期的各种商业活动实践，徽商摸索出多种经营方式。

就资本的组合方式而言，有独资经营、合资经营、贷资经营、承揽经营、委托经营等诸多类型。其中合资经营，即"合本求利""共贾获利"，以兄弟、叔侄等宗亲之间的合资经营最为常见，而超越家族范围、异姓之间的合资经营，自明中叶以后也越来越普遍了。贷资经营，即通过借贷方式获得资本而进行经营，徽商"虽挟资行贾，实非己资，皆称贷于四方之大家，而偿其什二、三之息"①。承揽经营，则是商号的所有者以收取一定的息金为条件，将店铺交给他人经营，令其自负盈亏。其中有承揽商号全部资产者，又有承揽部分股金者，还有将股份制和承揽制随时加以转换者，等等。委托经营主要有两种方式，或是以自有资金为主，同时接受部分委托资金而从事商业活动；或是被委托人以委托资金为主而从事商业活动。明中叶以后，贷资经营、承揽经营、委托经营等，已成为徽商资本组合新的发展趋势。

从经营管理方式来说，则有独家经营、合伙经营、轮流经营、聘用经营、分守经营、承包经营、委托经营、领本经营等多种方式。独家经营，一般为商人本人掌管、家庭成员协助经营，或雇佣伙计协助经营。合伙经

---

① 康熙《徽州府志》卷8《蠲赈·金声与徐按院书》。

营一般分为两种：一种是所有合伙人共同经营，其所有权与经营权完全合一；一种是部分合伙人负责经营，其所有权与经营权适度分离。合伙经营中又有轮流经营和他人代营等多种形式。他人代营，指出资人不亲自经营业务，而由他人经理。他人代营又分为聘用经营、领本经营和委托代办等多种。聘用经营，指出资人聘请经理人经营，出资人支付经理人薪资，经理人不承担经营效益与风险。领本经营，指出资人资本由领本者领取经营，出资人不支付领本者薪资，领本者负责经营效益。委托代办，指商人将资本委托另一商人经营，受托人将委托人的资本附入自有资本经营，无偿为其经营，到时将委托人的本金和全部利润付还委托人。在这些经营管理活动中，已不同程度地出现了所有权、管理权、经营权三者互相分离的现象，尤其值得注意。

在利润分配方面，以徽州典商为例，在所有者和经营者之间、经营者和员工之间以及经营者内部之间，都采取了多种多样的分配方式。所有者和经营者之间的分配方式就有分成制、正余利制和股俸制等形式。工资制度则有薪俸制、月折制和拨津制等形式。如正余利制分配方式，即是将利润分为正利和余利两部分。所谓正利，指经营者不管经营效益如何，都要按照约定的比例并根据所有者资本数向所有者支付的利润。所谓余利，指正利之外的利润。正利属于资本分利，归所有者所有，经营者不参与分配；余利属于经营分利，经营者参与分配，有时归经营者所有，有时归所有者和经营者共同分配。官利制分配方式是正余利制在清代的又一称谓，两者名异而实同。

可以看出，徽商的经营管理方式是多种多样的。徽商依据实际情况，分别采取不同的经营管理方式，不拘一格，十分灵活。多样性和灵活性是徽商经营管理的基本特点。毋庸赘言，这些经营管理方式，乃是由徽商在各种商业活动中，历经长期的实践摸索，不断地总结经验教训而形成的。这些经营管理方式，有的是对传统经营方式的继承，更多的则是为了适应明清时代商品经济发展的新环境而创设的。其中不乏新的经营机制，如所有权与经营权的分离等。

这里还要特别提一下明清徽州典商的发展与金融市场的变迁。明中叶以后，随着商品经济的发展和全国性市场的逐渐形成，金融市场开始兴起。于是，典铺竞立，当号纷置，从业典当者大增，典当业随之兴盛。同时，金融机构的种类大为增多。明中叶以后，除典铺和金银铺外，先后出现了钱庄（钱铺）、银号、账局、票号和银行等新型金融机构。各类金融机构的创办者，地主、官僚、官府等渐居其次，而商人多占据主体。明中叶以后，大多数典商由其他行业商人转变而来。徽州典商在明代势力最强，独占鳌头；清代，徽州典商与山西典商势均力敌，平分秋色，江南由徽州典商把持，北方由山西典商控制。典铺等金融机构设置极为广泛。明代正德以前主要开设于通都大邑，嘉靖万历以后在江南地区的广大市镇以及全国大部分城市皆有开设，清代广大的乡村亦多有设置。各类金融机构经营业务趋于多样化，明中叶以后，已开始经营放贷、汇兑和兑换等各类业务，这是前所未有的。汇兑业务的出现，不迟于明嘉靖年间。汇兑业务，又称会票业务，形式有两种，一种即如现代意义的汇兑，一种相当于信用借贷，不论哪一种形式，都是异地承兑。在徽州文书中，有清康熙年间的会票遗存于世[1]。进行会票业务的，大多是商人，或用于商业往来资金的结算，或为商业资金的筹集。这种会票业务，便于不同区域间金融的调剂，无形中扩大了金融市场。这些新的金融机构和新的经营业务，很自然地成为中国近代金融机构的前身，成为近代金融发展的出发点[2]。

三、突破重农抑商观念，提出商何负于农的新理念

在中国古代，重农抑商几乎是各个朝代所实行的基本国策。以农为本的思想深入人心，根深蒂固。崇本抑末、重农抑商更是明太祖朱元璋一贯

① 汪宗义、刘宣：《清初京师商号会票》，《文献》1985年第2期。《康熙日成祥记布店会票》，系清康熙年间汇兑银钱和寄存银两的会票，安徽省黄山市休宁县谢氏收藏。

② 本小节参阅王廷元、王世华：《徽商》第六章，安徽人民出版社2005年版；王裕明：《明清徽州典商研究》第六章，人民出版社2012年版。

坚持的基本理念。他认为商贾"游惰"的风气是因为"污染胡俗"，而必须革除。朱元璋一再强调以农为本，而实行了一系列重农抑商政策。明初推行黄册里甲制度，其本质就是把人民都固定在土地上，从事农耕。严令四民"不得远游。凡出入作息，乡邻必互知之"①。商人外出，必须开具路引。设关置卡，对经商征以重税，以抑逐末之民。视商人为四民之末。洪武"十四年，上加意重本抑末，下令农民之家许穿绸纱绢布，商贾之家止许穿布，农民之家但有一人为商贾者，亦不许穿绸纱"②。商人连穿着服装都要低人一等。

然而，明中叶以后，随着商品经济的繁荣与商人经营的成功，人们的思想观念也发生了深刻的变化。明后期文坛领袖、徽人汪道昆说："大江以南，新都以文物著。其俗不儒则贾，相代若践更。要之，良贾何负闳儒！则其躬行彰彰矣。"③又说："窃闻先王重本抑末，故薄农税而重征商。余则以为不然，直壹视而平施之耳。日中为市，肇自神农，盖与耒耜并兴，交相重矣……要之，各得其所，商何负于农？"④清代徽州学者俞正燮亦说："商贾，民之正业。《易》称'先王通商贾'；《书》言虞夏使民'懋迁有无化居'。"⑤汪道昆、俞正燮等都是徽州人，是地道的徽商代言人。他们不仅发出了"商何负于农"的质疑，而且正面肯定商贾本是民之正业，商与农是平等的，从根本上批驳了商不如农的传统观念。这种文化自觉，显然是对历来重农抑商政策的否定，是对当时仍在流行的商为四民之末观念的批判，是对几千年来根深蒂固传统的挑战，其意义已不限于地域文化范畴，而是发出了时代的先声。

① 《明太祖洪武实录》卷177，洪武十九年四月壬寅条。
② 〔明〕徐光启：《农政全书》卷3《农本·国朝重农考》，载《文渊阁四库全书》第731册，上海古籍出版社1989年版，第40页。
③ 〔明〕汪道昆：《太函集》卷55《诰赠奉直大夫户部员外郎程公暨赠宜人闵氏合葬墓志铭》，载《续修四库全书》第1347册，上海古籍出版社2002年版，第415页。
④ 〔明〕汪道昆：《太函集》卷65《虞部陈使君榷政碑》，载《续修四库全书》第1347册，第524页。
⑤ 〔清〕俞正燮：《癸巳类稿》卷3《征商论》，载《续修四库全书》第1159册，第324页。

四、明清社会变迁的逻辑起点

如众所知，明中叶以后是中国历史上的一个重要变动时期，向人们展现了一个异彩纷呈的社会变迁画卷。舍本逐末，弃农经商，成为社会风尚；工商皆本，商不逊于农，形成流行观念。崇尚奢华，违礼越制，打破了封建等级和礼制的限制。雇工与卑幼人法律地位提高，人身束缚有所松解。地方精英兴起，乡村自治加强。会社兴盛，宗族血缘界限被冲破；党社兴起，市民参与政治活动的自觉性日益增强。市民通俗文学艺术繁盛，鼓吹人性解放与个性自由。程朱理学向阳明心学转变，启蒙思潮和经世实学形成，等等。这些变迁已不是单纯属于旧体制内的发展变化，而颇具近代启蒙性质，堪称由传统体制向近代转变之萌动。那么，这一历史性变动的根源在哪里？它究竟是怎样引起的？

马克思说："商品流通是资本的起点。商品生产和发达的商品流通，即贸易，是资本产生的历史前提。世界贸易和世界市场在16世纪揭开了资本的现代生活史。""商业的突然扩大和新世界市场的形成，对旧生产方式的衰落和资本主义生产方式的勃兴，产生过压倒一切的影响。"又说："对外贸易和世界市场既是资本主义生产的前提，又是它的结果。"马克思的这些经典论述告诉我们，商品生产和发达的商品流通，产生过压倒一切的影响，是近代资本主义产生的历史前提和起点。如果要探究明中叶以后具有近代启蒙性质这一社会变迁的根本原因，我们就不能不追溯到当时社会经济特别是商品经济的发展这一点上。商品经济的发展和发达的商品流通，正是明中叶以后整个社会变迁的逻辑起点。

而当时的历史记载，也恰恰证明了这一点。

修纂于明万历三十七年（1609年）的《歙志》，专设《货殖》一节，将司马迁《史记·货殖列传》所载，"以当今之世与邑中之人比之"，对明代中叶以后的变化作了精辟的分析。以物产而言，《史记》所载多系山西、山东等北方所产，"乃今燕齐秦晋之所有者，江南亦多有之，而龙目、兔丝、蜂脂、雀舌、酿靛、回青、凝烟、铺雪诸货，则又江北之所无，此其不同者一也"；以都会而论，《史记》所举为邯郸、临淄等，"今之所谓都会者，则大之而为两京，江、浙、闽、广诸省，次之而为苏、松、淮、扬诸府，临清、济宁诸州，仪真、芜湖诸县，瓜州、景德诸镇，此其不同者二也"；以地狭人稠而言，《史记》所言为长安、三河、中山、邹鲁等，"今之所谓地小人众者，则莫甚于江东诸县，而尤莫甚于吾邑，此其不同者三也"；以大贾而论，《史记》所列"皆燕齐秦晋之人，而今之所谓大贾者，莫有甚于吾邑，虽秦晋间有来贾淮扬者，亦苦朋比而无多，此其不同者四也"；以致富行业来说，《史记》云"本富为上，末富次之，奸富最下。而今则一切反是，此其不同者五也"；而其最为不同者，则是两极分化严重，《史记》曰"江淮以南无冻饿之人，亦无千金之家。是大不然。无论江东诸县，姑论吾邑，千金之子，比比而是，上之而巨万矣，又上之而十万、百万矣。然而，千金则千不能一也，巨万则万不能一也，十万、百万可知。乃若朝不谋夕者，则十而九矣，何云无冻饿之人哉！嗟夫！吾邑之不能不贾者，时也，势也，亦情也"。志中又言当时所谓大贾亦可大致分为五种："一曰走贩"，即长途贩运者；"二曰团积"，即囤积居奇者；"三曰开张"，即坐贾经营者；"四曰质剂"，即开典当业者；"五曰回易"，即以货易货者。其中将"走贩"即长途贩运者列在首位，尤为引人注目[①]。应该说，这是有关当时商品经济发展的一个真实写照。从这一记载中不难看出，明中叶之后商品经济的发展，实为中国古代商业发展史上的一个空前的繁荣期。

再看社会变迁方面。

如众所知，徽州宗族势力极为强大，最重宗法，是保留传统最多的一个地方。历史渊源久远的佃仆制在徽州一直延至明清时代。在这里，程朱理学被视为正统，备受推崇，家喻户晓，上下皆遵。然而，就在这样一个以正统闻名、最为传统的地方，由于明中叶以后商品经济的发展而受到了

---

① 万历《歙志》传卷10《货殖》。

极大的冲击。同样，万历《歙志》中的有关记载也最为典型：

> 国家厚泽深仁，重熙累洽，至于弘治盖綦隆矣。于时家给人足，居则有室，佃则有田，薪则有山，艺则有圃，催科不扰，盗贼不生，婚媾依时，闾阎安堵，妇人纺绩，男子桑蓬，臧获服劳，比邻敦睦，诚哉一时之三代也。岂特宋太平、唐贞观、汉文景哉！诈伪未萌，讦争未起，芬华未染，靡汰未臻，此正冬至以后、春分以前之时也。

> 寻至正德末、嘉靖初，则稍异矣。出贾既多，土田不重，操资交捷，起落不常。能者方成，拙者乃毁，东家已富，西家自贫。高下失均，锱铢共竞，互相凌夺，各自张皇。于是诈伪萌矣，讦争起矣，芬华染矣，靡汰臻矣。此正春分以后、夏至以前之时也。

> 迨至嘉靖末、隆庆间，则尤异矣。末富居多，本富尽少，富者愈富，贫者愈贫。起者独雄，落者辟易，资爱有属，产自无恒。贸易纷纷，诛求刻核，奸豪变乱，巨猾侵牟。于是诈伪有鬼蜮矣，讦争有戈矛矣，芬华有波流矣，靡汰有丘壑矣。此正夏至以后、秋分以前之时也。

> 迄今三十余年，则夐异矣。富者百人而一，贫者十人而九，贫者既不能敌富，少者反可以制多，金令司天，钱神卓地，贪婪罔极，骨肉相残，受享于身，不堪暴殄，因人作报，靡有落毛。于是鬼蜮则匿影矣，戈矛则连兵矣，波流则襄陵矣，丘壑则陆海矣。此正秋分以后、冬至以前之时也。[1]

这里，《歙志》编者将明中叶以来的社会变化，比作一年之四季，喻其变化之明显也。当弘治之时，"家给人足，居则有室，佃则有田""妇人纺绩，男子桑蓬"，一派典型的自然经济景象。至正德末嘉靖初，"出贾既多，土田不重""东家已富，西家自贫"，即商业发展，自然经济受到打击，两极分化出现。迨至嘉靖末隆庆间，则"末富居多，本富尽少，富者愈富，贫者愈贫"，产自无恒，贸易纷纷，商品经济迅速发展，两极分

---

① 万历《歙志》考卷5《风土》。

化严重。及至万历前三十年，"富者百人而一，贫者十人而九，贫者既不能敌富，少者反可以制多，金令司天，钱神卓地"，商品经济进一步发展，财富更加集中，大商人资本出现，并握有统治的力量。在商品经济发展的同时，整个社会亦发生了深刻变化，甚至出现了动荡不安的迹象。《歙志》编者作为当事人，对如此深刻的社会巨变，似乎不能理解而不无忧虑之情，最后叹道："嗟夫！后有来日，则惟一阳之复，安得立政闭关，商旅不行，安静以养微阳哉！"然而，在今天看来，它倒是有更应值得肯定的一面。贫富分化的严重恰恰反映了商品经济的发展，动荡不安的出现无疑显示了社会变迁的前兆。徽州作为徽商故里而出现上述记载，绝非偶然，乃是当时的社会变迁在人们观念上的真实反映。其写照生动，议论精辟，而成为后人论述明清社会变迁的首引典型资料[①]。

正是由于明中叶以来商品经济的发展所带来的社会巨变，才使数千年自然经济占统治地位的传统社会受到前所未有的冲击，它使我们看到了中国由传统社会向近现代社会转变的最初曙光，无疑具有积极意义。明中叶以后商品经济的发展和发达的商品贸易，前所未有地促进了当时的社会变迁，这完全证明了马克思的论断。因而，毫不夸张地说，作为商品经济发展和全国性市场形成的开拓者，以徽商、晋商为代表的商人集团，乃是明中后期社会变迁与社会转型的领军者，明后期启蒙运动的开启者。他们不愧是站在历史前沿之人。

五、徽商的创新精神源于徽州文化特质

徽商所具有的开拓创新精神，源于徽州文化的特质。大规模移民活动促成的文化融合，以及独特的山区地理环境，孕育了富有特色的徽州文化。

---

① 参见侯外庐主编：《中国思想通史》卷5《中国早期启蒙思想史》，人民出版社1956年版。在该卷第一编第一章第一节《十七世纪的中国社会》中，所引第一条史料即是这一记载；其他引用，兹不赘述。

　　地理环境是徽州文化形成的一个重要因素。徽州地处万山之中，川谷幽深，峰峦掩映。虽然山川秀丽，风景绝佳，但"其地险狭而不夷，其土驿刚而不化"①。特别是其中能够开垦的土地所占比例很小，俗称"七山一水一分田，一分道路和庄园"。人们不得不在石头缝里种庄稼，所垦梯田拾级而上，指十数级不能为一亩。崇山峻岭，难以蓄水，十日不雨，田土龟裂；而骤雨急至，山洪暴发，粪壤禾苗又荡然无存。这与平原地区得天独厚的耕作条件形成了鲜明对比。在农耕时代，这样的生存环境是很差很恶劣的。然而，徽州人并没有向恶劣的自然条件屈服，世世代代勤于山伐，能寒暑，恶衣食，不畏险阻，艰苦劳作。在与峭山激水的反复拼搏中，徽州人愈发坚忍不拔，培养了气质，缔造了精神。徽州山水的灵性，化为徽州人的品格。南宋休宁知县祝禹圭说：徽州"山峭厉而水清激，故禀其气、食其土以有生者，其情性习尚不能不过刚而喜斗，然而君子则务以其刚为高行奇节，而尤以不义为羞。"②南宋著名学者罗愿说："其山挺拔廉厉，水悍洁，其人多为御史谏官者。"③清代朴学大师戴震亦说："生民得山之气质，重矜气节。"④地理环境对徽人性格的影响是多方面的，其中最为突出者，即是赋予了徽州人一种刚性气质。或负豪使气，争为长雄；或刚而喜斗，难以力服，而易以理胜。多以材力保悍乡土为称，乃至对抗官府，成为造反者。其为官者，多刚正不阿，而为御史谏官；其为学者，空所依傍⑤，独立思考，多有创见。正是山区这种特殊的地理环境，造就了徽州人的骨骼，成就了徽州人的性格。

　　① 〔宋〕罗愿：《新安志》卷2《叙贡赋》，《文渊阁四库全书》第485册，第369页。

　　② 〔宋〕朱熹：《休宁县新安道院记》，载《新安文献志》卷12《记》，载弘治十年（1497年）刻本。

　　③ 〔宋〕罗愿：《新安志》卷1《风俗》，载《文渊阁四库全书》第485册，第345页。

　　④ 〔清〕戴震：《东原文集》卷12《戴节妇家传》，载《戴震全书》6，黄山书社1995年版，第440页。

　　⑤ 〔清〕戴震：《东原文集》卷9《与某书》，其云"治经先考字义，次通文理，志存闻道，必空所依傍"，载《戴震全书》6，第374页。

文化融合是铸就徽州文化的核心因素。秦汉以前，生活在徽州这片土地上的主要是山越人。山越人以伐山为业，刀耕火种，勇悍尚武，是为山地游耕文化。从大的方面来说，则属于中华文明源头之一的南方越文化。另外，徽州区域自秦置黟、歙二县，中原汉文化亦开始渗入。至东汉初年，即有中原大族迁徙徽州。中国历史上每逢朝代更替，常常发生动乱。当大动乱发生之际，不仅平民百姓，就是世家大族也会受到沉重打击而被迫举家迁徙。如历史上有名的西晋末年永嘉之乱、唐末黄巢之乱以及宋金战争等，这些大动乱都引起了北方士民大举迁入徽州。迁徽后的士家大族仍聚族而居，重视教育，崇尚儒雅，带来了中原文明。随着人口繁衍与族群扩大，迁徽士民反客为主，而成为徽州的主要居民。在此期间，一些担任郡守的文人名宦，如南梁之任昉、徐摛，唐朝之薛邕、洪经纶等，都大力推行礼仪，实施教化，创办讲习，倡导文学等，影响甚为深远。"追任昉之幽奇，踵薛邕之文雅"[1]，成为徽州的社会风尚。于是，中原文化渐渐占据了主导地位。然而并不能说，中原汉文化就取代了当地山越文化。唐人吕温说：歙州"地杂瓯骆，号为难理"[2]。瓯骆，即指越人；难理，指徽人争强好胜、健讼喜斗而言。徽州难治是出了名的，直到明清仍有此类记载。这说明山越文化的影响一直是存在的。在两种不同文化的交汇之中，免不了碰撞和冲突，但更多的是交融与汇合。这种融合是双向的。中原文化强有力地影响了山越文化，促其益向文雅；而山越文化也深深地渗透到中原文化之中，使之趋于刚健。在徽州文化的基本精神之中，诸如重视教育的儒家传统，崇尚儒雅的社会风气，维系族群的宗族观念等，都明显具有中原文化的特质，而其刚健有为的积极进取意识、吃苦耐劳的徽骆驼精神、向外拓展的开放风气等，则无疑皆反映出山越文化的元素。徽州文化既体现了中原文化的儒雅风范，又渗透着山越文化的刚强气质。中原

---

① 〔宋〕王象之：《舆地纪胜》卷20《江南东路·徽州》，载《续修四库全书》史部第584册，第242页。

② 〔唐〕吕温：《唐吕和叔文集》卷5《表状·故博陵崔公行状》，载《四部丛刊初编·集部》，上海商务印书馆1922年版。

文化与山越文化二者相辅相成，从秦汉至隋唐五代，经过长期的交汇融合，最终演绎成具有特色的徽州文化。徽州文化并非中原文化单纯的传承，而是具有新的特色。例如，中原的农耕文明，本是一种定居文化，一般都安土重迁，而徽州文化则有所不同，无论科举出仕还是外出经商，徽州人都大规模地走了出去，其中固然有地理条件这个因素，但也因其具有向外拓展的开放精神所致。

总之，大规模移民活动促成的文化融合，以及独特的山区地理环境，孕育了具有特色的徽州文化。其基本精神，诸如崇文重教的儒家传统、刚健有为的积极进取意识、向外拓展的开放风气、吃苦耐劳的徽骆驼精神等，构成了徽州文化的主体，形成了徽州文化的核心。其中最为突出的是徽州文化富有的刚性特质。正是这种刚性特质，使得徽商在遇到困难和挫折时，能够做到百折不挠，从不气馁，"一贾不利再贾，再贾不利三贾，三贾不利犹未厌焉"[1]。正是这种刚性特质，使得徽商能够勇往直前，开拓进取，敢于创新，最终成就了一番大事业。

徽州文化富有的刚性特质，与中华民族自古以来的自强不息精神是相契合的。这种文化强调独立自主，空所依傍，艰苦奋斗，而富有开拓创新精神。所以，在徽州历史上产生了众多的开拓创新人物。异材间出[2]，巨擘迭现。新安朱熹集理学之大成，开辟了儒学发展的新时代；休宁戴震作为徽州朴学的领军人物，铸就了中国思想发展史上新的里程碑；绩溪胡适更是通过对几千年传统的批判，成为新文化运动的旗手。他们同时也堪称中国思想文化史上伟大的开拓创新人物。徽商所具有的开拓创新精神，正是富有特色的徽州文化的一个组成部分。

思想文化是具有时代性的，但又不是绝对的。优秀的思想文化，同时亦具有超越时代的属性。既发光于当时，又照耀着后世。它对人们具有借

---

① 〔清〕倪望重等：《祁门倪氏族谱》卷终《诰封淑人胡太淑人行状》，光绪二年（1876年）刻本。

② 〔宋〕朱熹：《晦庵先生朱文公文集》卷82《跋滕南夫溪堂集》，载《四部丛刊》景明嘉靖本。

鉴、参照、启迪之意义，而成为后人前进的出发点。中华民族以具有丰富的思想文化遗产著称于世，这是全人类的宝贵遗产。明清时代徽商所展现的开拓创新精神，无疑是一笔优秀的文化遗产，需要我们发掘继承，发扬光大。其对当代的价值不言而喻。

原载《中国区域文化研究》第 1 辑·创刊号，社会科学文献出版社 2019 年版，有改动

谱牒考论

谱牒：记录中华历史文化的又一宝藏

　　谱牒①，可以说是中华民族一种特殊的历史文献。它源远流长，远肇三代，从夏、商、周三代起，一直绵延不断，直到今天还有修纂族谱的；它范围广泛，从皇室贵族到庶民百姓，各个阶层都曾修纂谱牒；它内容丰富，堪称家族历史的全面记录；它遗存丰厚，至今仍有数量巨大的各类谱牒存留于世，成为中华历史文化的珍贵遗产之一。然而，近代以来，对谱牒的看法却是很不相同的。比如，梁启超先生曾说："我国乡乡家家皆有谱，实可谓史界瑰宝。将来有国立大图书馆，能尽集天下之家谱，俾学者分科研究，实不朽之盛业也。"②而胡适先生则说："中国的族谱有一个大毛病，就是'源远流长'的迷信。没有一个姓陈的不是胡公满之后，没有一个姓张的不是黄帝第五子之后，没有一个姓李的不是伯阳之后。家家都是古代帝王和古代名人之后，不知古代那些小百姓的后代都到哪里去了？"进而认为："因此中国的族谱虽然极多极繁，其实没有什么民族史料的价值。这是我对于中国旧谱的一大恨事。"③那么，谱牒到底是怎样一种历史文献呢？它究竟有多大价值？时至今日，我们对它又应该采取什么态度

---

　　① 谱牒、宗谱、族谱、家谱等这些说法，在很多场合是相通的，但细分起来亦有区别。本文用谱牒的说法较多，其涵义更广一些。

　　② 梁启超：《中国近三百年学术史》15《清代学者整理旧学之总成绩》，天津古籍出版社2003年版，第372页。

　　③ 胡适：《曹氏显承堂族谱序》，载《胡适书评序跋集》，岳麓书社1987年版，第493—494页。

呢？本文拟就有关谱牒的一些基本问题试作概略阐述。

一、谱牒的性质与功用

中国古代不少文人都这样说：如果不修谱牒，人生于世而不知其所出，则与禽兽无异。如欧阳修说："盖自黄帝以来，子孙分国受姓，历尧舜三代数千岁间，诗书所纪，皆有次序，岂非谱系源流传之百世而不绝欤！此古人所以为重也。不然，则士生于世，皆莫自知其所出，而昧其世德远近，其所以异于禽兽者，仅能识其父祖尔，其可忽哉！"①明人李濂说："为人之子孙，而视祖考为不物，其违禽兽不远矣。"②这种说法十分深刻。如众所知，人与动物的最大区别就在于人的头脑发达，人是有自觉意识的。这种自觉意识，一方面表现在对客观自然界的认识上，从而能够有效地利用和改造自然；另一方面也表现在对人类本身的认识上，进而促进了人类本身的繁衍和发展。大家知道，在自然万物之中，不仅动物，就是植物，大都存在其自身繁衍谱系的。然而，植物对本身繁衍谱系是完全没有意识的；而一些动物对本身谱系虽有某种意识，却是模糊的，不自觉的；只有人类，在其进化的过程中，对本身繁衍谱系的认识逐渐达到了自觉的程度。再从人类本身方面来看，其最初对自身繁衍的谱系也是不清楚的。《吕氏春秋》载："昔太古尝无君矣，其民聚生群处，知母不知父，无亲戚兄弟夫妇男女之别，无上下长幼之道。"③这里所说的，就是人类处于母系氏族原始社会的情况，当时人类对自身繁衍谱系的认识还是十分模糊的。后来，人类对自身繁衍谱系的认识逐渐清楚了，趋于自觉，进而从动物界中分离出来。十分明显，这是人类走向文明的一大进步。

---

① 〔宋〕欧阳修：《文忠集》卷135《后汉太尉刘宽碑阴题名》，载《文渊阁四库全书》第1103册，上海古籍出版社1989年版，第370页。

② 〔明〕李濂：《族葬论（下）》，《明文海》卷89《论六》，载《文渊阁四库全书》第1454册，第50页。

③ 〔秦〕吕不韦：《吕氏春秋》卷20《恃君览第八》，载《诸子集成》8，岳麓书社1996年版，第272页。

谱牒的产生与人类对族群的认知和重视密切相关。《周礼》上说"以族得民"①。章学诚则言:"物之大者,莫过于人;人之重者,莫重于族。"②众所周知,作为单独个体的人,一个人的力量是很渺小的,敌不过很多动物。而当其形成一个族群,再加上人类的智慧,那就不同了。人类最初在极其恶劣的环境中能够生存下来,靠的就是族群的力量。个人如果离开群体,那是无法存活的。而随着人类智慧的发展,人们对自己族群的认识逐步深化,趋于自觉。人们则主动地运用族群的力量,来发展壮大自己。在人类进化的过程中,族群的力量发挥了至关重要的作用。这里要说的是,在整个人类历史发展的长河中,我们中华民族的祖先,对族群的认知尤其突出,更加自觉,更为成熟。这表现为其很早就形成了宗族,建立了宗法制度,进而成为我国古代社会的根本体制,并对其后中国社会发展产生了重大而深远的影响。

谱牒就是伴随宗族的形成和宗法制度的建立而产生的。为了认识自己的族群,为了形成宗族和建立宗法制度,就必须对其族群繁衍的谱系有所了解,用某种形式加以记录,这就形成了最初的谱牒。古人说:"谱牒非古乎?曰:古也。书契以来,世次之有考者,皆是也。"③古人又说:"非有谱牒以联之,则尊祖敬宗收族之法何由而生?"④所以,谱牒与宗法二者是相辅相成的。

谱牒是一种认知。世系图是谱牒的核心。谱牒所载世系图极为详明,既有纵向的世代传承,又有横向的支分派别,将一个宗族的世代繁衍的谱系清晰地展现出来。这是一种深层次的认识,是对家庭乃至宗族血缘关系的理性认知。

---

① 《周礼注疏》卷2《天官冢宰·大宰》,载《十三经注疏》,中华书局1980年版,第648页。

② 〔清〕章学诚:《文史通义校注》卷6《外篇一·和州志氏族表序例上》,中华书局1985年版,第621页。

③ 〔明〕林弼:《林登州集》卷14《集序·竹山黄氏族谱序》,载《文渊阁四库全书》第1227册,第120页。

④ 〔清〕邵之棠编:《皇朝经世文统编》卷107《杂著部三·谱牒论》。

谱牒是一种记忆。谱牒修纂的主旨之一就是"不忘本也",使人不忘祖先,不弃宗族。所以,谱牒所载更多的是关于已经逝去的族人及先祖的情况。其中不仅载有先人们的姓名、谥号、生年、忌日、丘墓等基本资料,还以传记等形式,保留了先人们的业绩以及其他资料,被称为家族档案,进而形成一个民族的历史记忆。先秦时的谱牒则成为中华民族最早的历史记载之一。

谱牒是一种征信。祖宗何以不忘?宗族何以不散?个人的身份何以确定?皆赖谱牒之力。谱牒不具,无以征信。宋金战争时,蜀地守将吴曦降金,他向金人献上了两件东西作为信物,一件是《蜀地图志》,另一件就是《吴氏谱牒》,事载《金史》《通鉴》等①。

谱牒是一种工具。古人说:"夫谱其谱者,尊祖之器也。道其道者,尊祖之实也。"②通过纂修谱牒,而能收到尊祖、敬宗、收族的效果。谱牒所载,一般是首列宗族的始祖,乃至追本溯源,叙及远祖,这体现了尊祖之意;始祖之下按世代传承的谱系,分支别派,其中对本宗谱系的罗列最为详明,昭穆有序,亲疏有别,这表达了敬宗之情;而作为宗族的成员一般都要收录于谱系之内,这显示了收族之法。尊祖敬宗收族,也正是宗法制度的一个主旨。古代学者在谈论谱牒时多明确指出,它本是宗法制度的"遗意""遗法"和"遗制"。谱牒的修纂成为维护宗法制度的一个有效手段,成为政治统治的工具。正因为如此,中国历代都对谱牒的修纂十分重视,国家则设有专门的机构和官吏,如周朝的小史、魏晋六朝时的宗正、宋代的宗寺等,都是掌管谱牒纂修的。

总之,谱牒是人类对其自身繁衍谱系的理性认知,是人类进步文明的一种基本体现。谱牒与宗法制度关系极为密切,它是维护宗法制度的一个有效手段,也可以说是宗法制度的一个组成部分。谱牒不是一般的历史文

① 见《金史》卷12《本纪第一二·章宗四》:"己巳,曦遣其果州团练使郭澄、提举仙人关使任辛奉表及蜀地图志、吴氏谱牒来上。"又见《资治通鉴后编》卷132《宋纪》132"开禧二年十二月"条等。

② 〔元〕揭傒斯:《文安集》卷8《序·孔氏谱序》,载《文渊阁四库全书》第1208册,第212页。

献，它在中国古代社会一直发挥着特有的功用。谱牒的具体功用至少有以下数点。

（1）别姓氏，定婚姻。如众所知，近亲结婚，极不利于族群的繁衍。人类在进化的过程中，即自觉地认识到这一点。中国古代的先民则是很早就深谙此理，同姓不婚，礼有明文，律有大禁。《礼记》载：同姓"虽百世而婚姻不通者，周道然也"①。《论语》孔安国《注》也说："礼，同姓不婚。"②六朝时更有这样的规定：士大夫不得与舆、台、皂、隶通婚。设有干犯，有司得纠劾治罪。而唐律之中则有这样的法律条文："诸同姓为婚者，各徒二年。"③那么，如何做到同姓不婚呢？这就需要依据谱牒分别姓氏，以定婚姻。

（2）分嫡庶，立宗法。宗法制度的核心是承继规则问题。其主要是分别嫡子与庶子，确立大宗与小宗。很明显，它是建立在对宗族的血缘关系详细了解的基础上的。而谱牒所录谱系，对宗族的血缘关系的记载最为详明，明宗法，严世次，俱在宗谱，谱牒遂成为宗法制度实施的基本依据。

（3）按宗谱，联族谊。为了联络族人，古代宗族还实行了宗会之法，即居住分散的同一宗族各派族人要定期相会，会期或一月，或一年、几年不等。宋代著名理学家程颢、程颐就曾提到"古人有花树韦家宗会法"④。当宗族相会之际，则以宗谱为凭。元末明初人王祎在《章氏族谱序》中说，浙江龙泉章氏宗族"在故宋时，每间岁或数年，则为会，会则各出谱牒，互考而续书之，曰庆系图"⑤。

（4）登族谱，明身份。在中国古代社会很长时期内，谱牒一直是个人出身与身份的证明。从前，人们初次见面时，都要先通谱牒、报姓名，以

---

① 《礼记正义》卷34《大传第十六》，载《十三经注疏》，第1507页。

② 《论语集解义疏》卷4《述而第七》，载《文渊阁四库全书》第195册，第404页。

③ 刘俊文：《唐律疏义笺解》卷14《同姓为婚》，中华书局1996年版，第1033页。

④ 〔宋〕朱熹编：《二程遗书》卷1《端伯传师说》，载《文渊阁四库全书》第698册，第12页。

⑤ 〔明〕王祎：《王忠文集》卷5《序·章氏族谱序》，载《文渊阁四库全书》第1226册，第99页。

表明自己的身份。而口语里所说的"续家谱"，即成为攀亲戚、套近乎的代词。《红楼梦》里讲了这样一则故事：有一天，一个叫贾英的秀才，自称是贾府的本家，要来见太太。王夫人一面叫人去查族谱，一面吩咐周瑞先去问问他是哪一支派的。周瑞才开口问了一两句，贾英就大嚷大叫起来，说道："我不姓贾，到你家来干什么？有钱有势，就该欺负我们穷本家的吗？"还要打周瑞的板子。王夫人听说后，甚觉好笑，说道："既是这样，环儿跟着我到崇本堂去见他，就可问他的宗派。"贾英进来一通磕头之后，王夫人问道："相公是那一支派？"贾英答道："我曾祖名叫贾至诚，先祖贾文魁在的时候，蒙宁荣二公相待最好，一天也离不了先祖的。其中弟兄们最相好的，就是这里的政二叔祖。那时候文魁公比二叔祖大两岁，哥儿们好的比嫡亲手足还亲。后来宁公、荣公的丧事，都是先祖文魁公一手料理的，还赔了一些银钱。"听到这里，王夫人道："你说的事，似是而非。荣公丧葬之时，先夫年才两岁，若令祖比先夫年长两岁，才四岁童子。所说两处料理丧葬任其一切之说，或者错记，不是我家。况且令曾祖之名，寒家宗族谱上未曾经目。"王夫人很客气地但最后还是回绝了贾英，因为族谱上根本没有载名。贾英只好抱惭而去。详细的情节见《红楼梦》第六十二回"穷秀才强来认族"一节。

下面再讲一个历史上真实的事。清代浙江海宁人陈元龙，康熙二十四年（1685年）中进士，授编修，直南书房。当时郭琇弹劾高士奇，辞连陈元龙，说他与士奇结为叔侄，招纳贿赂。皇帝遂命元龙与士奇一起辞职。陈元龙则奏辨说："臣宗本出自高，谱牒炳然，若果臣交结士奇，何以士奇反称臣为叔？"①原来海宁之陈，本出自渤海高氏，有谱牒为证。于是皇帝也没话说了，事遂得白，元龙官复原职。

（5）除谱籍，示惩戒。谱牒留名，被视为流芳百世的事，而从族谱中除名，就是一种惩戒了。从皇族到庶民，都是如此。清康熙帝第八子允禩、第九子允禟结党妄行，胡作非为，被皇帝下令削除谱籍，更改其名，

---

① 〔清〕陈康祺：《郎潜纪闻初笔》卷6《陈文简与高文恪联谱》，中华书局1984年版，第121页。

以示愧辱。在民间,许多宗族都明文规定,子孙不论显隐,凡有作过者,不睦者,有侵祖墓者,鬻谱牒者,蔑视先祠者,等等,一律不许载入族谱,以示惩戒。这从民间文书中亦可找到佐证。笔者看到一份明代福建土地文书,这是一份有关族产的文书,在其背面,手书以下文字:"不得私典当,将谱除名。"

(6)依谱牒,应选举。魏晋南北朝时期,门阀世族势力膨胀发展,选官实行九品中正制度。中正评议人物的标准主要有三:家世、道德、才能。其中家世评议的根据就是谱牒。有司选举,必稽谱牒,以考其真伪。这也是魏晋南北朝时期谱牒纂修特别兴盛的一个原因。后来实行科举制度,考生在试卷前面亦必须书写祖宗三代的姓名、籍贯等,类似家状,以明确考生的出身,其依据也是谱牒。

(7)据谱牒,袭官爵。宋元明清时代,不论皇室贵族还是蒙古王公、土司长官,不论文官还是武官,其官位的袭封承继都须考其谱牒,辨别嫡庶,以确定应袭之人。如《元史》记载:"孔思晦,字明道,孔子五十四世孙也。资质端重,而性简默……至大中,举茂才,为范阳儒学教谕。延祐初,调宁阳学。先是,两县校官率以廪薄不能守职,而思晦以俭约自将,教养有法,比代去,学者皆不忍舍之。于是孔氏族人相与议:思晦嫡长且贤,宜袭封爵,奉祠事。状上政府,事未决。仁宗在位,雅崇尚儒道,一日,问:'孔子之裔今几世,袭爵为谁?'廷臣具对曰:'未定。'帝亲取孔氏谱牒按之,曰:'以嫡应袭封者,思晦也,复奚疑!'特授中议大夫,袭封衍圣公,月俸百缗,加至五百缗,赐四品印。"[1]又如:"乾隆三年议准:承袭世爵,以得爵人之子孙承袭。无子孙,以亲兄弟之子孙承袭。无亲兄弟子孙,以亲伯叔之子孙承袭。无亲伯叔子孙,按其谱牒,择宗支相近者承袭。"[2]此外,明清《实录》《会典》等官方史书多有据谱牒袭官爵的记录,这里不再一一例举。

---

① 〔明〕宋濂等:《元史》卷180《孔思晦传》,中华书局1976年版,第4167—4168页。

② 〔清〕昆冈等:《大清会典事例》卷1134《八旗都统·袭爵》。

(8) 稽谱牒, 修正史。谱牒堪称中华民族最早的历史记载之一, 它与正史有着非同寻常的历史渊源。唐以前的正史, 资料来源多有采自谱牒者。作为二十四史的开山之作《史记》, 其源头之一就是先秦谱牒。司马迁在《史记》中多处提到先秦谱牒,《太史公自序》中说: "维三代尚矣, 年纪不可考, 盖取之谱牒旧闻, 本于兹, 于是略推, 作《三代世表》第一。"① 在《三代世表》中又提及 "稽其历谱牒"②, 即, 先秦历代谱牒为《史记》所本, 是《史记》的资料来源之一。不仅如此, 历代学者在考证《史记》时多指出, 司马迁所创立纪传体这一历史体裁, 也是 "仿周谱" 而作, 是受到谱牒启发的。清初朱鹤龄说: "考马迁《史记·帝纪》之后, 即有十表、八书, 表以纪治乱兴亡之大略, 书以纪制度沿革之大端。班固改书为志, 而年表视迁史加详焉。盖表所由立, 昉于周之谱牒, 与纪传相为出入, 凡列侯将相、三公九卿, 其功名表著者既系之以传。"③ 又,《梁书·刘杳传》载: "王僧孺被敕撰谱, 访杳血脉所因。杳云: '桓谭《新论》云: 太史三世表, 旁行邪 (斜) 上, 并效周谱。以此而推, 当起周代。'"④ 司马迁仿周谱以作年表, 其体皆旁行斜上, 是其制也。所以, 史记的体裁也与先秦谱牒有不可分割的渊源关系。

那么, 司马迁所据先秦谱牒, 具体说来到底是什么呢? 那就是《世本》。《世本》一书, 早已看不到了。但至迟在汉代, 该书仍存于世。《汉书·艺文志》载: "《世本》十五篇, 古史官记黄帝以来迄春秋时诸侯大夫。"⑤ 同书《司马迁传》赞亦云: "及孔子因鲁史记而作《春秋》, 而左丘明论辑其本事以为之传, 又纂异同为《国语》。又有《世本》, 录黄帝以来至春秋时帝王公侯卿大夫祖世所出。春秋之后, 七国并争, 秦兼诸侯, 有

---

① 〔汉〕司马迁:《史记》卷 130《太史公自序》, 中华书局 1982 年版, 第 3303 页。

② 〔汉〕司马迁:《史记》卷 13《三代世表第一》, 第 488 页。

③ 〔清〕朱鹤龄:《愚庵小集》卷 13《杂著一·读〈后汉书〉》, 载《文渊阁四库全书》第 1319 册, 第 153 页。

④ 〔唐〕姚思廉:《梁书》卷 50《刘杳传》, 中华书局 1973 年版, 第 716 页。

⑤ 〔汉〕班固:《汉书》卷 30《艺文志》, 中华书局 1962 年版, 第 1714 页。

《战国策》。汉兴伐秦定天下，有《楚汉春秋》。故司马迁据《左氏》《国语》，采《世本》《战国策》，述《楚汉春秋》，接其后事，迄于大汉。"①《后汉书》中亦言："又有记录黄帝以来至春秋时帝王公侯卿大夫，号曰《世本》，一十五篇……太史令司马迁采《左氏》《国语》，删《世本》《战国策》，据楚、汉列国时事，上自黄帝，下迄获麟，作本纪、世家、列传、书、表，凡百三十篇。"②总之，司马迁撰史记所据先秦谱牒，主要是《世本》。这是可以明确的。

说到这里，人们还要再问，那么作为先秦谱牒《世本》一书又是否可信呢？它的真伪如何呢？如今，这似乎是一个很难回答的问题，因为《世本》一书早已失传，无法看到。所幸的是，20世纪初有甲骨文这一重大发现。甲骨文作为殷朝的王室档案，是研究商代史的第一手资料。在甲骨文中，即有不少记录殷朝王室世系的文字。学者们将甲骨文中记录殷王室世系的卜辞，与《史记》中《殷本纪》和《三代世表》的有关记载作了对比研究。其中，最有代表性的是20世纪的国学大师王国维的研究。王国维先生利用甲骨卜辞对《史记》中记载的殷商世系作了全面而系统的对证研究。其结论是："《史记》所述商一代世系，以卜辞证之，虽不免小有舛驳，而大致不误，可知《史记》所据之《世本》全是实录。"③这就是说，《史记·殷本纪》所载与甲骨卜辞里的商王世系大致相符。从而可知，《史记》所据先秦谱牒《世本》，乃为"实录"，其所载三代世系是可信的。这一结论具有重要意义，说明以《世本》为代表的先秦谱牒，作为正史编纂的主要来源之一，在中国古代的历史典籍中是占有重要地位的。在过了数千年之后的今天，我们中华民族还能知道自黄帝以来，夏商周古代比较清楚的世次传承，在很大程度上是有赖于先秦谱牒的。

再说一下谱牒对中华民族凝聚力形成的作用。

---

① 〔汉〕班固：《汉书》卷62《司马迁传》，第2737页。

② 〔南朝宋〕范晔：《后汉书》卷40上《班彪列传》，中华书局1965年版，第1325页。

③ 王国维：《古史新证》，清华大学出版社1994年版，第52页。

在历代所修各种谱牒中，叙及远祖时，绝大多数都要追溯到黄帝或炎帝。对此，我们究竟应该怎样看待呢？如果仅从考证学的角度来说，其中不免存在一些疑点。而且，从今天考古学取得的成就来看，中华民族的起源也是多元的。但我们不必过分拘泥于史学的考证上面，还应看到其他方面。首先，尽管有疑点，它却是有史实根据的。据明末清初大思想家顾炎武的考证，即使在战国群雄割据的时代，各国诸侯的谱牒也都是以黄帝为始祖的。"世本系战国时书，其时各国皆有宗谱，观世本可知，大概咸以黄帝为始祖。"①其次，它在心理文化层面上的作用与意义更值得重视。与其说它是谱牒编纂上对远祖的追溯，不如说它是中华民族对共同祖先的认同。中华民族自远古进入文明社会以后，数千年来，不论世代更迭，延续久远，不论天南海北，走到何方，不论张王李赵，姓氏各异，我们都认知共同的祖先——炎黄二帝，我们都是炎黄的子孙。每当民族危难之际，每当国家需要时刻，仁人志士挺身而出，"我以我血荐轩辕"②，中华儿女空前团结，表现出强大的民族凝聚力。数千年来延续不断的谱牒修纂，认知共同的祖先，对这种民族凝聚力的形成无疑起了重要的历史作用。

二、谱牒的种类与内容

谱牒的种类繁多，可以从各种视角作不同的分类。中华各姓谱牒的修纂，大致走过了从官府到民间的历程。唐代以前，谱牒的修纂多由官府主持，所修谱牒也多限于皇室贵族和士大夫阶层；宋代以后，谱牒的修纂走向民间，向庶民普及，特别是到明清时代，随着庶民宗族的发展，出现了一个庶民家族修纂宗谱的高潮。一般由官府主持的谱牒，被称为官谱或公谱，而民间各家族所修谱牒，则称为私谱。在民间，也有把属于一个大宗

---

① 〔清〕顾炎武：《菰中随笔》，转引自《皇朝经世文统编》卷3《文教部三·史学·杂论史事》。

② 鲁迅诗《自题小像》："灵台无计逃神矢，风雨如磐暗故园。寄意寒星荃不察，我以我血荐轩辕。"收于鲁迅《集外集拾遗》。轩辕，即指中华民族先祖黄帝。

族的统宗谱系叫作公谱，其下各分支家族所修谱牒叫作私谱的说法。从谱牒的编纂范围来看，则有大统谱、统宗谱、支谱、家谱及个人年谱等。从谱牒的载体形式来说，又有结绳家谱、口述家谱、甲骨谱、青铜谱、碑谱、纸谱等。而按内容分类，则可分为姓氏类、谱系类、家史类、家典类等。

姓氏类谱牒。姓氏与谱牒有密切关系。从广义来说，姓氏也属于谱牒范畴。唐代以前所著谱牒之中，姓氏类谱牒占有很大一部分。其内容主要是考证姓氏源流，汇集地域门阀，著录望姓及其事迹等。如唐代林宝所修《元和姓纂》、宋代邓名世著《古今姓氏书辨证》，明代凌迪知撰《万姓统谱》等。其中林宝所修《元和姓纂》现存18卷，永乐大典本，援引虽有谬误，但所载唐人世系最为详备。

谱系类谱牒。以登录世系图为主、其他资料很少收录的一类谱牒。这类谱牒在整个谱牒之中占大多数。无论在唐以前所修的官谱中，还是在明清时所修的私谱中，都有相当多的这类谱牒。

家史类谱牒。不仅录有世系图，有关家族历史的其他方面资料多有收录。在明清私家谱牒中，这类谱牒亦有相当数量。因其内容丰富，保存了多方面的资料，故研究价值很高。

家典类谱籍。这类谱籍一般不录世系图，但它与谱牒是有密切关系的。这类谱籍是从谱牒之中衍生出来的，它们原本是家谱的一部分，如家典、家训、家议、家礼及族规家法等。著名的有北齐颜之推撰《颜氏家训》，宋代朱熹撰《朱子家礼》，明代程敏政撰《贻范集》，清代吴翟撰《茗洲吴氏家典》，等等。

现在遗存于世的谱牒大多为明清时所修家谱。它们之中有相当多属于家史类谱牒，所载内容丰富，是明清谱牒编纂的代表之作。一般其所载事项有：古今谱序，源流考述，恩荣汇录，祖先像赞，先祖丘墓，宗族派系，本宗世系，人物传记，祀田族产，遗迹遗事，家族文献，修谱考辨，附录，等等。

兹以明代所修《茗洲吴氏家记》为例，对其所载内容试作一概略介绍。

　　介绍之前，先了解一下茗洲所在的地理情况。茗洲位于今安徽省黄山市（旧徽州）休宁县的西部，靠近祁门县。地处万山之中，交通不便。从休宁县城乘车去茗洲，还要绕道祁门县。元代，一支吴姓人迁到这里，聚族而居，子孙繁衍，逐渐兴旺起来。茗洲吴氏家族及其所修谱牒，在明清徽州的历史上相当有名。2010年秋天，在友人和有关部门的帮助下，笔者慕名去茗洲做了一次考察。那里到处是翠竹绿茶，山清水秀，环境优美，生态绝佳。今日茗洲村落只有百余户人家，虽然吴姓仍居多，但其他姓氏也不少。村里的老人对从前吴氏之事记忆甚少。特别是村落里已看不到多少明清时代的文化遗存了，虽然旧时遗迹在房基屋角依稀可辨，但老房子几乎没有了，找不到一幢像样的古建筑。村里原有一座葆和堂，为吴氏宗族的总祠堂，规模宏大，其下还有五个分支祠堂，如今都荡然无存。葆和堂的遗址还可找到，但现在能看到的不过是一些碎石墙角，一片菜园罢了。就明清时代的文化遗存来说，这里不要说与西递、宏村相比，与现在黄山市其他不少村落相比也相差很多。如果不了解历史，很难想象这里曾经是经济繁荣、文化昌盛、声名远播之地，令人十分感慨。笔者写有一首小诗《访茗洲有感》：

　　　　青山绵延万顷林，
　　　　绿水环绕一乡村。
　　　　茗洲名族今何在，
　　　　家记家典有遗存。

　　今日茗洲，已难寻往昔吴氏兴盛的遗迹。所幸的是，明清时代吴氏所修谱牒——《茗洲吴氏家记》和《茗洲吴氏家典》都保存下来，此外，还有一批契约文书遗存于世。如今想要了解茗洲吴氏的历史，恐怕只有关注这些谱牒文献和契约文书了。

　　《茗洲吴氏家记》12卷，万历钞本，明代吴子玉撰。收藏于中国国家图书馆、南京图书馆、安徽博物院等，此外，日本东京大学东洋文化研究所亦有收藏。《茗洲吴氏家典》8卷，清雍正重刻本，清代吴翟撰。安徽省图书馆、安徽博物院等有藏。《茗洲吴氏家典》原为《茗洲吴氏家记》之一卷,清康熙时吴翟在前人撰修的基础上,扩展内容,重新编定。下面主要介绍一下《茗洲吴氏家记》所载内容。

《茗洲吴氏家记》卷首冠以嘉靖时大臣胡松及明代著名文人、史学家王世贞等所写5篇序文,其中有一篇为吴子玉自序。王世贞在文中说:"序吴氏家记者咸曰:吴子今之太史公、班氏也。"即把吴氏父子比作司马迁父子和班固父子,因为《茗洲吴氏家记》是吴子玉父子两代人花了数十年的工夫而撰修的;又指出,《茗洲吴氏家记》追溯始祖时,仅断自可知之世,实为信谱。

卷一《谱序汇记》,收录了南宋嘉定吴妪十三世孙师礼序龙江分派谱,南宋嘉熙郡人方岳序休阳吴氏源流谱等12篇谱序和跋。

卷二《吴氏闻祖记》,叙述姓氏源流及吴姓祖先名人。

卷三《龙江茗洲吴氏先贤记·休邑吴氏文苑记》,记载郡邑吴氏先贤、文人的事迹与著述。

卷四《世系记》,记吴氏家族谱系,按五世一图,前后接续,人名之下书写排行、字号、里爵即住址或迁地,各图最后之世名下,又附书其子名,如"五世:亮,(行)六,五子——丘、照、彬、朗、益"。共载32世。

卷五《登名策记》,依世系图所载人头顺序,登载各人行实、诞辰、忌日、居址、葬地,以及配偶姓氏、生地、诞辰、忌日、葬地,女儿适配道里、姓氏等。

按,上述四、五两卷均为吴氏家族谱系方面的记载。卷四《世系纪》为经,纵向记载世代传承,书写吴氏家族的繁衍谱系;卷五《登名策记》为纬,横向排列,一一记录各人的行实与家庭婚姻,兼及女儿适配情况。二者互相补充,相与配合,充分地展示了吴氏家族的血缘关系和个人家庭的基本情况。明清所修族谱,多将上述二者合而为一,文字较为简略。而该谱将后者独立成篇,记载更加详细,资料更为充实。

卷六《家传记》,族人显者分别立传,记其突出事迹。被立传者20人,其中有妇女2人。

卷七分为两部分，第一部分为"祠述记"，收录与吴氏宗祠相关的各种文献5通，其中有"立祠题语""宗族规约""告族立祠书""龙山宫祠记""上状草誊""合同草誊"等。第二部分为"家典记"，即茗洲吴氏的家规家法，涉及祭祀祖先、婚丧嫁娶及日常生活等各个方面，系整理吴氏前人所立家规家法而成。此后至清康熙时，该家族吴翟又在此基础上整理扩充，独立刊行，是为《茗洲吴氏家典》。

卷八《里区记》，以茗洲为中心，记道里远近，辨山川形势等；《物产记》，记茗洲地利、物产等。

卷九《墓域记》，记祖先各坟墓所在地方、字号及风水朝向等。

卷十《社会记》，这里的社是指族社，即由同一宗族成员组成的民间结社，社会则指族社社日集会。《社会记》以表的形式记载，共分五栏：社日、岁候、牧长、时事、社渠首。社日，即社会活动之日；岁候，记天气与灾情；牧长，记郡守、县令之任或去留等；时事，记国家与地方各种时政大事，里甲与社内诸事，包括社议事项、拜神祈雨、演戏活动及纷争诉讼等，此外还有即时物价等；社渠首，即社首，为轮值制，该栏记历任社首姓名。《社会记》所载时段自明正统十二年（1447年）起至万历十二年（1584年）止，长达138年，记录了以族会活动为中心，从国家到里社当时发生的各种时事要闻。

卷十一《翰札记》，分为上、中、下三部分，分别收载有"序、记、传、行状、墓志、赞、祭文、尺牍、题咏、赠寄、颂述、寿祝、哀挽"等。（存世各版本均有不同程度缺佚）

卷十二《杂记》，记吴姓传闻，溪里遗事，万历地方清丈事宜，等等。

以上是按谱目顺序对《茗洲吴氏家记》内容所做的简略介绍。《茗洲吴氏家记》是仿正史体例而作。其所载内容极为丰富，从姓氏源流到家族谱系，从宗族规约到家法家典，从山川形势到地利物产，从气候灾情到时政大事，从家族文献到遗闻轶事，等等，都有翔实记载，堪称一部家族历史的全面记录。那么，像《茗洲吴氏家记》这样内容丰富的族谱，在遗存的谱牒之中到底有多少呢？应该说，此类族谱并不占多数，但也不是凤毛麟角，类似《茗洲吴氏家记》这样的族谱是可以找到一批的，应引起人们的特别关注。总之，谱系是谱牒核心，但谱牒所载不只是谱系，它还有更丰富的内容。

三、修纂流弊与研究价值

像历史上许多事物一样，谱牒也有其缺欠和流弊。

谱牒的最大缺欠是女性资料较少登载。谱牒是以男性为中心的，反映的是父系家长制的基本原则，凡同宗男性一般都登录谱牒，而女性是作为配角出现的。有的家谱在谱系中登录男性的配偶，载有相关女性资料；而有的家谱谱系则是清一色的男性，连配偶女性的资料也没有。至于未成年女性，在一般家谱的谱系中是根本看不到的。只有少数谱牒登录相对较多的女性资料。从总体来看，谱牒中较少登录女性资料乃是普遍现象。

谱牒修纂最常见的流弊是在追溯远祖世系时多攀附名贵。这种情况由来已久，可以说是一种通弊。其中既有客观因素，也有主观原因。在数千年谱牒修纂的漫长历程中，从总体来看，可以说是绵延不断的，但其间有高潮，也有低潮，又有从官修到私撰的转变；而就某一姓氏、某一宗族来说，其先世所修谱牒很难都一直保存下来，常有中断。一是因为战乱，如众所知，中国历史上虽然大一统时间所占时间很长，但战乱也不少，如西晋末年的永嘉之乱、唐末的黄巢之乱、北宋末年的宋金战争等，当这些大战乱发生之际，庶民百姓自不待言，就是世家大族也受到极大冲击，甚至受到毁灭性打击。二是因为迁徙，由于宗族繁衍，族人外迁，历时久远而联系中断，则是常有的事。三是由于民族融合，血缘关系亦被打乱。四是富贵兴替无常。唐宋以后科举制度兴起，朝为田舍郎，暮登天子堂，门阀士族政治退出历史舞台，世家大族走向衰落，庶民宗族发展，富贵更替无常。由于上述这些原因，就一个宗族而言，谱牒修纂出现断层情况则是在所难免，即对先祖世系的了解多有不清楚的时段。另外，由于古代社会是一个等级社会，只有进入士绅行列才有社会地位，因而俗尚高华，耻称寒素。贫而富者耻言其先，贱而贵者难露其祖，都想挤进名族之列。于是，攀援名贵而强附之，矫托冒认，以求相胜，反以为荣。

谱牒修纂攀附名贵的弊病由来已久，各个阶层都有。西汉开国皇帝刘邦，本为丰邑泗水亭长，所谓亭长，也不过就相当于今日乡间的派出所所长而已，史臣则百般奉承，将其家谱推而上之以为帝尧的后裔，而得天统；唐朝的开国皇帝李渊本起于陇西狄道，却说他出于老子皋陶，因为老子这个大名人姓李。贵族士大夫阶层中这种例子就更多了。特别是到了明清时代，庶民宗族的兴盛达到一个高潮。明清宗族发展要做三件大事，这就是建宗祠、置族产、修族谱。撰修族谱是宗族兴旺发达的一个重要标志。族谱的修纂，与其说是为了慎终追远，还不如说是为了光耀门庭。于是，攀援名贤显宦，以粉饰其家世，张大其阀阅，凡刘姓者皆长沙定王（汉景帝之子刘发）之后，张氏者皆曲江丞相（唐名相张九龄）之裔，几乎没有一个宗族没有来头的。这种现象相当普遍。明代后期，在江南商品经济发展的苏州，在最繁华的阊门大街上，甚至出现了公然贩卖名族赝谱的一伙人。史书记载："今阊门内天库前，聚众为之。姓各一谱，谱各分支，欲认某支，则捏造附之，贵显者则有画像，及名人题赞，无不毕具。且以旧绢为之，或粉墨剥落，或字画胡涂，示为古迹。喜之者尝用数十金得之，以为若辈衣食。此古来所无。"[1]

谱牒修纂的另一通病则是对先祖的过分赞誉。这主要表现在题赞和传记中，常常堆砌赞美之词，而无实质内容。

谱牒修纂的弊病固然很多，但它是否就一无是处了呢？又，是不是所有的谱牒都如此呢？

如果我们比较全面地了解一下谱牒，那就不难发现，并非所有修纂的谱牒都是如此。在谱牒之中，还有一批考究精详、言之有据之作，它们多是经过认真调查研究、历经多年时光而编纂的。其编纂目的不是把光耀门庭放在第一位，而主要是为了认知先祖，为了尊祖敬宗。关于对先祖世系

---

① 〔清〕李延昰：《南吴旧话录》卷上，上海古籍出版社1985年版，第93页。

的追溯，则明确主张"断自可见之世"，"录其可知，而缺其不可知"，也就是说，根据掌握的资料，能够上溯至第几代，就断自第几代，以此为始祖，而不牵强附会，信以传信，疑以传疑，体现了实事求是的精神。此类谱牒当属信谱之列，值得我们认真对待。

这方面的突出事例，可举出宋代苏洵和欧阳修所修族谱。说到它们在谱学领域里的成就，首先就是其所创立的新的修谱体例，即以五世为表，以宗法为准则，以远近亲疏为别，远者、疏者略之，近者、亲者详之，被称为"欧苏谱例"（或称"苏欧谱例"）。"欧苏谱例"遂成为宋代以后私家修谱的范例，对后世影响巨大。又，"欧苏谱例"的贡献不只表现在修谱体例与方法上，更体现在修谱宗旨与态度上。欧阳修说："谱图之法，断自可见之世，即为高祖，下至五世，玄孙而别自为世。"[1]这里明确提出了"断自可见之世"这一修谱的重要原则。而他们在各自所修族谱中也切实地贯彻了这一原则的。欧阳氏所修族谱共二十世祖，而缺其中七世；苏氏自高祖以上失其传，谱录始于高祖以下，都是录其所可知，而缺其所不可知。这确实体现了实事求是的宗旨，堪称信谱。

苏洵、欧阳修所撰谱牒不援古，不攀附，重考证，重事实，断自可见之世，体现了实事求是的精神。此类谱牒并不是个别的，在中国谱牒编纂史上一直是存在的。即使在攀附名贵盛行的明清时代，也不乏此类谱牒。如在明代，慈溪王氏所修族谱，是由该族王伯辉所作，因旧谱亡佚，其先世不可考，乃至其高祖、曾祖名讳亦不知，遂"录其可知，而缺其不可知，不肯妄引以自诬"[2]。又如明代嵩山李氏所修族谱，亦是断自可见之世，"远无所傅（附）会，近无所遗弃"[3]，不失为信谱。此类族谱还可举出很多。在并不讳言谱牒修纂流弊的同时，更应看到这些言之有据、编撰成熟

---

① 〔宋〕欧阳修：《欧阳文忠公集》卷71，载《外集》卷21《谱·石本欧阳氏谱图序·谱例》，《四部丛刊初编·集部》。

② 〔明〕王直：《抑庵文后集》卷17《序·慈溪王氏族谱序》，载《文渊阁四库全书》第1241册，第739页。

③ 〔明〕彭韶：《彭惠安集》卷2《序·嵩山李氏族谱序》，载《文渊阁四库全书》第1247册，第36页。

的谱牒。这是中国古代谱牒史上的主要流派，代表了谱牒修纂的优良传统。

这里还要特别提一下徽州谱牒。徽州宗族，源远流长，世家大族，远肇汉唐。及至明清，先祖丘墓历历犹在，传世谱牒班班可考。故其所修宗谱，多有世次久远，昭穆分明，资料翔实，体例严整的上乘之作，而胜于他邑。明人程敏政在其所作《宋尚书职方郎中兼权中书舍人查公墓表》中说："中世以来号巨家者，保其丘垄至四五传者鲜矣，况十有三世之远哉；近祖之履历行业或不能详矣，况欲表之于异代五百年之久哉；奉其遗体之弗失，显其遗烈而弗忘，此修士行而尚古道者所难也……公墓在休宁北街朱紫巷口，距今五百年，逮富兴，则十有三世矣……昔忠献韩公仅得奉五世祖墓，至发圹考铭而后见；老泉苏氏谱其所自出，高祖以上不可得详。而吾乡巨家，往往能守其丘垄谱牒，远者数十世，近亦十数世，松楸郁然，昭穆不紊，合族之礼，扫墓之节，著于定法，比于官府，有先正巨公之所不可致者。岂吾乡僻居东南山中，无兵燹之祸，而其人得以申敬宗收族之义欤然。则生其地者，安可不自幸，而敦本力善，以为其上世之光欤。查氏后人尚知所谨哉。"[1]而清人赵吉士在言及徽州宗族与族谱时，说得更为精彩："千年之冢，不动一抔；千丁之族，未尝散处；千载之谱系，丝毫不紊。"[2]徽州宗谱以其世系详明而考证确凿，内容丰富而种类繁多，编纂上乘又遗存丰厚，在中国古代谱牒中最具代表性，极具研究价值，故对徽州宗谱则应予以特别关注。

总之，对于中国历史上所修各类谱牒，不能不加以分辨。那些为光耀门庭而攀附名贵的族谱，与那些注重考证、言之有据的族谱，必须加以分辨；就一部族谱而言，其有疑点的世系，与谱中的其他记述，也应该加以分辨；单就谱系而言，其中攀附名贵的远祖世系，与离修纂时间很近的世次，也要加以分辨，因为即使有远祖世系攀附名贵的嫌疑，而在离修纂时

---

① 〔明〕程敏政：《篁墩文集》卷46《碑志表·宋尚书职方郎中兼权中书舍人查公墓表》，载《文渊阁四库全书》第1253册，第127—128页。

② 〔清〕赵吉士：《寄园寄所寄》卷11《泛叶寄·故老杂记》，载《四库全书存目丛书》子部第155册，齐鲁书社1995年版，第447页。

间很近的世次上弄虚作假的可能性也是很小的,纂修者总不会把其祖父与父亲弄颠倒了吧。族谱与族谱要加以分辨,一部族谱中的各类记载也要加以分辨,去伪存真,去粗取精,去其糟粕,取其精华,这就是我们今天应该采取的实事求是的科学态度。

下面简略介绍一下谱牒的遗存情况。

2008年,上海古籍出版社出版了《中国家谱总目》,这是迄今为止收录中国家谱最多、记录内容最为丰富的一部专题性联合目录。该书共记录了中国家谱52401种,计608个姓氏。据读书统计表明,上海是收藏中国家谱最多的地区,共18000种;其次是台湾和北京地区,分别为10234种和8102种。在国外,美国、日本、韩国、新加坡、加拿大以及欧洲的英国、法国、德国、荷兰、瑞典等国均有中国家谱的收藏。该书所揭示的主要是在海内外各地区单位收藏的中国58个姓氏家谱的基本情况。另外,现在一些家庭和私人手中也保存了相当数量的中国家谱。如在安徽的皖南地区、江西省以及云贵地区等,还有许多家谱仍保存在私家手中。其数量尚无精确的统计,粗略估计总数亦在数万种以上,或许超出人们的想象。因为家谱一般是不愿出售的,出售家谱被认为是对祖先的大不敬,过去是要在族谱上除名的。如果将公私收藏合计起来,现在遗存的家谱总数恐怕在10万种以上。这是一笔巨大的文化遗存。其中蕴含的丰富资料及其研究价值难以估量。以下仅从史学研究视角略谈一二。

在人口史的研究中,诸如婚姻平均年龄、出生率与病死率、平均寿命、父母两系遗传等许多专题,除了族谱所载,如今很难找到系统性资料。台湾学者刘翠溶教授较早地利用族谱所载资料,进行人口史等研究,她撰有《明清人口之增殖与迁移——长江中下游地区族谱资料之分析》[①]、《明清家族的婚姻型态与生育率》[②]等多篇论文,在中外学界颇有影响。

---

① 刘翠溶:《明清人口之增殖与迁移——长江中下游地区族谱资料之分析》,载《第二届中国社会经济史研讨会论文集》,台北汉学研究资料及服务中心1983年版。

② 刘翠溶:《明清家族的婚姻型态与生育率》,载《中国近世社会文化史论文集》,台北"中央研究院"历史语言研究所1992年版。

在经济史研究中，族谱中多载有祠产与墓地的土地所有情况，为土地制度史研究提供了原始资料。族谱的附录部分，又常常收录诸如分家书等契约文书，成为考察家族资产的第一手资料。江南大学蒋明宏教授曾发表论文《明代江南乡村经济变迁的个案研究——江阴徐霞客家族经济兴衰、分家析产及明末织布作坊诸问题探析》①，对明代江阴徐霞客家族的经济兴衰、分家析产等作了个案考察，其所根据的主要就是江阴《梧塍徐氏宗谱》所载资料。江阴梧塍徐氏是明代著名地理学家徐霞客所属宗族。该宗谱载有徐氏家族的各方面的珍贵资料，其中收录的经济方面的资料亦颇为难得。按宗谱所载可知，徐氏从明洪武至弘治时"家益裕，族益大，资累巨万"，徐麒任郡粮长，有田产"若千顷"，即达数十万亩。这是否可信呢？再看该谱的其他记载。大约从弘治末年，徐氏家族进入中衰。宗谱中收录了徐经去世七年后（1514年）由其夫人杨氏主持的一份分家书《杨氏夫人手书分拨》，该分书载，当时分给徐经三个儿子的家产计"官民田地三百七十七顷九十三亩二分八厘，官山十亩，民山五顷三十三亩七分四厘八毫"，又有芦场、草场等其他地产，总计为40399.24亩。这已是徐氏中衰、经过数世分割之后的地产数字。由此可推知，徐麒时田产达"若千顷"的说法并非虚语。大家知道，分家书作为一种契约文书，具有法律效力，其上所载数字是分毫不差、毫不含糊，确凿无疑。在经济史学界，有的学者根本否认封建社会有占田几万亩的大地主存在。徐氏宗谱提供的一手资料证明，这种观点是站不住脚的。

在法制史研究中，族谱中常常收录告词、诉状以及完整的诉讼案卷等法律文书，为法制史研究提供原始资料。如《新安大阜吕氏宗谱》所载《吕氏负冤历朝实录》即是一部较为完整的诉讼案卷，分天、地、人三集，汇录了明隆庆至万历间围绕吕氏祖墓、祖祠诉讼案件的各种法律文献共62件。其中不仅有呈词、辨语，还有相关证据；不仅有上告状文，还有官府批详；不仅有原告方面的，还有被告方面的，包括两造。它基本上汇录了

---

① 蒋明宏：《明代江南乡村经济变迁的个案研究——江阴徐霞客家族经济兴衰、分家析产及明末织布作坊诸问题探析》，《中国农史》2006年第4期。

这一案件的各种诉讼案卷。对这些法律文献和文书档案，谱中皆全文直录，并基本保留了原文格式，其所蕴含的研究价值自不待言。它为研究中国古代司法诉讼提供了一个具体案例，为我们探究明代司法机构、诉讼程序、审判制度、判决过程、法理依据等，都提供了生动的素材①。

在社会史的研究中，家谱中收录的资料多涉及基层社会各个方面，十分丰富，其中所载宗祧承继、社会生活等方面的资料尤为珍贵。例如，清同治年间所修婺源《腴川程氏宗谱》，保存了有关该族宗祧承继的详细资料，为我们考察徽州宗族的异姓承继问题提供了宝贵素材。在《腴川程氏宗谱》的最后，附有《清源录》一卷。所谓"清源录"，是将载入正谱中的异姓承继者，查明某支系某人入继，而另编一卷，以清眉目。按《清源录》所载统计，《腴川程氏宗谱》所载异姓继子姓氏可考者共40姓，异姓继支人数计477人。在《腴川程氏宗谱》的正谱之中，自百一世至百十世登录男子计4460人，其中包括异姓继支477人，异姓继支所占比例为10.7%。又据《腴川程氏宗谱》所载，若只计承继事例，不计继支人数，其同宗承继计为231例，而异姓承继计为224例，二者可以说相差无几。这些数字及其所占比例，正如前引《清源录》序中所言，真可谓"触目警心"！笔者曾利用《腴川程氏宗谱》所载《清源录》资料写过一篇文章《明清徽州宗族的异姓承继》②，可供参考。

再举一个关于社会史研究的例子。日本东京大学田仲一成教授对中国戏曲史很有研究，著有《中国的宗族与戏剧》③、《中国戏剧史》④、《明清的戏曲——江南宗族社会的表象》⑤等，以戏曲活动为中心，对中国古代宗族社

---

① 栾成显：《〈新安大阜吕氏宗谱〉研究》，载《徽学》第六卷，安徽大学出版社2010年版。

② 栾成显：《明清徽州宗族的异姓承继》，《历史研究》2005年第3期。

③ ［日］田仲一成：《中国的宗族与戏剧》（钱杭、任余白译），上海古籍出版社1992年版。

④ ［日］田仲一成：《中国戏剧史》（云贵彬、于允译），北京广播学院出版社2002年版。

⑤ ［日］田仲一成：《明清的戏曲——江南宗族社会的表象》（云贵彬、王文勋译），北京广播学院出版社2004年版。

会进行了深入剖析。其主要资料来源就是中国古代的谱牒。粗略统计，仅《明清的戏曲——江南宗族社会的表象》一书中所引各类宗谱就有50余种。其中包括前面介绍的族谱《茗洲吴氏家记》等，该谱《社会记》中，记录有宗族祭祀演戏活动等许多珍贵资料，这在其他历史文献中是很难看到的。

总之，谱牒之中保存了大量的人物、家族、经济、移民、文化、民俗、教育、人口等多方面的资料，对人口学、历史学、经济学、教育学、民俗学等人文社会科学，乃至自然科学都有重要的研究价值。

从某种视角来说，中国古代的社会结构大致可分为这样三个层面：国家统治系统、基层社会系统和宗族组织系统。而古代中国对这三个系统都有丰富的历史记载，并形成了各自的文献体系，这就是以记载国史为主的正史、以记载地方社会为主的方志和以记载宗族为主的谱牒。谱牒是中国古代特有的三大文献体系之一。长期以来，人们多重视正史、方志，而对谱牒的关注显然不足。尽管谱牒之中存在空谱、俗谱，或有夸与妄之弊，但其中亦有体例严整、考核有据、内容丰富的成熟之作。人们会发现，在一些谱牒之中还保存了其他任何文献都没有记载的珍贵史料。谱牒堪称记录中华历史文化的又一宝藏。从整体来看，目前对谱牒资料的整理与利用尚处于初始阶段。对谱牒这一文献体系保存的丰富资料进行全面开发和深入探究，乃是今后中华历史文化研究所面临的重大课题之一。

本文原为2011年4月10日在国家图书馆"文津讲坛"所做演讲的演讲稿，之后作了修改和补充，载于《安徽师范大学学报》（人文社会科学版）2012年第1期，有改动

明清徽州宗族的异姓承继

古代徽州，以最重宗法而著称于世。说起徽州宗族，人们每每引用清代赵吉士的著名论述："新安各姓，聚族而居，绝无一杂姓搀入者。其风最为近古……千年之冢，不动一抔；千丁之族，未尝散处；千载之谱系，丝毫不紊……"[①]的确，这一概括十分精彩，说徽州宗族最为近古而胜于他邑，也极为恰当。但对于徽州宗族研究来说，还不能就此为止。徽州宗族果真如此绝对纯正？徽州宗族历经千年是否一成未变？这些问题无疑还应作进一步探究。

一、婺源腴川程氏宗族异姓承继考察

宗祧承继为宗族研究的重要问题之一。清同治年间所修婺源《腴川程氏宗谱》[②]，保存了有关该族宗祧承继的详细资料，为考察徽州宗族的异姓承继问题提供了宝贵素材。

腴川，地处徽州府婺源县中部，县城之北（今思口一带）。腴川程氏，本自徽州名族篁墩程氏分迁而来。唐末黄巢之乱，程湘与兄沄、弟淘一同

---

① 〔清〕赵吉士：《寄园寄所寄》卷11《泛叶寄·故老杂记》，载《四库全书存目丛书》子部第155册，齐鲁书社1995年版，第447页。引用此文的论著极多，恕不一一列举。

② 安徽大学徽学研究中心伯山书屋藏，登录号第214号，详见下文介绍。

起兵，保守州里，招授歙州，来镇婺源，官拜尚书，遂居于此，是为婺源程氏诸派之祖。其后子孙繁衍，支派众多，程氏亦为婺源之望族。程湘之五世孙曰笃卜居婺源之金竹，至明初洪武时二十二世孙原泰又分迁腴川，乃腴川程氏始迁祖。其后，腴川程氏又有分迁洪川、西塆以及词溪、尤溪者①。

《腴川程氏宗谱》，清同治七年（1868年）修，计32卷，全14本。安徽大学徽学研究中心现藏13本，缺第二十八卷宅基图、丘墓图1本。谱中先依次载有序、目录、凡例、世系考、先世勅命、像赞、庙记、忠壮公传及祭文、诰命；其次为谱系图，先列广平世系、新安世系、腴川前半世系，次载腴川程氏洗公、汉公、海公、湖公、兴公、祁公、祐公、荫佳公各支百一世至百五世世系，以及百六世至百十世世系，每五世一秩，分为两大部分，并载洪川、西塆、尤溪、词溪各派世系；其下又有腴川宅基图、丘墓图，孝友义行传，寿序，节孝传，修谱与捐输人名，领谱字号，公议及跋等。《腴川程氏宗谱》的特点是，最后附有《清源录》一卷。

所谓"清源录"，是将载入正谱中的异姓承继者，查明某支系某人入继，而另编一卷，以清眉目。其卷前列有序文如下：

> 夫继绝世，此王政也。立继以绍宗祧，大义昭然。我族自先世以来，间有异姓入绍者，世系之下，注明本姓。祀祖之日，不派主祭，祖例如此。前次修谱因之，此次续修宗谱，恪遵祖例，异姓继支，照旧登谱，注明本姓。祀祖之日，不派主祭、分献、大赞，其余执事，酌派襄事。倘继支，又有乏嗣，立继本宗者，是异姓之义已绝，本宗之谊复联，照本宗入继之例办理。且如祖父等有功于国家，合邀荫袭酬庸例，以宗支，承之，异姓入继者不与。恐世远年湮，或失其源，致启争端，因查明异姓各继支，另汇一卷，名为《清源录》，附于卷末，以便稽览。盖嗣续维艰，应由亲及疏，择其昭穆相当者入继，总

---

① 以上据《腴川程氏宗谱》卷首序文、卷2《世系考》、卷5《腴川世系·成巳下原泰支》所载。

以本宗为重。异姓入继，此不得已之举。窃详查之，有可立应继之支，或以小嫌故以异姓入绍，或应承继之支不愿入绍，或已生亲子仍立异姓入绍，皆失敦本之谊。汇《清源录》一卷，使孝子顺孙触目警心，知宗支为重，庶能务本，以绵祖泽，是所谓清其源也。

《清源录》中所载，仍依谱系格式，分不同房、支，按世系排列，在某某继子之下，列出继子之名，其下注有本姓、何地人、乳名、生子某某及其他有关内容。以卷中第一叶所载为例，其格式与内容如下（表1）：

表1　腴川清源录卷三十二"洗公下彦公支"

继子	百一世	百二世	百三世	百四世	百五世
文熊继子					国仁　本姓李，乳名三德，无传
大庸继子				文干　本姓李，金盘人，乳名生，子二，仁、信，仁出继兄文熊为嗣	国信　本姓李，乳名大德，无传
大奎继子				文明　本姓程，长径人，无传	
大亨继子				文魁　本姓王，城人南（南人），乳名接生，无传	
世仲继子			大赏　本姓董，城东人，字景臣，子一，文日	文日　本姓董，子二，相、柱	国相　本姓董，乳名旺，无传 国柱　本姓董，乳名难，子大迎、连、遑、述、通、道

从《清源录》以及正谱中所载可知，腴川程氏宗族对异姓承继的处理遵循了以下原则：

第一，准入正谱。如前引序文中所说"异姓继支，照旧登谱，注明本姓"。所谓"登谱"，乃指异姓承继者登入正式的谱系之中。这可从其正谱所载得到证实。例如，《清源录》第一叶载，作为文熊的继子国仁，大庸继子文干、孙国信等，其在正谱"洗公支百一世至百五世世系"中亦载：

〔百三世〕	〔百四世〕	〔百五世〕
大橾	文熊 行礼，字天兆，康熙丙申三月二十午时生……继弟文干次子仁为嗣。	国仁 行乐，乳名三德，乾隆辛卯十二月廿九亥时生，殁失考，葬新田。娶古坑石氏，夫殁再醮。无传。
大庸 康熙甲戌九月十三辰时生……继金盘李氏之子为嗣。	文干 行礼，乳名生，本姓李，雍正甲寅九月廿八寅时生，殁失考。娶上村叶氏……子二，信、仁。仁出继兄为嗣。	国信 行乐，乳名大德，乾隆丁亥二月十三丑时生，殁失考，葬杨梅山丙向，娶邑中王氏，夫殁再醮。无传。

可以看出，在正谱之中，异姓继子也同样排有字行，除了标明本姓外，其余登载与本宗之人并无区别。

第二，准予祭祀。只是在祭祖的规格上有所不同，即《清源录》序文中言："祀祖之日，不派主祭、分献、大赞，其余执事，酌派襄事。"该宗谱凡例中亦载："祀祖之日，不派主祭、陪祭、分献、嘏辞、工祝、正赞，其余执事，酌派襄事。"①

第三，继支又有乏嗣，立继本宗者，照本宗之例办理。如《清源录》中载："宗潜支，国松，本姓朱，乳名广四，继本支国廪四子士培为嗣，培世系应复入本支宗谱"，"时曜下二诗支，国富次子，士聪，本姓许，乳名寿新，继本房士根次子之源为嗣，之源世系应复入本支宗谱"②。而异姓继支乏嗣，亦准再立异姓承继。《清源录》载："湖房时曜下一诚支，国梅继子，士悦，本姓汪，段莘人，乳名和新，继开化县张继子之声为嗣。之声，本姓张，开化人，乳名根林"，"宗添下时铭支，国淌继子，振美，本姓詹，乳名亨泰，继汪家村李姓之子祥顺为嗣。祥顺，本姓李，汪家村，乳名兴旺"……③此外，还有异姓继子出继外姓的事例。如，"汉公下瑗公支，世涛继子，国众，本姓陈，乳名众喜，子三，亮、光、辉。光过继胞弟国鹏为嗣，辉出继沙城俞姓为嗣，次子回宗"④。

第四，本宗若有荫袭酬庸之例，异姓入继者不与。

第五，异姓各继支另汇一卷，名为《清源录》，附于卷末，以便稽览。

在整个明清时代，各地宗族对异姓承继的规定颇为不同。有的宗族一直禁止异姓承继，"倘若取异姓之子为后，不许入祠列谱"⑤，"如有乞养异姓为嗣者，不载"⑥，"凡有晚妻带来之子，不许叙入族谱，有犯异姓乱宗之例"⑦，或只列附卷，不入正谱。即使准入正谱，亦有种种额外规定，如在异姓继子之下"一概加以养字"⑧，或"依照旧例，男子如亲血脉，

---

① 《腴川程氏宗谱》卷2《凡例》。

② 《腴川程氏宗谱》卷32《清源录》。

③ 《腴川程氏宗谱》卷32《清源录》。

④ 《腴川程氏宗谱》卷32《清源录》。

⑤ 同治《东粤宝安南头黄氏族规》，转引自《中国的家法族规·附录》，上海社会科学院出版社1998年版，第298页。

⑥ 光绪《东阳上璜王氏宗谱》卷1《修谱条例》，转引自《中国的家法族规·附录》，第307页。

⑦ 民国《河北交河李氏谱例》，转引自《中国的家法族规·附录》，第402页。

⑧ 光绪泉州《蓬岛郭氏家谱》，转引自陈支平：《福建族谱》，福建人民出版社1996年版，第57页。

则画红线，曰某人之子；如螟蛉，则画乌线，亦曰某人之子"①，甚至规定"外继子若生而不育，不得再置外继子"②，等等。相比之下，腴川程氏宗族关于异姓承继虽亦有一些规定，以示区别，但总体来看，其对异姓承继是予以承认的，所采取的态度和做法也是相当宽容的。《清源录》序中说："我族自先世以来，间有异姓入绍者"，并指出，上述对待异姓承继的做法乃是"前次修谱因之，此次续修宗谱，恪遵祖例"等等，可见，腴川程氏宗族的这些做法由来已久。

《清源录》所载各异姓继子中，有多例"系母带腹所出"，如"海公下时康支，文珧继子，国伏，乳名观伏，系母带腹所出，子一，士意""洗房彦公下庄公支，国洪继子，士标，乳名旺起，系随母带腹所出""一本下起旸支，士桢继子，之元，本姓叶，随母遗腹子，乳名元顺"③，等等。此外，有一例注明为外甥承继："宗添下时铭支，国展继子，士观，系继子外甥，无传。"④又有一例注明系养子："谟公下祁公支，文荔继子，接保，系养子，无传。"⑤可以推知，其余绝大多数当与程氏未有姻亲关系，由抱养外姓之子而作为正式继子的。

再看一下腴川程氏宗族异姓承继的数量。

按《清源录》所载统计，其异姓承继各姓氏及其人数见表2（按谱中姓氏首次出现顺序排列）：

表2 腴川程氏宗族异姓承继各姓氏及其人数

异姓姓氏	李	程	董	王	洪	罗	俞	张	刘	郑
人数	39	26	31	53	9	3	34	24	1	13
异姓姓氏	朱	叶	陈	夏	石	龚	金	鲍	汪	许
人数	21	11	17	19	7	5	5	5	35	12

① 陈嘉庚：《一九四四年在印尼峇株》，载《泉州文史》1981年第5期。

② 民国《章溪郑氏宗谱·民国三十六年新增凡例》，转引自《中国的家法族规·附录》，第415页。

③ 《腴川程氏宗谱》卷32《清源录》。

④ 《腴川程氏宗谱》卷32《清源录》。

⑤ 《腴川程氏宗谱》卷32《清源录》。

异姓姓氏	祝	胡	詹	查	余	任	游	毕	周	方
人数	1	5	16	1	10	10	2	3	3	2
异姓姓氏	倪	马	戴	江	何	卢	吕	徐			
人数	1	1	1	6	1	1	1	1			

注：此外还有养子1人，失考37人。

这一统计的时间跨度是，自腴川程氏百一世至百十世，即从百一世嫡长子起仁公生年明万历八年（1580年）始①，至《腴川程氏宗谱》修成之清同治七年（1868年）止，其间为288年。如表2所示，作为异姓承继，《清源录》中还列有程姓26人。这种情况是，其虽为同姓，但与腴川程氏搭不上宗族关系，属于同姓不同宗之例。

据表2统计，其异姓继子姓氏可考者38姓，另有姓氏失考者37人；异姓继支人数共474人。查阅正谱，还发现有3例异姓承继者系《清源录》中漏载②，将其统计在内，《腴川程氏宗谱》所载异姓继子姓氏可考者共40姓，异姓继支人数计477人。在《腴川程氏宗谱》的正谱之中，自百一世至百十世登录男子计4460人③，其中包括异姓继支477人，异姓继支所占比例为10.7%。又据《腴川程氏宗谱》所载，若只计承继事例，不计继支人数，其同宗承继计为231例，而异姓承继计为224例，二者可以说相差无几。这些数字及其所占比例，正如前引《清源录》序中所言，真可谓"触目警心"！

---

① 《腴川程氏宗谱》卷7《祖钊房宗洗下彦公支》。

② 《腴川程氏宗谱》卷11《祖兴房世系宗江支》百四世文勇名下载"继江右邱氏子顺为嗣"；卷27《词溪应斗下久胪支》百四世文学名下载"继吴姓国祺为嗣"；《词溪应斗下文胪支》百六世士坤名下载"继长径程登次子之炜为嗣"：以上3例《清源录》中均不载。

③ 据《腴川程氏宗谱》卷7至卷27所载资料统计。

二、休宁二十七都五图人户承继分类统计

在遗存的徽州文书档案中，安徽省博物馆藏有四册明万历时期休宁县二十七都五图的黄册底籍①。这四册文书分别是《万历十年大造二十七都五图黄册底籍》《万历二十年大造二十七都五图黄册底籍》《万历三十年大造二十七都五图黄册底》，《万历四十年大造二十七都五图黄册底》。四册文书均系清初抄本。关于这四册文书的介绍与考证，请参阅拙著《明代黄册研究》第六章"万历二十七都五图黄册底籍"②。黄册制度是明代户籍与赋役之法的一项基本制度。这四册文书保存了有关一个图（包括几个自然村，计150余户）的、连续四个大造之年的比较完整的人口与土地资料。人口方面，在每册黄册底籍中，户长姓名与前一届大造相比发生变化者，多注其承继关系，从而为考察当时的人户承继与变化情况提供了难得的资料。

从二十七都五图黄册底籍中可以看出，当时各人户的承继关系是多种多样的。就亲属系统来说，有承父、祖父、伯父、叔父、兄等，以上为父系方面；在母系方面则有承外祖、舅等；又有妻系方面之承岳父者。此外还有承义父者，即非亲属系统的异姓之间的承继。兹录黄册上的有关文字记载，举例如下。

> 承父："一户高旺　承故父全"（万历二十年册一甲）
>
> "一户朱朝道　承故父朱雷"（万历四十年册十甲）
>
> 承祖父："一户吴天保　承故祖吴和"（万历二十年册二甲）
>
> "一户朱良佑　承伯祖添芳"（万历三十年册八甲）
>
> 承伯父："一户吴榛　承故伯存孝"（万历二十年册七甲）
>
> "一户洪源　承故伯洪龙"（万历四十年册九甲）

---

① 安徽省博物馆藏2：24527号。

② 参阅拙著：《明代黄册研究》，中国社会科学出版社1998年版，第196—207页。

承叔父："一户朱祖光 承故叔朱社"（万历二十年册十甲）

"一户王祥 承故叔王美"（万历四十年册四甲）

承兄："一户宋甲毛 承故兄积高"（万历二十年册三甲）

"一户谢廷奉 承故兄使"（万历三十年册一甲）

承外祖："一户金宗社 承外祖詹佑"（万历三十年册一甲）

承舅："一户汤旺 承故母舅汪振"（万历四十年册九甲）

承岳父："一户陈方 承故外父朱胜付"（万历二十年册五甲。据万历十年册该户实在项下载"婿陈方年六十四岁"，可知这里所说的"外父"即岳父）

承义父："一户朱良 承故义父汪显"（万历四十年册十甲）

据黄册底籍所载资料，隆庆六年（1572年）至万历四十年（1612年）二十七都五图人户承继关系分类统计（户数）见表3。

表3 隆庆六年至万历四十年二十七都五图人户承继关系分类统计（户数）

大造年份	父亲	祖父	伯父	叔父	兄	外祖	舅父	岳父	义父	不明
万历十年	5		1	1	1	1			5	
万历二十年	10	8	1	8	8	1		1	3	5
万历三十年	11	3	5	3	4	3	1		5	5
万历四十年	8		1	2	4		1		2	
总计	34	11	8	14	17	5	2	1	15	10

按万历十年（1582年）黄册所载，实为隆庆六年至万历十年这一轮大造之内容，所以据万历十年至万历四十年四册大造黄册底籍所载资料而进行的统计，其时间跨度乃是隆庆六年至万历四十年。

从表3可以看出，在人户的各类承继关系中，仍以承继父系亲属者占大多数，其中又以父子相承占第一位。而承继母系、妻系亲属者较少。引人注目的是，作为非姻亲关系的异姓之间的承继，承义父，即以义男身份承继的人户，也有相当数量，达15户之多。在各种承继关系中，其仅次于父子、兄弟相承，占第三位。过去论者一般多认为义男即奴仆或变相奴仆，近来学者已有新的研究①。从黄册底籍等文书档案所载来看，明清时代义男的身份并非如此单一。官僚或大户人家的义男多属奴仆，当无疑问；而自耕农或佃农等小户人家收养的义男，则多是作为该户的承继者，继承资财，维系家庭，日后多被立为户主，并得到官府承认。更确切地说，义男在这里的身份是异姓承继者。二十七都五图黄册底籍中所载多数义男即属此种情况。如万历十年黄册底籍载，一户吴天保，承故义父吴盛。吴盛旧管男妇二口，民田地山一分零九毫。吴天保系万历元年（1573年）来继义父吴盛为嗣，万历八年（1580年）义父吴盛故去，万历十年（1582年）大造黄册，吴天保遂承义父立为户主。吴天保称吴盛为义父，原本当不姓吴，此名应是到吴家后所起。从宗法关系来说，作为异姓义子，入继后当然要改从义父之姓。不过，从黄册底籍中可以看出，其中又多有复原姓者。如万历十年册中载："一户高全，原籍义父汪姓，今复姓高。"同册又载："一户朱社嵩，原籍故义父汪起……本身原系本甲朱嵩户次弟，系万历四年来继义父汪起为嗣，今承籍当差。"黄册中人户承继的意义，更重于"承籍当差"，而宗法关系则被淡化了。

在隆庆六年（1572年）至万历四十年（1612年）这40年间，二十七都五图户长姓名发生变化者共99户，其中有18户在这40年间户长姓名发生了2次变化。如万历十年（1582年）册一甲所载方侃户，至万历二十年（1592年）册即载，"一户方廷贵承故叔侃"；至万历三十年（1602年）册又载，"甲首有粮第六户：一户余铎承故舅方廷贵"。再如万历十年册三甲所载吴仔户，至万历二十年册即载，"一户吴天龙承故叔仔"；至万历四十年册又载，"甲首第二户：一户吴长富承故兄天龙"。因而按表3统计，该图40年间户长姓名发生变化者共117户次。这40年间，该图户长姓名不变者有57户。这是因为，明王朝规定，军户、匠户不许分户②；中叶以后，

---

① 参阅许文继：《"义男"小论》，《中国社会经济史研究》2002年第2期；汪庆元：《明代徽州"义男"考论》，《中国社会经济史研究》2004年第1期。
② 正德《大明会典》卷21《户部六·户口二·攒造黄册》。

黄册中又多有不以现在人名立户而"袭用已故者"之弊①。其中有一些土地和人口众多的大户，多以总户一人登记在册，户长姓名长期不变。其实，这种大户多早已析产分户，按诸子均分制的原则分成了众多经济上独立的子户，但在官府的册籍上仍以原大户一户登记在册，长期不变。二十七都五图的朱学源户、王茂户等即属此种情况②。因此，这类大户之下各子户的人户承继情况，在官府的册籍上则无法反映出来。所以，据黄册底籍所作的人户承继分类统计，又是不完全的。

尽管如此，除去某些非宗法意义上承继的成分，黄册底籍的有关资料统计，仍在相当大的程度上反映了当时人户承继的实际情况。如表3所示，二十七都五图在40年间所发生的117次人户承继中，义子承继有15户；而若从宗法承继来说，内侄、赘婿等方面的承继亦属异姓承继，加上这些，异姓承继达23户，在各类人户承继中，仅次于父子相承，属第二位；占总共发生的117次人户承继的19.7%。总之，徽州宗族的异姓承继相当普遍，绝非个别现象。

三、异姓承继原因分析

"异姓入继，此不得已之举。"这是前引《清源录》序文中的话。既是不得已之举，则必定有其不得不继之原因。

按宗法制度规定，一个宗族之下的每个男子在其过世之后，都应有人来承继他的宗祧。本位宗祧由嫡子承继，众子则不断另立宗祧。如果一个男子没有亲生儿子，就要立继，以确定其宗祧承继人。为保持宗族的血缘关系，过继与承继必须在本宗族范围内实行，这是立继的一个基本原则。在本宗的原则下，又须遵循由亲及疏和昭穆相当的规定，以维护宗法秩序。按理说，这种在本宗范围内按既定秩序进行宗祧承继的做法，当不会遇到什么困难。但其实不然。中国古代社会虽然一直提倡多生多育，多生

---

① 《明世宗实录》卷489，嘉靖三十九年十月戊戌条。

② 参阅栾成显：《明代黄册研究》，第396—430页。

男子，一些家庭也确实有多个儿子，但实际上并非每个家庭都是如此。在当时的社会经济和医疗卫生条件下，高出生率伴随着高病死率，婴儿病死率高，而人口平均寿命亦短。这样，只有一个儿子或没有儿子的家庭也不在少数。这个基本事实无法否认。以《腴川程氏宗谱》为例，其正谱各人名下所载系"子一"即只有一个儿子者，计702人，系"无传"即没有儿子者，计1083人，二者合计达1785人，竟占谱中登载总人数4460人的40%。再按《清源录》所载，在这些异姓继子当中也有相当多的人再没有儿子。其中有所谓"无传"者，如"汉公下瑗公支，百五世，国得，本姓陈，乳名四得，无传；国安，本姓陈，乳名发得，无传"等，这类绝后者共计112人。又有所谓"早殁"者，如"兴公宗添下时铭支，百四世，文三，本姓余，早殁；文盛，本姓余，早殁"等，共计25人。还有一些因无子而不得不立继者，共37人。以上三类无子者合计174人，占异姓继支总人数474人的36.7%。于是，出现这样的局面是常见的现象。就同一宗族来说，一方面存在着相当数量因没有儿子而需要立继的家庭，另一方面又没有足够的合乎宗法制度要求的宗祧承继人，继子乏人，求大于供。难怪《腴川程氏宗谱》的作者发出了"嗣续维艰"的感叹，继子乏人不能不说是异姓承继事例较多的根本原因之一。徽属黟县一直有这样的习俗："黟俗居民恒因人丁稀少，价买异姓男孩承继宗祧，其字约内必载明'生死听命，永不归宗'等语。按：此项习惯系据黟县知事调查所得。"[①]亦是继子乏人的一个证明。

当然，嗣续维艰的原因还不仅仅由于同宗内继子乏人。本宗即使有可继之子，仍常出现异姓承继。前引《清源录》序中说："窃详查之，有可立应继之支，或以小嫌故以异姓入绍，或应承继之支不愿入绍，或已生亲子仍立异姓入绍，皆失敦本之谊。"讲的即是这种情况。不过，这里所言不继同宗而立异姓的几种情形，表面上虽因"小嫌"等故，但在其背后却有深刻原因，并非偶然。原来，宗族既靠血缘关系来维系，又以家庭为其

---

① 前南京国民政府司法行政部编：《民事习惯调查报告录》第4编《亲属继承习惯》，中国政法大学出版社2000年版，第873页。

构成的基本单位。中国古代自商鞅变法以来，特别是宋代以后，即使在同一宗族之下，能够维持累世同居共财大家庭的毕竟是少数，绝大多数是在诸子均分制的原则之下不断分析，而形成了经济上各自独立的个体小家庭。从血缘关系来说，这种小家庭是构成宗族的基本单位，受到宗法的制约；而从经济方面来说，它又是一个社会的生产单位，对于宗族则有相对的独立性。当处理宗祧承继之类事务之际，遵循宗法伦理固然重要，而维护自己家庭的利益则不能不放在重要位置，乃至首位。一方面，从整个中国宗族发展与变迁的历史来看，宗族的力量，即血缘关系方面的制约，不是越来越强，而呈减弱趋势；另一方面，随着经济的发展与社会的变迁，家庭的独立性则越来越大。在维护家庭利益方面，经济问题至关重要，宗祧承继与财产继承紧密地联系在一起。"人之无子，而至于立继，不过愿其保全家业，而使祖宗之享祀不忒焉耳。"①特别是对于那些中小贫弱的家庭来说，家业的保全尤为重要。异姓承继的发生往往与经济问题有关。"艰于嗣者，每畏亲房得其家财，昧天理者，必喜外姓承其宗祧。私情易起，默地难欺。若何产出姑娣，未全非类；惟有抱血他族，乃属乱宗，祭不使与，谱亦宜差。"②下面举出与家业之争有关的两个异姓承继案例。祈彪佳《莆阳谳牍》载：

　　一件图赖抄家事

　　审得徐朝修兄弟文修、士修三人。朝修、士修无子，文修子五人，其星仔即应继朝修。文修家贫，盖耽耽于兄之继产久矣，而朝修以身尚未死，故未肯立继。朝修有义子吴聪，朝修每偏爱之。文修以为聪之资本皆兄所有也，兄之所有即己所有也，故不怂于聪而因与兄争构，非一日矣。偶因士修有所遗木柜一口，文、朝亟欲得之，而朝修客不与，以致兄弟复相争詈。星仔短见，恐伯父之产渐为继子所消

---

　　① 〔明〕张四维辑：《名公书判清明集》卷8《户婚门·治命不可动摇》，载《续修四库全书》第973册，上海古籍出版社2002年版，第435页。

　　② 光绪《书林余氏重修宗谱》卷首《族禁六款》，转引自陈支平：《福建族谱》，福建人民出版社1996年版，第59页。

耗，且见父与伯之不和，遂投井以死，此与朝修无与也。乃文修不念吴聪之买顿有麦，而且痛子之死，又加以己之贫，遂不顾手足至谊，而强挑其麦数担，此族众不能为之讳也。由此评之，文修与朝修皆有失焉，朝修无子，亲侄即其子也，乃不早立继，偏信外人之吴聪，究其故，与文修不和，夫兄弟而何可不知，此失在朝修也。文修虽贫，而二分之业，后日皆其所有，况兄老而无子，情景堪怜，正宜顺聚以终兄之年，兄之遗积谁复能夺之哉！乃介介焉于目前，争些须之利，致朝修苦而控之本府。至于强搬吴聪之麦，益横矣，吴之麦即系兄之本，而兄一日未死，本业应听兄之用，而强而搬之，大干法纪。姑念贫穷，量追银贰两，不特偿聪，亦所以安兄心也。至于朝修亦须早定其继，以免纷争，非文修子不可。朝修、文修各杖之，文修再薄责示儆。①

这是明末天启年间，祁彪佳在福建兴化府做推官时判案的一则谳牍。案中人物徐朝修无子，而其弟文修有子五人，按宗法制度当以弟子星仔立继。但朝修迟迟不肯立继星仔，而偏爱义子吴聪。其原因很明显，就是怕弟文修得到家产，而想立义子吴聪以保全家产。此案的导火线是为争一口木柜，朝修连一口柜子都"吝不与"弟，怎么能舍得多年积攒起来的家产呢？而其弟家贫，"耽耽于兄之继产久矣"。另一方面，如果反过来，出继者富有，被继者贫穷，则就可能出现前引《清源录》序中所言"应承继之支不愿入绍"的情况。判语中还有这样一句话：文修"强挑其麦数担，此族众不能为之讳也"，族众讳言文修强搬吴聪之麦一事，表明族众作为宗族方面的代表，怕异姓承继家产，而站在文修一方。官府最后也判定立继"非文修子不可"。但从此案不难看出，立继同宗，还是偏爱异姓，主要是因为经济问题，继子之讼实为家产之争。

李清《折狱新语》载：

　　一件占产事。

----

① 〔明〕祁彪佳：《莆阳谳牍》第2册，中国国家图书馆善本部藏10448号。

　　审得先故王炀，乃王荣义男，而后故王恩，则荣继子也。今取分书阅之，犹炀故恩存时，于是举置田六十亩，作三股均分，而炀子大英、大杰得二，恩仅得一，此岂有说乎？则谓炀子两，而恩止一子大相耳。夫是举也，荣有三失：以犹子承祧，又以螟子树敌，则有非我族类之嫌，一失也；不以子之多寡为豆判，而以孙之赢缩为瓜分，则有"不揣其本，而齐其末"之诮，二失也；且犹子之子，仅一隅短割，而螟蛉之子，反半壁长截，则有"其所厚者薄、而其所薄者厚"之疑，三失也。虽然，此非正理，独无隐情乎？夫世所谓继子者，生安知怀桔为何物，死安知刻木为何形？想口不祷松鹤，而心欲咒菌蟓，惟耽耽于一块土之入掌耳！若义子者，虽曰寄生，不作飞花，故为之父若母，反有"飞鸟依人，人自怜之"之意。而未可曰：彼视余犹父也，予不得视彼犹子也？荣之厚畀英、杰，无乃为是乎？迨死肉未寒，生戈已起，而恩子大相始控之县，则断出二亩，继控之府，则断出六亩。浸淫而进之，如食桑之蚕，叶不尽不止矣。大英等之告，非求收覆水，但欲保故疆耳。今读大相词内，犹以房屋滩园未经均分为言，而筑薛不休，又思逼滕也。无乃有以召大英辈之呶呶乎？恐为大英兄弟者，未可作"齐归鲁侵"之说，而为大相者，亦难作"伐虢取虞"之计也。王大英、王大相同室操戈，各杖以儆。其所分田产，仍照原断行。虽然，不平而偏，王荣实召兵矣！若问首祸，当罪老奴。杖不及死，亦幸矣哉！[1]

这是明末崇祯时，李清任浙江宁波府推官时判案的一则谳牍。案中王荣，下有义男王炀，又有继子王恩。炀有二子，恩止一子。在炀故恩在时，王荣将家产按三个孙子平均分配，即义男二子共得两股，而继子一子仅得一股。按诸子均分制原则，家财须按儿子辈即按房分平均分配，而不应按孙子辈的人数平均分配。王荣的做法表明，显然他厚义子而薄继子，日后纷争遂由此而起。此案一方面说明义子与继子之讼仍为家产之争，同时也披

---

　　① 〔明〕李清：《折狱新语》卷2《承袭·占产事》，载《续修四库全书》第972册，第567—568页。

露了当时一些人薄同宗继子、厚异姓义男的深层次原因。对此种隐情李清作了一段议论，其意为：世间所谓继子（指同宗继子），哪里知道对继父母的孝心为何物？还不是咒其早早死去，紧盯着那份家产而已。至于义子，虽曰寄生，若无他心，飞鸟依人，反受人怜，他既然视"我"为亲父亲，"我"为什么不把他当亲儿子呢？王荣厚爱义子恐怕就是因为如此吧。李清的分析应该说是很中肯的。就是说，宗祧承继建立新家庭，这里面还有一个感情问题。即使在同宗承继的场合，亦有所谓应继与爱继，或称立序与立爱，其间的感情问题自不待言。在同宗与异姓之间，亦存在同类问题。

徽人程敏政曾说："夫徽州之讼虽曰繁，然争之大要有三，曰田，曰坟，曰继……田者，世业之所守；坟者，先体之所藏；继者，宗法之所系，虽其间不能不出于有我之私，然亦有理势之所不可已者。"①可知，当时徽州有关宗祧承继的诉讼亦同样很多。其中，当不乏与异姓承继相关的案例。诚然，这方面的史料尚待进一步挖掘。

如前所述，《清源录》所载各类异姓继子中，有多例"系母带腹所出"，即寡妇再嫁所带之子。毋须赘言，遗腹子之承继，当多发生在贫弱的小家庭之中。因为一般富裕之家，不用说初婚，就是再婚，也不会迎娶寡妇的。腴川程氏宗族虽称大姓，其下亦当存在不少贫弱的小户。此外，还有的男子终生未娶而收养义子的情况。对于贫弱家庭以及鳏寡孤独来说，异姓承继的发生更是不得已之事。或者说，为了维系家庭的存续，他们只能采取异姓承继的办法。在这里，异姓承继与其说是为了宗祧承祀，还不如说是为了现实生存。现实生活的需求不能不重于宗法伦理的要求。通过异姓承继而组成家庭，或使家庭得以存续下去，亦可以说是在当时下层社会某些群体之间的一种互济互助方式，带有积极的社会意义。

《清源录》中异姓继子均注有原籍。如"瑞公下起忠支，之远继子，振道，本姓周，乳名益顺，歙邑顺村人。之根继子，振坤，本姓张，乳名

① 〔明〕程敏政：《篁墩文集》卷27《赠推府李君之任徽州序》，载《文渊阁四库全书》第1252册，上海古籍出版社1989年版，第479页。

来顺，休邑竹下山人"等等。由其原籍可知，胁川程氏宗族异姓继子的来源颇为广泛。除本邑各地外，还有本府歙县、休宁、黟县，以及贵溪、开化、旌德、芜湖、常州，乃至四川等外埠地区，外省涉及江西、浙江、江苏、四川等地。另外，也有继子在外未归者，如"宗添下时镰支，国初继子，士香，江右人，乳名兴旺，客饶未归"，"时康下一虎支，国佐继子，士喜，本姓俞，乳名喜，同父居住常熟"，等等。一个宗族的异姓继子来源，竟涉及这么多地方，不可不谓之广泛。商品经济的发展，促使人口远距离流动。一些人长期在外未归，而在当地扎下根来，其中包括与当地宗族结合成为异姓子这种方式。异姓继子原籍的广泛流行，实为明清时代商品经济繁荣、全国性市场形成、人口广泛流动的一种折射，而这些方面，也正是明清时代宗族异姓承继出现较多的一个社会经济背景。

四、异姓承继法规的调整与宗法关系的松弛

历来宗法制度，乃至国家法律都对宗祧承继作出了明确而具体的规定，一必昭穆相当，二须同宗承继，而禁异姓承继，以免打乱血缘关系。

关于国家法律对收养异姓子的规定，较早可考者，见于《晋书》中的有关记载，其《殷仲堪传》云：

> 又以异姓相养，礼律所不许。子孙继亲族无后者，唯令主其蒸尝，不听别籍以避役也。[①]

由其所言"异姓相养，礼律所不许"可知，晋律对养异姓子是禁止的。唐律中有"养子舍去"的专门条文：

> 诸养子，所养父母无子而舍去者，徒二年。若自生子及本生无子，欲还者听之。即养异姓男者，徒一年；与者，笞五十。其遗弃小儿年三岁以下，虽异姓，听收养，即从其姓。

---

① 〔唐〕房玄龄等：《晋书》卷84《殷仲堪传》，中华书局1974年版，第2195页。

关于这一律文的"疏议"如下：

> 【疏】议曰：依户令："无子者，听养同宗于昭穆相当者。"……
>
> 【疏】议曰：异姓之男，本非族类，违法收养，故徒一年；违法与者，得笞五十。养女者不坐。其小儿年三岁以下，本生父母遗弃，若不听收养，即性命将绝，故虽异姓，仍听收养，即从其姓……①

唐律关于宗祧承继的规定，是听养同宗于昭穆相当者，而处收养异姓男为违法。但许收养异姓三岁以下小儿，改从其姓。这主要是出于人道主义精神。

宋代关于宗祧承继的法律条文，承袭唐律；但对收养异姓三岁以下小儿的规定有新的解释，称其为"开立异姓之门"。《名公书判清明集》中的议论值得注意：

> 诸无子孙，听养同宗昭穆相当为子孙，此法也。诸以子孙与人，若遗弃，虽异姓三岁以下收养，即从其姓，听收养之家申官附籍，依亲子孙法，亦法也。既曰无子孙者，养同宗为子孙，是非同宗不当立矣。而又有一条曰虽异姓，听收养，依亲子法者，何也？国家不重于绝人之义也。如必曰养同宗，而不开立异姓之门，则同宗或无子孙少立，或虽有而不堪承嗣，或堪承嗣，而养子之家与所生父母不咸，非彼不愿，则此不欲，虽强之，无恩义，则为之奈何？是以又开此门，许立异姓耳。②

元代律令对养异姓子的规定无大的变化。《元典章》载：

> 【禁乞养异姓子】……切照旧例，诸人无子，听养同宗昭穆相当者为子，如无，听养同姓。皆经本属官司，告给公据，于各户籍内一

---

① 刘俊文：《唐律疏议笺解》卷12《户婚·养子舍去》，中华书局1996年版，第940—941页。

② 〔明〕张四维辑：《名公书判清明集》卷7《户婚·双立母命之子与同宗之子》，载《续修四库全书》，第973册，第415页。

附一除。养异姓子者，有罪。①

明初《大明令》《大明律》中有关异姓承继的条文亦大致承袭前代。《大明令》申明"不许乞养异姓为嗣，以乱宗族"②。《大明律》规定：

> 其乞养异姓义子，以乱宗族者，杖六十。若以子与异姓人为嗣者，罪同，其子归宗。其遗弃小儿，年三岁以下，虽异姓仍听收养，即从其姓。③

综观唐至明初历代律令，有关异姓承继的规定各代虽有差异，如宋代对收养异姓三岁以下小儿的解释即赋予新意，而明律对收养异姓子者在量刑上亦明显减轻，等等，但其基本框架没有改变，总体来说，收养异姓继子属于违法，要受到处罚。然而，这种情况到了明中期以后有了明显变化。弘治十三年（1500年）首次修订的《问刑条例》中有如下条款：

> 凡无子立嗣，除依律令外，若继子不得于所后之亲，听其告官别立。其或择立贤能及所亲爱者，不许宗族指以次序告争，并官司受理。若义男、女婿为所后之亲喜悦者，听其相为依倚，不许继子并本生父母用计逼逐，仍依《大明令》分给财产。若无子之人，家贫，听其卖产自赡。④

其后，万历《问刑条例》中又增加了新条例：

> 万历十六年正月二十二日题奉钦依：今后官民之家，凡倩工作之

---

① 《大元圣政国朝典章》户部《户计·承继》，中国广播电视出版社1998年影印本，第646页。

② 《大明令·户令》，载《皇明制书》卷1，载《续修四库全书》第788册，第5页。

③ 《大明律》卷4《户律一·户役·立嫡子违法》，载《续修四库全书》第788册，第447页。

④ 《皇明制书》卷13《问刑条例》，载《北京图书馆古籍珍本丛刊》46，书目文献出版社2000年版，第351页。

人，立有文券，议有年限者，以雇工人论。止是短雇月日，受值不多者，依凡［人］论。其财买义男，如恩养年久，配有室家者，照例同子孙论。如恩养未久，不曾配合者，士庶之家，依雇工人论，缙绅之家，比照奴婢律论。①

与前引有关异姓义男的历代律令相比，不难发现，这两则条例所载有明显的变化。第一，条例已不再重申收养义男只许在三岁以下的限制；第二，强调异姓义男与义父母之间的关系，"若义男、女婿为所后之亲喜悦者，听其相为依倚"；第三，在法律上确定了义男的身份，"如恩养年久，配有室家者，照例同子孙论"。总之，收养异姓义男在法律上得到承认，已不属于违法，并确定了其"同子孙论"的身份。同此前的历代律令相比，这些不能不说是很重要的变化。很明显，封建国家法律的这一调整，无疑提高了义男的身份地位，从而使异姓承继之门开得更大了。而作为上层建筑的法律层面的这一变更，实则是当时社会变迁的一种反映。这种变迁即是，自宋元以来，商品经济日益发展，宗法关系渐趋松弛，异姓承继相当普遍。前已提及，南宋《名公书判清明集》"户婚门""人伦门"的许多案例都涉及异姓承继问题②。《元典章》"禁乞养异姓子"条所载，也披露了当时异姓承继的世俗百态："南方士民为无孕嗣，多养他子以为义男，目即螟蛉。姓氏异同，昭穆当否，一切不论。人专私意，事不经久，及以致其间迷礼乱伦，失亲丧化，无所不至。有养诸弟从孙为子者，有不睦宗亲、舍抛族人而取他姓为嗣者，有以妻之弟侄为子者，有以后妻所携前夫之子为嗣者，有因妻外通以奸夫之子为嗣者，有由妻慕少男养以为子者，甚至有弃其亲子嫡孙、顺从后妻意而别立义男者，有妻因夫亡、听人鼓诱买嘱以为子者，有夫妻俱亡而族人利其资产、争愿为义子者，由是民间氏族失真，宗盟乱叙，争夺衅作，迭兴词讼。"③至明清时代，异姓承继更渐趋普遍，乃至在最重宗法的徽州地区亦不乏其例。"后世礼义不明，人家

① 〔明〕高举编：《大明律集解附例》刑律3《斗殴·奴婢殴家长新题例》。
② 〔明〕张四维辑：《名公书判清明集》卷4至卷10《户婚门》《人伦门》。
③ 《大元圣政国朝典章》户部《户计·承继》，第645—646页。

以无嗣为讳，不显立同宗之子，乃潜养异姓之儿，阳若有继，而阴已绝矣。"①

血缘关系，或者说男性血缘关系，本是宗族形成命脉之所系，是宗族组织建立的基础。按照一定秩序维系这种血缘关系，则成为宗法制度的一个核心内容。在这里，宗祧承继成为问题的关键。宗祧承继，关乎宗法关系下身份秩序的维持，关乎宗族的延续与血统的纯正。中国古代很早将异姓继子称为螟蛉子②，意为异种寄生，偷梁换柱，起到了从内部瓦解宗族的作用。"国立异姓曰灭，家立异姓曰亡。"③异姓承继确是对宗族血缘关系的致命性一击。因此应该说，宋代以后，特别是明清时期异姓承继相当普遍，实则表明这时的宗族已有从内部开始瓦解的倾向了。

当然，宋代以后的宗族也有一种发展的趋势。这就是宗族向下层社会发展，而进入了宗族的民众化时代。特别是明清时期，宗族组织普遍出现，联宗合谱颇为流行，民间建祠堂、修族谱、置族田等活动空前兴盛。20世纪80年代以来，中外学者对这一发展趋势作了很多研究，成果斐然。但是，历史的进程是复杂的，事物的发展也是多方面的。商品经济的发展，社会的变迁，必然对宗法关系有所冲击。宋代以后的宗族既有发展的趋势，也有从内部开始瓦解的倾向，二者无疑都是应该加以关注的。

原载《历史研究》2005年第3期，人大复印报刊资料《明清史》2005年第5期全文转载；又载 *Asian Families and Intimacies*，Sage Publications India 2021（《亚洲家庭与亲密关系》，印度圣贤出版公司2021年版），有改动

---

① 上海图书馆藏《新安休宁岭南张氏会通谱·凡例》，转引自陈建华、王鹤鸣主编，陈建华整理：《中国家谱资料选编1·凡例卷》，上海古籍出版社2013年版，第22页。

② 《毛诗正义》卷12《小雅》有"螟蛉有子，蜾蠃负之"之句，后世由此将异姓继子称为螟蛉子；〔清〕阮元校刻《十三经注疏》本，中华书局2009年版，第969页。

③ 〔明〕张四维辑：《名公书判清明集》卷8《户婚·叔教其嫂不愿立嗣意在吞并》，载《续修四库全书》第973册，第428页。

《新安大阜吕氏宗谱》研究

    中国古代谱牒的纂修源远流长，远肇于商周，继之于秦汉，魏晋隋唐逐渐兴起，至宋代则基本定型。其间又有从官修到私纂之转变过程。而明清则可以说是私修族谱的大发展时期，虽然良莠并存，高下不一，但其中不乏上乘之作，体例严谨、内容丰富、臻于成熟的族谱纷纷问世。一批研究价值很高的宗谱亦被保存下来。本文拟以《新安大阜吕氏宗谱》为对象，对其作一初步考察分析。

一、题名考辨

    《新安大阜吕氏宗谱》，六卷，安徽大学徽学研究中心藏复印本，系安徽省黄山市李俊工作室提供，原本藏安徽省黄山市博物馆[①]。此外，上海图书馆、美国犹他州家谱学会等亦藏有该谱。家谱网载其编目信息：民国二十四年（1935年）吕龙光等总编，木活字本[②]。查阅该谱，其封面首题："新安大阜吕氏宗谱《行字号》"，与编目所录题名相同，似无疑问。但披览该谱，其内容又有与题名不完全相合者，尚需加以辨明。

---

    ① 参阅翟屯建：《黄山市博物馆藏家谱提要》（一），《徽州社会科学》1996年第3期；又，翟屯建《徽州私撰家谱与公修族谱的差异》（载《安徽史学》2006年第6期）一文中亦提及该谱。

    ② 家谱网址：www.jiapuwang.org。

该谱首刊《重刊新安吕氏宗谱序》，楷书体刻印，后署"民国二十有四年乙亥岁清和月，三十六世孙清邑庠生龙光拜题"，下钤"云汉""吕龙光印"两方印文①。即该谱题为民国二十四年的刻本，是有所根据的。那么，该谱又是何时纂修的呢？若是民国时期纂修的族谱，则应含有民国时期以及清代的相关内容，这是理所当然的。然而，遍查谱中各卷所述，最后时间却截止于明代万历时期，此后全然没有涉及，并无清代和民国的相关内容。这表明，该谱并非是在民国时期纂修的新谱，正如其《重刊新安吕氏宗谱序》所言，是一个"重刊"本。该谱各叶书口均刻印"德本堂重刊"字样，也是一个佐证。

那么，其重刊所据又是哪个版本呢？编修者是谁，纂于何时呢？查阅该谱，可找到有关记述。其卷五最后附有编修宗谱的各类人员如下：

总裁编修助赀　吕继华

编修　吕仕道

校正助赀　吕廷福

催督　吕仕速

校正考订　吕仕龙……

助赀　吕积盈……

校正助赀　吕　东

誊书　吕调元

主议刊谱族长　吕泰祥

同议刊谱　吕有光……

助赀　吕　梓……

管账催督完工　吕明元……

宗谱既成，约用工食求文二百余金，所得该分银者不过伍拾余两而已，荷蒙各派族英资助，虽有百金，仍银伍拾两无出，黄川万五公派下四门族众继寿等商议，只得权将本社祭祀银充偿，冀惟通族诸英

---

① 《新安大阜吕氏宗谱》卷首《重刊新安吕氏宗谱序》。

大赐作兴资助，足征族谊。谨白。[①]

接着，即附有吕仕道写的《族谱总论》一文，其中有"春野子编辑宗谱，三载始成"之语，最后署"时万历五年岁在丁丑三月朔旦裔孙春野仕道谨识"[②]。

由以上可知，该谱的编修者是吕仕道（即春野），编成时间是万历五年（1577年）。其后还附有许国撰写的《续新安吕氏宗谱后序》，以及程大宾撰写的《吕氏续修宗谱跋》，二者亦均署"万历五年"。总之，重刊本所据，本是万历五年由吕仕道等编修的《新安吕氏宗谱》。

按《新安大阜吕氏宗谱》这一题名，其所载内容似应以大阜吕氏为中心，但重印《新安吕氏宗谱》各卷所记述的则是整个新安吕氏各个支派，有关目录如下：

> 卷之一
>
> ……
>
> 从善公迁歙西塌田总派世系
>
> 从善公派裔孙正一公迁王口世系
>
> 卷之二
>
> 从善公派裔孙正三公迁厚田芦杨世系
>
> 从善公派裔孙正四公祖居塌田街尾莲塘头世系
>
> 从善公派裔孙祖公迁歙南湖羊山世系
>
> 从善公派裔孙保公迁歙南下磅溪世系
>
> 从善公派裔孙文通公迁呈坎世系
>
> 从善公派裔孙
>
> 卷之三
>
> 文英公派裔孙郑公迁歙南大阜世系
>
> 文仲公派裔孙万一公子端四公祖居歙城更衣亭世系

---

① 《新安大阜吕氏宗谱》卷5《祭田》。
② 《新安大阜吕氏宗谱》卷5《祭田》。

　　　　文仲公派裔孙万二公总派世系

　　　　万二公第二子庆二公迁休宁水南世系

　　　　万二公第三子季三公世居徽城里仁坊世系

　　　　万二公第四子德四公迁歙东何村世系

　　　　文仲公派裔孙万三公子仲荣公迁休宁桑园世系

　　　　文仲公派裔孙万四公迁休宁四都转迁松萝门凤湖街世系

　　　卷之四

　　　　文仲公派裔孙万五公迁歙北黄村世系①

　　不难看出，万历《新安吕氏宗谱》所载，既有歙北、歙南、歙东、歙西，以及歙县城里的吕氏各支派，也有徽州休宁各地的吕氏各支派，是将以新安（徽州）为中心的吕氏各个支派都包括在内，而不仅仅是"新安大阜吕氏"，歙南大阜吕氏只是新安吕氏众多派系中的一个支派。不仅是世系方面，其他各卷所载内容也都涉及整个新安吕氏，并不是以大阜吕氏为中心的。

　　万历《新安吕氏宗谱》的编修吕仕道，亦不是大阜吕氏这一派系的，而是属于文仲公派裔孙万五公迁歙北之黄村派系。关于黄村的由来，谱中载道："歙西北近城五里许，地辟民稠，旧名税者村。唐末黄巢骚掠江南，侵及歙州，驻兵本境龟山。先谕逢黄不扰，于是居民更名其山为黄屯山，名其村为黄村，此黄村之所由名也。"至宋代，其祖文仲公置产于此。更八世至沂叟万五公，值元末兵乱，明初遂迁歙北定居，是万五公为歙北吕氏始迁祖②。该派子孙曾多次续修吕氏宗谱，而万历《新安吕氏宗谱》也是由他们主持编修的。查该谱所录"文仲公派裔孙万五公迁歙北黄村世系"，其下"泰琏公房派表"中载：

　　　二十六世

　　　仕道，字见可，号春野，为郡庠生。克复祖业，秉正不污，编辑

---

　　① 《新安大阜吕氏宗谱》卷首《目录》。

　　② 《新安大阜吕氏宗谱》卷1《源流·歙北税者黄村万五公迁派源流》。

谱牒，缵前垂后，事见言行录。生正德辛巳年十月二十七日午时。①

该谱其他许多记述之中也有相关记载：

> 今幸黄川宗长西岐、春野会谱统修，谨此附刊，庶使后之子孙有所考焉，溯流穷源，以彰祖德于不忘也。是为休宁桑园吕氏源流。
>
> 时皇明万历三年岁时乙亥仲春月既望，二十六世孙廷福顿首百拜书。②

> 适因万五公派西岐、春野叔倡首编集宗谱，先得我心之同，然正后之盛而传者有其人矣，敢不详吾派之源流以弁诸首。
>
> 时万历四年岁次丙子暮春月望日，二十七世孙明斋、东顿首谨书。③

以上两则记载，是万历修谱之际相关各支派在提供本派源流时的有关记述。这里既言明万历谱是由吕氏万五公派春野即吕仕道等编修的，他们是"倡首编集宗谱"，同时又指出该谱是"会谱统修"性质，而不只是大阜吕氏一个支派的谱牒。

此外，吕龙光在其重刊序言中说：

> 万历间谱迄今三百余载，代远年湮，难免腐败，鼠损蠹害，又多残缺，是不得不重刊也。且自卜迁大阜以来，已历廿有余传，昭穆弗序，恐伦理有紊；亲疏弗辨，恐恩情有亏，又不得不整理也。予因整理支派之世系，而重刊新安世谱者，实以念先人之遗迹，而莫敢或忘也，亦即追远而继述之也。曰：然则残缺者当奈何？曰：能稽者补之，莫自稽者则阙焉，以俟后之贤者，此亦如孔子所训史阙文之意也。④

---

① 《新安大阜吕氏宗谱》卷4《文仲公派裔孙万五公迁歙北黄村世系》。
② 《新安大阜吕氏宗谱》卷1《源流·休宁桑园仲荣公源流》。
③ 《新安大阜吕氏宗谱》卷1《源流·休宁松萝门凤湖街东村西管渭桥万四公迁派源流》。
④ 《新安大阜吕氏宗谱》卷1《源流·重刊新安吕氏宗谱序》。

这里说到不得不重刊万历谱的原因之一，是它已有残缺。而在现存的万历重刊本之中，某些记述确有残缺不全之处，二者可相互印证。这也说明了它并不是新修的宗谱，而只能是一个重刊本。

然而，《新安大阜吕氏宗谱》所重刊者，还不只是万历《新安吕氏宗谱》。可以看出，现存《新安大阜吕氏宗谱》的前五卷，为重刊万历《新安吕氏宗谱》，并无疑问；而其第六卷是《吕氏负冤历朝实录》，已不属于万历《新安吕氏宗谱》了。第六卷的记述内容，是汇录了明隆庆至万历间围绕吕氏祖墓、祖祠诉讼案件的各种法律文献，大量篇幅则是记录了发生于万历三十九年（1611年）至万历四十一年（1613年）的吕氏祖祠大案的诉讼案卷，其最晚纪年是万历四十一年十一月。显然，这已不属于早在万历五年（1577年）就已编修完成的《新安吕氏宗谱》之记述时限了。关于《吕氏负冤历朝实录》的编辑年代，其原序明确署为万历四十一年十月，当时，吕氏祖祠诉讼案尚未最后结案，《吕氏负冤历朝实录》是为了吕氏伸冤而刊刻的。在第六卷《吕氏负冤历朝实录》之首，又刊有民国时期吕龙光写的重刻序言：

> 重刊列祖负冤录序　　行字号
>
> ……
>
> 夫吾吕氏，于明之隆庆至万历年间，为水西披云峰山麓祠墓辨冤事而专刻一书，记其事以传于子孙者，事功彪炳，炫耀目前，光三复读之，哀痛不已。当时，若不有此皇皇列祖拼与仇敌，则披云山下之宗伯祠、侍郎坟、状元坟、解元坟之古迹，皆不可保矣！打神主、毁坊匾、杀生员、没祠产之深仇，亦不可复矣！然其沉冤既雪，伟事功成，若不有是专刻之书，光不得读而知之矣……兹值修谱，各派咸集，一览此卷，莫不痛心，令将此卷重刊，附诸谱端，以垂于后，俾后世子孙读斯集想见其人，登斯域克思其事，庶吾列祖之苦心，惟克永世不忘云尔。
>
> 时民国二十有四年岁乙亥夏四月，三十六世孙清邑庠生龙光

拜序。①

由此可知,《吕氏负冤历朝实录》原是在明万历四十一年(1613年)为吕氏祠墓辨冤事而"专刻一书",而后又于民国二十四年(1935年)将其与万历《新安吕氏宗谱》编在一起,作为《新安大阜吕氏宗谱》的第六卷而加以重刊的。

以上是对安徽大学徽学研究中心藏《新安大阜吕氏宗谱》版本的一个粗略考察。总之,安徽大学本《新安大阜吕氏宗谱》虽是在民国二十四年(1935年)刊刻的,但它并不是民国时期新修的族谱,而是明万历五年(1577年)所修《新安吕氏宗谱》的重刊本;它也不是以大阜吕氏为中心而编修的族谱,而是包括整个徽州吕氏各个支派的"新安吕氏宗谱"。此外,重刻之际又增编了万历四十一年(1613年)专刻的《吕氏负冤历朝实录》,这是民国本之所不同者。

说到这里,尚不能完全释疑,究竟为什么在重刊时还要冠以"新安大阜吕氏宗谱"这一名称呢?

另据笔者调查,黄山学院图书馆特藏室亦藏有一部《新安大阜吕氏宗谱》(原谱),其编目如下:《新安大阜吕氏宗谱(附重印吕氏宗谱)》,民国二十四年(1935年)编纂,全六卷(另附一卷),七册,德本堂,吕龙光等(总裁编修),歙县。据此不难看出,其谱名、编修年代和作者,都与安徽大学本一致;然查其内容,又与安徽大学本根本不同。其目录如下:

> 新安大阜吕氏编修宗谱卷之一目录
> 卷之一
>
>   新序　目录　会宗小启　润一公像赞
>   大阜里居图记　金村里居图记　蜈山里居图记……
>   大阜行第　迁派世系表　迁派世系
>   希文公派裔孙大福公迁歙南金村世系
>   祖寿公派裔孙仁公迁歙南古稔源世系

① 《新安大阜吕氏宗谱》卷6《吕氏负冤历朝实录·重刊列祖负冤录序》。

　　　　祖寿公派裔孙玄一公迁歙南慈坑世系

　　　　祖寿公派裔孙玄三公子仲老公迁歙南蜈蚣岭世系

　　卷之二

　　　　祖寿公派裔孙玄四公迁歙南文山古稔世系……

　　卷之三

　　　　嵩寿公派裔孙大顺大遂二公迁歙南前山□世系……

　　卷之四

　　　　嵩寿公派裔孙国珍公迁歙南苏家坞世系……

　　卷之五

　　　　嵩寿公派裔孙纹钟公迁歙南苏家坞世系……

　　卷之六

　　　　嵩寿公派裔孙积瑜公迁歙南石川里世系……

　　　　禄寿公派裔孙邦公祖居大阜世系

　　　　丘墓　闺范　事宜　契税　领谱字号

　　　　修谱题名　后序　后跋①

　　这一目录与前引安徽大学本《新安大阜吕氏宗谱》目录根本不同，从而可以知晓，黄山学院本《新安大阜吕氏宗谱》为另一个本子，即民国二十四年（1935年）的新修本；其所列世系全为歙南吕氏各派，是以歙南大阜吕氏为中心的。总之，黄山学院本虽亦为民国二十四年吕龙光编修，但其所载并非万历《新安吕氏宗谱》的重刊本，而是明末至民国这一时期吕氏宗谱的新续修本；它也不是新安吕氏的统宗世谱，而仅是歙南大阜吕氏各派支谱。其书口印有"德本堂"三字，与安徽大学本所印"德本堂重刊"亦不同。

　　同时，黄山学院本又附有题名《重印吕氏宗谱》一册，内容为宋谱手抄残本，亦与安徽大学本不同。

　　黄山学院本《新安大阜吕氏宗谱》的序言说：

---

　　① 黄山学院藏《新安大阜吕氏宗谱》卷1《目录》。

　　自元迄今，年长代远，稽明万历间谱牒，本属寥寥，遭清咸丰间兵燹之灾，又多残缺，使非及此而修焉，恐年愈久而愈失，欲筹万全而无隙也，不更难乎？于是将老谱所存者，复而刊之，所缺者阙而俟之；将世系所知者续而编之，莫稽者另修补遗于各世系后，俾后人披阅而知某也存，某也缺，某也续，某也补，间有鲁鱼，稍加纠正……

　　民国二十四年仲夏月，三十八世孙文德顿首拜撰。①

　　综合以上可知，民国二十四年（1935年）编修的大阜吕氏宗谱实际上包含两种宗谱，一种是重刊明万历五年（1577年）所修《新安吕氏宗谱》（安大本）；另一种是新修的大阜吕氏宗谱（黄山学院本）。对此，在民国新修的大阜吕氏宗谱后序中有明确记述："吾吕氏之老谱已历三百有年矣，遭兵燹之灾害又近八十载矣。老谱多阙，老成殆尽，修之不更有难言者乎？前年春，我族诸公同造予家叙论此事，予谓其言近似而于事恐不逮也。是岁乙亥春，我族众等将世系整理，集齐送局，至五月告厥成功，予观之，昭见秩然有序，将老谱重刊为六卷，编辑新谱亦六卷。"②而在其所附"领谱字号"中亦言："以上共计宗谱五十部，每部十二本。"③可印证其每部宗谱之中皆包含有两种宗谱的情况。又，对于这两种内容不同的宗谱，均题名为"新安大阜吕氏宗谱"这一点，在新谱的序文中也言明了本意：

　　今岁春初，吾派族众咸集大阜德本宗祠，编修谱事，以续昔年总祠所修之谱，名曰新安大阜吕氏编修宗谱云，独是谱为大佛派之宗谱，而此首必冠以新安吕氏者，以我祖唐宗伯讳渭公始迁歙，遂为新安吕氏始祖，而宋而明清，代有贤达，首即冠以新安吕氏者，明吾吕氏不愧新安之望族也。且吾派后裔，既各分迁他处矣，而此必称大阜派者，其书法一遵当年总祠续修之例者，继志述事也。④

① 黄山学院藏《新安大阜吕氏宗谱》卷1《序·民国二十四年吕文德序》。
② 黄山学院藏《新安大阜吕氏宗谱》卷6《后序·民国二十四年吕宏儒序》。
③ 黄山学院藏《新安大阜吕氏宗谱》卷6《领谱字号》。
④ 黄山学院藏《新安大阜吕氏宗谱》卷1《序·民国二十四年吕永寿序》。

即，冠以新安吕氏者，一为申明吕氏不愧新安之望族；二是大阜吕氏所修族谱"一遵当年总祠续修之例"，为继志述事也。此即二者均题名为"新安大阜吕氏宗谱"之由来。

以下，本文则以重刊明万历五年所修《新安大阜吕氏宗谱》（安徽大学本）为中心，对其所载内容作一初步考察。

二、源流述议

在万历《新安吕氏宗谱》卷1《古今谱序》这一节中，辑录有吕氏历代所修宗谱序文；又，在民国《重印吕氏宗谱》中另录有宋代吕氏族谱的三篇序文。兹将以上所载谱序资料整理如下（表1）：

表1　吕氏宗谱所载谱序资料统计

朝代	年份	谱序	所修谱牒
战国	秦王政十年（前237年）	吕不韦《不韦公吕氏世谱序》	《吕氏世谱》
汉	元始四年（公元4年）	吕猗《猗公旧序》	《续吕氏世谱》
东晋	隆安元年（397年）	杨颖《光公编修支谱序》	《吕氏世谱》
北魏	永熙元年（532年）	吕濛《吕氏天启世谱序》	《吕氏天启世谱》
唐	元和五年（810年）	吕温《吕氏举要族谱序》	《吕氏举要族谱》
北宋	天圣七年（1029年）	吕从谦《续吕氏举要族谱序》	《续吕氏举要族谱》
	嘉祐八年（1063年）	吕蒙《新安吕氏世家族谱序》	《新安吕氏世家族谱》
	政和五年（1115年）	吕伯乐《新安吕氏统宗族谱序》	《新安吕氏统宗族谱》
南宋	建炎四年（1130年）	吕绍乙《新安吕氏世家谱序》	《新安吕氏世家谱》
	绍兴十五年（1145年）	吕开运《吕氏世谱序》	《吕氏世谱》
元	至元二十五年（1288年）	吕荣《吕氏传世录谱序》	《吕氏传世录谱》
	至正二十年（1360年）	吕诚《吕氏续谱序》	《吕氏续谱》

朝代	年份	谱序	所修谱牒
明	洪武三年(1370年)	吕沂叟《吕氏继世谱序》	《吕氏继世谱》
	洪武三年(1370年)	吕绍一《吕氏继世谱序》	《吕氏继世谱》
	成化三年(1467年)	吕敬《续修吕氏继世谱序》	《续修吕氏继世谱》
	成化四年(1468年)	俞绘《续修吕氏继世谱序》	《续修吕氏继世谱》
	弘治十五年(1502年)	吕仲斌《续修吕氏继世谱序》	《续修吕氏继世谱》
	隆庆二年(1568年)	吕烈《族兄杨泉续修吕氏举要世谱序》	《续修吕氏举要世谱》
	万历二年(1574年)	徐汝兴《休宁桑园续修宗谱序》	《休宁桑园续修宗谱》
	万历三年(1575年)	江文明《吕氏续修宗谱序》	《新安吕氏宗谱》
	万历三年(1575年)	吕仕道《吕氏续修宗谱序》	《新安吕氏宗谱》
	万历三年(1575年)	吕仕龙《吕氏续修宗谱序》	《新安吕氏宗谱》
	万历五年(1577年)	汪尚宁《吕氏续修族谱序》	《新安吕氏宗谱》

表1共辑录历代吕氏宗谱遗存的序文23篇。这当是一个不完全的统计①。依表1所辑，迄明万历五年为止，共纂修各类宗谱18部，其中唐代以前所修者5部，宋代以后编修的有13部，其中明代编修的就有6部。关于吕氏历代谱牒的遗存情况，其宋修谱牒称"我谱牒得于家传为最详"②；万历《新安吕氏宗谱》亦颇有言及："先人修谱，或遭时变，不免见遗，惟吾旧牒，累世足征，是可以见吾派相传之真也。"③"予家世有谱牒，虽遭兵燹而相承于先世者，犹得千百于什一焉。"④即，直到明末，吕氏历代所修谱牒还

---

① 据《重印吕氏宗谱·新安吕氏统宗族谱序》云："我九世祖秋宇公者，苦心于谱，尝以古谱阙略而不敢轻加以笔削，乃取通鉴外纪之法，以立内外之图，谱法著明，可以无惑矣。及我高祖吕午公缵先之绪，提纲挈领，而大备其礼文，实于吾秋宇公有光矣。"可推知吕氏历代还修有其他谱牒，但其详难考，本文阙略。

② 《重印吕氏宗谱·新安吕氏世家谱序》。

③ 《新安大阜吕氏宗谱》卷1《古今谱序·谱序表叙》。

④ 《新安大阜吕氏宗谱》卷1《姓氏·姓氏表叙》。

是有相当遗存的。所以，尽管表1所录并不完全，但由这些序文仍可推知吕氏谱牒纂修源流的大概情况。这里尤其引人注目的是唐代以前所纂修的几部族谱。如众所知，在明清时代所修的众多宗谱中，虽多有上乘之作，但也出现了不少"空谱""俗谱"，尤其是攀附名人、高挂圣贤的现象相当流行，其对远祖的追溯未免多有附会之嫌。这种情况在徽州地区亦没有避免。那么，万历《新安吕氏宗谱》的情况又如何呢？考察一下该谱所辑唐代以前的几篇序文，则可看出，其对吕氏远祖源流的叙述并非附会之说。

吕氏宗谱在追溯其始祖时，一般都认定是本乎炎帝伯夷，而以姜太公为始祖。那么，这是否有所根据呢？按《新安吕氏宗谱》所载，吕氏最早修谱始于战国晚期的吕不韦，他为《吕氏世谱》所作序文如下：

> 美哉，洋洋乎大风！此我太公盛德大烈形容于咏歌者然也。公为圣王师，亨屯拯溺，所以惠天下后世渥矣。享有营邱，传世二十，为诸侯二十有九，历年七百四十有四，非甚盛德，畴克若兹。田氏不道，肆灭天常，始则窃我政柄，因植其奸；终则夷我社稷，遂篡其位。康公之东迁海上，吕氏之存者寡矣。公子进见机而作，亡命奔韩。今距公子进五世耳。然谱牒不存，几无所据。方未遇时，自谓与田氏有不共戴天之仇，恨不夷其社稷，如其夷我康公之社稷也。乃得遭遇圣明（谓始皇帝），位上相爵封侯，所期效尺寸之劳，酬平昔之志，组系归戮于朝，庶可见先君于九泉也。兹以罪志不获伸，虑后世不谅乎此，且不知本源之所自出也。于是参考载籍，本乎炎帝伯夷，而以太公为始祖，下至于今，凡二十五世，作吕氏世谱，以贻后人。今国威遐畅，诸侯日征，长驱入齐，如揭蒙耳，如振槁耳，尔曹诚能依日月之末光，慕竹帛之伟绩，克承此志，期灭田氏，则吾死之日犹生之日也，后之人念之哉！
>
> 时秦十年岁在乙丑仲秋月，太公二十五世孙相国文信侯瞿阳吕不韦序①

---

① 《新安大阜吕氏宗谱》卷1《古今谱序·不韦公吕氏世谱序》。

在这里，吕不韦极力称赞姜太公吕尚的盛德，言及太公封齐后所传世系。接着即叙述田氏灭齐、吕氏亡命奔迁之事。引人注目的是，序中对田氏灭齐之事前后所用笔墨甚多，明言与"与田氏有不共戴天之仇，恨不夷其社稷"，痛斥田氏之不道，深怀复仇之大志。不过，吕不韦作为太公吕尚的后世子孙①，这番言辞自在情理之中。也正是在这一背景之下，为使后世知晓吕氏之本源，他才"参考载籍，本乎炎帝伯夷，而以太公为始祖，下至于今，凡二十五世，作吕氏世谱"。由此可以看出，后世吕氏宗谱皆本乎炎帝伯夷而以姜太公为始祖，并非附会之说，至迟是以先秦吕不韦所作《吕氏世谱》为依据的。

关于吕不韦所作《吕氏世谱》，其后屡有提及。至汉代，吕猗公所作谱序中云：

> 虑先君之名若泯没而不传，乃因二十五世祖文信侯所作《吕氏世谱》，参以家传记载，自二十六世下至先君，凡七世，作《续吕氏世谱》。因叙先君之实，遗尔子孙。异时秉史笔者，或欲取正，尔曹当以谱为奏。②

这里言汉代吕猗所作《续吕氏世谱》，"乃因二十五世祖文信侯所作《吕氏世谱》，参以家传记载"，其与先秦《吕氏世谱》是相连接的。其后，至东晋时有杨颖《光公编修支谱序》，其中说：

> 臣颖言：先奉敕内出大凉二十五世祖故秦相文信侯《吕氏世谱》，及三十三世祖汉御史大夫《续吕氏世谱》，并以后迄今四十六世前后谱牒付臣编辑者……
>
> 文信侯之始作谱，规模既具，节目咸张，若纲在纲，有条不紊，汉御史因之，盖审乎此。今观其初述炎帝，有本源也。谓炎帝伯夷之

---

① 吕不韦在其所著《吕氏春秋》一书中，提及太公吕尚达13次之多，属该书论及人物次数最多之列，似为其乃吕尚子孙之旁证。参阅张双棣等：《吕氏春秋译注》（修订本），北京大学出版社2000年版。

② 《新安大阜吕氏宗谱》卷1《古今谱序·猗公旧序》。

后，至于太公不知世次，无附会也。父子相承，各自为世，兄弟并列，同为一世，序昭穆也；自太公迄康公，皆书其谥，尊有国也；公子进则冠以公子二字，见出于齐也；由兹而后，仕以官禄称，弗仕以公称，敬所尊也；始终岁时，必书某代某君某甲子，昭先后也；迁居必书，正源流也。凡此书例，灿然可述，小史之所谓奠世系、辨昭穆者彰彰矣，何必改作以为疑。今上起炎帝而祖太公，下自太公至于今，凡四十六世，尊太公而为始祖，二世为昭，三世为穆，其后昭穆准此，悉以秦文信侯及汉御史为本，定为大凉编修《吕氏世谱》，缮写于册各二卷。谨奉表陈进以闻。臣颖诚惶诚恐，顿首百拜谨言。

时大凉龙飞二年十一月吉旦，提举编修中书侍郎臣杨颖谨表。

按，光公在后晋武帝太元十三年，即三河王位，国号太凉，改元太安。三河，谓河内、河东、河南三郡之王也。太安二年，命臣杨颖编修吕氏世谱，曲尽其义。吕氏之谱至此为大成矣。后之欧苏谱式者，略仿此为法。[①]

这一序文，本是提举编修中书侍郎杨颖因奉命编修吕氏族谱事所上表文。文中明言，当时在三河王府内尚保存有秦文信侯谱和汉御史谱，为编修新谱而将其交付给杨颖，他对这两部谱牒大为赞赏，称其"规模既具，节目咸张，若纲在纲，有条不紊"；其对两部谱牒所作的具体评析更值得注意，既言道吕氏"炎帝伯夷之后，至于太公不知世次，无附会也"，同时也——列举了其编修体例，阐述详明，具体入微。据此则有理由认为，杨颖当时确实看到了文信侯谱和汉御史谱，不然，他的评述又怎能涉及许多细节，乃至个别人物呢？由此又可证明此两种谱牒存在的真实性。而杨颖所编修的《吕氏世谱》，则"悉以秦文信侯及汉御史为本"，一脉相承。吕氏子孙更认为："吕氏之谱至此为大成矣。后之欧苏谱式者，略仿此为法。"

之后，又有北魏《吕氏天启世谱》。这一谱牒的编修，还颇有一些传

---

① 《新安大阜吕氏宗谱》卷1《古今谱序·光公编修支谱序》。

奇色彩，其谱序中说，至北魏时吕氏五十七世裔孙吕濛，仕魏为咨议参军：

> 移寓河东，天假良逢，乃遇河东令程仲通，曰："汝既吕氏，何祖何宗？"濛闻命踧踖，五内恫瘝。未几，出示以谱，历举源流，与旧谱同。仲通曰："汝今日遇我，天启之也，吕氏世谱实收于吾之高祖，谓为凉都之旧物，故历世宝之而无毁。今全赵璧归于汝所。汝既名家，才德兼美，吾有媳女，愿奉箕帚。"苦辞不获，惭惧而就。逾年辛亥，乃生归厚，每自惊喜曰："旧谱之有益于今者如此。谱若不存，人殊知之？是同程公之盛德而实前人之余美，乌知后之遇今，不知今之遇彼。"于是，自安定太守至于归厚，依旧条例，以续元谱，首尾共五十四世，续成《天启世谱》。天启者，取程公天启之语也。[①]

这里说河东令程仲通保存的《吕氏世谱》，乃"凉都之旧物"，虽然并未言明其究竟为几种，但至少当有前引杨颖序文中所言"大凉编修《吕氏世谱》"，已属无疑。

至唐大历（766—779年）末，世居河东吕氏之渭公（太公望六十五世裔孙）为殿中侍御史，因谏犯讳，谪歙州司马，为政严明。"政暇之日，于父延之公所建郡西兴唐寺右为堂读书，德泽加于百姓，声名达于朝廷，累迁礼部侍郎。孙安衡公复宦于歙，卒葬披云峰侧；子康年公籍入歙州，筑室歙城西南隅富山更衣亭居焉。"[②]其后子孙繁衍，支派众多，官宦显贵，代不乏人。吕氏遂为新安世家大族之一，而渭公则被追祀为新安吕氏一世祖。在唐代，则有宪宗元和年间吕温所修《吕氏举要族谱》，其序说：

> 予家传《天启世谱》，自武成王而下，记述最详，然旁及疏远，繁杂弥甚，每一披阅，竟日不得其要领，于是作《吕氏举要族谱》，自武成王逮今，惟取吾族之所祖者，循序而谱之，于谱牒有相干者存

---

① 《新安大阜吕氏宗谱》卷1《古今谱序·吕氏天启世谱序》。
② 《新安大阜吕氏宗谱》卷1《世系表·迁歙追祀始祖表》。

之外，是悉从删削。①

概而言之，唐代以前吕氏宗谱的每一次编修，虽然相距时间较长，但都有前次编修谱牒之遗存作为参照，都与上次编修的宗谱相连接，依次接续，接连不断，形成一个连续而完整的修谱历史链条。

宋代以降，吕氏修谱活动渐趋频繁，十分活跃，不仅纵向上修谱间隔的时间缩短，唐代以前一般在百年以上，宋代以后多不到百年；而且横向上各个支派所修族谱也多起来了。其谱牒记载详明，死生婚葬，官爵名谥，班班可考。还出现了会族修谱的活动。万历《新安吕氏宗谱》的作者说：

> 按吾旧谱，唐末宋初，族大宗繁，迁徙不一。凡遇冠婚丧祭，喜庆忧戚，虽远近亲疏不同，常通译问，以敦族谊。故德诚公、余庆公、文英公、文仲公、溱公显荣之时，举族会聚，皆有祖居分派谱书各收一帙，以为后证。②

如宋嘉祐元年（1056年），状元侍读学士吕溱衣锦还乡祭祖，满门彬彬，"于是远近宗族，咸会于歙……时有先后，地有远近，原其所自，实本一祖，第以族大宗繁，难以邀集，曷自今会聚之间，各录分居，庶乎代更时变，岁久人离，而吾族之支派世次，昭然可考，后之会族者当特（持）此以验之"③。又如，明"隆庆戊辰二年，婺源宗长烈翁乃从谦公之裔，谒祠会族。于是歙城有光、黄川仕道即诣杨宗伯寺，各执族谱以验之，若合符节，遂议曰：自渭公至吾侪八百余年，今复会合，诚宗族之盛典也……亦必各携旧谱以相证，毋徒泛泛为也"④。至有会盟抄写宗谱，钤印为记之举：

---

① 《新安大阜吕氏宗谱》卷1《古今谱序·吕氏举要族谱序》。
② 《新安大阜吕氏宗谱》卷1《迁派表》。
③ 《新安大阜吕氏宗谱》卷1《迁派表》。
④ 《新安大阜吕氏宗谱》卷1《祠墓寺图表》。

宋太平兴国九年余庆公等四支分派开载于后：

一、吕余庆等兄弟分居睦州富春县长丰源；

一、吕余积分居镇州丹阳县吕庄；

一、吕余福分居宣州宛陵新庄；

一、吕文英、文仲、文达居歙富山更衣亭。

以上述余庆公襄封会族，特请知府费廷宝主证，浼亲家致仕官范尚忠为盟，抄写吕氏支谱，一样四扇，各收一扇，钤为印记，议定一岁例往歙州太平寺宗伯祠祭祖一次，庶免远涉之劳。[①]

一方面，吕氏宗族常借会族的机会而各录分居世次，为续修谱牒准备资料；另一方面，族谱又是确认宗族支派的重要证据，会族之际各执族谱以验之。

综观万历《新安吕氏宗谱》所记载的吕氏古今谱牒的有关资料，不难看出，吕氏宗谱的纂修大致有两个阶段：隋唐之前以官修世谱为主，秦文信侯谱和汉御史谱的编纂，均为达官显贵所主持，东晋杨颖所修《吕氏世谱》乃为受命编纂，是一部典型的官修族谱，唐代吕温所作《吕氏举要族谱》则带有过渡性质；而宋代以后，即进入私修宗谱的定型与发展时期，不仅有大型的统宗世谱，众多的支派族谱亦纷纷问世。总之，吕氏谱牒的纂修，可谓源远流长，绝非虚语。自先秦战国直至明清时代，世有谱牒，流传有序，连续不断，它成为吕氏宗族繁衍发展的最基本也是最重要的历史记录。

三、编修特色

明万历时重臣徽人许国在为《新安吕氏宗谱》所作的《续新安吕氏宗谱后序》中说："援古证今，若眉山苏氏之谱失之遗，彭泽狄氏之谱失之谬，临江之谱失之夸，庐陵欧阳氏之谱失之杂，儒宗且尔，矧其次乎？盛

---

① 《新安大阜吕氏宗谱》卷1《迁派表》。

哉！吾有取于吕氏之谱也。南渡以来，仅一见耳。"①名宦程大宾亦说："盖新安多世家，而吕、汪、程、郑最为著姓，四姓皆有谱，而吕氏谱尤善。"②许国称《新安吕氏宗谱》为"南渡以来，仅一见耳"，程大宾赞"吕氏谱尤善"，皆或有过誉之嫌。但该谱的修纂，的确不俗，特色鲜明，出类拔萃。其编修特色大致有以下几个方面。

（一）体例严整

从编修体例来说，该谱既承继了吕氏先人修谱的优良传统，又将其发扬光大；既汲取了宋代以来各家修谱之长，又力避其短，同时还吸收国史的某些编纂体例，做到了体例规范，结构严整。编者在《书法凡例引》中说：

> 国有史，所以记一国之事也；族有谱，所以记一族之实也。然史必书法明，然后国纪不乱；谱必书法详，然后族谊不乖。故愚等修谱，仿诸史例，凡生卒婚葬，德优行劣，仕农工商，隐逸继绝，皆有书法，条分二十有一，亦如史官之笔，不得容私于其间也。③

大学士许国在评价该谱时，亦指出了其仿效国史体例、汲取各家之长的特色：

> 观其溯源，自盛周以迄于今不下数千百年，而世次相承，整整弗乱，得班孟坚叙世业之体；联合远近，统括疏亲，书名书爵，书功书晦，率由直录，得春秋表正之体；训诰传状，文纪诗序，及墓陇之藉落，继娶之绪氏，存殁之年月日时，纤悉具备，得太史公核著详明之体。夫派衍昭晰，则非眉山苏氏服族之遗真；实录不讳，则非临江自襮之遗讯；不续非族，不掠孤贫，则非彭泽、庐陵尚显

---

① 《新安大阜吕氏宗谱》卷5《祭田·续新安吕氏宗谱后序》。
② 《新安大阜吕氏宗谱》卷5《祭田·吕氏续修宗谱跋》。
③ 《新安大阜吕氏宗谱》卷1《书法凡例引》。

漏晦之可议。"①

此外，其各卷之下每节之首，都冠以表叙，整齐划一。如《古今谱序》之首有"谱序表"，《像赞》之首有"像赞表"，《迁派》之首有"迁派表"，等等，文字简练，提纲挈领，叙述编纂缘由，概括本节内容，具有序言和提要之功效。

（二）考核有据

首先应指出的是，吕氏历代修谱十分认真，注重考据，求真核实，所编纂者多为信谱。如关于唐代所修《吕氏举要族谱》，北宋《续吕氏举要族谱序》说："先君好收图书，既殂□年，于箧中得所藏六十六世祖故唐衡州刺史《吕氏举要族谱》，自太公至当时，纲目严整，窃疑其好事而附会为之。天圣四年丙寅，叔父士元为秦州陇城宰，从谦时在侍次，有幽州安次宗人名仲堪，袖其五十四世祖溟字鹏飞者所续凉州吕氏世谱来访，鸿（鹏）飞盖与从谦五十四世祖渐字鸿飞者，亲昆季也，其后子孙家安次。仲堪上去鹏飞今一十九世，于从谦为弟，相去几五千里，上下逾六百年，而鹏飞所记前谱牒，与先君家藏旧本无差疑误，始知举要谱委有源流，非好事而附会为之也。"②又如明成化《续修吕氏继世谱》的编纂，力避世俗修谱的夸与妄之弊，而对谱中所涉及的人和事，一一考核："世有取显荣而为祖者是自夸也，苟无实录而远宗之是则妄也。呜呼！夸与妄作谱之弊亦多矣，予岂敢袭。乃取世传之录而补之，近自渭公而下以至于今，传世二十有三，历年七百二十有五，事无大小，人无穷通，一一笔之，以垂后世，盖欲后人知予之笔非夸亦非妄也。诸弟其记之以传，故编之首。"③

万历《新安吕氏宗谱》的编纂，正是继承了吕氏先人修谱的优良传统，其所确立的编修理念是，努力编纂一部信谱，注重考核，力避夸妄，

① 《新安大阜吕氏宗谱》卷5《祭田·续新安吕氏宗谱后序》。
② 《新安大阜吕氏宗谱》卷1《古今谱序·续吕氏举要族谱序》。
③ 《新安大阜吕氏宗谱》卷1《古今谱序·续修吕氏继世谱序》。

订是非，辨真伪。其对迁派世系、显达义士、生殁婚葬、纪传诗文、基址祠墓、祭规祠田，多有释疑辨讹。该谱世系图表叙中说："故究予族世系，非不明且备也，但世变古今，抄誊讹谬，苟不订正，族胡以明？乃取先人旧笔，叙其世次而图之，在前代者，信以信，疑以疑，不敢略为之增损；至近世者，独加详焉，庶几亲疏远近，百世之下，皆按图而可考矣。"[1]例如，在其所列吕氏周代世系之中注有"史不合"等文字（图1）：

（前略）

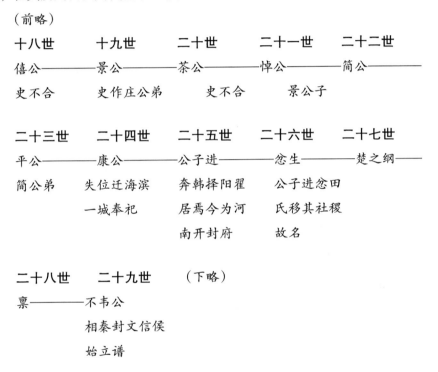

十八世	十九世	二十世	二十一世	二十二世
僖公————	景公————	荼公————	悼公————	简公————
史不合	史作庄公弟	史不合	景公子	

二十三世	二十四世	二十五世	二十六世	二十七世
平公————	康公————	公子进————	恣生————	楚之纲——
简公弟	失位迁海滨一城奉祀	奔韩择阳翟居焉今为河南开封府	公子进恣田氏移其社稷故名	

二十八世	二十九世	（下略）
禀————	不韦公	
	相秦封文信侯始立谱	

图1 万历《新安吕氏宗谱》中吕氏周氏世系

其中又有以下考辨：

> 按齐世纪，由太公以下至于康公，几三十世，今谱传曰二十四世，则与齐纪不相侔矣。然家传如是，难以遽更，惟就旧传，以俟贤者考证之。今据世系多六世者，或以弟继兄，以孙祢祖故也。[2]

---

① 《新安大阜吕氏宗谱》卷1《世系图表叙》。
② 《新安大阜吕氏宗谱》卷1《世系·周时》。

这就是说，宗谱与国史二者记载有所不同。它表明了该谱对远祖世系的追溯，并非那种按国史所载加以附会之说，而是另有所据，这就是家传①。年代久远，谁对谁错，恐怕难以考究。尽管家传所记有所不同，而其对国史来说，或许是有参考价值的。该谱对近世族人的登录，采取了出吾族者，虽贫与贱，悉为登载，非吾派者，虽富与贵，置之弗录的原则。如"旧谱有余公公者，宋参知政事，父德诚公，俱为达官。有满门褒封诰命及金锦堂一幅，横阔丈余、一机织成者，至今留存。但迹实与世次无传，或者睦州失派未可知也，姑略，以俟得世次者载。至于文穆公后，显于宋者，可谓盛矣，然宗源虽一，而派属河南，亦不录之。惟河南广问公于建炎三年五月间，执谱来歙，会我宗人，乃知支派不一，而源流实同，故就其谱而交互录之。今亦不载"②。至于对具体事实的考辨，谱中处处可见，此不赘述。

由于该谱考证详明，取舍惟实，当其付梓之际，编修者吕仕道相信它可以成为后世吕氏修谱之阶梯："吾等编谱，远仿欧苏二公谱式，近求当世名家，考之故典，参之己见，订其是非差讹之辨。虽不僭称有得谱学，而亦可以为吕氏修谱之阶梯矣，后之修谱者可以轻以委之哉。"③

（三）文献丰富

该谱纂修所依据的资料颇为丰富，不仅有历代遗留的谱牒，还有其他家族事迹的各种记录，以及家族文书档案等。此外，还参以国史、郡志等各种记载。因此，在万历《新安吕氏宗谱》之中也保存了一批颇有价值的文献资料。例如，前述《不韦公吕氏世谱序》等唐代以前的五篇谱牒序文，无疑是谱牒学研究的重要资料。此外，还有弘治十五年（1502年）

---

① 据吕不韦著《吕氏春秋·仲冬纪第十一·长见》载："吕太公望封于齐，周公旦封于鲁，二君者甚相善也……其后，齐日以大，至于霸，二十四世而田成子有齐国。鲁日以削，至于觐存，三十四世而亡。"这里所述齐世系，与吕氏谱牒所传相合。

② 《新安大阜吕氏宗谱》卷5《遗事·褒封诰命书锦堂遗事》。

③ 《新安大阜吕氏宗谱》卷5《祭田·族谱总论》。

《修理坟祠誓约》①，隆庆二年（1568年）《烈翁会宗书》②，隆庆六年（1572年）《立吕宗伯祠户呈》③，万历五年（1577年）《休宁祭田合同》④，万历五年《休宁桑园家规》及《休宁松萝门凤湖街祭祀家规》⑤等。在谱牒中，这些文书档案都是基本按原格式、从头至尾全文照录。这类资料即使在现存的文书实物中亦不多见，堪称难得的研究资料。

四、《吕氏负冤历朝实录》的研究价值

如前所述，在民国二十四年（1935年）重印的《新安大阜吕氏宗谱》之中，还增编了万历四十一年（1613年）专刻的《吕氏负冤历朝实录》，它汇录了明隆庆至万历间围绕吕氏祖墓、祖祠诉讼案件的诸多法律文献，更具研究价值。吕宗伯祠位于歙县水西，为新安吕氏各派统宗祖祠，由来已久。当初，唐代吕氏延之公在此建立兴唐寺，子渭公筑读书堂于寺右，死后因堂建祠，子孙祀之。其后子孙安衡公、康年公、暄公、裕公等均葬于此。乃寺、坟、祠三者合一之所。至宋代，吕氏显宦文仲公、溱公又奏请朝廷，捐俸重建，兴唐寺敕改为太平兴国十二寺，产业田山达百余亩，每寺与田六亩、山地二亩五分，以资按月轮流供奉祖祠。规模宏大，郡邑称胜。然至明代后期，离唐代建祠已有800余载，历年久远，特别是在元末兵乱之后，寺、墓毁坏，湮没殆尽，祠田或被盗卖，或被侵占，所存仅一祖祠及坟基地一角二十步（合八十步）而已。而吕氏子孙又多分迁他邑，居于歙者，势力衰微，远非昔日可比。正是在这一背景之下，从明隆庆时起，吕宗伯祖祠屡遭侵占，事端迭起。嘉靖十一年（1532年）有吕姓保祖案，隆庆五年（1571年）有阻止买寺造坟案，而万历三十九年（1611年）至万历四十一年（1613年）又发生了吕氏祖祠诉讼大案。

① 《新安大阜吕氏宗谱》卷5《遗事》。
② 《新安大阜吕氏宗谱》卷1《祠墓寺图》。
③ 《新安大阜吕氏宗谱》卷5《祭田·附立户呈》。
④ 《新安大阜吕氏宗谱》卷5《祭田》。
⑤ 《新安大阜吕氏宗谱》卷5《祭田》。

吕氏祖祠诉讼大案始于万历三十九年。该年十二月，吕氏族人听信堪舆之言，以吕宗伯祠之前有树塞心，遂立议约，将祠前大木二株砍伐，将其变卖，置田于祠。次年正月，此事被祠业比邻胡良玉父子以冒占官祠、擅伐官木为词告发。胡良玉之子胡其达系县学生员，又为当时歙县著名文会斗山会成员，遂联名里排及斗山会众人参与诉讼。县主刘公不认吕氏家祠，批为公祠，吕氏不服申辩。胡氏又率众撤神主，夺祠田，灭祠户。吕氏则进一步上诉巡抚都察院及钦差兵备道，道院又批府、批厅。双方互控，愈演愈烈，历经数年，至万历四十一年（1613年）底仍未最后结案。《吕氏负冤历朝实录》的刊刻即是为了进一步伸冤而作，其原序如下：

> 刻吕氏负冤禀帖历朝实录序
>
> 世仇胡良玉父子济恶强占身等三侍郎祖祠，毁弃三侍郎神主，平没状元祖墓，打灭解元牌扁（匾），窜改学士乡贤，毒杀生员性命，撤我迁祖，夺我祀田，侵我祠租，盗我地税，灭我祠户，安刘石碑，换刘神牌，冤抑无伸，仰恳仁者详览，救死救生，恩流万世。谨叙。
>
> 万历四十一年十月初一日
> 宗伯二十五世孙八十七岁吕清邦泣书①

《吕氏负冤历朝实录》汇录了明隆庆至万历间围绕吕氏祖墓、祖祠诉讼案件的各种法律文献共62件，其编辑以万历三十九年至四十一年吕氏祖祠诉讼大案为中心，此案文书占绝大多数，并包含了嘉靖十一年吕姓保祖案和隆庆五年（1571年）阻止买寺造坟案的主要法律文书，而分为天、地、人三集。天集所辑计12件，主要为吕氏上诉的禀帖、辨语、呈词等，如《为始祖唐宋三侍郎坟祠负冤禀帖》《指读书堂为去思祠辨语》等；地集所辑计29件，主要为吕氏所呈相关证据，如《豪所毁神主侍郎吕渭公诰命》《弘治十四年重修宦品坟祠歙县所给印信帖》等；人集所辑计21件，主要为胡氏状告呈词及官府批详，如《豪党因伐木拒骗诳歙批衙呈》《斗山会友朋党争木呈》《申檄本府批详令吕氏守祠卷案》等。人集所列最后

---

① 《新安大阜吕氏宗谱》卷6《吕氏负冤历朝实录》。

一件为《迭追木价强夺祀田禀县呈词》，其下注语："仍候府主杨公申报巡抚都察院仰徽州府查报驳招，并候刑厅李公审理巡抚都察院状词，又候粮厅郭公审理钦差兵备道状词，又候县主苏公审理原被呈词，又候各部院准词批审，续刊补后。祠坟历朝实录人集总目未终。"这表明，负冤录刊行时，此案尚未最后结案。即《吕氏负冤历朝实录》所辑法律文书，作为该案全宗来说，仍有少数阙如，并不完全。尽管如此，总体来看它还是基本上汇录了这一案件的各种诉讼案卷。其中不仅有呈词、辨语，还有相关证据；不仅有上告状文，还有官府批详；不仅有原告方面的，还有被告方面的，包括两造。此外，在其所辑相关证据之中，还保存了一批珍贵的文书档案资料，如唐宋朝廷诰命、洪武四年户帖[1]、县给印信帖文、准立户呈、印信户由、排年里老执结、丈量清票、印信审图票等。以上法律文献和文书档案，皆全文直录，并基本保留了原文格式，其所蕴含的研究价值自不待言。

万历吕氏祖祠诉讼案的审理颇为曲折。历经起诉、审判、反辩、复审、再反诉，而后上诉兵备道、都察院，经由两任知县审理，才最后结案。它为研究中国古代司法诉讼提供了一个具体案例，为我们探究明代司法机构、诉讼程序、审判制度、判决过程、法理依据等，都提供了生动的素材。

不仅如此，万历吕氏祖祠诉讼案还反映了官祠与家祠、免征与纳税以及从坟祠到家祠的变迁等诸多社会经济问题，对法制史、社会史、宗族史及经济史等亦具有重要研究价值。

万历吕氏祖祠诉讼案因砍伐树木起诉，但其关键却是官祠与家祠之争。吕宗伯祠若属官祠，其前树木即为官木，当判胡方胜诉；吕宗伯祠若为家祠，其前树木即属私人，当判吕方胜诉。中国古代很早就有官祠与家祠之别。官祠是由官府所立，或为众人所建，亦为众人所祀，其所祭祀的对象也是固定的，一般只祭祀某一名人；而家祠则是由某一姓氏宗族所

---

[1] 参阅王振忠：《〈新安吕氏宗谱〉中的一份明初徽州户帖》，《华南研究资料中心通讯》2005年第40期。

立，为族人所祀，其所祭祀的对象是该族列祖列宗。吕宗伯祠为吕氏族人所立，并经族人多次修葺，奉为统宗祖祠，内设吕氏列祖列宗牌位，祭祀不断，签于版籍，证之官府，载诸郡志，证据确凿。然吕氏祖祠又有另外一种情况：曾经宋状元吕溱奏请于朝，其坟祠为免征土地。胡氏一方遂据此讼曰：地系免征官地，祠岂一姓宗祠？而县主刘公亦以此将吕宗伯祠判为公祠。的确，中国古代一般私地则有税，官地则免征。但并非绝对如此。历代亦有一些达官显贵得到朝廷的特别恩典，其私家土地遂获免征的事例。吕氏祖祠即属此种情况。即使在徽州也不乏其例，如汪王墓庙、杨宗伯祠、许相公御书楼等，虽俱系免征之地，而均为私家坟祠[1]。所以最初县主刘公的审判终未最后定案。

从万历吕氏祖祠诉讼案中，还多少可以看到宋元以来宗族祭祖演变的影子。如众所知，在唐宋时代，一般仍是只有上层社会达官显贵才可建立私家宗祠祭祀祖先，而这种祭祖祠堂也多建在坟墓之侧，称为"坟祠"。始建于唐代的吕宗伯祠即是如此。在吕宗伯祠周围还有众多寺院，是寺、墓、祠三者合一之所。而从宋代开始，在经济、文化等社会变迁的背景之下，祖先祭祀出现了从坟寺到祠堂的演变过程[2]。特别是到了明代后期，庶民获准立祠祭祖，祠堂则多建于村中，与居所合在一起，这成为主流。祠堂除了祭祖功能之外，还是宗族重大活动的场所，并成为宗族发展的象征。过去所立坟祠则难以具备这样的功能，难免不走向衰落。到了明代，吕宗伯祠所占土地已不足一亩，凡遇祭祀，族人只能采取各出份子的办法。"吾祠历宋元至我朝，世远代更，迭遭兵火，田皆失业。而吾派凡遇祭祀，每人各出分子以供祭享，行之已二百余年矣。"[3]加之吕氏族人多散居他邑、平时疏于管理等原因，其屡遭侵占也就在所难免了。所以，万历吕氏祖祠诉讼案还反映了宋元以来宗族祭祖从坟祠到家祠这一历史背景。

---

① 《新安大阜吕氏宗谱》卷6《吕氏负冤历朝实录·先有坟祠而后免征说》。

② 参阅［日］远藤隆俊：《宋元宗族的坟墓和祠堂》，载《中国社会历史评论》卷9，天津古籍出版社2008年版。

③ 《新安大阜吕氏宗谱》卷5《祭田·祭田表叙》。

胡适在1919年所撰《曹氏显承堂族谱序》中说："中国的族谱有一个大毛病，就是'源远流长'的迷信。没有一个姓陈的不是胡公满之后，没有一个姓张的不是黄帝第五子之后，没有一个姓李的不是伯阳之后。家家都是古代帝王和古代名人之后，不知古代那些小百姓的后代都到哪里去了？"进而认为："因此中国的族谱虽然极多极繁，其实没有什么民族史料的价值。这是我对于中国旧谱的一大恨事。"①的确，很多中国古代族谱之中对远祖世系的追述缺乏根据，难以相信。但若认为所有中国古代的族谱都是如此，即所有族谱之中对古代帝王和古代名人的追述均属附会之说，皆不可信，那么人们也会这样提问：不知古代帝王和古代名人的后代都到哪里去了？后世的中国人还能称得上炎黄子孙吗？所以，我们对于中国古代的族谱，还必须采取实事求是的科学分析的态度，剔除糟粕，取其精华，而对胡氏的说法则不可作绝对化的理解。

从某种视角来说，中国古代的社会结构大致可分为这样三个层面：国家统治系统、基层社会系统和宗族组织系统。而古代中国对这三个系统都有丰富的历史记载，并形成了各自的专史，这就是以记载国史为主的正史、以记载地方社会为主的方志和以记载宗族为主的谱牒。长期以来，人们多重视正史、方志，而对谱牒的关注显然不足。尽管谱牒之中存在空谱、俗谱，或有夸与妄之弊，但其中亦有体例严整、考核有据、内容丰富的成熟之作。人们会发现，在一些谱牒之中还保存了其他任何文献都没有记载的珍贵史料。谱牒也是中国历史的资料宝库之一。

本文写作之际，承蒙黄山学院马勇虎、安徽大学徽学研究中心胡中生、安徽省黄山市方志办翟屯建等先生帮助查核有关资料，谨致谢忱。

原载《徽学》第六卷，安徽大学出版社2010年版，有改动

---

① 胡适：《胡适全集》卷1《胡适文存》，安徽教育出版社2003年，第758—759页。

徽州文物浅议

《徽州文物图录》序

"大江以南，新都以文物著。"①这是明代大臣、戏曲家汪道昆的一句名言。汪道昆所讲的"文物"，与现代"文物"词意不尽相同，乃指徽州风俗不儒则贾，良贾不负鸿儒，躬行彰彰，不仅创造了财富，而且儒贾相兼，使得徽州文化昌盛，人才辈出，所以其含义更广。当然，汪道昆所言"文物"，也包含文物制度与物质文化，亦是讲徽州物质文化之盛，著于江南。那么，徽州何以文物繁盛，为江南翘楚呢？

徽州位于皖南，东邻浙江，南接江西，地处皖、浙、赣交界。一方面，徽州境内遍布崇山峻岭，山限壤隔，环境相对封闭，是一独立的地理文化单元。另一方面，徽州又有多条水系流向各方，四出无不通，又是开放的。徽州虽地处山区，但它北依长江，南联赣粤，下通苏杭，距离长江三角洲核心地区并不遥远。南宋都于临安（今杭州），徽州乃为辅郡，即京畿之地。明代，徽州长时间属于南直隶，所以从大的区位来看，自宋代以后，徽州是处在以苏杭为中心的发达的经济文化圈之内的。南宋时人们来到徽州，感叹这里"人烟辏集，无异京华"②。特别是明中叶以后，随着商品经济的发展，徽人外出形成潮流，不儒则贾，或科举出仕，官至极品；或经商远贩，四海称雄。首先，科举出仕，特别是徽商的壮大发展，

---

① 〔明〕汪道昆：《太函集》卷55《诰赠奉直大夫户部员外郎程公暨赠宜人闵氏合葬墓志铭》，载《续修四库全书》第1347册，第415页。

② 〔明〕戴廷明等：《新安名族志》后集《韩姓》。

财力雄厚，致使徽州成为一个经济发达、文化昌盛、富庶繁华之区，胜于他邑。这是徽州文物繁盛的根本原因。其次，由于其"山峭水厉，燹火弗惊"①，宋代以降，徽州只经历了元末及清代太平天国时期两次战乱，特别是从明至清，徽州有近500年的稳定发展时期，这为徽州的经济文化发展提供了一个非常有利的外部环境条件，促使其各方面建设走向繁荣，文物昌盛。此外，石料与木材，犹如现代之钢筋水泥，是古代建筑最基本的生产资料，而徽州的山林众多，有丰富的木石资源，可以就地取材，为各种建筑提供了得天独厚的优质资源。加之能工巧匠众多，技艺精湛，文化底蕴深厚，遂成就了徽州文物之繁盛。

徽州教育十分发达，科举中第者辈出，出仕为官者累朝不断，人数甚多。达官贵人衣锦还乡，不免极尽光宗耀祖之能事，起门第，建牌坊，树碑修亭，大兴土木。明清时期，徽商长时间执商界之牛耳，成为各路商帮之首，积累了巨额资财，藏镪千万，富比王侯。徽人虽远在他乡经商，但回报乡里为其世代不变的理念。致富之后，徽人多回归故里，筑豪宅，修别墅，造园林，建书院，兴义学，造桥梁，筑路亭，修佛寺，盖道观等，以其雄厚财力投入家乡各项事业。徽州宗族世系久远，风俗纯正，聚族而居。"一姓也而千丁聚居，一坏也而千年永守，一世系也而千派莫紊，率皆通都名郡所不能有。"②其居住村落历史悠久，选址注重风水，讲究环境，一般多依山傍水，巧妙地利用山势水系，展现了人与自然的和谐共生。村内的街巷、广场、民居、祠堂、牌坊、路桥，乃至水口园林等各类建筑，多有统一规划与布局。而祠堂则为一村的主体建筑，以统领族群。宋代徽州已建有宗祠，明嘉靖时开放宗族祭祀之禁，庶民得以祭始祖、立家庙，徽州宗族遂掀起了一个建祠堂、置族产、修族谱的高潮。统宗祠、公祠、宗祠、支祠、专祠、墓祠、家庙，各种宗族祠堂如雨后春笋般兴起，遍布徽州各地。以县计有千座以上者，以村论有达数十栋者。一时间，徽州大地上，宏伟的宗祠，高耸的牌楼，与粉墙黛瓦的民居珠璧交

---

① 〔明〕胡晓：《新安名族志》序。

② 康熙《休宁县志》卷1《风俗》。

辉，人工园林与自然山水交相辉映，牌坊成群，碑碣林立，楼台亭阁遍布城乡各地，古桥塔寺点缀其间，徽州文物之盛，甲于天下。

随着历史演进与时代变迁，徽州文物亦由盛转衰，特别是近代以来，许多文物不免遭到损坏，多有消亡。如今已很难再现徽州鼎盛时期文物繁盛之景观。尽管如此，徽州文物至今仍有丰厚遗存。踏上徽州这片土地，人们仍然有走进"文物之海"的感觉。

徽州文物遗存历史跨度悠长。域内出土文物表明，早在旧石器时代徽州已有先民生活，至新石器时代，这里的先民们已创造了原始土著文化。1959—1975年，屯溪西郊奕棋村(今属黄山市屯溪区奕棋镇)附近先后发现8座西周至战国早期的墓葬，出土了一大批青铜器、陶器、原始瓷器、玉石件和漆器残件，器物精美，特色鲜明，为长江流域青铜文化之重要组成部分[①]。这表明，3000多年前，这一带文化已相当发达。隋唐以后，这里地面遗存增多，不可移动文物成为徽州文物主体。从这些古建文物本身亦可看出其历史传承悠久，文化内涵丰富。"徽州古建筑具有隋唐遗风，保留了宋元做法，彰显了明清特点。用已故我国古建筑专家罗哲文先生的话说就是'唐宋元明清，从古看到今'。"[②]至近现代，这里又是南方之重要革命根据地，苏维埃政府旧址，革命政权遗址、会议遗址，红军烈士墓、纪念碑等革命文物，遍布域内各地，其中岩寺新四军军部旧址为全国重点文物保护单位。从出土文物到地面遗存，从古代文物遗存到现代革命文物遗址，徽州文物遗存的历史跨度绵延数千年。

徽州文物遗存数量巨大。以古民居为例，虽然全国其他地区亦有遗存，但像徽州这样，一栋栋被完好地保存下来，连成一片，比比皆是，遍及徽州一府六县的，堪称独一无二。按全国第三次文物普查标准统计，徽州尚存5000余处有保存价值的古民居，冠称全国。再如牌坊，如今若在其

---

① 安徽省文化局文物工作队：《安徽屯溪西周墓葬发掘报告》，《考古学报》1959年第4期；王昌月：《安徽屯溪土墩墓与休屯盆地区域文明研究》，《东南文化》2019年第3期。

② 陈安生：《认识徽州古建筑（上）》，《徽州社会科学》2020年第9期。

他地区发现一座牌坊，已属珍宝，而在徽州，仍有成群的牌坊遗存下来，徽州歙县棠樾牌坊群早已闻名中外。据统计，徽州至今遗存的牌坊有140余座。徽州古桥遗存数量更是惊人，在千座以上。徽州传统村落有1000余个，地面不可移动文物有10000余处。

徽州文物遗存种类繁多。徽州文物遗存主要为不可移动文物。其种类繁多，形成系列。大的类别有聚落园林、古建筑、遗址墓葬、石刻壁画，以及近现代重要史迹等。聚落园林类之下有古城、古村镇、古街、园林、水口等；古建筑类之下有祠堂、牌坊、书院、学堂、店铺、古戏台、寺庙、社屋、教堂、楼、塔、桥、亭等；遗址墓葬类之下则有古遗址、古城墙、古道、古墓葬等。可以说，徽州不可移动文物的类别齐备，几乎涵盖了地面不可移动文物的各个类目。

徽州文物遗存品级上乘。从文物品级来说，徽州文物遗存中有一大批上乘之作，乃至顶级文物，或被定为全国重点文物保护单位，或被评为世界文化遗产。如建造于明代中后期的歙县呈坎罗东舒祠，规模宏大，营造精细，雕刻极致，被誉为"江南第一名祠"。再如歙县明万历年间的许国石坊，南北二面二柱三楼冲天柱式，东西二面四柱三楼冲天柱式，结构独特，规模宏伟，为中国现存唯一一座八脚牌楼。至于黟县西递、宏村，被誉为人类古老文明的见证，是传统特色建筑的典型作品，也是人与自然结合的光辉典范。1995年8月，日本著名汉学家、中国思想史研究专家沟口雄三来黄山屯溪参加国际徽学学术讨论会。会议期间他参观了西递、宏村，感慨万千，笔者曾亲耳听他说："法国有一个古村落，是世界文化遗产，我到那里参观过，而西递、宏村要远远胜过那里。"西递、宏村于2000年被列入世界文化遗产名录。截至2020年，在遗存的徽州文物中，有2项世界文化遗产，2座国家历史文化名城，19个国家级历史文化名镇、名村，49处全国重点文物保护单位，3个全国历史文化保护街区，271个中国传统村落，1座省级历史文化名城，117处省级重点文物保护单位，126处市级重点文物保护单位，298处县（区）级文物保护单位。这些文物保存相当完好，品级很高，其中一些文物设计独到，技艺精湛，营造高超，臻于极致。

徽州文物遗存具有整体性。如今，全国各地多有文物遗存，然总体而言，这些遗存多为某一个点，或为某一部分遗存，孤立性遗存较多，整体性遗存较少。与其他地方相比，徽州文物遗存多具有整体性，特点极为显著。在徽州文物遗存之中，不乏以建筑群的形式被保存下来的。这些建筑群，并非建筑遗址的还原再现，而是原建筑物的遗存；亦非建筑物的部分保存，而是原建筑群的整体性遗存。徽州的古村落，或依山，或傍水，原来的布局并未改动，几百年的老屋高低错落，并与祠堂、书院、古井、古桥、古亭、古戏台等乡村建筑，作为村落整体遗存下来。由于保存完整，使人依然能够从整体上看到历史的原貌；因整体遗存，人们能更深刻地感受到徽州历史文化的博大精深。置身其中，仿佛时光倒流，再现历史的原韵。

徽州文物遗存富有生态性。与一般博物馆文物藏品有所不同，徽州文物遗存多保持原址原地，未失文物所在原始场景，联系其他遗存文物，无疑会更多地展现其所蕴含的文化信息。特别是这些文物有很多至今仍被人们所利用，是人们物质生活资料的一部分，现代人依然居住其中，从事各种活动。这些文物仍在发挥着各种功用，具有良好的存续状态，依然"活着"。古城古街，交易红火，商贸兴隆；古村古镇，人烟兴旺，生机盎然。古桥之上，车马照行；老街巷内，旧俗犹存。居住和生活在这里的现代人，仍然承载着厚重的历史传统与文化。物质文化遗产与非物质文化遗产交相辉映，在相当程度上保持着原有的文化生态，二者共同构成了徽州遗存的文化生态。2008年，获国家批准正式成立了徽州文化生态保护实验区。这种保护虽以非物质文化遗产为核心，但强调的是整体性保护，物质文化遗产与非物质文化遗产均包括在内。

近代以来，随着近代化与现代化的飞速发展，全世界大多数地区的古代物质文化遗存亦加速消亡。古代物质文化虽然在世界各地颇有遗存，但多呈散落状态。或仅存一幢建筑，或只剩一块碑刻，通常是一鳞半爪，残缺不全，其他相关文物都不存在了，未免有支离破碎之缺憾。而像徽州这样，能有大面积的整体性文物遗存得以保全下来，实属不易，其中又多有顶级文物，更是十分难得。这在中国乃至世界上，都是罕见的。

徽州文物之中蕴含着徽人的生活方式、礼仪习俗、儒学传统、宗法制度、审美观念、宗教信仰等，徽州文物绝非单纯的物质遗存，它凝聚了厚重的徽州历史文化。徽州文物是研究徽州历史文化的第一手资料。它与徽州文书、徽州文献一起，共同构成了徽学研究大厦的支柱，是徽学研究的三大基本资料之一。徽州文物是徽州历史文化的另一大载体，它不仅可以补证文献记载之不足，而且能够为我们从物质文化这一视角研究徽州历史文化提供相当系统的资料，具有不可替代的重要价值。

璀璨夺目的徽州文物，是古代徽州人民智慧的结晶，是其所创造的光辉灿烂的历史文化之实物遗存，具有典型性与普遍性价值。这是徽州先民给我们留下的最为宝贵的遗产，弥足珍贵。它属于中华民族，也属于全人类。对这份遗产，我们应倍加珍惜和守护。徽州文物遗存，是探究优秀的中华历史文化的一个缩影。在新时代"坚持把马克思主义基本原理同中国具体实际相结合、同中华优秀传统文化相结合"的伟大实践中，必将发挥它的价值与作用。

《徽州文物图录》这一大型文物资料丛书[①]，系"十三五"国家重点出版物出版规划项目，由黄山市社会科学界联合会组织有关专家，以徽州文化生态保护实验区为收录范围，以全国第三次文物普查资料为基础，辅以其他相关资料，加以实地考察，辅以图片，在黄山市委市政府及有关单位的支持下，历时五载编纂而成。有关专家在调查研究的基础上，汇集资料，整理分类，投入巨大精力，付出辛勤劳动。本书卷帙浩繁，首次将数量巨大的徽州文物遗存汇录于一书，力求全面系统，堪称集成之作。其对于徽州文物资料的保存，相关的学术研究，乃至徽州文物本身的保护，都具有重要价值和意义，必将嘉惠学林。

本文原为《徽州文物图录》所作序言，载《徽州文物图录》，中国科学技术大学出版社2021年版

---

① 杨永生、翟屯建主编：《徽州文物图录》（全8册），中国科学技术大学出版社2021年版。

徽州文化述论

徽州文化研究刍议

　　20世纪80年代以来，徽州文化，名扬四海，徽学研究，蔚为大观。徽学研究的兴起，大致有以下几个方面的原因。一是徽州文化本身具有重大的研究价值，占有重要的历史地位；二是徽州地区具有丰厚的文化遗存，有重大的资料发现，因而有广阔的学术开发前景；三是有一批高水平的研究人员和优秀的研究成果。以后者而言，国内外其他地方的徽学专家暂且不论，仅徽州本土（黄山地区）的学者已形成一支徽学研究的生力军。在并非优裕的条件下，黄山市徽州文化研究院，短时间内连续推出徽州文化研究论集，即是证明。笔者作为徽学研究队伍中的一员，谨表衷心祝贺。同时略陈管见，以就教于徽学同仁。

　　徽州文化研究应有广阔的视野。徽州文化为什么会受到人们的重视？以徽州文化为研究对象的徽学何以能够兴起？显然，这与徽州文化本身具有重要的历史地位和重大的研究价值密切相关。那么，如何来阐释徽州文化的地位与价值呢？这就需要对徽州文化兴盛的历史背景有所了解。在中国历史文化发展演变的伟大长河中，宋代以后进入了一个新的阶段。宋代以前中国的经济文化重心一直在黄河流域，在北方，而宋代以后中国的经济文化重心则移至长江流域，移到了江南。宋代以后，特别是明清时代，商品经济有了显著的发展。政治上科举制度全面实施，思想文化上宋明理学占据了统治地位。由于商品经济的发展，明清之际更出现了资本主义萌芽以及由传统社会向近代社会转变的诸多启蒙因素。这些都是中国历史文化发展在宋代以后的重大转变，同时又都与徽州文化的兴盛休戚与共，息息相关。宋代以后经济文化重心南移，使徽州占据了有利的地理位置。明清时期全国性商品经济的发展，则为徽商的称雄提供了广阔的舞台。"东南邹鲁""程朱阙里"，这些徽州的美誉之称，更说明了徽州文化与宋代以后中国主流文化的关系。所谓徽州文化，实质即是宋代以后中国历史文化发展的典型代表之一，它集中体现了当时经济文化发展主流的各个方面，异彩纷呈，贡献巨大，不愧是中国历史文化的一块瑰宝。从徽州文化的内涵来说，它所反映的历史文化性质往往要超出地方本身，具有更广泛的意义。因此，对徽州文化的研究不可只局限于地方范围之内，而要有广阔的视野。这就是说，横向上，应该将徽州历史文化放到当时整个民族与国家大的历史文化背景之下来考察；纵向上，必须把徽州历史文化置于中华民族历史文化的演变之中来探索。只有如此，才能恰当阐明徽州历史文化所具有的历史地位，才能充分阐释其所具有的普遍性价值和意义。

徽州文化研究应有深入探索的精神。在徽学研究中，强调要把徽州文化置于整个中华民族的历史文化之中来考察，这只是问题的一个方面。另一方面，还必须注重对徽州文化本身特点的考察。应该说，对徽州文化特点的考察，乃是徽学研究的主体。徽州文化的特殊性与普遍性，二者既有区别，又是统一的。对徽州文化普遍性的阐发，乃寓于对徽州文化特殊性的揭示之中。而徽州的丰厚文化遗存，又给我们揭示其特殊性提供了可能。如众所知，徽州既有大量的文书档案，又有丰富的文化典籍，还有世界公认的物质文化遗产。它们作为徽州文化的研究对象所提供的资料，往往十分具体，多属第一手资料，反映事物的本来面目。这就给徽州文化研究的开拓创新提供了良好的契机。只要我们采取科学的态度，不带任何框框，从实际出发，深入探索，注重对具体事实的周密分析，注重对典型个案的深入考察，同时作出理论性的概括与总结，就会有新的发现，乃至有所创新。

徽州文化研究应有批判继承的意识。徽州文化作为徽学的研究对象，自然是优秀的有价值的文化遗产。因此，在徽学的研究之中也就存在一个如何对待文化遗产的问题，亦即如何对待传统文化的问题。回顾20世纪中国思想文化运动发展的历史，在如何对待传统文化的问题上，有不少经验教训值得总结。20世纪初，中国出现了"新文化运动"。它是在1840年之后列强瓜分中国、民族危机日趋严重的形势下，在近半个多世纪的救国图强斗争接连失败、中国面临向何处去的历史背景下，在思想文化方面发生的最伟大的近代启蒙运动。新文化运动高举民主和科学两面大旗，反对封建专制，对旧思想、旧道德、旧礼教进行了激烈而深刻的批判，使人们从几千年来传统观念的束缚之下彻底解放出来，思想上发生了根本性的大转变，为此后的中国民族独立解放运动准备了前提条件。没有新文化运动，就不会有20世纪中国民族革命的成功。新文化运动的伟大功绩和历史意义必将永垂史册。新文化运动使我们认识到对传统文化批判的必要性。但是，今天回过头来看，新文化运动亦有不足之处。这就是其对传统文化的批判显然有些过头，甚至采取了彻底否定的态度。当时喊出的"打倒孔家店"口号，即是一例。虽然在当时的形势下，不过正不足以矫枉，但这毕竟不是一种科学的态度。此后对传统文化的极"左"做法一直没有根本转变，直至"文革"达到了高潮。这个教训是必须吸取的。"文革"之后对极"左"思潮进行了批判，20世纪80年代改革开放以来，中国对传统思想文化的研究出现了新的繁荣。徽学研究的兴盛就是在这一形势下形成的。

究竟应如何认识传统文化呢？人类社会的发展，既有阶段性，又有连续性。这种发展，对过去既不能彻底否定，也不应全盘肯定，而只能是一种辩证的发展。即使在历史的大转变时代也是如此。新的东西既必须通过批判旧的东西才能诞生，也必须在继承优秀传统的基础上才能建立起来。这种继承不是可有可无的，而是必需的。因为在传统文化中存在着超越时代与历史阶段、建立新世界所必备的精华部分。历史已经证明，那种彻底抛弃旧传统的做法根本行不通，乃是失败之举。而另一方面，对传统文化毫无批判意识，采取全部照搬、全盘吸收的做法，也是不可取的。传统文化之中有所谓时代的局限性，存在糟粕，这是不能否认的。即使优秀的文化遗产也是如此。传统文化好比一处宝藏，虽然它蕴藏着许多有价值的东西，但是不能拿来就用的，还必须通过挖掘、加工、提炼，才能真正发挥它的价值和作用。徽州文化即使作为一种优秀的传统文化，它同时也存在许多糟粕，其在历史上的负面影响亦相当沉重。以徽商而言，贾而好儒为其特质。然而其成也儒家文化，败也儒家文化。这个经验教训是值得认真总结的。朱熹是有批判精神的，戴震是有批判精神的，胡适更有批判精神。正是这些徽州先贤们的批判精神，才使得徽州文化能够在很长的历史时期内与时俱进，不断发展。这种批判精神，实属徽州文化的精华部分，才是我们今天应该加以继承并发扬光大的。时至21世纪的今天，徽学研究迎来了前所未有的大好局面。相信在徽学同仁的共同努力下，一定会在更高的层次上对徽州文化这一瑰宝作出科学的总结。

本文原为《徽州文化研究》所作前言，载《徽州文化研究》第2辑，安徽人民出版社2004年版，有改动

徽州文化研究的新视角

回顾古今中外的学术发展史，不难发现，对同一种历史文化的探索与研究，往往分为不同的领域，形成不同的学科；而在同一领域或同一学科中，又会出现不同的论说，乃至形成不同的理论和学说。在多样的阐释与论说之中，或有正确与否之分，或呈高下优劣之别，而更多的场合，是难以用正确与错误、优与劣这样简单的标准来评判的。故蔡元培先生说："多歧为贵，不取苟同。"各家之言，自有其理，诸说并存，乃为常态。这是因为，尽管作为研究对象的历史文化本身只有一个，但人们对它的观察视角和研究路径却是多种多样的。或纵向探索其发展演变趋势，或横向研究其各个方面的相互关系，或注重剖析其结构，或着眼揭示其实态，等等。尽管从每一视角或路径出发都会获得相关的研究成果，但它只能是对研究对象的部分阐释，并非它的全部。这个道理十分明显。即使一个简单的物体，不论从何种角度拍摄，每一次只能得到其某一方面的影像，即部分影像，而不是这个物体的全貌。同样，不管研究者采取何种视角考察，从何种路径切入，他所得到的也只能是研究对象的部分真相，而不是它的全部。所以，对某种历史文化的探索与研究，采取多种视角和路径，选择不同的理论和方法，开展不同学科的多样性研究，不但是可以的，而且是必需的。

徽州文化素称博大精深。以徽州历史文化为研究对象的徽学也是一门综合性学科。有关徽州文化的研究领域十分广泛，涵盖了政治、经济、思想文化、艺术、军事、教育、商业、金融、考古、医学、农学以及数学、天文、历法等诸多方面；涉及的学科颇为繁多，包括历史学、经济学、社会学、法学、历史人类学、美学、教育学、军事学、自然科学以及社会史、法制史、科技史、艺术史等。自20世纪80年代徽学兴起以来，学者们在上述很多领域和学科范畴内，进行了颇为深入的研究工作，已出版了相当多的研究成果，论文逾千篇，著作近百部，林林总总，洋洋大观。然而，从研究视角来说，其多数乃是属于史的方面探索。视角尚欠多样，领域仍待扩展。多视角地进行考察，开辟研究的新领域，已成为徽州文化研究发展的一个趋势。

徽州文化源远流长，有其独特的发生、形成、繁荣、衰落的历史演变过程。徽州文化的形成和发展，又有其非同一般的空间扩展过程。从汉至唐，中原各姓大族为避战争乱，纷纷自北方迁入新安山区，促成了中原文化与山越文化的融合，改变了该地的社会风尚，由崇尚武劲到益向文雅，形成了具有特色的徽州文化，是徽州文化的形成阶段。宋代之后，徽州一府六县发展成为一个典型而独立的文化地理单元。其主要标志是，在徽州区域内文化高度发达，取得了突出成就。徽州文化不只是在某几个方面有所成就，其在思想哲学、道德伦理、语言文字、文学艺术、文化典籍、科技工艺等各个领域都有上乘表现，自成体系。其所展现的高深的思想造诣、精湛的艺术水准与丰厚的文化内涵，既显示了徽州的特色，同时也是那个时代最高水平的一个代表。另外，徽州文化区域内出现了有代表性的统一文化理念。徽州本是程朱阙里，朱熹思想对徽州影响至深，"朱子之学虽行天下，而讲之熟、说之详、守之固，则惟新安之士为然"[1]。至清代前期，徽州又成为朴学的发祥之地。从朱熹到戴震，从宋明理学到清代朴学，既是宋代以后徽州思想文化发展的一条主线，同时它也代表了这一时期中国儒家思想发展演变的主流。徽州成为中国传统学术文化的典范区域之一。徽州独立文化区域的形成，自然也得益于其所处的地理环境，其

---

① 〔元〕赵汸：《东山存稿》卷4《商山书院学田记》，载《文渊阁四库全书》第1221册，上海古籍出版社1989年版，第287页。

地被万山包围，相对封闭，形成了一个独立的长期稳定发展的环境。徽州作为一个典范文化区在当时即被承认，时人称之为"东南邹鲁""文献之邦"。然而，徽州文化的形成与发展自始至终都是开放型的，不只局限于徽州本土。当其形成之初，具有决定性意义的移民活动，即与徽州之外的广大地区密切相连。至宋代独立的文化区出现之后，更向外扩展，发展到本土之外的广阔舞台。既发达于徽州本土，又活跃在华夏大地。正如胡适所言，对徽人来说，有所谓小徽州与大徽州。小徽州即指徽州本土，大徽州则指徽州以外的华夏大地乃至海外的广大空间。徽州本土的狭小促成了徽人的向外扩展。最初当是一种不得已行为，而后则成了一种社会风尚。徽人通过经商、科举、出仕、游学、移居等种种途径，与外界建立了广泛的联系和交流。宋代之后，这种交流一直未有中断，明清时更为频繁，形成高潮。这种交流是双向的、互动的，相互影响，相得益彰。在这种交流中，徽州于经济上聚天下之财富，文化上得五方之风气，与此同时，徽商置业四方，徽人出仕、游学、遍及各地，富有特色、独领风骚的徽州文化也随之传播四方，在各地开花结果。徽州成为那个时代经济文化发展的一个交汇之地与辐射中心。应该说，徽州文化的形成、发展与繁荣，乃是充分地利用了大徽州这个舞台空间，其有赖于此者至大矣。这一点对理解徽州文化颇为重要。因此，在徽州文化的研究中，既要从时间上考察其历史变化与差异，也应从空间上探索其地理分布与特点，用文化地理学的观点阐述其空间发展变化的方方面面，实为徽州文化研究的重大课题之一。这方面大有文章可作。

文化地理学早已有之，而用文化地理学的观点研究徽州文化者迄今尚不多见。《徽州传统学术文化地理研究》取徽州的传统学术文化为研究对象，首次依据文化地理学的相关理论和方法，从空间和区域的角度，对12世纪中叶以后在徽州区域内出现的以新安理学和徽派朴学为主要内容的学术文化体系，作了系统而全面的阐论。视角新颖，资料翔实，考证缜密，颇具新意，堪称徽州文化研究的一部力作。其对理解中国传统学术文化，推动徽学研究发展均有重要意义。作者周晓光教授，系著名徽学专家，先是受业于徽学研究的开拓者张海鹏先生门下，致力于徽州思想文化和徽州商人研究，已有《新安理学》等大著问世，对徽州传统学术文化的掌握了然于胸；近年又师从著名历史地理学专家邹逸麟先生，更获新知。本书即是作者运用新视角研究徽州文化的新作。此前关于徽州传统学术文化的研究，多以学者或学派为主。本书运用文化地理学的理论方法，从空间和区域的新视角，对徽州传统学术文化作了全方位的整体性探索，具有开拓性。其所阐述的徽州传统学术文化区的形成与变迁，徽州传统学术文化的发展阶段、分布与扩张格局、区域表征等，皆属新的课题；所论徽州学术文化中心地层级网络、空间传播途径、影响及特点等，更是新的观点。书中利用了大量文集、方志、碑刻、谱牒及有关文书资料，做了多项统计，制作了各种图表，史论结合，具有说服力。且作者十分注意学术规范，语言精练，行文流畅，读来令人耳目一新。

文化地理学并非本人专业，然作为一个徽学研究工作者，读到徽州文化研究佳作，自然欣喜。作者嘱予作序，写此粗浅文字，谨表祝贺之意。

本文原为《徽州传统学术文化地理研究》所作序言，载《徽州传统学术文化地理研究》，安徽人民出版社2006年版；又载《安徽师范大学学报》（人文社会科学版）2006年第4期，有改动

徽州文化的形成与演变历程

徽州位于皖南山区，黄山雄奇甲天下，白岳旖旎称神州。这里山清水秀，人杰地灵。思想伟人，学术巨子，灿若群星；新安文化，徽州艺术，万紫千红。勤劳的徽州人民在这里创造了璀璨夺目的历史文化，引领风骚千余年。提到徽州文化，人们总以博大精深相称。所谓博大，指其取得的辉煌成就，几乎涵盖了中华传统文化的各个方面，在思想哲学、道德伦理、语言文字、文学艺术、文化典籍、科技工艺等各个领域都有上乘表现，而自成体系；所谓精深，乃言徽州文化的水平并不是一般性的，其所展现的高深的思想造诣、精湛的艺术水准与丰厚的文化内涵，既显示了地域特色，同时也是那个时代最高水平的一个代表。它集中地体现了当时文化发展主流的诸多方面，异彩纷呈，贡献巨大。那么，如此博大精深的徽州文化是如何形成的呢？它的历史发展轨迹又是怎样的呢？

徽州文化是在独特的地理和人文环境中生成的。

地理环境是徽州文化形成的一个重要因素。徽州地处万山之中，川谷幽深，峰峦掩映。虽然山川秀丽，风景绝佳，但"其地险狭而不夷，其土驿刚而不化"[①]。特别是其中能够开垦的土地所占比例很小，俗称"七山一水一分田，一分道路和庄园"。人们不得不在石头缝里种庄稼，所垦梯田拾级而上，指十数级不能为一亩。崇山峻岭，难以蓄水，十日不雨，田

---

① 〔宋〕罗愿：《新安志》卷2《叙贡赋》，载《文渊阁四库全书》第485册，上海古籍出版社1989年版，第369页。

土龟裂；而骤雨急至，山洪暴发，粪壤禾苗又荡然无存。这与平原地区得天独厚的耕作条件形成了鲜明对比。在农耕时代，这样的生存环境是很差很恶劣的。然而，徽州人并没有向恶劣的自然条件屈服，世世代代勤于山伐，能寒暑，恶衣食，不畏险阻，艰苦劳作。在与峭山激水的反复拼搏中，徽州人愈发坚忍不拔，培养了气质，缔造了精神。徽州山水的灵性，化为徽州人的品格。南宋休宁知县祝禹圭说：徽州"山峭厉而水清激，故禀其气、食其土以有生者，其情性习尚不能不过刚而喜斗，然而君子则务以其刚为高行奇节，而尤以不义为羞"①。南宋著名学者罗愿说："其山挺拔廉厉，水悍洁，其人多为御史谏官者。"②清代朴学大师戴震亦说："生民得山之气质，重矜气节。"③地理环境对徽人性格的影响是多方面的，其中最为突出者，即是赋予了徽州人一种刚性气质。或负豪使气，争为长雄；或刚而喜斗，难以力服，而易以理胜。多以材力保悍乡土为称，乃至对抗官府，成为造反者。其为官者，多刚正不阿，而为御史谏官；其为学者，空所依傍，独立思考，多有创见。正是山区这种特殊的地理环境，造就了徽州人的骨骼，成就了徽州人的性格。

文化融合是铸就徽州文化的核心因素。秦汉以前，生活在徽州这片土地上的主要是山越人。山越人以伐山为业，刀耕火种，勇悍尚武，是为山地游耕文化。从大的方面来说，则属于中华文明源头之一的南方越文化。另外，徽州区域自秦置黟、歙二县，中原汉文化亦开始渗入。至东汉初年，即有中原大族迁徙徽州。中国历史上每逢朝代更替，常常发生动乱。当大动乱发生之际，不仅平民百姓，就是世家大族也会受到沉重打击而被迫举家迁徙。如历史上有名的西晋末年永嘉之乱、唐末黄巢之乱以及宋金战争等，这些大动乱都引起了北方士民大举迁入徽州。迁徽后的士家大族

① 〔宋〕朱熹：《休宁县新安道院记》，载《新安文献志》卷12《记》，《文渊阁四库全书》第1375册，第195页。

② 〔宋〕罗愿：《新安志》卷1《风俗》，载《文渊阁四库全书》第485册，第345页。

③ 〔清〕戴震：《东原文集》卷12《戴节妇家传》，载《戴震全书》6，黄山书社1995年版，第440页。

仍聚族而居，重视教育，崇尚儒雅，带来了中原文明。随着人口繁衍与族群扩大，迁徽士民反客为主，而成为徽州的主要居民。在此期间，一些担任郡守的文人名宦，如南梁之任昉、徐摛，唐朝之薛邕、洪经纶等，都大力推行礼仪，实施教化，创办讲习，倡导文学，等等，影响甚为深远。"追任昉之幽奇，踵薛邕之文雅"①，成为徽州的社会风尚。于是，中原文化渐渐占据了主导地位。然而并不能说，中原汉文化就取代了当地山越文化。唐人吕温说：歙州"地杂瓯骆，号为难理"②。瓯骆，即指越人；难理，指徽人争强好胜、健讼喜斗而言。徽州难治是出了名的，直到明清仍有此类记载。这说明山越文化的影响一直是存在的。在两种不同文化的交汇之中，免不了碰撞和冲突，但更多的是交融与汇合。这种融合是双向的。中原文化强有力地影响了山越文化，促其益向文雅；而山越文化也深深地渗透到中原文化之中，使之趋于刚健。在徽州文化的基本精神之中，诸如重视教育的儒家传统，崇尚儒雅的社会风气，维系族群的宗族观念等，都明显具有中原文化的特质，而其刚健有为的积极进取意识、吃苦耐劳的徽骆驼精神、向外拓展的开放风气等，则无疑皆反映出山越文化的元素。徽州文化既体现了中原文化的儒雅风范，又渗透着山越文化的刚强气质。中原文化与山越文化二者相辅相成，从秦汉至隋唐五代，经过长期的交汇融合，最终演绎成具有特色的徽州文化。徽州文化并非中原文化单纯的传承，而是具有新的特色。例如，中原的农耕文明，本是一种定居文化，一般都安土重迁，而徽州文化则有所不同，无论科举出仕还是外出经商，徽州人都大规模地走了出去，其中固然有地理条件这个因素，但也因其具有向外拓展的开放精神所致。

总之，大规模移民活动促成的文化融合，以及独特的山区地理环境，孕育了具有特色的徽州文化。其基本精神，诸如崇文重教的儒家传统、刚

---

① 〔宋〕王象之：《舆地纪胜》卷20《江南东路·徽州》，载《续修四库全书》第584册，上海古籍出版社2002年版，第242页。

② 〔唐〕吕温：《唐吕和叔文集》卷5《表状·故博陵崔公行状》，载《四部丛刊初编·集部》，商务印书馆1922年版。

健有为的积极进取意识、向外拓展的开放风气、吃苦耐劳的徽骆驼精神等，构成了徽州文化的主体，形成了徽州文化的核心。这些文化因素对徽州发展的影响巨大而深远，使其后的徽州能在一个高起点上异军突起。

在中国历史发展演变的伟大长河中，宋代以后进入了一个新的阶段。宋代以前中国的经济文化重心一直在黄河流域，在北方，而宋代以后中国的经济文化重心则移至长江流域，移到了江南。这一转移始于六朝唐代，至宋代最后完成。宋代南方的农业生产技术、劳动生产率和亩产量都超过了北方。田制不立，不抑兼并，土地私有进一步发展。商品经济十分繁荣，海外贸易颇为兴盛。在经济重心南移的同时，徽州的地位随之大幅提升。徽州虽不处于江南三角洲的核心地带，但距离杭州并不遥远，"其地接于杭睦宣饶，四出无不通"，宋南迁后，"中兴实为辅郡，四朝涵育，生齿日繁，地利日辟，人力日至"[①]。辅郡，即畿辅之郡。徽州无疑属于当时江南最为发达的经济文化圈之内。其后，随着经济文化的进一步发展，徽州在全国经济文化发展坐标中的地位，愈益突出，更加重要。

自隋唐兴起的科举制度，至宋代也进入了全面发展的阶段。宋统治者大力开科取士，徽州人以其文化优势及时地抓住了这个历史机遇，科举出仕者大增，两宋时期徽州人登科者有800余人，而在唐五代时期徽州人登科者仅10人。宋代徽州人担任过四品以上官职者有30余人，所谓"宋兴，则名臣辈出"是也。徽州人首先在政治上实现了崛起。

宋代理学的兴盛，把儒家思想推向了新的阶段，在中国思想文化发展史上具有里程碑之意义。理学起于北宋周敦颐、程颢、程颐等人，至南宋朱熹为其集大成者。此后盛行于世，元明清统治者独尊理学，成为中国封建社会后期官方的意识形态。朱熹理学甚至影响东亚，远播欧洲。以徽州为故里的朱熹及其理学，对徽州本土影响至深至大，经过元代的发展，形成了新安理学学派。"朱子之学虽行天下，而讲之熟、说之详、守之固，

---

① 〔宋〕罗似臣：《徽州新城记》，载《新安文献志》卷13《记》，《文渊阁四库全书》第1375册，第207页。

则惟新安之士为然。"①徽州人成为践行理学的典范。而徽州本是"程朱桑梓之邦","婺源之有朱子,犹邹之有孟子、继曲阜之有孔子也"②。自南宋"咸淳五年诏赐文公阙里于婺源"③之后,向有"程朱阙里""东南邹鲁"之称,即徽州乃为中国封建社会后期儒家代表人物的发祥之地,其所处地位不言而喻。

宋代以后,徽州迎来的另一个历史发展机遇,则是商品经济的兴盛繁荣。宋元以降,特别是明中叶以后,商品经济显著发展。这是中国古代商品经济发展的一个新的高峰。其显著特点是:主要民生用品商品化程度增大,长距离贩运贸易发展,商路增辟和新兴商业城镇增加,大商业资本兴起,等等。总括起来即全国性市场形成。明清时代商品经济的发展与全国性市场的形成,为徽商的崛起提供了广阔的舞台。不过,商品经济的发展只是一个客观条件,它对当时的人们来说,机会大致是相同的。那么,历史为什么选择了徽州人,最后是徽商称雄四海呢?这与徽州文化有密切关系。在以农为本、安土重迁的时代,外出经商首先要克服死守故里的观念。徽州人能够做到"十三十四,往外一丢",勇于外出经商,并且成为一种风尚,是很不简单的。这种向外拓展的开放精神,正显示了徽州文化的特色。当然,徽州人外出经商有地理条件这个因素,由于山多田少而不得不外出谋生。但明代各地因饥荒、徭役而外出逃生者极为众多,这些人沿街乞讨者有之,为人帮工者有之,充当奴仆者有之,更多的人则是四处流浪,难以控制,故称流民。终明之世,流民一直是无法解决的一大社会问题。而徽州人外出则主要是从事商业活动,并且取得了巨大的成功。这是因为,徽州文化崇文重教,教育十分发达,"十户之村,不废诵读",莫不有学有师。正是教育的普及为经商准备了必要的条件。无须赘言,目不识丁是难以外出经商的,即使中小商人,也必须具备一定的文化知识。至

---

① 〔元〕赵汸:《东山存稿》卷4《商山书院学田记》,载《文渊阁四库全书》第1221册,第287页。

② 〔清〕赵宏恩:《重修文公祠记》,载道光《婺源县志》卷34《艺文志·纪述三》。

③ 〔清〕道光《婺源县志》卷14《人物志·朱子世家》。

于那些在全国性市场环境下从事商贸活动、进行大商业资本运作的富商巨贾，更需要较高的文化素养。徽商许多人本来就是儒者，他们以儒家理念来指导其商业活动，贾而好儒，而被称为儒商。正如戴震所言，徽人"虽为贾者，咸近士风"①。富有特色的徽州文化在徽商崛起的过程中起了重要作用，毋庸置疑。

关于徽商取得的巨大成就，当时颇有记载。明人谢肇淛说："富室之称雄者，江南则推新安，江北则推山右。新安大贾，鱼盐为业，藏镪有至百万者，其他二三十万则中贾耳。"②活跃于明清时代的徽商，足迹几遍宇内，从偏远的沙漠到神秘的海岛，乃至于海外；资本雄厚，积累了巨万财富，藏镪百万、千万；掌握着某些行业的垄断性经营，如盐业、典当业等；拥有各个商帮之首的地位；从明中叶兴起，至嘉靖万历时达到繁盛，在清代又有一个大的发展，称雄于全国商界达数百年之久。徽商活动的意义远远超出商业本身，它对当时的经济、文化等都发挥着重要的作用与影响，促进了社会的变迁。明中叶以后商品经济的发展，不仅是中国古代商品经济发展的又一个高峰，而且出现了一些新的因素，如全国性市场的形成、新的生产关系萌芽等，显露出从传统走向近代的曙光，具有时代转型之意义。在这一时代转型的潮流中，徽商所扮演的角色不只是受益者，也是推动者；不只是参与者，更是开拓者。即，明清商品生产的发展和全国性市场的形成，与商人集团的兴起，二者是一个互动过程，并非商品生产发展了，全国性市场形成了，然后才有商人集团的兴起。当时，徽商经营的范围甚大，地域极广，影响至深。"其货无所不居，其地无所不至，其时无所不鹜，其算无所不精，其利无所不专，其权无所不握。"③商业的繁荣也促进了商品生产的发展和全国性市场的形成，在这一方面徽商等商人集团贡献尤大。徽商乃为这一商品经济发展大潮的领军者，而处于时代发

---

① 〔清〕戴震：《东原文集》卷12《戴节妇家传》，载《戴震全书》6，第440页。

② 〔明〕谢肇淛：《五杂组》卷4《地部二》，载《续修四库全书》第1130册，第412页

③ 万历《歙志》传卷10《货殖》。

展之前列。

徽商是在具有特色的徽州文化背景下发展起来的，而徽商在经济上的成功反过来又在各方面影响着徽州的文化发展，从而造就了明清时代徽州文化的昌盛。经济与文化互动，在徽州历史上被演绎得淋漓尽致。徽商取得的财富成为徽州文化昌盛的物质基础。徽商对教育科举、文化艺术、建筑园林、公益事业等投入了大量财富；还以其雄厚的经济实力为徽州培养造就了大批人才，包括一批出类拔萃的文化人才，从而铸就了徽州文化的辉煌。明清时代的徽州文化光辉灿烂，万紫千红。如徽州教育、新安理学、徽派朴学、新安画派、徽派篆刻、徽州版画、徽州刻书、徽州三雕、徽派建筑、徽州园林、新安医学，以及自然科学、数学、徽剧、徽菜等，几乎在各个文化领域都取得了辉煌成就，有的领域臻于极致，后世难以企及。其水平之高，贡献之大，世所公认。它们既有地方文化之特色，同时也是当时主流文化的一个代表，或在中国文化史上占有一席之地，而成为灿烂的中华文化之一瑰宝。徽州文化又具有典型性与普遍性的特点。

随着商品经济的繁荣与徽商的成功，人们的思想观念也发生了深刻的变化。明后期文坛领袖、徽人汪道昆说："大江以南，新都以文物著。其俗不儒则贾，相代若践更。要之，良贾何负闳儒！则其躬行彰彰矣。"[1]又说："窃闻先王重本抑末，故薄农税而重征商。余则以为不然，直壹视而平施之耳。日中为市，肇自神农，盖与末耜并兴，交相重矣……要之，各得其所，商何负于农？"[2]清代徽州学者俞正燮亦说："商贾，民之正业。《易》称'先王通商贾'；《书》言虞夏使民'懋迁有无化居'。"[3]他们不仅发出了"商何负于农"的质疑，而且正面肯定商贾本是民之正业，商与农是平等的，从根本上批驳了商不如农的传统观念。这种文化自觉，显然是

---

① 〔明〕汪道昆：《太函集》卷55《诰赠奉直大夫户部员外郎程公暨赠宜人闵氏合葬墓志铭》，载《续修四库全书》第1347册，第415页。

② 〔明〕汪道昆：《太函集》卷65《虞部陈使君榷政碑》，载《续修四库全书》第1347册，第524页。

③ 〔清〕俞正燮：《癸巳类稿》卷3《征商论》，载《续修四库全书》第1159册，第324页。

对历来重农抑商政策的否定，是对当时仍在流行的商为四民之末观念的批判，是对几千年来根深蒂固传统的挑战。其意义已不限于地域文化范畴，而是发出了时代的先声。

迨至近代，由于徽州传统文化的厚重，不免给其转型带来了负面影响。徽商在近代失去了领袖群伦的地位，而徽州社会的转型亦步履蹒跚。尽管如此，徽州文化在向近代转型的进程中仍不乏亮点，值得关注。徽派朴学大师戴震，作为18世纪中国唯物主义哲学家，其思想显露出的近代气息，具有早期启蒙之意义，已众所周知。鸦片战争前，俞正燮秉承徽人的刚毅气质和求实精神，发表了许多离经叛道之论，勇于向传统观念宣战，被称为中国思想界三贤之一，特别是其维护妇女权益、主张男女平等的诸多阐发，更展现了朴素的人权观念和平等思想。咸同兵燹后，寄居徽州的学者汪士铎，对早婚等诸多陋习痛加批判，阐述了早期的人口思想；又对儒家仁政、德政进行批驳，而主张学习西方的科学技术。同一时期，徽籍大臣王茂荫所提出的货币理论与财政政策，切中时弊，见解卓越，阐发深刻，在中国近代经济思想史上占有重要地位，他是马克思在《资本论》中提到的唯一中国人。黄宾虹作为近代新安画派的代表人物，在总结前人的基础上，多有创变，独树一帜，成为继渐江之后的又一个高峰。徽班进京，被公认为国粹京剧诞生和发展的源头之一。在自然科学方面，徽州数学家汪莱成就斐然，他提出的P进位制的理论，实为现代计算机原理之先河。至于徽人胡适，作为五四时期新文化旗手的地位与作用，无须赘言，其主张固然是对传统文化的一种反拨和扬弃，然而，从其批判精神来说，却是与朱熹、戴震这些徽州先贤们一脉相承的。

以上这些在徽州文化转型中闪光的人物，无一离得开深厚的徽州文化沃土的孕育。回顾徽州历史文化的发展进程，交织着人与自然的磨合、不同文化的融合以及经济与文化的互动。历经千锤百炼的磨砺，造就了具有较高素质的徽州人。徽州文化是时代发展的产物，宋代以后经济文化重心南移和商品经济的发展，为徽州的崛起提供了前所未有的机遇。徽州文化又是利用大徽州即本土以外的广阔舞台而发展起来的。归根结底，徽州文化是具有较高素质的徽州人所创造的，是高素质的徽州人及时地抓住了时代发展的机遇，充分利用大徽州的广阔舞台，而创造了光辉灿烂的徽州文化。

本文原为《徽州文化史》所作序言，载《徽州文化史》，安徽人民出版社 2015 年版；又载《安徽史学》2014 年第 2 期；《新华文摘》2014 年第 13 期全文转载，有改动

附：徽学兴起亲历记

徽学之称，早已有之，可追溯至宋元时期。但当时"徽学"这一说法，乃是指徽州府学，为徽州府学的简称，其后一直延至明清时期，仍是如此。可见，古代徽学之称与当代所称徽学之内涵并不相同，二者显然不是同一概念，不当混为一谈。关于当代徽学的界定与起源，目前学界有多种说法。我个人认为，徽学是以徽州文书档案、徽州典籍文献、徽州文物遗存为基本研究资料，以徽州历史文化为研究对象，进而探索中国传统文化的一门综合性学科。当代徽学的缘起，有的学者认为，可追溯到20世纪二三十年代以许承尧、黄宾虹为代表的学人对徽州文化的关注和所做大量工作，其可视作徽学研究的早期阶段或预备阶段。的确，黄氏已提出了至少具有近代学术内涵的"徽学"这一概念，值得注意。又有学者认为，徽学是自20世纪50年代徽州文书大量面世以来产生的一门新学问。这些说法都有其道理，应认真考虑。不过，徽学作为一门学科和学问，其正式兴起，恐怕还是20世纪80年代以后的事。

我是1959年考入北京师范大学历史系，1964年本科毕业，考取中国科学院哲学社会科学部历史研究所（简称"历史所"）研究生，导师是张政烺先生。当年张先生一共招了两名学生，另一位是北京大学毕业的陈绍棣师兄。那时，历史所只从北京大学、四川大学、武汉大学、复旦大学等学校引进毕业生，我是因为考研究生才进入历史所的。同年考取历史所研究生的还有王宇信，导师胡厚宣先生；吴泰，导师陈乐素先生；周绍泉，导师杨向奎先生；孟祥才，导师侯外庐先生。大约在1963年底，时任中央宣传部副部长的周扬有个讲话，其精神是要加强和扩大哲学社会科学研究，所以那一年历史所招的研究生在"文革"前是最多的，进的毕业生也很多。

我是1964年8月底来历史所报到，暂住学部大院历史所三号楼办公室内。记得很清楚，我在所内只待了一个月的时间，就随同所里其他同志一起下乡搞"四清"去了，地点在山东省海阳县。一年之后，所里其他老同志返所，而我们这些新考入和新分配来的大学生还必须继续留在原地劳动锻炼，直至1966年春天才返回历史所。回所以后，又被派到北京郊区门头沟参加了近两个月的"四清"工作。这时，"文革"已经开始了。就这样，虽然是以研究生名义进历史所的，但在当时的形势下，整个在读期间根本无法学习，连个学习计划都没有制订。1967年研究生肄业，经过一番周折，最后我们这批研究生才正式留在所内。打倒"四人帮"之后，学部从中国科学院分离出来，成立了中国社会科学院，直到1978年前后才开始恢复业务，此时1964年来所的同志，即使年轻的也已近不惑之年了。

"文革"后恢复业务时，历史所曾有一次组室调整。我考张政烺先生的研究生，本是学先秦史的，后因"文革"根本没有学习，这次调整时就从先秦史室调到了明史研究室，但仍然跟随张先生编中国历史文物图谱，我负责清代部分。编历史图谱，接触到部分文书图片，使我对文书档案产生了兴趣。1980年，历史所科研处在所内组织了一个日语学习班，每周学习三次，请的是北京大学张京先老师，她是我国著名日语专家陈涛先生的爱人，早年曾留学日本，水平很高。"文革"之后，大家学习热情很高，记得日语班首次开课那天，历史所三号楼小礼堂座无虚席，参加者几近百人。这个学习班是初级班，从五十音图学起，接着院里又办了一个高级日语学习班，这些学习班在外语培训方面颇有成效，功不可没。我的日语就是从那时开始学习的。

改革开放以后，来历史所访问的外国学者多了起来。1982年9月，日本横滨国立大学鹤见尚弘教授以访问学者的身份来历史所研修4个月，因当时我正在学日语，研究室遂派我负责具体接待。鹤见尚弘先生是日本学界中国明清社会经济史研究专家，特别是在鱼鳞图册的研究方面造诣很深，业绩卓著。他来历史所之后，即指名要看鱼鳞图册。当时历史所藏徽州文书尚未整理，只从中检出了4本鱼鳞图册，而鱼鳞图册属于文书档案，不能借出，鹤见先生就在阅览室看，由我负责文书的出纳。这是我第一次接触到徽州文书。

历史所藏徽州契约文书，主要是在20世纪五六十年代从中国书店购置来的，而中国书店则是从徽州屯溪古籍书店收购上来的。当时北京地区的徽州文书，多数是经中国书店之手转卖到各收藏单位的。直到20世纪80年代，中国书店还存有一大批鱼鳞图册，我和当时在历史所图书馆工作的夏其峰同志（原在中国书店工作），还专门几次到中国书店看过这批文书，并从中为历史所选购了几册。后来这批鱼鳞图册据说都转给中国第一历史档案馆了。除历史所外，20世纪五六十年代北京购买徽州文书的主要有中国历史博物馆、北京图书馆（即中国国家图书馆）、北京大学、北京师范大学及本院经济研究所等几家。当时历史所具体主管购买图书的是副所长熊德基先生，据说在购买这批文书时，因为历史所是搞古代史的，所以挑了时代靠前的，而经济所则侧重选取了近代方面的文书。如今，历史所已成为徽州文书的最主要收藏单位之一，不仅种类多，而且价值高，特别是其所藏数量颇多的宋元明时代文书，弥足珍贵。

20世纪60年代初，这批文书的一些散件曾被初步整理，进行编号并分装于纸袋之中。参加这一工作的是历史所资料室的李济贤、牛继斌、霍适之等同志。其后，所内的刘重日、曹贵林等先生，所外的傅衣凌、韦庆远、叶显恩等先生，在其论著中亦曾分别利用过这批文书的少部分资料。但从整体上来说，20世纪80年代以前，这批文书并没有被认真整理、研究与利用，很长时间都是束之高阁的。这当然主要是由于"文革"的缘故。"文革"后当我接触到徽州文书之际，不免萌生了这样的想法：历史所还藏有这么多契约文书！既然外国学者这么重视它，为什么我们自己不研究利用呢？

1983年，历史所老专家、著名学者王毓铨先生在明代江南地区经济讨论会上曾说，中国古代经济史研究中往往有这样的做法，为论证某种观点则乱点鸳鸯谱，任意采摘文献，饾饤缀合，而编织成篇。"饾饤缀合"四个字，形象而深刻，给我留下深刻印象。的确，回顾以往的社会经济史研究，多有将时间、地点、背景各不相同的一些文献记载片断饾饤缀合，以论证某种观点。这样做似乎在所难免，无可厚非。但对于真正的科学研究，特别是经济史方面的研究来说，此类做法显然不能令人满意。究其原因，主要是史料方面的限制。其后不久，鹤见先生在一篇文章中也说过同类的话："我一直痛感在社会经济史研究方面，即使是在前近代也有必要进行定量分析，否则将陷于独断，缺乏说服力。但是，实录、政书、地方志所登载的计量史料，与其说正确地反映地方实情，还不如说是由地方官和胥吏们在书房里编造的产物，后者性质更强，竟有将过去的数字原封不动地抄录下来的情况。再加上经常所指出的那样，还有度量衡不统一的问题。因此，无批判地使用这些数字是不允许的。这样，我们所能利用的所谓文献资料，是受到极大限制的。如果想要研究中国社会经济史，无论如何有必要从文献史料范围内走出一步，对作为第一次史料的原文书的利用，已经成为不可缺少的前提。"①二位先生所言大大坚定了我利用文书档案资料研究社会经济史这一方向，使我决心在寻找文书档案方面下一点功夫。

1983年，中国社会科学院历史研究所、经济研究所，中国历史博物馆及安徽省博物馆四个单位共同协议，各自将其所藏徽州契约文书整理出版。同年，历史所成立了由刘重日、刘永成、胡一雅、武新立负责的徽州文书整理组，参加的有（依姓氏笔画为序）：孙白桦、李济贤、何墨生、张雪慧、陈柯云、周绍泉、钟遵先、栾成显、曹贵林。不过在20世纪80年代初我主要还是在跟张先生搞中国历史文物图谱，尚未完全转到整理徽

---

① ［日］鹤见尚弘：《鱼鳞图册探访——中国研修之旅》，日本《近代中国研究汇报》1984年第6号；鹤见尚弘：《中国明清社会经济研究》，学苑出版社1989年版，第210页。

州文书的工作上来。

1988年，安徽省博物馆编《明清徽州社会经济资料丛编》第一集由中国社会科学出版社出版。接着，1990年历史所徽州文契整理组编《明清徽州社会经济资料丛编》第二辑亦由该社出版。具体承担该书编辑工作的是周绍泉、李济贤、张雪慧、陈柯云、孙白桦，最后由周绍泉负责全书的加工整理。这是有关徽州契约文书资料的首次出版发行。遗憾的是，中国历史博物馆负责编选的那一本据说已经成稿，但至今尚未出版；而经济研究所编选徽州文书的工作实际并未展开。

随后，在当时历史所领导的大力支持下，在以前整理与研究的基础上，历史所对收藏的万余件徽州契约文书，做了全面的整理与考订，重新定名编号，从中编选了研究价值高、具有代表性的契约文书散件4000余件，簿册200余册，鱼鳞图册16部，与花山文艺出版社合作，于1991年出版了大型文书档案资料丛书《徽州千年契约文书》。当时，图书馆的负责人王钰欣、罗仲辉二位热情很高，多方策划。罗仲辉同志不怕脏累，首先对近万件的文书以时间为序爬梳排列，做了大量先期性工作。随后，王钰欣、周绍泉、罗仲辉、陈柯云和我集中在所内一起工作，全力以赴，连续作战，时而分工编选，时而集中审订，虽然十分紧张，可亦有苦有乐，每忆及此，难以忘怀。此外，历史所图书馆的袁立泽、潘素龙、梁勇和苏向群等也做了很多具体工作。该书首题"中国社会科学院历史研究所收藏整理"，由王钰欣、周绍泉任主编，栾成显、罗仲辉任副主编，张雪慧、陈柯云等任编委。全书40卷，分"宋·元·明"和"清·民国"上、下两编，各20卷，均为八开精装本，用纸精良，装帧精美。其所编选的资料具有系统性、完整性、全面性和代表性，数量大，价值高。所选文书多为首次发表。该书还有这样一个特点，其所选各类文书，并非像以前那样只重新抄录、登载其文字资料，而是直接拍摄原件影印制版，电子分色印刷，它呈现在读者面前的，是一幅幅清晰准确、完整的原文书照片，观此书即可睹其原貌，为研究者利用原文书提供了极大方便。

提起文书，人们自然会联想到举世闻名的敦煌文书。自20世纪初敦煌文书被发现以来，它为研究中国历史上那久远而漫长的时代（北凉至宋）提供了文献记载上所没有、价值极高、数量颇多的珍贵资料，引起了各国学者的关注，并投身到对它的研究中去。迄今为止，有关敦煌文书的大型资料已出版数十种，洋洋大观，研究论著达数千种，难以胜数，在它的周围集结了世界各国的众多的研究学者。如今，敦煌学已成为世界性的显学。如果说，敦煌文书为中国历史上北宋至凉这一时代的研究提供了极为珍贵的资料，那么，徽州文书则为宋至民国这一时代的研究提供了价值极高的史料。即徽州文书与敦煌文书一样，对于其所处时代的各个方面的研究，具有同等的历史价值。而且不止于此，敦煌文书现存6万余件，其中可用于研究当时社会历史方面的所谓社会文书有1万余件，而徽州文书现存30万件以上，绝大多数都是社会文书类文书，其中相当大部分所保存的资料十分完整，所以，若从其遗存数量和保存完整性方面来说，徽州文书是大大超过敦煌文书的。然而，迄今人们对徽州文书的研究和利用则远不如敦煌文书方面，徽州文书的重要价值还远远没有被发挥出来。究其原因，或由于人们对徽州文书的价值还不太了解；或虽有了解，但困于难以看到徽州文书的原始资料等。后者无疑是个重要原因。因此，只有将徽州文书系统地、完整地、原原本本地公之于世，使人们有更多的机会看到它的原貌，才能创造出利用徽州文书的条件，才能推动徽学的研究和发展。《徽州千年契约文书》的编辑与出版，即是将一批珍贵的徽州文书公之于世，使人们了解它的研究价值，为广大学者研究利用它提供方便，以期推动徽学研究的发展。这就是当年编辑出版《徽州千年契约文书》的本意。

该书出版以后，中外学者纷纷购置。仅日本学者很快就买走了10余部。售价万元以上、印刷数百部的大书，如今已近售罄。中外学界对该书的出版给予很高评价，认为它是徽学研究史上，乃至中国史研究上的一件大事。鹤见尚弘先生评论说，该书的出版对于中国中世史和近代史的研究是一件值得纪念的重要成就，其重要价值可与曾给中国古代史带来飞跃发展的殷墟出土文物和发现敦煌文书新资料相媲美。它一定会给今后的中国中世和近代史研究带来一大转折①。《徽州千年契约文书》荣获中国社会科学院1977—1991年优秀科研成果奖，中国社会科学院历史研究所1977—1991年优秀科研成果奖一等奖，河北省优秀图书一等奖。该书的出版无疑是具有开创性的，它在徽学的发展史上是永远值得大书一笔的。

1993年，周绍泉、赵亚光整理的《窦山公家议校注》出版，为学界广泛利用这一重要资料提供了方便。他们对该书的整理下了很大功夫。该书荣获历史所优秀科研成果奖。

其后，在《徽州千年契约文书》出版的基础上，历史所图书馆的王钰欣、罗仲辉、袁立泽、梁勇等同志又继续努力，数度寒暑，将该所收藏的总计14137件（册）文书分类编目，于2000年出版了《徽州文书类目》一书，并建立了相关的数据库，亦受到学界的重视和好评。

除了徽州文书资料的整理与出版之外，我和周绍泉、陈柯云等在20世纪80年代后期至90年代初，连续五六年多次到徽州各地以及安徽、江苏等收藏徽州文书的单位进行实地考察，探寻文物古迹，了解风土民情，搜集有关研究资料，所获匪浅。这些有关徽学研究的考察，当年是在经费十分有限、条件并不优越的情况下进行的，虽称不上筚路蓝缕，但亦颇尝艰辛。一次考察，往往要超过一个月。

当时，不用说没有从北京直达黄山的火车，就是从合肥出发，也需要一天的时间才能到达屯溪。1988年，我第一次去徽州，早晨自合肥启程，坐了一上午火车，来到了芜湖对面的长江北岸。那时安徽境内的长江段，还没有一座跨江大桥，花了一个多小时坐上轮渡过江，才到芜湖。接着又从芜湖坐火车，到达屯溪已是万家灯火了。天下着小雨，在朦胧的夜色中，从火车站走了一大段路来到了新安江畔。白墙黛瓦，山水相映，徽州的古风古韵仍不难寻觅，置身这里，确有一番不同感觉。那情景与感受，终生难忘。

---

① ［日］鹤见尚弘：《中国社会科学院历史研究所收藏整理〈徽州千年契约文书〉》，日本《东洋学报》1994年第76卷第1、2号；译文载《中国史研究动态》1995年第4期。

在徽州地区（大体相当于今黄山市），我们基本考察了原徽州所属各县。在屯溪，参观了戴震纪念馆、程大位纪念馆，考察了程氏三宅等；在休宁，看到了该县档案馆收藏的鱼鳞图册；在祁门，考察了六都、贞一堂、古戏台；在歙县博物馆查阅过一些族谱；在绩溪访问了有关人士；等等。

考察之中，我们访问过当时徽州地区博物馆馆长朱开霖、歙县博物馆馆长胡承恩、绩溪县文化局的余庭光等，探访了徽州文书的由来、流向与收藏情况。余庭光在20世纪50年代曾是屯溪古籍书店的负责人，是当年收购与转卖徽州文书的主要当事人，也是1958年《文物参考资料》第4期发表的《歙县发现明代洪武鱼鳞图册》一文的作者。文中称"最近在歙县溪南乡发现了明代'洪武鱼鳞图册'。这本册子仅残存百余册（原文如此），残破不堪，但却是一件珍贵的历史资料"，并附有照片。而其后很长一段时间却下落不明，直到那次访问时仍不明了。当我们问他，当年是如何发现"洪武鱼鳞图册"的？他回答说，记得在册子上什么地方有"洪武"两个字。不久，90年代初历史所在整理徽州文书的过程中，这本鱼鳞图册被重新发现。将该鱼鳞册与《文物参考资料》上的照片核对，可确认这本鱼鳞册即余庭光文中所说的"洪武鱼鳞图册"。册中许多叶书口处原刻之"洪武"二字，清晰可辨，这也印证了访问余庭光时他所说的话。该册现存计169页，由此可知余文中所说"这本册子仅残存百余册"实为"百余页"，最后一个"册"字当是误排。余庭光还向我们讲述了有关徽州文书由来和流向的一些情况。他说，当时徽州地区面世的契约文书非常多，屯溪有个造纸厂，一麻袋一麻袋的文书，被作为造纸原料毁掉了很多，屯溪古籍书店收到的文书和古籍也相当多，他们挑拣出来的契约文书，多被北京方面的中国书店收购走了；而上海方面则看中了古籍和族谱，一卡车一卡车地拉走。

在合肥，我们曾多次去安徽省图书馆、安徽省博物馆以及安徽省档案局等单位搜集与抄写徽州文书资料，得到黄山书社的赵国华和安徽教育出版社的彭克明两位同志大力协助，永记心间。还曾到芜湖的安徽师范大学图书馆以及南京大学历史系资料室阅读文书资料，受到安徽师范大学以张海鹏校长为首的诸位先生及南京大学历史系范金民教授等的热情接待和帮助，实不敢忘。

正是在这些考察之中，有重要的新资料发现。1989年10月，我在安徽省博物馆查阅文书档案时，发现该馆所编有关鱼鳞图册的目录中，有一号题为"万历二十七都五图契约底册四本"，借出一看，实为明代黄册底籍抄本。这是有关一个图（包括几个自然村）的连续四个大造之年（万历十年至四十年）的人口与土地资料，其不仅对于黄册研究，对明代社会经济史研究来说都是极为难得的文书档案资料，也是这方面资料的首次发现。要对其进行研究，就必须掌握全文。然而，博物馆所藏均属文物，不得复印，只能抄录。这四册黄册底籍连同两册相关文书，共有六册，计约80万字，将其全部抄录下来，绝非易事。但我还是下了这个决心。次年10月，只身一人来到安徽省博物馆，每天专门抄录这些资料。其间，曾得到当时博物馆的保管部主任丁邦钧、副主任黄秀英及保管部的刘晶泉、郝颜飞等同志的鼎力相助，都来帮我抄写。他们的热情帮助，永生难忘。当时我住在合肥三孝口附近的纺织厅招待所，住处包伙，一日三餐共1元2角钱，每日往返于招待所和博物馆之间，一直干到12月份，终于将那些资料都抄了下来，并且核对了一遍。当我穿着一件毛衣、背着重重的行李回到北京时，已是寒风袭人的冬季了。

在安徽省博物馆抄录的这批资料，实为拙著《明代黄册研究》所用资料的核心部分。此前，1983年我首次发现了明初的黄册抄底。此后，又在各地博物馆、档案馆、图书馆以及国内外有关单位，尽量搜集有关明代黄册的文书档案，总计达百万字以上。《明代黄册研究》一书即是以利用这些较为系统的黄册文书档案为中心，结合文献记载而写成的。该书出版以后，荣获第三届中国社会科学院优秀科研成果奖二等奖，中国社会科学院历史研究所第三届优秀科研成果奖。

1993年，中国社会科学院徽学研究中心正式成立。该中心主任周绍泉，副主任栾成显，成员有张雪慧、陈柯云、阿风。1994—1996年，该中心在历史所多次举办了徽学研讨班。参加者还有日本、韩国学者多人,加强了国际学术交流,扩大了徽学的影响。以有关徽学的研究成果而言,据不完全统计,迄今徽学研究中心成员共发表徽学研究论文近百篇,整理资料3种,出版专著1部。其中有两种获中国社会科学院优秀科研成果奖,四种获历史所优秀科研成果奖。值得一提的是,20世纪90年代初来历史所参加徽学研究中心工作的青年学者阿风,已在重要刊物上发表10余篇徽学论文,成绩显著。

此外,在20世纪90年代,以"徽学"名义召开过4次学术讨论会,即1993年在屯溪召开了"全国徽学学术研讨会暨徽学研究与黄山建设关系讨论会",1994年在屯溪召开了"首届国际徽学学术讨论会",1995年在屯溪召开了"'95国际徽学学术讨论会",1998年在绩溪召开了"'98国际徽学研讨会"。以"'98国际徽学研讨会"为例,来自海内外的70余位学者参加了这次会议,其中有来自日本京都大学、京都橘女子大学、大正大学、关西大学、东北大学、东京外国语大学、福冈大学、早稻田大学,韩国高丽大学的学者14位,等等,中外学者济济一堂,堪称一次国际学术盛会。这4次会议中有3次是由历史所牵头发起组织的。这些会议对徽学研究的发展与交流,对扩大徽学的影响,加速其走向世界,无疑都起了重要的推动作用。

如今,与笔者长期在一起共同从事徽学研究的周绍泉先生、陈柯云先生都已不幸因病去世。每忆及此,令人怅然!撰写此文,也算是对他们的一点纪念吧。

最后必须说的是,20世纪80年代以来徽学的兴起,当然是中外徽学研究者共同努力的结果。历史所徽学研究者所做的工作只是其中的一部分。本文不是全面阐述徽学兴起的论文,仅是为纪念历史所建所50周年而写的一篇忆文,加之篇幅有限,挂一漏万,在所难免。若能得到理解和原谅,十分感谢。

原载《求真务实五十载:历史研究所同仁述往 1954—2004》,中国社会科学出版社2004年版,有改动

后 记

　　20世纪80年代，笔者适逢徽学研究兴起，有幸参与其中。而后持续不辍，徽学遂成为笔者学术研究的一个主项。自那时起，先后在国内外报刊发表徽学研究论文数十篇，其中多篇被《新华文摘》等转载，或入选《中国学术年鉴》，或被国外学刊录用，受到学界关注。承蒙该丛书编者厚意，将笔者徽学研究的主要论文按内容分类编排，汇集出版，谨致衷心谢意。本书所录为20世纪80年代以来笔者探索徽学发表的主要论文，或许算得上徽学研究的一个成果，然而，在徽学研究不断发展的今天看来，这不过是一个阶段性成果。陈寅恪先生在讲学术预流时，特意注出"借用佛教初果之名"。本书名为《徽学预流》，即取其"初果"之意，仅此而已。作为一个初级成果，当然会存在不少问题，阐发肤浅与不足，论述缺漏乃至差错，在所难免，尚祈读者多多批评指正。